大清一統志

第十七册

浙江（二）

浙江（二）

目録

紹興府圖

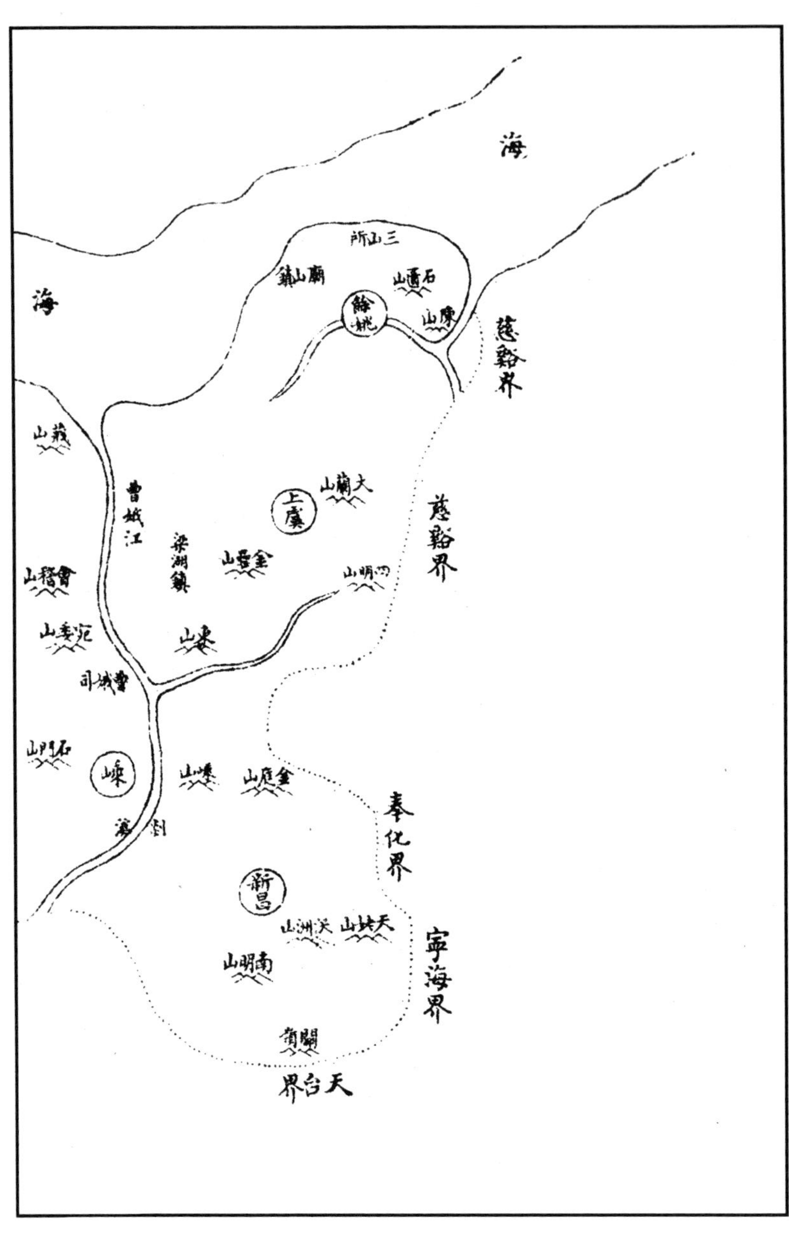
海
海
三山所
廟山鎮
石匱山
餘姚
慈谿界
大蘭山
上虞
曹娥江
梁湖鎮
金罍山
四明山
慈谿界
會稽山
宛委山
東山
曹娥司
石門山
嵊
嵊山
金庭山
剡溪
奉化界
新昌
沃洲山
天姥山
南明山
寧海界
關嶺
天台界

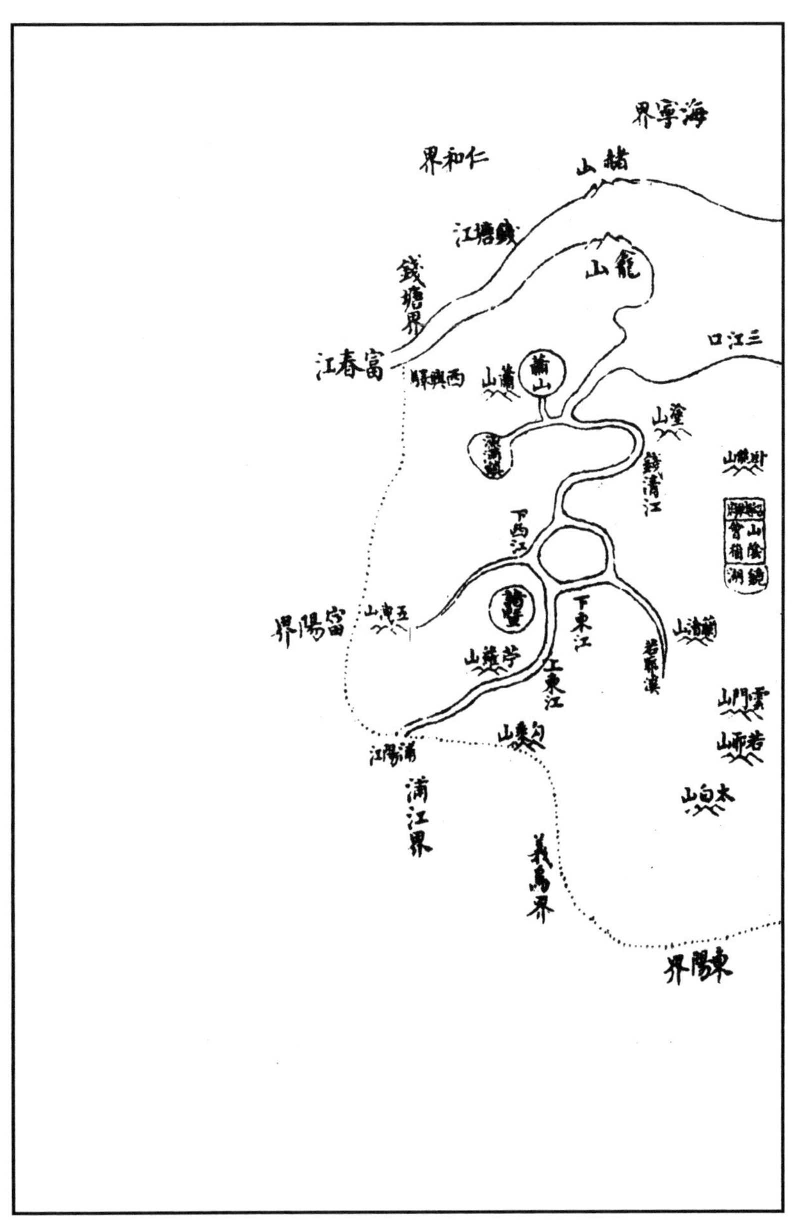
海寧界
仁和界
赭山
錢塘江
龕山
錢塘界
富春江
三江口
西興驛
蕭山
蕭山
湘湖
塗山
錢清江
會稽
山陰
鏡湖
下西江
諸暨
五洩山
富陽界
苧蘿山
下東江
上東江
蘭渚山
若耶溪
雲門山
太白山
句乘山
浦陽江
浦江界
義烏界
東陽界

紹興府表

	紹興府	山陰縣	會稽縣
秦漢	會稽郡秦會稽郡地。後漢移郡來治，屬揚州郡。	山陰縣漢置，屬會稽郡。後漢永建中爲會稽郡治。	山陰縣地。
三國吴	會稽郡	山陰縣	
晉	會稽郡東晉時爲會稽國。	山陰縣	
宋	會稽郡孝建初置東揚州，永光初罷。	山陰縣	
齊梁陳	會稽郡梁普通五年復置東揚州，太平初廢。陳天嘉初復置。	山陰縣	
隋	會稽郡初罷郡，改吴州。大業初改越州，旋復爲郡。	省入會稽。	會稽縣開皇中置，後爲會稽郡治。
唐	越州會稽郡復置州。天寶初曰會稽郡，屬江南東道。乾元初復爲越州，爲浙江東道治。	山陰縣武德七年復置於州郭內。	會稽縣州治。
五代	越州屬吴越，號爲東府。	山陰縣	會稽縣
宋	紹興府初曰越州會稽郡，紹興初升府，爲浙東路治。	山陰縣府治。	會稽縣府治。
元	紹興路改路，屬江浙行省。	山陰縣路治。	會稽縣路治。
明	紹興府復府，屬浙江布政司。	山陰縣府治。	會稽縣府治。

續表

蕭山縣	諸暨縣	餘姚縣	上虞縣
餘暨縣漢置，屬會稽郡。	諸暨縣秦置，屬會稽郡。	餘姚縣漢置，屬會稽郡。	上虞縣秦置，屬會稽郡。
永興縣太平二年更名。	諸暨縣	餘姚縣	上虞縣
永興縣	諸暨縣	餘姚縣	上虞縣
永興縣	諸暨縣	餘姚縣	上虞縣
永興縣	諸暨縣	餘姚縣	上虞縣
開皇中省入會稽。	諸暨縣	省入句章。	省入會稽。
蕭山縣儀鳳二年復置，屬越州。天寶初更名，移治。	諸暨縣屬越州。	餘姚縣武德四年復，兼置姚州，旋罷州，屬越州。	上虞縣貞元中復置，屬越州。長慶初廢入餘姚，後復置。
蕭山縣	諸暨縣	餘姚縣	上虞縣
蕭山縣屬紹興府。	諸暨縣屬紹興府。	餘姚縣屬紹興府。	上虞縣屬紹興府。
蕭山縣屬紹興路。	諸暨縣元貞初升州。	餘姚縣元貞初升州。	上虞縣屬紹興路。
蕭山縣屬紹興府。	諸暨縣初改名諸全州，尋降縣，屬府。	餘姚縣洪武初復降縣，仍屬府。	上虞縣屬紹興府。

	嵊縣	新昌縣
始寧縣 後漢分置，屬會稽郡。	剡縣 漢置，屬會稽郡。	剡縣地。
始寧縣	剡縣	
始寧縣	剡縣	
始寧縣	剡縣	
始寧縣	剡縣	
省。	剡縣	
	剡縣 武德四年兼置嵊州及剡城縣，旋廢，屬越州。	
	贍縣 吴越改名。	新昌縣 吴越置，屬越州。
	嵊縣 宣和八年更名，屬紹興府。	新昌縣 屬紹興府。
	嵊縣 屬紹興路。	新昌縣 屬紹興路。
	嵊縣 屬紹興府。	新昌縣 屬紹興府。

大清一統志卷二百九十四

紹興府一

在浙江省治東南一百三十八里。東西距二百二十里，南北距二百九十里。東至寧波府慈谿縣界一百九十里，西至杭州府錢塘縣界一百三十里，南至金華府東陽縣界二百五十里，北至海四十里。東南至台州府天台縣界三百里，西南至杭州府富陽縣界一百九十二里，東北至慈谿縣界二百二十七里，西北至錢塘縣界一百二十五里。自府治至京師四千四百五十里。

分野

天文斗、牛分野，星紀之次。

建置沿革

禹貢揚州之域。春秋時爲越國，顯王時併於楚。秦爲會稽郡地，郡治吴。三國吴志注：秦始皇二十五年，以吴、越地爲會稽郡，治吴。漢初因之。漢書地理志注：高帝六年爲荆國，十二年更名吴。景帝四年，仍名會稽郡，屬揚州。後漢永建四年，始移會稽郡來治山陰。東晉爲會稽國。咸和四年，内史王舒父名會，求改它郡，朝議改「會」曰「鄶」。宋爲會稽郡，孝建初，於郡置東揚州。永光元年，州廢。齊因之。梁普通五年，復置東揚州，太平元年罷。陳天嘉三年，復置。隋平陳，改爲吴州，置總管府。大業初，改越州，尋復曰會稽郡。

唐武德四年，復爲越州，置總管府。七年，改爲都督府。天寶元年，曰會稽郡，屬江南東道。乾元元年，復曰越州。唐書方鎮表：乾元元年，置浙江東道節度使，治越州。大曆五年，廢爲觀察使。十四年，廢浙江東道觀察，隸浙江西道。建中元年，復置浙江東道。中和三年，又升爲義勝軍節度。光啓三年，改曰威勝軍節度。乾寧二年，又改鎮東節度。五代時屬吴越。錢氏號爲東府。宋初仍爲越州會稽郡鎮東軍節度。太平興國三年，罷浙東軍，止稱越州。大觀元年，升爲帥府兩浙東路兵馬鈐轄。紹興元年，升紹興府爲浙東路治。元至元十三年，改紹興路，屬江浙行中書省浙東海右道。明初復曰紹興府，屬浙江布政司。本朝因之，隸浙江省。領縣八。

山陰縣。附郭。治府西偏。東西距五十六里，南北距九十里。東至會稽縣界一里，西至蕭山縣界五十五里，南至諸暨縣界五十里，北至海四十里。東南至諸暨縣界四十里，西南至諸暨縣界一百十里，東北至會稽縣界三里，西北至海岸三十里。春秋越國都。漢置山陰縣，屬會稽郡。後漢永建四年爲會稽郡治。晉及宋、齊以後因之。隋平陳，廢入會稽縣。唐武德七年復置，八年省。垂拱二年復置，大曆二年又廢。七年復置，元和七年又廢。十年復置。五代因之。宋爲紹興府治。元爲紹興路治。明爲紹興府治。本朝因之。

會稽縣。附郭。治府東偏。東西距九十三里，南北距一百四十里。東至上虞縣界九十二里，西至山陰縣界一里，南至嵊縣界一百十里，北至海三十里。東南至嵊縣界一百二十里，西南至諸暨縣界八十里，東北至上虞縣界七十五里，西北至山陰縣界三里。漢山陰縣地。隋開皇九年，置會稽縣，爲會稽郡治。唐爲越州治。五代因之。宋爲紹興府治。元爲紹興路治。明爲紹興府治。本朝因之。

蕭山縣。在府西北一百十一里。東西距七十三里，南北距一百里。東至山陰縣界五十里，西至杭州府錢塘縣界二十三里，南至諸暨縣界六十五里，北至杭州府仁和縣界三十五里。東南至山陰縣界五十一里，西南至杭州府富陽縣界四十八里，東北至山陰縣界四十九里，西北至錢塘縣界十五里。漢置餘暨縣，屬會稽郡。後漢因之。三國吳太平二年，改曰永興。晉及宋、齊以後因之。隋開皇中，省入會稽縣。唐儀鳳二年，復置永興縣，屬越州。天寶元年，改曰蕭山。五代因之。宋屬紹興府。元屬紹興路。明屬紹興府。本朝因之。

諸暨縣。在府西南一百十里。東西距一百二十里，南北距一百五十里。東至山陰縣界七十里，西至杭州府富陽縣界五十里，南至金華府義烏縣界六十里，北至蕭山縣界九十里。東南至嵊縣界八十里，西南至金華府浦江縣界九十里，東北至山陰縣界九十里，西北至富陽縣界七十里。秦置諸暨縣，屬會稽郡。漢至隋皆因之。唐屬越州。五代初改暨陽，後復因之。宋屬紹興府。元元貞初升爲州，至正十九年改爲諸全州，二十六年復改爲縣，屬紹興路。明初改諸全州，洪武二年復爲諸暨縣，屬紹興府。本朝因之。

餘姚縣。在府東北一百八十里。東西距五十里，南北距一百九十五里。東至寧波府慈谿縣界二十里，西至上虞縣界三十里，南至嵊縣界一百六十里，北至海三十五里。東南至慈谿縣界三十五里，西南至上虞縣界六十里，東北至慈谿縣界七十里，西北至上虞縣界七十里。漢置餘姚縣，屬會稽郡。晉、宋以後因之。隋初省入句章縣。唐武德四年復置縣，兼置姚州。七年州廢，縣屬越州。五代因之。宋屬紹興府。元元貞初升爲州，屬紹興路。明洪武二年，復降爲縣，屬紹興府。本朝因之。

上虞縣。在府東一百二十里。東西距五十六里，南北距一百三十里。東至餘姚縣界二十八里，西至會稽縣界二十八里，南至嵊縣界七十里，北至海六十里。東南至餘姚縣界四十五里，西南至嵊縣界九十里，東北至餘姚縣界二十里，西北至會稽縣界八十七里。秦置上虞縣，屬會稽郡。後漢永建四年，分立始寧縣。晉、宋以後因之。隋開皇中，並廢入會稽縣。唐貞元中，復置上虞縣，屬越州。長慶初，廢入餘姚，後復置。五代因之。宋屬紹興府。元屬紹興路。明屬紹興府。本朝因之。

嵊縣。在府東南一百八十里。東西距二百七十里，南北距七十里。東至寧波府奉化縣界一百四十里，西至諸暨縣界一百三十里，南至新昌縣界十五里，北至會稽縣界五十五里。東南至新昌縣界七十里，西南至金華府東陽縣界九十里，東北至上虞縣界六十里，西北至會稽縣界七十里。漢置剡縣，屬會稽郡。晉至隋皆因之。唐武德四年，於縣置嵊州及剡城縣。八年，廢嵊及剡城，改剡縣，屬越州。五代吴越改爲贍縣。宋宣和八年，改爲嵊縣，屬紹興府。元屬紹興路。明屬紹興府。本朝因之。

新昌縣。在府東南二百二十里。東西距一百三十里，南北距一百五十里。東至台州府寧海縣界一百里，西至嵊縣界三十里，南至金華府東陽縣界一百二十里，北至嵊縣界三十里。東南至台州府天台縣界一百二十里，西南至嵊縣界四十里，東北至寧波府奉化縣界一百里，西北至嵊縣界十五里。本漢剡縣地，五代晉天福五年，吴越析置新昌縣，仍屬越州。宋屬紹興府。元屬紹興路。明屬紹興府。本朝因之。

形勢

東漸巨海，西通五湖，南暢無垠，北渚浙江。南山攸居，實爲州鎮。三國虞翻語。千巖競秀，萬壑争流。晉書顧愷之傳。帶海傍湖，良疇數十萬頃，膏腴上地，畝直一金。宋書孔季恭傳贊。帶山傍海，膏腴重地。宋史地理志。鑑水環其前，卧龍擁其後，稽山出其東，秦望直其南。祝穆方輿勝覽。

風俗

飯稻羹魚，或火耕而水耨，果隋蠃蛤，不待賈而足。地勢饒食，無饑饉之患。史記貨殖傳。勤儉好學，絃誦比屋。宋嘉泰志。晉遷江左，中原衣冠之盛，咸萃於越，爲六州文物之藪，高人文士，雲合景從。司馬相郡志。有陂池灌溉之利，絲布魚鹽之饒。舊志。

城池

紹興府城。周二十里有奇，門五，水門四。元至正中增築。西南隸山陰，東北隸會稽。城濠在東南者皆有隄以障湖水，西因渠漕抵江，北引衆水入海。本朝順治、雍正年間屢加修葺，乾隆三十一年重修。

蕭山縣城。周五里，門四，水門三，濠廣三丈。明嘉靖三十二年築。本朝順治、雍正年間屢修，乾隆三十一年重修。

諸暨縣城。周四里，門四，水門三。明嘉靖中重築。本朝順治十五年修，乾隆三十一年重修。

餘姚縣城。周九里，門五，水門二。元末築，四面皆引江爲濠。又有新城，在姚江南岸，亦名江南城，周八里有奇，明嘉靖中築，與舊城隔江相對。本朝順治十五年增修，乾隆三十一年重修。

上虞縣城。周十三里，門五，水門二。明嘉靖中因元舊址重築。本朝康熙八年修，乾隆三十一年重修。

嵊縣城。周七里有奇，門四。明嘉靖中築。本朝順治十五年修，乾隆三十一年重修。

新昌縣城。周六里，門四，東、西、北三面皆引溪爲池，南面憑山。明嘉靖中築。本朝順治十五年修，乾隆三十一年重修。

學校

紹興府學。在府治東南。宋嘉祐中遷建。本朝康熙、雍正中屢修。入學額數二十五名。

山陰縣學。在縣治南。宋崇寧中建。入學額數二十五名。

會稽縣學。在縣治南。宋崇寧中建。入學額數二十五名。

蕭山縣學。在縣南門外。宋紹興間建。入學額數二十五名。

諸暨縣學。在縣治西。宋淳熙間遷建。入學額數二十五名。

餘姚縣學。在縣南新城中。宋元豐初建。本朝順治九年重建。入學額數二十五名。

上虞縣學。在縣治東南。宋慶曆中建。入學額數二十名。

嵊縣學。在縣治西南。明嘉靖中遷建。入學額數二十名。

新昌縣學。在縣治東南。宋紹興中建。入學額數二十名。

蕺山書院。在府治東北三里蕺山上。明劉宗周講學於此，舊名蕺里書院。本朝康熙五十五年，知府俞卿重修。

龍山書院。在山陰縣治柱屏庵。乾隆四十八年撤庵建此。

稽山書院。在會稽縣治拾子橋。舊爲證人書院，明嘉靖間，知府洪珠建，劉宗周講學於此。本朝康熙五十九年，知府俞卿等重修，今名古小學。

筆花書院。在蕭山縣北里許。乾隆十三年建。

毓秀書院。在諸暨縣學宫側。乾隆二十四年建。

龍山書院。在餘姚縣龍泉山。乾隆二十四年建。

承澤書院。在上虞縣金罍山東。舊名泳澤，元至元間建，明萬曆間重修。本朝乾隆五十四年重修。

剡山書院。在嵊縣學宫泮池右。乾隆五十六年建。又輔仁書院，乾隆五十四年知縣唐仁埴建。

南明書院。在新昌縣通會門内。乾隆十六年建。又舊稽山書院，在府治卧龍山西岡，宋吴革建。和靖書院，在會稽縣東南十五里玉笥山。蘭亭書院，在山陰縣南二十五里，晉王羲之修禊所。道南書院，在蕭山縣西二里德惠祠右，明竇昱建。清惠書院，在蕭山縣治山麓，本朝康熙年建。紫山書院，在諸暨縣西門内，明嘉靖年建。姚江書院，在餘姚縣城南，明崇禎間邑人蘇璞建，以祀王守仁。高節書院，在餘姚縣東北十里陳山，宋淳祐中劉黻建。月林書院，在上虞縣清風峽，宋潘時建。慈湖書院、艇湖書院、宗傳書院，在嵊縣治，並明建。石鼓書院，在新昌縣西石鼓山，宋石亞之建。今皆廢。

户口

原額人丁二十六萬九千七百四十八，今滋生男婦五百三十八萬九千八百三十名口，計六十九萬一千九百九十八户。又屯運男婦一千七百名口，計二百七十一户。

田賦

田地共六萬七千六百五十五頃一十四畝一分零，額徵地丁銀四十一萬八千五百六十六兩七錢一分零，米四萬四千八百七十六石三斗二升五合零。

山川

卧龍山。在山陰縣治後。盤旋回繞，形如卧龍。越大夫文種葬此，又名種山，一作重山。今府治據其東麓。康熙二十七年，聖祖南巡駐蹕於此，改名興隆山。其東隅爲火珠山，火珠之下爲峨眉山。

龜山。在卧龍山南。一名飛來山，又名怪山。吴越春秋：范蠡築城既成，怪山自至。怪山者，瑯琊東武海中山，一夕自來，故曰怪山。水經注：山形似龜，故亦有龜山之稱。越起靈臺於山上，以望雲物。川巖明秀，亦爲勝地。舊志：一名寶林山，上有應天塔，今呼塔山。

陽堂山。在卧龍山南三里。郡城跨其上，後漢鮑蓋葬此，一名鮑郎山。山北舊有鮑郎祠。郡國志：鮑郎一名信。

蕺山。在卧龍山東北三里。山産蕺，越王句踐嘗採食之。晉王羲之宅在焉，後捨宅爲戒珠寺，故又名戒珠山。其東南爲白馬山。白馬山東爲彭山，舊云彭祖隱居之地。

侯山。在山陰縣南九里。水經注：侯山孤立長湖中，晉車騎將軍孔敬康少時遯世棲迹此山。舊志：在縣南四里，以孔愉後封侯，故名。俗稱九里山，昔時去縣之數也。亦名小隱山。

亭山。在山陰縣南十里。晉司空何無忌爲郡，置亭山上，因名。唐乾寧中，錢鏐攻董昌，克其亭山寨，即此。

陳音山。在山陰縣西南四里。吴越春秋：范蠡進善射者陳音，越王使教士習射北郊之外，軍士皆能用弓弩之巧。陳音死，葬於國西，號其葬所曰陳音山。

麻林山。在山陰縣西南十五里。越絶書：一名多山。句踐欲伐吴，種麻以爲弓絃，使齊人守之。越謂齊人曰多，故名。

法華山。在山陰縣西南二十五里。十峯聳峙，下有雙澗，唐李紳詩云：「十峯掛碧落，雙澗縈清漣。」

蘭渚山。在山陰縣西南二十七里。即越絶書句踐種蘭渚田及晉王羲之修禊處。一名蘭亭山。宋祥興元年，會稽唐珏等以玉函葬宋六陵骨於此。

木客山。在山陰縣西南二十七里。水經注：浙江逕木客村，耆彦云，句踐使工人伐榮楯，欲以獻吴，久不得歸，工人憂思，作木客吟，後人因以名地。

柯山。在山陰縣西南三十五里。上有石佛，高十餘丈，下有水曰柯水。

項里山。在山陰縣西南三十里。世傳項羽流寓於此。

棲山。在山陰縣西南九十里。越王句踐於此棲兵。一名越王峥。

越王山。在山陰縣西南一百二十里。昔越王嘗棲兵於此，今其上有走馬岡、伏兵路、洗馬池、支更樓故址。相近爲青化山，上有石屋，有龍湫，麻溪水環於山麓。連麓者，相傳浮丘公煉丹於此巔，有丹井，爲浮丘山。

牛頭山。在山陰縣西六十五里，與蕭山接界。唐天寶間改名臨江山。有石疏理中通，入水則浮，名浮石，明王守仁改名浮峯。

塗山。在山陰縣西北四十五里。相傳即禹會諸侯處。又相近有西余山，一名西扆，謂禹負扆朝諸侯處。

蜀阜山。在山陰縣西北五十里。一名獨婦山。越絶書：獨婦山者，句踐將伐吴，徙寡婦置獨山上，以爲死士示得專一也。又舊經云：山自蜀飛來，帶兒婦二十餘人，善織美錦，自言家在西蜀，故名蜀阜山。

白洋山。在山陰縣西北五十里。舊名烏風山。瀕海，亦名龜山。南麓舊設白洋巡司。

梅山。在山陰縣北十八里。一名巫山。越絶書：越䰠神之官，死葬其上。縣志：漢梅福居此，故名。下有泉名子真泉。

下馬山。在山陰縣北二十五里。相傳秦始皇東巡，息駕於此，故名。山有石如蟾，亦名蟾山，俗名蝦蟆山。兩崖夾水，石骨横亘水底，曰石檻。

玉山。在山陰縣北三十里。兩崖對峙，唐貞元元年，浙東觀察使皇甫政鑿此山置閘八，以洩府境及蕭山縣之水出三江口入海。

石城山。在山陰縣東北三十里。范坰吴越備史：乾寧三年，錢鏐討董昌攻石城，去越三十里。即此。今山下爲石城。

土城山。在會稽縣東六里。越絶書：越王得西施教習於北壇利丘里土城，三年而獻吴。亦名西施山。

葛山。在會稽縣東十里。相傳句踐種葛處。

箬簣山。在會稽縣東十二里。舊經云：秦始皇東遊於此，供芻草。俗呼遶門山。

石帆山。在會稽縣東十五里。水經注：射的山北則石帆山，山東北有孤石，高二十餘丈，廣八丈，望之如帆，因以爲名。

稷山。在會稽縣東五十里。隋書地理志：會稽縣有稷山，舊名稶山，相傳越王種菜於此。後漢謝夷吾爲稶鄉嗇夫，即此。越絶云句踐齋戒臺也。梁載言十道志：一名棕山。山之東南有義峯，峯頂有黑白二龍池，土人於此禱雨。

銀山。在會稽縣東五十里。無草木，産銀砂。

嵺山。在會稽縣東七十里。高鋭如削，一名蒿尖山。下臨舜江，與上虞縣接壤。相傳漢駱夫人學道，於此昇仙，有石室、石井、丹竈存焉。

會稽山。在會稽縣東南十二里。周禮職方氏：揚州鎮山曰會稽。山海經：會稽之山四方，其上多金玉，其下多砆石，勺水出焉。越絶書：禹到大越上茅山，大會計，爵有德，封有功，更名茅山曰會稽。史記：秦始皇三十七年，出遊上會稽，祭大禹，望於南海，而立石刻頌秦德。輿地志：會稽山，一名衡山。其山有石，狀如覆鬴，亦名覆鬴山。水經注：會稽山，古防山也。又曰棟山。越絶云棟猶鎮也。隋書：開皇十四年，詔以會稽山爲南鎮。道書：山周三百五十里，有陽明洞，爲第十一洞天。

宛委山。在會稽縣東南十五里，會稽山東三里。上有石匱，壁立干雲，升者累梯而上。十道志：石匱山，一名宛委，一名玉笥，一名天柱。昔禹得金簡玉字於此。遁甲開山圖云，禹治水至會稽，宿衡嶺，宛委之神奏玉匱書十二卷，禹開之，得赤珪如日，碧珪如月，是也。

寶山。在會稽縣東南二十五里。一名上皋山，以北接下皋山而名。宋攢宫在焉。

犬亭山。在會稽縣東南三十里。舊經、越絶書並云句踐畜犬獵南山白鹿，即此。一名犬山，一曰狗山，又名吼山。石壁峭削百餘仞，又有石笋高數十丈，俱以採石鑿成。山北岸有小阜曰曹山，玲瓏若户牖，積水成潭，移舟可入。

赤堇山。在會稽縣東南三十里。歐冶子爲越王鑄劒處。一名鑄浦山。越絶書「赤堇之山，破而出錫」是也。旁有井，亦以歐冶名。

秦望山。在會稽縣東南四十里。水經注：山在州城正南，爲衆峯之傑，陟境便見。史記云：秦始皇登之以望南海。自平地以取山頂七里，懸磴孤陁，徑路險絶。

何山。在會稽縣東南四十七里，西與雲門山相接。以何子季居此得名，山勢峻絶。

静林山。在會稽縣東南五十八里。其西有銅牛山，相傳越王鑄冶處。水經注：銅牛山有銅穴三十許丈，穴中有大樹神廟，山上有治官。

諸葛山。在會稽縣東南六十里。高數十仞，周五十里，其尖如斛，亦名石斛尖山。有懸流百丈下注，其聲如雷。旁有鷹嘴巖，高數十丈，上多鷹巢。

巖口山。在會稽縣東南七十里。下有九井，深不可測。巔有巨石如塔，高險不可登。山東有石洞，寬廣如屋，可容數十人。

穀米山。在會稽縣東南七十里。十道志：舜嘗耕此山，天降嘉穀，故名。

太平山。在會稽縣東南七十八里。晉謝敷隱居山中十餘年，以親老還若耶。孫綽有太平山銘。按：太平山有三，一在會稽，一在餘姚，一在上虞。上虞之山，一名傘山，惟餘姚之山最著。謝敷所隱屬會稽，屬餘姚，抑或屬上虞，俱未詳何縣，今繫於此，從舊志也。

射的山。在會稽縣南十五里。賀循會稽記：山半有石室，是仙人射堂。東高巖有射的石，遠望山的，如射侯形，圓如鏡，土人常以占穀食貴賤，的明則米賤，昏則米貴。諺曰：「射的白，斛一百；射的玄，斛一千。」

白鶴山。在會稽縣南十六里。山側有石室，砥平可容數十人。又名箭羽山。

雲門山。在會稽縣南三十二里。亦名東山。齊永明中，何子季去國子祭酒，還東山隱居教授。梁天監四年，選學生往雲門，從子季受業。山之南爲刺涪山，陰壁亢立，盛夏爽然如秋，亦名明覺山，蓋明覺寺基也。頂有池不涸。

若耶山。在會稽縣南四十四里。元鼎六年討東越，越侯爲戈船下瀨將軍，出若耶。齊明帝末，何子季隱居若耶山，山發洪水，樹石漂没，其室獨存。寰宇記：若耶山，葛玄所隱，山下有壇。

刻石山。在會稽縣西南七十里。一名鵝鼻山。自諸暨入會稽，此山最高。水經注：秦始皇刻石尚存山側，丞相李斯所篆也。

豐山。在會稽縣東北六十二里，⿰山豪山西北，臨曹娥江。中和四年，錢鏐破劉漢弘將朱褒於曹娥埭，進屯豐山，即此。

鹿池山。在會稽縣東北。水經注：鏡湖水自東北注江通海，水側有白鹿山。又湖北有三小山，謂之鹿野山。按：吴越春秋，乃越之麋苑也。相距二里有少微山，宋職方郎齊唐隱居之所。

鳳凰山。在蕭山縣東三十里。一名慈姑山。石崖之間，有望夫石。

峽山。在蕭山縣南三十里。兩山相夾，亦名前峽山、後峽山。又金雞影山，在縣南六十里，亦名峽山。八面向江，有雞籠石。

石巖山。在蕭山縣西南十二里。其形如獅，亦名獅子峯。頂有香泉。

糠金山。在蕭山縣西南十八里湘湖中。日照其上，彩灼如細金。又有摩烏山，東方朔神異記：亞夫斷蕭山南嶺，將摩於烏江。蓋江東以擲爲摩云。又荷山，俱在湖中。

虎爪山。在蕭山縣西南五十里。下臨大江，與錢塘、富陽分境。山勢迴環盤薄，踞峙江濱，其南與浦江、諸暨諸山相聯絡。

龍門山。在蕭山縣西南八十里。兩山對峙，上有龍湫。一名大洪山。

大山。在蕭山縣西南九十里。盤亘深遠，一名長山。其南最高者曰鏡臺山，一名白石山，又名筆架山。晉許詢修煉之所，有玄度巖、仙人洞，草木皆香，可療疾，又曰百藥山。濱江而北九里有州口山，相傳錢鏐嘗欲置州於此。

蕭山。在蕭山縣治西。漢書地理志：餘暨縣蕭山，潘水所出。寰宇記：山在縣西一里，又名西山，有林泉之勝。唐以此名縣。按：舊志，晉許詢於此憑林築室，有蕭然自適之趣，故又名蕭然山。但蕭山名早見漢志，則其名不始於詢。本朝乾隆十六年，高宗純皇帝南巡，有御製蕭山道中作詩。

城山。在蕭山縣西九里。中卑四高，宛如城堞。相傳句踐保此以拒吳，亦名越王城，又曰越王臺。李白詩「西陵拱越臺」，謂此。其前兩峯對峙，亦謂之馬門。山半有池曰洗馬泉，產嘉魚。

冠山。在蕭山縣西十七里。山形如冠，有泉甚甘美。

連山。在蕭山縣西二十里。長岡九里，相傳秦始皇欲置石橋渡浙江，今山下有石柱數十，列於江際。亦名青山。

翠嶂山。在蕭山縣西二十五里。一名夏駕山。水經注：西陵湖東有夏架山。即此。多莃草，可織席。

北幹山。在蕭山縣北一里。晉許詢家於此山。其巔曰玉頂峯，今名四望臺，山麓有幹泉。

去虎山。在蕭山縣北五里。山有虎子坳，相傳宋景德中，有猛虎常傷人，一夕負子渡江西去，縣令杜守一因名其山。

茌山。在蕭山縣東北十里。相傳越王種茌於此。俗呼長山。

洛思山。在蕭山縣東北三十二里。山下有朱室塢。水經注：句踐百里之封，西至朱室。即此。

龕山。在蕭山縣東北五十里。其形如龕，下瞰浙江，與赭山對峙。其西有小山，名鼈子山，江出其間，曰鼈子門，亦曰海門，爲錢塘之鎖鑰。明嘉靖中，參將湯克寬大敗倭寇於此。舊有龕山寨。

赭山。在蕭山縣東北五十里。其地爲南沙聚處稠密之區。按：赭山向歸海寧州管轄，嘉慶十六年改屬蕭山。

五岫山。在諸暨縣東六十里。峯巒秀出者五，與會稽山、雲門山相連。

鐵崖山。在諸暨縣東六十里。岡巒澗壑，盤紆數里。上有二峯，一峯名柯公尖，有龍湫，一峯巖石峻立，色如鐵。元末楊維楨居此，因以爲號。

寶掌山。在諸暨縣東南四十五里。一名千歲巖。唐貞觀中，寶掌禪師開巖於此。中有石室，可容百餘人。

東白山。在諸暨縣東南九十里。高峻爲縣境諸山冠，與嵊縣接界。詳見下。

苧蘿山。在諸暨縣南五里。吴越春秋：句踐得苧蘿山鬻薪之女曰西施。註：「在諸暨南五里。」一名蘿山，下臨浣江，江中有浣紗石。按：後漢郡國志引越絶書云：「蕭山，西施之所出。」今蕭山亦有苧蘿山、西施里。

句乘山。在諸暨縣南五十里。國語：「句踐之地，南至於句無。」韋昭注：「諸暨有句無亭。」括地志謂即句乘山。山有九層，亦名九層山，俗呼爲九乘山。

石鼓山。在諸暨縣南五十里。山下盤石如鼓，扣之有聲，多産黄精、白术、竹箭。

金澗山。在諸暨縣南六十里。下有坑，宋、元間嘗産金如糠粃，命官淘採鎔鍊無成。明永樂四年，遣行人驗視，無冶鑄跡，亦罷。

五指山。在諸暨縣西南六十五里。山形如指，豐江繞其東北。明初依此山築諸全州新城。

石柱山。在諸暨縣西南七十里，接金華府浦江縣界。上有石柱，水發其南者爲南源，西爲西源。

長山。在諸暨縣西一里。南北長十餘里，高千餘丈，其頂平博，有石室可坐百人，一名陶朱山。北有戚家嶺，一曰七岡，中爲桃花嶺，南爲范蠡巖，相傳蠡嘗居此。

五洩山。在諸暨縣西五十里。水經注：洩溪中道有兩高山夾谿，造雲壁立，凡有五洩，洩懸三十餘丈，廣十丈。中二洩不可得至，登山遠望，乃得見之。下洩懸百餘丈，水勢高急，聲震水外。上洩懸二百餘丈，望若雲垂。此是瀑布，土人號爲洩也。舊志：五洩山泉，沿歷五級，下注溪壑，山連亘深遠，有十六峯、二十五巖，洞谷溪澗之屬，不可勝紀。俗名小雁蕩。西接浦江、富陽二縣界。

雞冠山。在諸暨縣西五十里。王象之輿地紀勝：山形如雞冠，出奇石，其文若星月花獸。上有玉女冢。

漁櫓山。在諸暨縣北二十五里。特峙兩江之中，爲縣後鎮。

銀冶山。在諸暨縣北三十里。唐書地理志：諸暨縣有銀冶。

杭烏山。在諸暨縣北七十五里。聳拔霄漢，疊嶂七十有二，中一峯特高，風雨晦冥，常聞樂聲，號鼓吹峯。

羅壁山。在餘姚縣南十八里。明統志：山有漢虞國墅，襟帶溪山，巖谷大勢，具體金谷。晉郗愔爲會稽内史，因卜居焉。

大蘭山。在餘姚縣南八十里。相傳劉綱夫婦於此仙去。其南與四明山相接，東有九曲、分水諸嶺。唐咸通初，王式討裘甫，擒之剡縣，餘黨逸入大蘭山，諸將追獲之，即此。

四明山。在餘姚縣南一百十里。詳見「鄞縣」。

塢山。在餘姚縣西南十二里。舊經云：支道林居剡，每遠來塢山。或問之，答曰：「謝安石昔來見就，輒移旬日。今舉目觸情，不覺欣賞。」

烏膽山。在餘姚縣西南三十里。山峯特高，航海者視爲指南。

東明山。在餘姚縣西南五十里。亦名東山，爲四明水口。

白水山。在餘姚縣西南六十里。山壁峭立，有泉四十二道，投空而下，是曰白水。其嶺亦名瀑布嶺，爲四明山之西趾。

太平山。在餘姚縣西南八十里，與上虞縣接界，東連四明。其形如繖，一名繖山。餘姚江源出此。其相連者曰菁山，姚江初出，亦名菁江，以此。

龍泉山。在餘姚縣治西。一名靈緒山，一名嶼山。三峯挺秀如畫，南俯姚江。有泉雖微不竭，謂之龍泉。

吴女山。在餘姚縣西三十八里。舊名峨眉山，唐天寶六載改今名。

姜山。在餘姚縣西五十里。上有五峯，曰金雞、蛾眉、積翠、凌雲、白馬。下有姜女泉，廣不及丈，不盈不竭。

風山。在餘姚縣西北五里。唐書地理志：餘姚縣有風山。舊志：今訛爲豐山，上有東、西二峯。

東山。在餘姚縣西北四十里。山下有汝仇、余支二湖，環數十里。

歷山。在餘姚縣西北六十里。舊經云：越有歷山、舜井、象田，以舜之餘族封於餘姚，故子孫像舜以名之。又縣西北六十里有姚丘山，即舜餘族所封。按：蘇鶚演義云，歷山有四，一河中，二齊州，三冀州，四濮州。要當以河中爲是。

祕圖山。在餘姚縣治北。山高丈許，周廣十步。本名方丈山，唐天寶六載改今名。舊經謂神禹藏祕圖之所。

勝歸山。在餘姚縣北三里。相傳晉劉牢之勝孫恩，還屯於此。

陳山。在餘姚縣東北十里。高千餘仞，少石饒草木，遠望卓削，至其巔則平正。本嚴光故里，有墓在焉，亦名客星山，下有嚴陵塢。

石匱山。在餘姚縣東北二十二里燭溪湖中。三面皆水，自高山望之，正方如匱，上有烽堠。又南二里爲梅梁山，梅溪水自其西出。

孤山。在餘姚縣東北二十八里。南臨燭溪湖，四峯高秀。前有漲沙墩，浮出湖中，水溢不没。

繆家山。在餘姚縣東北三十里。山甚高，西南陡峻不可登，北上則平坦，上有池廣數丈，自山而東，羣峯綿延，數里不絶。

滸山。在餘姚縣東北三十八里。山下爲三山所。又東爲彭山、匡山，去縣四十里。

游源山。在餘姚縣東北四十里。游涇之水出此，中多大谷，人跡罕到。

仙居山。在餘姚縣東北六十里。山高聳，狀類栲栳，亦曰栲栳峯。居人每望其雲氣以驗晴雨。

䶂山。在上虞縣東十里大查湖中。又西䶂山，在縣西二十里，曹娥江西岸。

釣臺山。在上虞縣東南五里。下瞰深潭，云葛洪釣處。又縣南七里，西溪湖之陰，亦有釣臺山，相傳陶隱居常乘槎垂釣。

鳳鳴山。在上虞縣東南十餘里。下有鳳鳴洞，高濶丈餘，深數十丈，雙崖峭聳，懸石若墜，飛泉噴瀑，若冰柱水簾。

長者山。在上虞縣南二里。宋周元吉居嘗賑突不煙者，鄉人德之，遂以名山。

百樓山。在上虞縣南十里。高五里，爲縣屏障，亦名百雲山。山半平地，廣數十畝，其最高者曰大雷尖。

四明山。在上虞縣南四十里。見嘉泰志。

昇相山。在上虞縣南四十里。壁立千仞，奇峭萬狀，山巔有瀑布泉，長百丈，下注成潭。其別隴爲圓山，上有前廣湖，下有蚌湖，俱可溉田。

寶蓋山。在上虞縣南四十里。中高旁低，其形如蓋，每春秋之季，雲霧常成五色。迤南而東，有兩石倚山，參差並立，高數十丈，名雙笋石。

覆卮山。在上虞縣南五十里，與太平山相連。宋謝靈運嘗登此山，飲罷覆卮山上。今存一石竅，大旱不涸，呼爲龍眠窟。

黝山。在上虞縣南六十里。旁多岡隴環繞，數峯插天，中爲龍潭三所，其泉自下而上而中，噴瀑飛灑，聲如雷霆。

金罍山。在上虞縣西南二里。相傳漢魏伯陽著參同契於此。旁有丹井，晉太康中，浚井得金罍，故名。

銅山。在上虞縣西南二十五里。兩峯迴抱，名上石、下石，舊産銅。有流泉數道，匯爲銅山湖，周二里。

西莊山。在上虞縣西南四十里。舊志：相傳葛仙翁嘗隱此，有石窟如臼者五，下有洗藥溪，水底石如碎丹砂，澄澈不受纖塵。

龍塘山。在上虞縣西南四十里。一名鵝鼻山。有上下二潭，上潭泉脈不竭，下潭多枯，歲旱祈禱有驗。

象田山。在上虞縣西南四十里。周四十餘里，山勢峻險，路多屈曲。俗呼小天台。南有舜井。

東山。在上虞縣西南四十五里。巍然特出，衆峯拱抱，登陟幽阻，至其巔則軒豁呈露，萬峯林立，煙海渺然。晉謝安所居，旁有薔薇洞、洗屐池，相傳安攜妓遊宴之所。按：東山因謝安名者三，一在臨安，本傳云嘗坐石室，臨濬谷，悠然歎曰「此與伯夷何遠」是也。一在金陵，本傳云及登台輔，於土山營墅，樓館林竹甚盛。建康志：安故居會稽東山，後入朝，乃於此營築以擬之。一在始寧，東山乃其故居。孫盛晉陽秋云：安家於會稽上虞縣，優游山林六七年間，徵召不至。正指此山也。

嶀山。在上虞縣西南五十里。水經注：浦陽江又東北逕始寧縣嶀山之成功嶠，嶠北則嶀山，與嵊山接。二山雖曰異縣，而峯嶺相連。

壇讌山。在上虞縣西南五十里。水經注：成功嶠西有山，孤峯特立，飛禽罕至，嘗有採藥者沿山見通溪，尋上，於山頂樹下有十二方石，地甚芳潔。還復更尋，遂迷前路。言諸仙之所醮讌，故以壇讌名山。舊志：山下有鹿花溪。

雙碁山。在上虞縣西南五十里。俗傳仙人對弈於此。下有雙湖，其嶺三面皆石壁，峭險天成。

蘭芎山。在上虞縣西北二十八里。一名蘭風山。水經注：上虞縣南有蘭風山。緣山之路，下臨大川，皆作飛閣欄干，山有三嶺，枕帶長江，葛洪遯世居之，基井存焉。瑯琊王方平性好山水，垂釣於此。舊志：其地與餘姚之石堰俱爲海浦要地。

龍頭山。在上虞縣西北三十里，東連蘭芎，西瞰娥江。石勢險阻，江湖嚙其趾。宋紹興中，鑿磴道以便往來。山有九彎，迢遞七八里。一名九龍山。

夏蓋山。在上虞縣西北六十里。一峯崒嵂，高出天半，其形如蓋。一名夏駕山，相傳神禹曾駐於此。上有龍潭，嘗興雲雨，南臨夏蓋湖，北枕大海。

五癸山。在上虞縣北十里。五峯羅列，屏擁縣治。

伏龍山。在上虞縣北三十餘里。巔有巨石，横四丈有奇，世傳吳越公主墓。

羅巖山。在上虞縣東北七里。丹崖翠壑，雄冠羣山。上有龍眼泉，亦名龍潭。

蓮峯山。在上虞縣東北十里。峭崒峻拔，狀如蓮花，亦名蓮花峯。

剡山。在嵊縣治後。北峯名星子，四山迤邐，孤岑獨出。稍下名白塔，支隴延袤十數里，俗傳秦始皇東遊，使人劚此山以洩王氣，今山南剡坑是也。其南二里爲鹿胎山，縣治跨其麓，宋朱子登眺其上，題曰「溪山第一」。

艇湖山。在嵊縣東五里，剡溪之左。上爲塔山，山下有子猷橋，訪戴處。

嵊山。在嵊縣東三十四里。水經注：山下有亭，帶山臨江，松嶺森鬱。按：宋書張稷爲剡令，至嵊亭生子，名嵊，字四山。「嵊」之爲字，蓋取四山相合，如乘馬、乘雁之義。

卧龍山。在嵊縣東四十里。脈自四明西來，中多名勝，凡二十七所。又東十里，即四明之西麓也。

車騎山。在嵊縣東四十七里。舊經云：晉車騎將軍謝玄爲會稽内史，常於此山立樓居止，因名。

動石山。在嵊縣東五十里。下臨溪，溪中有巨石，天將雨，石必先動。又石鼓山，在縣東五十里，甚秀麗。

金庭山。在嵊縣東七十里。舊名桐柏山，上有金庭洞，道書以爲第二十七洞天。高萬五千丈，周四十里，天台華頂之東門也。真誥云：下有丹池、赤水，夏侯曾先地志云：越有金庭、桐柏，與四明、天台相連。唐裴通記云：剡中山水，金庭、洞天爲最。天寶六載，改名丹池山。

三峯山。在嵊縣東七十里。三峯峭拔，中有龍池，旁有東林嶺。

姥山。在嵊縣南十五里。林木蒼翠，剡之南望也。山外爲新昌縣境。

貴門山。在嵊縣西南七十里。峯嶂干雲，壁立萬仞，中一峯尤高聳，有三泉迸石穴，曰三懸潭。本名鹿門山，宋朱子改今名。又十里有九州山，登之可見千里。

象駱山。在嵊縣西五里。出剡山之右，形如象駱。

瞻山。在嵊縣西四十里。挺然秀峙，下有帛道猷、滌中澗。

鹿苑山。在嵊縣西六十里。山自小白山南來，巔有石穴，泉水噴湧，流至山半，名丹竈泉。又流一里許，石崖壁立，懸瀑下注，匯爲龍潭。

太白山。在嵊縣西七十里。爲縣治西障，絶高者爲太白，次爲小白，連跨三邑，在嵊曰西白，在諸暨曰東白，在東陽曰北白。高似孫剡録云：峻極崔巍，吐雲納景，趙廣信昇仙處也。一名太平山，又名岑山。上有瀑布，即水經注之白石山。

紫巖山。在嵊縣西七十里。有巖，上接雲霄。

石門山。在嵊縣西北二十五里。有石洞、龍湫、沸泉諸勝。又縣西北九十里亦有山名石門，兩石峭立如門，謝靈運有登石門最高頂及夜宿石門詩。

五龍山。在嵊縣西北四十里。巖壑奇勝。又真如山，在縣西北五十里，與五龍山並産茶。

餘糧山。在嵊縣北十五里。以山産禹糧石而名。一名了山，下有了溪，言禹功終於此也。

謝巖山。在嵊縣北三十里。山隩深峭，有巨澗湍激，相傳謝靈運嘗遊此。

嶀山。在嵊縣北四十五里。水經注：嶀山與嵊山接，二山雖曰異縣，而峯嶺相連，其間傾澗懷煙，泉溪引霧，吹畦風馨，觸岫延賞，是以王元琳謂之神明境。輿地志：自上虞七十里至溪口，從溪口溯江上數十里，兩岸峭壁，勢極險阻。下爲剡溪口，水深而清，謂之嶀浦。嶀浦之水，皆源自會稽，經山峽中，由此入剡，故有水口之名。

簟山。在嵊縣東北三十里。山勢平如鋪簟。又相近有花山，怪石奇松，宛然圖畫。下臨碧溪，行舟如織，漁樵歌唱，遠近相應。

孟塘山。在新昌縣東十里。宋黄度建愛山亭於上。

沃洲山。在新昌縣東二十五里。高百餘丈，周十里。北通四明山，下統大溪，與天姥對峙，道書以爲第十二福地。有放鶴峯、養馬坡，相傳支遁放鶴養馬處。唐咸通初，裘甫作亂，據此爲寨，王式遣兵拔沃洲寨，即此。又東岇山，在縣東南四十里。支遁嘗居此。世説「遁採藥往剡東岇山」是也。

山背山。在新昌縣東三十里。四面相距四十里，旁皆峻嶺，嶺之外環以大溪。又名鰲峯。其相接爲寒雲千疊山，四面層崖，地氣高寒，夏多挾纊。又東五里爲劉門山，下有採藥徑，相傳劉晨、阮肇採藥處，有劉阮祠。沿溪而上，有阮公壇。

天姥山。在新昌縣東五十里。高三千五百丈，周六十里。脈自括蒼山，盤亘數百里，至關嶺入縣界。東接天台華頂峯，西連沃洲山。寰宇記：登此山者，或聞天姥歌謡之聲，道書以爲第十六福地。其最高峯曰撥雲尖。西五里爲蓮花峯，高二千五百丈，周三十里。

雪溪山。在新昌縣東八十里。高五百餘丈，周二十里。攢峯數重，其地陰寒多雪，山中有溪流盤繞，謂之雪溪，亦剡溪上源也。

書案山。在新昌縣東南二里。一名五山。五峯相連如貫珠，在學宫之前，儼如書案，降而平衍爲縣治。

九巖山。在新昌縣東南三十五里。柘溪水所出，山下有蒙泉井。

黄柏尖山。在新昌縣東南百里。高二千五百丈，周八十里，登之可見東海，一名望海岡，接寧海縣界。

南明山。在新昌縣南四里。本名石城山，吴越時改今名。危巖攢簇，石壁千仞，天台之西門也。自石牛鎮而入，有紫芝、天井、月峽諸勝，又有夾溪塘、白巖塢、隱岳洞，宋朱子建濯纓亭其上。

彩煙山。在新昌縣南八十里。四面險峻，山巔平衍。

鼓山。在新昌縣西五里。一名屏山，巍然突起，横截水滸，有泉池可溉田。

南巖山。在新昌縣西南二十里。山巖陡險，皆沙石積成，如築牆狀。世傳大禹治水東注，積沙成巖，瀑布懸流，半壁有釣磯，俗傳任公子垂綸處。

遁山。在新昌縣西四十里。綿亘二十餘里，有支遁故居。

穿巖山。在新昌縣西五十里。有十九峯，接嵊縣界。其上寬平，有泉有田，中峯有一圓竅，東西通，故曰穿巖。

古博嶺。在山陰縣西南四十五里。羣峯交峙，中通一徑，俗呼虎博嶺。又有駐日嶺，在縣西南八十里，頗深險，與諸暨縣分界。

古城嶺。在山陰縣西五十里。越王允常築城處。

刑塘嶺。在山陰縣西五十五里。會稽志云：防風氏其身三丈，刑者不及，禹乃築高塘刑之，故曰刑塘。

陶宴嶺。在會稽縣東南四十里。舊經云陶弘景隱於此山。

日鑄嶺。在會稽縣東南五十五里。產茶極佳。

陽塘嶺。在諸暨縣西五十里，接浦江縣界。嶺下有兩山相向，宋置陽塘關於此。

桃花嶺。在餘姚縣南二十里。

清賢嶺。在餘姚縣西南三十里。以謝安、許詢、支遁嘗往來，故名。

鑄瀉嶺。在上虞縣南五十餘里。相傳舊嘗鑄錢於此。稍西南爲官符嶺，四面壁立千丈。上有白龍潭。

孝聞嶺。在上虞縣北十里。相傳漢包全居此，有女以孝聞。

東林嶺。在嵊縣東七十里。壁立數百丈，不可攀躋，用梯銜以度。

陳公嶺。在嵊縣東七十里。本名城固嶺，宋時縣令陳著代去，民攀送至此，因名。嶺陡峻難行，明宣德初鑿石修砌，凡二十餘里，漸爲坦途。

大崑嶺。在嵊縣西八十里。高數百丈，山峽險逼，下爲絶壑，以木爲棧，宛如蜀道。

清風嶺。在嵊縣北四十里。舊多楓木，本名青楓嶺，巖石峻險，下瞰剡溪。宋臨海王烈婦死節於此，因易今名。

關嶺。在新昌縣東南七十里，與天台接境。宋末元兵追二王急，天台民徐姓率鄉兵拒此。

黄罕嶺。在新昌縣北五十里，西去嵊縣七十里。唐王式敗裘甫於寧海之南陳館，甫自黄罕嶺遁入剡縣，王式就圍之，即此。

蘇木嶺。在新昌縣東北九十里。五季時，劉萬户、董彦光破馮輔卿於此。

斗子巖。在諸暨縣南四十里。形高如斗，峻不可上，即胡德濟敗張士誠兵處。

碧山仙洞。在山陰縣西北四十八里。洞口如井，北通巨海，深不可測。

白雲洞。在嵊縣東七十里，與金庭山相近。相傳王子晉仙去後，主治天台華頂，號白雲先生，往來金庭之間。今山下有白雲祠。

穿山洞。在嵊縣南三十里獨秀山下。洞口幽窄，俯入丈許，虚敞可容百餘人。歷階而下，有澄泉深不測。亦名桃源洞，以山在桃源鄉也。

海。在山陰縣北四十里。西自蕭山縣東北，與海寧州南北接界，逾府而東，亘會稽、上虞、餘姚三縣北境，又東接寧波府慈谿縣界。其北俱與嘉興、海鹽縣接界。曹娥、錢清、浙江三水所會，謂之三江海口，在山陰縣西北五十里。海防考：三江港口，直通大洋，最爲險要。餘姚之北有臨山港、泗門港、勝山港，皆汛守重地。海中之山六，曰西霍山、黄山、勝山、長横山、扁礁山、毬山，礁二，曰笈杯、曰柴排，臨、觀二衛必備之險也。

浙江。在蕭山縣西十里。自富陽縣流入，與錢塘縣接界。又北接海寧州界，又東北入海。其東西渡口曰西興、漁浦，爲往來之要津。詳見統部内。

錢清江。在山陰縣西北四十五里。舊志：上流即浦陽江，一名豐江，自金華府浦江縣流入諸暨縣界，東北流合義烏溪，又六十餘里，合諸溪澗水，是爲上西江。又與東江合，謂之浣江。又十里許，經諸暨縣城南一里。又東北至茆渚潭，復分爲二江，其正流名下東江，其西爲下西江。分流七十餘里，至三江口復合一，名兩江，又名大江。又北流二十里，至府西南百里之紀家匯，繞府境，謂之錢清江，以東漢太守劉寵受父老一錢事而名，亦謂之西小江。舊自紀家匯西北流至蕭山縣南三十里之臨浦，注山陰之麻溪，北過烏石山，曰烏石江。又東北至蕭山縣東十五里，九折而東，復入山陰縣界，經錢清鎮以入海。明天順初，知府彭誼以江水泛溢，築臨浦大小壩爲之内障，而江分爲二。又建白馬山閘，以遏三江口之潮，閘東盡漲爲田，自是江水不通於海。

上東江。在諸暨縣東南。源出東白山，名孝義溪。西流合開化溪，又合洪浦江，始名上東江，而會於上西江。

洪浦江。在諸暨縣東南。源出金華府東陽縣界小白峯，曰超越溪。又金澗山有下瀨溪，合流爲洪浦江，入上東江。

曹娥江。在會稽縣東南七十里。上流曰剡溪，自嵊縣北流入縣界曰曹娥江。又北入上虞縣界，一名上虞江。元和志：剡溪出剡縣西南，北流上虞縣界爲上虞江。又云上虞江在上虞縣西二十八里，北流。寰宇記：剡溪在剡縣南一百五十步。一源出台州天台縣，一源出婺州武義縣，即王子猷雪夜訪戴逵之所也，亦名戴溪。舊志：剡溪源自天台、東陽、奉化、寧海諸縣，及嵊縣境内，萬壑争流之水，四面咸湊，曲折迂迴，過嵊浦而北，至會稽縣東九十里曹娥廟前，是爲曹娥江，亦曰東小江，以别於浙江也。又北入上虞縣界，經龍山下，亦曰舜江。又西北至三江口入海。按：寰宇記「武義」應作東陽，以武義之水全注婺港入嚴灘，與剡溪曹娥江東西迥别。嘉泰會稽志云出婺之武義，西南流至東陽，入縣東北，流入上虞界。亦沿其誤。

姚江。在餘姚縣治南。源出太平山及菁山，名菁江，又名舜江。北流至上虞縣東通明壩，名通明江。復東北流爲蕙江，至餘姚縣西六里蘭墅橋南，分爲蘭墅江。又東至縣西六浦橋北，分爲後清江。又東貫兩城間，至縣東五里竹山潭，受蘭墅、後清二江。又東入寧波府慈谿縣界，爲慈谿江。境内曲折，凡二百里。

運河。自蕭山縣西西興鎮，東流經蕭山縣治北，又東接錢清江，凡五十里。又東出至府城西，長五十五里。復自城西東南出，經會稽縣界，東流入上虞縣界，接曹娥江，長一百里。皆南宋時漕渠故道也。其在上虞縣者，自縣西三十里梁湖堰流至通明壩，入姚江，横亘三十餘里。

投醪河。在山陰縣西。一名簞醪河，一名勞師澤。相傳句踐棲會稽，以酒投池，民飲其流，戰氣百倍。今合於運河。

西河。在蕭山縣治西南。通崇化諸鄉之水，北達運河。

新河。在上虞縣東北十里。舊水道北由百官渡抵餘姚菁江，南由曹娥渡抵通明江。明永樂中，以通明江七里灘阻塞，因濬新河，自縣西二里黄浦橋，分運河直抵鄭監山堰，置新通明壩，又開十八里河，直抵餘姚江口壩。嘉靖三年，復導流經城中，而黄浦迤東一帶新河，則因而不改。

南池溪。在山陰縣南二十六里。源出秦望、法華諸山。又一里有蘭亭溪，源出古博嶺，下流皆入於鏡湖。

餘支溪。在山陰縣西四十七里。鏡湖之别派也。水經注：山陰縣西南四十里有二溪，東溪廣一丈九尺，冬煖夏冷；西溪廣三丈五尺，冬冷夏煖。二溪北出行三里至徐村，合成一溪，廣五丈餘，而温凉不雜，蓋山海經所謂茗水也。

平水溪。在會稽縣東南三十五里。鏡湖三十六源之一也。唐咸通元年，浙東賊裘甫遊騎至平水東小江。又光啓二年，錢鏐討劉漢弘，將兵自諸暨趨平水，鑿山開道五百里，出曹娥埭。皆即此。胡三省通鑑注：「平水在越州東南四十餘里。」小江源出大木山，南流合於剡江。

若耶溪。在會稽縣南二十里若耶山下，北流入鏡湖。水經注：溪水上承嶕峴麻溪，下注大湖。寰宇記：若耶溪，古歐冶子鑄劒之所。唐徐浩遊此，云：「曾子不居勝母之閭，吾豈遊若耶之溪？」遂改爲五雲溪。

開化溪。在諸暨縣東南。溪有二源，皆由東陽界來，入孝義溪。

義烏溪。在諸暨縣西。自義烏縣流經縣界十里許合豐江。

五洩溪。在諸暨縣北。源出富陽山，東流三十餘里，有石瀆溪，匯諸山水流合焉。又東北入西江。

玉帶溪。在上虞縣城中。源出南山諸澗水，北流匯陽橋下入運河。明縣令鄭芸築城，鑿二渠於南門外，使東西分流，旋繞城中如帶，東入東明湖。

黄澤溪。在嵊縣東三十里。一自新昌縣之柘廉，一自四明之晉溪，合而西，又北自浦口入江。

新昌溪。在嵊縣南十里。源出天台山，經新昌縣界入潭遏港，會於上碧溪，水味獨勝。

上碧溪。在嵊縣西南二十里。自台、婺發源，亦名寶溪。又會新昌溪入剡溪。

西漁溪。在嵊縣西三十里。匯縣西四十五里之蘿松溪，合入剡溪。又剡源溪，在縣西五十里。源出諸暨縣界，東入西漁溪。

三溪。在嵊縣西五十五里。源出諸暨縣界仙家岡，衆壑奔湊，會梅溪、後溪、龔院溪三水，匯流而東，復南折入蘿松溪。唐咸通初，官軍討浙東賊裘甫於剡西，賊設伏於三溪之南，而陣於三溪之北，即此。

珠溪。在嵊縣西六十里。會諸溪水東流，剡溪之上源也。

嵊溪。在嵊縣東北三十里。一源出四明之梅坑，一源出覆卮山烏坑，會迢石溪西流入剡溪。一名黄石溪。

東溪。在新昌縣東一里。源出天台石橋瀑布，北經石笥，出青壇、沃洲。其别源出縣東八十里南洲村，北與青壇合。下流一名三溪，入嵊縣界，注剡溪。

潛溪。在新昌縣西。舊名前溪，源出馬鞍山，流經縣西十五里之後淡村，爲三溪，合流入嵊縣界。

鏡湖。在山陰縣南三里。一名鑑湖，一名長湖，又名太湖。又名慶湖，云「鏡」係「慶」之譌。舊跨山陰、會稽二縣，周三百五十八里，總納二縣三十六源之水，南並山，北屬郡城，東至曹娥江，西至西小江。其初本通潮汐，漢永和中，太守馬臻始環湖築塘，瀦水溉田至九千餘頃。又界湖爲二，曰東湖，曰南湖，南湖屬山陰，東湖屬會稽。唐開元中，賀知章以宅爲千秋觀，求周官湖數頃爲放生池，詔賜鏡湖剡川一曲，因亦名賀監湖。宋初民始盜湖爲田，熙寧間命廬州觀察推官江衍經度〔一〕，凡爲湖田者兩存之，立石柱，内爲田，外爲湖。隆興初，守臣吴芾復奏開鑑湖，請將江衍所立禁碑刊定界至。淳熙二年，復詔賀知章放生池十八頃外悉縱民耕之，湖遂湮廢。舊志：今自會稽五雲門東至娥江七十二里，舊謂之東湖。自常禧門西至小江凡四十五里，舊謂之西湖。又府東二十里曰賀家池，周四十七里，南通鑑湖，北抵海塘，即知章放生池也。府志：舊有鑑湖塘，西起廣陵斗門，東抵曹娥斗門，亘百六十里，亦謂之南塘，又謂之官塘。明嘉靖間，郡守湯紹恩改築水滸，東西横亘百餘里，遂爲通衢。

菱塘湖。在山陰縣西五十里。一名芝塘湖，廣三千七百餘畝。明洪武中築隄建閘，以積水防旱，民甚利之，今多改爲田。又有青田湖、石湖、秋湖、牛頭湖、白水湖，皆資灌溉。又狭猺湖，在縣北十五里，俗呼黄穌湖，爲舟楫要道。

回涌湖。在會稽縣東四里。相傳馬臻築塘以防若耶溪水，溪水暴湧，抵塘而迴，故名。宋書謝靈運傳：會稽東郭有迴涌湖，靈運求決以爲田。即此。

通濟湖。在蕭山縣南十里。周十里，溉田萬畝。

湘湖。在蕭山縣西二里。周八十里。本民田，四面距山，田皆低窪，山水四溢，蕩爲一壑。宋政和間，縣令楊時因以爲湖，於山麓缺處，築隄障水，溉田千餘頃。民多以漁販爲業，遂無惡歲。

落星湖。在蕭山縣西二十三里。周二十里。舊嘗有星隕此，因名。宋慶元後漸湮爲田。

西陵湖。在蕭山縣西二十五里夏駕山西。水經注：亦謂之西城湖。湖水上承妖皐溪，而下注浙江，又逕永興南。

泌浦湖。在諸暨縣東北五十里。舊周八十五里，宋時縣境有七十二湖，皆蓄水溉田，今大半佃爲平陸。

西溪湖。在上虞縣西南二里。周七里，宋令戴延興築隄七里以障之，又名七里湖。溉田二千餘頃。其水從東逕、西逕入運河。

皁李湖。在上虞縣西北二十里。唐書地理志：上虞縣北二十里有黎湖，令金堯恭所置。縣志：今皁李湖即黎湖之訛。受衆山之水，有東西二斗門，置閘，隨時啓閉，溉田萬頃有奇。

夏蓋湖。在上虞縣西北四十里。北枕夏蓋山。唐長慶中，五鄉之民割己田爲之。周百有五里，實藉白馬、上妃二湖之水，互相灌注。中有鏡潭及九墩十二山，又有三十六溝，引水灌新興等五鄉田十三萬畝，爲利甚大。宋熙寧後廢爲田，後屢復屢廢。明洪武六年，知府唐鐸悉復舊制。

上妃湖。在上虞縣西北，夏蓋湖南，白馬湖西。相傳創自東漢，周三十五里，中有弓家、印禄、佛跡諸山。水經注謂之上陂。唐書地理志：上虞西北二十七里有任嶼湖，寶曆二年令金堯恭置，溉田二百頃。會稽志有謝陂湖，在縣西北十五里，皆此湖之別名也。

白馬湖。在上虞縣西北，夏蓋湖南。一名魚浦湖。相傳創自東漢，周四十五里，三面皆山，三十六澗之水悉匯於湖。中有三山，曰癸巳山、羊山、月山。旁有溝澗，溉永豐之田四十餘頃。

大查湖。在上虞縣東北十里。受蘿巖諸山之水，周九里，溉田十六頃。其東有小查湖，周七里，溉田十五頃，與餘姚縣接界。

牟山湖。在餘姚縣西三十五里。一名新河，周五百餘頃，灌田二萬三千餘頃。有放水土門三，歇水石湫一。

汝仇湖。在餘姚縣西北四十里。廣千頃，與余支湖相通。南距山，北距海隄，其水東南入後清江。

余支湖。在餘姚縣西北五十里。周五百頃二十三畝，東、西、南三面距山，北距踰隔塘、孟家塘，與汝仇湖分界，灌田八千二百九十二頃。有土門三，石閘二。

燭溪湖。在餘姚縣東北十八里。東、西、南三面距山，惟東北一面爲湖塘。一名明塘湖，又名淡水湖。周二十餘里，湖西南一曲，又名梅澳湖，俗謂之西湖。明成化中築塘，分湖爲二，入後清江。

黄山湖。在餘姚縣東北二十五里。周百餘頃，西、南二面距山，東界附子湖，北至海塘，灌田百頃有奇，南流入後清江。

廣利湖。在嵊縣西北二十里。俗名廣利塘，三面依山，築壩瀦水爲湖，周一百五十餘畝。

蝗浦。在會稽縣東北四十里。隔岸對海寧州石墩山，爲戍守要地。明嘉靖三十五年，官軍拒倭寇於此。或以爲即邢浦。晉書：隆安四年，孫恩寇浹口，進及邢浦，去山陰北三十五里。會稽太守謝琰遣參將劉宣之擊破之〔二〕。

臨浦。在蕭山縣南三十里。即浦陽江水所經。

漁浦。在蕭山縣西南二十五里。當西陵之上游，其對岸即錢塘之六和塔，舊爲戍守處。

查瀆。在蕭山縣西南九里。一名查浦，一名祖瀆。吴志孫静傳：孫策攻王朗於固陵，不克。静説策曰：「查瀆南去此數十里，道之要徑，宜從據其内，所謂攻其無備，出其不意者也。」策便分軍夜攻查瀆道，襲高遷屯。水經注：浙江又東逕祖塘，謂之祖瀆。

槩浦。在諸暨縣北十九里。吴闔閭弟夫槩王所封，因名。

紀家匯。在山陰縣西南百里。浦陽江自諸暨縣合東西諸江經此，爲錢清江之上源。宋乾道中，朝議欲浚紀家匯，導蕭山新江達諸暨。蕭山令謝暉言，小江本以導諸暨之水，蕭山地最下，若復浚紀家匯，上流衝突，蕭山之桃源等七鄉必成巨浸。議遂格。

樵風涇。在會稽縣東南二十五里。孔靈符會稽記：射的山南有白鶴山，此鶴爲仙人取箭。漢鄭弘嘗採薪得一遺箭，頃之，有人覓箭，弘還之。問弘何所欲，弘曰：「常患若耶溪載薪爲難，願旦南風，暮北風。」後果然，故若耶溪風至今猶然呼爲鄭公風也。輿地紀勝：其地世號樵風涇，宋之問詩：「歸舟何慮遠，日暮有樵風。」

南池。在山陰縣東南二十六里。范蠡養魚之處。

墨池。在山陰縣西南二十五里。即王右軍墨池遺跡。又按宋志云：每朝廷恩命至，池水必先黑。

禹池。在會稽縣東南禹陵前。唐賀知章乞爲放生池,因名賀家池。

白龍潭。在上虞縣西三十五里。輿地紀勝:有三潭,凡祈禱者僅至下潭,已目眩股慄。

太湖潭。在嵊縣東六十里太湖山。水清潔而色似赤,舊名丹池。

三懸潭。在嵊縣西南貴門山中。四山石壁如劚,丹翠萬狀,山半泉湧如噴,潴爲三潭,最幽勝。

鹿苑潭。在嵊縣西四十五里。輿地紀勝:歲旱禱雨,投簡潭内,驟雨即止。

百丈潭。在嵊縣西五十里百丈巖下。飛瀑所注,爲爨院水口。

鄭公泉。在會稽縣東南。水經注:若耶溪東、寒溪之北有鄭公泉,泉方數丈,冬温夏涼。漢太尉鄭弘宿居潭側,因以名泉。

華清泉。在餘姚縣東北十里客星山南麓。廣僅尺咫,而泉流不竭,灌田頗廣。

禹井。漢書地理志:會稽山上有禹井。水經注:會稽山東有硎,去廟七里,深不見底,謂之禹井。

龍井。在餘姚縣治西。宋蘇軾詩:「餘姚古縣亦何有,龍井白泉甘勝乳。」

古蹟

山陰故城。今府治。吴越春秋:越王欲築城立郭,分設里閭,委屬於相國范蠡。乃擬法紫宫,築小城,周千一百二十一步,一圓三方。西北立龍飛翼之樓,以象天門;東南伏漏石竇,以象地户。陵門四達,以象八風。外郭築城而缺西北,示服事吴也。越絶書：句踐小城，山陰城也。周二里二百二十三步。又有大城，周二十里七十二步。范蠡所築也。李宗諤圖經：隋開皇中，楊素修郡城，廣四十五里，名羅城。又築子城，周十里，西北二面皆因重山爲城，不設濠塹。宋嘉祐中，守臣刁約修子城，北因卧龍山，環屬於南，西抵於堙尾，周五里有奇，後廢。今府治東有鎮東閣，即子城之正東門也。

餘暨故城。在蕭山縣西。漢置。應劭曰：「吴王闔閭弟夫槩之所邑。」水經注：永興縣在會稽東北一百二十里。漢末童謡云：「天子當興東南三餘之間。」故孫權改餘暨曰永興縣。梁書：陳慶之以功封永興縣侯。唐更名蕭山，始移今治。元和志：縣東北至越州一百里。縣志：永興縣治舊在縣西長興鄉。

諸暨故城。今諸暨縣治。元和志：縣東北去越州一百四十四里，越王允常所居。界内有暨浦諸山，因以爲名。

餘姚故城。今餘姚縣治。水經注：餘姚縣城是吴將所築，南臨江津，北背巨海。周處風土記：舜支庶所封。舜姚姓，故曰餘姚。元和志：縣西去越州一百四十五里。

上虞故城。在今上虞縣西北。漢置。水經注：縣本司鹽都尉治也，地名虞賓。晉太康地記曰：舜避丹朱於此，故以名縣，百官從之，故縣北有百官橋。亦云禹與諸侯會，事訖，因相與虞樂。二説不同，未知孰是。元和志：縣西去越州九十六里。故城西枕上虞江。府志：舊治在今縣西北四十里之百官市。唐長慶二年徙今治。

剡縣故城。在嵊縣西南。漢置。元和志：北去越州一百八十五里。漢舊縣故城，在今縣西南一十二里，吴賀齊爲令，移理今所。

新昌故城。在今新昌縣東。寰宇記：在越州東南二百二十里。唐末錢鏐割據錢塘時，以去温州之道路孔遠，人物稍繁，且無館驛，乃析剡縣一十三鄉置新昌縣。縣志：舊有土城在今城東，久廢。

漢寧舊縣。在諸暨縣。漢興平二年，分諸暨大門村爲漢寧縣，吴改吴寧縣，尋廢。今大門里即其地。

義安舊縣。在諸暨縣東北五十里。宋乾道八年置，淳熙元年廢，今爲楓橋鎮。

始寧舊縣。在上虞縣西南五十里。後漢分上虞縣置，屬會稽郡。水經注：浦陽江東北逕始寧縣西，本上虞之南鄉也。漢順帝永建四年，陽羡周嘉上書，始分之。舊治水西，常有波潮之患，晉中興之初治今處，隋初省。

剡城舊縣。在嵊縣境。唐武德四年析剡爲剡城縣，七年廢入剡縣。

苦竹城。在山陰縣西南二十九里。越絶書：苦竹城者，句踐伐吴，還封范蠡子也。水經注：其地爲苦竹里。舊志：唐時爲苦竹館。

石城。在山陰縣東北三十里石城山下。亦句踐遺跡。唐乾寧三年，錢鏐討董昌，自西陵趨石城。或謂之石頭城。

越王城。在會稽縣東南會稽山上。左傳哀公元年：吴入越，越子以甲楯五千，保於會稽。舊志：秦縣治此。

侯城。在會稽縣東五十八里。相傳無餘所都。水經注：秦望山南有嶕峴，峴裏有大城，越王無餘之舊都也。故句踐語范蠡曰：「先君無餘，國在南山之陽，社稷宗廟在湖之南。」

西陵城。在蕭山縣西十二里。舊名固陵。水經注：浙江東逕固陵城北，昔范蠡築城於浙江之濱，言可以固守，謂之固陵，今之西陵也。後漢建安初，會稽守王朗拒孫策於固陵。六朝時，謂之西陵牛埭。吴越時以陵非吉語，改曰西興。宋爲西興鎮。今爲西興埸。

錢清城。在蕭山縣東南臨浦。元末張士誠將吕珍築，跨江南北，於東西兩頭作柵爲浮城於江面，以通舟楫，尋廢。

新城。在諸暨縣西南六十里。明初，諸暨守將謝再興叛，降於張士誠。李文惠在嚴州，聞亂，親引兵馳一百六十里，遇賊於義烏，擊破之。文忠度地去舊城六十里並五指山築城以守之，賊來攻不能下。後復取諸暨，乃還舊治。

虞家城。在餘姚縣東北三十里嶼山南。相傳漢日南太守虞國居此。郡志謂國宅在治西一里虞諸山南，以此爲虞世南宅。

今有嵩城市。

嵩城。在上虞縣西北六十里。晉時孫恩攻上虞，袁崧作扈瀆壘禦之，嵩城之名始此。舊置戍守，明初置臨山衛，城遂廢。

浴龍宫。在山陰縣西郭門外虹橋北。宋理宗母家也。舊傳理宗童時，偕弟與芮浴於河，史彌遠客余天錫舟過此，夢龍負舟，驚覺視之，則兩兒也，還白彌遠。後代濟王爲帝。今橋上會龍石尚存。

飛翼樓。在山陰縣西三里。高十五丈。越范蠡所築以壓吴者。自唐以來，爲望海亭，又爲五桂亭。宋汪綱復建爲樓，自爲記。明嘉靖中改爲越望亭。

晚對樓。在府治後。宋洪邁建，取杜甫「翠屏宜對晚」之句。臨眺之際，盡得湖山之勝。

拂雲樓。在府城内卧龍山上。宋汪綱建，取元微之詩「州城繚繞拂雲堆」之句以名。

蓬萊閣。在府城内卧龍山上。五代時錢鏐建，宋王十朋有賦。元改建蓬萊堂，韓性爲記。

曲水閣。在卧龍山西麓。宋景祐間，太守蔣堂建，取蘭亭故事爲名。又有惠風閣，宋史浩建，與曲水相接，有若閣道，今爲飛蓋堂。

鎮東閣。在府治左，即舊子城之鎮東門。舊志：宋元以來，名鎮東閣。

智永書閣。在會稽縣雲門寺。永居此臨書凡三十年，所退筆頭五大簏，葬之，號退筆塚。人來乞書如市，户限爲之穿，用鐵裹之，時人謂之鐵門限。

李紳書堂。在嵊縣北龍藏寺側。紳少年肄業於此。

清白堂。在府治内。宋范仲淹建，堂側有清白泉。

清思堂。在府治内。宋趙抃有詩刻石。

飛蓋堂。在府西園。最爲遊燕勝處，宋宣和書學博士徐兢書額。

觀風堂。在府治西卧龍山東麓。宋紹興中曹泳建。

民事堂。在府治西。宋王十朋建，有賦。

鎮越堂。在府治。宋汪綱建，自作記。

讀書堂。在上虞縣西北。東漢朱侍中儁讀書處，有洗硯池。　按：郡志誤作朱買臣，不知買臣實吴人，今嘉興府也。

萬卷堂。在新昌縣南八里。宋石待旦建，堂貯書爲義學。　舊傳杜衍而下七十二人，由此登科。

秋風亭。在觀風堂側。宋汪綱記云，此亭辛幼安賦詞，膾炙人口。

白樓亭。在府城内。會稽記：種山南有白樓亭，江夏太守宋輔於此立學教授。

東亭。在府治北。古爲餞客之所，唐人如宋之問輩皆有詩。　史浩改築蓬萊館，然邦人猶謂之東亭。　又有西亭，在府治西北，唐孫逖亦有詩。

適南亭。在山陰縣北梅山頂。宋熙寧中，郡守程師孟築，陸佃爲記。

鑑湖一曲亭。在府西南常禧門外。唐賀知章宅，後爲天長觀。　宋守史浩建亭，又名懷賀亭。

蘭亭。在山陰縣西南二十七里。晉永和九年，王羲之與謝安等四十二人修禊於此，有蘭亭序。　水經注：湖口有亭曰蘭亭，亦曰蘭上里。　吴郡太守謝勗封蘭亭侯，蓋取此以爲封號。　太守王廙之移亭在水中，司空何無忌臨郡起亭於山椒。　本朝康熙三十四年，奉敕重建，聖祖御書蘭亭序，刻石立亭上。　三十七年，御書「蘭亭」二大字懸之。　乾隆十六年，高宗臨幸，有御製蘭亭即事、蘭亭恭詠皇祖撫帖御筆、蘭亭褉詠諸詩。

柯亭。在山陰縣西南四十里。會稽記：漢末蔡邕避難會稽，宿於柯亭，仰觀椽竹，知有奇響，因取爲笛，遂爲寶器。寰宇記：千秋亭一名柯亭，又名高遷亭。本朝乾隆十六年，高宗南巡，有御製題柯亭詩。嘉慶五年，守令於亭後立祠祀邕。

子敬亭。在會稽縣東南雲門山下，即王獻之山亭也。唐王勃嘗修褉於此。

麗句亭。在蕭山縣之秦君里。名勝志：唐詩人秦系所居，戴叔倫有詩。

吴越兩山亭。在蕭山縣北幹山。宋景德中，令杜守一建，元貝瓊有記。

翫江亭。在蕭山縣西興渡口。明弘治中重建，改名鎮海樓。

仇亭。漢書地理志：上虞有仇亭。水經注：仇亭在縣之東北一十里江北。

嵊山亭。在嵊縣東北嵊山下。

挾溪亭。在嵊縣西剡山頂。輿地紀勝：旁有俯山堂，溪山勝絶。

戴溪亭。在嵊縣剡溪。晉王子猷居山陰，夜雪初霽，忽憶戴逵，時在剡，便乘小舟詣之，造門不前而退。今人稱爲戴溪，邑令姜仲開建戴溪亭。

越王臺。在府城内種山東北。越王句踐登眺之所。宋汪綱復建，在卧龍山西麓。

觀臺。在府城内龜山上。一名遊臺，一名靈臺，越王句踐所建，以望雲物。又吴越春秋：句踐起離宫於淮陽，宿臺在於高平，駕臺在於成丘，立苑於樂野，燕臺在於石室，齋臺在於襟山。離宫，越絶書作離臺。淮陽，里名，在會稽縣東南二里。高平，里名，在會稽縣東十里。成丘，今安成里。樂野，今樂瀆村。石室，在會稽縣東南十里。襟山，當作稷山，在會稽縣東二十五里。又水經注：鼓吹山西有賀臺，越伐吴還而成，故名。

祭忠臺。在餘姚縣龍泉山絶頂。明正統間，王振用事，翰林侍講安福劉球上疏，死詔獄。餘姚成器與劉素不識面，率同志祭之，因名。陳俎豆之石曰祭忠臺，旁刻三大字，王守仁書。

吴越王東府。在卧龍山東麓，即府治也。吴越備史：唐乾寧三年，武肅王平董昌，改威勝軍爲鎮東軍，拜武肅鎮海、鎮東軍節度，遂有越州之地。梁開平二年，升爲大都督府，謂之東府。周廣順元年，大元帥吴越國王，即越州東府築宫室，治園圃，花卉、山石、池塘、亭苑。

宋福王府。在府東坊。宋嘉定十七年，理宗即位，以同母弟與芮奉祀父榮王，開府山陰蕺山之南，府東大池其臺沼也。

疏山軒。在嵊縣西東白山南。齊褚伯玉建。又太平館，在西白山，齊高帝建，爲褚伯玉隱居所。

活水軒。在山陰縣鏡湖上。張德麟講學之所，宋濂篆額。

日門館。在餘姚縣西南太平山。梁杜京産講學之所，陶弘景有碑。

范蠡宅。在諸暨縣西長山側。今爲翠峯寺。

鄭弘宅。在會稽縣東南若耶溪側。

孟嘗故宅。在上虞縣南一里。又東一里有還珠門，今有孟村。

陳囂故宅。在會稽縣東二里。

黄昌故宅。在餘姚縣西南一里。水經注：江水又南逕黄橋下，臨江有漢蜀郡太守黄昌宅。橋本昌創建也。

虞國故宅。在餘姚縣西。輿地志：縣西嶼山，有漢日南太守虞國宅。國在日南，愛及民物，出有雙雁隨軒，秩滿還家，雁與偕至，故有雁池。

虞翻故宅。在餘姚縣靈緒山。會稽記：昔虞翻嘗誡子孫曰：「可留江北居，後世當相繼代興。」今諸虞氏由此悉居江北也。

江彪故宅。在山陰縣東北三里。寰宇記：郭北有江橋，即彪所居之地。

孔瑜故宅。在山陰縣西南四里侯山下。水經注：侯山孤立長湖中，晉車騎將軍孔敬康少時棲迹於此。

王右軍故宅。在山陰縣東北六里戒珠寺。有養鵝池、洗硯池、題扇橋存焉。今寺右有羲之祠堂。

謝安故宅。在上虞縣西南東山，即今國慶院址。孫盛晉陽秋：安石家於上虞，優游山林六七年。即此處。又東山有孫綽宅。

謝敷故宅。在會稽縣東南五雲門外一里。或云在雲門寺東。

戴逵故宅。初在嵊縣剡源溪鄉，後徙縣西三十里桃源鄉。又縣西二十里孝節鄉，有地名逵溪，則逵别業也。

郭偉故宅。在會稽縣治東南。晉驃騎大將軍郭偉宅，今大中禹跡寺是也。

謝玄故宅。在上虞縣西南四十里。其地有車騎山，相近爲太康湖。水經注：浦陽江自嶀山東北逕太康湖，車騎將軍謝玄舊居所在。右濱長江，左旁連山，平陵修通，澂湖遠鏡，江曲起樓，悉是桐梓，居民號爲桐亭樓。

何充故宅。在會稽縣東南七十里。充嘗爲會稽内史，居此宅，後爲福慶寺。

張嵊故宅。在嵊縣西桃源鄉。

嚴維故宅。在山陰縣北長史村。又云在鑑湖。維字正文，爲秘書郎，大曆中與鄭槩、裴冕等交，宴其園宅，聯句賦詩。

賀知章故宅。在會稽縣東南五雲門外三里。唐賀知章請爲道士，以宅爲千秋觀，後改天長觀，今亦名道士莊。

陸游故宅。在山陰縣西九里三山，地名西村。游有居室記。又有書巢，游藏書處，自爲記，劍南詩稿有書巢五詠。

徐渭故宅。在山陰縣治東一里觀巷。渭手植青藤於中，藤下爲天池，今稱青藤書屋。

許詢園。在蕭山縣北幹山下。晉咸和中，捨爲崇化寺。又詢有故宅在嵊縣東孝義鄉，詢愛剡山水，自蕭山徙此。

始寧園。在上虞縣東山下。宋書謝靈運傳：始寧有故宅及墅樹，遂修營別業，傍山帶江，盡幽居之美。名勝志：東山之西一里爲始寧園，乃謝靈運別墅，一曰西莊。

小隱園。在府城西南鏡湖中。四面皆水，舊名侯山，宋守楊紘始與賓客遊而名之，中多勝蹟。

花園。在上虞縣東南一里。宋楊次山置。明嘉靖中，盧鏜軍與倭寇戰於此。

梅市。在山陰縣西三十里。相傳以梅福得名。

顧墅。在上虞縣西南，去東山一二里。梁顧歡授學處。相近有杜浦，杜京産所館。南史：京産與顧歡開舍授學於東山。即指此。

謝靈運山居。在嵊縣北五十里石門山。四面高山，迴溪石瀨，靈運有新營石門詩。

方干別墅。在會稽縣東南五里。輿地紀勝：一名方干島。干有詩：「沙邊賈客喧漁市，島上潛夫醉筍莊。」

防塢。在蕭山縣東四十里。越絶書：防塢者，越所以遏吴軍也。

尚書塢。在會稽東南三十三里。齊尚書孔稚珪之山園。

雷門。即今府城五雲門。寰宇記：句踐所立，以吴有蛇門，得雷而發，以表事吴之意。會稽記：雷門上有大鼓，圍二丈八尺，聲聞洛陽。孫恩之亂，爲軍人所破，有雙白鶴飛出，後不鳴。

窆石。在會稽縣禹陵。舊經云：禹葬會稽，取此石爲窆，上有古隸，不可讀，今以亭覆之。

禹穴。在會稽縣宛委山。禹藏書之所，唐鄭魴從事越州，大書「禹穴」二字，立石序之，元微之爲之銘。明邑令昝霦林重刻〔三〕。按：楊慎丹鉛録以蜀之石泉禹生地，謂之禹穴，不知丘壙巖穴，皆古昔藏書所名，未聞生其地而稱爲穴者。至謂李白碑刻，尤不足信。司馬遷自序明云「上會稽，探禹穴」。

梅梁。在會稽縣禹廟。明統志：梁時修廟，忽風雨飄一柱至，乃梅梁也。又按名勝志，鄞縣大梅山頂有梅木，伐爲會稽禹廟之梁，張僧繇畫龍於其上，夜或風雨，飛入鏡湖，與龍鬭。後人見梁上水淋漓，始駭異之，以鐵索鎖於柱。然今所存乃他木，猶絆鐵索，存故事耳。

曹娥碑。會稽典録：上虞長度尚弟子邯鄲淳有異才，尚使作曹娥碑，操筆而成，無所點定。其後蔡邕又題八字曰「黄絹幼婦，外孫虀臼」。寰宇記：碑在上虞縣水濱。

關隘

三江關。在山陰縣東北三十里浮山之陽。明洪武二十年，置三江所，築城周三里有奇。本朝順治十七年裁。又瀝渚關，在縣南四十里。花街關，在縣西南四十里。今廢。

平水關。在會稽縣東二十里。又蒿陡關，在縣東。二關俱明初建，收竹木之税，後革。

漁臨關。在蕭山縣東南十五里。明嘉靖十二年設工部分司駐此，凡商旅販竹木，自上江東下經富陽入小江者，悉集此抽分，後罷。

長清關。在諸暨縣西五十里，接富陽縣界。又陽塘關，在縣西南陽塘山，接浦江縣界。俱元置巡司，後廢。

臨山衛。在餘姚縣西北五十里廟山上。明洪武二十年，湯和奏徙上虞故蒿城置衛築城。周五里，今設守備駐防。

瀝海所。在會稽縣東北七十里薛家瀝。明洪武二十年置千户所，築城周三里。本朝順治十七年裁。

三山所。在餘姚縣東北四十里滸山下。明洪武二十年置三山守禦所，亦名滸山所。築城周三里。今裁，有把總防守。

白洋城。在縣西北五十里。明置巡檢司，今裁。

柯橋鎮巡司。在山陰縣西北二十五里。

曹娥壩巡司。在會稽縣東南七十里。兼管東關驛。

中村巡司。在餘姚縣。

錢清鎮。在山陰縣西五十里，接蕭山縣界。宋建炎三年，車駕自越州次錢清鎮，即此。縣志：鎮西抵杭州八十里，今置鹽課大使於此。本朝乾隆十六年，高宗純皇帝南巡，有御製錢清鎮詩。

三山鎮。在山陰縣東北四十里浮山北麓，與三江所城南北相峙，爲東海門户。明初置巡司，築城方一里，並置三江場鹽課司於此。本朝康熙三十九年裁。

纂風鎮。在會稽縣東北八十里。當會稽、上虞之界，有城周百四十丈。舊有黄家堰巡司，在縣東北六十里西匯渚，明洪武中徙瀝海所西，後又徙此，今裁。

漁浦鎮巡司。在蕭山縣西南三十里漁浦上。宋置漁寨，明洪武三年設税課局，弘治十一年設巡司，後局廢。本朝增設漁浦驛，尋亦廢。

楓橋鎮。在諸暨縣東北五十里，即故義安縣。宋開禧中辛棄疾奏置東尉司，又設楓橋驛於此。元置巡司及税課局，後廢。自鎮東北三十里出古博嶺達郡城，爲杭、紹、台、婺往來要道。

三山鎮巡司。在餘姚縣東北金家山。以蔡山、金山、破山並峙而名。舊有巡司，明洪武二十年移於縣東北六十里破山，築城周三百五十丈有奇，仍曰三山巡司，今因之。

廟山鎮巡司。舊在餘姚縣西北廟山下，名廟山寨。明洪武中設巡司，後改建臨山衛，徙司於上虞縣第五都之中堰東南，去餘姚縣六十里，仍曰廟山巡司，並築城，今因之。

眉山鎮。在餘姚縣西北四十里。舊在縣北四十里眉山北五里，元置巡司。明洪武二十年，移置於此，並築城。本朝康熙三十九年裁。

梁壽鎮。在餘姚縣西南四十里。居四明之上游，最爲要口。

梁湖鎮巡司。在上虞縣西三十里。明初置巡司，爲江潮衝圮，改設於百官驛故址，在縣西北四十里，今因之。

浦口鎮。在嵊縣東十五里。宋置浦口驛，明革，今有市。

長樂鎮。在嵊縣西七十里白峯嶺。宋宣和三年置，元設巡司，後廢。

三界鎮。在嵊縣北五十五里。又北去會稽縣百二十里。舊屬會稽縣，明初設稅課局，嘉靖十二年廢，成化中割屬嵊縣界。

彩煙鎮。在新昌縣南彩煙山下。宋置巡司，明廢。

新林寨。在蕭山縣東二十里。宋置，與西興、龕山、漁浦共爲四寨，設兵戍守，今俱廢。

管解寨。在嵊縣西北二十五里。宋紹興二十年置。元改置巡司，明初廢。

鬬嶺山寨。在新昌縣東南七十里。又四十里即天台縣。明初朱亮祖討方國珍至新昌，克其鬬嶺山寨，即此。

蓬萊驛。在山陰縣西門外。唐曰西亭，宋曰仁風，明改今名。舊有驛丞，今裁。

東關驛。在會稽縣東九十里曹娥江西岸。舊名東城，明改今名。舊有驛丞一員，雍正間改併曹娥巡檢兼管。

西興水驛。在蕭山縣西興場運河南岸。唐爲莊亭，宋曰日邊驛，後改名。今有驛丞。

姚江驛。在餘姚縣治東。本朝康熙九年歸并入縣。

曹娥驛。在上虞縣西梁湖鎮。本朝康熙九年歸并入縣。

鹽場。錢清、三江二場，在山陰縣，已見上。曹娥場，在會稽縣東曹娥市。西興場，在蕭山縣西陵城，明初設鹽課司，今并入錢清場。石堰場，在餘姚縣東二十里，舊名買納場，元至正中設鹽課司。今並置鹽大使。

皐部市。在會稽縣東南二十里。又縣東三十里有樊江堰市，宋嘗設巡檢於此。

倉塘市。在會稽縣東南七十里。有倉塘埠，明初置税課局，嘉靖十二年裁。

南沙。在蕭山縣東北五十里。向隸海寧州，嘉慶十六年改屬蕭山，今有同知駐此。

津梁

豐樂橋。在府治西。舊名拜王橋，唐末錢鏐平董昌，郡人拜謁於此。又名登瀛橋。本朝康熙二十八年重修，改今名。

題扇橋。在府城内蕺山之南。王羲之爲蕺山老姥題六角竹扇處。

渡東橋。在府城東門外。明建，陶望齡有記。

蘭亭橋。在山陰縣西南。輿地紀勝：晉王羲之修禊處。橋下水聲晝夜不絶，上有含暉亭。

虹橋。在山陰縣北十里。宋理宗少時浴於此，又名浴龍橋。

錢清浮橋。在山陰縣西北六十里錢清江。舊以木栅爲浮橋，明王禕有記。今其地爲錢清鎮。

靈汜橋。在會稽縣東二里。有石橋二，相去各十步。吳越春秋「句踐論功於靈汜」，即此。

春波橋。在會稽縣東南五里千秋鴻禧觀前，取賀知章「春風不改舊時波」爲名，今俗呼羅漢橋。

萬安橋。在會稽縣東三十里樊江廣渡菴之南。橋長二十四洞。

夢筆橋。在蕭山縣東北一里。按：俗謁以江總故宅，爲江淹所居，故有此名。

高遷橋。在蕭山縣東北五里。十道志：董襲見孫權於此。吳志「孫策入郡，郡人迎於高遷橋」是也。

太平橋。在諸暨縣東門外，跨浣江上。一名通遠橋，長三十五丈，唐大曆中建。本朝順治二年重修。

千秋橋。在諸暨縣南五十里。相傳句踐曾棲此。

通濟橋。在餘姚縣姚江上。初爲浮橋，宋慶曆中建，後燬。元再建，韓性有記。本朝雍正七年重修，長二十六丈五尺。

黄山橋。在餘姚縣治東。旁有大、小黄山，因名。

客星橋。在餘姚縣東北十五里。宋淳熙十年建，袤一百五十丈，以在嚴子陵墓側，因名，俗呼安山橋。

青雲橋。在上虞縣東三里。又名思賢橋。

合溪橋。在上虞縣西南。東、西兩溪合流於此。

南門橋。在嵊縣南門外。元末嘗設浮橋，明嘉靖中建石橋，長亘里許。

官以法治之。

古松橋。在新昌縣東二十里。當台、寧三水交衝之地。

荷湖渡。在山陰縣北三十三里。有荷湖，上通扁拖、甲蓬二閘，下接三江新閘。俗謂濠湖。周圍數里。

曹娥渡。在會稽縣東九十里。緣江而過，隔岸爲上虞。

西興渡。在蕭山縣西十二里。本名西陵，爲吴、越通津，有官舟水工二十四人，其私舟姓名亦各隸於官，有攉傾覆之患者，

隄堰

海塘。唐書地理志：會稽東北四十里有防海塘，自上虞江抵山陰百餘里。開元十年，令李俊之增修。舊志：在蕭山縣東北，浙江入海處者曰北海塘，西自縣東北十里，長山之尾，東接龕山之首，亘四十里，明洪武中築。在山陰者曰後海塘，宋嘉定間，郡守趙彦倓築，起自湯灣，訖王家浦，共六千一百六十丈。在會稽者東自縣東八十里上虞江口，西抵宋家漊山陰界，延亘百餘里。在上虞縣西北者，元大德中築，明洪武四年易以石，長千三百丈。在餘姚者，宋慶曆七年，縣令謝景初築，隄二千八百丈。慶元初，縣令施宿自縣東北上林鄉至蘭風鄉爲隄四千二百丈，中有石隄五百七十丈。元至正初，州判葉恒改築石隄，二千一百二十餘丈，東抵慈谿，西接上虞，袤一百四十里，一名蓮花塘。今自餘姚東滸山鎮，西至臨山衛六十里，土塘三道，最内一道爲老塘，即昔年海岸也，距海已遠。其外塘二道，乃民竈分築。又自臨山衛至上虞烏盆村、會稽縣瀝海所四十五里，内有石塘二千二百餘丈，本朝康熙五十八年建，乾隆三十一年加築。其在山陰縣之宋家漊等處，上虞縣之孫家渡及譚村地方柴土塘隄，俱於嘉慶十一年加築，十四年重修。其在會稽縣之塘角地方塘隄，於乾隆四十一年、四十六年重修。其在蕭山、山陰、會稽等縣之南塘，乾隆三十五年重

修。其在蕭山縣之孔家埠，嘉慶十四年改建柴塘。

昌安塘。在山陰縣東北十里昌安門外，直抵三江海口三十里。明洪武二十年築三江所城，因爲隄塘，置官舍。又西小江塘，在縣西北三十里。宋嘉定中，郡守趙彦倓築，以禦小江潮汐。

錬塘。在會稽縣東五十七里。水經注：句踐錬冶銅錫之處。

西江塘。在蕭山縣西三十里。横亘五十里。塘外爲富陽江，其上源高，受金、衢、嚴、徽及諸暨諸山之水，勢若建瓴，蕭山在其下流，賴此一帶之塘捍之。明正德十四年，鄉官錢玹發倉粟募民修築。嘉靖、崇禎年間屢壞屢修。本朝順治、康熙、雍正、乾隆年間屢修，嘉慶十四年重修。

西興塘。在蕭山縣西十里。五代時，錢鏐始築以遏海潮，内障江水。明萬曆十四年，知縣劉會重築石塘，延袤三百三十二丈。乾隆三十五年加築。

瓜瀝塘。在蕭山縣東北四十里。明崇禎初，海溢入瓜瀝，尋修築，建石塘二百餘丈。本朝康熙三年，於要害處加築石塘百丈。

大江隄。在山陰縣西南百餘里。一名臨浦壩，半屬蕭山縣。明宣德中築，以斷西江之水。

東隄。在新昌縣城東。延袤三里，宋邑令林安宅築。又後溪隄〔四〕，在縣西十里，明萬曆中築。

曹娥堰。在會稽縣東南九十里曹娥江。胡三省通鑑注：浦陽江有北津埭，今曹娥堰。舊有閘，又有斗門，宋曾公亮宰邑時置。今斗門廢而爲壩。

磧堰。在蕭山縣南三十里。明天順中開，今錢清江所經。

麻溪壩。在山陰縣西南一百二十里。明成化間，知府戴琥築以捍外水之入。萬曆十六年加石重建，下開霪洞廣四尺。

本朝康熙二十一年改洞爲三，各廣六尺。

大江口壩。在餘姚縣西南二十五里。一名下新壩，寧、紹舟航所經。本朝乾隆四十五年修，六十年、嘉慶二年重修。餘杭縣境内「岱」字等號土塘，嘉慶十六年修築。

蒿壩。在會稽縣東南七十里。以近蒿山而名，爲台、紹二府必經之道，北去上虞縣界四十里。

通明壩。在上虞縣東三里。宋嘉泰元年置，一曰通明堰。上枕運河，下通新河，商船必由於此。

中壩。在上虞縣東十里鄭監山下。宋置，亦名通明北堰。明永樂中重置，曰新通明堰。又東十八里，即餘姚之下壩。

横涇壩。有二，一在上虞縣南門外，爲附郭水利最要處，明萬曆中，縣丞濮陽傅重修甃石，後令胡思伸創爲斗門，時其蓄洩，引百雲溪水入城河。一在上虞縣東門外，新安閘南，舊有小壩，時通時塞，胡思伸造閘，仍增拓其址。

梁湖壩。在上虞縣西三十里。一曰梁湖堰，即曹娥江東岸，爲往來必由之道。風潮衝嚙，移置不常。元至元中，以潰圮重建。明嘉靖中，江潮西徙，漲沙約七里，縣令鄭芸濬爲河，移壩江邊，仍舊名。

三江閘。在山陰縣東北四十里三江所城西門外。明嘉靖中，知府湯紹恩建。凡二十八洞，名應宿閘。亘四百餘丈，蓄山陰、會稽、蕭山三縣之水。萬曆、崇禎間兩修之。本朝康熙二十一年修，嘉慶元年重修。又玉山斗門閘，在縣北三十三里。唐貞元初，觀察使皇甫政建。

扁拖閘。在山陰縣北三十里。有南、北二閘。北閘三洞，明成化十三年，知府戴琥建。南閘五洞，正德六年，知縣張煥建。

茅山閘。在山陰縣西南麻溪壩外三里。明成化中築。麻溪大小二壩，以斷西江外水之入，而上下溋湖之田苦於江潮水灌，嘉靖中始築此閘，以時啓閉。崇禎十年，邑紳劉宗周等重建。

螺山閘。在蕭山縣東南二十里。明天順中建，以禦小江之水。

永興閘。在蕭山縣西十里。舊爲大堰，外障江潮，内節運渠二百里之水。明萬曆十五年，令劉會改建石閘二座，俗名龍口閘。又長山、龕山二閘，皆在縣東北。明知府戴琥重建，今廢。

運河新閘。在餘姚縣西南。内障河水，外障江濤。又有石堰、雙河等閘，在縣東北。礶山等閘，在縣北。

孟宅閘。在上虞縣東。宋築，後圮。元至正六年，以清水閘壞，重修此閘，以洩運河之水於江。

新安閘。在上虞縣東五里包村港。明萬曆二十四年，知縣胡思伸建，瀦百雲、鳳鳴、車畈諸溪之水於潮河。閘凡三洞，每洞濶一丈餘，上爲橋以通往來，兩岸皆甃石以防衝囓，置田以資修理。

柯家閘。在上虞縣東鎮都。亦名長壩，蓄洩破岡等水，下注餘姚。相近又有韓家閘。縣志：路境夏蓋之水爲三十六渠〔五〕，渠之下流建二石閘，以便蓄洩。明洪武七年，唐鐸守會稽重修，宋濂有建柯家韓家二閘記。

陵墓

大禹陵。在會稽縣東南。會稽山本名苗山。漢書地理志：會稽山上有禹冢。皇覽：禹塚在會稽山。越絶書：禹巡狩大越，死葬會稽，葦槨桐棺，穿壙七尺，壇高三尺，土階三等，延袤一畝。府志：陵在山西北五里。宋乾德四年，詔吴越立禹廟於會稽，置守陵五户。明洪武九年，禁人樵採，設陵户二人，有司督近陵人看守，登極遣官告祭，每歲以春秋二仲月祭。本朝康熙二十八年，聖祖南巡，親詣祭告，御製謁大禹陵詩、禹陵頌，又御書「地平天成」四大字勒石陵前。

宋攢宫諸陵。在會稽縣東南二十五里寶山。凡六陵：高宗永思陵、孝宗永阜陵、光宗永崇陵、寧宗永茂陵、理宗永穆陵、度宗永紹陵。

越王句踐墓。在山陰縣南九里。

周越王允常墓。在山陰縣南十五里木客山。水經注：塚在木客村。

文種墓。在府城内卧龍山麓。水經注：文種城於越，而伏劒於山陰，越人哀之，葬於重山。

秦伊墓。在山陰縣南五里。越絶書：西大塚者，句踐客秦伊善灼龜者也。十道志：墓在龜山下。

漢馬臻墓。在山陰縣南三里。

嚴光墓。在餘姚縣東北十里，客星山華清泉之左。

虞國墓。在餘姚縣西五里雙雁鄉。

劉綱墓。在餘姚縣四明山阜莢塢。綱漢時上虞令，相傳與其妻樊夫人並昇仙，其蜕骨合葬云。

孟嘗墓。在上虞縣東南二里。有祠。

魏朗墓。在上虞縣北四十里。

王充墓。在上虞縣烏石山。

包孝婦墓。在上虞縣羅巖山。

曹娥墓。在會稽縣東九十二里。娥父盱，爲巫祝，五日泝濤迎神，溺死，不得其屍。娥沿河號哭，投江死，經五日，抱父屍出。元嘉中，縣長度尚改葬娥於此，令弟子邯鄲淳爲之作碑。互詳古蹟、列女門。

三國吳虞翻墓。在餘姚縣羅壁山下。

晉孔愉墓。在山陰縣南二十九里。

郗愔墓。愔爲會稽内史，墓在山陰縣西南二十五里。

王羲之墓。在諸暨縣南五里苧蘿山。會稽志：墓碑孫綽文，王獻之書。按：孔蔚會稽記：羲之墓在苧蘿山，孫綽作碑，王獻之書。碑亡已久，或云在嵊金庭山，或云在會稽雲門山。據智永傳云：「欲近祖墓便拜掃，移居雲門寺。」則在雲門者近是。然雲門今亦無跡。

戴顒墓〔六〕。在嵊縣北一里。

阮裕墓。在嵊縣東九里。

許詢墓。在嵊縣孝嘉鄉濟度村。

支遁墓。在新昌縣南二里南明山。

南北朝　宋

謝靈運墓。在山陰縣西南二十九里。

郭世道墓。在蕭山縣郭墓山，即其子原平所營之墓也。舊志謁爲郭璞墓，不知璞葬暨陽，乃今之常州江陰縣，並非餘暨。

羊元保墓。在蕭山縣長興鄉。

齊

褚伯玉墓。在嵊縣西西白山。

戴僧静墓。在蕭山縣昭名鄉。

唐

賀知章墓。在山陰縣南九里，因名九里。

徐浩墓。在山陰縣南二十一里。

宋

杜衍墓。在山陰縣西南二十九里苦竹村。

曾幾墓。在會稽縣鳳凰山。

孫沔墓。在山陰縣承務鄉。

陳過庭墓。在山陰縣黄祊嶺。

顧臨墓。在會稽縣昌源石傘峯。

陸佃墓。在會稽縣東南四十四里陶宴嶺。

尹焞墓。在會稽縣龍瑞宮前石帆山下。焞，洛人，因壻邢純迎養於越，卒遂葬焉。
蔡定墓。在會稽縣會稽山觀嶺下。
韓肖胄墓。與左司膺胄、運使髦並在會稽縣日鑄嶺。
陳橐墓。在餘姚縣化安寺。
李光墓。在餘姚縣姜山。
陸游墓。在會稽縣雲門盧家嶴。
胡沂墓。在餘姚縣澄溪。
黄度墓。在上虞縣鳳凰山。
朱娥墓。在上虞縣南六里。
吴觀墓。在新昌縣西七里旗山下。
石公揆墓。在新昌縣安仁鄉。

元

韓性墓。在會稽縣木石崗。
默爾古斯墓。爲御史大夫拜珠所殺，今墓在山陰縣峩山。
王烈婦墓。在蕭山縣徐家塢。

明

王守仁墓。在山陰縣南二十里花街洪溪。

黃尊素墓。在餘姚縣東南十里化安山。

朱燮元墓。在山陰縣九里山。

祁彪佳墓。在山陰縣亭山。

劉宗周墓。在會稽縣下蔣。

倪元璐墓。在會稽白蓮嶴聖義洞。

周鳳翔墓。在會稽縣洋之後山。

施邦曜墓。在餘姚縣大黃山。

王毓蓍墓。在會稽縣上竈。

吴從義墓。在山陰縣型塘傅家塢。

倪文徵墓。在山陰縣倪家山點石菴側。

潘集墓。在山陰縣官山嶴。

王禹佐墓。在嵊縣岩嵩山。

章尚絅墓。在會稽縣師古墩。

陸夢龍墓。在會稽縣桐塢。

本朝

姚啓聖墓。在山陰縣蔣家塔。

胡昇猷墓。在會稽縣鑄浦嶴。

梁國治墓。在會稽縣于溪五臺山。

何煟墓。在會稽縣下竈。

周之麟墓。在蕭山縣來蘇鄉。

祠廟

南鎮廟。在會稽縣南十三里。周禮職方氏：揚州鎮山曰會稽。太平御覽：隋開皇十四年，詔會稽等山並立祠。唐天寶十載，封四鎮山爲公，會稽曰永興公。自唐、宋以來，有司歲致春秋二祭，有事則遣廷臣告祭。明洪武三年，詔去前代封爵，止稱會稽山之神。本朝康熙四十二年，聖祖御書「秀帶巖壑」匾，懸於廟中。乾隆十六年，高宗御書「表甸南疆」匾額。

寧濟廟〔七〕。在蕭山縣西興鎮。祀浙江潮神。又有江神廟，在諸暨縣茆渚埠。

虞舜廟。在會稽縣東南百里。又有廟在餘姚縣歷山上。

大禹廟。舊在山陰縣塗山南麓。宋、元以來，皆祀禹於此。明改祀於會稽山陵，每歲有司春秋致祭。本朝康熙二十八年，聖祖御書匾額對聯，並御製詩。乾隆十六年，高宗南巡，有御製謁大禹廟恭依皇祖原韻詩，又有禹廟覽古詩，並御書匾聯。

越王祠。在山陰縣治西北光相寺左。明嘉靖中建，祀越王句踐。

范蠡祠。在山陰縣蕺山麓。明萬曆中增祀宋范仲淹、范純禮。

孟子廟。在諸暨縣西三十里夫槩鄉。縣志：南宋初有亞聖四十七世孫孟載扈從渡江，封爵諸暨，因家焉。嘉定中建廟。

嚴子陵祠。在餘姚縣龍泉山後。

鄭太尉廟。在會稽縣東南十五里樵風涇。祀漢鄭弘。

馬太守廟。在山陰縣西南。祀漢會稽守馬臻。

劉太守祠。在蕭山縣錢清鎮。祀漢會稽守劉寵。

朱侍中廟。在上虞縣破岡湖北。祀漢朱儁。

曹娥廟。在會稽縣東九十二里墓旁。本朝嘉慶十三年，加福應封號。

徵愛祠。在山陰縣治卧龍山東麓。祀漢太守劉寵、宋太守范仲淹，今易額曰義愛。

蔡中郎祠。在山陰縣西柯橋鎮。祀漢蔡邕，本朝嘉慶五年建。

王右軍祠。在山陰縣蕺山戒珠寺。

江公祠。在蕭山縣西興鎮。祀梁會稽郡丞江革。

崔長官祠。在上虞縣西七里。祀唐縣令崔協。

史大夫祠。在諸暨縣西北三十里。大夫諱昭，字德輝，唐咸通中充諸暨鎮遏使，屢禦裘甫、黄巢之亂，卒葬靈泉鄉，邑人立祠祀之。

高氏五王祠。在山陰縣西六十里。祀宋太尉瓊。瓊封衛王，子繼勳封康王，孫遵甫封楚王，曾孫士俊封武安郡王，元孫公紀封晉安郡王。靖康末，少保高世則扈蹕南渡，領越州觀察，有功於越，奉敕建祠。

劉公祠。在山陰縣杏花寺側。祀宋劉領，謚忠簡；孫純，謚忠烈；從孫韐，謚忠顯；韐子子羽，謚忠定；子羽子珙，謚忠肅。韐守會稽，捍禦有功，舊有祠而圮，其後裔有家於越者，乃合五忠祠之，有司春秋致祭。

德惠祠。在蕭山縣西二里湘湖。祀宋縣令楊時。

史魏公祠。在山陰縣戒珠寺側。宋史浩守越，奏免湖田糧，民爲立祠，額曰彰德。

張静安公廟。在蕭山縣東北十里之長山。神諱夏，宋景祐中，浙江塘壞，神時爲工部郎中，受命護隄，人賴以安，郡人爲之立祠。朝廷嘉其功，封安江侯。本朝雍正三年，敕封静安公，春秋致祭。

石公祠。在新昌縣東石鼓山。祀宋儒石𡼏〔八〕。

旌忠廟。在會稽縣南二里。宋建炎間，金兵至錢塘，越州守李鄴以城降，有衛士唐琦不屈，奪甎擊鄴不中，大罵而死。太守傅崧卿建祠，請賜額曰旌忠。

愍孝廟。在山陰縣治東一里。祀宋孝子蔡定。

雙義祠。舊在名宦祠側，歲久圮，明嘉靖間改建於攢宫，祀宋義士唐珏、林景熙。按：義士事正史不載，謂爲紹興唐珏玉潛者，輟耕録及西湖遊覽志也。謂爲温州林景熙德暘者，東甌集傳也。意兩人實共爲是事，當時秘而不宣，紀事之書，各據所聞以傳耳。

王烈婦祠。在嵊縣清風嶺。烈婦臨海人，宋末爲元兵所劫，投崖死。元至治中旌表，立廟祀之。

王烈婦祠。在蕭山縣西興鎮。本朝嘉慶元年，加「烈彰恬顯」封號，御書「精誠屹衛」匾額。

陳節愍祠。在山陰縣西北永福寺右。祀明靖難死事陳性善。

忠烈祠。在山陰縣徵愛祠之左。祀明孫燧。祠右別爲三孝祠，祀燧三子堪、墀、陞。又餘姚縣龍泉山亦有祠。

王文成祠。在餘姚縣龍泉山。又有祠在山陰縣北三里。皆明嘉靖中建，祀王守仁。

毛忠襄祠。在餘姚縣治東。祀明毛吉。

劉忠介祠。在山陰縣東北戒珠坊。祀明劉宗周。

祁忠惠祠。在山陰縣西北柯山對河寓山園。祀明祁彪佳。又會稽縣羅門坂亦有祠。

章節愍祠。在會稽縣十二都。祀明章尚絅。

陳烈愍祠。在會稽縣朝東坊。祀明陳孔教。

湯太守祠。在會稽縣開元寺内。祀明知府湯紹恩。又有祠在三江閘口，本朝雍正三年敕封安江伯，春秋致祭。

寺觀

能仁寺。在府南二里。晉許詢捨宅建，號祇園寺。吳越時重建，宋改名。府西北二里尚有小能仁寺，故郡人謂此寺爲大能仁寺。

大善寺。在府東一里。有七層浮圖，梁天監三年建。寺内屋棟尚有梁時題字。

光相寺。在府西北三里。後漢太守沈勳宅。東晉義熙二年，宅有瑞光，遂捨爲寺，安帝賜額光相。

大中禹跡寺。在府東南四里。晉驃騎郭偉建。唐會昌廢，大中復興，賜今名。門爲大樓，奉五百羅漢，甚壯麗。

龍華寺。在山陰縣治東都賜里。梁江總六世祖宋尚書右僕射於元嘉年建，見總修心賦序。今俗呼龍王堂。

戒珠寺。在山陰縣蕺山。舊傳王羲之故宅，前有鵝池。舊經云是羲之養鵝之所。

天章寺。在山陰縣蘭渚山，即蘭亭舊地。宋建以藏真宗御書，故名。

天衣寺。在山陰縣西南法華山。本名法華寺，晉僧曇翼建。梁惠舉禪師隱此，昭明太子以金縷木蘭袈裟遺之，故復名天衣。唐李邕有碑。

石佛妙相寺。在會稽縣東五里。唐元和九年建，舊名南崇寺，晉天福中，僧行欽於寺前水中得石佛，宋治平中賜今額。石佛今在寺中，高裁二尺餘，背有齊永明六年所銘，凡十八字，筆法極工。

開元寺。在會稽縣東南。唐董昌故宅，錢鏐建爲寺。輿地紀勝：修廊傑閣，冠絶他刹。正月望爲燈市，海外商賈皆集。

雲門寺。在會稽縣雲門山。晉王獻之居此。義熙三年，有五色祥雲見，安帝詔建寺，號雲門。明天啓中重建。相近又有廣孝、顯聖、雍熙、普濟、名覺凡六寺。

寶嚴寺。一在雲門山，爲六寺之一，舊曰顯聖。本朝康熙四十六年，賜今額。

泰寧寺〔九〕。在會稽縣東南四十里。周顯德二年建。初號化城院，宋建中靖國元年改賜名證慈。紹興初，以其地爲孟太后攢宫，遷寺於山南白鹿峯下，賜名泰寧，而徙「證慈」額於曹娥。其後六陵皆在此地，故寺益加崇葺。

稱心寺。在會稽縣東北四十五里。梁大同三年建。輿地紀勝：寺與雲門、天衣埒，唐宋之間有詩。

傳燈寺。在會稽縣化鹿山。本朝康熙四十四年賜今額。舊爲平陽觀，故土人猶稱爲平陽寺。

福慶寺。在會稽縣東南七十里。晉將軍何充宅，捨爲寺，號靈嘉寺，有于闐鐘。宋大中祥符六年改今額。

覺苑寺。在蕭山縣治東北。輿地紀勝：江淹故宅，寺有大悲閣，宋沈遼爲記。寺後壁有胡舜臣畫水。

祇園寺。在蕭山縣治北。東晉咸和六年，許詢捨宅建，號曰崇化寺，有閣藏宋仁宗御書。治平二年改今額。

廣惠寺。在蕭山縣玉峯山下。梁大同三年建，名安禪寺。宋景德二年，改廣惠禪院，范仲淹有寄題溪口廣惠院詩。

大雄教寺。在諸暨縣西一里。梁普通六年建。寺有琉璃井、琉璃軒、先照樓。又縣南有金雞山，北有永壽教寺，梁大同二年建。

龍泉禪寺。在餘姚縣龍泉山東。晉咸康二年建，唐虞世南有碑。

等慈寺。在上虞縣東一里。梁天監二年建。始曰化民院，宋大中祥符元年改今額。

太嶽廣福寺。在上虞縣南六十里。晉帛道猷結庵之地，後唐清泰元年改建爲寺。

龍藏寺。在嵊縣北四十五里。梁天監二年建，號龍宫院。唐浙東觀察使李紳少年寓此肄業，紳有碑存寺中。宋大中祥符元年，改賜今額。

鹿苑寺。在嵊縣剡源鄉。宋元嘉二年建，號靈鷲寺。宋治平元年改今名。寺有玉虹亭、隱天閣。

真覺寺。在新昌縣東沃洲山。晉時僧竺潛、支遁道場，唐白居易有記。

寶相寺。在新昌縣西南南明山。齊永明中，僧護鑿石造彌勒佛像，高百尺，因建寺，梁劉勰有記。

長春觀。在府東三里。陳武帝永定二年建，名思真觀。元時改今名。

鴻禧觀。在會稽縣治東北三里。即唐賀知章宅，置爲觀，名千秋。宋改今名，爲朝官典領之地。明永樂中，又改爲明真觀。

元妙觀。在上虞縣金罍山下。漢魏伯陽宅故址。

金庭觀。在嵊縣東南七十三里。舊傳晉王羲之讀書樓，捨爲金真觀。南齊褚伯玉居此。唐改名。

龍瑞宫。在會稽縣東南二十五里。圖經：即大禹探靈寶五符治水之所。唐建懷仙觀，後改今額。

校勘記

〔一〕熙寧間命廬州觀察推官江衍經度　「廬」，原作「盧」，據乾隆志卷二一六紹興府山川（下同卷簡稱乾隆志）及宋史卷七〇河渠志改。

〔二〕會稽太守謝琰遣參將劉宣之擊破之　「琰」，原作「炎」，據乾隆志及晉書卷一〇〇孫恩傳改。按，本志避清仁宗諱改字。

〔三〕明邑令昝霨林重刻　「霨」，原作「霱」，乾隆志同，據雍正浙江通志卷二三三陵墓改。按，今昝氏重刻「禹穴碑」尚存，署爲「康熙五十一年三月，知紹興府會稽縣事昝霨林重立并書」，則其人是清人，此處「明」字亦誤。

〔四〕又後溪堤　「溪」，原作「漢」，據乾隆志及雍正浙江通志卷五七水利、讀史方輿紀要卷九二浙江改。

〔五〕路境夏蓋之水爲三十六渠　「路境」，乾隆志同，疑有訛脱。

〔六〕戴顒墓　「顒」，原作「容」，據乾隆志改。按，本志避清仁宗諱改字。

〔七〕寧濟廟 「寧」，原作「安」，據乾隆志改。按此志避清宣宗諱改字。

〔八〕祀宋儒石塾 「石塾」，乾隆志及雍正浙江通志卷一七六人物同，當作「石𡼖」。按，石𡼖，字子重，號克齋，新昌人，纂中庸輯略，朱子爲作序删定，四庫全書收録。其人名志書多作「塾」，蓋訛誤也。本志人物亦作「石塾」。

〔九〕泰寧寺 「寧」，原作「安」，據乾隆志改。下文同。

大清一統志卷二百九十五

紹興府二

名宦

漢

任延。南陽宛人。更始元年，拜會稽都尉。時年十九，迎官驚其壯，及到，静泊無爲。會稽頗稱多士，延皆聘請，省諸卒，令耕公田，以周窮急，郡中賢士大夫，争往宦焉。建武初，徵爲九真太守。

第五倫。京兆長陵人。建武中，拜會稽太守。受俸裁留一月糧，餘皆賤貿與民之貧羸者。會稽俗多淫祀，郡皆莫敢禁。倫移書屬縣，其巫祝有詐怖愚民者，皆案論之，百姓以安。後坐法徵，老小號呼相隨，上書守闕者千餘人，得免歸里。

馬臻。茂陵人。永和中，爲會稽太守。創立鏡湖，築塘蓄水，周迴三百一十里，溉田九千餘頃，從此郡無凶年。

劉寵。牟平人。桓帝時拜會稽太守。簡除繁苛，禁察非法，郡中大化。徵爲將作大匠。山陰縣有五六老叟，自若耶山谷間出，人賫百錢以送，曰：「自明府下車，狗不夜吠，民不見吏。今聞當見棄去，故自扶奉送。」寵曰：「吾政何能及公言耶？勤苦父老。」爲人選一大錢受之。

度尚。湖陸人。桓帝時，除上虞長。爲政嚴峻，發摘奸非，吏人謂之神明。

三國　吴

顧雍。吴郡吴人。爲上虞長，有治績。孫權領會稽太守，不之郡，以雍爲丞，行太守事。討除寇賊，郡界安靖，吏民歸服。

朱桓。吴郡吴人。孫權爲將軍，桓給事幕府，除餘姚長。往遇疫癘，穀食荒貴，桓分部良吏，隱親醫藥，飧粥相繼，士民咸感戴之。

陸凱。吴郡吴人。黄武初，爲永興、諸暨長，所在有治績。

晉

紀瞻。秣陵人。建興中，除會稽内史。時有詐作大將軍府符收諸暨令，令已受拘，瞻覺其詐，便破檻出之，訊問使者，果伏詐妄。

諸葛恢。陽都人。元帝時爲會稽太守，臨行帝謂曰：「今之會稽，昔之關中，以君有莅任之方，是以相屈。」恢莅官三年，政清人和，爲諸郡首，詔增秩中二千石。

顔含。琅邪莘人。元帝時，令上虞。簡而有威，明而能斷。

何充。廬江灊人。成帝時，除會稽内史。在郡甚有德政，薦徵士虞喜，拔郡人謝奉、魏顗等爲佐吏。

王羲之。臨沂人。永和中，爲會稽内史。時東土饑荒，輒開倉賑貸，朝廷賦役繁重，吴會尤甚，每上疏争論之，事多見從。

王述。晉陽人。穆帝時，遷會稽内史，莅政清肅，終日無事。

王彪之。臨沂人。廢帝時，爲會稽内史。居郡八年，豪右斂跡，亡户歸者三萬餘口。桓温下鎮姑孰，四方修敬，皆遣上佐綱紀，彪之獨不遣，遂去郡。

王鎮之。臨沂人。父隨之上虞令，鎮之爲剡、上虞令，並有能名。内史謝輶請爲山陰令，復有殊績。

南北朝　宋

謝方明。陽夏人。武帝時，爲會稽太守。江東民户殷盛，風俗峻刻，强弱相陵，奸吏蜂起，符書一下，文攝相續。方明深達政體，不拘文法，濶略苛細，務存統領，貴族豪士，莫敢犯禁。除比伍之坐，判久繫之獄，東土稱詠之。

徐豁。姑幕人。永初中，爲山陰令。精練法理，爲時所推。

褚淡之。河南陽翟人。會稽太守。景平二年，富陽孫法先等攻没縣邑，建旗鳴鼓，直攻山陰。淡之身率所領，出次近郊，敗賊於柯亭。

江秉之。考城人。元嘉初，爲山陰令。民户三萬，政事繁擾，訟訴殷積，階庭常數百人。秉之御繁以簡，常得無事。

羊玄保。南城人。元嘉中，歷會稽太守。廉素寡欲，爲政雖無殊績，而去後嘗見思。

張裕。吴人。元嘉中，除會稽太守，素有吏能，職事甚理。

顧凱之。吴人。元嘉中，爲山陰令。山陰劇邑，前後官長，晝夜不得休，事猶不舉。凱之御繁以約，縣用無事，晝日垂簾，門堦閒寂。

張岱。裕子。孝武帝時，遷山陰令。職事閒理。

齊

傅琰〔一〕。靈州人。父僧佑，宋時爲山陰令，有能名。琰至泰始中亦爲山陰令，尤明察。及高帝輔政，以山陰獄訟煩積，復以琰爲山陰令，縣内稱神明，無敢爲偷。後琰子翽亦爲令，三世宦山陰，並著奇績，世傳傅氏有治縣譜。

蕭子良。武帝第二子。昇明三年，爲會稽太守，都督五郡。宋孝武後，徵求急速，以郡縣遲緩，始遣臺使，公役勞擾。高帝踐祚，子良陳之，請息其弊。敦義愛古。郡人朱百年有至行，先卒，賜其妻米百斛，蠲一人給其薪蘇。

周顒〔二〕。安城人。宋元徽中，詔爲剡令，有恩惠，百姓思之。建元中，復爲山陰令，力請罷勞民雜役。

沈憲。武康人。建元中，爲山陰令，政聲大著。孔稚圭請假東歸，謂人曰：「沈令料事，特有天才。」

陸慧曉。吴人。武陵王守會稽，以慧曉爲功曹，復爲西陽王左軍長史，領會稽郡丞，行郡事。慧曉立身清肅，僚佐以下，造詣必起送之。或謂長史貴重，不宜妄自謙屈，答曰：「我性惡人無禮，不容不以禮處人。」

顧憲之。凱之孫。爲東中郎長史，行會稽郡事。山陰人吕文度有寵於武帝，於餘姚立邸，頗縱横。憲之至郡，即日除之。時西陵戍主杜元懿以吴興歲儉，會稽年登，商旅往來倍歲，求加税格。武帝以示會稽，使陳得失。憲之極言其實，武帝從之，由是以方直見知。

劉元明。臨淮人。歷山陰令，治行爲天下第一。及去，傅翽代之，問元明，答曰：「我有奇術，卿家譜所不載，臨別當相示。」既而曰：「作縣令，惟日食一升飯而莫飲酒，此第一策也。」

梁

丘仲孚。烏程人。齊明帝時，爲山陰令。居職甚有聲稱，百姓謡曰：「二傅沈劉，不如一丘。」及武帝踐祚，復爲山陰令。仲孚長於撥煩，善適權變，吏人敬服，號稱神明。

庾蓽。新野人。武帝時，爲會稽郡丞，行郡府事。時承凋弊之後，所在榖貴，人多流散。蓽撫循甚有治理，惟守公禄，清節逾厲，至經日不舉火。太守襄陽王聞而饋之，蓽謝不受。

江革。考城人。天監中，除武陵王長史，會稽郡丞，行府州事。革門生故吏家多在東，聞革至，並賫持緣道迎候，革悉拒不受。至鎮惟資公俸，食不兼味。郡境殷廣，辭訟日數百，革分判辨析，曾無疑滯，人安吏畏，百城震恐。將還，贈遺一無所受，惟乘臺所給一舸。舸艚偏欹，不得安卧，乃於西陵岸取石十餘片以實之。後人搆亭於江岸，名取石亭。

裴子野。聞喜人。天監中，爲諸暨令。不行鞭罰，人有争者，示之以理，百姓稱説，合境無訟。

劉杳。平原人。普通中，爲餘姚令。在縣清潔，湘東王發教褒稱之。

陳

褚玠。陽翟人。大建中，除山陰令。縣人張次的等與諸猾吏賄賂通姦，全丁大户類多隱没。玠鏁次的等具狀啓臺，宣帝遣使助玠搜括，所出軍人八百餘户。舍人曹義達爲帝所寵，縣民陳信豪富，諂事義達，信父顯文，恃勢横暴，玠遣使執顯文鞭之，於是吏民股栗。信後因義達譖玠，竟坐免官。玠在任歲餘，去官之日，不堪自致，因留縣境，種蔬菜以自給。

唐

姚崇。硤石人。中宗時，爲越州刺史，人德其惠政。

李俊之。開元中，爲會稽令。增修縣東北防海塘，自上虞抵山陰百餘里，以畜水溉田。太和中，令李左次又增修之。

郭密之。天寶中，爲諸暨令。築湖塘溉田二千餘頃。

崔協。博陵人。大曆中，以户曹攝上虞令。歲大旱，賦無所出，協請蠲不許，傾家貲代輸之。

孟簡。平昌人。元和中，爲浙東觀察使。於山陰縣北開新河，又於縣西北十里開運道塘，後陸亘又置新逕斗門。

金堯恭。寶曆二年，爲上虞令。於縣西北置任嶼湖及黎湖，溉田二百餘頃。

吴鐐。乾寧初，爲會稽令。董昌反，問策於鐐，鐐曰：「王爲真諸侯，遺榮子孫而不爲，乃作僞天子，自取滅亡。」昌斬之，族其家。

張遜。乾寧初，爲山陰令。董昌反，召遜知御史臺，固辭曰：「王自棄爲天下笑，遜不敢以身許也。」昌怒，害之。

宋

畢士安。雲中人。太平興國中，知越州，以寬大稱。

杜守一。景德二年，以大理丞出知蕭山，有德政。縣東五里多虎，守一爲政二年，虎負子渡浙江去。

曾公亮。晉江人。天聖中，知會稽縣。民田鑑湖旁，每患湖溢，公亮立斗門洩水入曹娥江，民受其利。

蔣堂。宜興人。景祐中，知越州。州有鑑湖，溉田八千頃，前守聽民自占，多爲豪右所侵，堂奏復之。

范仲淹。吴縣人。寶元中，知越州，有惠政。既去，越人祠祀之。

謝景初。陽夏人。慶曆初，知餘姚。始作海塘捍水患，禁止豪强占爲田，立閘及斗門啓閉規則。

王存。丹陽人。慶曆中，擢上虞令。有豪族殺人，久莫敢問。存至，按以州吏受賕，豪賂他官變其獄，存反罷去。

張友直。陰城人。仁宗時，知越州。州民每春斂財大集僧道士女，謂之祭天。友直下令禁絶，取所斂財以延諸生。

曾鞏。南豐人。嘉祐間，通判越州，州舊取酒務錢給幕牙，錢不足，賦諸鄉户，鞏立罷之。歲饑，諭富人自實粟總十五萬石，視常平價稍增以予民，民得從便受粟，不出田里而食有餘。又貸之種糧，使隨秋賦以償，農事不乏。

陳舜俞。烏程人。熙寧三年，知山陰縣。青苗法行，舜俞不奉令，因上疏自劾，並極陳其害。奏上，謫監南康軍鹽酒税。

趙抃。西安人。熙寧中，知越州。吴越大饑，疫死者過半，抃晝救荒之策，療病埋死，而生者以全。復下令修城，使自食其力，越人得以不饑。

張詵。浦城人。熙寧中，通判越州。民苦衙前役，詵科别人户，籍其當役者，以差人錢爲僱人充，皆以爲便。

程師孟。吴人。熙寧中，知越州。爲政簡嚴，罪非死者不以屬吏，發隱摘伏如神，所部肅然。

鄭穆。侯官人。元豐三年，知越州。先是，鑑湖旱乾，民因田其中，延袤百里，官籍而税之。既而連年水溢，民逋官租積萬緡，穆奏免之。

游酢。建陽人。元豐中，調蕭山尉。近臣薦其賢，召爲太學録。

楊時。將樂人。知蕭山縣，有惠政。

劉韐。崇安人。宣和初，知越州。鑑湖爲民侵耕，官因收其租，歲二萬斛。政和間，涸以爲田，衍至六倍，隸中官應奉，租太重而督索嚴，多逃去。韐請蠲之。方臘陷衢、婺，越大震，官吏悉遁，或具舟請行，韐曰：「吾爲郡守，當與城存亡。」益厲戰守備，寇至，擊敗之。

宋旅。莆田人。宣和中，知剡縣。方臘犯越，越盜起應之，縣吏多遁，旅遣妻子浮海歸閩，獨與民據守。以忠義激勸，部勒隊伍，爲豫備計。俄而盜大至，躬率壯鋭，冒矢石，雖頗殺獲，終以力不敵，死之。贈朝散郎。

綦崇禮。高密人。紹興四年，知紹興府。劉豫導金人入侵，揚、楚震擾。高宗次吴會，崇禮以浙東一道爲行都肘腋之地，備豫不可不謹，密疏於朝，得便宜從事。於是繕城郭，厲兵甲，輸錢帛以犒王師，簡舟艦以扼海道，疚心夙夜，殆廢食寢。及帝還，七州晏然。

王十朋。樂清人。紹興中，擢紹興府簽判。既至，或以書生易之，十朋裁決如神，吏奸不行。

張守。晉陵人。紹興中，知紹興府。會朝廷遣三使者括諸路財賦，韓球在會稽，所斂五十餘萬緡。守既視事，即求入覲，爲上言之，詔追還三使。

葉顒〔三〕。仙游人。紹興中，知上虞縣。凡徭役令民自推貨力甲乙，不以付吏，催租各書其數，與民約，使自持户租至庭，親視其入。帥曹泳令夏税先期送什之八，顒請少紓其期，泳怒。及麥大熟，民輸租反爲諸邑最。

熊克。建陽人。紹興中，知諸暨縣。越帥課賦急，克曰：「但獲罪，不忍困吾民。」他日府遣幕僚閲視有無，時方不雨，克對之泣曰：「此豈催租時耶？」部使者芮煇行縣至其境，謂克曰：「今乃見古循吏。」爲表薦之。

趙鼎。聞喜人。紹興中，以觀文殿大學士知紹興府。後罷相，再知府事。

吴芾。仙居人。隆興中，知紹興府。會稽賦重，折色尤甚，芾以攢宫在，奏免支移折變。鑑湖久廢，會歲大饑，出常平米募民浚治之。

謝深甫。臨海人。乾道二年，調嵊縣尉。歲饑，有死道旁者，一嫗哭訴曰：「吾兒也，傭於某家，遭掠而斃。」深甫疑焉。徐廉得嫗子他所，召嫗出示之，嫗驚伏，曰：「某與某有隙，賂我使誣告耳。」越帥方滋、錢端禮皆薦深甫有廊廟才。

楊簡。慈谿人。乾道中，爲紹興府司理。犴獄必親臨，端默以聽，使自吐露。越陪都臺府鼎立，簡中立無頗。一府吏觸帥怒，令鞫之，簡白無罪，命鞫平日，簡曰：「吏過詎能免，今日實無罪，必摘往事置之法，某不敢奉命。」帥大怒，簡争愈力。朱子爲常平使者，首薦之。

王希吕。宿州人。淳熙中，知紹興府。時和買絹最爲民病，希吕奏減六萬七千疋。後守洪邁至，覈盡絶户四萬八千三百有奇，減絹如其數，越民始安。

王信。麗水人。紹熙初，知紹興府。奏免逋官錢絹緜米數十萬。山陰境有狹獼湖，四環皆田，歲苦澇，信創斗門，導停瀦注之海，築十一壩，化滙浸爲上腴，民更其名曰王公湖。築漁浦隄，禁民不舉子，置學田，立義冢，衆職修理。

葛邲。吴興人。慶元初，判紹興府。簡稽期會錢穀，刑獄必親。或謂大臣均佚有體，邲曰：「崇大體而簡細務，吾不爲也。」

沈作賓。歸安人。初通判紹興，帥守丘崈遇僚吏剛嚴，作賓從容裨贊，每濟以寬。慶元中，知紹興府。韓侂胄方用事，族有居越者，私釀公行，作賓捕寘於獄，而竄逐其奴焉。

趙彦倓。宗室子。嘉定中，知紹興府。時楮價輕，彦倓權以法，民便之。復鹿鳴禮，置興賢莊，以資其費。築捍海石塘，亦置莊以備增築。會旱，第民高下，捐其税有差。免輸湖籍田米，舉緡錢四十萬，以助荒政，民賴以濟。

汪綱。黟縣人。嘉定末，知紹興府。蕭山有古運河，西通錢塘，東達台、明，沙漲三十餘里，舟行則膠。乃開浚八千餘丈，復創牐江口，使淤不得入，甃塗十里，以達城闉，於是舟車利涉。諸暨十六鄉，賴湖水灌溉，勢家多侵爲田，湖流既束，雨輒汎溢爲患。綱奏奪侵者，湖始復舊。瀕海塘堤易圮，歲害民田，綱備緡錢三萬，專備修築。郡臨海道，軍伍單弱，乃招水軍教習之。寶慶初，大水，發粟蠲租，民以不饑。又奏免經總制窠虚額九萬五千緡，宿弊盡革。

黄震。慈谿人。通判紹興，獲海寇僇之。後又提舉浙東常平，鎮安飢民，折盜賊萌芽。

元

葉恒。鄞人。至元中，判餘姚州事。海隄決壞，恒置石隄令完固，自是無海患。

黄溍。義烏人。延祐中，改諸暨州判官。巡海官舸，例以三載一新，費出於官，而責足於民，有餘則總其事者私焉。溍撙節浮蠹，而以餘錢還民。奸民以僞鈔結黨，脅攘人財，官吏聽其謀，株連數百家，郡府下溍鞫治，一問皆引伏，民患乃息。

張昇。平州人。延祐中，除紹興路總管。初大德、至大間，越大饑且疫，賦税鹽課，責里胥代納，吏緣爲奸，昇白行省蠲之。平江歲輸海運糧布囊三萬，舊令紹興製，民苦之，更數守置勿問。昇言麻非越土所生，海漕實吴郡事，卒請罷之。昇謹於繩吏，果於去民瘼，故人心悦服。

李恭。關隴人。天曆初，知餘姚州。邑産紅米，每別市白米充税，恭請以土産上輸。營建廟學，乞增置弟子員。墾湖田數百畝，以益其廩。

宇文公諒。吴興人。至順中，改同知餘姚州。夏不雨，公諒出禱輒應，歲以有年，民頌爲別駕雨。攝會稽縣，申明寃滞，所活者甚衆。

台哈布哈。至正初，紹興路總管。革吏弊，除設官牛租，令民自實田以均賦役。行鄉飲酒禮，教民興讓，越俗大化。

「台哈布哈」舊作「泰不華」，今改正。

于嗣宗。錢塘人。至正初，尹上虞。以慈惠稱，築石隄捍海。

默爾古思。寧夏人。至正中，授紹興路録事司達嚕噶齊，尋遷行臺鎮撫，治紹興。時盜起浙東西，郡縣多殘破，獨默爾古思保障紹興，境内晏然，民愛之如父母。後爲御史大夫拜珠所殺，監察御史珍通糾之，冤始白。「默爾古思」舊作「邁里古斯」，「達嚕噶齊」舊作「達魯花赤」，「拜珠」舊作「拜住」，「珍通」舊作「真童」，今俱改正。

明

欒鳳。高郵人。太祖兵下浙東，以鳳知諸暨州事。廉謹愛民。院判謝再興謀叛，以兵挾鳳，鳳不屈，刃加頸，氣益厲，妻王氏以身蔽，皆死。

凌漢。原武人。洪武初，知會稽縣。寬簡仁恕，愛民如子。以事逮繫，久不決。按察使陶晟入覲，帝知其無罪，命釋之，召爲御史。

唐鐸。虹縣人。洪武初，知紹興府。凡徵賦非土産者，悉奏罷之。餘姚、上虞爭夏蓋湖水利，經歲不決，鐸斷以至公，民皆悦服。

李慶。順義人。洪武末，以國子生署右僉都御史，授刑部員外，知紹興府。威信並濟，庭無滯獄，暇即躬理園蔬，以供朝夕。擢右都御史。

王耕。單縣人。永樂中，知山陰縣。有經濟才，時方事營建，征調繁興，耕調劑節約，不廢法，亦不病民。

都昶。海豐人。永樂中，知餘姚縣。敬禮高士張一民，治事皆得體。時營建北都，徵發旁午，邑恃昶無擾。終九年，吏莫敢取一錢，瀕行，民皆墮淚。

蘇琳。蒙陰人。正統間，知蕭山縣。時遣中官取櫻桃於縣，索賂不與，遂中傷之，逮至京。琳對曰：「朝廷以口腹殘民，内官以威勢虐命吏，臣是以抗之。」英宗曰：「直臣也。」令還職。　琳曰：「臣甘受責，但求罷貢。」自是獲免。

彭誼。東莞人。天順初，知紹興府。歲饑，輒發廩賑貸，吏白當俟朝命，誼曰：「民方急，安得循故事耶？」築白馬閘障海潮。歷九載，多惠政。

戴琥。浮梁人。成化中，知紹興府。持身廉介，馭八邑令長，凛凛無犯。暇則舉行鄉射，每進諸生講論經史，尤勤於水利，疏防得宜，功利甚溥。

李良。山東人。弘治初，知山陰縣。時運河土塘頹圮，水溢害稼，良甃以石，亘五十餘里。

臧鳳。曲阜人。弘治中，知嵊縣。邑治臨大江，水漲屢爲民患。鳳壘石爲隄，民至今賴之。

劉麟。安仁人。正德初，出知紹興府。劉瑾銜麟除官不謁謝，甫五月，摭細故罷爲民。士民醵金贐，不受，爲建小劉祠，以配漢劉寵。

毛伯温。吉水人。正德中，爲紹興府推官。每讞獄無縱無枉，諸郡邑有訟冤者，必求直於伯温。攝理盈案，能譽大起。尤好敦禮士大夫，學行有聞，必造門咨訪。

張焕。太和人。正德間，知山陰縣。時海溢漂廬舍，焕發粟賑之。比歲登，令民築塘捍海，復於上流建扁拖閘，以時蓄洩，自是邑無水患。

湯紹恩。安岳人。嘉靖中，知紹興府。寬和廉信，始至，新學宫，廣設社學。歲大旱，徒步禱烈日中，雨即降。緩刑罰，恤貧弱，旌節孝，民情大和。郡境諸水滙三江口入海，海潮擁沙，沙積水阻，一遇霪潦，不能宣洩，良田盡成巨浸。紹恩徧行水道，於三江口建大閘，爲洞二十有八，啓閉以時，閘外兩涯，築石隄四百餘丈，扼潮使不爲閘患。自是水四盡爲沃壤，民德之，立廟閘左。

黃綰。息縣人。嘉靖中，由刑部郎中出知紹興府。以寬大爲治。始綰居部時鞫給事中陳洸罪，後桂萼反前案，逮綰詣詔獄。士民哭聲震野，争致賮，綰止取二錢。

鄭芸。莆田人。嘉靖中，知上虞縣。縣舊無城。芸始議築，倭寇三至不敢犯。又築沙湖，蓄水濟旱，禁豪民占湖，以均水利。同時蕭山令施堯臣、嵊縣令吴三畏、新昌令萬鵬，並以築城保障有功於民。

許承周。崑山人。隆慶中，知蕭山縣。廉敏明肅，豪猾屏跡。築北海塘以遏潮，鄉民賴之。

田琯。大田人。萬曆初，知新昌縣。邑多盜，琯每鄉廉真盜一人，立爲總甲，令緝捕，盜頓息。修築南堤碑，禁勢家侵占，民利之。

毛壽南。吴江人。萬曆中，知山陰縣。邑有麻溪壩，壩外爲天樂鄉，田三萬七千有奇，爲江湖衝齧。乃築隄於貓山、鄭家山之間，以捍外潮，民争赴工，不費一緡而事竣。

史垂則。宜興人。萬曆中，知會稽縣。以教養爲事，鑿曹娥壖地，得磽田萬畝。春耕時，緩征徭，停勾攝，使得盡力農事。民肖像祀之。

劉光復。青陽人。萬曆中，知諸暨縣。築麻溪壩，導七堰，治長圩捍水，沿江起大隄，開水門，以時蓄洩。又開通浣江，以防汎溢，謂之新江，水患遂息。

董羽宸。松江人。萬曆中，知餘姚縣。奸民多與倭通，羽宸廉得之，按以法。時鄉豪有殺族屬，箝里甲勿以聞，羽宸偵知，親出其骸荆棘中，正豪之罪，人皆慴服。

王章。武進人。崇禎初，知諸暨縣，有聲。甫半載，以才調鄞縣，諸暨民與鄞民争挽章，至相譁，乃乘夜啓門而去。

陳子龍。華亭人。崇禎中，紹興推官。時東陽許都反，聚衆數萬，迫郡城，巡按左光先以撫標兵命子龍爲監軍討之。都率卒三千保南砦，子龍單騎入營，責數其罪，諭令歸降，復挾都走山中，散遣其衆。

孫蘭。無錫人。崇禎中，知紹興府。會歲饑，蘭定賑救法，凡二十六則，纖悉畢備，浙東皆仿行之，所全活者以千萬計。

本朝

劉方至。山東人。順治三年，以貢生授紹興推官。政清刑簡。視上虞篆，山賊王岳壽率衆攻城，時守禦孤弱，方至力戰死之。贈按察司僉事。

張懐。山東貢生。知紹興府。順治二年，海寇鄭成功猖亂，紹興奸民應之，懐率會稽令官撫渙分設守禦，援絶城陷，被執，脅降不屈，死之。撫渙罵賊自刭，賊支解其屍，殺其家屬九人。懐贈太僕寺卿。撫渙，蘄水人，贈按察司僉事。

張邦福。蘄水人。順治十八年，任紹興推官。精敏練達，摘發如神，有訟者訴牒，悉置内署，勾攝罪犯，惟姓名而已，故訴者不知其訟，訟者不知其訴，書吏不能爲奸。詰訊之下，情僞立辨。

許宏勳。遼東人。康熙十三年，知紹興府。耿精忠叛於閩，諸暨、新城、嵊三邑奸民嘯聚，圍攻郡城。宏勳乘夜率兵出，斬其渠魁，餘悉撫諭散遣之，郡境得安。

高登先。鍾祥人。康熙十三年，知山陰縣。山賊竊發，攻城幾陷，登先率民守禦，卒以安堵。

李鐸。鐵嶺人。康熙中，知紹興府。餘姚大水，漂溺民人廬墓，鐸與知縣康如漣煮糜以賑。又念就食妨業，復按各鄉里民籍，人給米四斗，幼者半之，製絮衣與寒者，全活無算。在任四載，始終不名一錢。

卞之釗。正白旗人。康熙間，知諸暨縣。持身廉謹，築湖埂以禦水，設户單以徵糧，建粥廠以賑饑，聯保甲以弭盜，善政不可枚舉。

人物

漢

鄭吉。會稽人。以卒伍從軍爲郎，數出西域，習外國事。宣帝時，攻破車師，降日逐，威震西域。累官衛司馬，爲西域都護，都護之置自吉始。以功封安遠侯。

陳囂。山陰人。與紀伯爲隣，伯竊囂藩地以自益，囂不校，益徙地與之。伯慚悔，歸所侵地，囂不受。鴻嘉中，太守旌之，號曰義里。揚雄等上書薦爲大中大夫。

嚴光。字子陵，餘姚人。少有高名，與光武同遊學，及帝即位，光變姓名隱。帝思其賢，物色之，齊國上言有一男子，披羊裘釣澤中，乃遣使聘至。車駕即日幸其館，光卧不起。除諫議大夫，不屈，乃耕於富春山。

鍾離意。字子阿，山陰人。少爲郡督郵，太守賢之，任以縣事。值會稽大疫，死者萬數，意獨身自隱，親經給醫藥，所部多蒙全濟。舉孝廉，顯宗時，徵爲尚書。交阯太守張恢坐臧籍其家，詔頒賜羣臣，意得珠璣，悉以委地。帝問故，對曰：「臟穢之寶，臣不敢拜。」帝嘆曰：「清乎，尚書之言！」乃更賜以庫錢。意敢諫諍，數封還詔書，臣下過失輒救解之。出爲魯相，卒官。

謝夷吾。字堯卿，山陰人。少爲郡吏，太守第五倫擢爲督郵。舉孝廉，除壽張令。永平間，蝗發泰山，過壽張，飛逝不集。累遷鉅鹿太守，所在愛育人物，有善績。

王充。字仲任，上虞人。少孤，鄉里稱孝。受業太學，師事扶風班彪。常遊洛陽市肆閱書，一見輒能誦憶，遂通衆流百家之言。後歸，屏居教授，仕郡爲功曹，以數諫諍不合去。充好論説，有理實，著論衡二十餘萬言。友人謝夷吾薦充才學，肅宗特詔公車徵，病不行。

鄭弘。字巨君，山陰人。西域都護吉從孫。少爲鄉嗇夫，太守第五倫行春，見而奇之，召署督郵。舉孝廉，伏闕爲其師焦貺訟冤，躬送貺喪，歸其妻子，由是顯名。授騶令，累遷淮陰太守。建初中，爲尚書令，前後所陳，有補益王政者，著之南宮，以爲故事。元和初，拜太尉，病篤上書，言竇憲之短，悉還賜物。敕妻子褐巾布衣素棺殯殮，以還鄉里。

綦毋俊。上虞人。交阯刺史。安帝元初三年，合浦蠻反，遣御史任逴督州郡兵討之。俊以蒼梧當合浦下，蠻或流劫，猝難回顧，乃先保障蒼梧，後往合浦，所向摧靡。功當封賞，上書歸功於逴，自謂致寇當誅。詔下美之，論者稱俊能讓。

賀純。字仲真，山陰人。博學有重名。安帝時，爲侍中、江夏太守，去官。與黄瓊、楊厚俱公車徵。

黄昌。字聖真，餘姚人。曉習文法，仕郡爲決曹。刺史行部奇之，辟從事，後拜宛令。發奸伏，稱神明。遷蜀郡太守，斷理莫不得所，宿奸大惡，皆奔走他境。歷官大司農。

孟嘗。字伯周，上虞人。少修操行，仕郡爲户曹史，辨孝婦之冤。後舉茂才，遷合浦太守，去珠復還，人稱神明。以病歸，隱處窮澤，身自耕傭，欽其德者，就所止而居焉。桓帝時，尚書楊喬薦之，卒於家。

戴就。字景成，上虞人。仕郡倉曹掾。揚州刺史歐陽參奏太守成公浮贓罪，遣部從事薛安按究，安收就考掠，酷慘備至，就慷慨直辭，神色不變。安奇其壯節，表釋之，浮亦得免。太守劉寵舉就孝廉，官至光禄主事。

魏朗。字少英，上虞人。詣太學受五經，李膺之徒争從之。初辟司徒府，遷彭城令。會九真賊起，共薦朗爲九真都尉，厲兵破賊，桓帝美其功，徵拜議郎，遷尚書。屢陳便宜，有所補益，被黨議免歸。

朱儁。字公偉，上虞人。舉孝廉，除蘭陵令。光和初，拜交阯刺史，以平賊功封都亭侯。黄巾起，拜右中郎將，討潁川、汝南、陳國諸賊，悉破平之。又破黄巾賊趙弘等，封錢塘侯，累轉河南尹。董卓擅政，數請徙都長安，惡儁異己，然貪其名重，表遷太僕以自副。儁不受，極言西遷非計。後卓入關，留儁守洛陽。儁乃東屯中牟，移書州郡，請師討卓。初平中，爲太尉，李傕、郭汜相攻，帝詔儁等往諭解，汜不從，遂留質儁等。儁素剛，即日發病卒。

趙曄。字長君，山陰人。少爲縣吏，棄去，詣杜撫受韓詩，究竟其術。州召補從事，不就。舉有道，卒於家。曄著吴越春秋、詩細歷神淵。蔡邕讀詩細而嘆息，以爲長於論衡。

韓説。字叔儒，山陰人。博通五經，尤善圖緯之學。舉孝廉，與議郎蔡邕友善，數陳災眚，及奏賦頌連珠。稍遷侍中，終江夏太守。

盛憲。字孝章，會稽人。舉孝廉，累遷吴郡太守，以疾去官。憲最有名，孫策平定吴會，深忌之。少府孔融與曹操書，徵爲騎都尉，使命未至，爲策所害。

三國 吴

賀齊。字公苗，山陰人。少爲郡吏，守剡長，擊破山越。建安初，孫策察齊孝廉，使領南部都尉事。平張雅、詹彊及洪明等之亂，遷威武中郎將。討平丹陽、黟、歙賊，又從孫權征合肥，與陸遜討破鄱陽賊，封山陰侯。

董襲。字元代，餘姚人。武力過人。從孫策討平山寇，拜别部司馬。孫權統事，遷偏將軍，從討黄祖。襲爲前部，將敢死百人，被兩鎧，乘大舸，突入艨衝裏，襲以刀斷兩紲，大軍遂進，追斬黄祖，功第一。曹操出濡須，襲督五樓船住濡口，夜卒暴風，左右乞襲出，襲不肯，船敗襲死。

虞翻。字仲翔，餘姚人。少好學，有高氣，孫策命爲功曹，出爲富春長。曹操辟不就，孫權以爲騎都尉，數犯顔諫諍，權積怒，徙翻交州。講學不倦，門徒常數百人。權後褒其亮直，令交州給船遣還，翻已終，歸葬舊墓。所著易注及論語、國語、老子訓注，皆傳於世。翻有十一子，汜最知名，仕至交州刺史。汜弟忠，宜都太守，晉征吳，忠堅守，城潰被害。

魏滕。字周林，朗孫。性剛直，行不苟合，雖遭困偪，終不回撓。初爲功曹，忤孫策，幾殆，賴太妃救得免。歷鄱陽太守。

吴範。字文則，上虞人。治曆數，知風氣。孫權起於東南，範委身服事，每有災祥，輒推數言狀，其術多效。權以範爲騎都尉，領太史。範爲人剛直，與親故交，有終始。素與魏滕善，會權責怒滕，謂敢有諫者死。範髡頭自縛，叩首流血，言與涕並，滕乃得免。

闞澤。字德潤，山陰人。究覽羣籍，兼通曆數，孫權以爲尚書，遷中書令。赤烏中，拜太子大傅，封都鄉侯。每朝廷大議，經典所疑，輒諮訪之。

鍾離牧。字子幹，山陰人。少居永興，躬自墾田種稻，臨熟，縣民認之，牧遂推與。縣長召民，欲繩以法，牧爲請釋。民慚悔，舂所取稻送還，牧不受，民輸置道旁，莫有取者。牧由此發名。累遷南海、武陵太守。平五溪夷，封都鄉侯。子徇，拜偏將軍，戍西陵。晉平吴，徇領水軍督，臨陣戰死。

謝承。字偉平，山陰人。博學洽聞，嘗所知見，終身不忘。仕吴，拜五官郎中，武陵太守。撰後漢書百餘卷。

丁固。字子賤，山陰人。父覽，清身立行，推財從弟，以義讓稱。固少喪父，獨與母居，家貧守約，色養致敬。初仕爲尚書，嘗夢松樹生其腹上，謂人曰：「松字十八公也，後十八歲，吾其爲公乎？」孫晧時，遷司徒，與陸凱、孟宗同心憂國。

朱育。山陰人。少好奇字，仕郡門下書佐。嘗與太守濮陽興問對，條答會稽古今人物，及漢以來郡治遷徙，甚詳敏。後位至侍中，推刺占射，文藝多通。

皮延。字叔然，山陰人。養母至孝，居喪有白鳩巢廬側。

賀邵。字興伯，齊孫。孫皓時，領太子太傅。皓政事日弊，邵上疏諫，皓深恨之。邵奉公貞正，親近所憚，乃共譖邵，遂遇害。

晉

夏方。字文正，永興人。年十四，家遭疫癘，父母族屬死者十三人，方夜則號哭，晝則負土，凡十有七載，葬送得畢。廬於墓，烏獸馴擾其旁。吴時累官五官中郎將，入晉，除高山令。在官三年，州舉秀才，還家卒。

夏統。字仲御，永興人。幼孤貧，養親以孝聞，睦於兄弟，每採梠求食，星行夜歸，或至海邊拘螊蛾以資養。後以母病篤，詣洛中市藥，遇賈充與語，其應如響，欲使之仕，即俛而不答。歸會稽，竟不知所終。

賀循。字彦先，邵子。操尚高厲，言行進止，必以禮讓。舉秀才，除陽羨令，徙武康，政教大行。建武初，拜太常。時宗廟始建，舊儀多闕，朝廷疑滯皆諮之，爲當世儒宗。卒，贈司空，謚曰穆。循博覽衆書，尤精禮傳，雅有知人之鑒，拔同郡楊方於卑陋，卒成名於世。

虞潭。字思與，翻孫，忠之子。清真有檢操，州辟從事，歷徙醴陵令。張昌作亂，潭起兵斬昌，又與諸軍共討陳恢，平杜弢，累遷宗正卿，告歸。會王含、沈充等攻逼京師，潭起義軍赴國難。事平，徵拜尚書，出守吴興。蘇峻反，潭與陶侃、郗鑒率衆禦之。以前後功，封武昌縣侯。咸康中，進衛將軍。潭貌雖和柔，而内堅明有膽决，屢統軍旅，尠有傾敗。終開府侍中，卒謚孝烈。兄子騤，字思行，有才望，官至光禄大夫。

虞喜。字仲安，餘姚人。少立操行，博學好古，累徵不就。郡察孝廉，司徒辟公車，徵拜博士，皆不就。咸康初，何充疏薦喜高尚邈世，博聞强識，詔以散騎常侍徵之，又不就。永和初，有司議祧廟不能决，朝廷遣使就諮之。喜專心經傳，又釋毛詩略，注孝經，爲志林三十篇，凡所著述數十萬言。

孔愉。字敬康，山陰人。幼孤，養祖母以孝聞。建興中，累遷侍中、太常。蘇峻反，愉朝服守宗廟。峻平，温嶠執愉手流涕曰：「持古人之節，歲寒不凋者，惟君一人耳。」轉尚書左僕射，出爲會稽内史。句章縣有漢時舊陂，愉爲修復，溉田二百餘頃，皆成良業。在郡三年，乃營侯山下數畝地爲宅，草屋數間，便棄官居之。卒，謚曰貞。子汪，字德澤，位至侍中，遷廣州刺史，甚有政績。次子安國，亦以儒素顯，歷尚書左右僕射。

楊方。字公回，會稽人。好學有異才，賀循稱之，司徒王導辟爲掾，遷司徒參軍，求遠郡，欲閒居著述。補高梁太守，在郡積年，著五經鉤沈，更撰吳越春秋行於世。

丁潭。字世康，固孫。同郡孔愉字敬康，張茂字偉康，潭與齊名，號會稽三康。初爲郡功曹，察孝廉，除郎中。太興三年，出爲東陽太守，以清潔見稱。成帝時爲侍中，蘇峻亂，帝蒙塵於石頭，潭隨從不離帝側。峻誅，賜爵永安伯，卒謚曰簡。

張茂。字偉康，山陰人。少單貧，有志行。元帝時爲吳興内史。沈充反，與三子並遇害。弟盎爲周札將軍，充攻札，亦死之。

虞預。字叔安，喜弟。少好學，有文章，庾亮、諸葛恢薦其才行，召爲著作郎，進散騎常侍。著晉書四十餘卷、會稽典録二十篇。

孔羣。字敬林，愉從弟。有智局，志尚不羈。蘇峻入石頭，時匡術有寵於峻，賓從甚盛，羣與愉同行於横塘遇之，愉止與語，而羣初不視術。術怒，欲刃之，愉抱術乃免。仕歷中丞。子沈，字德度，與魏顗、虞球、虞存、謝奉並爲四族之儁。

孔坦。字君平，愉從子。少方直有雅望。元帝爲晉王，以坦爲世子文學，遷尚書郎。王敦反，與虞潭起義討沈充。咸和中，累拜侍中。時帝委政王導，坦每從容勸帝，宜博納朝臣，諮諏善道，由是忤導，出爲廷尉。以疾去職。卒，謚曰簡。

謝沈。字行思，山陰人。少孤，事母至孝。博學多識，內史何充引爲參軍，以母老去職，耕耘之暇，研精墳籍。康帝即位，朝議疑七廟迭毀禮，徵爲太學博士，以質疑滯。遷著作郎。撰晉書三十餘卷、後漢書百卷及毛詩、漢書外傳，其才學在虞預右。

王徽之。字子猷，羲之子。家於會稽。性卓犖不羈，嘗雪夜泛舟剡溪訪戴逵，造門不前而返。人問故，曰：「乘興而來，興盡而返，豈必見安道耶？」性愛竹，寄居空宅中，便令種竹，曰：「何可一日無此君？」仕至黄門侍郎。

王獻之。字子敬，羲之子。高邁不羈，嘗與兄徽之、操之俱詣謝安，既出，客問兄弟優劣，安曰：「小者佳。」客問故，安曰：「吉人之辭寡。以其少言，故知之。」工草隸，七八歲時學書，羲之嘆曰：「此兒後當復有大名。」太元中拜中書令。卒，謚曰憲。

謝敷。字慶緒，會稽人。性澄静寡慾，入太平山十餘年，徵召皆不就。初，月犯少微，少微一名處士星，占者以隱士當之，譙國戴逵有美才，人或憂之，俄而敷卒。

南北朝　宋

孔靖。字季恭，愉孫。爲會稽內史，釐整浮華，剪罰游惰，由是境內肅清。武帝北伐，爲太尉軍諮祭酒，從平關洛，拜侍中，辭事東歸，帝餞之戲馬臺，百僚盛賦詩以述其美。子靈符，累官至丹陽尹。慤實有質幹，每所歷官，政績修理。

孔琳之。字彦琳，羣曾孫。强正有志力。桓玄輔政，欲廢錢用穀帛，又議復肉刑，皆以琳之議而止。永初二年，爲御史中丞，奏劾尚書令徐羨之，百僚震肅，莫敢犯禁。遷祠部尚書，致仕。不治産業，家尤貧素。子邈有父風，官至揚州治中從事〔四〕。

孫處。字季高，永興人，以字行。從武帝征孫恩，以功封新番縣侯。盧循之難，季高率衆泛海，襲破番禺，循黨潰奔廣州，復擊走之。卒，贈南海太守，侯官縣侯。

賈恩。諸暨人。少有志行，母亡未葬，爲隣火所逼，恩及妻柏氏號哭奔救，隣近赴助，棺櫬得免，恩及妻柏俱燒死。有司奏改其里爲孝義里，蠲租布三世，追贈恩天水郡顯親左尉。

郭世道。永興人。年十四喪父，居喪過禮。家貧，傭力以養後母。母亡，負土成墳，親戚共賻助，微有所受，葬畢，傭賃倍還先直。元嘉中，散騎常侍袁愉表其淳行，詔表所居獨楓里爲孝行里，蠲其租調。子原平，字長泰，父篤疾彌年，原平未嘗睡卧。及亡，躬自營墓，每歲節哀思不食。墓前有田，農月輒束帶垂涕以耕。太守蔡興宗以俸米百斛餽之，不受。還都，表其殊行。按：世道舊從南史作世通，今據宋書改。子字長泰，舊作長恭，係沿南史之譌，今亦據宋書改正。

嚴世期。山陰人。性好施與，贍貧乏，恤老病，殯葬宗親，存育孩幼。元嘉四年，有司奏榜門曰「義行嚴氏之門」，復其身徭役，蠲租税十年。

虞愿。字士恭，餘姚人。元嘉中，爲湘東王國常侍。明帝立，除通直散騎侍郎。帝起湘宫寺，費極侈，愿正色言曰：「此百姓賣兒貼婦所爲，有何功德？」帝大怒，使人曳下殿，愿無異容。出爲晉安太守，有異政。後遷廷尉，領東觀祭酒。著五經論問，撰會稽記，文翰數十篇。

朱百年。山陰人。少有高情，攜妻孔氏入會稽南山，伐樵採箬爲業。以樵箬置道旁，須者隨其所堪多少，留錢取去。時爲詩詠，往往有高勝之言。與同縣孔覬友善，家素貧，母以冬月亡，衣無絮，自此不衣綿帛。嘗寒時就覬宿，覬以卧具覆之，既覺引去，曰：「緜定奇温。」因流涕悲慟。除太子舍人，不就，卒山中。蔡興宗爲會稽守，餉百年妻米百斛，遣婢詣郡固讓，時以比梁鴻妻。

韓靈敏。剡人。早孤，與兄靈珍並有孝行。母亡，家貧無以營葬，兄弟共種瓜，朝採瓜子，暮已復生，遂辦喪事。

齊

公孫僧遠。剡人。居父喪至孝，事母及伯父甚謹。年饑省飧減食以養母，及伯父兄弟亡，貧無以葬，身販貼與隣里，供送終之費，躬負土種松柏。兄姊未婚嫁，乃自賣爲之成禮。高帝即位，詔表門閭，蠲租稅。

孔道徽。山陰人。父祐，隱於四明山，太守王僧虔與張緒書曰：「孔祐敬康曾孫，行動幽祇，德標松桂，引爲主簿，遂不可屈，此古之遺德也。」道徽少厲高行，能世其家風。隱居南山，終身不窺都邑。豫章王嶷辟西曹書佐，不至，鄉里宗慕之。道徽兄子總，亦有操行，遇饑寒不可得衣食，縣令丘仲孚薦之，除竟陵王侍郎，竟不至。

孔逷。字世達，山陰人。好典故學，與王儉至交。宋昇明中，爲齊臺尚書儀曹郎，屢箴闕禮，多見信納。帝謂王儉曰：「逷真所謂儀曹，不忝厥職也。」永明中，爲太子家令，卒。

虞悰。字景豫，餘姚人。少以孝聞，仕齊累遷祠部尚書。鬱林廢，悰竊嘆曰：「王、徐遂縛袴廢天子，天下豈有此理耶？」延興初，領右軍。明帝立，悰稱疾不陪位。帝欲引參佐命，悰曰：「公卿戮力，詎假朽老以匡贊維新。」因慟不自勝。朝議欲糾之，僕射徐孝嗣曰：「此亦古之遺直。」乃止。稱疾篤還。

孔稚珪。字德璋，山陰人。少學涉有美譽，高帝爲驃騎，召爲記室參軍，與江淹對掌辭筆，累遷太子詹事。稚珪風韻清疏，好文詠，不樂世務。憑几獨酌，門庭之內，草萊不剪，中有蛙鳴。或問之，答曰：「我以此當兩部鼓吹。」

戴僧静。永興人。少有膽力，便弓馬。高帝即位，以功封建昌侯，累除淮南太守。永明中，巴東王子響殺僚佐，武帝召僧静領軍向江陵，對曰：「天子兒過誤殺人，忽遣軍西上，人情惶懼，臣不敢奉敕。」上不答而心善之。徙高平太守。卒，謚壯侯。

孔琇之。山陰人。舉孝廉，爲烏程令，有吏能。還遷通直郎，補吴令。又以職事知名，出爲臨海太守，在任清約。隆昌初，遷晉熙王冠軍長史，行郢州事。明帝輔政，欲令殺晉熙王，辭不許，遂不食而死。

魏温仁。上虞人。僕射徐孝嗣爲東昏所殺，故人莫敢收視，獨温仁奔赴，以私財營其喪。當時稱之。

梁

賀瑒。字德璉，循元孫。祖道力善三禮，有盛名，仕宋爲建康令。父損亦傳家業。瑒舉明經，爲太學博士。天監初〔五〕，爲太常丞，兼五經博士，爲皇太子定禮，撰五經議。時武帝創定禮樂，瑒所建議，多見施行。著禮、易、老、莊講疏數百篇，及賓禮儀注百四十五卷。子革，字文明，躬耕供養，通三禮，仕至南郡太守。

孔休源。字慶緒，山陰人。舉秀才，除尚書儀曹郎。每逮訪前事，休源隨機斷決，曾無疑滯，任昉謂之孔獨誦。歷尚書左丞，兼御史中丞。正色直繩，無所迴避，百僚咸憚之。普通中，授宣惠將軍，監揚州事。休源風範彊正，明練政體，嘗以天下爲己任，武帝深委仗之。累居顯職，性縝密，未嘗言禁中事。及卒，帝爲之流涕，謚曰貞子。

賀琛。字國寶，瑒弟子。家貧，常販粟養母，間則習業，尤精三禮，聚徒教授。到溉聞名相造，就席問難，歎曰：「通儒碩學，復見賀生。」因薦爲郡功曹，辭以母老。普通中，始應辟命，累遷尚書左丞。凡郊廟諸儀，多所創定。武帝與語，常移晷刻，省中語曰：「上殿不下有賀雅。」琛容止閒雅，故時人呼之。所撰三禮講疏、五經滯義及諸儀注凡百餘篇。

孔子袪。山陰人。少孤貧，勤苦力學，遂通經術，尤明古文尚書。爲西省學士，助賀琛撰録，書成，累遷中書通事舍人。武帝撰五經講疏及孔子正言，專使子袪檢閲羣書，以爲議證。後加通直正員郎。著尚書、周易注及集禮論共三百餘卷。

孔僉。山陰人。通五經，尤明三禮，生徒數百人。三爲五經博士，後爲海鹽、山陰二縣縣令。

張嵊。字四山，剡人，鎮北將軍稷之子。起家秘書郎，累遷吴興太守。侯景陷京城，嵊起義收集士卒，繕築城壘。邵陵王至錢塘，遺板授嵊征東將軍。賊將劉仁茂破義興，遣使説嵊降，嵊斬其使，仍遣軍逆擊之。侯景聞，遣軍助仁茂，嵊拒戰敗，被執以送景，子弟同遇害者十餘人。賊平，世祖追贈侍中、中衛將軍、開府儀同三司，謚忠貞。

王琳。字子珩，山陰人。少好武，遂爲將帥，以功封建寧縣侯。從王僧辯破侯景，拜湘州刺史，尋移廣州。元帝爲魏圍逼，徵琳赴援，師次長沙，聞帝遇害，率三軍縞素舉哀，傳檄諸方，爲進取計。時陳武帝推立敬帝，以侍中、司空徵，不赴。大營樓艦，圖義舉，敗陳將侯安都、周文郁於沌口。及敬帝亡，琳立梁王，引兵東下，與陳師遇。琳乘風舉火，忽風逆反燒，遂潰。入齊，封會稽郡公，鎮壽陽。會陳將吳明徹攻齊，琳謂吳兵甚鋭，勿輕鬥，齊將不從，戰敗，城陷被殺。謚忠武。

陳

孔奂。字休文，琇之曾孫。好學善屬文，遭母憂，以至孝聞。武帝受禪，除晉陵太守，有惠政。天嘉初，徵爲御史中丞。奂性剛直，糾劾不避權貴，朝廷敬憚。又達於政體，百司滯事，皆付咨決。太建六年，爲吏部尚書，凡所甄拔，莫不悦服。

虞荔。字山披，餘姚人。博覽墳籍，善屬文，梁武帝用爲士林館學士，以文史見知。文帝即位，領大著作。初，荔母隨荔入臺卒，尋城陷，情禮不伸，終身蔬食布衣，不聽音樂，雖任遇隆重，而居止儉素，淡然無營。性沈密，凡所獻替，莫有見其際者。弟寄字次安，弱冠舉秀才，對策高第，陳寶應據閩中，得寄甚喜，欲引爲僚屬，固辭。及寶應有逆謀，寄每陳順逆之理，知不可諫，稱疾不起。後又因書極諫，寶應既擒，敕寄還朝，除建安王諮議。寄少篤行，造次必於仁厚，至臨危執節，詞氣凛然，白刃不憚也。

賀德基。字承業，會稽人。祖文發，父淹，仕梁俱爲祠部郎，並有名當世。德基少游學京邑，積年不歸，於禮記稱爲精明。位尚書祠部郎，三世儒學，俱爲祠部，時論美其不墜。

隋

虞綽。字士裕，餘姚人。博學有俊才。大業初，爲秘書學士，奉詔撰長洲玉鏡等書，綽所筆削，帝嘗稱善。累遷著作佐郎。

唐

賀德仁。山陰人。與從兄德基師事周弘正，以文辭稱，人爲語曰：「學行可師賀德基，文質彬彬賀德仁。」兄弟八人，時比漢荀氏，太守王伯山改所居甘滂里爲高陽云。德仁在隋，爲齊王府屬，高祖時爲東宮學士。從子紀、敳亦博學，高宗時，紀爲太子洗馬，敳率更令兼太子侍讀，皆爲崇賢館學士。

虞世南。字伯施，荔子，出繼寄爲後。辭章贍博，名重當時。太宗踐阼，擢宏文館學士。世南貌儒謹而中抗烈，議論持正，疏陳剴切。帝嘗作宫體詩，使賡和，世南曰：「聖作誠工，然體非雅正，恐此詩一傳，天下風靡，臣不敢奉詔。」帝深嘉之，每稱其德行、忠直、博學、文詞、書翰爲五絶。累封永興縣公。卒，謚文懿。

孔紹安。山陰人。與兄紹新俱以文詞知名。陳亡入隋，徙居京兆，閉門讀書，外兄虞世南歎異之。高祖受禪，紹安間行來奔，因侍宴應詔詠石榴詩，時人稱之。詔撰梁史，未成卒。有文集五卷。

孔若思。山陰人。早孤，其母躬訓教，長以博學聞，擢明經，歷庫部郎中。嘗曰：「仕宦至郎中足矣。」座右置水一石，明止足之意。中宗初，敬暉、桓彦範當國，以若思多識古今，凡大政事，必咨質後行。三遷禮部侍郎，出爲衛州刺史，以清白著稱。謚曰惠。子至，歷著作郎，明氏族學，撰百家類例。

康子元。山陰人。仕歷獻陵令。開元初，詔舉能治易、老、莊者，張説以聞，累擢秘書少監。帝將東之泰山，張説引子元等商裁封禪儀。官至宗正少卿。

賀知章。字季真，永興人。證聖初，擢進士。開元中，累遷禮部侍郎，兼集賢院學士，明皇自爲贊賜之。肅宗爲太子，知章遷賓客，授秘書監。晚節自號四明狂客，每醉屬辭，筆不停書，咸有可觀。天寶初，請爲道士還鄉里，詔許之，賜鏡湖剡川一曲。既行，帝賜詩，太子百官餞送。乾元初，贈禮部尚書。

秦系。字公緒，會稽人。天寶末，避亂剡溪，留守薛兼訓奏爲右衛率府倉曹參軍，不就。客泉州南安九日山，注老子，彌年不出。張建封聞系之不可致，請就加校書郎。系與劉長卿友善，以詩相贈答，其後東渡秣陵，年八十餘卒。

徐浩。字季海，越州人。擢明經，有文辭，張説薦爲集賢校理。肅宗立，授中書舍人，四方詔令，多出其手。兼尚書右丞，建言：故事，有司斷獄，必刑部審覆，自李林甫、楊國忠當國，令有司就宰相府斷事，尚書以下，未省即署，殊乖慎恤意，請如故便。詔可。德宗時，授越王傅，進會稽郡公。始浩父嶠之善書，以法授浩，益工，世狀其法曰「怒猊抉石，渴驥奔泉」。

羅珦。會稽人。寶應初，詣闕上書，授太常寺太祝，署曹王皋幕府，累遷副使。皋卒，軍亂，珦取首惡斬以徇。召爲奉天尹，奸吏屏息。擢廬州刺史，再遷京兆尹，並有惠政。以老疾求解，徙太子賓客。子讓，字景宣，以文學早有譽。舉進士，宏辭、賢良方正，皆高第，爲咸陽尉。父喪，幾毀滅，不應辟者十餘年。累遷江西觀察使。

許伯會。蕭山人。舉孝廉。上元中，爲衡陽博士。母喪，負土成墳，不御絮帛、嘗滋味。野火將逮塋樹，悲號於天，俄而雨，火滅。歲旱，泉湧廬前，芝生墓側。又同邑俞僅，著孝友，一門四代，老幼八十餘口，並經術貞廉。觀察使孟簡書於圖經，以勵風俗。

孔述睿。山陰人。篤孝嗜學。大曆中，擢司勳員外郎，史館修撰。德宗時，累官秘書少監。述睿性退讓，未始忤物，雖親朋宴集，嚴默終日，人皆畏之。所次地理志本末最詳。子敏行，字至之。元和初，官諫議大夫。李絳遇害，事由監軍楊叔元，時無敢言，獨敏行上書極論其罪。卒，贈工部侍郎。

張萬和。諸暨人。力學明經，遭父母喪，負土成墳，兄弟廬於墓。萬和卒，子孝祥亦廬墓，俱二十餘年。詔旌其門。

吴融。字子華，山陰人。祖翥，有高節，大中時，賜號文簡先生。融力學，富辭藻。龍紀初，及進士第，韋昭度討蜀，表掌書記，累遷翰林學士。昭宗反正，御南闕，羣臣稱賀，融最先至，帝有指授，疊十許稾，融跪作詔，少選而成，語當意詳，帝咨賞良久。

進户部侍郎。

五代 吴越

顧全武。餘姚人。事錢鏐，爲武勇都知兵馬使。董昌亂，其將徐淑合淮南兵共圍嘉興，全武將軍往救，破二寨，還守西陵。會蘇州告急，全武請先取越，後復姑蘇，遂引兵攻昌，擒之。航海至嘉興，破淮南十八營，乘勝取蘇州，拔松江、無錫、常熟、華亭諸郡縣。

鮑君福。字慶臣，餘姚人。以驍果稱。歸武肅王，功爲諸軍之冠。任衢州刺史一十二年，後遷湖州，累職太保、檢校太尉、同平章事。天福五年卒，謚忠壯。

宋

齊廓。字公闢，會稽人。舉進士第，累遷江淮西南轉運使。時奉使者競爲苛刻邀聲名，獨廓奉法如平時，人以爲長厚。積官光禄卿、直秘閣，改秘書監，卒。

杜衍。字世昌，山陰人。總髮厲操，尤篤於學。大中祥符初，擢進士甲科，歷知外郡，不以刑威督下，吏民憚其清整。仁宗特召爲御史中丞，奏大臣宜迭召見，賜坐便殿，以盡獻替。兼判吏部流内銓，吏不能爲奸。拜樞密使，與富弼、韓琦、范仲淹共事，欲盡革衆弊，修紀綱，而衍勁正清約，尤裁抑僥倖。每内降恩，率寢格不行，積詔旨至十數，輒納帝前。拜同平章事，尋罷。後以太子少師致仕，封祁國公。卒，謚正獻。

孫沔。字元規，會稽人。天禧進士，材猛過人，所在皆著能績。三知慶州，邊人服其能。遷廣南安撫使，會狄青敗儂智高，沔留治後事，及還，召爲樞密院使，致仕。後英宗即位，又以歐陽修薦，起知河中府。徙慶州，復徙延州，卒。

石待舉。字寶臣，新昌人。天聖進士，知上饒，邑大治。遷保州通判，有雲翼軍與中貴人作亂，待舉率州兵數百人討之，兵潰，遂遇害。

齊唐。字祖之，山陰人。少貧苦學，得書皆自寫，誦過一二即不忘。登天聖進士，兩應制科皆首選，兩對策皆第一，當道忌其切直，復排去。遷著作佐郎，僉判南雄。會交阯進麒麟，唐據史傳非之，衆服其博物。以職方員外致仕。鑑湖東北有山最奇偉，唐名之曰少微，而卜築焉。

顧臨。字子敦，會稽人。通經學，爲館閣校勘，同知禮院。神宗詔編武經要略，陳言兵以仁義爲本，動静之機，安危所係，不可輕也。因條十事以獻。元祐二年，擢給事中，拜河北都轉運使。蘇軾等言臨姿性方正，學有根本，封駁議論，有古人風，宜留左右，以補闕遺。不報。尋召還，歷翰林學士。紹聖初，知定州，徙應天、河南府，忌者指爲黨人，斥饒州居住，卒。

裘承詢。會稽人。遠祖尚，於晉義熙時，徙居雲門山前，當趙宋初年，踰六百載，十九世無異爨，子弟習絃誦，鄉里稱其敦睦。大中祥符間，詔旌門閭。

陸佃。字農師，山陰人。居貧苦學，夜無燈，映月讀書。受經於王安石，而不以新法爲是。擢熙寧甲科，補國子監直講。安石以佃不附己，專付之經術，不復咨以政。徽宗時，爲尚書右丞，每欲參用元祐人才，尤惡奔競，又上言不宜窮治元祐黨，讒者遂詆佃名在黨籍，罷知亳州。所著有埤雅、禮象、春秋後傳諸書二百餘卷。

石公弼。本名公輔，字國佐，新昌人。元祐進士。徽宗時，擢殿中侍御史，論東南軍政之弊，蘇、杭造作局擾民之害。大觀初，拜御史中丞，劾蔡京罪惡，章數十上，京始罷。又言吏員猥冗，宜復舊制，仕途爲清。進兵部尚書，出知襄州。京再相，謫台州安置，赦歸卒。

陳過庭。本名揚庭，字賓王，山陰人。紹聖進士，歷御史中丞。睦寇竊發，過庭言竄蔡京、王黼二人，則寇自平。又朱勔父子，竊取名器，宜昭正典刑。與權貴忤，謫黃州安置。欽宗立，擢尚書右丞，奉使至金，金人拘之軍中，後卒於燕山。建炎中，贈開府儀同，謚忠肅。

李光。字泰發，上虞人。崇寧進士，師事劉安世。欽宗受禪，擢右司諫，首陳制國用之要，與太原攻守之策。遷侍御史，言王安石學術邪辟，蔡京兄弟祖述其説，毒流四海，不宜詔榜朝堂。建炎中除知宣州，盜戚方來攻，光隨宜扼守，城卒以全。進參知政事，極言秦檜懷奸誤國，謫瓊州安置。檜死復官。卒，謚莊簡。子孟傳，字文授，累官太府丞。韓侂胄願見之，不肯，以朝請大夫直寶謨閣致仕。所著詩文九十餘卷，博學多聞，持身甚嚴，時推能世其家。

石公揆。字道任，新昌人。政和進士。高宗時，拜侍御史，疏論秦檜之奸，章十上，檜再相，下公揆建昌獄，久不釋而卒。子書問，當父下獄時，年十四，奉母屏居苦學。及檜死，叩閽訟父冤，詔復職。書問補將仕郎，論兩淮榷場、互市、營田、官莊之弊，皆切時務。官至朝請大夫。

陳槖。字德應，餘姚人。登政和上舍第。紹興初，趙鼎、李光薦其才，除御史，累遷權刑部侍郎。時秦檜力主和議，槖疏謂和不可行，檜憾之，因力請去，除徽猷閣待制，知廣州。留鎮三年，民夷悦服。後改婺州致仕。槖博學剛介，不事産業，既謝事歸剡中，僑寓僧寺，日糴以食。王十朋論會稽人物曰「杜祁公之後，有陳德應」云。

傅崧卿。字子駿，山陰人。政和中擢甲科，授考功員外郎，兼太子舍人。以不從方士林靈素授符籙，被譖，出爲蒲圻縣丞。高宗初，除直龍圖閣，知越州。常慷慨欲以功名自見，在上前議論尤感激，未及大用而卒，時人惜之。有樵風溪堂集六十卷，所作夏小正傳最行於世。

蔡定。字元應，會稽人。家世微且貧。父革，依郡獄吏傭書以生，使定學，遊鄉校有稱。獄吏以舞文坐罪，革以詿誤，年七十餘，法當免，胥削其年而入之罪。獄具，定號訴請代，弗許，知父終不可贖，乃預爲志銘其墓，又爲狀若詣府者，結置袂間，皆敘陳致死之由，冀其父之必免也。以建炎元年，自赴河死。府帥聞之驚曰真孝，立命出革，厚爲定具斂，而撫周其家。

黄開。字必先，諸暨人。父汝楫，宣和間方臘犯境，掠士女，索金帛，汝楫罄數萬緡贖千餘人歸。開登紹興進士，博學好古，邃於經術，所著有論孟發揮、周易圖說諸書。官崇安令。

胡沂。字周伯，餘姚人。父宗伋，號醇儒。沂穎異，六歲誦五經皆畢。紹興初，登進士，陸沈州縣三十載。孝宗受禪，擢殿中侍御史，論列殿帥成閔罪狀及龍大淵、曾覿市權植黨，直聲震中外。乾道中，歷禮部尚書。沂性恬退，無所依附，數請去，遂以龍圖閣學士提舉興國宫。卒，謚獻肅。

王佐。字宣子，山陰人。紹興中，廷對第一，爲秘書省校書郎。時秦熺提舉秘書省，佐未嘗交一語，熺不能平，嗾言者論去之。檜死，起爲尚書吏部員外郎。檜妻王氏，陳乞自稱冲真先生，佐駁之。知建康府，預發妖人朱端明不軌事。知潭州，討捕柳州賊陳峒。以忠勞備著，超拜顯謨閣待制，徙知臨安府，進權户部尚書。

石墪〔六〕。字子重，新昌人。紹興進士，授桂陽簿，調尤溪尉。丞相史浩薦其才，召對，言甚剴切，上嘉納之。墪天性高邁，究心理學，與朱子講明經傳宗旨，所著中庸集解，朱子嘗采之爲集註，一時學者多師事之。及卒，朱子爲作墓志。有文集十卷，集周易、大學、中庸解數十卷傳於世。

陸游。字務觀，佃之孫。年十二能詩文，廕補登仕郎，試禮部置前列，爲秦檜所嫉。檜死，始以薦除敕令所删定官。孝宗初，遷編修官，召見，賜進士出身。以忤和議出爲通判，王炎宣撫川陝，游爲炎陳進取之策，又請以吴玠子拱代蜀帥吴挺，以絶禍患。及挺子曦叛，其言始驗。范成大帥蜀，游爲參議官，以文字交，不拘禮法，人譏其放，因自號放翁。累陞寶章閣待制致仕。游才氣超逸，尤長於詩，所著有劍南、渭南等集行於世。

黄度。字文叔，新昌人。隆興進士，監登聞鼓院。言養兵爲巨患，具屯田、府衛十六篇上之。紹熙四年，守監察御史，乞分蜀帥吳曦兵柄，不從。後曦果叛。光宗以疾不朝重華宫，度上書切諫。寧宗即位，改右正言。韓侂胄用事，度具疏將論其姦，侂胄假御筆，除知平江府。歷知福州、建康，兼江淮制置使。罷科糴輸送之擾，活饑民百萬。除見税二十餘萬，降巨盜，招歸業者九萬家。度以推挽人才爲己任，每曰無以報國，惟有此耳。遷禮部尚書，告歸卒，謚宣獻。度志在經世而以學爲本，著詩、書、周禮説，史通、歷代邊防諸書行於世。

王厚之。字順伯，諸暨人。乾道進士，官至浙東提刑，以寶謨閣致仕。平生好古博物，尤注意金石刻文，所著金石録考、異考、古印章等書，精鑒絶識，刻畫淺深，殘辨無遺，識者賞其博雅。

劉漢弼。字正甫，上虞人。嘉定進士，擢監察御史。宰相史嵩之引用私人，布列要地，漢弼首疏劾之，即引去。既復以左司諫召，疏論立聖心、正君道、謹事機、伸士氣、收人才五事。除侍御史，密奏宜聽嵩之終喪，言皆剴切。以户部侍郎卒，謚曰忠。

王爚。字仲潛，新昌人。嘉定進士。咸淳十年，爲左丞相、兼樞密使。德祐初，進平章軍國重事，累辭不許。以言者罷平章，充醴泉觀使，尋卒。爚爲人清修剛勁，賈似道歸葬母，過新昌，爚獨不見之。後以元老入相，值國勢危亡之際，天下屬望，卒與陳宜中不合而去。

毛遇順。字鴻甫，餘姚人。嘉定進士，拜侍御史。首論史嵩之不當起復，三學諸生皆朝廷元氣，不宜斥逐，前後疏數十上，理宗書其名於屏。寶祐初，進兩淮制置使，後論賈似道、丁大全必誤國，乞罷斥，不報。終大理卿。

孫子秀。字元實，餘姚人。紹定進士，調吳縣主簿，歷知金壇縣，通判慶元府，主管浙東鹽事，皆以政績著聞。累遷金部郎，與丞相丁大全議不合，去官。開慶初，爲浙西提舉常平，徙提點刑獄，擊貪舉廉，風采凜然，犴獄爲清。度宗即位，進太常少卿，兼知臨安府。以言罷，起知婺州，卒。

陳非熊。字思齊，新昌人。景定中，授稽山院長。宋亡，與吳觀奉趙宗室，集義勇，繕城守，以圖恢復。元兵薄城，力戰死。

觀字叔大，景定中入太學，上書言邊事，與非熊同爲院長。城陷，被執不屈，遇害。

唐震。字景實，會稽人。少有介節，既登第，歷官所至以公廉稱。擢浙西提刑，忤賈似道，免官。咸淳十年，起知饒州。元兵略饒，堅守不下，明年，元兵大至，城破被執，不屈，與其兄椿及家人皆死之。贈華文閣待制，謚忠介。

孫嶸叟。字仁則，餘姚人。第進士，擢監察御史，論賈似道罪重法輕，當斬以示國法。德祐初，乞復倚任文天祥，竄陳宜中、留夢炎、吕師孟等，以作忠義之氣。居官竭忠盡智，排斥奸回，不爲身謀。官至禮部侍郎。卒，謚忠敏。

何雲。字士雲，諸暨人。德祐中，元兵至，傾貲倡義，築栅，率鄉人禦戰，不支，與其子嵩並死之。

朱光。字吉甫，諸暨人。元兵下江南，遣裨將至縣招撫，光與同邑張軫等率鄉人抵禦被執，以火然之，三日始絶。軫亦不屈死。

唐珏。字玉潛，山陰人。嘉木揚喇勒智發宋諸陵，棄骨草莽間，珏不勝憤痛，行貸百餘金，邀里中少年易以他骨，造石函六，收遺骸葬蘭亭山後，又移宋故宫冬青樹植其上以識。「嘉木揚喇勒智」舊作「揚連真珈」，今改正。

元

潘音。字聲甫，新昌人。甫十歲，宋亡，見長老談崖山事，輒涕下。長從吴澄學，泰定間，澄以見召欲行，音止之，不從。遂築室南洲山中，隱居不出。

韓性。字明善，會稽人。博綜羣籍，尤深性理之學，爲文博達儁偉，自成一家，四方受業者輻輳其門。憲府舉爲教官，辭不就。卒，賜謚莊節先生。所著禮記説、詩音釋、書辨疑若干卷。

王艮。字止善，諸暨人。尚氣節，讀書務明理以致用。累辟爲吏，所至以廉能稱。官至淮東道宣慰副使。

石明三。餘姚人。與母居山中，一日自外歸，覓母不見，見壁穿，而卧內有三虎子，知母爲虎所害，乃盡殺虎子，礪巨斧立壁側，伺母虎至，砍其腦裂而死。復往倚巖石旁，執斧伺候，斫殺牡虎，明三亦立死不仆，張目如生，所執斧牢不可拔。

陸思孝。山陰樵者。性至孝。母病痢，醫禱久不效，思孝方欲刲股肉爲糜以進，忽夢寐間恍若有神人授以藥劑，得而異之，即以奉母，疾遂愈。

石永。新昌人。事親至孝。值亂兵掠鄉里，父謙孫年八十，老不能行，永負父匿山谷中。亂兵執其父欲殺之，永亟前抱父，請以身代，兵遂殺永而釋其父。

黄義貞。字孟廉，餘姚人。篤學好修，事親以孝聞。大德間，徵授博士，辭不就，隱居鳳亭，壽一百五歲。

董旭。新昌人。博通羣書，與默爾古思友善。默爾古思欲興師討方國珍，臺臣怨其不禀命，殺之，遂歸隱山中。已而國珍據台、慶，欲羅致幕下，强之終不屈，遂遇害。「默爾古思」改正見名宦。

楊維楨。字廉夫，諸暨人，自號鐵崖。泰定進士，署天台尹。會修遼、金、宋三史成，著正統辨千餘言，歐陽玄功讀之，歎曰：「百年後，公論定於此矣。」擢江西儒學提舉，未上，會兵亂，避地富春山，徙錢塘。張士誠累招之，不屈。明洪武初召修禮樂書，作老客婦謡以見意，詣闕留百餘日，所纂敘例略定，即乞歸。維楨以詩名擅一時，號鐵崖體。及門張憲字思廉，山陰人。維楨嘗曰：「吾用三體咏史，古樂府不易到，惟憲能之。」

明

王冕。字元章，諸暨人。幼貧，父使牧羊，竊入學舍，聽諸生誦書，因令就學。會稽韓性録爲弟子，遂稱通儒。秘書卿台哈布哈薦以館職，不就。隱於九里山，樹梅千株，桃杏半之，自號梅花屋主。太祖下婺州，受諮議參軍。「台哈布哈」改見前。

書成賜歸。

錢宰。字子予，會稽人。元至正間中甲科，親老不仕。洪武初，徵修禮樂書，授國子助教，進博士。後命訂正尚書蔡氏傳，

宋元僖。字無逸，餘姚人。元至正間授繁昌教諭，棄歸隱山澤，樞省屢辟不行。明初，徵修元史。事竣，典福建鄉試，稱得人。晚窮濂洛之學，爲文縝密有尺度。

楊恒。字本初，諸暨人。少穎悟，爲文峻潔，知名於世。居白鹿山，帶經躬耕，嘯歌自樂，自號白鹿生。太祖既下浙東，命欒鳳知州事，請爲州學師，不就，乃令州中子弟即家問道，政有闕失，輒遺書咨訪，恒告以利病，裨益爲多。後唐鐸知紹興，欲辟之，復固辭。恒性醇篤，家無儋石，而臨財甚介，鄉人奉爲楷法。

呂不用。初名必用，字則行，新昌人。年十三，應元至正鄉舉，未午出院，主文者奇之，因其不終試，爲之深惜。不用傳孔孟之學，而故以文豪，與陳東之、宋濂、劉基等爲友。洪武初，以經明行修辟授本縣訓導。時兵革初靖，士不識文藝，不用疏六緯四籍諸史之學授生徒，一時蒸然向化。後引疾解官，累辟不起。

趙俶。字本初，山陰人。元至正進士，洪武六年徵至，論經史貫串古今，除國子博士。請以正定十三經頒示天下，屏戰國策及陰陽讖卜諸書，勿列學宫。明年擇諸生穎拔者三十五人，命俶專領之，教以古文。以翰林待制致仕，賜内帑錢治裝，宋濂率同官暨諸生千餘人送之。子圭玉，兵部侍郎，出知萊州，有聲。

董曾。字貫道，旭之弟。通經史，善古文。方國珍據台、慶，兄旭以不屈被害，曾避居東陽。太祖至金華，以禮招致，授無爲知州。陳友諒攻城，被執不屈死。

王綱。字性常，餘姚人。與弟秉常、敬常並以文學名。洪武初，劉基薦之，年已七十，太祖策以治道，擢兵部郎，除廣東參議，撫定潮州亂民。還遇海寇曹真截舟，舁之去，欲以爲帥，綱不從，遇害。子彦達，年十六，亦罵賊求死。其酋曰：「父忠子孝，殺

之不祥。」令綴羊革裹父屍而去。彥達以父廕當得官，痛父，終身不仕。

唐肅。字處敬，山陰人。通經史，兼習陰陽、醫卜、書數。洪武初，用薦召修禮樂書，擢應奉翰林文字。科舉行，爲分考官，免歸。子之淳，字愚士，潛心著述，建文時以方孝孺薦，擢翰林侍讀，領修書事，卒於官。

謝肅。上虞人。學問該博。洪武中，以明經舉授福建僉事，坐事死。與山陰唐肅齊名，時號會稽二肅。

趙謙。字撝謙，初名古則，餘姚人。幼孤貧，寄食山寺，長遊四方，與諸名人爲友，博究六經百氏之學，尤精六書。洪武中，命詞臣修正韻，謙應聘，授國子典簿。後爲瓊山教諭，卒於番禺。所著有六書本義及聲音文字通。

劉謹。字維勤，山陰人。洪武中，父坐法戍雲南，謹方六歲，問家人雲南何在，或以西南指之，輒朝夕向之拜。年十四，遂奮身往尋，閱六月抵其地，艱苦萬狀，遇父於逆旅，相持號慟。俄父患瘋痺，謹告官乞代，國法戍邊者，惟十六以上嫡長男始許代，時謹未成丁，而兄謙先死，乃歸家攜兄子以往，悉鬻其産畀兄子，始復奉其父還。家貧，力營甘旨以養，人稱其孝。

韓宜可。字伯時，山陰人。洪武初，薦授山陰教諭，擢監察御史。疏劾丞相胡惟庸等險惡奸佞，出爲江西僉事。已入朝，會賜諸司没官男女爲奴婢，宜可不受，且極論合門連坐之非所宜，帝是其言。後坐事將刑，帝御謹身殿鞫之，忽雷火遶殿中，遂獲免。建文時，累拜左副都御史。

周觀政。山陰人。洪武初，薦授九江教授，擢御史。嘗監奉天門，有中使將女樂入，觀政止之，中使曰有命，觀政執不聽，中使愠而入，頃之出報曰：「御史且休，女樂已罷不用。」觀政又拒曰：「必面奉詔。」已而帝親出謂曰：「宫中音樂廢缺，欲令内家肄習，朕已悔之，御史言是也。」累官江西按察使。

胡粹中。名由，以字行，山陰人。博通經史，尤長春秋。洪武中聘爲儒學訓導，終楚府長史。著讀史筆記、元史續編。

葉砥。字履道，上虞人。洪武進士，除定襄丞，坐事謫。建文元年，以薦授編修，改廣西僉事，有禦寇功。永樂初，坐書靖難事多微辭，被逮，籍其家，惟敝廬圖書數篋。仍與史職，遷考功郎。仁宗在東宮，以砥爲侍講，乞郡，出守饒州，有惠政，卒官。孫冕，正統進士，歷官副都御史，所至有聲。

陳思道。字執中，山陰人。洪武中進士，授刑部主事。帝賞其執法，超拜兵部右侍郎。廉介自持，人莫敢干以私。改禮部左侍郎，三疏乞歸。居家不殖生産，守令造門不得見，時人欽其風節。

劉季篪。名韶，以字行，餘姚人。洪武進士，除行人，使滇、蜀、朝鮮，悉却其餽。擢陝西參政，奏罷逋賦、硇砂。建文中，召爲刑部侍郎，吏虧官錢，誣千餘人，俱爲辨免，冤獄多所平反。永樂初，預修大典，後坐失出下獄，降授兵部主事。

陳性善。名復初，以字行，山陰人。洪武進士，授行人司副，遷翰林檢討。奉敕入便殿録秘書，帝威嚴，見者多震讋失措，性善獨從容詳慎，字畫端好，太祖大悦。建文帝即位，擢禮部侍郎，問治天下要道，使手書以進，深見採納。燕師起，改副都御史，監軍靈壁，戰敗，被執北去，俄縱還。性善曰：「辱命罪也。」遂躍馬入河死。本朝乾隆四十一年，賜謚愍節。按：當時與性善同死者有黄墀、陳子方，皆餘姚人。又有雲門僧、若耶溪樵，皆殉節不知姓名者，並於乾隆四十一年列入祀典。

蔣貴。字大富，諸暨人。由燕山護衛卒從成祖起兵，積功至昌國衛指揮同知，進都指揮僉事。宣德二年，以平松潘叛蠻，進都指揮同知，鎮守密雲諸關，以功進總兵官，佩平蠻將軍印。正統初，以敗阿爾台、多爾濟巴勒功，封定西伯，佩平羌將軍印。又以平雲南麓川思任發父子，進封侯。正統三年卒，贈涇國公，謚武勇。「阿爾台」舊作「阿台」，「多爾濟巴勒」舊作「朵兒只伯」，今俱改正。

吕升。山陰人。永樂初爲溧陽教諭，以薦擢江西按察僉事，改福建，所至有清慎聲。入爲大理少卿。

趙紳。字以行，諸暨人。父秩，永樂中，爲高郵州學政，考滿赴京，至武城縣墮水，紳奮身下救，河流湍悍，俱不能出。明日屍浮水上，紳兩手抱父臂不釋。宣德五年旌其門。

吳中。字孟庸，山陰人。舉進士，授監察御史，總閱諸道疑獄。成祖慮法司論罪多冤，遣大臣覆訊，他囚輒忿訴不已，惟中所訊者無異詞。按蜀四年，及還，詔求直言，中上疏極論時政，無所忌諱，上怒，坐他事論死。俄得赦復官，出爲山西左參政。

貝秉彝。名恒，以字行，上虞人。永樂進士，授邵陽知縣。以憂去，補東阿，善決獄，能以禮義導民，政績最著。九載考滿入都，詔進一階，以耆老乞留還任。宣德初，卒官。

章敞。字尚文，會稽人。永樂進士，自庶吉士授刑部主事，屢辨冤獄。宣德五年，擢禮部右侍郎，兩使安南，諭黎利父子，得使臣體。還，致厚贐不受。正統初，晉府以護衛軍田廬請，英宗命敞理之，至則計軍分授，餘給與民。又同尚書胡濙考定新舊令式，吏無能爲奸。

魏驥。字仲房，蕭山人。永樂中，以進士副榜授松江訓導。召修永樂大典，遷太常博士，擢太常卿。正統初，進吏部侍郎。時王振怙寵淩公卿，獨嚴重驥。累進南京吏部尚書。景泰初，致仕。驥居官務持大體，家居憂國及民，老而彌篤。倡修邑中諸塘堰，以免水患，布衣糲食，不營產業，教子孫孝弟力田。倡理學，勗後進，雖在林野，有補治化。卒，謚文靖。

謝澤。字時用，上虞人。永樂進士，歷廣西參政。考績赴闕，值英宗北狩，遂以澤爲通政使，提督居庸、白洋等關。時守關士卒皆散，敵大入，澤猶率羸卒以禦，勢不支，遇害。

楊信民。名誠，以字行，新昌人。舉於鄉，宣德時，除工科給事中。正統中，清軍江西，還奏民隱五事，多議行。擢廣東參議。景帝監國，用于謙薦，守備白羊口。會廣東賊黃蕭養攻廣州，以信民爲右僉都御史巡撫其地。既至，使人持檄入賊營，諭以恩信，蕭養曰：「得楊公一言，死不憾。」信民單騎往諭，賊黨爭羅拜，將降，信民忽暴卒。軍民聚哭，建祠祀之。成化中賜謚恭惠。

黃璽。字廷璽，餘姚人。兄伯震，商十年不歸，璽出求之，經行萬里，不得蹤跡。至衡州禱南嶽廟，夢神授以「纏緜盜賊際，狼狽江漢行」二句，一書生告之曰：「此杜甫春陵行詩也。春陵今道州，曷往尋之？」璽從其言，既至，無所遇。一日入厠，置傘道旁，伯震適過之，曰：「此吾鄉傘也。」取視之，璽出門，悲喜交至，遂奉其兄以歸。

俞欽。字振恭，新昌人。景泰進士，由庶吉士授禮部主事，成化初官兵部郎中。會九姓土獠作亂，詔本兵督師往討，以欽參謀。建議進兵，拔二十餘寨，斬獲六千餘人。陞太常卿，累兵部侍郎。大同有警，悉力區畫，邊境以安。

毛吉。字宗吉，餘姚人。景泰進士，除刑部主事。錦衣指揮門達，怙勢作威，吉執法不撓，達怒甚。以疾失朝，下錦衣獄，達簡健卒，梃擊幾死。天順中，擢廣東僉事，分巡惠、潮，討平程鄉賊楊輝。進副使，移巡高、廉、雷三府。成化初，餘賊攻新會縣，吉屢敗之。賊遁於陽江雲岫山，官兵乘勝深入，賊並力合攻，師潰，力戰死之。贈按察使，謚忠襄。

王淵。字志默，山陰人。天順初進士，除南京吏科給事中，以氣節自持。憲宗即位，與同官王徽等疏言宦官宜遵祖制，毋許預政典兵、置產立業，家人義子悉編原籍爲民，嚴禁官吏與之交接。中官牛玉安置南京，淵復同徽等疏劾玉罪重罰輕，乞正典刑，並詆斥執政李賢。逮詔獄，謫茂州判官，終順天府治中。

丁川。字大容，新昌人。天順進士，授監察御史。成化中，以災異上言，請修德以回天變。又言會昌侯孫繼宗父子權重，宜加裁損。萬貴妃專寵，干預外政，復上疏論諫。遷順天府丞，值旱蝗，疏救荒禦災十五事。陞巡撫延綏，進安邊十策，悉允行。聞母喪歸，以哀毁卒。

何鑑。字世光，新昌人。成化進士，擢御史，巡宣府、大同，劾巡撫鄭寧以下數十人〔七〕。出爲河南知府，賑饑有法。弘治中，以右副都御史巡撫江南，疏吳淞、白茆諸渠，以除水患。歷刑部侍郎。正德中爲兵部尚書，大盗劉六、劉七倡亂，逼近畿甸，鑑處分守禦，悉中機宜，賊以次蕩平，加太子太保。宸濠謀復護衛，鑑力遏之，爲奸黨所攻，遂致仕。

謝遷。字于喬，餘姚人。成化進士，廷對第一，授修撰，簡侍東宫。孝宗立，中官郭鏞請預選妃嬪，遷論止之。以詹事入内閣，累遷兵部尚書，兼東閣大學士。尚書馬文升以大同邊警，餉餽不足，請加南方兩税折銀，遷執不可，乃寢。遷秉節直諒，與劉健、李東陽同心輔政，而遷見事尤敏，天下稱賢。武宗嗣位，請誅劉瑾，不允，遂致仕。世宗登極，復召用，尋乞歸。卒，贈太傅，謚文正。

呂獻。字丕文，新昌人。成化進士，授刑科給事中。出使交阯，却贈金不受。因災異陳八事，皆見納。壽安侯張鶴齡兄弟怙勢，獻反覆極論，杖闕廷。累官順天府丞，忤劉瑾，久不調，後以南京兵部侍郎致仕。

張嵿。字時俊，蕭山人。成化進士。弘治中，累官刑部郎中。正德初，遷興化知府。忤劉瑾落職。瑾誅，起知南雄府，歷江西左布政。宸濠欲拓地廣其居，嵿執不可。進右副都御史，巡撫保定，與佞幸江彬等相拒，移疾歸。世宗即位，命總督兩廣軍務，平劇賊蔡猛三等。以工部尚書致仕。

潘府。字孔修，上虞人。成化進士。孝宗踐阼，府抗疏勸行三年喪。知長樂縣，有治績。遷南京兵部主事，陳軍民利病七事。父喪除，補刑部，值災異，上救時十要。歷廣東提學副使，母老乞歸。嘉靖初，言官交薦，起太僕少卿，改太常，致仕。屏居南山，惟以發明經傳爲事。及卒，世宗重府孝弟，特詔予葬。

何競。字邦植，蕭山人。父舜賓爲御史，坐事謫戍廣西慶遠衛，遇赦歸，與縣令鄒魯有怨，魯誣以潛逃，復解慶遠，又令爪牙殺之中途。競痛憤，值魯遷去，陰令親黨伏道旁，魯過，競袖鐵鎚奮擊，矐其兩目，乃與魯連鎖赴法司，被嚴刑，欲令誣伏。母朱氏撾登聞鼓訟冤，遣廷臣覆治，會解人任寬首實，於是當魯死罪，競遣戍，後赦歸。競自父没及卒，凡十六年，服衰終其身。

孫燧。字德成，餘姚人。弘治進士。正德中，累官河南布政。宸濠逆謀日露，朝議欲有節大臣制之，擢燧副都御史，巡撫江西。燧至，與副使許逵謀密爲備，七疏言宸濠必反，輒爲奸黨所匿，不得達。宸濠將反，會生辰宴官屬，明日燧及諸大吏入謝，宸濠伏兵左右，宣言奉太后密旨監國，燧張目大罵，偕許逵奮起力争，宸濠麾兵縛之，皆挺立不屈，罵不絶口，遂遇害。世宗即位，贈禮部尚書，謚忠烈。長子堪，字志健，爲諸生，能文，有膂力。聞父訃，與弟墀、陞挾刀赴之。後以廕歷都督僉事。事母至孝，母没，哀毁卒。墀字仲泉，文學通贍，官尚寶卿。亦以孝聞。陞字志高，嘉靖進士及第，授編修。官至禮部尚書。嚴嵩柄國，不肯依附。

卒，謚文恪。

陶諧。字世和，會稽人。弘治進士，選庶吉士，授工科給事中。正德初，劉瑾亂政，諧請以瑾等誤國罪告於先帝，罪之無赦。瑾怒，羅他事下詔獄，廷杖，謫戍肅州。嘉靖初復官，累遷兵部侍郎，總督兩廣，勦平羣盜。入爲兵部左侍郎。致仕卒，謚莊敏。孫大順，字景熙，嘉靖末進士。諳練有裁決，律身廉潔，累官廣西巡撫。大臨，字虞臣，嘉靖進士及第，授編修。吴時來劾嚴嵩，大臨爲定疏草。仕終吏部侍郎。

葛浩。字天宏，上虞人。弘治進士，擢御史。敷陳時政闕失，孝宗多採納。正德初，以劾劉瑾下詔獄，黜爲民。瑾誅，起知邵武府。入覲，陳利弊五事，悉施行。晉廣東參政，平寇亂，不妄殺一人。歷大理卿，致仕。

王守仁。字伯安，餘姚人。父華字德輝，性至孝，成化進士，廷對第一，累官南京吏部尚書。守仁登弘治進士，授刑部主事，改兵部。正德初，以論救言官戴銑等忤劉瑾，杖闕下，謫龍場驛丞。瑾誅，移廬陵知縣，歷鴻臚卿，擢右僉都御史，巡撫南贛。平横水、左溪、桶岡、浰頭諸巨賊。宸濠反，圍安慶，守仁起兵勤王，攻下南昌，逆擊大破之，遂擒宸濠。世宗立，拜南京兵部尚書，封新建伯。思恩、田州土酋盧蘇、王受反，命守仁總督兩廣。至則定議招撫，蘇、受乞降，進破斷藤峽賊，攻克仙臺、花相諸峒蠻，盡平八寨。事竣，以病乞歸，至南安卒。守仁天姿異敏，其學專主良知。隆慶初，追謚文成，從祀孔廟。曾孫先通，以伯爵掌前軍都督府印。甲申，敕命守城，城陷被執，駡賊觸怒，斷舌取心，死極慘毒。先通子業泰，亦於乙酉殉難。

胡東臯。字汝登，餘姚人。弘治進士，歷南京刑部郎中。讞大獄數十，多所平反。累遷茂威兵備副使，討平西番耿勺之亂。進都御史，巡撫寧夏，奏築花馬池、賀蘭山邊墻三百餘里。改撫鄖陽，未幾召還内臺。陳時政十二，以抗直忤執政，會太廟災，自劾去。歸里後，與宋冕、胡鐸號姚江三廉。冕字孔瞻，沈毅有識，歷官副都御史，巡撫鄖陽。

胡鐸。字時振，餘姚人。弘治進士，選庶吉士，改刑科給事中。忤劉瑾，出爲河東運副。瑾誅，擢任福建按察使司僉事，奬儒雅，雪冤獄。遷督學副使，士風丕變，人稱爲胡道學。鐸造詣正大，力排異説。爲南太僕卿，閉門著述，作典學説、異學辨諸書，各有論正。

徐愛。字曰仁，餘姚人。正德進士，知祁州。值劉六之亂，有保障功。官至工部侍郎。初，王守仁被謫里居，愛與山陰蔡宗兖、朱節從之學，愛及門最先，淵沖和粹，守仁深器重之。及卒，守仁哭之慟。宗兖字希淵，節字守中，皆正德進士。宗兖官至四川提學僉事，節以御史巡按山東致仕。

郁采。字亮之，山陰人。正德進士，由主事謫教諭，遷裕州同知。流賊起湖北，采率裕人堅守，多所斬獲。城陷被執，采罵賊不絶，賊碎其輔頰而死。贈光禄少卿。

蕭鳴鳳。字子雝，山陰人。少從王守仁學，登正德進士，授御史。抗章論救胡世寧〔八〕，又劾王瓊、江彬逞忿謫言官高公韶，及江彬恃寵恣肆，士論壯之。巡視山海關，武宗將出塞捕虎，鳴鳳疏諫，因具陳官司掊尅、兵民疾苦狀，不報，引疾歸。起督南畿學政，嘉靖初，督學河南、廣東，皆廉正無私。

陳克宅。字即卿，餘姚人。正德進士，嘉靖中官御史。坐争大禮繫獄拜杖，獲釋。先後按貴州、河南，多所彈劾。以忤禮部尚書廖紀，出爲松潘副使，累遷右副都御史，巡撫貴州。斬都勾苗阿向，移撫蘇松，罷歸。

汪應軫。字子宿，山陰人。少有志操，登正德進士，選庶吉士。武宗南巡，同舒芬等疏諫，廷杖幾斃。出知泗州，治行稱最。嘉靖初，召爲户科給事中，歲餘，所上凡三十餘疏，咸切時弊。官至江西督學僉事。

季本。字明德，會稽人。弱冠舉於鄉，連遭父母喪，不入内寢。家居十二年，窮載籍，聞王守仁良知之訓，乃悔其舊學。登正德進士，除建寧推官，徵授御史，以言事謫揭陽主簿。守仁總督兩廣，建敷文書院，令本教之，由是南寧人皆向學。累遷長沙知府，落職歸。平生考索經傳，著述甚富。

張懷。字德珍，餘姚人。正德進士，授禮部主事。武宗南巡，伏闕諫，廷杖。嘉靖中，議大禮，復受杖。歷廣東参政，歸。

張逵。字懋登，餘姚人。正德進士，嘉靖初，官刑科給事中。以争大禮廷杖，復疏劾武定侯郭勛奸横，與妖賊李福達爲黨，忤旨被逮，問戍邊，卒戍所。隆慶初，贈光禄少卿。

顧遂。字德申，餘姚人。正德進士，授刑部主事。武宗南巡，伏闕疏諫，廷杖幾死。嘉靖登極，歷郎中，出知惠州。法嚴政平，民戴若父母。遷廣西副使，歷陞南京刑部右侍郎，以伸冤戢暴爲事。

俞孜。字景修，山陰人。爲諸生，敦行誼。嘉靖初，父華爲流人徐鐸所害，鐸亡走，孜誓以死報，蹤跡數十郡，不可得。後聞匿其甥楊氏家，乃結力士十餘人，往來偵伺，且謁知府南大吉乞助。大吉義之，遣數卒與俱，夜半驟入楊氏家，呼鐸出見，縛送於官，寘之法。孜自是不復應舉，養繼母以孝聞。

王畿。字汝中，山陰人。受業王守仁之門，守仁征思田，留畿與錢德洪主書院。舉嘉靖進士，歷官武選郎中，夏言斥爲僞學，謝病歸。益務講學，學者稱龍谿先生。

錢德洪。字洪甫，餘姚人。與王畿同受業於王守仁。舉嘉靖進士，累官刑部郎中。坐論郭勛死罪，斥爲民。遂周遊四方，以講學爲事，學者稱緒山先生。

吕光洵。字信卿，新昌人。嘉靖進士，知溧陽縣，治最，擢御史。論罷居守大臣擅增員役，又請薛瑄、陳獻章從祀文廟。巡按蘇松，疏通水利，奏免旱租六十餘萬斛，破海寇大洋。還京，與仇鸞争馬市，一日章十三上。累遷右都御史，巡撫雲南，討平叛蠻，加兵部尚書，率兵進攻武定，馘其渠魁，拓地置衛。隆慶初，移南京工部尚書，致仕歸。

葉經。字叔明，上虞人。嘉靖進士，除常州推官，擢御史。劾嚴嵩受諸藩賄，濫予封爵，嵩憾之。又二年，經按山東，監鄉試，試録上，嵩指發策語爲誹謗，激帝怒，逮繫詔獄，廷杖八十，斥爲民，創重卒。隆慶初，贈光禄少卿。

謝瑜。字如卿，上虞人。嘉靖進士，拜御史。時武定侯郭勛請復遣内侍出鎮守，瑜抗章奏，始寢。疏劾嚴嵩欺罔奸狀，帝留疏切責。又以邊防大壞，上言張瓚與郭勛、胡守中、嚴嵩爲四凶，陛下已去其二，何不並屏逐之。疏入，復被譙責貶官。逾三載大計，嵩諷主者除名。隆慶初，贈太僕少卿。

沈鍊。字純甫，會稽人。嘉靖進士，知溧陽，忤御史，調茌平，入爲錦衣衛經歷。性剛直，疾惡如讎。會諳達犯京師，詔廷臣博議，鍊昌言敵由嚴嵩父子〔九〕，上疏劾嵩十大罪，帝大怒，杖之數十，謫佃保安。邊人慕鍊忠義，多遣子弟就學。鍊惡嵩父子，縛草象李林甫、秦檜及嵩，令子弟攢射之。總督楊順、巡按路楷承嵩旨，誣鍊與白蓮妖人閻浩等謀亂，遂棄市。隆慶初贈光禄少卿，天啓初謚忠愍。「諳達」舊作「俺答」，今改正。

徐學詩。字以言，上虞人。嘉靖進士，歷刑部郎中。諳達薄京師既退，詔陳制敵之策，諸臣多掇細事以進，學詩獨疏陳嚴嵩父子權奸，釀成寇患，帝頗感動。方士陶仲文譖之，下詔獄，削籍歸。隆慶初，起南京通政司參議。「諳達」改見前。

沈束。字宗安，會稽人。嘉靖進士，歷禮科給事中。以論總兵周尚文及死事董暘、江瀚宜予卹典，忤嚴嵩，廷杖幾死，錮詔獄十八年，衣食屢絶，惟日讀周易爲疏解。嵩敗，束妻張氏伏闕上書請代，三上不報，乃與妾潘氏治女工給橐饘。及束得釋還，隆慶初，擢南京右通政，以疾辭不赴。卒後，張、潘亦旋死，時稱一門風節。

趙錦。字元樸，餘姚人。嘉靖進士，擢南京御史，清軍雲南。因元旦日食，錦以爲權奸亂政之應，馳疏劾嚴嵩罪，逮下詔獄，拷訊，斥爲民。穆宗即位，起故官，擢太常少卿，尋巡撫貴州，平叛苗龍得鮓等。萬曆初，歷南京禮、吏二部尚書，以忤張居正乞歸。後拜左都御史，改兵部尚書。卒，贈太子太保，謚端肅。

孫鑨。字文仲，燧之孫，陞子。舉嘉靖進士，歷武選郎中。世宗齋居，鑨請朝羣臣，且力詆近倖方士，不報，引疾歸。萬曆初，累遷大理卿，進吏部尚書。大計京官，力杜請謁，與考功郎趙南星剖别邪正，凡政府私人貶黜殆盡，由是執政皆不悦。遂乞休，疏十上，乃得歸。卒，謚清簡。子如法〔一〇〕，字世行，萬曆進士，官刑部主事。以諫阻鄭貴妃進封，貶潮陽典史〔一一〕。如游，字景文，亦萬曆進士，累遷禮部尚書。光宗詔封李選侍爲貴妃，選侍要太子，欲得皇后立號，格如游議而止。熹宗立，加文淵閣大學士，致仕。卒，謚文恭。

吴兑。字君澤，山陰人。嘉靖進士，爲武選郎。清武爵之訛濫。大盗曾一本久嘯聚海上，閩帥以殲魁捷聞，朝論且行賞，兑曰：「魁之真僞未可辨也，請覈實。」後一本果未得。凡邊功覈而賞自此始。累遷右僉都御史，撫治宣府等處，復總督薊遼。先是，屯糧溢額，軍多積逋，兑疏請赦逋，流人歸業者給以牛種，由是耕夫雲集。因火器之利，造大小礮，練爲陣法。督撫九年，府藏充牣，邊境鞏固。擢兵部尚書，世襲錦衣千户，數月請告歸。

張岳。字汝宗，餘姚人。嘉靖進士，擢給事中，因言事語侵權要，出爲雲南參議。萬曆初，歷南京僉都御史。張居正居父喪，謀奪情，南京尚書潘晟及諸言官咸上疏請留，岳獨馳疏言宜令奔喪。居正怒，岳遂落職。後累官左副都御史。

陳有年。字登之，克宅子。嘉靖進士，歷驗封郎中，與張居正不合，謝病歸。起稽勳，歷考功、文選，謝絶請寄。除目下，中外皆服。遷太常少卿，以僉都御史巡撫江西。累遷吏部尚書，引用僚屬，極一時選。别邪正，斥貪頑，崇退讓，進遺佚，朝野想望丰采。執政大臣不便其所爲，會廷推閣臣，列故大學士王家屏等名，不稱上意，謫文選郎顧憲成等，有年疏救不納，累疏乞歸。有年風節高天下，兩世膴仕，無宅居其妻孥。卒，謚恭介。

駱問禮。字纘亭，諸暨人。嘉靖進士，歷南京刑科給事中。隆慶初，陳皇后移别宫，問禮偕同官張應治抗疏争之，不報。張居正請行大閲，御史詹仰庇以直言褫官，問禮皆力諫，復條上面奏事宜十事，帝不悦。宦侍搆之，謫楚雄府知事。萬曆初，官至湖廣副使。

徐渭。字文長，山陰人。天才超軼，工詩古文，爲諸生有盛名。總督胡宗憲招致幕府筦書記。宗憲得白鹿，將獻諸朝，令渭草表以進，世宗大悦，宗憲以是重之。渭知兵，好奇計，宗憲平定倭寇，渭皆預謀。及宗憲下獄，遂發狂自廢。後坐事繫獄，得救免，遂恣游名山，歸鍵户作書畫自給。

孫鑛。字文融，鑨弟。萬曆初會試第一，有文名，爲考功文選郎，澄清銓法，名籍甚。累遷兵部侍郎，總督薊遼軍務，經略朝鮮。時關白破朝鮮，請封貢，尚書石星主之，鑛力排星議，疏言倭情多詐，宜嚴爲之備，星不聽。俄倭起兵，封貢議絶，星下獄，鑛亦罷。後官南京兵部尚書。

周汝登。字繼元，嵊人。萬曆進士，授南京工部主事。榷稅蕪湖關，時當道增稅額，汝登不忍苛民，以缺額謫兩淮鹽運判官。建學延師，埸民向化。累官南京尚寶卿。汝登師事王畿，論者謂王守仁之學，再傳至汝登云。

姜鏡。字永明，餘姚人。萬曆進士，授禮部主事，進主客員外郎。時皇儲未建，鄭貴妃與司禮田義潛畜異謀，鏡上疏劾奏，義大怒，傳旨杖午門外。神宗以其言直，改革職。光宗即位，贈光祿卿。鏡曾祖榮，以劾逆瑾貶外。父子羔，以忤嚴嵩罷歸。及子逢元，以修三朝典要忤魏璫見屏。姜氏世以直節聞，而鏡尤卓卓云。

陶望齡。字周望，會稽人。父承學，嘉靖進士，累遷禮部尚書。望齡少有文名，舉萬曆會試第一，廷試第三，授編修。妖書獄起，沈一貫欲殺侍郎郭正域，望齡見朱賡，正色責以大義，願棄官與正域同死。賡言於一貫，其獄始解。歷官國子祭酒。與弟奭齡皆講學有盛名。卒，謚文簡。

朱燮元。字懋和，山陰人。萬曆進士，除大理評事，歷四川布政。天啓初，奢崇明反，燮元方入覲，就道還，治兵擊敗賊，解成都圍。擢右副都御史，巡撫四川。時安邦彦復叛貴州，加燮元兵部尚書，總督五省軍務，合兵進勦，斬奢崇明，降安位，黔、蜀蕩平。崇禎中，論功進少師。十一年，卒於官。

王思任。字季重，山陰人。萬曆進士，博通文籍，三爲邑令，遷袁州府推官，有能聲。歷刑、工二部主事，僉事江西。魯王監國，授詹事府詹事、禮部侍郎。未幾，郡城失守，思任屏家依祖墓於鳳林，搆草亭，顔之曰孤竹庵。巡按御史王應昌請拜新命，思任復書謝之，自是遂不飲食卒。

錢象坤。字弘載，會稽人。萬曆進士，泰昌初官少詹事。直講筵畢，見中官王安與執政議事，即趨出。安使人延入，堅不可。時行立枷法慘甚，象坤率同列固争，熹宗惻然，多所寬釋。天啓中，再遷禮部侍郎〔一二〕。六年，廷推南禮部尚書。魏忠賢私人指爲繆昌期黨，落職。崇禎元年，復召拜禮部尚書。寇警，條禦敵三策，奉命登陴分守，祁寒不懈。帝覘知，遂進東閣大學士。後爲周延儒所嫉，五疏引疾去。卒，贈太保。

劉宗周。字起東，山陰人。萬曆進士，天啓初爲禮部主事，劾魏忠賢、客氏。歷右通政，削籍歸。崇禎初，起順天府尹。時帝方綜核刑名，宗周以仁義之説進，又請除詔獄，免新餉，帝以迂濶不省，謝病歸。再召授工部侍郎，極陳當日弊政，復請告，出國門，疏劾温體仁，體仁力詆，遂斥爲民。帝終不忘宗周，復起吏部左侍郎，未至，擢左都御史。復以論救姜埰、熊開元革職歸。福王監國，起原官，痛陳時政，劾馬士英、劉孔昭、劉澤清、高傑，又争阮大鋮必不可用，皆不納，乞骸骨歸。杭州失守，絶食二十三日死。宗周學以誠意爲主，慎獨爲功，清修篤行，不愧衾影。所著劉子全書百餘卷，學者稱念臺先生。本朝乾隆四十一年，以宗周望著清標，言多讜論，純修無兩，介節獨持，特賜專謚忠介。

陸夢龍。字君啓，會稽人。萬曆進士，歷刑部員外郎。讞問張差梃擊事，侍郎張問達從夢龍言，命十三司會訊，獄乃具。累遷貴州右參政，監軍討賊，屢有戰功。進廣東按察使，上官建魏忠賢祠，列夢龍名，亟遣使剷去之。崇禎初，分守固原，流賊來犯，擊去之。已，賊陷隆德，圍静寧州，夢龍率游擊賀奇勛、石崇德禦之，抵老虎溝，兵止三百餘人，賊矢石如雨，突圍不得出，奮擊大呼，手刃數賊，與二將俱戰死。贈太僕卿，謚忠烈。

黄尊素。字真長，餘姚人。萬曆進士，除寧國推官。天啓中，擢御史，會災異，力陳時政十失，忤魏忠賢。既而楊漣劾忠賢，被譙讓，尊素復抗疏繼之，語甚危悚。及萬燝杖死，再疏申辨，愈忤忠賢意，削籍歸。尊素謇諤敢言，尤有深識遠慮，忠賢黨必欲殺之，遣人取織造中官李實空印疏，入周起元、周順昌及尊素等七人名，逮繫詔獄，搒掠死。後贈太僕卿，謚忠端。

周洪謨。字宗稷，山陰人。萬曆進士，授延平府推官。時福建推官周順昌負清名，洪謨與之埒，稱二周。天啓二年，行取補户科，即疏劾魏忠賢、王體乾等，不報。會璫意欲重賦困東浙，浙撫疏上，洪謨駁之，議遂止。順昌被逮，洪謨嘆曰：「二周不獨全矣。」自劾去。崇禎初，起吏科給事，尚書王永光改亂銓法，復疏劾之。

施邦曜。字爾韜，餘姚人。萬曆進士，歷工部郎中。魏忠賢興三殿工，諸曹郎奔走其門，邦曜獨不往。遷漳州知府，歷福建布政，所至有聲。累官南京通政使，入覲，陳學術、吏治、用兵、財賦四事，帝改容納焉。尋進左副都御史，流賊至，邦曜語兵部尚書張縉，急厲士卒固守，檄天下兵勤王，縉不爲意。城陷，自縊不得，乃飲毒酒死。福王時，贈太子少保、左都御史，謚忠介。本朝乾隆四十一年，賜謚忠愍。

丁乾學。字天行，山陰人。萬曆進士，以檢討充經筵講官。典江西試歸，抗疏糾魏忠賢，忠賢銜恨，指其試策謗訕時政，既削職，復差緹騎逮訊，被拷掠，尋斃。崇禎初，贈禮部尚書，謚文忠。所著有擁膝齋文集行於世。

顏日愉。字華陽，上虞人。萬曆舉人，崇禎初，知葉縣，有惠政。歷知静寧州，玀賊亂，率精兵擣其營，賊奔潰。遷開封同知，陞南陽知府。流賊猝至，百餘人冒雨登城，日愉擊殺幾盡，餘賊引去，城獲全。日愉手中一矢，頭頂被兩刃，遽殞於城上。贈太僕卿。本朝乾隆四十一年，賜謚忠愍。

金應元。會稽人。萬曆舉人，知太湖縣。崇禎中，流寇犯境，應元據城東大濠以守，奸人導賊渡濠，執應元斫之，未殞，自經死。贈太僕少卿。本朝乾隆四十一年，賜謚烈愍。

倪元璐。字玉汝，上虞人。天啓進士，選庶吉士，授編修。崇禎初，魏忠賢已誅，餘黨楊維垣輩，護持舊局，力扼東林。元璐再疏辨明。尋進侍講，奏燬三朝要典。歷右庶子，上制實八策、制虚八策。遷國子祭酒。元璐雅負時望，帝方嚮用，温體仁忌之，摭以他事落職。十五年，起兵部右侍郎，以母老固辭。俄聞畿輔被兵，遂冒鋒鏑北上，陳制敵機宜，超拜户部尚書。李自成陷京師，元璐整衣冠，遥拜父母，遺書勿以衣衾歛，聊志吾痛，遂自縊。福王時，贈少保、吏部尚書。本朝乾隆四十一年，賜謚文正。

陳孔教。字魯生，會稽人。萬曆舉人，歷工部郎中。崇禎間，官四川川南道右參議。張獻忠寇成都，孔教奮厲堵禦，力竭被執，駡賊死。妻孔氏聞夫遇害，亦殉節。本朝乾隆四十一年，賜謚烈愍。又雲南都司張名世，山陰人，以都司戴罪北邊立功，於渾河戰死。衢州總兵官、中軍都督府左都督、永豐伯張鵬翼，諸暨人，衢州破，被執不屈死。兵部尚書兼右副都御史王翊，餘姚人，魯王航海，翊聚衆四明山，兵敗被執，不屈死。攝監紀同知事、汝州吏目顧王家，會稽人，城陷，駡賊死。龍江都司王寅，山陰人，調守泗州陵，殺賊先鋒，矢盡力竭，歿于陣。真定游擊童維坤，嵊人，崇禎六年，勦賊内丘戰死。以上諸臣，俱于本朝乾隆四十一年，賜謚烈愍。

祁彪佳。字世培，山陰人。天啓進士，授興化推官，政績大著。崇禎中，擢御史，疏陳賞罰之要，帝亟命議行。復上合籌天下全局疏，有二大要、四大勢，極陳控制駕馭之宜。復陳民間十四大苦，帝善之，而不能用，乞養歸。起掌河南道事，佐大計，問遺莫敢及門。福王時，擢僉都御史，巡撫江南，爲馬士英輩所嫉，去官。南都失守，絶粒端坐池中死。唐王贈少傅、兵部尚書，謚忠敏。本朝乾隆四十一年，以彪佳廉静自守，撫輯有方，績著居官，節全臨難，特賜專謚忠惠。

余煌。字武貞，會稽人。天啓中進士第一，授修撰。崇禎中，歷右庶子，乞假歸。魯王監國紹興，拜煌督師、兵部尚書。紹興破，赴水死。本朝乾隆四十一年，賜謚忠節。弟增字若水，崇禎進士，明亡，隱跡稽山，躬耕自給，時人罕見其面。

王禹佐。字之益，嵊人。天啓元年，領恩薦銓考第一，除判保定，移鎮昌平。烽火告急，登陣固守，督撫連檄調回關，禹佐曰：「關有守兵，而昌無守備，我當其易，孰爲其難？」遂嬰城不屈死。子國宣同殉。事聞，賜祭葬，謚忠襄。本朝乾隆四十一年，賜謚節愍。

周鳳翔。字儀伯，山陰人。崇禎進士，改庶吉士，授編修，遷南京國子司業，歷諭德，爲東宫講官。嘗召對平臺，問滅寇策，言論慷慨，帝爲悚聽。京師陷，慟哭作書辭二親，題詩壁間，自經死。福王時，贈禮部右侍郎，謚文節。本朝乾隆四十一年，賜謚文忠。

張焜芳。字九山，會稽人。崇禎進士，爲南京户科給事中。疏薦黄道周、惠世揚、陳子壯、金光辰，而爲舊輔文震孟請卹，被旨切責。會糾太僕少卿史䇅侵盗事，爲䇅所訐，遂罷職。後起用北上，抵臨清，遇大兵被執，死之。妻妾並投井死。次子翰，後亦死節于家。本朝乾隆四十一年，賜謚忠節。

嚴起恒。字震生，山陰人。崇禎進士，除刑部主事，歷廣州知府、衡永兵備副使，所至民懷其德。十六年，張獻忠躪湖南，吏民悉走，起恒獨堅守永州。唐王時擢户部右侍郎，督湖南錢法。永明王時，拜文淵閣大學士，從王奔南寧，以阻孫可望王封，爲其將賀九儀所殺，投屍於江，流十餘里，泊沙渚間，虎負之登崖，葬於山麓。本朝乾隆四十一年，賜謚忠節。

章正宸。字羽侯，會稽人。崇禎進士，由庶吉士改禮科給事中。王應熊入閣，不由廷推，疏劾之，下詔獄，廷臣交救得釋。已召還，遷吏科都給事中，屢忤首輔周延儒，又詆兵部尚書陳新甲奸邪，既而會推閣臣，失帝意，謫戍均州。福王時，起故官，遷大理寺。後棄家爲僧，不知所終。

熊汝霖。字雨殷，餘姚人。崇禎進士，歷户科給事中，疏言用將之失，又論天下督撫得失，及楊嗣昌誤國罪。京師戒嚴，汝霖分守東直門，陳援勦機宜，疏凡二十上，忤旨，謫福建按察司照磨。福王時，召爲吏科，後從魯王泛海，爲鄭彩所害。

孫嘉績。字碩膚，餘姚人，大學士如游孫。登崇禎進士，授南京兵部主事，進職方郎中。中官高起潛求世蔭，嘉績格之，起潛乘間進讒下獄。已，黄道周亦下獄，嘉績力爲調護，因從受易。後刑部尚書徐石麒具爰書奏，乃釋。魯王航海，從至舟山而死。本朝乾隆四十一年，賜謚節愍。

吴從義。字裕强，山陰人。崇禎進士，授長安知縣。甫之官，值比歲兵荒，委曲賑卹。訓練丁壯三百人，擊賊有功。時大軍駐西安，征求百出，從義設法均輸，民力稍寬。城陷，從容下城，釋戎服，襲冠裳，望闕叩頭，引刀自刺，不死，遂投於井。賊將引出之，輒大罵，賊怒推石擊死。本朝乾隆四十一年，賜謚節愍。

俞志虞。字際華，新昌人。崇禎進士，授順慶府推官，擢御史。甲申奉差巡關，聞闖寇逼境，吏曰他省可以避難，志虞曰：「吾當以王事死，豈可假王事以求生乎？」京城陷，不食坐露地。梓宫出東華門，志虞匍匐往慟，是夜遂縊死。本朝乾隆四十一年，賜謚節愍。

章尚絅。字闇然，會稽人。以國學生歷官秦藩長史。崇禎末，賊李自成陷城，尚絅投印井中，冠服趨秦藩端禮門，再拜自縊。贈按察司副使。本朝乾隆四十一年，賜謚節愍。

高岱。字魯瞻，會稽人。崇禎中，以武生舉順天鄉試。魯王監國，授職方主事。紹興失守，即絶粒祈死。子諸生朗，泣拜父前曰：「兒請先之。」乃携巾服泛小舟，紿舟子出海禱神，北面再拜，躍入海中。舟子急入水救之，捽其巾，朗躍出水面，正巾而歿。岱聞之曰：「兒果能先我乎！」自是不復言，數日亦卒。本朝乾隆四十一年，賜謚節愍，朗亦列入祀典。

葉汝楨。字衡生，會稽人。崇禎中，由舉人歷兵部主事。聞變，與妻王氏出居桐塢墓所，並赴水死。本朝乾隆四十一年，賜謚節愍。又永平道中軍守備程應琦，山陰人，永平破，與鄭國昌同死，妻亦殉節。儀封知縣陳三益，山陰人，崇禎甲申，寇陷都城，僞使至，同官勸迎，碎所佩印，不屈死。監餉知縣吴道正，餘姚人，揚州破，死之。禮部主事董元，會稽人，舟山破，自縊於學宫。兵部主事李開國，臨山衛人，舟山破，殉節死，母亦縊死。中軍都督府左都督、義興侯鄭遵謙，會稽人，以諸生倡衆起兵，從魯王至鷺門，投海死。通政使鄭遵儉，會稽人，舟山破，殉節死。翰林院編修徐復儀，上虞人，浙東破，泣奔蹲山，投空谷以死，或云扼吭死。光禄寺少卿高勣，紹興人，兵部職方司郎中金簡，山陰人，禮部侍郎楊在，餘姚人，並從桂王入緬死難。東鄉知縣趙德遴，上虞人，流賊圍城，力守不支，投井死，一家死者十七人。銅梁知縣顧旦，上虞人，獻賊攻銅梁，城陷不屈死。署臨清州事、山東布政使理問姜道元，餘姚人，濟南被圍，城陷脅降，不從見殺，妻來氏沈湖死，子廷樑從之。江油縣典史章贊元，會稽人，崇禎十六年，流寇至，縣令避入山，獨贊元坐廳不去，賊脅降不屈，躍水死。登州參將馬聰，會稽人，崇禎間，兵變守城援絶，受重創被擒，不屈遇害，闔門並死。以上諸臣，俱於乾隆四十一年，賜謚節愍。

趙嘉煒。字景恩，山陰人。崇禎末，任郫縣主簿。守都江堰，賊至脅之降，不屈，因射死而沈於江。本朝乾隆四十一年，列入祀典。

單國祚。會稽人。崇禎末，爲通海典史。城陷，握印坐堂上，罵賊不屈，被殺，印猶在握。縣人葬之諸葛山下。本朝乾隆四十一年，列入祀典。又臨清州吏目陳翔龍，蕭山人，崇禎十五年，大兵破臨清，死節。銅陵典史胡國瑨，餘姚人，左兵破城，與知縣胡鯤化同死。金華訓導潘大成，新昌人，城破，父子同死之。商丘主簿鄒光祚，山陰人，壬午城破，罵賊死。武安典史吴應科，蕭山人，崇禎中，流寇犯境，赴敵死。郟縣主簿陳惟孝，紹興人，崇禎十五年，城陷被執，不屈死。滎陽典史周崇禮，山陰人，崇禎八年，流賊入境，被執罵賊死。平江主簿楊如雲，紹興人，賊陷城，授以僞官，大罵不從，賊投之石壁潭死。金山衛巡檢章自孝，山陰人，海寇横劫，率鄉勇拒之，不克死。鎮撫趙應時，山陰人，奉檄擊賊蕭顯於乍浦，爲賊所掩，被創墜馬死。以上職官，俱於本朝乾隆四十一年，列入祀典。

王毓蓍。字元趾，會稽諸生。受業於劉宗周，杭州失守，宗周絶粒未死，毓蓍上書，勸早自裁，遂自投柳橋下，先宗周死。本朝乾隆四十一年，列入祀典。又王國宜，嵊人，昌平破，與父馬佐同死。生員潘集、周卜年，俱會稽人，生員朱瑋，山陰人，生員傅日炯，諸暨人，浙東破，俱殉節死。又布衣倪文徵，山陰人，爲蒙師，紹興破，掘坎坐缸中自瘞死。俱於本朝乾隆四十一年列入祀典。

本朝

沈文奎。字清遠，會稽人。客遊遼左，太宗文皇帝選士，登第一，充秘書院纂修官。順治元年，扈從入關，任畿南巡撫，尋遷總督漕務。時江淮初定，文奎綏輯有方。膠州將海時行叛，率先會勦，以功進兵部尚書。

劉汋。山陰人，宗周子。宗周家居講學，弟子聞教未達，輒私於汋，汋應機開譬，俱有條理。宗周死，明唐、魯二王遣使祭，誘汋官，汋辭，杜門絶人事，考訂遺經，以竟父業。所卧榻假之祁氏，臨終强起易之，曰：「吾安可終於祁氏之榻？」

陶宏才。會稽人。官東安縣典史。順治三年，土寇竊發，宏才手刃數賊，身中八矢，被執，不屈死。同縣王家瓚，官如臯典史，徐必遇，官泰興主簿，俱順治二年死方允珂之亂。章德英，官神木典史，順治五年，死姜瓖之亂。均詔卹如例。

黄應乾。上虞人。知吴川縣。順治九年，李定國兵薄城，應乾嬰城守，力盡城陷，死之。

吴興祚。字伯成，山陰人。父執忠，順治中，官御史，備兵漳泉，諭降黄梧土寇有功。興祚由貢生歷知萍鄉、無錫，有能聲。康親王征閩，知其才，薦授福建按察使。以計擒劇賊朱統錩，散其黨，就擢巡撫。與總督姚啓聖敗鄭經將劉國軒於漳泉，克定厦門，晉兵部尚書。終兩廣總督。

王之鼎。字公調，山陰人。順治丁亥進士，知祁縣，有善政。姜瓖叛，之鼎殫力守禦，時出奇奮擊，多所斬獲。賊悉鋭來攻，援絶城陷，被執，罵不絶口，遇害。贈按察司僉事。同縣周茂覺、吴希賢、王之佐，俱以山西典史，並死姜瓖之難。王明臣，知日照縣。順治四年，土寇攻城，明臣固守，賊不能下，捨之去。旋復聚衆來攻，城陷，死之。戴光陞，龍南縣丞。順治四年，土寇倡亂，光陞率鄉兵擊敗之。賊復援粤寇夜襲營，光陞死之。陳炳新，羅定州吏目，順治十年，死李定國之難。

吴錫綬。字紫卿，會稽人。順治中，舉武進士，爲羅定都司。時平樂久爲賊踞，錫綬從撫蠻將軍傅弘烈集兵恢復，五戰五捷，直抵平樂。賊吴世琮擁衆猝至，決潯水以截援師，錫綬奮力鏖戰，糧盡矢絶，自剄以死，從死者數百人。贈昭武將軍。

酈胤昌。字叔典，諸暨人。山東沂州同知。隨征湖廣，遷永州通判。賊陷城，昌及妻王氏、子尚英皆死之。贈湖廣按察司僉事。同縣宣德仁，任湖廣都司，康熙二十七年，夏逢龍據武昌城，脅降不從，遂自經，家屬盡被害。贈副將。

王焜。字爾旭，會稽人。任廣西宜山知縣。寇亂殉節死。贈僉事。

王質。山陰人。康熙十八年，高陵縣典史。隨王進寶入川，平賊有功，陞渠縣知縣。以事赴會城，爲餘賊所執，囚繫數月，不屈，死之。贈僉事。

姜圖南。字匯思，山陰人。順治己丑進士，選庶吉士，改御史，巡視陝西茶馬。吴逆鎮撫秦州，軍伍多踰制，圖南劾其無人臣禮。再巡兩淮鹽務，鹺政肅清。

姚啓聖。字熙止，會稽人。由奉天籍中康熙癸卯舉人，任香山知縣。以詿誤去官。甲寅，率義兵破紫閬山賊，起溫州同知，加溫處道。海賊鄭錦據臺灣，啓聖爲福建布政使，擢總督，首陳平海十疏，遂復金門、厦門。賊退保澎湖，啓聖晉秩太子少保、兵部尚書。以康熙癸亥六月進兵克澎湖，七月錦子克塽降，臺灣平。卒於官。

王龍光。字幼譽，會稽諸生，范承謨延之課子。耿逆叛，執承謨，龍光與無錫嵇永仁並被囚。賊授龍光筆札，令草安民檄，啗以僞官，不從。後精忠害承謨，龍光與永仁偕死。贈國子監助教。

胡昇猷。字允大，山陰人。順治進士，授行人，歷官至陝西漢興道。時吴逆反，全陝俱震，昇猷誓師登陴，爲堅守計。吴逆必欲殺昇猷，賊將王屏藩與大兵搏戰，昇猷墜馬被執，乃囚幽室，掠治無完膚。至六載，吴逆敗，乘間奔軍門。聖祖嘉其抗節，立擢四川按察使，旋進大理卿、右都御史、刑部尚書。

薛人鳳。字仲輝，會稽人。康熙十九年，通判夔州。解餉赴榆州，道經萬縣，值譚宏叛，被縛，至天成山，迫令降，不從，遇害。贈僉事。

楊學泗。字魯鐸，諸暨諸生。年十四喪父，哀毁骨立，三年如初喪。母病，刺血爲疏，號泣籲天，病竟愈。康熙甲寅，山寇踞紫閬，當富春、諸暨要隘，學泗糾集鄉勇，探賊虚實狀，密陳制府，領兵進勦，殲渠魁。制府欲上功，以母老力辭。

黄宗羲。字太冲，餘姚人。父尊素，明天啓時以御史死詔獄。宗羲年十九，懷疏訟冤，後受業劉宗周，研究先儒之學，從遊日衆。康熙十八年，都御史徐元文薦於朝，以老病辭，詔取所著書宣付史館。宗羲上下古今，穿穴羣言，自天官地志、九流百氏之書，無不精研，所著有南雷文定及明儒學案若干卷，學者稱梨洲先生。弟宗炎，著周易象辭、尋門餘論、圖書辨惑等卷，力闢陳摶之學，謂周易未經秦火，不應獨禁其圖，至爲道家藏匿二千年，至摶始出。其學術大略與宗羲同，而孱岸幾過之。宗會亦負異才。

宗羲子百家，傳宗羲之學，著勾股測矩解原二卷，時有三黄之目。

邵廷采。餘姚人。諸生。祖曾可，父貞顯，皆傳王守仁之學。至廷采，初讀傳習録，無所得，既讀劉宗周人譜，曰：「吾知王氏所始事矣。」嘗答李塨書曰：「致良知者主誠意，陽明而後，願學蕺山。」又念師友淵源，及身而絶，因作王子、劉子、王門弟子、劉門弟子等傳。又作宋明遺民所知傳，倪文正、施忠愍諸傳，凡數十篇。弟子刻其文，爲思復堂集。

周之麟。字石公，蕭山人。順治己亥進士，由庶吉士授檢討，官至通政使。平生嚴取予，謹飭周密，服官久，田不及中人。嘗語子弟曰：「我較諸生時，服食不敢一分增，氣概不敢一分減。」時以爲名言。卒，賜祭葬。

胡拱軫。山陰人。父母年並八十，值夜火，拱軫起救，方負母出，火愈烈，復入救父，樓傾，與父同盡。明日出其屍，拱軫以身蔽父體，手障父面，儼然如生。巡按王元曦具題建坊。

厲世昌。字周鼎，會稽諸生。父允讓，於明崇禎末客遊嶺南卒。大兵下嶺南，廣東、西道梗不通，及事定，世昌鋭意求父遺骸，至南海，蹤跡茫然。世昌日夜哭，叩頭禱於城隍神求夢，及得夢，凝思其意，頓悟，果得父棺於義塚牆下。啓之，骨已黝黑，髏邊有髻簪，舊物也，嚙指血洒骨間，滴之滲入，乃大慟欲絶，負而歸葬。世昌年九十二以壽終。子煌，成進士，官翰林，人謂爲孝行之報。

褚百五。餘姚人。康熙初，耿逆黨犯嚴州，百五以參將奉檄率兵往剿。百五素稱驍勇，屢奪險隘，大破之。賊復悉鋭驟至，百五左右衝決，圍開復合，殁於陣。贈副將。同時以都司招撫賊黨被戕者，有蔡佳，蕭山人。均詔卹如例。又趙一柱，亦餘姚人，順治中知沔陽州。西山寇發，殉節死。贈知州。

吴師貞。山陰人。任興化鎮千總。康熙十八年，耿逆黨犯山陰，師貞率兵二百，挺戈奮擊，入賊重圍，中礮死。子敦仁，率十餘騎衝賊陣覓父屍，死之。同縣錢志泗，興國縣典史，康熙十三年，以剿耿逆戰殁。邱焕麟，清平縣典史，雍正十三年，苗賊滋擾，焕麟手刃數賊，被磔死。陳憲，以黄平州幕同時死難。馮啓宗，官彰化縣典史，朱慧昌，官臺灣同知，並於乾隆間以剿林爽文戰殁。魯楙，雷州吏目，乾隆六年，以往諭土賊被羈，脅降不從，賊棓殺之。

成國梃。會稽人。官江南遊擊。康熙十三年，耿逆黨擾浙江，土寇應之。國梃奉檄往剿，時賊方據險隘，國梃擊敗之，賊復據嵊縣，國梃率兵進剿，斬五十餘，擒十七人，賊棄城遁，復追斬百三十人。是年賊復犯台州，國梃衝破其圍，賊退據水口，國梃從上游渡，斬百餘人。賊仍聚衆至，國梃短兵接戰，身受數刀，陣殁。贈參將。同縣陸之蕃，鄱陽縣丞，康熙十四年，死耿逆之難。蔣鈖，海澄營守備，康熙十六年，海寇犯同安，鈖迎擊追剿，中火鎗，猶裹創力戰，死之。贈都司僉事。章啓周，漢川巡檢，康熙間，以招撫逆藩吳三桂殉節。贈主簿。魯仁圻，鳳漢營千總，康熙十四年，王輔臣叛，被執，脅降不屈死。諸士英，新昌典史，康熙十三年，程鳳叛，被執不屈死。贈主簿。陳天錫，烏蒙司獄，雍正八年，烏蒙彝叛，天錫憤鎮將握重兵不戰，知城必陷，手刃其妻，自刎於官署。

金鑲。紹興人。官大嵩巡檢。康熙三十六年，嵩猺搆逆，鑲挺身奮擊，手刃四賊，追至岑溪，遇伏死。章倫，雲南試用州同，雍正十年，新昌猓彝叛，罵賊死。邵鮑，河間典史，順治三年，土寇竊發，死難。倫、鮑亦紹興人，縣籍俱無考。

毛奇齡。字大可，蕭山人。康熙十七年，以諸生召試博學鴻詞，授翰林檢討，纂修明史。嘗以所輯古今通韻十二卷進，聖祖稱其淵洽。後以病乞歸，卒年九十四。奇齡博覽載籍，於學無所不窺，好議論，工詩古文辭，撰述之富，爲一時冠。門人編輯遺集，分經集、文集二部〔一三〕，凡五十種，二百三十四卷。四庫全書收奇齡所著書目，多至四十餘部。同里來蕃，字成夫，嘗作故明二畿賦，與山陰徐緘並有俊才，奇齡爲作二友銘。又張杉，字南士，亦與奇齡倡和，有詩名。

胡惟宏。字大生，會稽人。父患痼疾，惟宏侍湯藥，衣不解帶者十五年。雪夜父渴，思食梨，城門已扃，遂繞城隍號泣，忽見一軍士指負堞一舍引之去，得梨以歸。詰旦往謝，堞下不復有舍，惟關忠義祠在焉，始悟爲神使。父殁，營葬東湖，躬負土石，建堤植木，人稱孝子堤。按：山陰縣有孝子高啓燮、俞昌祚，會稽縣有孝子徐烈、謝宗岳、施元龍，諸暨縣有孝子周茂樞、樓墨林、樓永敬，上虞縣有孝子葛延廉、王金璧〔一四〕、王全琮、錢岌、張成元、張宏毅、陳啓麟、胡元彪、陳作霖，俱於乾隆年間先後旌表。又山陰縣孝子胡書煜，蕭山縣孝子汪洪海，上虞縣孝子胡鍈，並於嘉慶年間旌表。

周長發。字蘭坡，山陰人。雍正甲辰進士，選庶吉士，改知縣，復教諭。乾隆元年，召試博學宏詞，授檢討。才思敏贍，入直上書房，官至侍讀學士。著有賜書堂文集。

胡天遊。字稺威，山陰人。副榜貢生。雍正十三年，舉博學宏詞。入京師，大學士鄂爾泰問以兩戒形巒、九乾躔度、八十一家文墨，口汩汩如傾海，爾泰大驚。嗣因廷試報罷，延爲三禮館纂修，四方求詩文者麕至，公卿争欲致門下，天遊不屑也。策文或二千言，論或數十字，不合格。三中乙科。乾隆辛未，再舉經學。尋遊太原，病卒。又同邑徐廷槐，字笠山，雍正庚戌進士，手所論著及删定者凡七十餘種，與天遊同舉制科。廷槐尤工制藝，得其指授者，咸自名家。

童鈺。字二樹，山陰人。以詩名越中。嘗月下吟詩，得輒綰一結記之，比曉，已二十四結矣。畫蘭竹水石俱工，尤喜畫梅。有高氏九棺未葬，揮十紙助之，窀穸立辦。

何煟。字謙之，山陰人。以州同效力河工，授桃源同知。乾隆十三年，擢河庫道，轉兩淮鹽運使，未幾罷職。二十二年，復授淮揚道，旋隨大學士劉統勳赴豫堵築中牟縣楊橋黄河漫口成。煟誠篤恪勤，熟諳河務，歷任開歸陳許、山東運河、河南、河北各道，河南按察、布政兩司，至巡撫，俱兼管河務。加總督、兵部尚書銜，卒。贈太子太保，謚恭惠。

邵晉涵。廷采族孫。乾隆進士，歸班銓選，會開四庫館，詔以編修入館編纂。洊擢至侍講學士，充文淵閣直閣事。晉涵博聞强識，碩學知名，尤長於史，因見永樂大典采舊五代史，乃薈萃編次，復蒐采羣書，辨證條繫，悉符原書一百五十卷之數。書成，館臣請仿劉昫舊唐書之例，列於二十三史，刊布學宫。詔從之，御製七言八韻詩題其首。所著有爾雅正義，並傳於世。

梁文標。字師臣，會稽人。以貲爲刑部司獄，卹囚備至。尚書勵廷儀薦之，擢本部主事。讞獄直公所，整襟達旦，未嘗寢。有阿達哈哈番在獄横恣，搒之。生平勇於接物，卒之日，囊無餘錢。嘉慶十四年，入祀鄉賢祠。

梁國治。字階平，文標子。乾隆戊辰進士，廷試第一人，由修撰歷官東閣大學士。屢典試事，視學安徽，所至稱得士。任封疆，典樞要，端醇謹慎，不名一錢，門庭索逋恒滿。撫湖北時，擒長江盜殆盡。性孝友，事寡嫂如母。卒，贈太子太保，賜祭葬，謚文定。著有奏御集、敬思堂詩鈔、會稽書録。嘉慶十三年，入祀鄉賢祠。

何裕城。字福天，煟子。以江南淮徐道署東河總督，擢撫河南，調陝西、江西、安徽，卒。裕城隨父任所，熟悉河防。其治水河南也，築格堤，加排水壩，新河以成。又濬五龍口等六渠。撫江西時，擒積盜四十餘人，去任，老幼數萬人渡江送之。著有江南全河指要、庭訓録。嘉慶十二年，入祀鄉賢祠。

吴璜。字芳甸，山陰人。幼有時譽，胸次浩落，工詩，同輩推服之。乾隆庚辰進士，以户部主事改知州。大兵征金川，揀發軍前，死木果木之難。贈分巡道，賜祭葬，從祀昭忠祠。

壽同春。字芝厓，諸暨人。以監生佐淡水廳同知程峻幕。乾隆五十一年，林爽文反，峻被害，同春年逾七十，糾義旅擊賊，奪其塹，擒賊目數人。尋遇伏，馬蹶被執，駡不絶口，賊支解之。事聞，贈知縣，廕一子。

江林。上虞人。嘉慶元年，以縣丞隨勦楚匪，賊謀夜襲我軍，偵知之，悉斬内應，俟其至，擊敗之。賊復以衆來，林力戰，圍急，猶手刃數賊，斬執旗賊首一人，歿於陣。

蔣元龍。諸暨人。嘉慶十五年旌表義夫。

流寓

漢

梅福。字子真，壽春人。爲南昌尉，上書譏切王氏，不見納，一朝棄妻子去，九江傳以爲仙。其後有人見福於會稽，變名姓爲吴市門卒云。

桓曄。字文林，龍亢人。初平中，避地會稽，主山陰鍾離意家。太守王朗贈以服食，不受。越人化其節，閭里不争。

許靖。平輿人。董卓秉政，靖與會稽太守王朗有舊，往依之。靖收恤親里，經紀賑贍，出於仁厚。孫策東渡江，靖身坐岸邊，先載附從，疏親悉發，乃從後去，見者歎息。

晋

阮裕。尉氏人，居會稽剡縣。累辟不就，或以問王羲之，羲之曰：「此公近不驚寵辱，雖古之沈冥，何以過之。」

孫綽。中都人。幼與兄統過江，家於會稽。游放山水，作遂初賦以致意。

謝安。陽夏人，寓居會稽。與王羲之、許詢、支遁遊處，出則漁弋山水，入則言咏屬文。棲遲東土，雖放情丘壑，而有公輔之望。

戴逵。譙國人，徙居會稽之剡縣。性高潔，棲遲衡門，與琴書爲友。孝武帝時，屢徵不已，乃逃於吴。會稽内史謝玄慮逵遠遁不反，上疏請勿召命，許之，逵復還剡。子勃及顒並隱遁有高名。

南北朝　宋

王弘之。臨沂人，家居會稽上虞。從兄敬弘，奏爲太子庶子，不就。性好釣，上虞江有三石頭，弘之垂綸於此，日夕載魚入上虞郭，經親故之門，各以一兩頭置門内而去。

孔淳之。魯人，居會稽剡縣。性好山水，每遊必窮幽峻，或旬日忘歸。會稽太守謝方明苦要之，不肯往，茅室蓬户，惟牀上書數帙而已。元嘉初，復徵爲散騎侍郎，乃逃之上虞縣界，家人莫知所在。

齊

褚伯玉。錢塘人。少有隱操，居剡之瀑布山，三十餘年，隔絶人物。高帝即位，手詔吴、會二郡以禮迎遣，辭疾。上不欲違其志，敕於白石山立太平館居之。

何胤。字子季，灊人。仕至中書令。建武初，拜表辭職，居會稽若耶山雲門寺。初胤兄點，隱居吴郡山中，至是胤復隱，世謂點爲大山，胤爲小山。

唐

吴筠。華陰人。初居嵩山，爲道士，禄山之亂，因東入會稽剡中。

張志和。金華人。居江湖，自稱烟波釣叟。兄鶴齡，爲築室越州東郭，觀察使陳少游表其居爲元貞坊，買地大其閎，號回軒巷。門阻水無梁，爲構之，名曰大夫橋。

宋

程迥。寧陵人，家於沙隨。靖康之亂，從紹興之餘姚。

韓肖胄。安陽人。高宗時，知紹興府，尋奉祠，與其弟膺胄寓居於越幾十年〔一五〕，事母以孝聞。

元

貢性之。字友初，師泰之子。明初，有薦之者，遂改名悅，居會稽，耕漁自給。既卒，門人私謚之曰貞晦先生。

校勘記

〔一〕傅琰　「琰」，原作「炎」，據乾隆志卷一二七紹興府名宦（下同卷簡稱乾隆志）及南齊書卷五三傅琰傳改。按，本志避清仁宗諱改字，今改回。

〔二〕周顒　「顒」，原作「容」，據乾隆志及南齊書卷四一周顒傳改。按，本志避清仁宗諱改字，今改回。

〔三〕葉顒　「顒」，原作「容」，據乾隆志及宋史卷三八四葉顒傳改。按，本志避清仁宗諱改字，今改回。

〔四〕官至揚州治中從事　「治」，原闕，乾隆志同，據宋書卷五六孔琳之傳補。按，後漢書百官志云：「每州皆有從事史。其功曹從事爲治中從事。」通志職官略云：「治中從事史一人，居中治事，主衆曹文事。」治中從事史，或略作「治中從事」，或更省作「治中」，然鮮作「中從事」者。

〔五〕天監初　「監」，原作「建」，據乾隆志及梁書卷四八賀瑒傳改。

〔六〕石塾　乾隆志同。按，宋史卷二〇二藝文志有石𡎺中庸集解二卷，其名作「𡎺」。四庫全書録中庸輯略，謂「石𡎺編，朱子删定」，字亦作「𡎺」。史志多訛作「塾」。一統志及雍正浙江通志亦然。

〔七〕劾巡撫鄭寧以下數十人　「寧」，原作「安」，據乾隆志及明史卷一八七何鑑傳改。按，本志避清宣宗諱改字。

〔八〕抗章論救胡世寧　「寧」，原作「安」，據乾隆志及明史卷二〇八胡世寧傳改。按，此避清宣宗諱改字。

〔九〕鍊昌言敵由嚴嵩父子　「由」，原作「出」，據乾隆志改。按，明史卷二〇九沈鍊傳載沈鍊上疏言俺答犯順，實由嚴嵩父子貪婪、包攬朝政所致。此一統志所本。

〔一〇〕子如法　「法」，原作「怯」，據乾隆志及明史卷二二四孫鑨傳改。

〔一一〕貶潮陽典史　「潮陽」，原作「朝陽」，乾隆志同，據明史卷二二四孫鑨傳改。

〔一二〕天啓中再遷禮部侍郎　「禮部侍郎」，乾隆志同，明史卷一三九錢象坤傳作「禮部右侍郎」，此蓋脱「右」字。

〔一三〕分經集文集二部　「文集」，原脱「集」字，據四庫全書總目西河集提要語補。

〔一四〕王金璧　乾隆志作「王全璧」，疑是。

〔一五〕與其弟膺胄寓居於越幾十年　「膺」，原作「應」，乾隆志同，據宋史卷三七九韓肖胄傳改。按，本志紹興府陵墓亦有二人名。

大清一統志卷二百九十六

紹興府三

列女

漢

曹娥。上虞人。父旴，爲巫祝。漢安二年五月五日，於縣江泝濤迎神溺死，不得屍骸。娥年十四，乃沿江號哭，晝夜不絶聲，旬有七日，遂自投江死。經五日，抱父屍出。元嘉元年，縣長度尚改葬娥於江南道旁，爲立碑焉。

上虞孝婦。史失其姓。寡居，事姑至孝。姑年老壽終，夫女弟誣訟婦厭苦供養，鴆其母，郡不加察，竟冤死。自是郡中連旱二年，後太守到官，郡吏孟嘗具陳冤誣之事，刑訟女而祭婦墓，天應時澍雨。按：上虞縣志作包孝婦。

晉

張茂妻陸氏。會稽人。茂爲吴興内史，被沈充所害。陸傾家産，率茂部曲討充，充敗。陸詣闕上書，詔追贈茂太僕。

南北朝　宋

陳氏三女。會稽人。女無兄弟，祖父母年八九十，老無所知，父篤癃病，母不安其室。遇歲饑，三女採菱蓴以養，未嘗虧怠，鄉里稱爲義門，多欲娶爲婦。三女自傷煢獨，誓不肯行，祖父母尋相繼卒，三女自營殯葬，爲菴舍居墓側。

吳翼之母丁氏。永興人。少喪夫，性仁慈，遭年荒，分衣食以貽里中饑餓者。同里陳攘，父母死，孤單無親戚，丁收養之。及長，爲營婚娶。又同里王禮妻徐，荒年客死，丁爲買棺殯葬。元徽末，大雪，比屋饑餓，丁自出鹽米，計口分賦。同里左僑家露四喪，無以葬，丁爲辦冢槨。有三調不登者，代爲送。丁長子婦王氏守寡，執志不再醮，州郡上言，詔表門閭。

齊

屠氏女。諸暨人。居東洿里。父失明，母痼疾，親戚相棄。女晝採樵，夜紡績，以供養。父母俱卒，親營殯葬，負土成墳。鄉里多欲娶之，女以無兄弟，誓守墳墓不嫁，爲山賊所殺。

韓靈珍妻卓氏。剡人。靈珍亡，無子，守節不嫁。慮家人奪其志，未嘗告歸。

梁

張楚媛。張稷女。稷爲青、冀二州刺史，州人徐道角作亂，夜襲州城，害稷，女以身蔽刃死。

王氏女。永興槩中里人。年五歲，得痼疾，兩目皆盲。性至孝，年二十，父死，臨屍一叫，眼皆血出。小妹娥舐其血，左目即開，時人稱爲孝感。

宋

朱娥。上虞人，朱回女。母早亡，養於祖媪。娥十歲，里中朱顔與媪競，持刀欲殺媪，一家驚潰。娥號呼突前，手挽顔衣，以身蔽刃，媪以娥故得脱。娥連被數十創，猶挽顔衣不釋。顔忿怒，斷其喉以死。事聞，賜其家粟帛。後會稽令董楷爲娥立像曹娥廟，歲時配享。

元

俞新之妻聞氏。山陰人。大德四年，新之殁，聞年少，父母欲更嫁之，即斷髮自誓。姑久病風，且失明，聞手滌溷穢不怠，時漱口舐其目，目爲復明。及姑卒，家貧無貲傭工，與子親負土葬之。朝夕悲號，聞者慘惻。鄉里爲之語曰：「欲學孝婦，當問俞母。」

張正蒙妻韓氏。山陰人。正蒙嘗爲德清税務提領，至正十九年，紹興兵變，正蒙謂韓氏曰：「吾爲元臣，於義當死。」氏曰：「君能死忠，吾必死節。」遂俱經。其女池奴，年十七，泣曰：「父母既死，吾何獨生？」亦投崖死。

徐允讓妻潘氏。山陰人。元末賊起，允讓奉父安避山谷間，遇賊欲殺安，允讓大呼，乞以身代，賊乃舍安殺允讓。將辱潘氏，潘紿以容焚吾夫則當從。賊許之，潘聚薪焚夫，投烈焰中死。明洪武中，夫婦並獲旌。

朱氏。名淑信，山陰人。少寡，誓不再嫁。一女妙浄，幼哭父，雙目失明，及長，擇偶者不至。家貧歲凶，母子相依，以苦節自厲。士人王士貴重其孝，乃求娶焉。

胡氏。名妙端，嵊人。祝氏婦。至正二十年，苗兵掠之去，至金華，嚙指血題詩，赴水死。

周烈女。新昌縣典史周如砥女。年十九，未適人。至正二十年，避寇邑西之客僧嶺，爲賊所執，逼之，女駡賊不從，被殺。

王琪妻蔡氏。諸暨人。至正二十二年，張士誠兵陷諸暨，氏走避山中，兵猝至，有造紙鑊方沸，遂投其中死。

楊伯遠妻王氏。蕭山人。至正間，鹹水決隄傷稼，其夫充里正，築堰，江潮衝嚙不能就，官督其慢，日受楚扑。氏痛之，割股投於水，沙漲隄成，名曰股堰。鄉里祠之。本朝嘉慶元年，賜封號曰「烈彰恬顯」，又賜「精誠屹衛」扁額，春秋致祭。

商淵妻張氏。名貞，嵊人。至正間，兵亂，聞白泥墩有一婦被掠，自縊死，氏歎曰：「一旦危急，當如此。」及苗兵至，赴水死。

吴世際妻竇氏。蕭山人。世際繼配。世際殁，竇守節不移，撫前妻子。與同邑顧應法妻余氏並於至正年旌。

明

諸娥。山陰人。父士吉，洪武初爲糧長，有黠而逋賦者，誣士吉於官，論死，二子炳、焕亦罹罪。娥方八歲，晝夜號哭，與舅陶山長走京師訴冤。時令有冤者非卧釘板，勿與勘問。娥輾轉其上，幾斃，事乃聞。勘之，僅戍一兄而止。娥傷重卒。里人哀之，肖像配曹娥廟。

唐方妻丁氏。名錦奴，新昌人。洪武中，方爲山東僉事，坐法死，妻子當没爲官婢。有司按籍取之，監護者見丁色美，借梳掠髮，丁以梳擲地，其人取掠之，持還丁。丁駡不受，竊謂家人曰：「此輩無禮，必圖辱我，不若豫死以全節。」肩輿行未半里，見崖峭澗深，躍出赴水，衣厚未沉，以手斂裙而没。今稱其處爲夫人潭。

錢奎妻張氏。山陰人。奎亡，張生男彌月，守節不替，事姑尤孝。洪武年旌。又同邑姚彦良妻俞氏，亦洪武年旌。又俞泮妻馮氏，子丕妻錢氏，孫廷用妻婁氏，爲俞氏三節，俱於萬曆年旌。

董昇六妻丘氏。會稽人。昇六死，一子甫週歲，昇六兄繫獄死，逮及闔門。丘氏抱子械至京師，發配象奴，氏觸階死而復蘇。又恐以白刃，欣然就之，太祖曰：「真烈婦也。」命送回其地，賜名全節里。

張彦聰妻范氏，弟彦明妻錢氏。嵊縣人。彦聰死，范年二十一。彦明死，錢年二十九。家貧不能舉喪，二婦日夜號慟，鄰人憐之，相與舁櫬葬先塋側。二婦攜孤廬墓旁。洪武年旌表曰雙節。

孟氏女。名蘊，諸暨人。許字蔣文勗，未嫁而文勗死。蘊年二十，聞喪慟哭，歸蔣氏，執喪三年，事姑盡孝。宣德中旌表。

姚孝女。餘姚人。適吴氏，父早世，迎母養於家。母出汲，被虎啣去，女追掣虎尾，虎欲前，女掣益力，尾遂脱，虎痛甚，舍母而逝，藥之獲愈，奉其母二十年。

石孝女。新昌人。襁褓時，父潛坐事，籍没繫京獄。母吴依兄弟爲生。一日，父逃歸，匿吴家。吴兄弟懼連坐，殺之，母不敢言。及女長，問母曰：「我無父族何也？」母告之故。女大悲憤。永樂初，年十六，舅氏以配其族子，女白母曰：「殺吾父者吴也。父之讐弗與共戴天，奈何爲吴氏婦？」母曰：「事非吾主，奈何？」及嫁吴族，方禮賓，女自經室中。母仰天哭曰：「吾女之死，不欲爲讐人婦也。」號慟數日，亦死。有司聞之，爲治殺潛者罪。

應源妻錢氏。嵊縣人。源贅於錢，還父家卒。錢聞訃，偕母往觀殮，遂不返。母强之，乃引繩自縊，覺而救之，始聽焉。年八十餘卒。弘治間旌表。

姜榮妾竇氏。京師人。爲餘姚姜榮妾。正德中，榮判瑞州，護郡符，華林賊攻城破，入榮舍，竇匿其符，被掠以行。有郡民自賊中還，竇密語以符所，俾歸告榮，遂投井死。事聞，詔表其門，立祠祀之。

羅道妻朱氏。會稽人。道死，朱年二十一，無子，父母欲奪其志，道弟謀奪兄産，亦百端擠之。朱以死自誓，撫道兄子爲嗣。卒後，於隆慶三年旌。

來仲康妻金氏。蕭山人。仲康死，子甫襁褓，族之亡賴者利其他適，縱火焚其舍，金跪而祝天，火即熄。亡賴恚甚，欲溺其兒，婦夜夢神語勿令兒出。久之，亡賴者徙去，婦始獲安。郡邑上其節，得旌表。

朱孔思妻白氏。薊州人。適餘姚朱孔思。孔思以縣尉需次，卒於京，殮畢，氏刎靈前。賜葬建坊，有司春秋祀之。

李通妻王氏，弟遠妻阮氏。諸暨人。王氏名秉，阮氏名貞，並早寡，備經饑亂，遠遁深山，親族勸使再醮，二婦矢志不移。洪武初旌表。又同邑俞潚妻童氏，潚弟滋妻趙氏，季弟潤妻金氏，亦相繼夫歿守志，人以三節稱。户側産異竹，縣令以聞，旌其閭。

陳榛妻龔氏。上虞人。榛亡，龔年二十，撫子國華，娶沈氏。國華亡，沈年二十一，遺孤文奎，長娶馮氏，未久，文奎又亡，俱相繼守志。事聞，詔以三節旌其門。

吴江妻李氏。餘姚人。年二十，夫與舅俱卒，家酷貧，紡績養姑，己恒凍餒。有謀娶之者，賄夫族，使餌其姑，詭稱其母暴病，肩輿來迎，既及門，非父家也，姑亦尋至，速使成禮。婦佯曰：「所以不欲嫁者，以姑老無依耳。姑既許，復何言？然聘財幾何，姑宜懷之去。」衆喜，促姑行。婦紿以洗沐，遂閉户自縊死。

沈袠妻胡氏。會稽人。將嫁而袠遘父鍊難，與兄襄並逮繫宣府獄。總督楊順逢嚴嵩意，必欲置二子死，搒掠酷甚。既而順被劾去，襄等始得釋。然袠自是病嘔血，匍匐負父喪歸，比服闋始婚，胡年已二十七。踰六月，袠疾大作，遂卒。胡哀哭不絶聲，盡出奩具治喪事。有他諷者，斷髮剺面絶之。晚染疾，家人將迎醫，告其父曰：「寡婦之手，豈可令他人視？」不藥而卒。

陶尊道妻李氏。會稽人。嫁五日而尊道卒，家極貧，居十九年，伯婦始生子，養之爲後。詔旌其門。

沈伯夔妻王氏。山陰人。議婚數年，而伯夔病癘，手攣髮秃，父母有他意。女曰：「既許而病，命也。違命不祥。」遂歸之。伯燮病且憊，奉事無少怠。居八年卒，王出簪珥爲舅買妾，果得子。踰年舅、姑相繼亡，王獨撫幼孤成立。

金一龍妻黄氏。餘姚人。一龍早没，黄截指自誓，立從子爲嗣，與孤相依。崇禎中熊氏欲娶之，母黨利其財，紿令還家，間道送於熊。黄願括所有以償聘金，不聽，相持至夜深，引刀自刎，未殞。其姑聞之，急趨視，黄曰：「婦所以未即死者，欲姑一面耳。今復何求？」遂刎喉以絶。

沈雲英。蕭山人。父至緒，武科進士。雲英能馬射，通春秋胡氏傳。崇禎間，至緒守備道州，爲流賊所殺，掠其尸去。雲英年二十，自率十騎，直趨賊砦，連殺三十餘級，負父尸而還。湖撫王聚奎奏請降敕，以雲英爲遊擊將軍，仍使領父衆。會其夫賈萬策爲都司，守荆州，流賊陷州，被殺。雲英因哭辭詔命，扶父柩回籍。

吴邦璿妻傅氏〔一〕。山陰人。邦璿以金衢總兵守衢州，事急，知不能免，囑傅氏從間道去。傅曰：「豈不能先死？」吉服自縊。邦璿遂舉家自焚死。

鄭遵謙妾金氏。會稽人。遵謙爲海寇鄭彩所害，金氏每祭必縛草人書彩姓名，寸斬以侑食。彩聞之，投金氏海中。屢顯靈異，人稱小金娘娘。

吴順妻蔡氏。年十八而寡，時萬曆十七年也。一日同舍火起，延及氏屋，氏抱孤向天號哭，風返火熄。守節五十六年，至本朝雍正十年旌表。

本朝

胡廷聘妻許氏。山陰人。廷聘爲鄖陽副將，順治四年，楚寇亂，被掠。氏斷髮毁容，抱石投金魚河死。事聞，旌表。

徐氏。山陰人。適何，遭土寇，攜女避山中。賊至，欲污之，徐大駡，賊以刃刺其腹，挾女去。徐大呼曰：「有死而已，無被辱！」女應聲曰：「必不負母。」賊亦刺殺之。同邑丁瑞南妻周氏，爲兵所掠，躍入水死。里人立石於死所表其烈。

長清嶺烈婦。康熙十三年，土賊朱德甫踞諸暨紫閬山，官兵進勦。一卒繫良家婦并其幼子於馬後隨行，婦好謂卒曰：「吾既被獲，從汝固宜。但夫止一子，今在此，吾夫必來，俟其至，以子歸之，然後任汝所欲。」卒許之。行至長清嶺，其夫奔而前，遂以子付夫。度去已遠，即投巖下死。

來斯行妾張氏。東平州人。鬻身爲蕭山來斯行妾，斯行没，張斷髮勵節。順治丙戌，避寇湘湖，爲所執，逼污之，張豫縫衣帶，堅不可解，罵賊被殺。同邑蕭君梁妻徐氏，爲兵所掠，兩手抱木不放，衆叢矢射之，終不屈死。

駱光裕妻吴氏。會稽人。早寡，家貧，父諭之爲尼，吴曰：「吾苟祝髮，誰爲舅姑事生送死者？」遂力勤奉養，舅姑殁，營葬畢，不食而死。

王文煤妻郭氏。會稽人。夫爲吏所誣，擬大辟，家貧莫爲救者。氏懷訴牒至縣堂，自刎死，夫竟得白。

宣拱妻宋氏。諸暨人。拱卒無子，氏年十七，容貌姝麗，淮安賈人以金啗拱兄君修，謀擁之去。鄰婦覺而告之，遂密縫其上下衣，夜開門，至下堰塘，投水死。時天寒冰結，氏死層冰下，君修疑匿他所，頃之，狂風怒起，冰裂數尺，僵屍蹶起。塘水舊汙濁，自氏死後，變澄碧。有司以氏配祀蔡烈婦祠，名其塘曰殉節。

朱振伯妻張氏。山陰人。家貧，有斷卒慕張色，誘其夫貸金，及無以償，遂逼書券鬻妻。券成來取，張赴水死。

車安妻鍾氏。山陰人。年十八而寡，翁欲嫁之，鍾泣曰：「翁老無嗣，誰供子職？願勿嫁以事翁。」家亦貧，恃女紅爲養。翁性忭急，稍不適，輒加詬詈，或至箠楚，鍾承順不少怠。翁殁，鬻居室營喪葬，依其夫之寡姊以終。

宣有玉妻金氏。山陰人。有玉卒，金育遺腹子元仁奉姑，姑亦早寡，家益貧，叔二人皆幼，並資金以爲養。金善蠶織，歲鬻可數十金。二叔長，爲之婚娶，教子以文行著。

謝兼才妻劉氏。會稽人。夫死，子繼夭，與媳王氏撫一孫。上有老姑疾篤，劉親爲嘗糞，籲天請代，姑遂愈。一日舟行遇暴風，羣舟皆覆溺，劉舟獨被吹泊岸上，人以爲節孝所感。雍正十年旌表。

徐霍麓妻葛氏。山陰人。幼許字徐，及長，霍麓得狂疾，舅姑辭婚，父母將許之。氏聞，斷髮欲自縊，乃歸徐。夜則依姑獨處，晝調湯藥，進飲食，侍疾八年無怠。及夫歿，猶處女也。同邑朱謙穆妻沈氏，夫家貧，不能娶，無何疾篤，沈自誓必歸朱，五日夫死，沈一慟而殞。康熙年間旌表。

周逢甲妻張氏。山陰人。夫亡守志，翁中瘋疾，氏竭蹶供參苓。姑患瘋痺，晝夜扶掖，親滌垢穢，四十年不少怠。人稱節孝。

丁珏妾吴氏。山陰人。珏任雲南揚武壩巡檢，陣亡。氏爲賊所擄，守節被殺。事聞，賜祭葬。

胡一言妻張氏。山陰人。一言亡，張年十九，生遺腹，紡績以課之。順治年旌。又同邑周方蘇妻吴氏，明季與夫失散，子襄緒，生纔九月，負之航海，身歷艱險，完節以歿。

駱元裕妻俞氏。山陰人。夫亡守節。康熙間旌。同縣胡世賢妻朱氏，黄良翰妻商氏，何嘉仍妻錢氏，吴乾復妻朱氏，盛國賢妻吴氏，樊良勳妻朱氏，王學獻妻盛氏，任朝縉妻史氏，張徵錫妻張氏，張鈞孫妻陸氏，劉源遠妻王氏，其弟源通妻陳氏，源濬妾沈氏，王時履妻劉氏，劉士茂妻朱氏，單英妻陳氏，金一麒妻沈氏，姚宏俊妻朱氏，沈奕世妻何氏，胡世賓妻范氏，俱於康熙年間旌。又張賓如妻周氏，金樞妻魯氏，鄭龍山妻嚴氏，王龔乘妻孫氏，周中錫妻倪氏，余焯文妻王氏，王柱妻陶氏，毛鳳麟妻陶氏，吴麟生妻丁氏，劉昌嗣妻裘氏，駱禹庭妻吕氏，劉光君妻李氏，朱恂士妻周氏，陳思永妻姜氏，包鎮服妻喻氏，唐日著妻丁氏，陳元惠妻錢氏，陳天錫妻張氏，王聖曆妻樊氏，何炤妻朱氏，沈世法妻胡氏，韓璜妻陶氏，施恒妻馮氏，周敏公妻柯氏，胡廷銓妻司馬氏，陸元樾妻沈氏，沈子揚妻丁氏，妾馬氏，劉遠逵妻薛氏，子爆妻施氏，馮國峩妻朱氏，丁勝千妻徐氏，胡蓋臣妻沈氏，胡昇猷妾楊氏，張經文妻王氏，張絲如妻俞氏，劉視履妻陶氏，陳安世繼妻陶氏，徐汝檜妻孫氏，王文俊妻沈氏，李繩武妻王氏，俱於雍正年間旌。

金日章妻章氏。會稽人。年二十而日章卒，事姑孝，撫孤成立。順治年旌。又同邑范懷義妻尉氏，戴應龍妻柯氏，陳家驊妻蔡氏，倪運采妻徐氏，范居敬妻陳氏，傅紫樞妻魯氏，唐祖堯妻劉氏，章成化妻張氏，章志純妻陳氏，其姪承烈妻嚴氏，俞德範妻韓氏，石珍儒妻陳氏，俱於康熙年間旌。又葛三姐，幼許陳姓，及長，隨父居京師，有用强逼娶者，遂自縊而死。又朱廷棟妻婁氏，孟昇宇妻張氏，馬如騂妻王氏，施若耶妻秦氏，嚴禹生妻祝氏，嚴聰妻徐氏，董鉅德妻劉氏，杜俊英妻魯氏，王琳妻俞氏，包梗妻藍氏，馮文燭妻孫氏，陳泰觀妻夏氏，馮肇權妻沈氏，沈汝鏡妻章氏，馮錫麟妻吴氏，嚴懿妻王氏，俞元龍妻李氏，馮文燦妻錢氏，任肇智妻婁氏，王錦妻單氏，范士沅妻徐氏，秦嘉與妻朱氏，胡其介妻錢氏，陸天懿妻鍾氏，俱於雍正年間旌。

趙應榜妻丁氏。蕭山人。苦志守節，順治年間旌。又同邑周萬紀妻童氏，何之楠妻王氏，賀國祚妻蔡氏，蔡珣妻王氏。又陳六姑，未字，有欲汙之者，六姑閉門自縊死。俱於康熙年間旌。又王德璋妻趙氏，王鉽妻汪氏，沈士瀾妻王氏，戴嘉棠妻朱氏，王圖鞏妻吴氏，王奇勳妻金氏，王錞妻吴氏，趙繼曰妻黄氏，倪潤妻金氏，吴樞妻陳氏，陳日泰妻范氏，丁君平妻鍾氏，楊文登妻何氏，田嘉時妻張氏，其子雲漢妻郎氏，俱於雍正年間旌。

酈經妻蔣氏。諸暨人。年十九而寡，守節四十七年。又同邑壽芳揺妻斯氏，陳首安妻周氏，余九霞妻錢氏，樓懸亮妻鄭氏，郭琦妻酈氏，趙友齊妻楊氏，何兆隆妻詹氏，何兆鼎妻陳氏，樓拱璧妻酈氏，袁爾倬妻許氏，趙宏猷妻郭氏，方爾棟妻樓氏，傅愉妻張氏，何習讓妻王氏，陳宏倜妻許氏，周遇暲妻戚氏，郭民敬妻吕氏，蔣義妻孫氏，孟德明妻祖氏，酈鼎錩妻錢氏，葛蕃妻濮氏，趙次範妻周氏，周魁先妻徐氏，郭錦妻孟氏。又湯大姑，許字趙姓，未婚守節。壽貞女，許字謝姓，未婚守節。俱於雍正年間旌。

阮邦尹妻張氏。餘姚人。夫亡苦節自持，與同邑謝春景母傅氏，俱於康熙年間旌。又邵煊妻朱氏，謝盈若妻景氏，蘇滋汴妻聞人氏，朱葵忠妻周氏，毛應昌妻洪氏，華志登妻厲氏，鄭子疑妻朱氏，翁成德妻葉氏，周諸嵋妻蘇氏，俱於雍正年間旌。

徐廷喬妻葛氏。上虞人。幼許字徐，夫後得癡疾，十餘年轉劇，來辭婚，民不肯，紿父母身往視之，入門曰：「吾徐家婦矣。」誓死不返。爲立嗣撫之，守志四十年，卒。康熙間旌。

黄榮昌妻羅氏。上虞人。年二十三，姑亡，夫繼歿，無嗣。羅拮据二喪，服闋，闔户自縊。家人救甦，撫侄成立，年八十餘卒。又同邑倪子翰妻周氏，范鼎泰妻姚氏，其子自超妻羅氏，羅益滋妻蔣氏，潘元賓妻陳氏，潘世貴妻周氏，趙顯伯妻柴氏，張宏毅妻王氏，俱於雍正年間旌。

錢斐章妻邢氏。嵊縣人。年二十二，斐章死，家人勸其改適，氏聞言即誓死，乃止。又同邑周思孝妻盧氏，尹宗宸妻王氏，宋君維妻沈氏，孫嘉馨妻王氏，趙義日妻宋氏，錢鼎爲妻馬氏，俞恭咸妻王氏。又商貞女，許聘吴姓，未婚守貞。俱於雍正年間旌。

吕亮中妻陳氏。新昌人。夫亡無子，家貧甚，誓不再嫁。姑老，紡績供養不怠。雍正六年旌。

生員吴理楨妻周氏。山陰人。明殉難謚文忠鳳翔之女，年十八守節，撫姪爲嗣，壽至九十卒。於乾隆二十八年旌。又同縣孫列三妻來氏，孫大成妻黄氏，王文明妻袁氏，柴維周妻張氏，杜嘉謨妻劉氏，陳陽妻繆氏，王越扈妻李氏，朱士玉妻吴氏，胡日濟妻談氏，范徵遠妻莫氏，傅濟妻張氏，王經妻定氏，馬述禮妻胡氏，周廷遷繼妻王氏，徐顯妻朱氏，馬國亮妻陳氏，運丁劉天楷妻張氏，楊立生妻丁氏，陳堯仁妻王氏，丁文奎妻柴氏，何經亮妻吴氏，朱示靺妻張氏，朱肇信妻王氏，朱標妻吴氏，劉文啓妻魯氏，婁美妻胡氏，陳穎達妻金氏，陸禹蕃妻高氏，陳佐泉妻郭氏，王基禎妻錢氏，賞朝賢妻何氏，沈茂如妻葉氏，董正本妻劉氏，柴文格妻馬氏，孫思魁妻楊氏，李祖銓妻陳氏，金文龍妻李氏，王士偉妻魯氏，李茂長妻周氏，汪應泰妻馮氏，生員祁曜徵妻何氏，生員王貽格妻張氏，裘居敬妻陳氏，壽漢垣妻胡氏，生員謝乘生妻王氏，丁錫恩妻章氏，俞璜妻陳氏，生員沈道錦妻劉氏，生員劉明德妻李氏，翰林金泰來妾邵氏，王茂鼎妻傅氏，王錫勳妻潘氏，鄭文宗妻沈氏，李玉偕妻諸氏，陸紹恒妻王氏，徐子安妻陸氏，吴廷傑妻章氏，謝謂玉妻高氏，劉履撰妻裘氏，陳日益妻孫氏，鄭良序妻錢氏，高孝恒妻王氏，生員徐栻妻勞氏，王章祚妻馮氏，王懋齡妻徐氏，沈元肇妻高氏，俞良誠妻何氏，茹開文妻沈氏，鈕鎔妻陳氏，宋子誀妻包氏，朱式孟妻余氏，朱盡述妻張氏，生員王錫摸妻濮氏，生員田自遠妾胡氏，諸君球妻孫氏，王嘉定妻沈氏，生員婁泓妻錢氏，陳泰恒妻馬氏，徐夔妻潘氏，貢生王可履繼妻沈氏，生員錢之璋繼妻吴氏，陳申之妻邵氏，謝濟民妻孫氏，王子美妻譚氏，沈士翰妻邵氏，陳景韓妻高氏，周士龍妻葛氏，金廷光妻韓氏，李倫榮妻單氏，胡述祖妻沈氏，劉克昭妻王氏，孫希賢妻謝氏，原任濟源縣知縣俞沛妾沈氏，徐昌謂妻陶氏，王聖玉妻章氏，生員祝孟鳳妻王氏，沈源縣妻陳氏，徐元震妻胡氏，陳廷鑰妻王氏，俞秀昇妻朱氏，孫德明妻韓氏，許曜廉妻朱氏，沈應俊妻徐氏，杜沅英妻何氏，朱應煌妻余氏，章世平妻傅氏，潘宏堯妻王氏，丁學周繼妻傅氏，單如炳妻鍾氏，俞崔齡妻壽氏，童懷行繼妻周氏，俞彬如妻繆氏，孫孟照妻傅氏，鍾期賢妻陳氏，許高妻倪氏，韓道一妻丁氏，張文懋妻余氏，朱衣錦妻茅氏，陳維一妻劉氏，許法義妻陳氏，嚴誠妻王氏，劉子昭妻秦氏，厲奎光妻高氏，張倫妻王氏，劉漪文妻徐氏，樊聲元妻柴氏，張啓斌妻錢氏，馮維均妻高氏，祝静一妻張氏，張世鎬妻張氏，張世鑄妾劉氏，仇倍若妻勞氏，陳孔昭妻王氏，生員史在鎣妻嚴氏，王一桂妻項氏，凌四游妻李氏，陳在寬妻何氏，陳在堅妻胡氏，徐禹賢妻沈氏，洪敦仁繼妻丁氏，全幼梁妻胡氏，汪炯妻王氏，馬驥妻吴氏，王朝正妻高氏，馮紹美妻沈氏，金世魁妻劉氏，孫漢光妻陳氏，考職州同陳起麟妻嚴氏，王士鳳妻龔氏，張爾尊妻林氏，俞之梅妻周氏，徐元泰妻周氏，胡濟孫妻魯氏，金文彩妻姚氏，陳其華妻鍾氏，章宗德妻張氏，許越妻趙氏，何聖如妻陳氏，胡明玥妻鍾氏，祁世英妻何氏，俞應憲妻徐氏，徐炘之妻余氏，陳其音妻余氏，駱載奇妻許氏，俞起蛟妻趙氏，馬强妻魏氏，吕唐公妻章氏，生員丁蕙馠妻朱氏，王宗斌妻李氏，劉曾鈞妻蔣氏，胡卓士妻朱氏，王敬緒妻祁氏，張肅樞妻何氏，王彦萃妻馮氏，馮維熊妻陶氏，范士澄妻金氏，姜夏聲妻沈氏，李紹鍔妻沈氏，莫僯桂妻王氏，趙永清妻丁氏，祝林玉妻范氏，陸景文妻沈氏，陳耀仁妻孫氏，潘匡濟妻王氏，沈壽民妻蔣氏，壽光祺妻王氏，譚哲文妻倪氏，王文河妻陳氏，生員王秉衡妻張氏，諸述郢妻馮氏，王敬臨妻高氏，原任吴縣典史莫期德妻俞氏，莫祖望妻陶氏，姚宗儒妻酈氏，張曾妻周氏，金彪妻嚴氏，張子修妻陳氏，生員王億華妻傅氏，王士豸妻馬氏，沈之果妻莫氏，祝穎選妻沈氏，朱顯公繼妻魯氏，原任兩廣督標副將邱風妾汪氏，丁泓妻徐氏，婁美鉽妻張氏，孫才渭妻馬氏，馮渭川妻沈氏，姚維儼妻勞氏，柳大俊妻沈氏，李奇玉妻王氏，喻學道妻張氏，王世彦妻董氏，王友章妻孫氏，劉景勳妻余氏，胡鸝妻吕氏，王佐妻凌氏，堵維越妻仁氏，徐克彰妻蔡氏，黄國相妻宋氏，孫昌周妻汪氏，孫道賢妻潘氏，喻光祖妻華氏，喻敬全妻茹氏，吴允登妻徐氏，倪廷謨妻董氏，張廷瑄妻胡氏，全有徵妻徐氏，王汝霖妻吴氏，程天育妻仇氏，孫克生妻朱氏，馬爲鉽妻項氏，李友妻潘氏，趙德維繼妻葉氏，祝志瀛妻周氏，丁偕松妻孫氏，葉德功妻趙氏，黄樾妻韓氏，賀國銓妻周氏，錢孝思繼妻朱氏，劉兆基繼妻李氏，生員王琳妻葉氏，生員俞楙迪妻沈氏，謝允中繼妻徐氏，婁麟衡妻謝氏，李元儒妻王氏，李子明妻黄氏，朱桂繼妻王氏，張天瑞妻胡氏，施恒爵妻周氏，杜菖妻王氏，吏目徐肇芳妻金氏，何友枕妻楊氏，馬永謂妻厲氏，原任廣西潯州府知府錢宗周妾劉氏，王祖訓妻俞氏，潘文學妻俞氏，沈兆熊妻王氏，生員柴敦本妻周氏，候選州同沈杲妻劉氏，何嘉璠妻陳氏，胡大典妻蔣氏，孫鼎華妻湯氏，程汝美繼妻孫氏，縣丞張德濂妾俞氏，余承勳妻金氏，楊可贊妻沈氏，金成元妻王氏，言可復妻姜氏，言是之妻楊氏，婁在藻妻胡氏，婁賦穀繼妻周氏，沈聖木妻朱氏，沈宅三妻王氏，陳士璠妻胡氏，陳士瑾妻張氏，樊又敘妻黄氏，錢師沆妻陳氏，金伯榮妻封氏，徐可敬繼妻傅氏，生員王紹羲妻楊氏，傅全信妻周氏，李之璧妻滕氏，吴大職妻王氏，吴永熙妻章氏，屠繼懋妻余氏，典史吴斌妻宋氏，徐寉妻金氏，樊祺憲妻傅氏，樊道源妻錢氏，金家採妻俞氏，蔣發麟妻余氏，朱君寉妻王氏，王灝妻葉氏，馮履道妻周氏，張爾昭妻陸氏，丁世安妻張氏，潘光烈妻張氏，諸元分妻沈氏，楊殿卿妻吴氏，張澍妻黄氏，趙慶聖妻徐氏，錢錦妻汪氏，王萬衿妻陳氏，沈榮錫妻祁氏，孫遠妾姚氏，俞蒼巖妻周氏，朱維輿妻王氏，鄭聖相妻茅氏，季士元妻葉氏，朱文淇妻俞氏，范天禄妻陸氏，高耀先妻嚴氏，胡寉安妻秋氏，丁漢佩妻徐氏，楊元連妻謝氏，韓寉齡妻徐氏，王廷勸妻周氏，胡必顯妾王氏，丁綸言妻王氏，劉景梁妻施氏，金思言妻倪氏，沈永仁妻馮氏，張芳妻吴氏，章禄妻張氏，張文龍妻茹氏，盛維清妻朱氏，蔣奕山妻馮氏，趙興宗妻倪氏，潘允宗妻葉氏，高聚先妻吴氏，孫大鵠妻袁氏，吴宸臣妻史氏，林世連妻任氏，毛鳳卜妻胡氏，朱浩文妻陳氏，繆雲昇妻周氏，張之銓妻陳氏，孔宗洛妻胡氏，楊元泰妻朱氏，武生史紹芳妻楊氏，姚周愛妻潘氏，周維城妻張氏，張彙占妻曹氏，張文濤妻錢氏，王光旦妻沈氏，孫鼎新妻徐氏，孫祺正妻王氏，章天與妻施氏，王文衿妻金氏，王萬荃妻朱氏，何珩仁妻林氏，宋宏妻徐氏，丁世振妻裘氏，詹克縉妻王氏，劉正勳妻李氏，何有光妻丁氏，張懋政妻陶氏，楊廷璟妻王氏，徐汝宏妻孫氏，嚴存倫妻周氏，徐文玉繼妻沈氏，姚再周妻高氏，唐偉文妻蔣氏，劉兆傑妻單氏，李建勳妻王氏，諸述軼妻鍾氏，張懋禮妻柳氏，金培元妻張氏，劉萬育繼妻陶氏，許自詢妻葉氏，王維棫妻單氏，錢子昭妻王氏，滕在公妻吴氏，徐元新妻趙氏，韓鼎新妻朱氏，趙瑛妻茅氏，生員胡世祖妻陶氏，毛克勤妻方氏，陳兆愷妻全氏，生員李德潛妻周氏，嚴兼三妻王氏，王之達妻錢氏，葉孟霖妻李氏，徐虞諧妻邵氏，潘濟川妻劉氏，姚望佩妻王氏，何寀妻趙氏，周紹廉妻王氏，朱光衡妻馬氏，樊習仁妻蔣氏，李文芳繼妻許氏，孫涵周妻倪氏，郭大惜妻潘氏，祝爾發繼妻陳氏，丁承熙妻朱氏，周兆逵妻沈氏，詹子瑜妻張氏，劉以堡妻范氏，秦肇堅妻王氏，秦肇陞妻魯氏，周肇判妻張氏，章世錡妻沈氏，屠宸剛妻陶氏，邵調鼎妻嚴氏，吳越揆妻徐氏，沈廷策妻徐氏，沈介遠妻余氏，吳允奇妻朱氏，謝武稷妻金氏，生員鍾國禮妻趙氏，吳汝成妻潘氏，吳延鍾妻梁氏，陳世則妻李氏，繆嘉可妻張氏，錢瓚黃妻施氏，孫武秉妻何氏，金璐妻沈氏，金維一妻陳氏，沈南榮妻馬氏，鈕天麟妻丁氏，生員莫拱照妻周氏，沈懋業妻陳氏，沈懋謨妻陳氏，王世榮妻高氏，馬光珂妻王氏，沈應泰妻徐氏，謝君達妻沈氏，張德誠妻夏氏，丁榮妻李氏，王世法妻吳氏，張元標妻劉氏，葛文顯妻王氏，孫秉乾妻李氏，徐大章妻李氏，徐行遠妻吳氏，馮德三妻王氏，宋雯妻周氏，陳大臣妻金氏，潘世經妻馬氏，張金城妻夏氏，周以成繼妻潘氏，王翰妻張氏，王德賢妻莫氏，誥贈州同許在謙妻袁氏，董明侯妻沈氏，丁九如妻樊氏，王大傑妻張氏，丁大楷繼妻秦氏，嚴美中妻金氏，許公望妻陳氏，蔡君瞻妻吳氏，孔毓正妻王氏，王學仁妻莫氏，鍾煇妻徐氏，張維城妻茹氏，周立誠妻趙氏，茹祥宇妻任氏，王再呂妻沈氏，楊鈞妻唐氏，莫照繼妻林氏，朱啓周妻劉氏，李廷棟妻章氏，潘尊五妻李氏，丁燮妻陳氏，鄭劒名妻俞氏，生員劉紹標繼妻張氏，謝朝貴妻陳氏，張元臣妻孟氏，劉鵬元妻吳氏，嚴綱妻凌氏，劉文正妻陳氏，張守愚妻吳氏，劉章詠妻章氏，趙維東妻徐氏，壽夏如妻陳氏，沈文敘妻吳氏，沈德揚妻周氏，陳喜文妻朱氏，王汝經妻孫氏，周堂繼妻胡氏，孫良材妻周氏，朱伯英妻蕭氏，婁應達妻沈氏，沈伯英妻戚氏，孫德彬妻陳氏，葉蓮生妻王氏，黃君燮妻任氏，俞廣文妻嚴氏，許耀達妻陸氏，張君能妻徐氏，戴介先妻陳氏，袁爲朴妻杜氏，朱廣受妻王氏，胡其位妻毛氏，周道冲妻余氏，蔣掄先妻余氏，沈士傑妻戚氏，劉宏侯妻黃氏，朱應檖妻蕭氏，朱鴻業妻劉氏，言臨章妻俞氏，錢千瑞妻宋氏，孫宗河妻章氏，張文興妻婁氏，沈昌裔妻王氏，朱光墻妻錢氏，胡輝先妻丁氏，陳學恕妻來氏，莫成傑妻潘氏，潘國校妻朱氏，周堯臣妻黃氏，葉期生妻陳氏，張翰妻錢氏，孫德彬妻陳氏，劉遵翊妻朱氏，朱聖遠妻孫氏，張廷一妻章氏，朱士化妻沈氏，俞貞吉妻余氏，韓昆扶妻章氏，高大德妻徐氏，胡心存妻汪氏，李根蟠妻鄒氏，董景苑妻章氏，劉世种妻鄭氏，金士元妻傅氏，謝世德妻童氏，許耀義妻謝氏，馮日禮妻朱氏，諸廷左妻朱氏，仇兼三妻夏氏，周士榮妻汪氏，劉麟詔妻李氏，章昭曾妻李氏，趙昺甲妻樊氏，丁以方妻陳氏，張其義妻蕭氏，莫以溥妻張氏，單炘妻傅氏，徐大錦妻譚氏，羅光可妻李氏，言世昂妻胡氏，何朝偉妻方氏，馮魯元妻潘氏，王思价妻莫氏，茅泰迎妻沈氏，徐躍如妻朱氏，嚴大任妻李氏，徐守經妻沈氏，陳廷翰妻周氏，胡思敬妻王氏，董大材妻張氏，林仰山妻徐氏，沈子韶妻鄭氏，章聚昇妻吴氏，周士鎮妻汪氏，徐蒼麟妻周氏，茅太安妻沈氏，高越秀妻陳氏，馮維延妻薛氏，龐君文妻程氏，陳鶴年妻許氏，徐武周妻鄭氏，陳埈妻陶氏，王啓禮妻應氏，李國明妻樊氏，龐桂元妻包氏，姚載西妻沈氏，徐文盛妻俞氏，徐成蛟妻周氏，姚若奇妻沈氏，章林茂妻吴氏，王昆淳妻陶氏，沈景昌妻林氏，莫楷妻李氏，吴魁三妻全氏，許自謙妻李氏，袁善照妻王氏，包敬夫妻蔡氏，邵施霆妻胡氏，婁立三妻徐氏，婁聖德妻王氏，謝廷位妻王氏，項聖卿妻陳氏，吕介石妻王氏，錢國泰妻張氏，王銘三妻樊氏，王師召妻胡氏，王承曾妻陳氏，史紹龍妻陳氏，沈士駿妻胡氏，章静淵妻孟氏，茅成章妻王氏，潘應發妻沈氏，壽永鑑妻潘氏，沈孔木妻胡氏，壽履豐妻盧氏，張德煥妻楊氏，周文成妻王氏，徐文達妻沈氏，潘德均妻孫氏，又妾馮氏，吴方昭妻王氏，孫望可妻王氏，余堅妻阮氏，吴鴻業妻梁氏，余大霑妻高氏，方美妻錢氏，謝恭達妻陳氏，謝炳文妻趙氏，李文源妻陳氏，陳學海妻徐氏，王元度妻李氏，王元禮妻胡氏，黄丹羽妻蔣氏，傅如得妻楊氏，陳良瓚繼妻李氏，章敬全妻何氏，朱徵光妻陳氏，施鳴遠妻章氏，章伯衡妻陶氏，趙天榮繼妻沈氏，羅宗泰妻湯氏，劉永欽妻袁氏，章美中妻馬氏，朱茂如妻胡氏，陳子俊妻王氏，錢奕範妻陶氏，錢履亨妻孫氏，張汝誰妻孫氏，范德正妻李氏，張槐妻沈氏，李上卿妻姚氏，陸宗文妻沈氏，孟伯賢妻季氏，樊楷繼妻沈氏，潘士雲妻王氏，沈特妻張氏，孫英妻吴氏，周元城繼妻王氏，潘翊禹妻沈氏，俞漢宗妻胡氏，王裕珍妾黄氏，朱贊文妻江氏，孫大榮妻俞氏，高兆悉妻倪氏，高瑞係妻許氏，杜公錫妻徐氏，王心全妻賈氏，潘汝煥妻王氏，潘國標妻陳氏，王運治妻徐氏，莫繼泮妻丁氏，王威遠妻屠氏，陶克仁妻王氏，陶國榮妻王氏，諸念祖妻張氏，王裕昆妻張氏，俞貞履妻唐氏，陸維鑅妻沈氏，沈宏德妻胡氏，胡廷栻妻鈕氏，朱元美妻沈氏，朱元相妻柯氏，李大榮妻沈氏，王天佐妻余氏，王邦紀妻何氏，王昌言妻陳氏，余鴻文妻陳氏，桑乾亨妻應氏，周可鈞妻陳氏，徐孟瑞妻胡氏，李調元妻趙氏，周濬妻鈕氏，沈鳳友妻金氏，高廷燧妻茹氏，唐國相妻董氏，趙全五妻韓氏，王天振妻陶氏，李瑞龍妻胡氏，祝士先妻金氏，俞宏孝妻胡氏，趙德馨妻裘氏，田國泰妻周氏，陶尚德妻韓氏，陶惠文妻倪氏，俞士英妻鄭氏，謝士任妾胡氏，俞其祥妻田氏，俞洪漢妻馮氏，朱静涵妻潘氏，趙名爝妻吴氏，沈燽妻張氏，胡桓妻錢氏，王齊霞妻洪氏，胡承三妻余氏，洪升傑妻錢氏，陳光泰妻黄氏，俞富有妻田氏，陳士龍妻沈氏，陳枝秀妻壽氏，邵義楷妻陳氏，華必發妻邵氏，華必聰妻厲氏，徐學廷妻沈氏，王道遠妻陳氏，朱兆顯妻章氏，顧可成妻徐氏，鄭思禮妻莫氏，沈永林繼妻章氏，楊雲功妻胡氏，張有序妻胡氏，孫龍璠妻全氏，陳心一妻李氏，周綸言妻陳氏，沈繼曹妻邵氏，沈維一妻王氏，吴瑶圃妻李氏，翁天麒妻任氏，方思沛妻陳氏，夏鳳瑞妻胡氏，周廣譽妻章氏，孫賓賢妻姚氏，倪兆麟妻王氏，周溶妻孫氏，陳樑木妻邱氏，戴商臣妻馮氏，陳受之妻張氏，朱溥妻許氏，周漢佩妻余氏，俞量選妻傅氏，王文淵妻謝氏，孫乾一妻施氏，祝正心妻邱氏，何汝翌妻潘氏，劉文光妻謝氏，張天恩妻張氏，王玉珍妻朱氏，胡伯華妻金氏，張源妻沈氏，何再梅妻孟氏，傅宸安妻陳氏，王歷山妻鍾氏，章元標妻李氏，高大爵妻丁氏，施廷賢妻余氏，陶武功妻李氏，陶乘國妻陳氏，馮松年妻雍氏，王文瑾妻謝氏，俞善孝妻章氏，湯岱峰妻裘氏，高瀾妻沈氏，朱榮錫妾宅氏，高大緯妻范氏，王德予妻蔣氏，婁肇昌妻薛氏，婁元豹妻邢氏，薛杜妻朱氏，徐廷琛繼妻張氏，陳瑞元妻丁氏，葉廷培妻馮氏，徐威遠妻張氏，勞大全妻陳氏，蔡大元妻沈氏，錢光祖妻勞氏，陸元博妻凌氏，王維鉉妻錢氏，陳毓化妻張氏，陳福忠妻葉氏，鍾紱妾胡氏、又妾施氏，鍾汝烈妻陶氏，傅聖位妻謝氏，黄繼曾妻張氏，俞廷珍妻胡氏，陳士伸妻岑氏，陳學俊妻潘氏，沈宗緒妻王氏，黄叔則妻朱氏，周瑞玉妻沈氏，趙淳妻王氏，張宗範妻金氏，李承庥繼妻孫氏，丁傳彪妻金氏，孫明文妻王氏，王瑞章妻蔡氏，俞應洙妻婁氏，馮枇妻俞氏，金志淵妻潘氏，周本妻宣氏，陳兆華妻沈氏，馮杞妻陳氏，吴乾宗妻趙氏，徐仁經妻沈氏，朱士化妻沈氏，胡述垣妻余氏，斯育萬妻王氏，趙公繩妻金氏，趙元妻李氏，孫德溥妻張氏，沈曾象妻趙氏，余源妻沈氏，李肇基妾劉氏，周文典妻俞氏，胡聖一妻周氏，沈宗堯妻朱氏，畢節縣典史金友顯妻李氏，周國梓妻章氏，朱文兆妻周氏，周金相繼妻施氏，薛木文妾李氏，孫志妻章氏，朱永清妻張氏，朱立綱妻沈氏，沈元良妻邵氏，沈景埰妻謝氏。又烈婦張遵訓妻陸氏，夫亡殉節。貞女金成彪未婚妻沈氏，徐沛未婚妻朱氏，曹湄未婚妻袁氏，蔣彬未婚妻杜氏，金墻未婚妻吴氏，龔嶽高未婚妻王氏，吴思耐未婚妻沈氏，商奕瑜未婚妻劉氏，李承奎未婚妻沈氏，滕文俊未婚妻李氏，周鳳未婚妻陳氏，吴懷懂未婚妻嚴氏，傅金如未婚妻黄氏。孝女王大姑。俱於乾隆年間旌。何聖玉妻張氏，史積善妻胡氏，俞遵陸妻董氏，洪金聲妻夏氏，陳步青妻俞氏，徐大勝妻王氏，吴星五妻李氏，屠玉簡妻陳氏，時筆英妻趙氏，孟武繩妻尉氏，姜行一妻胡氏，姚維豐妻錢氏，薛照妻張氏，李沛滄妻魏氏，楊體元妻黄氏，薛大化妻樊氏，鍾覺斯妻王氏，陳殿邦妻沈氏，吴善維妻李氏，胡世緒妻李氏，劉繼鋼妻姚氏，胡用三妻葛氏，楊學祥妻茹氏，楊漢倬妻張氏，姚文貌妻朱氏，薛少白妻魯氏，薛汝信妻王氏，單元音妻張氏，應漢臣妻阮氏，劉子湘妻吴氏，繆集成妻龐氏，丁宗湯妻王氏，趙廷俊妻常氏，羅可敬繼妻傅氏，秦宗禮妻凌氏，王際盛妻朱氏，胡國柱妻時氏，朱德祥妻祝氏，施永侯妻李氏，章聖傅繼妻李氏，張德先妻沈氏，王如筠妻倪氏，陳錫甸妻沈氏，妾勞氏，彭德名妻王氏，陶克振妾陳氏，徐可敬繼妻傅氏，袁最昇妻陳氏，錢禹功妻孫氏，姚士發妻朱氏，潘國枚妾丁氏，高憲惠妻韓氏，金起林妻魏氏，王學妻吴氏，朱兆祥妻唐氏，沈有仁妻楊氏，王大觀妻胡氏，馮法謙妻朱氏，周朝錧妻王氏，彭洪文妻陳氏，陶克振妻金氏，張君發妻余氏，張啓發妻袁氏，徐文成妻俞氏，徐倉林妻周氏，楊亮臣妻金氏，楊元詩妻宣氏，朱子彪妻倪氏，朱邦杰妻勵氏，陳銑妻孟氏，陳獻廷妻沈氏，陳瑾瑜妻陶氏，朱紹先妻沈氏，朱元琮妻蔣氏，潘國棻妻丁氏，朱錫紀妻陳氏，鮑履安妻章氏，馮日琮妻壽氏，張承拭妻錢氏，陳光信妻高氏，章允升妻李氏，吴廷俊妻胡氏，胡汝璧妻施氏，童楚望妻胡氏，李會保妻張氏，黄廷宰妻胡氏，俞士達妻陳氏，馮昭妻胡氏，孫仁傑繼妻陳氏，馮法謙妻朱氏，施埰妻沈氏，朱登瀛妾丁氏，章鉅妻周氏，沈光業妾徐氏，陳方理妻孫氏，韓書良妻孫氏，張序思妻陸氏，沈宣惠妻張氏，沈貽遠繼妻錢氏，王光謙妻丁氏，王光明妻陳氏，孫連珠妻葉氏，又妾陳氏，王士禮妻單氏，宋映辰妻馮氏，姜永錫妻羅氏，陶永清妻胡氏，孫漢奇妻王氏，張大榮妻錢氏，王大杰妻薛氏，陳士良妻黄氏，駱粹中妻王氏，朱仕廣妻宋氏，賀述祖妻王氏，盧永思妻金氏，周如義妻吴氏，龐君文妻陳氏，賞爾範妻王氏，諸孟文妻徐氏，周廣譽妻章氏，莫槐亭妻沈氏，周繼述妻王氏，韓兆熊妻余氏，王安謙妻余氏，王耀祖妻周氏，馮孝本妻任氏，朱枝繁妻沈氏，孫均衡妻龔氏，姚廷彪妻胡氏，王國柱妻倪氏，劉元章妻駱氏，商堉妻周氏，李天燮繼妻胡氏，王積妻趙氏，宋肇增妻楊氏，姜銓衡妻施氏，金爾音妻姚氏，金大德妻周氏，陶繼善妻章氏，陶朝安妻王氏，張國祥妻陳氏，張國瑞妻羅氏，陶存烈妻陳氏，陶雲裳妻朱氏，孫翰玉妻姚氏，孫宗傳妻朱氏，張其明妻齊氏，張大年妻馬氏，樊元彪妻柳氏，樊應煜妻陸氏，又妾諸氏，張潔人妻范氏，馬嘉兆妻祁氏，馮士道妻章氏，魏德彰妻張氏，繆炳章繼妻包氏，潘嘉能妻蕭氏，許肇岐妻陳氏，壽大文妻范氏，高達三妻徐氏，俞性仁妻余氏，俞殿芳妻何氏，葉宏瑞妻陳氏，馬兆富妻王氏，趙士超妻傅氏，張聖謨妻陳氏，胡德坤妻王氏，包元功妻李氏，朱隆宇妻沈氏，葛鼎玉妻馮氏，陳鑩妻李氏，沈周英妻徐氏，李焕妻白氏，勵敬時妻黄氏，孫光輝妻陳氏，朱德元妻徐氏，陸光焕妻王氏，陳廷柱妻鍾氏，金起鳳妻魏氏，陳邦殿妻沈氏，張殿揚妻魯氏，徐體仁妻孫氏，張世佩妻婁氏，唐國棟妻王氏，何大元妻詹氏，陳玉文妻王氏，莫其謙妻徐氏，章長麟妾李氏，葉輝違妻湯氏，俞名高繼妻傅氏，王建德妻姜氏，朱汝源妻韓氏，毛封三妻王氏，馬廷璋妻胡氏，趙三元妻葉氏，李恒恕妻錢氏，蔣鳴球妻謝氏，周學文妻袁氏，俞兆先妻傅氏，陳壽芝妻張氏，趙汝漣妻朱氏，張瑞周妻陸氏，陳有彰妻王氏，謝德三妻仇氏，王煥章妻高氏，金漢三妻何氏，李文源妻吳氏，陸宗基妻章氏，陳明玉妻沈氏，金起蛟妻陸氏，陳步青妻俞氏，徐兆良妻沈氏，徐士安妻趙氏，何廷儀妻金氏，朱豫章妻王氏，孫諤廷妻魏氏，龐廷鰲妻酈氏，陳如明妻龐氏，張廷棟妻沈氏，樊家麟妻金氏，陳嘉勳妻樊氏，龐澤榮妻宋氏，孫世俊妻夏氏，王奕鎮妻朱氏，鄭大義妻繆氏，孫宗德繼妻施氏，胡德梅妻王氏，趙明鏞妻陳氏，聞人大德妻鄭氏，嚴蒼霖妻吳氏，孫起鰲妻周氏，周大枝妻婁氏，胡啓能妻張氏，鍾廷勳妻胡氏，朱兆龍妻詹氏，全德茂妻胡氏，楊君佐妻陳氏，王安一繼妻韓氏，吕子安妻韓氏，陳濟清妻俞氏，沈觀妻戴氏，沈大寵妻王氏，詹尊三妻王氏，朱沛妻宋氏，汪子德妻倪氏，姚履通妻王氏，孫魯玉妻胡氏，葉祚元妻丁氏，詹士祥妻樊氏，傅應俊妻王氏，羅大華妻沈氏，葉謙妻孫氏，馬曰治妻沈氏，周學仁妻陳氏，周學廣妻曹氏，張長庚妻孫氏，朱渭公妻柯氏，宋文顯妻屠氏，張繼桂妻薛氏，李萬青妻徐氏，全之坊妻胡氏，陳士顯妻徐氏，張清遠妻嚴氏，全科耀妻余氏，謝德照妻金氏，毛渭瞻妻馬氏，葛潮妻趙氏，譚淮妻胡氏，朱德先妻陳氏，沈思仁妻王氏，劉成⿰鬲巨繼妻徐氏，陳廷灴妻龐氏，陳睿妻丁氏，沈思忠妻張氏，孫商華妻駱氏，孫孝先妻張氏，沈立仁妻王氏，張長發妻沈氏，朱長發妻章氏，全衡繼妻陳氏，周秉乾妻朱氏，周静文妻何氏，全遜先妻方氏，陳衛興妻潘氏，陳衮望妻沈氏，陳占元妻周氏，張其順妻徐氏，張泳仁妻錢氏，張泳賢妻馮氏，陳培基妻洪氏，沈巍妻范氏，陸大元妻余氏，陳世濬妻堵氏，尹大宏妻王氏，虞兆麟妻陳氏，沈星會妻周氏，胡述爌妻劉氏，壽達先妻林氏，諸培元妻張氏，周大孝妻朱氏，錢禹明妻趙氏，黃豹南妻高氏，張宏源妻毛氏，章引先妻余氏，沈信全妻章氏，諸祥妻柯氏，錢萬選妻翁氏，沈鴻業妻諸氏，於德風妻韓氏，王嗣煐妻梁氏，沈名臣妻胡氏，陸宗祁妻俞氏，沈紹發妻徐氏，姚章城妻陳氏，仇萬清妻潘氏，葛培清妻曹氏，徐夢玉妻沈氏，徐士宰妻戴氏，張兆松妻徐氏，王紹遠妻陳氏，章大化妻王氏，孫廷煦妻馬氏，錢仰素妻王氏，周羽豐繼妻陳氏，姜大來妻金氏，於德興妻陳氏，馬有德妻魯氏，孟佐達妻王氏，金洪妻孔氏，金大勝妻陳氏，馮士萌妻楊氏，楊文龍妻王氏，趙國郊妻孫氏，錢茂龍妻楊氏，陳人望妻王氏，張幼與妻魏氏，孫成學妻駱氏，俞東瞻妻丁氏，葉汝榮妻王氏，王主敬繼妻柳氏，俞信義妻唐氏，孫明禮妻張氏，梁仕欽妻陶氏，錢梃妻嚴氏，馬佩鳴妻鄭氏，王惠達妻杜氏，丁惠妻李氏，魯紹德妻吴氏，馬大章妻汪氏，高武功妻袁氏，韓宗仁繼妻俞氏，阮兆恩妻黄氏，龔贊臣妻吕氏，金明治妻陳氏，俞兆鯨妻鄭氏，余兆鵬妻史氏，徐文學妻沈氏，徐天麟妻陳氏，徐茂樹妻錢氏，徐燦文妻孫氏，宋興霖妻諸氏，宋國顯妻沈氏，徐尚德妻黄氏，徐榮盛妻董氏，徐文賢妻沈氏，王貢賢妻章氏，王貢隆妻倪氏，胡憲益妻賀氏，胡楫朝妻陳氏，陳配蒼妻金氏，陳英先妻蕭氏，宋國義妻丁氏，郁國圻妻丁氏，吴岳年妻莫氏，王配君妻沈氏，史廷樹妻馬氏，胡延祧妻陶氏，劉淦妻賀氏，柳高明妻尉氏，朱耀南妻章氏，凌景堯妻陳氏，俞肇周妻王氏，諸浚妻王氏，周永然妻徐氏，張行康妻許氏，劉大茂妻宋氏，朱士貴妻陳氏，徐仁杰妻章氏，黄芝三妻劉氏，余煦妻柴氏，朱兆祺妻吴氏，孫光坤妻趙氏，王永義妻徐氏，丁成龍妻陳氏，周聖明妻余氏，朱公柱妻邵氏，沈彩妾趙氏，許茂龍妻張氏，楊士偉妻吴氏，王敬祖妻吴氏，王敬思妻陳氏，謝光表妻陳氏，又妾潘氏，何欲仁妾詹氏，又妾尹氏，李次堅妻丁氏，胡鵾妻駱氏，又妾陳氏，胡鴻妾趙氏，王建三妻陳氏，沈大成妻黄氏，周伯榮妻孫氏，凌文佑妻唐氏，金五臣妻葉氏，朱采芹妻胡氏，葉大年妻黄氏，胡希燧妻錢氏，周宇昌妻陳氏，朱源妻施氏，葉廷蘭妻王氏，朱清一妻沈氏，洪兆昌妻徐氏，李應元妻魯氏，王淇學妻馬氏，李萬枝妻潘氏，余家鳳妻胡氏，余聲周妻韓氏，高觀五妻謝氏，高宗學妻王氏，陳學詩妻周氏，陳宗發妻許氏，王道崙妻胡氏，王道嶸妻邵氏，張武揚妻李氏，張志仁妻陳氏，王聚三妻黄氏，王立三妻金氏，徐允升妻黄氏，徐元臣妻鍾氏，徐廷贊妻申氏，馬國安妻陳氏，余國良妻蔣氏，金家謨妻章氏，余承祚妻蔣氏，黄福增妻丁氏，華南明妻俞氏，潘啓龍妻周氏，王子友妻馬氏，孫承祖妻陳氏，胡宗朝妻余氏，孔傳基妻胡氏，朱殿先繼妻韓氏，張受保妻周氏，嚴國秀妻吴氏，徐觀海妻婁氏，高公彩妻孟氏，余文鴻妻陳氏，邵履謙妻湯氏，陶國良妻茹氏，王世永妻朱氏，沈友風妻周氏，壽道川妻任氏，許玉衡妻湯氏，俞紹九妻楊氏，倪重先妻黄氏，徐芝瑞妻吴氏，徐步蟾妻童氏，胡容臣妻黄氏，傅臨川妻湯氏，倪學書妻李氏，袁信忠妻王氏，王家祚妻傅氏，周有望妻許氏，傅臨皋妻陳氏，徐觀成妻周氏，李允燮妻余氏，李時昇妻王氏，沈湧彪妻王氏，張永隆妻趙氏，胡鶡妻姜氏，胡鶎妻孫氏，王景妻虞氏，王東銘妻楊氏，高大義妻徐氏，高國治妻宋氏，盛名達妻胡氏，盛日昌妻徐氏，胡容大妻沈氏，胡容鑑妻徐氏，詹昭候妻張氏，又妾王氏，張有楷妻鄭氏，王國義妻丁氏，楊禹菴妻王氏，魯漢雲妻王氏，許繼常妻徐氏，李景春妻徐氏，黄宏達妻許氏，張永年妻阮氏，朱文通妻王氏，楊智元妻張氏，黄文趾妻沈氏，包康翰妻陳氏，韓鳳高妻朱氏，王若愚妻陳氏，王克恭妻陳氏，王質傅妻蔡氏，宋宏址妻柯氏，沈藝圃妻潘氏，趙爾常妻王氏，余文魁妻李氏，葉大剛妻陳氏，張舜廷妻盧氏，余冠三妻朱氏，徐冠羣妻唐氏，朱達周妻蔣氏，朱稼穡妻申氏，徐明高妻胡氏，徐元臣妻淩氏，陶務公妻李氏，陶承思妻陳氏，陳茂隆妻宣氏，陳文學妻章氏，章貢隆妻倪氏，楊德輝妻周氏，楊光輝妻許氏，王興霖妻諸氏，王國顯妻沈氏，張佳木妻章氏，張國賢妻陳氏，張天敘妻全氏，陸輝華妻王氏，陸宗昇妻章氏，又妾陳氏，章貢賢妻裘氏，邵光增妻沈氏，黄配和妻俞氏，杜文璪妻朱氏，吴商玉妻高氏，謝大湘妻程氏，郭元儒妻胡氏，王渭妻吴氏，吴又良妻葉氏，陳宗洛妻陸氏，葉泰昌妻李氏，金雪帆妻俞氏，俞君華妻周氏，李允炎妻馮氏，高兆慶妻金氏，陳友川妻王氏，胡翰尊妻楊氏，陳豐山妻李氏，胡周侯妻沈氏，王宗文妻沈氏，周朝賢妻吴氏，唐師度妻胡氏，柳成俊妻陳氏，李廷秀妻杜氏，李星瑞妻王氏，柳傳林妻湯氏，沈鶴籌妻劉氏，孫懋三妻錢氏，周朝綬妻王氏，金長仁妻朱氏，傅學文妻吴氏，胡壎妻酈氏，張士英妻徐氏，黄鴻妻吴氏，高大成妻吴氏，潘璣妻朱氏，余徵三妻沈氏，潘家禮妻俞氏，王德明妻單氏，高聖元妻任氏，阮啓源妻馮氏，趙廷瑞妻鄭氏，趙廷鈞妻王氏，潘拱辰妾羅氏，趙明高妻易氏，沈培繼妻余氏，沈元撫妻趙氏，宋繼曾妻馬氏，任行芝妻車氏，張大禮妻錢氏，陳道約妻朱氏，朱幽羽妻沈氏，祁鳴世妻蔣氏，徐啓周妻許氏，金天行妻楊氏，金啓豐妻胡氏，王文明妻徐氏，朱兆愷妻陳氏，余瑞玉妻錢氏，柳東周妻周氏，成鉽妻王氏，張培妻王氏，王廷寵妻張氏，馮文通妻余氏，柳德潤妻邵氏，王鳳祥妻陳氏，謝世明妻楊氏，周朝位妻張氏，劉鳴岡妻章氏，柳爾公妻杜氏，俞禹菴妻王氏，周元泰妻高氏，吴集孟妻李氏，王禹平妻何氏，陳昌嗣妻俞氏，屠廷甫妻虞氏，柳天賢妻徐氏，孫安一妻馮氏，孫輝祖妻用氏，柳成瑞妻胡氏，柳見山妻徐氏，潘拱辰妻徐氏，趙明榮妻黄氏，沈國祥妻王氏，沈國瑞妻陳氏，章允中妻馮氏，章道行妻周氏，范顯仁妻錢氏，范燕翼妻李氏，宋允芳妻余氏，宋繼曾妻楊氏，任爾宿妻婁氏，任肇鍾妻嚴氏，張奇仁妻徐氏，張大鼎妻魯氏，沈堂妻韓氏，徐燮均妻朱氏，李達顯妻鍾氏，張信鎧妻毛氏，張國炯妻俞氏，李楫妻胡氏，徐介明妻傅氏，陳芳洲妻平氏，毛友進妻金氏，何裕培妻周氏，張龍占妻金氏，朱瑞玉妻陳氏，王宗文繼妻錢氏，李國英妻單氏，王希旦妻施氏，馬兆岳妻勞氏，邵大成妻劉氏，鍾天章妻魯氏，陳蘭馨妻胡氏，阮玉祥妻金氏，王文猗妻夏氏，孟天申妻汪氏，龐兆銓妻姜氏，魯之錦妻顧氏，沈明臣妻胡氏，吴德懋妻傅氏，施成仁妻龐氏，陳其瑄妻樊氏，柳作銘妻華氏，陸朝錫妻宋氏，趙文煜妻葉氏，錢似純妾傅氏，陳其璘妻俞氏，陳其封妻諸氏，錢良濟妻徐氏，錢似純繼妻張氏，曹大榮妻余氏，王臨川妻周氏，李祖仁妻邵氏，李調春妻韓氏，李祖銓妻陳氏，李球妻施氏，方思治妻沈氏，謝廷玉妻楊氏，傅燦英妻邵氏，朱應玉妻毛氏，王天富妻徐氏，賀士進妻周氏，沈允公妾史氏，王朝宗妻樓氏，袁炳妻成氏，王天彪妻張氏，朱正瑞妻李氏，劉清泉妻王氏，袁士驥妻杜氏，李瑞玉妻壽氏，駱元增妻王氏，俞文榮妻李氏，胡增妻王氏，趙文煒妻汪氏，婁聖麟妻吕氏，婁永奎妻周氏，潘宗楫妻徐氏，潘金鑑妻楊氏，周秉忠妻馬氏，周秉禮妻何氏，錢士安妻孫氏，沈芬如妻馬氏，沈祥生妻俞氏，沈宗望妻何氏，陳文熊妻虞氏，陳泳妻翁氏，又妾趙氏，曹大英妻李氏，曹大富妻趙氏，徐文通妻俞氏，徐昌麟妻鄒氏，徐昌鳳妻李氏，陳禧妻葉氏，易贊廷妻孫氏，張丹林妻楊氏，陳絅如妻王氏，馬國化妻葉氏，張盈澍妻宋氏，胡君臨妻施氏，張維榮妻全氏，孫兆麟妻鍾氏，王士華妻周氏，葛大觀妻陳氏，張謂公妻章氏，王渭濱妻李氏，陳思傑妻王氏，王大誼妻孫氏，周廷謨妻錢氏，鮑成隆妻陳氏，金城妻董氏，孫明榮妻胡氏，沈貽華妻胡氏，董元章妻曾氏，余士琦妻沈氏，潘良梅妻唐氏，徐廷賓繼妻梅氏，徐兆顯妻王氏，陳禹平妻周氏，何志仁繼妻王氏，潘聲遠妻倪氏，盧維欽繼妻黄氏，姜天茂妻丁氏，駱必發妻王氏，陳廣居妻吴氏，楊晉妻夏氏，董純妻潘氏，孫國楨妻吴氏，孫行恕妻陳氏，徐文彪妻王氏，徐炳仁妻曹氏，沈樂成妻丁氏，婁肇昌妻徐氏，周永言妻胡氏，余廷璧妻易氏，柳成妻陸氏，沈仲顯妻葉氏，沈國英妻余氏，王順槐妻張氏，顧毓英妻徐氏，張廷茂妻樓氏，朱瑞川妻周氏，陳秀涵妻俞氏，魯廷芳妻堵氏，朱存誠妻童氏，朱存忠妻沈氏，沈煥章妻蔡氏，楊祖時妻胡氏，賞廷榮妻周氏，劉粹修妻周氏，余世量妻姚氏，余尊祖妾胡氏，方紹虞妻莫氏，周吉祥妻徐氏，朱煥章妻邵氏，陳啓藩妻俞氏，戴天德妻謝氏，周大信妻宅氏，周錫瀛妻張氏，周大文妻薛氏，楊師仲妻丁氏，王玉山妻吴氏，楊廷臣妻俞氏，胡子成妻汪氏，楊子賢妻宋氏，蔣士能妻朱氏，沈晉元妻陸氏，馬廷傑妻王氏，陳廷相妻劉氏，張紹祖妻陸氏，葉天錫妻李氏，孫鶴麟妻單氏，周廷栻妻馮氏，周廷棫妻何氏，楊文煥妻安氏，沈會嘉妻王氏，楊文星妻姜氏，沈漢儒妻顧氏，沈漢傑妻杜氏，婁元豹妻邢氏，婁成祚妻柴氏，周士標妻唐氏，周客禮妻潘氏，顧應麟妻王氏，顧毓秀妻姚氏，又妾蔡氏，余湘雲妻陳氏，余廷琛妻王氏，朱渭妻柯氏，洪志忠妻周氏，李耀廷妻王氏，何肱哉妻謝氏，王禹梅妻陳氏，邵培芝妻樊氏，朱珏妻黄氏，孫家楹妻陳氏，樓有高妻陳氏，馬樊妻胡氏，華世爵妻王氏，包義學妻李氏，周秉一妻錢氏，樊聖佐妻朱氏，王宗純妻沈氏，方元纁妻王氏，繆曰豐妻包氏，錢維忠妻沈氏，陳大治妻朱氏，孫樊玉妻王氏，張國鼎妻金氏，潘兆元妻周氏，朱士高妻李氏，杜愷妻范氏，陳永安妻張氏，裘紹祥妻葉氏，沈驥恩妻陳氏，劉繼良妻倪氏，施國禮妻孫氏，唐友成妻周氏，余對時妻賞氏，高來一繼妻章氏，羅貽沛妻渚氏，胡進思妻徐氏，王學廣妻周氏，王學仁妻張氏，王文基妻盧氏，王垣妻趙氏，裘直三繼妻賈氏，余宏昌妻沈氏，孫瑞傑妻王氏，賀履綏妻平氏，王國咸妻朱氏，善聖麟妻呂氏，吳維玉妻馮氏，高敦彙妻王氏，徐殿元妻鮑氏，韓廷彪妻祁氏，史大英妻朱氏，馬紹進妻茹氏，杜明遠妻孟氏，韓爲益妻王氏，朱心瑞妻陶氏，俞尊三妻孫氏，張元相妻丁氏，張元耀妻王氏，沈維絅妻施氏，沈維泗妻潘氏，高配乾妻陳氏，高驥千妻錢氏，胡立三妻張氏，胡進賢妻范氏，陳思禮妻陸氏，陳杰妻周氏，又妾李氏，徐尚達妻汪氏，徐廷仁妻童氏，徐必顯妻沈氏，王體侯妻繆氏，呂德明妻倪氏，沈可久妻胡氏，俞文憲妻陳氏，胡商美妻黃氏，胡文貴妻金氏，朱英發妻楊氏，胡承玘妻湯氏，黃燮乾妻俞氏，許若愚妻黃氏，單如煥妻馬氏，范元順妻沈氏，嚴維熊妻傅氏，陳錦思妻朱氏，楊秀人妻宋氏，屠元贄妻楊氏，沈廷斌妻吳氏，沈其一妻陳氏，呂德錡妻單氏，周萃華妻陳氏，金大仁妻楊氏，沈大成妻章氏，王魯瞻妻賀氏，王朝佐妻馬氏，馮廷芳妻王氏，楊禹年妻祁氏，朱潮宗繼妻孟氏，張聖禄妻陸氏，俞大漢妻馮氏，姜士恒妻羅氏，陳志能妻沈氏，姜永齡妻施氏，陳效良妻陸氏，胡文傑妻吳氏，朱玉恒妻周氏，王成龍妻鄭氏，潘南陸妻郭氏，趙大基妻任氏，周書妾李氏，鍾超妻傅氏，錢士良妻周氏，馮宗禹妻蔡氏，王兆禎妻陳氏，楊一期妻施氏，鍾俊妻謝氏，諸廷椿妻劉氏，裘方木妻鮑氏，周一桂妻婁氏，俞元龍妻鄭氏，屠維東妻徐氏，孟遐年妻尉氏，王祥生妻苗氏，周履中妻高氏，王爾泰妻陳氏，沈其相妻壽氏，呂世仁妻沈氏，王進思妻鄒氏，陳堯則妻顧氏，柯清選妻汪氏，何國棟妻王氏，沈廷春妻張氏，沈奕綸妻魯氏，傅九臯妻單氏，蔣國振妻屠氏，周文昭妻丁氏，王兆賢妻趙氏，陳廷立妻裘氏，柯廷棟妻楊氏，何國樑妻楊氏，沈錫藩妻何氏，沈奕綸妾倪氏，蔣爾章妻許氏，王承福妻陸氏，傅光宗妻童氏，朱士昌妻沈氏，朱一璋妻張氏，王承禄妻吳氏，金廷璧妻陳氏，金大貴妻汪氏，周文龍妻諸氏，周啓宗妻錢氏，周承宗妻吳氏，李兆信妻姚氏，李兆元妻謝氏，李清選妻朱氏，傅廷謨妻謝氏，王景良妻吳氏，徐堂妻胡氏，徐來圻妻杜氏，楊宇昭妻單氏，孫承垣妻張氏，徐金如妻任氏，陳宸瞻妻羅氏，陳聖麟妻壽氏，錢以桂妻朱氏，沈倫妻邱氏，謝炳妻倪氏，姚墟妾郭氏，金宗堯妻馮氏，朱垂琯妻秦氏，王鳳翥妻李氏，單祖仲妻鄭氏，俞廷祐妾顧氏，楊效仁妻陶氏，馬泳華妻朱氏，王岳安妻沈氏，馬泳貴妻李氏，徐梅妻章氏，傅廷楷妻陳氏，馮聖揚妻許氏，鄒大惠妻倪氏，張貞幹妻邵氏，王千祥妻吳氏，劉玉田妻王氏，茹美斯妻徐氏，謝東序妻吳氏，茹宏勳妻王氏，許煥昭妻徐氏，沈廷藻妻壽氏，張廷桂妻薛氏，周芝亭妻單氏，金萃五妻易氏，劉德修妻王氏，單錫初妻余氏，陳東候妻嚴氏，朱梅亭妻沈氏，俞廷祐妻岑氏，倪連三妻高氏，周雲倬妻施氏，胡體乾妻童氏，周上林妻魯氏，朱一皆妻沈氏，顧聖佐妻宋氏，又妾陶氏，朱文全妻金氏，朱起鳳妻單氏，袁尚白妻周氏，張英傑妻柳氏，袁清如妻全氏，張雲程妻李氏，高士英妻楊氏，馬成業妻陳氏，高景芳妻陸氏，袁文明妻陳氏，高德芳妻俞氏，高邦泰妻吳氏，沈邦照妻趙氏，屠天林妻楊氏，吕景綸妻丁氏，王行真妻周氏，賀之榮繼妻韓氏，樊世貴妻孫氏，韓培妻丁氏，王衡峯妻章氏，張萬春妻錢氏，許佳水妻王氏，盛維相妻譚氏，蔡瑞齡妻倪氏，王勤德妻周氏，趙乾貴妻吳氏，韓埜妻王氏，沈大興妻吳氏，陳本立妻李氏，包廷倫妻董氏，沈文禄妻朱氏，丁浩然妻傅氏，徐元美妻馬氏，汪揚烈妻鄭氏，朱邦杰妻余氏，朱繩武妻潘氏，張漢英妻徐氏，傅鳳池妻馮氏，孫毓文妻陳氏，金鰲妻趙氏，孫蘭芳妻葉氏，陳文慧妻朱氏，胡顯宗妻沈氏，金秉剛妻葛氏，金文華妻章氏，傅鴻義妻姚氏，張天如妻徐氏，張德成妻趙氏，孔繼志妻胡氏，張書珪妻劉氏，王明臣妻楊氏，馮翌雲妻嚴氏，又妾陳氏，施朝相繼妻周氏，李士榮妻杜氏，周雲湘妻姚氏，吳世傑妻李氏，周雲飛妻胡氏，李上達妻秦氏，許元惠妾張氏，胡元發妻王氏，董菼妻王氏，宋聿修妻徐氏，丁文英妻姜氏，沈殿元妻宋氏，楊成焯妻許氏，王名世妻何氏，周瑞發妻王氏，王廷樑妻俞氏，蔣鳴岐妻諸氏，沈世渭妻陶氏，劉仲美妻陸氏，沈斌妻顧氏，韓書龍妻王氏，沈永昌妻陳氏，袁廷樑妻駱氏，陶廷珍妻汪氏，許嘉煌妻張氏，陶德麟妻謝氏，李維甯妻沈氏，陶德麒妻虞氏，李維安妻柯氏，陶克明妻沈氏，沈紹進妻邵氏，陶咸泰妻錢氏，沈士朝妻蔣氏，陶燦如妻李氏，許元惠妻馮氏，又妾賈氏，朱桓妻王氏，金輝遠妻陳氏，張邦坤妻孫氏，邵楚培妻李氏，柯渭妻朱氏，謝紹熊妻傅氏，姚文元妻陳氏，湯治國妻王氏，錢暉妻何氏，徐根妻李氏，楊福光妻沈氏，楊祖燧妻陳氏，沈茂元妻陸氏，沈世和妻宋氏，李邦楣妻沈氏，徐兆豐妻陸氏，陳德源妻王氏，沈德在妻柴氏，韓德宜妻戴氏，周錫妻章氏，孫士泰妻吳氏，董聯魁妻李氏，吳志謙妻章氏，胡師成妻石氏，邱廷彰妻史氏，邱廷顯妻陳氏，徐賢妾李氏，徐兆楨妻陶氏，張國屏妻戴氏，沈見山妻余氏，姚大仁妻楊氏，周仲貴妻章氏，楊兆龍妻李氏，王啓孝妻陳氏，李文達妻沈氏，屠鄰山妻傅氏，馮國泰妾金氏，朱鴻恩妻龐氏，謝成英妻胡氏，朱經元妻王氏，楊經元妻潘氏，劉大俊妻陳氏，姚祖佩妻莫氏，趙文榮妻王氏，趙士禮妻葉氏，陳懷義妻陶氏，楊思治妻夏氏，陳祖山妻周氏，洪尚綸妻屠氏，沈士禮妻丁氏，陳國興妻鍾氏，羅士可妻張氏，胡鳴鶴妻秦氏，生員劉華才妻祝氏，陳爾常妻羅氏，陳爾太妻張氏，潘廷國妻沈氏，潘廷臣妻陳氏，胡敘成妻沈氏，李雲龍妻阮氏，李雲霈妻汪氏，諸毓秀妻嚴氏，諸毓昌妻馮氏，周大仁妻張氏，周廷樑妻曹氏，周廷標妻韓氏，徐士華妻張氏，徐越儁妻錢氏，徐越賢妻馬氏，章廷棟妻佘氏，章德麟妻吳氏，章德麒妻沈氏，楊偉庭妻王氏，諸世武妻包氏，王士孝妻高氏，諸長發妻柯氏，鍾武源妻陸氏，生員楊鍇繼妻王氏，李錫祉妻鍾氏，朱殿光妻韓氏，徐士成妻盛氏，毛奬榮繼妻高氏，何肇敏妻范氏，生員韓鳴鳳妻王氏，王廷松繼妻韓氏，金官惟妻陳氏，朱興趾妻陳氏，李懷舒妻顧氏，程大義妻茹氏，高樹敏妻邵氏，張忠惠妻王氏，監生薛表妻俞氏，許成棟妻鄭氏，職員朱承詔妾張氏，陳起鳳妻劉氏，又妾姜氏，孟赤霞妻朱氏，李文相妻陳氏，孫吉人繼妻裘氏，王德華妻宋氏，徐康三妻繆氏，錢祖安妻李氏，謝雲飛妻沈氏，吳祥義妻楊氏，周維康妻金氏，周克家妻陳氏，李正義妻胡氏，沈和順妻林氏，顧載和妻葉氏，顧文宗妻周氏，宋東華妻吳氏，何德裕妻王氏，方承先妻潘氏，傅春山妻錢氏，徐燮臣妻王氏，吳有倫妻潘氏，周兆錦妻吳氏，徐士奇妻詹氏，張世仁妻沈氏，張德錡妻單氏，張元孝妻丁氏，張元梯妻王氏，王文通妻陶氏，王文進妻張氏，王瑞龍妻郭氏，王瑞鳳妻張氏，葉廷棟妻郁氏，葉興祖妻胡氏，趙大元妻施氏，趙國斌妻魯氏，楊祥瑞妻張氏，楊廷珍妻李氏，孟士元妻沈氏，孟赤文妻李氏，金廷琛妻范氏，金文宗妻賀氏，金文榮妻周氏，何炳煌妻王氏，徐肇英妻朱氏，周廷美妻楊氏，李瑞徵妻鄭氏，王元祐妻范氏，孫大松妻潘氏，徐仲賢妻張氏，許士達妻王氏，高輝遠妻胡氏，高思勇妻倪氏，周維侯妻高氏，汪宏義妻王氏，楊紹榮妻朱氏，姜學澄妻邵氏，鍾武曹妻高氏，黃配京妻孫氏，裘燕山妻馮氏，凌守純妻陸氏，黃文勳妻壽氏，章大仁妻董氏，章標桂妻李氏，鄭文珏妻羅氏，鄭士浩妻柴氏，謝秀銓妻金氏，王殿英妻朱氏，金廷玉妻陳氏，沈子韶妻鄭氏，孫光裕妻黃氏，林永安妻汪氏，錢長康妻吳氏，沈懷倫繼妻吳氏，張青選妻沈氏，商以牧繼妻成氏，黃文熙妻鍾氏，陳守初妻方氏，胡宗思妻王氏，沈德沛妻邵氏，茹恭乾妻費氏，王士宗妻俞氏，曹文鼎妻王氏，白世位妻宋氏，蔡士元妻章氏，謝秀錡妻顧氏，王文銘妻馮氏，王殿輝妻高氏，金泳齡妻佘氏，金廷珍妻陶氏，陸雲飛妻孫氏，朱士超妻王氏，高我宗妻朱氏，茹敬明繼妻王氏，孟承晉妻鮑氏，陳巨瞻妻羅氏，蔣大成妻傅氏，監生陳瑞妻佘氏，陳振文妻王氏，余大成妻陳氏，沈宗禮妻包氏，葉星彩妻李氏，余雲駿妻胡氏，李世俊妻趙氏，周新猷妻任氏，周沛妾陳氏，沈清源妻張氏，沈志孝妻周氏，高士露妻朱氏，章吉仁妻沈氏，茹大發妻陳氏，趙麟書妻陳氏，壽文富妻孔氏，高配元繼妻潘氏，岑昌祖妻周氏，陳綸妻胡氏，生員王治妻朱氏，婁大琛妻沈氏，周憲章妾吳氏，周凱妻沈氏，莫其諭妻徐氏，裘廷元妻徐氏，趙青岳妻王氏，陳國興妻鍾氏，張猷勳妻蕭氏，章太鉷妻莫氏，章太恒妻盧氏，章太鍠妻李氏，章太豐妻錢氏，周士濰妻章氏，胡仲升妻朱氏，胡藍田妻鍾氏，張益滋妻王氏，張登雲妻朱氏，徐士魁妻孫氏，徐國慶妻李氏，趙梅岑妻胡氏，金東木繼妻姜氏，姚廷玉妻胡氏，屠茂元妻盛氏，柯譽翠妻雷氏，馮光熙妻羅氏，李殿輝妻許氏，王明如妾李氏，邵宏嗣妻沈氏，高元爵妻李氏，孟孫樞妻王氏，諸廷璜妻馬氏，茅蒼涯妻高氏，李應燭妻鈕氏，丁素陶妻莫氏，裘品元妻王氏，趙孔彰妻陶氏，金毓秀妻周氏，金毓昌妻沈氏，陳國英妻陶氏，沈樹業妻章氏，生員姚熊業妻俞氏，張宇吉妻魯氏，劉延泮妻陳氏，監生俞星妻陳氏，潘成琅妻劉氏，李星如妻韓氏，孫與文妻王氏，胡又張妻王氏，朱廷樑妻韓氏，馬廷楫妻胡氏，顧廷傑妻潘氏，婁國輔妻趙氏，趙伯元妻毛氏，監生胡學蘇妾陳氏，陸維鏞妻周氏，陳學專妻謝氏，李正綸妻周氏，趙邦達妻陳氏，監生謝民瞻妾宋氏，鍾廷杰妻張氏，趙明鐈妻徐氏，單頊齡妻沈氏，茹繼繡妻史氏，吳濟臣妻楊氏，趙亭惠妻王氏，孟鷺洲妻李氏，孟心渠妻丁氏，朱又希妻沈氏，朱德芳妻張氏，孫維榮妻王氏，范成文妻李氏，鄭祥義妻王氏，壽誠吉妻張氏，張大昌妻蔣氏，周炳行妻沈氏，夏世常妻周氏，韓雲書妻孫氏，屠維東妻徐氏，徐勝章妻王氏，沈應爵妻姜氏，沈文霞妻韓氏，朱軒雲妻胡氏，李嘉樋妻陳氏，潘公相妻胡氏，沈其一妻陳氏，孫紹齡妻鍾氏，湯式芝妻章氏，何煜妻馮氏，吳正邦妻周氏，貢生李策扆妻商氏，趙永祥妻壽氏，吳濟川妻高氏，趙廷誰妻鄭氏，葉枝芳妻范氏，葉枝秀妻沈氏，監生余舜階繼妻陳氏，監生余體常妻陸氏，潘介堂妻薛氏，潘美林妻姜氏，孫維榮妻周氏，又妾倪氏，吳鳴貴妻盛氏，陳文標妻許氏，張開基繼妻趙氏，周義功繼妻車氏，高大炳妻鍾氏，高永貴妻王氏，李商書妻許氏，諸萃五妻楊氏，職員李宏智繼妻丁氏，張明遠妻鮑氏，徐燕安妻吳氏，許承瑞繼妻錢氏，施聖傅妻丁氏，生員周森妻錢氏，余遇良妻楊氏，邵文燾妻傅氏，周公耀妻錢氏，邵希聖妻何氏，馬錫覺妻邵氏，馮侶仙妻俞氏，馮成周妻潘氏，陳雲標妻胡氏，又妾金氏，邵騉妻李氏，邵驤妻駱氏，張聖模妻陳氏，周鳳岐妻沈氏，鄒永清妻張氏，楊位中妾王氏，孫茂德妻李氏，邵世增妻顧氏，張公佐妻李氏，馮廷茂妻陳氏，沈振基妻陳氏，章宗侃妻趙氏，蔣國秀妻俞氏，周霞年妻許氏，陳兆相妻范氏，生員謝鳳詔妻錢氏，謝五全妻王氏，包紹祖妻屠氏，吳永和妻李氏，紀士元妻沈氏，孫廷燿妻賀氏，孫啓升妻王氏，李文杰妻孫氏，傅美森妻郭氏，羅兆進妻陸氏，沈曰京妻余氏，朱松亭妻周氏，曹調梅妻王氏，蕭文魁妻凌氏，邵如江妻韓氏，張殿颺妻魯氏，周鳳鳴妻陳氏，鄒德元妻沈氏，楊位中繼妻俞氏，孫茂德繼妻施氏，馮文榮妻阮氏，馮文華妻金氏，職員姜國銓妻徐氏，姜滋繼妻潘氏，胡又思妻陸氏，胡清和妻金氏，丁大鏞妻李氏，丁寰妻沈氏，趙思正妻陳氏，趙德成妻沈氏，監生邵義松繼妻虞氏，監生邵義柄繼妻范氏，邵自楷妻王氏，邵文炯妻金氏，李恒順妻趙氏，李振炤妻周氏，李振灯妻徐氏，諸天寶妻章氏，諸永齡妻潘氏，又妾魯氏，金文煥妻唐氏，金德榮妻王氏，又妾鈕氏，王克懷妻朱氏，王廷芳妻傅氏，王永思妻李氏，孫漢遠妻屠氏，傅同仁妻何氏，史積厚妻王氏，裘富炎妻魏氏，諸大仁妻王氏，王瑞圖妻章氏，金永清妻沈氏，遊擊壽禹幹妻羅氏，吴綸言妻王氏，陶掄元妻包氏，黄宗煜妻趙氏，沈國英妻秦氏，羅長發妻沈氏，劉祖良妻傅氏，張成華妻錢氏，李廷錫妾劉氏，吴有林妻趙氏，周大詹妻任氏，羅有琦妻戴氏，杜乾秉妻張氏，陳宗周妻陶氏，陳宗漢妻馬氏，顧元芳妻吴氏，生員樊蘭州繼妻劉氏，馬廷英妻裘氏，傅德三妻金氏，王君德妻韓氏，周大志妻章氏，賀則仁妻毛氏，湯子秀妻謝氏，生員童漢妻來氏，馮元英妻毛氏，魯紹忠妻姜氏，謝龍章妻錢氏，周元謐繼妻胡氏，楊廷貴妻洪氏，洪思謙妻楊氏，孫鍾聲妻施氏，朱昌言妻周氏，朱仁魁妻陳氏，沈光爵妻馮氏，單聲華妻許氏，史積忠妻徐氏，姚文表妻趙氏，姚志信妻沈氏，顧尊五妻金氏，生員樊柏妻錢氏，李鳳春妻陳氏，李遐年妻張氏，李文綺妻孫氏，又妾朱氏，楊清臣妻張氏，楊亭龍妻李氏，馬蓉楣妻王氏，魯沛然妻蔣氏，魯子瞻妻任氏，魯子奇妻馬氏，曹廷杰妻郭氏，曹廷瑞妻金氏，曹庭章妻魏氏，阮懋祥妻章氏，阮文楷妻沈氏，阮文相妻高氏，陳文淦妻莫氏，陳鼎茂妻邵氏，陳鼎盛妻郭氏，又妾倪氏，馮繒妻高氏，李唐鍾妻余氏，邵静專妻馬氏，金永亘妻唐氏，劉思周妻沈氏，蔣左泉妻任氏，徐璋華妻許氏，劉澄溥妻王氏，鍾廷槐妻章氏，許文元妻王氏，王德明妻單氏，史聖階妻董氏，何周才繼妻王氏，吕肇辰妻馮氏，周世德妻陳氏，楊夢松妻王氏，周元浩妻李氏，李振禄妻周氏，龐增妻宋氏，生員張敬卓妻胡氏，傅兆鵬妻朱氏，李兆松妻魏氏，陳廷元妻董氏，生員章憲斌妻傅氏，茅成都妻張氏，張元秀妻夏氏，吴汝霖妻傅氏，馬兆基妻王氏，生員俞槐妻王氏，吏目陸增繼妻王氏，周焕燃妻諸氏，姜之南妻方氏，姚應麟妻王氏，單敦趾妻丁氏，陳如元妻高氏，俞東山妻趙氏，謝大溥妻朱氏，楊行可妻朱氏，諸正陽妻陳氏，韓維烈妻孫氏，生員朱凌霄繼妻蕭氏，屠秀麟妻蔣氏，高大全妻張氏，羅恒元妻沈氏，俞永年妻沈氏，俞墨林妻姚氏，俞雅南妻馮氏，鍾行方妻馮氏，鍾行良妻馬氏，張廷俊妾許氏，沈文錦妻鍾氏，茹德秀妻孟氏，王肇周妻韓氏，周紹明妻劉氏，薛成象妻朱氏，徐景敷妻高氏，蕭容久妻祁氏，周雲逵妻鍾氏，馬長發妻沈氏，倪爾瓚妻陳氏，徐觀榮妻周氏，樊文盛妻陳氏，生員紀綱妻孟氏，史義倫妻傅氏，全千孝妻王氏，王豫德妻顧氏，蔡友章妻丁氏，張文蕘妻陳氏，顧家積妻趙氏，張景載妻陳氏，張廷卓妻錢氏，余耀國妻沈氏，馮國瑞妻韓氏，余瀚妻王氏，袁調元妻龐氏，金大相妻沈氏，陳世貴繼妻曹氏，陳學孝妻壽氏，王國興妻平氏，周世英妻婁氏，婁明陽妻魯氏，周奎文妻張氏，王宗華妻姚氏，陶恒佐妻袁氏，許奕清妻鄭氏，馮士英妻蔣氏，王士霝妻江氏，高鏡妻沈氏，羅邦本妻沈氏，壽漢基妻黄氏，又妾沈氏，沈世禄妻陶氏，沈世祥妻張氏，李宏載妻周氏，又妾胡氏，楊元章妻沈氏，楊士潮妻洪氏，馬彬如妻趙氏，馮大年妻謝氏，岑際昌妻沈氏，又妾王氏，周廷鑑妻徐氏，又妾吴氏，黄德祥妻許氏，黄世龍妻邵氏，魯秉占妻任氏，魯秉和妻馮氏，沈尚德妻馮氏，沈維四妻潘氏，鍾行賢妻高氏，張尚卿妻王氏，張廷俊妻沈氏，陳大綬妻沈氏，陳肇祥妻樊氏，陳肇麟妻陸氏，諸潮妾陳氏，顧範棟妻唐氏，沈君安妻王氏，劉穎增妻趙氏，沈雲龍妻鍾氏，曹起鰲妻朱氏，裘廷松妻施氏，錢國瑞妻陳氏，高起鵬妻董氏，廪生邵宗岐繼妻繆氏，俞元宏妻沈氏，知府何炌妾王氏，王鴻貴妻何氏，羅文英妻王氏，王學洵妻李氏，張維垣妻李氏，何秉衡妻王氏，馬紹其妻陳氏，徐瑞彪妻楊氏，張式玉妻劉氏，戴鳳輝妻蔣氏，戴學斌妻屠氏，陶允高妻鍾氏，陶上達妻汪氏，丁以鏡妻葉氏，朱繼志妻孟氏，朱士爵妻孫氏，王維城妻倪氏，吴三槤妻董氏，傅化鵬妻任氏，李廷芳妻曹氏，周隆文妻鄭氏，李鎮南妻祁氏，王鳴谷妻葛氏，陳璥妻潘氏，胡舜陶妻孫氏，王繼文妻高氏，馮可信妻王氏，吴習文妻金氏，徐紹發妻韓氏，謝平章妻金氏，孫啓升妻王氏，潘維相妻丁氏，周德誠妻孫氏，姚宗文妻陳氏，潘杰妻王氏，魯顯德妻錢氏，金德輝妻鄭氏，陸炳奎妻王氏，范思聰妻王氏，鍾大成妻孫氏，韓沛林妻朱氏，孫雪舫繼妻劉氏，堵成烈妻梁氏，監生謝本妻宋氏，朱行五妻沈氏，韓鎮妻錢氏，李時震妻俞氏，周德孝妻秦氏，傅景蘭妻陳氏，傅景彰妻何氏，陳昌榮妻胡氏，陳昌煥妻宋氏，張泰昌妻王氏，沈錫華妻徐氏，沈以棠妻傅氏，丁世焓妻童氏，陶承先妻陸氏，陶士晉妻吴氏，傅文元妻梁氏，傅文魁妻童氏，丁漢山妻沈氏，丁廷相妻張氏，裘鎮三妻汪氏，裘文燦妻葛氏，又妾洪氏，王德仁妻周氏，王聚成妻邢氏，王維城妻賀氏，周錦泰妻徐氏，潘康侯妻許氏，張學海妻李氏，薛幕溪妻王氏，吴清泰妻魯氏，堵允明妻魏氏，監生沈知璋妻黄氏，駱瑚妻方氏，李國芳妻陳氏，諸大鈞妻潘氏，李聖汝妻徐氏，王鳳梧妻單氏，孫循瑛妻邵氏，張秉妻陳氏，樊世昌妻高氏，沈邦忠妻陳氏，祝大仁妻潘氏，謝良槐妻祁氏，周元禮妻汪氏，章文信繼妻陳氏，邵世埈妻丁氏，胡肇洲妾郭氏，諸學增妻王氏，何廷杰妻朱氏，董浩然妻張氏，方國楨妻祝氏，馮君欽妻楊氏，朱紹慶妻沈氏，胡柏祥妻王氏，趙士元妻郁氏，賀兆棨妻阮氏，周成林妻劉氏，潘文焕妻劉氏，傅炳文妻沈氏，馬國良妻郭氏，龐翔鴻妻鮑氏，孫俊泰妻王氏，楊美中妻王氏，姚成祥妻丁氏，俞聖標妻施氏，楊榮凡妻莫氏，諸廷秀妻潘氏，周大慶妻邵氏，馬長宏妻王氏，馬長剛妻朱氏，周國泰妾張氏，邵鶴妻張氏，唐傳宗妻周氏，梁一梓妻劉氏，高憲伯繼妻沈氏，平建業妻胡氏，邵志組妻陳氏，邵鈞妻王氏，沈克常妻何氏，趙山漸妻錢氏，沈如範妻韓氏，鍾錫璣妻王氏，生員魯嶼妻錢氏，丁繩傑妻張氏，孫思梁妻徐氏，沈亮臣妻余氏，沈爲瑚妻劉氏，何名高妻謝氏，馮紹祥妻胡氏，姜鳳椿妻周氏，莫其儀妻徐氏，金沛膏妻孫氏，邵君安妻杜氏，沈文繡妻周氏，邵進良妻許氏，章鼎臣妻陸氏，許連妻陳氏，邵乙震妻蘧氏，潘正瑜妻壽氏，周文棨妻全氏，王文賢妻金氏，邵國治妻傅氏，郭履堂妻王氏，趙廷榕妻馮氏，沈文本妻李氏，俞錫元妻姜氏，謝元思妻王氏，王學進妻潘氏，李巍妻范氏，繆應麒妻宋氏，孫宗法妻施氏，潘應耀妻汪氏，郭秉衡妻李氏，余廷瑋妻孟氏，濮夢松妻黄氏，唐沛源妻王氏，楊漢傑妻孫氏，周鳳翔妻邵氏，周傳宗妻李氏，沈廷樞妻楊氏，沈廷訓妻魏氏，周文相妻邵氏，周國泰妻朱氏，邵士修妻錢氏，任紹芬妻鈕氏，任世睿妻馮氏，唐廷榮妻邵氏，丁廷栻妻周氏，丁廷棫妻柯氏，梁世潮妻王氏，高憲伯妾戚氏，平克尚妻陳氏，姚士英妻汪氏，姚景芳妻陸氏，姚德芳妻俞氏，邵志灝妻何氏，梁維孝妻金氏，梁維忠妻張氏，梁維信妻郁氏。又烈婦孫濮氏，以被謔自經。劉士奎妻曹氏，孫棨妻蔡氏。烈女田行方未婚妻朱氏。均夫亡殉節。貞女孫天源未婚妻全氏、龐文炯未婚妻陳氏、吴世淮未婚妻童氏。貞女周氏、謝氏、宋氏、余氏、陳氏、酈氏、王大姑。孝女朱氏、潘姑。俱於嘉慶年間旌。

貢生倪長駕妻陳氏。會稽人。長駕係明殉難謚文正元璐之孫，早夭家貧，氏苦節撫孤，乾隆年間旌。又同縣生員梁國泰妻馮氏，張國昌妻宋氏，章遜安妻張氏，沈維城妻王氏，季煜妻王氏，阮中孚妻顧氏，倪秉鑑妻陳氏，錢文棨妻章氏，陶顯宗妻劉氏，倪公璠妻童氏，姜之淑妻沈氏，生員陳堯妻袁氏，沈應璧妻祝氏，王壽昌繼妻李氏，任道妻李氏，阮廷臣妻朱氏，倪陛妻王氏，吴彦章妻李氏，呂季和妻阮氏，候選州同陶泌妻任氏，妾陳氏，趙爾相妻王氏，陳之溥妻范氏，胡國柱妻龔氏，陳俊煒妻凌氏，屠爾乾妻王氏，徐文淵妻王氏，徐士原妻莫氏，陳繡虎妻沈氏，酈武成妻徐氏，王本生妻俞氏，施孔振妻邵氏，金玉符妻季氏，張學洙妻趙氏，田兆登妻陳氏，生員葉承塾妻劉氏，吳兆錦妻王氏，王爾振妻陳氏，史義訓妻王氏，謝瑞榮妻高氏，傅君榮妻袁氏，王永祚妻吳氏，謝穆風妻陳氏，盧維屏妻范氏，馬如楨妻黃氏，魯文魁妻章氏，徐惠生妻史氏，王天柱妻賀氏，潘紹元妻張氏，徐述徵妻沈氏，臨桂縣縣丞婁一炘妻朱氏，沈公範妻張氏，王聖俞妻施氏，陶之梗妻陳氏，宋堯年妻陸氏，袁永行妻錢氏，王元汴妻史氏，張紹志妻趙氏，陳坦妻魯氏，祝天祺妻楊氏，劉宗琪妻楊氏，婁臨侯妻茹氏，黃文祥妻周氏，陳繡章妻汪氏，莫熺耿妻陳氏，金朝英妻丁氏，王爾治妻秦氏，王汝錫妻張氏，陳師仁妻張氏，候選州同陳光耀妻張氏，金振英妻陳氏，蔣亮文妻李氏，蔣次敬妻周氏，唐天禄妻季氏，李德升妻楊氏，王崑妻薛氏，俞錦妻張氏，王大綬妻錢氏，候選縣丞王國柱繼妻羅氏，裘名珏妻張氏，朱兆琳妻任氏，生員黃瀚繼妻葉氏，姜文若妻許氏，章師説妻顧氏，章師曾妻張氏，楊茂公妻史氏，劉上公妻李氏，陳履久妻沈氏，生員姜坦妻金氏，周季章妻潘氏，周灊妻王氏，謝羽翽妻王氏，沈大勝妻鄭氏，沈起鳳妻周氏，生員薛玠妻羅氏，生員李登淇妻王氏，張世章妻沈氏，薛崞妻劉氏，徐國義妻錢氏，王武千妻沈氏，賀國銑妻韓氏，陳廷瓚妻杜氏，余曾禮妻朱氏，王法成妻曹氏，范士英妻張氏，金宗泗繼妻陶氏，劉志遠妻吳氏，邵能叔妻蔣氏，婁克濟妻盧氏，王琦妻胡氏，王子錫妻陳氏，羅紹祖妻謝氏，羅大德繼妻胡氏，沈崇道妻金氏，金昭輝妻沈氏，鍾子元妻許氏，王法信妻商氏，王法賢妻章氏，王登元妻章氏，候選縣丞李儀一妻沈氏，金潘妻龔氏，朱朝憲妻楊氏，婁憇安繼妻閔氏，孔愷明妻邊氏，婁學禮妻樊氏，陳德載妻沈氏，莫養初妻徐氏，季子英妻王氏，季炯妻季氏，生員章國望妻陳氏，章士連妻朱氏，章軫妻商氏，陶世仰妻胡氏，徐士麟妻陳氏，章士標妻陳氏，丁子祥妻裘氏，何坤妻沈氏，阮遐齡妻任氏，陳望洲妻高氏，章華相妻陳氏，王士煥妻潘氏，馮世琮妻俞氏，聞人濤妻駱氏，陳樾妻林氏，金季傅妻王氏，孟肇琦妻賀氏，葛瑞卿妻諸氏，嚴伯瑞妻魯氏，章予攀妻李氏，童鶴清妻秦氏，婁琯妻沈氏，葛昆甫妻楊氏，周德昌妻王氏，周祁昌妻包氏，宋克宣妻張氏，宋行宣妻趙氏，生員陳如玉妻張氏，陳俊運妻俞氏，丁肇南妻莫氏，王介夏妻陶氏，夏鴻翥妻胡氏，宋奇可妻房氏，章志斌妻諸氏，沈增華繼妻孟氏，何海妻沈氏，宋光耀妻蔡氏，吳肇統繼妻王氏，宋繡虎妻魯氏，宋佩玉妻龔氏，傅謹妻余氏，魯志道妻劉氏，余詢妻朱氏，龐會先妻沈氏，陶岺繼妻俞氏，宋戴清妻沈氏，宋彦徵妻潘氏，張望原妻宋氏，杜詢英妻張氏，陳子長妻金氏，傅文震妻沈氏，鍾邦信妻汪氏，王公瑞妻蘧氏，余曾祚妻蔣氏，生員姚有序妻陳氏，孟爾承妻何氏，貢生張翼振繼妻姜氏，陳辰作妻邵氏，曹子建妻樊氏，朱照妻沈氏，宋茂志妻莫氏，王士燦妻陳氏，宋星伯繼妻蔣氏，丁思吉妻陳氏，陳允大妻沈氏，金挺生繼妻章氏，周紹榮妻俞氏，倪文衍妻裘氏，王于燦妻陳氏，陶倫三妻吴氏，章元麒妻馮氏，范士奇妻鄭氏，章孔集妻鍾氏，俞德宜妻魯氏，馬思孝妻鍾氏，章屺妻范氏，范國光繼妻羅氏，王文彬妻章氏，潘桂妻季氏，沈贊妻徐氏，陶德源妻胡氏，生員馬賢昌妻陳氏，司馬念祖妻馮氏，阮輔妻陸氏，章昌臨妻陳氏，金大德妻范氏，王垓妻李氏，阮謙如妻章氏，何文起妻尉氏，徐尚本妻章氏，徐立三妻曹氏，金範四妻唐氏，曹有章妻陳氏，江西宜春縣巡檢王爾震繼妻閆氏，朱德甫妻張氏，王大源妻胡氏，施國美妻楊氏，王奉高妻陳氏，鍾玉振妻吴氏，馬駿妻張氏，王子英妻沈氏，陳子範妻董氏，蔡惇妻胡氏，生員章備繼妻朱氏，劉克生妻樊氏，章尚恭妻王氏，章錫文妻周氏，章籌妻王氏，劉燦如妻周氏，楊成覺妻湯氏，周如鎔妻宋氏，李鎮妻陳氏，劉光巖妻王氏，姚惟誠妻王氏，陶家應妻張氏，季洲妻潘氏，候選州同趙楨妻王氏，施瑞宇妻王氏，范家輅妻陳氏，杜潤英妻陳氏，王元紹妻陳氏，朱焱妻馬氏，陳吉仁妻汪氏，茹檭妻陸氏，夏鴻文妻倪氏，錢敬仔妻金氏，婁安侯妻王氏，陳伯成妻李氏，俞德正妻姜氏，柳聖音妻沈氏，柳浩妻樊氏，徐再聞妻秦氏，杜文模妻何氏，杜光乾妻王氏，賀炯妻虞氏，王宗麟妻錢氏，俞大經繼妻王氏，陳應魁妻曹氏，葉錫爵妻胡氏，楊士本妻張氏，劉光岳妻朱氏，倪盛雅妻董氏，生員孟時華妻余氏，孟俊齡妻江氏，陶用卿妻章氏，陶守忠妻朱氏，徐昌祐妻章氏，生員魯孔論妻胡氏，妾張氏，計應相妻滕氏，舉人沈五鳳妾徐氏，顧國顯妻章氏，胡樂山妻徐氏，陳學良妻鄭氏，錢益垣妻謝氏，韓文卜妻余氏，金沅妻陳氏，陶日俞妻俞氏，生員姜秉仁妻王氏，沈崗妻王氏，許際飛妻陳氏，錢遂昌妻金氏，周之純妻陳氏，陶德嘉妻何氏，生員沈正元妻朱氏，倪大賢妻程氏，屠二典妻車氏，王克昌妻鍾氏，汪伯朋妻顧氏，吴焯文妻陸氏，安静縣縣丞平昇妻馮氏，章應張妻何氏，陶寶生妻倪氏，王伯倫妻鍾氏，屠秉政妻孟氏，張孟貴妻王氏，鍾邦才繼妻陶氏，范方寶妻高氏，薛廷芬妻胡氏，何釲妻陶氏，余養和妻劉氏，章斌妻董氏，陳益鳳妻張氏，張允公繼妻趙氏，盧稽兩妻詹氏，王奕恩繼妻李氏，金叔明妻嚴氏，鍾文祥妻趙氏，沈芳桂妻范氏，章光緒妻劉氏，阮階平妻陳氏，張攸安妻陳氏，張仲宣妻陳氏，胡廷圭妻朱氏，沈朱麟妻王氏，王文源妻馬氏，鍾輝妻徐氏，諸世鎮妻沈氏，趙漢章妻沈氏，陳康侯妻沈氏，周拱元妻田氏，葉廷璋妻周氏，杜建中妻陳氏，陳上彩妻潘氏，余文永妻徐氏，徐具瞻妻丁氏，何鍸妻王氏，章永裕妻王氏，嚴廷琮妻于氏，何存三妻秋氏，范天生妻倪氏，魯嶽齡妻朱氏，陶舒崁妻陳氏，陳錫光妻徐氏，張富妻袁氏，陳灝妻唐氏，陳學連妻金氏，沈雯彬妻任氏，魯宏琠妻胡氏，陶元英妻陳氏，陶鳴千妻章氏，馬廷揚妻朱氏，潘樑妻范氏，章迥凡妻陳氏，范紹點妻趙氏，范紹槱妻孫氏，張士楹妻陳氏，沈天樂妻許氏，王曰俞繼妻葉氏，邵美八妻馮氏，蔣際川妻金氏，蔣天祿妻李氏，邵先週妻莫氏，蔣宏秀妻杭氏，馬游妻鈕氏，生員陳魯唯妻齊氏，童聖揚妻倪氏，謝浚之妻倪氏，戴茂芝繼妻何氏，朱郁文妻單氏，鍾大成妻謝氏，貢生趙起倓妻李氏，童建中妻王氏，裘聖芝妻汪氏，酈祖任妻趙氏，陳大化妻朱氏，任象九妻馮氏，金大媥妻邵氏，潘大科妻章氏，孫師仁妻姚氏，章元炳妻李氏，謝君卿妻陸氏，裘得祿妻王氏，孫學先妻姚氏，謝伯先妻沈氏，陳瑛妻章氏，余立勳妻魯氏，范元銘妻嚴氏，陳思賢妻吴氏，王繼美妻酈氏，施邦安妻張氏，周廷枚妻馬氏，祁士棫妻潘氏，王季良妻范氏，孟行之妾陳氏，陸之仁妻金氏，李大焜妻魯氏，范家讓妻潘氏，朱錫範妻陸氏，徐承坤妻陳氏，周濟妻張氏，陳協和妻何氏，謝于臣妻倪氏，魯棨妻袁氏，朱琨妻陸氏，陳宗道妻商氏，生員陳明備妻章氏，范念祖妻孟氏，朱乾學妾王氏，陳鶴亭妻孟氏，王文燦妻陳氏，王文彩妻趙氏，倪承祚妻鍾氏，婁坎四妻倪氏，姚南齊妻陶氏，余秉鈞妻婁氏，王楊宗妻蔡氏，李大林妻謝氏，王聞宷妻鈞氏，沈宏岱妻陳氏，孫天永妻田氏，葉光晟妻范氏，葉光昇妻余氏，金文恒妻平氏，魯楫妻周氏，舉人魯純錫繼妻楊氏，馬德培妻錢氏，宋彩臣妻王氏，魯學思妻史氏，孟原棫妻沈氏，李贊元妻陳氏，楊成美妻陳氏，倪則華妻俞氏，葉春章妻何氏，邱萬安妻嚴氏，童萃華妻屠氏，孫德輝妻王氏，邵友恭妻陳氏，阮大千妻王氏，朱廷基妻馬氏，孫陟山妻范氏，魯之坦妻王氏，陳述甫妻王氏，俞正己妻汪氏，施有賓妻屠氏，單瑄妻朱氏，單瑛妻范氏，陸爾行妻謝氏，馮時通妻陳氏，嚴漢文妻陶氏，孫書庸妻張氏，童紹祖妻常氏，劉蕚妻陳氏，魯敷錫妻朱氏，童大匡妻諸氏，壽睿明妻朱氏，婁勗臣妻童氏，章卜臣妻吴氏，夏華奇妻魏氏，章塤妻陶氏，夏雲奇妻李氏，錢啓顯妻陳氏，陳輝巖妻高氏，孫震三妻趙氏，魯之重妻陳氏，俞安道妻陳氏，章執圭妻厲氏，包有熊妻鄭氏，陶曠妻鍾氏，沈彝美妻張氏，王光祖妻陳氏，袁爲楣妻胡氏，周子昇妻姜氏，杜子原妻陳氏，阮昭侯妻陸氏，章于德妻任氏，酈佳鳳妻王氏，酈應奎妻徐氏，童學望妻朱氏，陶萃成妻盛氏，范天山妻陸氏，陶安毅妻章氏，萬才灝妻李氏，王絅尚妻秦氏，吴成龍妻陳氏，沈秦川妻張氏，童蘭墨妻章氏，章友昇妻陶氏，陳學禮妻王氏，沈鑑妻李氏，沈瑞詩妻金氏，徐章儒妻胡氏，魯炯妻陳氏，李觀潮妻孟氏，陶可宗妻章氏，陶可觀妻王氏，邵簡臣妻顧氏，王國化妻劉氏，章青妻沈氏，秦聲先妻羅氏，程思烈妻吳氏，張士顯妻屠氏，程永光妻范氏，屠侻宜妻張氏，薛永妻章氏，季縞妻魯氏，馬乾一妻王氏，章志清妻謝氏，周誠著妻章氏，周誠性妻章氏，周誠化妻金氏，周誠教妻章氏，朱拱三妻孫氏，韓焻妻趙氏，謝鶴文妻茹氏，舉人趙廷錫妾馬氏，袁天一妻馮氏，胡葉文妻俞氏，貢生趙啓倓妻李氏，夏華奇妻魏氏，吳御六繼妻陳氏，章岐妻王氏，陶用賓妻王氏，陳組妻周氏，屠德宜妻張氏，陳佩玉妻用氏，王廷鋗妻沈氏，餘慶縣典史章仕倌妻沈氏，姚永彬妻陶氏，王錫英妻唐氏，馮洪仁妻封氏，章表珏妻盛氏，徐觀頤妻屠氏，周上志妻裘氏，章正思妻吳氏，范家讓妻王氏，孫雲鵬妻馮氏，陳世華妻凌氏，厲宗伯妻王氏，丁玉書妻董氏，孫兆燾妻宋氏，沈成名妻陶氏，金錡妻胡氏，章薇妻金氏，袁亦南妻沈氏，周任道妻張氏，章如璧妾韓氏，謝元臣妻顧氏，陶受樂妻何氏，陳景沛妻葉氏，屠澤燿妻邵氏，陳應凰妻宣氏，陳宏道妻嚴氏，陳宏惠妻丁氏，陳宏義妻徐氏，馬人惠妻傅氏，史積學妻金氏，馮廷均妻凌氏，李如樸妻徐氏，朱名世妻龔氏，屠三省妻朱氏，倪祖念妻劉氏，言思仁妻朱氏，朱紹文妻鄭氏，俞師周妻金氏，俞靜公妻陳氏，封廣譽妻俞氏，孟士良繼妻陳氏，又妾馮氏，阮士發妻應氏，袁茂功妻傅氏，魯永起妻茹氏，陳懋德妻周氏，周鏕妻史氏，沈士耀妻謝氏，沈士本妻黃氏，馮廷城妻趙氏，陳人驥妻孟氏，張國安妻孔氏，傅鈺妻張氏，沈明瞻妻陶氏，王遇豐妻胡氏，沈存性妻王氏，孫行位妻潘氏，孫昆和妻周氏，胡紹文妻陶氏，張承烈妻吳氏，夏廷斌妻任氏，孫貽謀妻倪氏，徐理安妾陳氏，余繼祖妻胡氏，倪存義妻史氏，倪存禮妻魯氏，駱元文繼妻陶氏，徐懋公妻嚴氏，倪上達妻魯氏，孟照臨妻徐氏，朱有章妾胡氏，張時雨妻鄭氏，車會宗妻謝氏，鄭應才繼妻鄔氏，施兆炯妻金氏，鄭理妻李氏，朱商霖妻陳氏，朱性元妻任氏，俞覺世妻何氏，俞廷樞妻王氏，賀世道妻韓氏，凌于久妻姚氏，陳朝楹妻章氏，范伯明妻王氏，董懷德妻單氏，周北海妻胡氏，陶禹聞妻陳氏，方據妻俞氏，王靖方妻徐氏，金天益妻孟氏，賀世英妻趙氏，賀世禄妻童氏，陳潧妻沈氏，朱允高妻章氏，張青來妻倪氏，鈕淵妻劉氏，易光路妻朱氏，馬鳴玉妻范氏，陶位妻董氏，徐鳳飛妻蔣氏，金良友妻王氏，金堯仲繼妻王氏，孟履中妻王氏，馬素存妻聞人氏，金文選妻汪氏，徐尚忠妻王氏，徐榮臣妻鍾氏，徐廷賢妻沈氏。又貞女章鐶未婚妻沈氏，周尚賢未婚妻金氏，陶是未婚妻蒲氏，陶自選未婚妻胡氏，陳志泰未婚妻范氏，劉文爖未婚妻聞人氏，范有開未婚妻王氏，鍾永祐未婚妻祁氏，姜士麟未婚妻何氏，陶次郊未婚妻呂氏，陸盛元未婚妻嚴氏。俱於乾隆年間旌。馬天水妻朱氏，馬鵬飛妻章氏，鮑用錫妻江氏，王言繼妻倪氏，孟鶴齡妻金氏，陸輝吉妻余氏，王成鈞妻陶氏，宣仲賢妻沈氏，陶爾詵妻徐氏，陶子詵妻黃氏，楊兆熊妻陳氏，裘聚源妻湯氏，沈國炳妻陶氏，章如模妻胡氏，李壽昌妻俞氏，章如楷繼妻錢氏，金範妻周氏，李希聖妻張氏，金紹宗妻陶氏，方士鍈妻朱氏，范憲伯妾金氏，范燕貽妻金氏，王廷鉉妻陳氏，朱可明妻王氏，姚聚仁妻景氏，車載書妾馮氏，顧漢傑妻沈氏，顧漢宗妻陳氏，徐坦妾戚氏，又妾馬氏，楊昭元妻王氏，姚殷求妻周氏，嚴耿之妻陸氏，諸亮臣妻周氏，章仲周妻周氏，高顯偉妻韓氏，石麟周妻張氏，余謀良妻陳氏，沈端儒妻朱氏，張子仁妻唐氏，傅積山妻宋氏，錢朝榮妻何氏，鍾傑妻張氏，陳世安妻魯氏，葉坦妻王氏，高顯臣妻陶氏，高晴川妻胡氏，鍾聖千妻鈕氏，莫銈黃妻常氏，倪大圭妻章氏，章如梧妻王氏，婁彩文妾梁氏，馬士豪妻孟氏，馮美文妻徐氏，徐衛妾陳氏，凌榮壽妻張氏，尹聖重妻馬氏，沈名亮妻馮氏，沈名揚妻俞氏，陳映祚妻陶氏，凌洪楷妻楊氏，徐衛繼妻董氏，干連璧妻張氏，高化聖妻倪氏，吴嘉禾妻童氏，趙廷鑨妻袁氏，孫崙水妻陳氏，諸平侯妻茹氏，李益昌妻錢氏，樊師魯妾孫氏，周遐年妻朱氏，姚安妻陳氏，陶化甲妻祝氏，楊錫功妻王氏，章魁鼎妻朱氏，陳秀章妻葉氏，沈鈞國妻童氏，胡聖全妻魯氏，陳士鑑妻楊氏，王慕善妻余氏，謝學忠妻繆氏，金培妻屠氏，李輷和妻沈氏，陶文嵐妻馬氏，夏英年妻邱氏，陶文運繼妻楊氏，王景疇妻范氏，王衛瞻妻錢氏，范雲客妻張氏，吴辛元妻章氏，陶明炯妻鍾氏，吴國鎮妻林氏，史近義妻王氏，王智昱妻宋氏，馮兆慶妻袁氏，童謨妻陶氏，酈義章妻孫氏，任我音妻車氏，沈維則妻高氏，章之義妻楊氏，祝能治妻陳氏，王秉和妾金氏，孫紫霞妻李氏，周定國妻謝氏，韓廷夔妾高氏，范培遠妻姜氏，王洪業妻陸氏，馬士潛妻胡氏，駱能賢妻施氏，王永祚妻許氏，詹積樑妻魯氏，王準人妻章氏，王廷佐妻何氏，章桷妻沈氏，倪廷琮妻黃氏，阮尚悌妻王氏，陶恭園妾王氏，陶天祚妻徐氏，姚必貴妻馬氏，姜子安妻景氏，陶以鎔妻諸氏，陶沆妻蔡氏，王我賓妻張氏，王兆鑑妻酈氏，吴元相妻何氏，裘鳳輝妻陳氏，裘君錫妻沈氏，又妾余氏，陶淳妻趙氏，胡延齡妻茹氏，章冠千妻樊氏，陳元璋妻嚴氏，楊夢南妻蔣氏，裘惠冬妻倪氏，許蔭千妻黃氏，邱錫孝妻陶氏，金作梅妻車氏，金膠妻王氏，徐鉼妻孟氏，董國柱妻王氏，陳士達妻葉氏，章志洲妻俞氏，錢以柱妻朱氏，王兆富妻余氏，王欽妻李氏，李鳳梧妻王氏，孫禹疇妻章氏，沈華章妻楊氏，倪孝文妻孟氏，魯炳奎妾馮氏，葉人俊妻俞氏，沈承發妻樓氏，陳奎妻余氏，徐顯章妻胡氏，錢我斯妻邵氏，倪孝章妻章氏，章汝鳳妾郭氏，魯炳奎繼妻陳氏，周嘉揚妻王氏，馬汝良妻章氏，馮載春妻余氏，馮汝培妻陳氏，高文鑣妻魯氏，葉元洪妻王氏，沈維禮妾朱氏，陸遐年妻陳氏，洪基妻倪氏，章兆麟妻馮氏，馮彬之妻袁氏，馮元燦妻陸氏，馮明高妻吴氏，顧洪度妻裘氏，陳文于妻何氏，張通侯妻胡氏，屠星五妻陳氏，又妾郭氏，馬景周妻徐氏，金振宗妻林氏，王屬山妻邵氏，徐魯南妻宋氏，王德元妻趙氏，章學登妻閔氏，監生馬世焜妻徐氏，胡德龍妻高氏，劉彬妻朱氏，金錫賢妻黄氏，徐經一妻孫氏，金明相妻董氏，王德章妻夏氏，鄭宗仁妻沈氏，童上達妻丁氏，魯青植妻童氏，唐天元妻茹氏，章國鈞妻徐氏，陳兆太妻戴氏，徐若霖妻龔氏，余元初妻錢氏，金炯如妻姚氏，沈士先妻楊氏，沈明達妻王氏，魏元標妻潘氏，酈殿英妻唐氏，沈貞木妻金氏，錢兆元妻夏氏，張承村妻陳氏，金殿榮妻趙氏，張屢欽妻阮氏，生員沈瀾妻陶氏，王大奎妻趙氏，唐廷貴妻方氏，張正然妻陳氏，嚴明道妻王氏，孫繼先妻王氏，馬士源妻王氏，陳雲先妻顧氏，俞玉成妻錢氏，孟芝田妻潘氏，鮑祖鏞妻沈氏，黄敬宗妻韓氏，監生金堳妻茹氏，奕志三妻金氏，奕佐臣妻沈氏，孫静川妾王氏，監生馬静涵妾田氏，張潮妻陸氏，張子剛妻董氏，朱禮英妻沈氏，鄭國尊妻范氏，王文焕妻趙氏，章家楫妻金氏，孟錬妻章氏，阮長秀妻顧氏，沈維城妻陳氏，胡均妻劉氏，馬允千妻許氏，阮又良妻章氏，陳顯聞妻倪氏，監生杜文經妻嚴氏，監生金圻妻陳氏，孫静川妻陳氏，王明德妻單氏，生員朱雲妻章氏，杜周瑛妻余氏，傅懋昭妻陳氏，徐與參妻葉氏，陸心一妻范氏，倪思周妻張氏，徐其賢妻唐氏，樊安和妻陳氏，貢生趙汝賢繼妻朱氏，黄有成妻胡氏，沈楠妻徐氏，章余和妻黄氏，杜恒一妻孟氏，戴兆龍妻錢氏，王繼周妻范氏，朱天如妻沈氏，又妾蔡氏，馬理元妻成氏，馬理亨妻謝氏，沈君聘妻朱氏，屠肇芳妻金氏，陳明遠妻楊氏，章允成妻王氏，計肇發妻李氏，陳有筠妻李氏，王進思妻朱氏，魯虎文妻王氏，馬謙益妻黄氏，方茂宗妻倪氏，王廷秀妻方氏，張聿清妻何氏，張如柏妻邵氏，邵錢彪妻鍾氏，沈宗浩妻屠氏，沈宗信妻陶氏，孫啓人妻王氏，徐源和妻陳氏，陳美芳妻莫氏，王夢庚妻唐氏，何浩然妻俞氏，陳景夫妻金氏，屠肇錫妻鮑氏，謝尚志妻王氏，陳士毅妻徐氏，張國元妻陳氏，韓塘妻金氏，朱振興妻施氏，沈錫齡妻余氏，朱瑞麟妻賈氏，沈學先妻楊氏，邵拱瀛妻沈氏，范赤文妻王氏，又妾李氏，謝静山妻王氏，謝静川妻沈氏，孫瑞揆妻周氏，徐文俊妻汪氏，徐震和妻阮氏，俞憲章妻金氏，俞錫章妻王氏，俞洪達妻張氏，張丹書妻楊氏，邵宜嚴妻金氏，王君恩妻胡氏，任以宏妻章氏，孟國藩妻章氏，孫廷獻妻何氏，趙清遠妻章氏，王元禮妻郭氏，潘聿修妻王氏，盛森妻應氏，王廷槐妻馮氏，裘錫三妻杜氏，王振山妻徐氏，柳懷瑾妻羅氏，葉静山妻周氏，魯之猛妻徐氏，阮惟省妻章氏，吴爲三妻俞氏，易又新妻沈氏，陳世昌妻謝氏，潘永康妻郭氏，金元貴妻沈氏，俞廷文妻黄氏，黄志業妻謝氏，監生應鄭洪繼妻謝氏，蔣兆亨妻任氏，生員沈元燔妻施氏，邵宏祖妻劉氏，章兆熊妻屠氏，王國産妻華氏，王之炘妻俞氏，沈炎周妻許氏，陳顯文妻張氏，潘士進妻沈氏，謝世榮妻蔣氏，謝世禄妻倪氏，王大義妾李氏，又妾紀氏，徐進之妻錢氏，徐星旋妻蔣氏，朱文熙妻錢氏，朱世英妻何氏，朱世傑妻陳氏，薛瑞毅妻樊氏，薛國燦妻魯氏，薛汝信妻王氏，陳宗信妻孫氏，陳士華妻姚氏，宋大椿妻陳氏，許培之妻童氏，王廷筠妻趙氏，陳鋭鈺妻梁氏，周成龍妻孟氏，陶漢三妻陳氏，周鳳儀妻王氏，商序妻梁氏，職員陶廷珍妾田氏，唐元發妻阮氏，李大忠妻周氏，監生甯立義妻陸氏，邱光裕妻壽氏，陳崧觀妻沈氏，沈增妻莫氏，朱奎妻張氏，陳鎧妻孫氏，魯繼元妻周氏，董泳恩妻朱氏，唐顯明妻章氏，生員茹金臺妻魯氏，王廷坤妻李氏，金文榮妻虞氏，金文貴妻李氏，胡天相妻王氏，汪鍾德妻劉氏，陳大佐妻鍾氏，徐文潮妻馮氏，王文元繼妻章氏，沈煒妻李氏，張楚材妻陶氏，巡檢朱青宇妻婁氏，沈安一妻王氏，沈明遠妻俞氏，葛允文妻何氏，徐文儀妻陳氏，徐文傑妻潘氏，馬桂林妻鄭氏，馬柏林妻何氏，王廷乾妻章氏，胡天相妾陳氏，錢祖培妻倪氏，錢錫山妻蔣氏，王雲輝妻劉氏，王雲祥妻單氏，金燦然妻阮氏，董兆璋妻許氏，馬堯章妻陳氏，謝積義妻應氏，滕德良妻趙氏，陳均妻董氏，朱桂榮妻陳氏，吴純信妻王氏，徐可均妻梁氏，沈永在妻王氏，蔣應龍妻吴氏，葉茂蘭妻孫氏，董鎬妻史氏，未入流陶鳴虞妻吴氏，王廣善妻史氏，章錫榮妻朱氏，陳文隆妻傅氏，朱家水妻謝氏，吴德仁妻潘氏，唐德裕妻邊氏，許庭鰲妻傅氏，周錦濤妻陶氏，車世魁妻駱氏，顧安祥妻陸氏，謝允文妻胡氏，陳士道妻葉氏，丁禮宗妻馬氏，王大宗妻楊氏，丁芳範妻周氏，張萼林妻沈氏，何廷愷妾金氏，商士蔭妻嚴氏，高洪仁妻李氏，沈嗣祥妻倪氏，單惟臣妻陳氏，孟啓學妻陶氏，馬良侯妻斯氏，沈必文妻方氏，堵國士妻許氏，沈宗德妻施氏，華必聰妻厲氏，孫範繼妻胡氏，高清遠妻俞氏，張宗義妻胡氏，陳君照妻沈氏，顧佐周繼妻姜氏，王際清妻鈕氏，朱如松妻魏氏，周文炳妻袁氏，吴馭起妻計氏，胡肇基妻董氏，陸觀壽妻周氏，何廷愷妾尹氏，沈士表妻施氏，沈士良妻王氏，魯有模妻金氏，魯有榛妻王氏，商益妻趙氏，商緒妻劉氏，高宗文妻王氏，高我佩妻應氏，許文達妻王氏，壽範棟妻平氏，劉典衡妻胡氏，顧鳳飛妻倪氏，杜朝泰妻包氏，王國禮妻吴氏，余文綵妻王氏，王載厚妻李氏，監生賀紹金繼妻沈氏，俞光泰妻孟氏，王德麟妻袁氏，徐懷瑾妻裘氏，車采障妻陳氏，徐漢書妻陳氏，王儀廷妻周氏，樊邦鯨妻毛氏，生員李企端妻王氏，章世槐妻竺氏，沈士相妻李氏，監生阮嘉賓妾孫氏，朱潮洋妻沈氏，倪槎妻周氏，陶平江妻潘氏，徐榮茂妻邵氏，陸勝富妻張氏，謝圻妻趙氏，沈萬化妻徐氏，陶飾玉妻袁氏，徐至森妻楊氏，童禹平妻胡氏，葛雝安妻張氏，監生朱世學妻張氏，又妾章氏，鈕武占妻張氏，陶世貴繼妻何氏，陳大本妻李氏，廩生杜元勳妻許氏，朱伯英妻蕭氏，虞養吾妻王氏，陸兆華妻李氏，陳庭琳妻屠氏，徐瑞玉妻許氏，翁丹木妻周氏，胡漣繼妻任氏，曹學湘妻陳氏，程發齡妻陳氏，李文祥妻韓氏，陶景繁妻吳氏，胡曰新妻陸氏，陳向榮妻劉氏，沈仲蔣妻祝氏，周芳林妻李氏，壽廷美妻丁氏，魏廷元妻何氏，陶師仁妻李氏，童禹言妻陳氏，章鳳山妻孟氏，章書升妻倪氏，婁羽豐妻許氏，婁上木妻沈氏，葛雝喈妻徐氏，朱昌水妻顧氏，朱月芳妻傅氏，鈕宗秀妻馮氏，又妾蔣氏，沈大仁妻宋氏，沈光孝妻丁氏，沈光悌妻張氏，徐配義妻李氏，屠誠照妻周氏，蔣與存妻戴氏，馬如驥妻王氏，金永年妻蔣氏，孫有淳妻金氏，杜文伯妻成氏，張宗岳妻朱氏，陳永林妻傅氏，許秀文妻錢氏，戴廷義妻馬氏，王宗仁妻汪氏，蔣勝宗妻裘氏，呂聖惠妻韓氏，沈文成妻周氏，徐魁妻陳氏，張宏毅妻王氏，何綸英妻王氏，王士龍妻魯氏，章思表妻俞氏，監生羅知璋妻黃氏，朱壽宜妻何氏，趙尊五妻鄭氏，王諟妻朱氏，杜祖堯妻朱氏，姜世湧妻曹氏，張省三妻王氏，舒奎妻應氏，陳大和妻潘氏，李爲瑚妻劉氏，陳志堯妻高氏，許三品妻潘氏，賀大化妻徐氏，鄭立南妻徐氏，張成宗妻王氏，朱譓妻王氏，王國其妻張氏，趙良玉妻余氏，柳曾三妻張氏，陳秉忠妻金氏，言祚庚妻丁氏，孫邦達妻馬氏，方繼美妻陳氏，馮守仁妻沈氏，陶駿妻張氏，吳國楷妻楊氏，陳東海妻李氏，章實萬妻周氏，章元美妾羅氏，孫必能妻胡氏，魏廷玉妻章氏，俞遐齡妻劉氏，應大中妻葉氏，詹廷瑞妾何氏，陳存仁妻黃氏，章仁標妻趙氏，姚楚勳妾言氏，沈元柱妻徐氏，阮紹惠妻鍾氏，周光裕妻章氏，生員周沅妻吳氏，朱繼南妾丁氏，陳必達妻范氏，陳紹祖妻鮑氏，俞全道妻趙氏，杜廷樞妻陳氏，葉楚懷妻金氏，陳峯山妻沈氏，徐夢江妻唐氏，周儒妻余氏，方漢清妻胡氏，章廷松妻孫氏，王炳仁繼妻朱氏，魯錫齡妻王氏，羅紹南妻魏氏，沈名貴妻邵氏，王章妻李氏，石國杰妻張氏，俞祥麟妻邢氏，朱文潮妻陶氏，趙一飛妻周氏，張燮元妻王氏，俞坤妻王氏，張志遂妻袁氏，史孫盛妻周氏，阮紹光妻沈氏，戴翼清妻高氏，章實新妻婁氏，姚文煥妻張氏，鄭崇道妻房氏，王輝基妻張氏，謝元宰妻徐氏，謝元湘妻許氏，俞嘉堂妻李氏，應大正妻費氏，詹廷瑞妻黃氏，沈明春妻陳氏，沈明安妻胡氏，陳君佐妻吳氏，朱天美妻沈氏，又妾李氏，李秉衡妻施氏，李翁妻謝氏，朱永源妻沈氏，朱天貴妻富氏，章學詩妻朱氏，章學巨妻馮氏。又烈婦駱劉氏，錢鄭氏，以被穢詈捐軀。陳德佺妻吳氏。烈女黃瑞書未婚妻應氏。均夫亡殉節。貞女章氏，葉氏，鄭二姑，章大姑。孝女莫姑，楊大姑。俱於嘉慶年間旌。

汪楷妻王氏、妾徐氏。蕭山人。楷爲淇縣典史，殁後，妾徐氏遺一子，王與徐艱辛撫育成立。並於乾隆二十九年旌。

又同邑陸東妻王氏，陳宗惠妻胡氏，何錫朋妻毛氏，生員瞿文雄妻張氏，王增輝妻來氏，周茂臣妻富氏，周肇妻吴氏，蔡文揚妻童氏，沈士標妻來氏，樓拱辰妻侯氏，郁煜妻任氏，吴祐妻黄氏，陳錕妻蔡氏，王森妻來氏，張逸之妻何氏，孫徽鍾妻來氏，鍾煜妻周氏，吴人鑑妻王氏，王之徽妻張氏，黄千冠妻蔡氏，張應元妻沈氏，陳禹宗妻王氏，來一邦妻錢氏，生員楊光斗妻趙氏，楊昇妻韓氏，王錫田妻何氏，生員任華妻胡氏，吴應芳妻來氏，蕭繼惠妻蘇氏，楊瑞妻張氏，蔡文治妻來氏，王謙吉妻曹氏，徐家彪妻黄氏，徐家驥妻翁氏，生員蔡如蘭妻俞氏，蔡杏元妻陳氏，舉人汪烈妻孫氏，生員毛詩妻任氏，樓時若妻傅氏，樓允元妻俞氏，曹臣源妻丁氏，張美基妻傅氏，王肇芳妻蔡氏，王曾妻蔡氏，朱肇翰妻史氏，蔡際緯妻來氏，阮國麒妻李氏，曹一楠妻丁氏，孫應元妻婁氏，武生汪坦妻徐氏，朱正己妻何氏，朱大典妻吴氏，蔡際經妻王氏，周曾學繼妻金氏，鍾鼎妻朱氏，朱宏義妻吴氏，單國晉妻張氏，方文秀妻魏氏，王文龍妻姚氏，鍾亮妻張氏，王廷欅妻蔡氏，陳鋭妻來氏，周大器妻徐氏，蔡文芳妻任氏，又妾楊氏，周範春妻陳氏，于章宗妻周氏，貢生吴允恭妻程氏、高氏，沈士藺妾吴氏，生員瞿佐妻單氏，鮑文謨妻丁氏，黄繩周妻王氏，貢生陳若羣妻丁氏，陳泰昌妻單氏，任燕占妻張氏，生員黄象霖妻周氏，徐松妻陳氏，孫方安妻韓氏，妾丁氏，陳克昌妻童氏，單國球繼妻周氏，張大慶妻王氏，謝世煒繼妻丁氏，周元珍妻史氏，張統遠妻王氏，莫恭瀓妻陳氏，蔡廷燦妻來氏，夏圻妻陳氏，張其進妻華氏，翰林院編修陳至言妾王氏，來武聖妻湯氏，夏惟炫妻施氏，蔡集妻沈氏，何徵吉妻徐氏，韓德章妻蔣氏，沈元熙妻薛氏，薛國順妻王氏，朱紹衣繼妻丁氏，朱世隆妻王氏，韓廷獻妻蔡氏，韓美中妻朱氏，考職州同張宏道妻蔡氏，主簿朱元正妻周氏，生員丁同揆妻金氏，徐武承妻周氏，汪文雄妻潘氏，倪昌隆妻丁氏，童學伊妻王氏，楊名試妻孟氏，生員何錫山妻周氏，錢士相妻陳氏，錢文爔妻丁氏，楊耀先妻汪氏，沈榮鉞繼妻劉氏，朱國治妻何氏，何泓妻趙氏，于宗德繼妻王氏，華雄西妻陳氏，陳明揚妻單氏，陸宏恩妻何氏，黄雲鶴妻陸氏，陸奕球妻陶氏，葛之綸妻周氏，生員何潞妻王氏，趙鈺繼妻曹氏，蔡銘妻曹氏，史希良妻倪氏，王修敬妻來氏，王文澄妻謝氏，童子璋妻富氏，蔡進妻張氏，陸奕塘妻毛氏，楊曉蒼妻來氏，汪達妻俞氏，蔡時桂妻周氏，王毓麟妻潘氏，傅學洪妻來氏，翁德溥妻陳氏，郭廷魁妻蔣氏，蔡斐然繼妻何氏，陸增妻單氏，徐籲俊妻蔡氏，王修智妻單氏，戴廷鳳妻來氏，丁兆麟妻陸氏，王璣繼妻富氏，倪元彰妻蔡氏，倪元文妻鄭氏，王大宗妻俞氏，陳位妻俞氏，張理岳妻郁氏，何植妻李氏，湯元澧妻王氏，樓大瑛妻瞿氏，陳鉉繼妻戴氏，魯大聲妻蔣氏，徐萼妻朱氏，張和樑妻林氏，沈萬裕妻王氏，徐芳妻王氏，徐一位妻陳氏，莫良輔妻蔡氏，徐高妻劉氏，汪任妾張氏。又貞女湯鳳彩未婚妻金氏，樓瓚未婚妻金氏。俱於乾隆年間旌。陳禮卿妻何氏，任學潤妻馬氏，金桂客繼妻陳氏，蔡潢妻淩氏，何士洙妻沈氏，蔡紹璟妻陸氏，任元孝妻朱氏，章兆璧妻何氏，來沂妻吳氏，任廷楫妻史氏，金純妻唐氏，又妾胡氏，朱錫妻莫氏，戴廷光妻毛氏，譚國球妻張氏，孟紹賢妻黃氏，周元璟妻陳氏，陳永祥妻袁氏，瞿士衶妻樓氏，何昊南妻鄭氏，何其羨妻陸氏，周邦華妻沈氏，周大生妻劉氏，陳文潮妻瞿氏，湯元度妻丁氏，施延治妻沈氏，丁溶繼妻宋氏，周宗懋妻王氏，陳景曾妻汪氏，倪再周妻戴氏，汪棟妻孫氏，任士駿妻戴氏，張敏學妻蔡氏，曹宗海妻陳氏，沈昂妻何氏，曹一欄妾葉氏，瞿毓燦妻蔣氏，瞿掄元妻沈氏，俞道南妻董氏，王克昌繼妻陳氏，何元枚妻任氏，生員陸道見妻徐氏，譚國俊妻曹氏，趙光燦妻陳氏，張井如妻韓氏，監生湯元凱妻顧氏，單家康妻求氏，趙國模妻王氏，賈鍾妻錢氏，任元吉妻王氏，職員王鳳飛妻陳氏，職員韓維高妻吳氏，貢生高琦妻壽氏，丁兆鵬繼妻周氏，曹秉衡妻蔣氏，監生李士秀妻宋氏，職員周奇昇妻韓氏，瞿王達妻章氏，生員吳炳繼妻林氏，監生瞿王選妻曹氏，從九品徐筌妻蔡氏，李廷桂妻單氏，黃思宗妻郎氏，郁廷元妻許氏，汪文炎妻陳氏，蔣繼豐妻俞氏，史世森妻孫氏，王士富妻陳氏，監生陳翼樞妻傅氏，孔毓賓妻韓氏，王廷繩妻倪氏，陸鳳占妻陶氏，黃廷緯妻章氏，單東木妻田氏，黃春杏妻沈氏，黃德相妻陳氏，黃宇妻富氏，黃朝綸妻戴氏，陳在昌妻周氏，孔魯達妻陳氏，周之鎧妻夏氏。又烈婦華王氏，張趙氏。俱於嘉慶年間旌。

宣貴隆妻黃氏。諸暨人。家貧甚，姑復病痺痿，氏侍奉無少懈。一日貴隆傭工外出，家待舉炊，氏禀姑向外乞糴。適隣舍失火，氏奔歸，念姑病卧，亟竄入烈焰中扶救，同被焚死。及撲滅餘燼，氏兩手猶緊握姑臂，負姑俯仆墻下。乾隆三十八年旌。又同縣郭本澄妻趙氏，夫亡守節。生員趙宏芳妻何氏，盧偉妻屠氏，斯棟妻石氏，郭本治妻陳氏，虞采章妻阮氏，俞文茂妻李氏，陳恂妻周氏，俞安公妻樓氏，生員趙國奇妻陳氏，蔡世昌妻沈氏，蔣美雲妻徐氏，袁佑啓妻黄氏，生員洪法左妻趙氏，湯成佐妻王氏，返永裕妻王氏，樓文華妻章氏，劉獻妻楊氏，劉天章妻蔡氏，石帝建妻駱氏，洪振龍妻酈氏，蔣緒周妻酈氏，宣濤妻駱氏，詹有義妻趙氏，駱聲温妻樓氏，趙宏勳妻陳氏，酈京妻陳氏，虞静安妻高氏，生員張鴻猷妻楊氏，陳聲九妻蔣氏，趙凱妻壽氏，駱敦五妻樓氏，姚際堯妻婁氏，余文生妻方氏，吕國祥妻壽氏，屠燕芳妻朱氏，酈元進妻金氏，蔣志周妻鍾氏，宣正冠妻樓氏，何家騶妻湯氏，蔡方濈妻黄氏，樓可郡妻酈氏，趙學禮妻周氏，石上進妻湯氏，胡大震妻徐氏，石德惠妻徐氏，侯魯禽妻陳氏，生員壽星弢妾劉氏，俞汝相妻蔣氏，樓嘉謹妻周氏，張素妻陳氏，柴兆華妻諸氏，王棟妻陳氏，郭本潤妻金氏，傅莘來妻蔣氏，蔣攀麟妻馮氏，毛敬與妻湯氏，傅廣行妻徐氏，樓元亮妻鄭氏，傅芳城妻楊氏，湯有來妻楊氏，何瑞雲妻宣氏，駱廷相妻樓氏，俞紹曾妻壽氏，壽君寵妻陳氏，趙御連妻朱氏，黄君怡妻郭氏，吴瑞景妻斯氏，余光宗繼妻魯氏，徐正豈妻孫氏，斯日魁妻周氏，舉人俞桂芳繼妻朱氏，陳宏先妻何氏，郭聖安妻酈氏，錢宏章妻吴氏，徐汝呈妻黄氏，魏嘉言妻陳氏，姚大章妻徐氏，樓培本妻魏氏，余本先妻石氏，徐大鳳妻陳氏，魏繼加妻石氏，翁德博妻陳氏，郭廷魁妻蔣氏，應譽妻陳氏，傅象坤妻應氏，胡本潤妻張氏，貢生姚有澗妾裘氏，俞國棟妻周氏，湯嘉禾妻陳氏，樓廷偉妻姚氏，樓廷宰妻姚氏，陳祖法繼妻石氏，羅允業妻俞氏，蔡方液妻陳氏，生員陳宗稷妻楊氏，周廷榖妻趙氏，駱世松妻樓氏，徐大鳳妻陳氏，郭配仁妻楊氏，王永清妻張氏，陳兆鯉妻徐氏，壽文瀾妻傅氏，駱有光妻何氏，駱衡初妻何氏，駱正萬妻湯氏，余汝能妻樓氏，郭繼賢妻樓氏，俞文林妻張氏，田嘉禄妻俞氏，金嘉炆妻趙氏，黄祖福妻趙氏，陳鍾三妻徐氏，俞學南妻洪氏，姚克振妻湯氏，楊之鋒妻俞氏，郭聖湄妻余氏，樓兆麟妻陳氏，壽尚志妻錢氏，吕華庭妻陳氏，張清濠妻馮氏，方夢蘭妻石氏，周鳳潛妻酈氏，徐正道妻俞氏，郭煐妻沈氏，張雲岳妻許氏，何克晃妻趙氏，湯兆豐妻石氏，趙周瑞妻傅氏。又烈婦陳守義妻俞氏，蔣六榖妻傅氏，顧英奇妻石氏。烈女顧綱未婚妻姚氏。均夫亡殉節。姚氏殉烈婢女蔡氏。貞女趙學溥未婚妻黄氏，舉人駱志尹未婚妻樓氏，俞士茂未婚妻孫氏，屠天瑞未婚妻李氏，孫有親未婚妻丁氏，酈日堂未婚妻陳氏。俱於乾隆年間旌。金宣音妻陳氏，何仁安妻王氏，屠與表妻張氏，虞繼賢妻趙氏，湯錫湧妻趙氏，袁澥妻陳氏，駱載良妻酈氏，袁九齡妻田氏，宣丹五繼妻俞氏，酈元炯妻朱氏，蔣元琜妻沈氏，何有勝妻宣氏，斯發林妻陳氏，楊玉書妻王氏，趙用和妻壽氏，蔣作霖妻郭氏，宣廷棫妻王氏，劉大護妻陳氏，駱家駒妻史氏，蔣士洵妻顧氏，傅道真妻毛氏，蔣麟度妻王氏，蔣學涵妻傅氏，酈如焯妻沈氏，方一飛妻陳氏，壽渭桂妻傅氏，王紹海妻樓氏，周天麟妻俞氏，蔣錫替妻丁氏，趙思貫妻錢氏，趙以默妻張氏，趙鍾禮妻周氏，姚協妻陳氏，袁聖元妻郭氏，陳淇水妻柴氏，章起南妻張氏，宣洪模妻周氏，趙洪鑄妻沈氏，石奇燧妻鍾氏，石惠封妻趙氏，何予程妻金氏，宋愼五妻章氏，馮啓模妻陳氏，監生蔣云梓妻趙氏，陳清源妻郭氏，何槐妻馮氏，監生趙佩信妻周氏，許本繼妻趙氏，袁光亨妻張氏，樓延祚繼妻湯氏，徐君珣妻傅氏，職員傅羹元妻姚氏，石正陽妻蔣氏，石卜巽妻陳氏，石允彩妻蔣氏，石允藝妻王氏，俞鳳鳴妻徐氏，俞國霖妻瞿氏，蔣士湖妻郭氏，蔣士潮妻何氏，蔣元璋妻斯氏，袁聲揚妻何氏，姚玥繼妻傅氏，余崙山妻徐氏，俞觀士妻陳氏，理問黃文煓妻沈氏，趙名棣繼妻翁氏，監生章起帆妾胡氏，何峙堂妻壽氏，章起逵妻郭氏，吴樹聲妻黃氏，吴學源妻俞氏，楊殿丹妻章氏，徐思企妻蔡氏，蔡全元妻俞氏，陳兆堯妻方氏，余世瑾妻駱氏，鄭興梁妻張氏，生員毛廷瓚妻樓氏，府經歷孫鏈妻張氏，傅國宰妻田氏，曹大俊繼妻俞氏，宣東軒妻俞氏，陳洪業妻阮氏，廩生蔣煥章繼妻趙氏，翁大智妻胡氏，孫銈妻丁氏。又烈婦王石氏、盧章氏，以被謔捐軀。柴鳳麟妻高氏，孟臨川妻侯氏，監生應榮妻方氏，生員何檢妻屠氏，均夫亡殉節。貞女趙氏、葛氏、陳氏、楊氏。俱於嘉慶年間旌。

王貽森妻邵氏。餘姚人。夫亡守節。又同縣徐世權妻張氏，馮啓正妻戚氏，邵宏鑲妻陳氏，蘇新鏞妻邵氏，黃萃禧妻朱氏，倪見峯妻許氏，生員鄭文耀妻鄒氏，周曰庠妻鄒氏，胡祖鑒妻呂氏，候選州同徐熹妻蔣氏，盧邦基妻李氏，李家相妻張氏，孫承泉妻王氏，李承龍妻楊氏，羅君揆妻袁氏，方績生妻張氏，孫安繼妻宋氏，倪繼寬妻黃氏，黃千仞妻龔氏，趙心一繼妻陳氏，聞人彬妻俞氏，聞人德昌妻張氏，潘相宰妻周氏，湯淇園妻俞氏，陳大魁繼妻邵氏，孫衛妻李氏，黃景嵩妻趙氏，翁世茂妻朱氏，胡世沛妻翁氏，蔣拱振妻陳氏，蔣天銘妻黃氏，勞廷式妻童氏，茅光四妻嚴氏，呂奏大繼妻胡氏，聞人湧妻許氏，嚴京千繼妻韓氏，嚴仲陟妻鄒氏，呂深妻鄒氏，史義桂繼妻張氏，聞人洪妻王氏，胡羽宸妻陳氏，徐豫端妻孫氏，夏建明妻邵氏，吴雲錦妻華氏，吴雲彩妻尹氏，何在坦妻張氏，謝孔彰妻周氏，魏宗孟妻王氏，王景坦妻洪氏，勞振金妻謝氏，馬玖章妻沈氏，周翼謀妻謝氏，李家學妻趙氏，黃子才妻李氏，黃紹基妻李氏，杜廷佐妻葉氏，張亨遇妻吴氏，朱允昭妻鄔氏，宋履謙妻楊氏，魯益生妻周氏，馬旭如妻褚氏，陳世熙妻胡氏，朱從奎妻李氏，張守約妻羅氏，韓天篚妻徐氏，蔡德偉妻李氏，李世文妻朱氏，羅志忠繼妻胡氏，余士登妻嚴氏，朱文爔妻胡氏，張起先妻毛氏，孫大獻妻張氏，朱廷桂妻徐氏，張友成妻嚴氏，陳公璠妻郭氏，謝天培妻宋氏，胡武範妻謝氏，沈民則妻戚氏，周起鴻妻楊氏，趙敷文妻華氏，徐之璋妻韓氏，楊兆涯妻胡氏，黄良才妻章氏，湯傳一妻吕氏，馬宣義妻沈氏，邵思禮妻于氏，沈士鉉妻周氏，孫東義妻胡氏，余墉妻羅氏，徐城妻俞氏，楊汝楳妻袁氏，陸興義妻湯氏，胡世傑妻吕氏，邵敬業妻孫氏，夏式霖妻楊氏，周遜先妻韓氏，孫鎔繼妻柴氏，鄭茂賢妻嚴氏，鄔德幹妻劉氏，周潤妻朱氏，趙翰墀妻邵氏，楊啓光妻姚氏，曹啓龍妻周氏，徐大銘妻王氏，袁彙徵妻金氏，夏宗仁妻沈氏，嚴誕先妻孫氏，鄭勛妻韓氏，夏宗義妻王氏，又妾章氏，胡奕範妻茹氏，徐兵妻胡氏，張存仁妻何氏。又烈婦謝文裔妻吕氏，夫亡殉節。貞女蔣德謙未婚妻褚氏。俱於乾隆年間旌。邵升廷妻韓氏，魯學潮妻盧氏，史材妻朱氏，沈詩盛繼妻朱氏，孫鴻妻張氏，施皓妻胡氏，張炯妻徐氏，洪光舉妻黄氏，洪金煥妻金氏，陳廷耀妻徐氏，岑毓豪妻趙氏，高文明妻鄭氏，吴林妻史氏，洪學妻張氏，徐統妻朱氏，蔣惀妻邵氏，韓衛川妻高氏，史善信妻徐氏，吕裴公妻袁氏，史積梅繼妻李氏，李南陽妻諸氏，黄志仁妻陳氏，霍維墀妻史氏，羅文明妻房氏，余方煐妻羅氏，葉澄妻徐氏，又妾徐氏，孫明揚妻余氏，馮柱妻潘氏，王之綱繼妻孫氏，勞成國妻施氏，史上哲妻黄氏，毛希夏繼妻張氏，張敬修妻徐氏，韓迴瀾妻岑氏，史義芳妻張氏，王鈞陶妻黄氏，徐士正妻熊氏，史孝義妻茅氏，葉世忠妻鄭氏，陸達人妻諸氏，戚敏忠妻周氏，潘有安妻胡氏，徐式典妻潘氏，韓文妻徐氏，毛瑜妻馬氏，毛學智妻魯氏，陳方成妻岑氏，施履豐妻董氏，魏佐唐妻符氏，監生徐鏡妻趙氏，魏克宣妻胡氏，監生趙柱妻吕氏，史積旺妻胡氏，監生史檀妻蔡氏，任大鉉妻陳氏，陳協仁妻吕氏，孫蘭桂妻何氏，潘兆鵬繼妻韓氏，張繼成妻朱氏，盧奕鳳妻鄒氏，成懷岳妻郭氏，陳與潔妻陸氏，徐志丰妻盧氏，王允弢妻沈氏，阮璐妻羅氏，胡兆雲妻沈氏，姚江妻毛氏，魏南屏妻樓氏，陳光夏妻華氏，王丹書妻岑氏，張天禄妻柳氏，監生謝占齡妻黄氏，馬谷蘭妻張氏，監生楊德餘繼妻黄氏，生員吴渭繼妻王氏，龔鴻綱妻馮氏，生員施昂青妻黄氏，徐懋和妻史氏，施懷川妻馬氏，朱成章妻韓氏，張民豫妻吴氏，生員邵士梁妻韓氏，胡倓妻沈氏，胡寶三妻鄒氏，余士章妻魏氏，余宏剛妻岑氏，謝文本妻葉氏，褚興妻魏氏，鄒宗巖妻王氏，邵渭川妻張氏，監生孫增妻徐氏，桑洪行妻謝氏，許廷獻妻蘇氏，何銈妻張氏，金開圻妻潘氏，胡錦雲妻何氏，孫江妻宋氏，生員邵翰妻徐氏，倪檀芳妻鄒氏，嚴安之妻符氏。俱於嘉慶年間旌。

生員俞夢台妻徐氏。上虞人。夫亡守節。又同縣葛毓未妻周氏，陳璟妻李氏，陳應鶡妻陸氏，陳尚志妻朱氏，謝爲丕妻邵氏，顧公瓚妻俞氏，趙國對妻顧氏，范鳳溪妻項氏，周宗紳妻錢氏，周彬貽妻沈氏，謝德嘉妻張氏，俞廷光妻何氏，錢士陞妻任氏，朱坦妻陳氏，鍾之蕃繼妻孫氏，唐士宏妻王氏，陳仲燦妻曹氏，謝公妻徐氏，俞國書妻嚴氏，周士福妻朱氏，唐應昌妻陳氏，徐維周妻桑氏，朱人政妻朱氏，袁大來妻羅氏，陳鯤妻李氏，陳尹諧妻俞氏，徐及祖妻陳氏，徐循祖妻黄氏，鍾鼎文妻黄氏，鄭懋德妻陳氏，生員曹咸吉妻羅氏，嚴四如妻徐氏，生員錢銓妻謝氏，許念九妻范氏，趙方勝妻杭氏，陳亮如妻嚴氏，杜德瑛妻沈氏，杜景孝妻朱氏，王光宗妻周氏，方尚賢妻陳氏，陳克嶷妻徐氏，戚廷元妻章氏，李國士妻經氏，趙允昌妻袁氏，鄭汝銓妻潘氏，王積榮妻趙氏，姚奇發妻袁氏，張言綸妻項氏，陳鳳占妻戚氏，徐象賢妻葛氏，李天如妻陳氏，趙蘭妻張氏，何元恭妻盧氏，徐廷堅妻董氏，陳時謂妻何氏，朱滋善妻謝氏，生員曹鴻慶妻章氏，曹紹會妻謝氏，徐公悦妻劉氏，生員徐虎文妻陳氏，王武匡妻車氏，陳文洽妻范氏，王我備妻陳氏，趙思佐妻龔氏，俞秉鉉妻邵氏，曹起鳳妻吴氏，陳廷勳妻張氏，陳日高妻倪氏，陳俊亮妻倪氏，趙祖光妻王氏，趙祖法妻林氏，金玉妻張氏，陳敏伯繼妻童氏，葛晉繼妻丁氏，俞文俊妻趙氏，陳栻妻徐氏，陳横妻徐氏，陳克新妻陶氏，陳以孝妻吕氏，陳志耀妻王氏，俞德顯妻朱氏，陳中文妻魯氏，姚天生妻鍾氏，陳景仁妻謝氏，蔣聖瑞妻陳氏，陳德鳳妻嚴氏，黄存恕妻沈氏，陳星中妻黄氏，生員陳時生妻張氏，趙奎妻沈氏，謝廷彦妻李氏，范佩及妻許氏，楊茂九妻張氏，楊茂士妻項氏，戚紹妻范氏，生員陳體仁妻范氏，金叔長妻吴氏，丁斯美妻王氏，王宰四妻李氏，林朋綱妻任氏，顧協勳妻蒲氏，何錦生妻朱氏，竺期聖妻范氏，萬燮妻張氏，陳人一妻董氏，羅聖臣妻陳氏，謝司詔妻陳氏，許長仁妻陳氏，陳日朋妻任氏，金宗光妻唐氏，李會芳妻陳氏，朱常六妻謝氏，陳鳴廷妻俞氏，陳士良妻俞氏，錢萬遴妻朱氏，生員錢恭禮妻葉氏，趙允祈妻陳氏，顧聖惠妻鄭氏，陳璣妻謝氏，生員王子捷妻鄭氏，陳一相妻吕氏，葛常夏妻金氏，朱夏冕妻褚氏，姚立方妻趙氏，王爾式妻杜氏，顧世美妻王氏，徐一崔妻王氏，張忠妻孫氏，沈華入妻劉氏，沈元信妻錢氏，馬浩妻張氏，謝克極妻袁氏，馬秉文妻王氏，王介儒妻俞氏，章天照妻楊氏，趙如楠妻任氏，項若濟妻萬氏，陳維孝妻朱氏，顧淮士妻陳氏，杜仲山妻黎氏，潘子安妻邵氏，錢應奎妻丁氏，黎銀妻王氏，鍾仲襄妻夏氏，曾繩妻龔氏，顧仕法妻李氏，顧廷標妻朱氏，王若泗妻陳氏，徐均可妻黃氏，陳宗文妻吳氏，王子芳妻倪氏，丁重光妻周氏，劉天聰妻王氏，王定遠妻陳氏，郭琴伯妻姜氏，許鳳山妻夏氏，宋允文妻賀氏，章儼若妻倪氏，陳宏學妻王氏，桑國定妻蒲氏，生員田觀瀾妻毛氏，陳國祥妻葛氏，陳勳妻顧氏，趙時及妻陳氏，趙顯卿妻李氏，戚克仁妻陳氏，應宏文妻陳氏，俞季貞妻張氏，陳邦憲妻吳氏，張應龍妻姚氏，李建初妻林氏，胡光濟妻嚴氏，生員賈素書妻孫氏，趙環水妻田氏，虞濟美妻林氏，呂愷一妻余氏，王君佑妻劉氏，戚君侍妻顧氏，夏爾恒妻韓氏，葛席簡妻朱氏，黃予侯妻丁氏，郭子成妻陸氏，生員葛翼妻周氏，黃斌妻鄭氏，陳繩武妻章氏，生員曹思參妻宋氏，謝爾傑妻沈氏，史景增妻任氏，呂燦義妻顧氏，王寶山妻胡氏，張德安妻車氏，葉天秀妻金氏，王繼華妻粱氏，許亦熹妻李氏，錢紹虞妻嚴氏，任渭濱妻車氏，田爾衡妻屠氏，徐斯敏妻周氏，顧君錫妻章氏，葉珩妻顧氏，高思孝妻陳氏，錢克詵妻魏氏，陳大珍妻謝氏，石盛公妻陳氏，謝安湘妻蔣氏，陳嘉賓妻王氏，章服周妻陳氏，何君佐妻呂氏，陳子盡妻趙氏，徐文德妻丁氏，呂嘉祐妻李氏，邵汝桐妻趙氏，呂如鎔妻顧氏，俞克奇妻阮氏，葉兆清妻王氏，金文科妻邵氏，呂思孝妻顧氏，趙九齡妻茅氏，顧國佑妻徐氏，陳紹達妻任氏，陳士萃妻王氏，趙申錫妻顧氏，車維藩妻任氏，田延三妻羅氏，羅名連妻石氏，謝兆昌妻倪氏，何奎儒妻潘氏，韓大宗妻邵氏，周三聘妻徐氏，何公佐妻韓氏，周雪千妻于氏，張鳳崗妻朱氏，謝文道妻王氏，趙越正妻陳氏，陳大成妻張氏，朱禹昌妻陳氏，羅繼美妻王氏，錢景妻曹氏，何萬盛妻葉氏，何鄺侯妻沈氏，唐奎繼妻王氏，唐佐清妻俞氏，胡鑑妻王氏，石陳範妻羅氏，顧爾宜妻葛氏，顧再虞妻王氏，顧允詔妻羅氏，陳奇妻陸氏，王維禮妻顧氏，葉燦玖妻徐氏，鍾嘉修妻謝氏，王維桂妻朱氏，李忠言妻鄭氏，李鼎妻陳氏，郭維城妻阮氏，潘清崖妻何氏，姚峩苹妻羅氏，朱君宰妻沈氏，周允貞妻沈氏，王心赤妻趙氏，謝大任妻俞氏，祝舒安妻樊氏，羅時榮妻田氏，葉世懷妻王氏，王克明妻徐氏，鍾紹文妻車氏，汪安紹妻王氏，鍾昌敬妻王氏，王世安妻胡氏，沈位焉妻賈氏，俞士俊妻郭氏，陳思宗妻金氏。又烈婦姚大方妻張氏。貞女何文法未婚妻嚴氏，王珩未婚妻曹氏，楊德未婚妻顧氏，謝四聞未婚繼妻沈氏。俱於乾隆年間旌。又監生胡鈁妻陳氏，鈁遊幕關中，姑病痺，氏任勞侍奉，刲股和藥以進。所居樓屋將折，氏乳子其下，聞姑呼喚聲，疾趨至牀側，姑正酣卧，亟奉以出，姑獲安全，咸謂孝思所感。撫子如沅成立，官湖南同知。嘉慶十五年旌。又何浩堇妻趙氏，陳重遠妻田氏，徐漢照妻田氏，朱騰蛟妻嚴氏，朱濟妻汪氏，陳惠來妻葛氏，陳汝賢妻俞氏，謝掌文妻羅氏，謝鳳儀繼妻王氏，顏爾贊繼妻周氏，韓元燦妻俞氏，徐貞桂妻陳氏，杭煜妻諸氏，章方來妻虞氏，王赤一妻羅氏，王朝佐妻黃氏，陳作梅妻李氏，俞賡妻陳氏，俞一青妻姚氏，俞登年妻孫氏，俞善之妻宋氏，陸袁俊妻邵氏，趙霦熙繼妻朱氏，王維嶽妻陳氏，俞思統妻沈氏，陳湘妻李氏，宣彙征妻朱氏，曹君顯妾周氏，陳濘妻徐氏，陳我彰妻周氏，陳樹本妻蒲氏，謝伯元妻胡氏，陳貽孫妾吳氏，陳方平繼妻朱氏，倪名發妻劉氏，張如璧妻虞氏，徐五德繼妻鮑氏，王志鎬繼妻孫氏，周殿榮妻何氏，王文潮繼妻馮氏，高士貴妻童氏，錢殿瑞妻徐氏，王嚴叔妻馬氏，葉堯黃妻吳氏，趙逢時妻蕭氏，陸鍇妻徐氏，陳宗佑繼妻鄭氏，葛東麗妻葉氏，葛邦翰妻俞氏，萬啓校妻錢氏，呂德周妻姚氏，錢應萬妻鄭氏，謝友潮妻陳氏，錢鷺飛妻王氏，陳英久妻徐氏，謝蘭妻徐氏，葉學先妻孫氏，職員陳戩妾湯氏，貢生錢清時妾林氏，葛邁種繼妻韓氏，任新臣妻賈氏，連聲聞妻郭氏，陳秉仁妻賈氏，謝洪信妻陳氏，王廷彦妻俞氏，何仁元繼妻夏氏。又貞女王雲姑。俱於嘉慶年間旌。

趙子新妻屠氏。嵊縣人。夫亡守節。又同縣裘孟玉妻邢氏，馬其達妻汪氏，王世武妻陳氏，鄭懷仁妻傅氏，張孕彩妻周氏，張雍起妻裘氏，金惟清妻趙氏，樓於禮妻張氏，趙明如妻胡氏，沈思齋妻黃氏，樓紹顯妻周氏，郭懋達妻周氏，生員袁華鯤妻孫氏，史起燦妻金氏，徐繼聲妻高氏，盧伯昇妻趙氏，俞大廣妻鄭氏，生員孫楷妻黃氏，汪宏遂妻鄭氏，生員趙家輅妻錢氏，生員王肇修妻徐氏，周拱元妻袁氏，魏翼之妻竺氏，周宣元妻金氏，莫如德妻張氏，張文模妻俞氏，俞天璋妻屠氏，汪景華妻周氏，章成紳妻呂氏，俞大埰妻馬氏，邢訓謀妻周氏，沈文榮妻裘氏，宋一和妻尹氏，李安世妻葛氏，宋乾驤妻陳氏，崔絅妻朱氏，任秉國妻張氏，錢肇業妻黃氏，商琳玉妻周氏，俞承榮妻姜氏，相明行妻裘氏，相啓泰妻裘氏，支全龍妻丁氏，張家振妻呂氏，丁光被妻童氏，裘克思妻馬氏，生員史楠賓妻沈氏，吳乃炯妻梁氏，趙景英妻孫氏，黃球妻裘氏，周世榮妻商氏，錢勳世妻邢氏，尹遠照妻趙氏，周斯美妻宋氏，袁兆連妻張氏，王惟巽妻周氏，裘元熹妻張氏，傅武倜妻童氏，宋全備妻呂氏，錢禹甸妻馬氏，周存妻葉氏，錢傅謨妻應氏，章正祥妻周氏，張三坤妻商氏，章正論妻周氏，尹文勳妻王氏，趙忠貴妻陳氏，王達尊妻吳氏，黃正維妻馬氏，孫道璐妻姚氏，周兆鳳妻邢氏，張永培妻魏氏，馬宗大妻張氏，尹鳳飛繼妻袁氏，錢洪義妻朱氏。又烈婦周慶裕妻張氏，夫亡殉節。孝女張三姑。俱於乾隆年間旌。汪大柱繼妻吴氏，鄭樹檀妻周氏，周廷颺妻俞氏，史兆貴妻宋氏，張顯武妻范氏，宋一鈞妻周氏，錢紹憲妻過氏，宋瑩中妻王氏，劉元弁妻安氏，竺正俊妻王氏，孫尚計繼妻張氏，丁道立妻李氏，董宇治妻任氏，監生黄炳妻張氏，監生沈鶴年繼妻鄭氏，張如松妻馬氏，史節斐妻支氏，金有環妻錢氏，陳組綬妻金氏，竺銘勳妻王氏，張樹梓妻薛氏，單義亮妻周氏，王行順妻韓氏，竺英佐妻俞氏，生員沈宜文繼妻宋氏，生員邢司直妻商氏，姚自坊妻潘氏，尹大堯妻錢氏。又烈女裘六妹。貞女張聖緒未婚妻俞氏，周愭廣未婚妻錢氏。俱於嘉慶年間旌。

生員俞元益妻吕氏。新昌人。夫亡守節。又同縣何曰宣妻吕氏，石月才妻吕氏，石月霖妻陳氏，生員陳鳳岐妻吕氏，生員張秉禮妻吕氏，潘師琦妻吕氏，生員俞肯構妻吕氏，生員吕皐妻俞氏，生員何機妻俞氏，何鼎明妻徐氏，陳大受妻張氏，生員俞呈逵妻張氏，生員吕逢壬妻張氏，袁德皆妻吴氏，黄錫祉妻陳氏，倪作忠妻梁氏，孫應鵬妻朱氏，吕宜音妻俞氏，俞廷坡妻吕氏。又貞女吴廷賢未婚妻繆氏。俱於乾隆年間旌。張繼華妻吕氏，董尚信妻梁氏，吕念趙妻梁氏，吕守則妻何氏，俞覲堯妻吕氏，吕國安妻俞氏，生員吕浩妻張氏，陳汝龍妻吕氏，李家泗妻潘氏，監生吕式沼妻陳氏，潘顯匡妻丁氏。又孝女潘足姑。俱於嘉慶年間旌。

仙釋

漢

魏伯陽。上虞人。丹成得道，著參同契三卷。名勝志：縣南百樓山，即伯陽所居。

三國　吴

介象。字元則，會稽人。有諸方術。又虞翁生，山陰人。受介象食日精法，隱狼五山中，後仙去。

晉

竺潛。字法深。隱剡山。哀帝兩遣使召至建康，簡文尤敬禮之。

支遁。河南人。住剡東岇山。王羲之守會稽，遁與孫綽共載往，因論莊子逍遥遊〔二〕，作數千言，才藻新奇，王遂披襟流連，延位靈嘉寺。

弘明。山陰人。止雲門寺，誦法華經，瓶水自滿。有童子自天而下，以供使令，虎時入室。

唐

慧忠。越州諸暨冉氏。受六祖心印，居南陽白崖山〔三〕。本朝雍正中，敕封真實大證禪師。

靈一。越中雲門寺僧。持律甚嚴。同時又有靈澈，亦越僧，並善詩。

明

圓澄。字湛然，會稽人。俗姓夏，得戒於雲栖蓮池，以古佛期之。掩關六年，澄素不曉文字，一旦通豁，講經典，俱有妙理，開顯聖道場，宗風大暢。

土產

鹽。郡有五課司，商販畢集，鹽利甚溥。舊志：郡之所産，常以竹盤燒之，故味美而色白，爲他郡最。

茶。嘉泰志：日鑄嶺下，坡名油車，朝暮有日，産茶絶奇。

酒。名酒記：越州蓬萊酒。今越酒行天下〔四〕，其品頗多，而名「老酒」者特行。

羅。越之舊産，故稱越羅。唐書地理志：越州土貢寶花、花紋等羅。

綾。元和志：開元貢交梭白紗，貞元後別進異紋吴綾及單縣吴綾、朱紗等纖麗之物。九域志：土貢越綾。又有茜緋花紗、輕容紗。

藤紙。剡之藤紙，得名最舊。其次苔牋，今獨竹紙名天下。

竹箭。爾雅：東南之美者，有會稽之竹箭。蓋二物也。周禮有箈菹筍菹，鄭康成云：「竹萌曰筍，箭萌曰箈。」

筋竹。郭之美羅浮山記：筋竹堅利，南中人以爲矛。段成式酉陽雜俎：筋竹笋未竹時，堪爲弩絃。又桃枝竹，篾殊韌，可作簟。西京雜記「會稽歲時獻流黄簟」是也。

筍。舊志：越中有燕來筍，以燕子來時得名。黄鶯筍，乃筍之黄苞者。又有猫筍、花筍、箭筍，三品絶佳。冬月取猫筍萌土中者曰簟筍，尤爲土産之最。

越瓜。本草：生越中。陳藏器云：越瓜色正白，越人當果食之。

楊梅。出餘姚之燭湖者最佳，次則蕭山。又山陰之項里、何塔皆產，其最佳者名官長梅，色深紫，次曰綠梅，實大核小，土人以雀眼竹筐盛貯爲遺。

蓴。蕭山湘湖出。柔滑而腴。

橘。祖沖之述異記：越多橘園，越人歲稅，謂之根橘户，亦曰橘籍。有如小彈丸者名金橘，如棗者名金棗，如豆者名金豆，俱嵊縣產。

玉芝。廣輿記：會稽陶晏嶺出玉芝，花生葉下，其根一歲生一臼，取其臼以麪裹炊熟，日吞三枚，可以辟穀。

禹餘糧。嵊縣了山產。皮似茯苓，肉赤味澁，相傳禹棄餘糧，化爲此草，服之令人不饑。

紫石英。諸暨縣出。

吐綬鳥。出嵊縣太白山中。狀如雞，文采五色，口吐綠綬，長數尺。按：談薈，吴越時越窑，俞精謂之柴窑，或云製器者姓，或云柴世宗時始進御。然陸龜蒙詩已有「九秋風露越窑開，奪得千峯翠色來」之句，乃知唐世已有，今則不聞有產者。又越絕書赤堇之山破而出錫，若耶之溪涸而出銅。今其地不復見採。

校勘記

〔一〕吴邦璿妻傅氏　「璿」，原作「濬」，據乾隆志卷二二八紹興府列女（下同卷簡稱乾隆志）及雍正浙江通志卷二〇九列女改。

按，邵廷采東南紀事卷五載吴邦璿事甚詳。

〔二〕因論莊子逍遥遊　「莊子」，原作「老子」，乾隆志同，據世説新語文學及高僧傳卷四支遁傳改。

〔三〕居南陽白崖山　「崖」，原作「崔」，據乾隆志及五燈會元卷二改。

〔四〕今越酒行天下　「天」，原脱，據乾隆志及雍正浙江通志卷一〇四物産補。

台州府圖

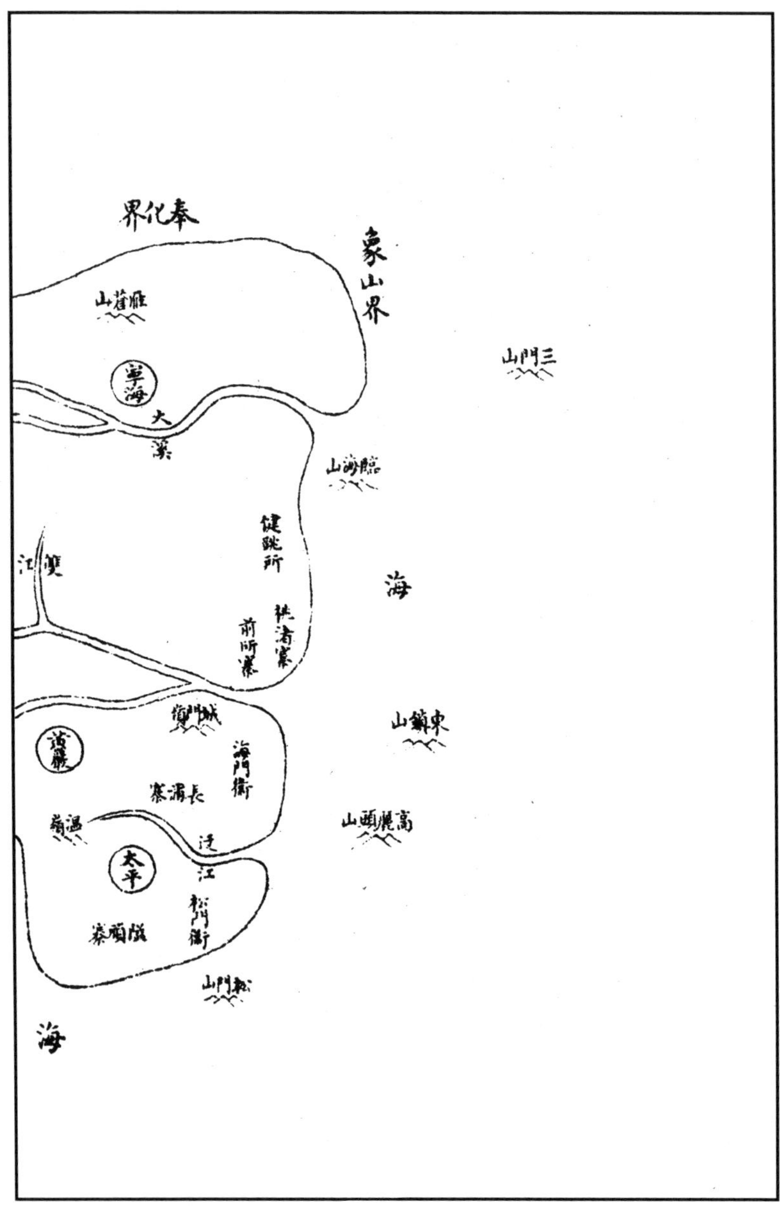
奉化界
象山界
雁蒼山
寧海
大溪
三門山
臨海山
健跳所
海
桃渚寨
前所寨
黄巖
海門衛
長浦寨
東鎮山
温嶺
高麗頭山
太平
松門衛
隘頑寨
松門山
海

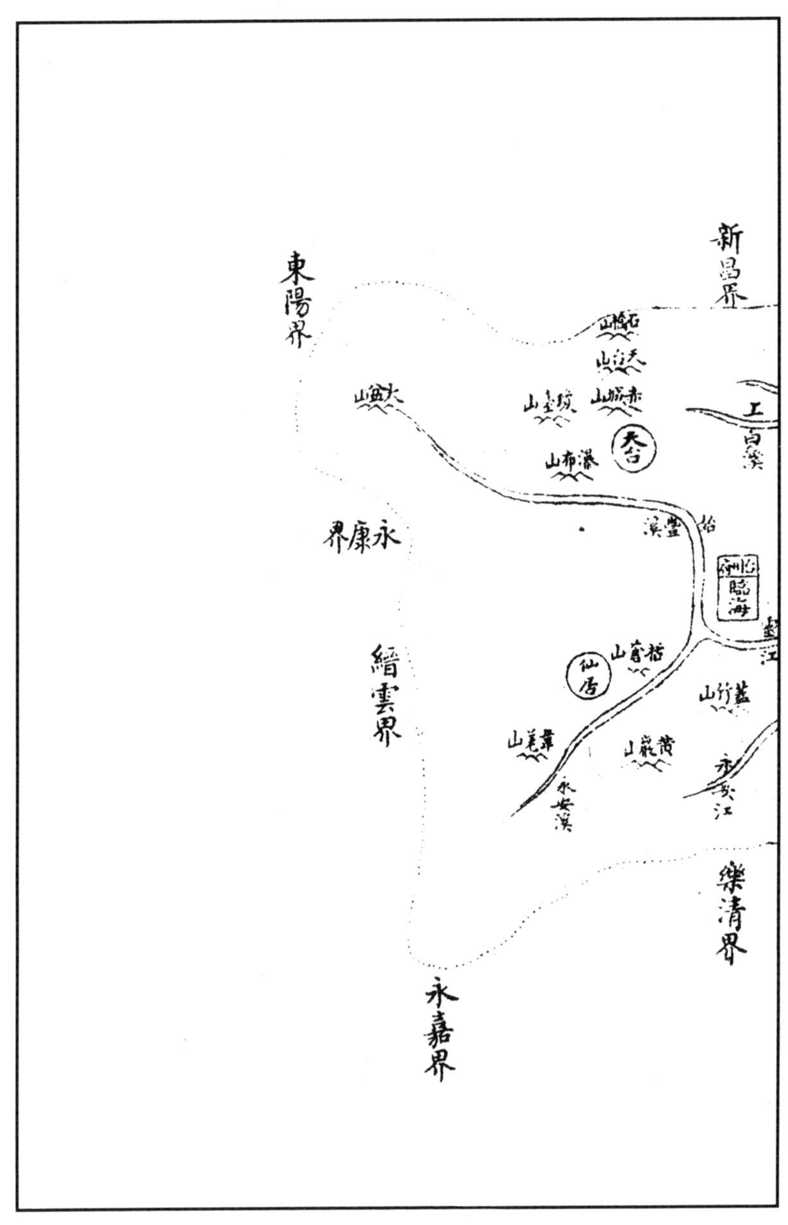
新昌界
東陽界
石橋山
天姥山
赤城山
大盆山
瓊臺山
天台
瀑布山
永康界
靈溪
台
白溪
台州
臨海
縉雲界
仙居
括蒼山
藍竹山
韋羌山
黃巖山
永安溪
永安江
樂清界
永嘉界

台州府表

	台州府	臨海縣
兩漢	會稽郡地。	回浦縣，屬會稽郡南部都尉治，後漢更名章安，爲東部都尉治。
三國吴	臨海郡，太平二年置，治臨海，尋徙章安。	臨海縣，太平二年置，爲郡治，郡旋徙縣屬。章安縣，臨海郡治。
晉	臨海郡	臨海縣 章安縣
宋	臨海郡	臨海縣 章安縣
齊梁陳	臨海郡	臨海縣 章安縣
隋	省入處州。	臨海縣，屬永嘉郡。省入臨海。
唐	台州臨海郡，初置海州，旋改名，屬江南東道。乾元初屬浙江東道。	臨海縣，州治。
五代	台州，屬吴越。	臨海縣
宋	台州臨海郡，屬浙江東路。	臨海縣
元	台州路，升路，屬江浙行省。	臨海縣，路治。
明	台州府，改府，屬浙江布政司。	臨海縣，府治。

續表

黃巖縣	天台縣	仙居縣
回浦縣地。後漢章安縣地。	回浦縣地。後漢章安縣地。	回浦縣地。後漢章安縣地。
	始平縣置屬臨海郡。	
	始豐縣太康初改名。	樂安縣初爲始豐縣地，永和中置，屬臨海郡。
	始豐縣	樂安縣
	始豐縣	樂安縣
臨海縣地。	省入臨海。	省入臨海。
黃巖縣上元二年置永寧縣，屬台州。天授初更名。	唐興縣武德四年復置始豐縣，屬海州，旋省。貞觀中復置，屬台州。上元二年更名。	樂安縣武德四年復，屬台州，旋廢。上元二年又復。
黃巖縣	天台縣梁開平中吳越更名，晉又改台興。	永安縣唐長興初吳越更名移治。
黃巖縣	天台縣復名，仍屬台州。	仙居縣景德四年更名，仍屬台州。
黃巖州元貞初升州，仍屬台州路。	天台縣屬台州路。	仙居縣屬台州路。
黃巖縣復降縣，屬台州府。	天台縣屬台州府。	仙居縣屬台州府。

續表

寧海縣	太平縣
鄞縣地。	回浦縣地。後漢章安縣地。
寧海縣永和三年置，屬臨海郡。	
寧海縣	
寧海縣	
省入章安。	
寧海縣武德四年置，屬台州，旋省。永昌初復。	黃巖縣地。
寧海縣吳越徙治，仍屬台州。	
寧海縣	
寧海縣屬台州路。	
寧海縣屬台州府。	太平縣成化五年置，屬台州府。

大清一統志卷二百九十七

台州府一

在浙江省治東南五百七十七里。東西距三百七十里，南北距二百五十五里。東至海一百八十里，西至處州府縉雲縣界一百九十里，南至温州府樂清縣界一百十里，北至紹興府新昌縣界一百四十五里。東南至海一百九十里，西南至温州府永嘉縣界二百五十里，東北至寧波府象山縣界二百八十里，西北至金華府東陽縣界二百七十里。自府治至京師四千七百七十八里。

分野

天文牛、女分野，星紀之次。

建置沿革

禹貢揚州之域。春秋爲越地，後屬楚。秦屬閩中郡。漢置回浦縣，爲會稽南部都尉治。後漢建武初，改曰章安，仍屬會稽郡，爲東部都尉治。三國吴太平二年，析章安縣地置臨海縣，又分會稽東部置臨海郡。晉及宋、齊以後因之。寰宇記：「台州，梁爲赤城郡。」而隋、唐志皆不載。隋平陳，省郡入處州。大業中，屬永嘉郡。唐武德四年，以臨海縣置海州，五年改曰台州。因天台山爲名。天寶初，復曰臨海郡，屬江南東道。乾元初，復曰台州，屬浙江東道。五代屬吳越。宋亦曰台州臨海郡，屬浙江東路。元至元中，改台州路，隸江浙行省。明初，改台州府，屬浙江布政使司。本朝因之，隸浙江省。領縣六。

臨海縣。附郭。東西距二百五十里，南北距一百十里。東至海岸一百八十里，西至仙居縣界七十里，南至黃巖縣界四十五里，北至天台縣界六十五里。東南至黃巖縣界一百二十里，西南至仙居縣界五十里，東北至寧海縣界五十五里，西北至天台縣界六十五里。漢置回浦縣，屬會稽郡。後漢改曰章安。三國吳太平二年，分置臨海縣，爲臨海郡治，尋徙郡治章安，以縣屬焉。晉以後因之。隋省章安，以臨海縣屬處州。大業中，屬永嘉郡。唐爲台州治。五代及宋因之。元爲台州路治。明爲台州府治。本朝因之。

黃巖縣。在府東南六十里。東西距二百十里，南北距六十里。東至海岸六十里，西至仙居縣一界百五十里〔一〕，南至溫州府樂清縣界五十里，北至臨海縣界十里。東南至太平縣界六十里，西南至樂清縣界一百七十里，東北至臨海縣界六十里，西北至臨海縣界七十里。漢回浦縣地。後漢爲章安縣地。隋爲臨海縣地。唐上元二年析置永寧縣，屬台州。天授元年，改曰黃巖。五代及宋因之。元元貞初，升爲黃巖州，屬台州路。明洪武二年，降爲縣，屬台州府。本朝因之。

天台縣。在府西北九十里。東西距二百二十里，南北距七十五里。東至寧海縣界四十里，西至金華府東陽縣界一百八十里，南至臨海縣界二十五里，北至紹興府新昌縣界五十里。東南至臨海縣界四十里，西南至仙居縣界一百里，東北至寧海縣界六十里，西北至新昌縣界五十里。漢回浦縣地。後漢章安縣地。三國吳析置始平縣，屬臨海郡。晉太康初，改曰始豐。宋、齊以後因之。隋省縣入臨海。唐武德四年，復置始豐縣，屬海州，八年省。貞觀八年，復置，屬台州。上元二年，改曰唐興。五代梁開平中，吳越改曰天台，石晉改爲台興。宋復曰天台，仍屬台州。元屬台州路。明屬台州府。本朝因之。

仙居縣。在府西少南九十里。東西距一百四十里，南北距一百五十里。東至臨海縣界四十里，西至處州府縉雲縣界一百里，南至温州府永嘉縣界一百里，北至天台縣界五十里。東南至黄巖縣界一百五十里，西南至縉雲縣界一百里，東北至天台縣界八十里，西北至金華府永康縣界一百五十里。漢回浦縣地。晉初爲始豐縣地，永和中析置樂安縣，屬臨海郡。宋、齊以後因之。隋省入臨海。唐武德四年，復置樂安縣，屬台州，八年省。上元二年復置，仍屬台州。五代唐長興元年，吳越改爲永安縣。宋景德四年，改曰仙居。元屬台州路。明屬台州府。本朝因之。

寧海縣。在府東北一百八十里。東西距一百七十五里，南北距一百八十五里。東至寧波府象山縣界一百十里，西至天台縣界六十五里，南至臨海縣界一百十五里，北至寧波府奉化縣界七十里。東南至海二百五十里，西南至臨海縣界一百二十里，東北至象山縣界一百二十里，西北至紹興府新昌縣界九十里。漢會稽郡鄞縣地。晉永和三年，析置寧海縣，屬臨海郡。宋、齊以後因之。隋開皇九年，省入臨海郡。唐武德四年復置，屬台州，七年復省，永昌元年又置，仍屬台州。五代及宋因之。元屬台州路。明屬台州府。本朝因之。

太平縣。在府東南一百四十里。東西距七十五里，南北距七十八里。東至海四十里，西至温州府樂清縣界三十五里，南至海三十三里，北至黄巖縣界四十五里。東南至海五十里，西南至海七十里，東北至黄巖縣界四十五里，西北至樂清縣界四十里。漢回浦縣地。後漢章安縣地。唐以後爲黄巖縣地。明成化五年，割縣南界太平、繁昌、方巖三鄉，置太平縣，屬台州府。本朝因之。

形勢

雙闕雲聳，瓊臺中天。窮山海之瓌富，盡人神之壯麗。晉孫綽天台山賦。西鎖括蒼，北連關嶺。

盤山南固，桐巖東阻。唐崔尚桐柏山碑。環千峯而拱揖，會三江之蜿蜒。宋王象祖語。南、西、北三面逼山，東際溟海。宋尤袤玉霄亭記。巾峯對峙，如入几席；三江合流，環拱郛郭。足以奠城社，表宅里。明謝鐸赤城志序。

風俗

其人樸静，其俗儉約。宋吴子良州學記。台介東南之陬，里無貴游，百姓習樵獵，不識官府。陳公輔記。自朱子紹伊洛之正緒，傳道受業者，台爲特盛。明宋濂集。士秀而文，重道德，尚名節。言行本乎禮義，閭巷絃誦之聲相接。方孝孺集。

城池

台州府城。周十八里有奇，門五。宋大中祥符間重築。本朝順治、康熙中屢修。

黄巖縣城。周七里，門五。明嘉靖中築，東南臨河，西北枕江。本朝順治十五年修，乾隆二十七年重修。

天台縣城。周五里，門四，又四隅各有小門。明嘉靖三十四年，因舊址築。本朝乾隆三十一年重修。

仙居縣城。周十里，門五。明嘉靖三十六年築。本朝順治七年修，乾隆三十一年重修。

寧海縣城。周七里，門五。城外爲隍，明嘉靖三十一年築。

太平縣城。周四里七十七步，門六，水門二。明嘉靖三十六年築。本朝順治十五年重修。

學校

台州府學。在府治東南。宋康定二年建。本朝康熙、雍正中屢修。入學額數二十五名。

臨海縣學。在縣治東南。宋寶慶初建。本朝康熙四十七年重建。入學額數二十五名。

黄巖縣學。在縣治南。宋元豐六年建。本朝康熙四十七年重建。入學額數二十名。

天台縣學。在縣治東南。宋慶曆七年建。本朝順治十六年重建。入學額數二十名。

仙居縣學。在縣治東。宋天聖中建。本朝康熙十八年重建。入學額數十二名。

寧海縣學。在縣治西南。宋紹興六年建。入學額數十六名。

太平縣學。在縣治東南。明成化七年建。入學額數十六名。

近聖書院。在府學西。本朝康熙五十二年知府張聯元建。

紫陽書院。在黄巖縣治，朱文公祠後。

萃華書院。在黄巖縣杜家村。原名樊川書院。

九溪書院。在黄巖縣治。

文明書院。在天台縣。本朝乾隆三十五年建。

緱城書院。在寧海縣治東南。按：臨海有上蔡書院，在東湖上，宋建；鑑湖書院，在縣東北，元建；白雲書院，在府治後大固山，明建；赤城書院，在白雲山麓，明建。黄巖縣有回浦書院，在縣東五十里，元建；文獻書院，在委羽山側，元建。太平縣有方巖書院，在方巖山，明建。仙居縣有桐江書院，在縣西四十五里，元建；安洲書院，在縣東二十五里，元建。今皆廢。

户口

原額人丁一十七萬六千五百一十四，今滋生男婦二百七十六萬三千四百七名口，計三十七萬三千九百八十三户。又屯運男婦一萬四百八十八名口，計一千一百九户。

田賦

田地共三萬五千六十一頃九十八畝二分零，額徵銀十五萬八千九十一兩一錢三分零，米四萬一千六百十七石六斗三升八合零。

山川

巾子山。在府治東南一里。又東南一里曰小固山。二山相連，兩峯如帢幘。頂有雙塔，下瞰城郭，郊藪山川，一覽而盡。其南麓爲南山，嶺高與城齊，下瞰靈江。

大固山。在府治西北。高八十丈，周五里。蜿蜒磅礴，環抱府治，狀如屏障。自治後而北曰北山，自北而東曰白雲，實一山也。晉隆安末孫恩爲寇，刺史辛景於此掘塹守之，恩不能犯。輿地紀勝：宋紹興間，道士惠德風斸地得晉斷碑，有「龍顧山」字，故一名龍顧山。舊有子城，在山上。

靖江山。在臨海縣東七里。上有塔，俗名白塔山。舊傳辛景破孫恩於此。

少兩山。在臨海縣東八里。俗譌爲小梁山，下臨澄江。

東刊山。在臨海縣東九十一里。山極高峻，又名天柱山。

石鼓山。在臨海縣東一百五里。臨海記：黄石村有山，山上有石似鼓，兵興則鳴。舊有栅城，唐貞觀初，刺史李元奏置兵三千護之。

玉峴山。在臨海縣東一百七里。舊名黄石，一名黄礁，俗傳黄石公曾居此。唐天寶六載改今名。中有石澗，可容數百人，四圍多林木，陰翳蔽天，山中洩水九層，沿崖注落，如白練。東南有鍾乳穴，極深邃。

石筍山。在臨海縣東一百二十里。與仙巖洞相連，形極高險。其絶頂數峯如筍，中有石筍湫，每雲霧覆其上，翌日必雨。

宴室山。在臨海縣東一百五十里。中有越王望海館，下有湖。

崛門山。在臨海縣東一百五十里海中。寰宇記：山腹有孔，上達於頂，其中有聲即大風水，必有大兵，吴將平，孔内有聲遠聞十里。

龍符山。在臨海縣東一百七十里海中。本名覆釜。顧野王輿地志云：章安縣東五十里海際有山，似覆釜。劉世軌記以爲夏王登此山，得龍符之瑞。唐天寶六年改今名。

秀麗山。在臨海縣東二百里海中。舊名芙蓉山。臨海記：州東北七十里海中有芙蓉山，望之竦如紅蓮始開。山有石龕，方圓二丈，巉巖如斲。唐天寶六年改今名。

白鶴山。在臨海縣東南二十里。有展旂峯、劒崖諸勝。寰宇記：上有深湖，中有盤石，前有石鼓，昔有白鶴飛入會稽雷門鼓中，擊之聲聞洛陽。郡國志：漢末有徐公於此山成道，控鶴騰空而去，故名白鶴。

石新婦山。在臨海縣東南七十里。寰宇記：山旁有奇石如婦人狀，石悉紺色。宋文帝嘗遣畫工模寫山狀，時人盛圖於白團扇。

九盤山。在臨海縣東南七十里。山路縈迴九轉，絶頂可眺大海。

金鼇山。在臨海縣東南一百二十里。宋建炎四年，金兵至，高宗泛海，泊此四十日，始還紹興。後文天祥隨少主航海，亦駐泊於此。其並峙者曰海門山，對立如闕。

赤山。在臨海縣東南一百三十里。絶頂有古塔。隋書地理志：臨海縣有赤山。即此。

白山。在臨海縣東南二百五十里。遠望如雪，其上有湖。

高麗頭山。在臨海縣東南二百八十里。自此分路，可入高麗國。一峯屹立如人首，故名。

古塘門山。在臨海縣南二十里。兩峯對峙，中空十餘丈，舊傳海門在焉。

蓋竹山。在臨海縣南三十里。一名竹葉山，中有洞，名長耀寶光之天，道書以爲第十九洞天、第二福地。上有石室、香爐、天門三峯，周八十里。抱朴子：可合神丹，惟大小台、華山、少室山、蓋竹山，無山精木魅之擾。即此。

亭山。在臨海縣南一百里。舊有寨，由郡泛舟入黄巖者候潮於此。

括蒼山。在臨海縣西南四十里，接仙居縣界。寰宇記：括蒼山，高一萬六千丈。神仙傳：王方平居崑崙，往來羅浮、括蒼山。宋元嘉中，嘗遣名畫寫狀於團扇。舊志：真隱山，本名括蒼，唐天寶中改今名。又名天鼻山。周三百里，與仙居韋羌山接。四面石壁，容數千人，亦名蒼嶺。

日山。在臨海縣西五里。面東朝日，視諸山高。

清潭山。在臨海縣西二十里。洪邁夷堅志：舊有陂廣十餘里，淳熙間大水，推一山納陂中，山之大小正與陂等，林木宛然。

石塘山。在臨海縣西三十里。石峽飛瀑，下注塘中，噴激如雷，左右有白石，可坐四五十人。

新羅山。在臨海縣西三十里，與八疊嶺相望。鳥道巑岏，登陟艱阻，山多野果，土人利之。

宜山。在臨海縣西六十里。上平衍，有良疇千頃，潭瀑沾溉，旱不能害。

白鵠山。在臨海縣西北六十里。山巔有水傾注，遥望如白鵠倒掛，故名。臨海志：白鵠山中有深湖，魚大如二百斛舟。

許孝山。在臨海縣北四十五里。舊傳有許姓者，居喪至孝，每一慟則羣鳥悲鳴，因名之。

臨海山。在臨海縣東北二百四十里，枕海岸。本名牛頭山，下有二溪，亦名臨溪山。

永寧山。在黄巖縣東五里。以舊縣名。石壁峻特，四望皆方，一名方山。山陰曰白龍山。

大仁山。在黄巖縣東十五里。山巔有二池，久旱不涸。

東鎮山。在黄巖縣東二百四十里。臨海記：洋山東有東鎮大山，去岸二百七十里。有四嶴，極峻險。明統志：山産海藻、甲香等物。

委羽山。在黄巖縣南五里。一名俱依山。山東北有洞，俗傳仙人劉奉桂控鶴墜翮處，道書以爲第二洞天，號大有空明之天。

大屏山。在黄巖縣南十五里。山勢逆水上走，一名金宇巖，半銜雲嵐，又名半峯。

盤山。在黄巖縣南五十里。盤迴十里，石磴崎嶇。

三童山。在黄巖縣西南十七里。上有三峯，各高十餘丈，狀如童子。

麈山。在黄巖縣西南二百里。永安江源出此〔二〕。

松巖山。在黄巖縣西十五里。沿崖而上，凡七里始登石梯，梯數百級，俗名古仙百步街。上平廣，有古松、碧潭之勝。

柏嘉山。在黄巖縣西三十五里。每旱禱，山鳴則雨，又號鳴山。上有三峯，下有九溪瀠迴，瞰之宛如飛鳳。

篤孝山。在黄巖縣西三十五里。宋南渡後有鮑雍者，自饒徙居山下，孝養其親，故名。

華嚴山。在黄巖縣西四十五里。上有踟虎巖，下有石井，井居澗底，其深莫測，俗傳與長潭通。

靈石山。在黄巖縣西五十里。又名甘露山。臨海記：孫恩寇境，毀木爲船，石從空墜，賊以傷去，故名。

三𡽪山。在黄巖縣西六十里。周二十餘里，分上、中、下三𡽪。初至下𡽪，則兩山夾水而入，其勝處名雲莊風磴。又二里許，即中嶴，兩山蹲踞，名石門。前有巨溪洶激，溪中石柱屹立數十尋。又四里許，即上嶴，石洞空濶，尤爲奇勝。居人皆以造楮爲業。

夏烏山。在黄巖縣西六十里。旁有雙壽峯，下有龍湫，流入永安江。

黄霧山。在黄巖縣西七十五里。上鋭下濶，宛然金字，一名金字山。絶頂有石洞，雲常出没其中，居人以占晴雨。

黄巖山。在黄巖縣西一百二十里。山頂有黄石，一名仙石山，縣以此名。臨海記云：山上有石驛，三面壁立，俗傳仙人王方平居此，號王公客堂。南有石步廊。

瑞巖山。在黄巖縣西北四十五里。山石皆紫，朱子有詩。

馬鞍山。在黄巖縣北五里。元末方國珍以舟師突海門，入州港，犯馬鞍諸山，台哈布哈擊之，戰死。即此。「台哈布哈」舊作「泰不花」，今改正。

靈巖山。在黄巖縣北十里。一名鷲峯。後有飛瀑，垂崖而下，瀦爲潭，深不可測。

六潭山。在黄巖縣北十五里。朱子嘗著書於此，名爲小樊川。

蒼山。在天台縣東。上有九龍湫，絶頂可望滄海。

東横山。在天台縣東十里。狀如覆舟，舊名覆舟山。四面迥絶，無所聯接，其上坦平，可三十頃。中有三泉，冬温夏冽。稍東有鳳凰山，三山大小如鳳，亦名鳳林。

寶華山。在天台縣東三十里。産花乳石。距山足二里許，有巒岫如帶，與溪流俱西向，環拱縣境，因名帶横。

覆盆山。在天台縣東四十里。頂平，東西二井，形家以爲一郡之秀。

始豐山。在天台縣西南十五里。狀似盤龍，舊名龍山，唐天寶中改今名。

寒巖山。在天台縣西南七十里。前有盤石，曰宴坐峯，上有石室，舊名捬石洞。上矗雲漢，其下嵌空，爲天台絶勝處。

明巖山。在天台縣西南七十里。舊名暗巖山，巖前峭壁屹立，勢摩霄漢，其下竅穴透邃，怪石森然。

折山。在天台縣西十六里。山勢峭崿險折，中一峯尤秀拔，俗傳王喬控鶴於此，又名鶴峯。

鷓鴣山。在天台縣西二十里。

瀑布山。在天台縣西四十里。有瀑布垂流千丈，遥望瑩白如練，冬夏不竭，唐陸羽品此水爲天下第十七。一名紫凝山。

方山。在天台縣西六十里。高千餘丈，麓周十五里，自足至頂，四面皆方。

大盆山。在天台縣西一百八十里。西接東陽，南界仙居，遥望宛如覆盆。

九峯山。在天台縣西北十五里。有九峯羣列，亦天台支山，晉王羲之與支遁嘗遊此。

桐柏山。在天台縣西北二十五里。旁有紫霄、翠微、玉泉、卧龍、蓮花、華林、玉女、玉霄、華頂九峯，上有桐柏觀。

瓊臺山。在天台縣西北三十里。少南三里曰雙闕山，兩峯萬仞，屹然相向。孫綽賦：「雙闕雲聳以夾路，瓊臺中天而懸居。」指此。

八峯山。在天台縣西北六十里。中有萬年寺。所謂八峯，明月、婆羅、香爐、大舍、銅魚、藏象、煙霞、應澤是也。又相近有千佛山，層巒疊嶂，森鬱秀拔，與赤城、玉霄、華頂諸峯角勝。

天台山。在天台縣北。陶弘景真誥：山高一萬八千丈，周八百里。山有八重，四面如一。當斗牛之分，上應台宿，故曰天台。顧愷之啓蒙記注：天台山去天不遠，路經楢溪，水深險清冷。前有石橋，徑不盈尺，長數十丈，下臨絶澗，惟忘其身，然後能濟。濟者梯巖壁，援蘿葛，度得平路，見天台山蔚然奇秀，列雙嶺於青霄，上有瓊樓玉闕，天堂碧林醴泉，仙物畢具也。元和郡縣志：山在唐興縣北十里。舊志：在縣北三里。自縣北二里神蹟石起，歷國清、赤城、桐柏，至於華頂，皆名天台，實一邑諸山之總號。一名大、小台山。

赤城山。在天台縣北六里。支遁天台山銘序：往天台者，當由赤城山爲道徑。孔靈符會稽記：赤城山，土色皆赤，狀似雲霞，望之如雉堞。孫綽天台賦：赤城霞起而建標。舊志：一名燒山。西有玉京洞，道書以爲第六洞天，名上玉清平之天，即天台之南門。

石橋山。在天台縣北五十里。兩山並峙，連亘百里，上有石梁，懸架兩崖間，龍形龜背，有雙澗合流於橋下。橋勢峭峻，洩爲瀑布，下臨萬仞，飛泉回射，危滑欹側，過者不敢視。孫綽賦：「跨穹窿之懸崖，臨萬丈之絶溟。」謂此。

福應山。在仙居縣東二里。亦名盡美山。山南有開巖，爲縣之水口。

安洲山。在仙居縣東南五里。舊名九甸山。本在水中，唐武德間風雨大作，沙湧成洲。明萬曆中，建塔其上，亦名新塔山。

漁潭山。在仙居縣東南五里。下瞰深潭，每二三月桃花盛開，巨魚如織。

石龕山。在仙居縣東南十五里。有石室深廣，可容千人。

陽澹山。在仙居縣南四十里。一名陽峯。最高聳，上多沃田，登之則萬山皆伏。

瓏崆山。在仙居縣南十五里。山多玲瓏巨石，巖石峭白，水自層巖飛瀉。

韋羌山。在仙居縣西南四十五里。高出衆山，險絶難升，上有石壁，刊字如科斗。中有抱兒巖，平地拔起數十丈，上二峯，一大一小，如抱兒然。

金山。在仙居縣西南五十里。俗謂之鵝頸山。突起如覆鐘，前後多泉石之勝。山下有玉几山，俗名船巖山，山北有二潭。

桐林山。在仙居縣西南五十里。

披雲山。在仙居縣西南五十五里。形勢高聳，每多煙雲繚繞其上。

萬竹山。在仙居縣西南六十里。絶頂曰新羅，九峯迴環，道極險阨。嶺上平曠，自成村落。又西南有金峯山，即萬竹之巔，峯巒次第起伏，至第九峯，如金星挺秀，蒼翠鬱然。

鑊底山。在仙居縣西南六十里。四面皆山，中寬敞，可屯數千人。

白冠山。在仙居縣西六十里。一名白鶴山。林谷深邃，接處州府縉雲縣界。又西十五里有赤城山，土石皆赤。

淩雲山。在仙居縣西八十五里。孤峯插漢，蒼翠若浮。又四十里有嵛山，一名楊岸嶺，孤峯壁立千仞，與蒼嶺相接。

盂溪山。在仙居縣西北十里。有溪流環繞。宋宣和中，鄉民保聚其間，寇至見雲霧杳冥，草木間旗幟隱隱，懼不敢犯。

盤谷山。在仙居縣西北十五里。盤旋如谷。

枕海山。在仙居縣西北五十五里。俗傳其址與海通，潭水與潮汐相應。

紫籜山。在仙居縣北三十里。山高廣。舊名竹山，唐天寶中改今名。又青圭山，在縣北十餘里，一名青尖，即紫籜之趾。萬山四合，一峯卓立，亦曰圭峯。

曬馬坪山。在仙居縣東北五十里。山口一徑狹隘，拾級而登，其頂平坦可數頃，中有古湫，蔭溉甚遠。與天台縣相接。

白嶠山。在寧海縣東五里。一名雲嶠山，晉初置縣於此。

石臺山。在寧海縣東六里。石疊如臺。又有石棋坪，爲邑人遊宴之所。

白巖山。在寧海縣東百里。山左一峯筆立，旁隴圍繞如屏，其並峙者爲罣罳山，形亦如屏，又名五幅山。左有獅子巖，右有香花山。其下爲長亭場，民居稠密，大海繞之。

三門山。在寧海縣東二百五十里海中。三峯鼎立，爲海船出入必經之處。南曰南田山，上有平疇，居民頗盛。明初湯和徙其民，今墟其地。

躍龍山。在寧海縣東南里許。舊名卧龍山，一名映霞山。

九皋山。在寧海縣東南十五里。上有龍湫，旱禱輒應。

蛇盤山。在寧海縣東南海中。如兩蛇盤屈，其石堅膩，民多採爲器用。

屈母山。在寧海縣南九十里。東溪出焉。

獅山。在寧海縣南九十里。絶頂有巨人跡，世傳神仙隱跡。相近有丹丘，孫綽賦「訪羽人于丹丘，尋不死之福庭」是也。

仙巖山。在寧海縣南一百里。多産奇草靈藥，下有石洞，頗深邃。

鳳山。在寧海縣南一百三十里。山勢如鳳張翼，明洪武中，設兵戍守，以控制海道，建城山上，爲健跳所。

道山。在寧海縣南一百四十里。上有孔雀湫，雲覆則雨。

三十六雷山。在寧海縣西三十里。一名雷山，自松壇至西溪、新田，沿棧而上，峯巒纍纍如貫珠，三十有六，西北可通馬嶴、三坑。

硤石門山。在寧海縣西北五十里。兩峯夾起，矗立千仞，上有巨人跡。

龍鬚山。在寧海縣西北五十里。山岡四斷，怪石屹立，有三龍湫，舊産銅鐵及苓杞等藥。

雁蒼山。在寧海縣北四十里。西南連桐柏，上有石如雁行，其色蒼然。又有龍井，深百六十尋。又有瀑布懸注大壑，其聲如雷。

天門山。在寧海縣北六十里。山從嵊縣發脈，繚繞三百餘里。其麓有閬風臺，拔起數千仞，旁有香巖、石井、釣臺諸勝。

石孔山。在寧海縣北六十里海中。有兩山相對，各如印形。

蓋倉山。在寧海縣東北九十里。瀕海，山極高廣，多產茶，又名茶山，亦曰茶巖。下有紫溪，引流注海。

石倉山。在太平縣東二十里。有石室，容數百人。

五龍山。在太平縣東南八里。山脊有石聳立，如婦人危坐，亦名百丈巖。

桂巖山。在太平縣東南二十里。山椒平衍，可百餘畝。其南有崎頭山隘頑所，置烽堠於上。

松門山。在太平縣東南五十里海中。亦曰松門島，松門衛以此名。

石塘山。在太平縣東南六十里海中。嶼嶴參錯，大小山環峙。舊屬黄巖縣，居民甚衆，明初以倭寇，徙居民於内地，此山遂墟。

石盤山。在太平縣南二里。峯巖錯列，從雁蕩山發脈，綿亘起伏，至此六十餘里，爲縣南屏。

大雷山。在太平縣南十七里。北接石盤、横山，周三十餘里。峭拔峻絶，高數千丈，上有龍湫。

婁崎山。在太平縣西北二十里。亦曰樓旂山。雄峙霄漢，海船每視爲嚮道。一名天馬山，上有龍湫。

王城山。在太平縣西北三十五里。本名方城山，絶巘壁立如城，相傳越王失國嘗保此，唐天寶六載改今名。山中峯巒絶勝，頂平曠約百餘畝，居人墾之，號仙人田。山下有桃溪。

靈伏山。在太平縣北三十里。中峯最高，左右有兩峯，參差並峙，如伏龍狀，又似句曲茅山，亦名小茅山。

新瀆山。在太平縣北三十里。宋乾道中，縣尉楊王休鑿山下河以通水道。開禧中，令蔡範復濬治之，因名。上有走馬岡。

丹崖山。在太平縣北三十里。崖石俱丹，亦名擔牙山。

白塔山。在太平縣北三十里。山有石塔，又有巖潭，居民望氣占雨。

盤馬山。在太平縣東北三十八里海上。山形四斷，盤旋如馬。南有仙人洞、觀音巖，產青木香、半夏、木賊。

大陳山。在太平縣東北海中。舊志：台州之山，惟大陳膏腴，又有溪，明時每爲倭賊所據，嘉靖三十四年，官兵敗倭於此。相近有南赤嶕山、夏公嶼，亦海中小山也。

城門嶺。在臨海縣東南一百五十里，海門衛北，峙立椒江南岸。稍東北即前千户所城，由此達黄巖，走温州，爲四境之險。

顧儒嶺。在天台縣東南十五里。按輿地志，舊名東岬，有齊顧歡讀書堂，後人因以爲名。今嶺旁有歡溪、歡墺。又縣東北五十里有招隱嶺，顧歡招杜京產隱此。

察嶺。在天台縣西二十里，與金地嶺接。漢高察所隱之處。

闢嶺。在天台縣西北四十里，與新昌分界。

八桂嶺。在天台縣北五十里。地理記：天台山有八桂巖，孫綽賦所謂「八桂森挺以凌霜」是也。

廟寮嶺。在仙居縣南九十里。府志：本朝康熙十四年，閩賊圍郡城，知縣鄭録勳謀由廟寮山徑行達安溪，抄出茅坪之背，賊首尾惶迫，遂宵遁。

王坟嶺。在仙居縣西南一百六十里鐵山之南。脈起永嘉縣之坑山，層巖疊障，綿延於東陽、永康、縉雲、仙居之數縣地。

蒼嶺。在仙居縣西一百里，與括蒼山相通。一名風門，接縉雲縣界，路通永康，爲婺、括、甌、閩孔道。重岡複徑，隨勢高下，行者病其險峭。

馬踪嶺。在仙居縣西北十餘里。蒼崖陡絶，行旅不通。相傳昔有失馬此山者，踵而追之，忽達婺州，遂通爲嶺。明嘉靖中，婺人禦倭於此，疊石爲營，至今猶存，俗呼風門頭。

大陳山嶺。在仙居縣西北九十里。與蒼嶺、古通、黄榆、馬踪，皆路通東陽、永康、縉雲，極爲險隘。

摘星嶺。在寧海縣南二十五里。舊名新嶺，以其高峻更名。

海游嶺。在寧海縣南六十里。下有鎮，唐咸通中，王式大破裘甫於海游鎮，即此。

戰坑嶺。在寧海縣南百里。危峻難登，俯瞰大海。相近又有俹橋嶺，兩石屹立如門，架木爲梁以度，下有泉甚湍急。

大龍嶺。在寧海縣西南一百里。迴旋曲折，凡三十五盤，接天台縣界。

桐巖嶺。在寧海縣西南百二十里。其上爲朱家罨驛。舊路由狼坑、縣渚、海游而西，紆迴阻滯，宋靖康後取道於此，至今便之。

温嶺。在太平縣西十里。一名中嶠山，亦名嶠嶺，有東西兩峯，東大西小，俗名大嶺、小嶺。

湖霧嶺。在太平縣西北三十三里。屹立湖側，西通雁蕩，北接唐嶺，常有海氣升騰如霧，因名。路出樂清縣。

上雲峯〔三〕。在臨海縣西南七十里。峯極高聳，外望諸山，宛如聚米。産茶，味異他處。

玉峯。在臨海縣西北七十里。俗名白石尖，又名大石鄉。勢淩霄漢，絶頂望天台華頂、郡城巾峯，皆在目前。

五峯。在天台縣北十里國清寺側。輿地紀勝：其峯有五，正北曰八柱，東北曰靈禽，東南曰祥雲，西南曰靈芝，西北曰映霞，前有雙澗合流。

玉霄峯。在天台縣北三十里。重巖疊障，松竹葱蒨，地産香茅。南隅兩石，對峙如門，號小桐柏。

白雲峯。在天台縣北三十里。道書以爲第十六福地，一名司馬悔山。舊傳司馬承禎隱天台山，被召至此而悔，因名。

九折峯。在天台縣東北三十里。孫綽賦：「既克濟於九折，路威夷而修通。」謂此。

華頂峯。在天台縣東北六十里。府志：天台第八重最高處，少晴多晦，夏猶積雪，自下望之，若蓮花之萼，亭亭獨秀。中有洞，石色光明。絶頂有降魔塔，東望滄海，瀰漫無際，號望海尖，可觀日出。下瞰衆山，如龍虎蟠踞、旗鼓列布之狀。草木薰郁，殆非人世。

十筍峯。在寧海縣東南百二十里，接臨海仙巖洞。

狀元峯。在寧海縣南二十里。以宋葉夢鼎得名。山極高峻，爲一邑藩屏。

天女峯。在寧海縣北四十里。狀如髽女，又名丫髻峯。海中望之，餘山皆伏，惟天台華頂與之並峙。

仙巖。在臨海縣東一百二十里。高廣數百仞，中有十竅，廣四畝，名百花洞，鄉人建樓其中。旁有石泉，不涸不盈，味極甘，相傳以爲同潮汐消長，宋文天祥曾於此募兵。

雙巖。在臨海縣南十五里。輿地紀勝：雙巖奇峭並峙，州治與之相對。又有馬蹄巖，在縣南二十里，今名聖巖。

白巖。在臨海縣南二十里。孤秀嶙峋，林木鱗次，下皆白石，中有龍湫，水瀑如練。

西巖。在黄巖縣西七十里。中有竅常鳴，久晴鳴則雨，久雨鳴則晴。

獅子巖。在天台縣東四十里繫船山北。兩石呀呀然如獅口，下臨小溪，險絶不可陟。上有石爐、石棺、石櫃之屬。

翠屏巖。在天台縣南二十五里。孫綽賦：「搏壁立之翠屏。」

百丈巖。在天台縣西北二十里，與瓊臺相望。峭險束隘，四山牆立，下有龍湫，名百丈潭。翠蔓蒙絡，水聲淙然，盤澗繞麓，即靈溪之源也。

方巖。在仙居縣東南四十五里。遠望若屏，近視若蓮，怪石奇峯，不可名狀。其上寬平，有田可耕。又有四塘，旱時則決以溉山下之田。

淙水巖。在仙居縣南三十五里。其水自層崖奔而下，噴薄激射，響震若潮，路經其下。

麻姑巖。在仙居縣西南二十五里。麻姑訪王方平於此，故名。巖上有洞，兩石相峙，有麻姑像存焉。

景星巖。在仙居縣西南五十五里。其溪深邃紆曲，凡二十四盤，始至其巔，旁多名勝。本朝順治十三年設兵戍守。

羅城巖。在仙居縣北五十里，與天台縣接界。巉巖陡絶，一綫中通，其中寬邃可屯兵。

千丈巖。在寧海縣東南二里許。壁立高峻，下有青鏡湖。

鬭雞巖。在寧海縣北三十里。兩巒對峙，下有碧潭。

響巖。在太平縣東稍北三十里，藥茶寮山側。下有石室，可容數十人，人笑語則谷聲響應，一名應聲巖。

龍公嶼。在臨海縣西北七里。壁下有竇，相傳神龍於此出入，天霽常有雲霧細雨。下有大湫，巖上鑿有「石龍竇」三字。又有龍口嶼，在寧海縣西北七十里，石壁聳立，下有石龍竇，其水瀉下，噴激如飛練，匯爲潭，即西溪之源也。

童嶕。在太平縣東南海上。有上、下二處，天霽分明突見，陰雨或見或伏，風雨大作時望之則如傘、如船、如屋，舟人凡值陰雨，輒不敢過其側。

芙蓉洞。在臨海縣東一百四十里。洞有二，形如石鼓，大小相連。近西三四里，有巨石高十餘丈，屹立其巔，下有石室方二丈，玲瓏上通，俗呼爲穿巖。

太平巖洞。在臨海縣西三十五里。洞因鄉得名。泉瀑飛垂，有石室、石枕、石牀、石杵之類。

常風洞。在臨海縣西五十里。中極幽邃，舊有石欄護之，宋宣和中嘗駐兵於此。

招賢洞。在臨海縣西六十里。宋宣和中，以其地險僻，設兵戍守。

玉京洞。在天台縣北七里赤城山右。蓋第六洞天，茅司命所治，或號太上玉清，或號玉真清平天。會稽記云：許邁嘗居之。

丹霞洞。在天台縣北十五里。旁有仙人拍手巖，飛瀑數百尺，下有靈溪。

劉阮洞。在天台縣西北二十里。又名桃源洞。相傳漢永平中，有劉晨、阮肇入山採藥，遇仙女於此。今洞中有金橋潭，旱潦如一，其清可鑒毛髮。

括蒼洞。在仙居縣東南三十里括蒼山之間。道書以爲第十洞天，名成德隱元之天。周回三百里，徐真人所治，與處之玉虛宫通。自括蒼嶺而言，東則屬台，西則屬處。宋光宗在東宫時，書「瓊章寶藏」四字鎮之。

獅子洞。在仙居縣南四十五里。從淙水巖入，路甚冥窅。本朝順治初開鑿。

水仙洞。在仙居縣西南六十里。内有數潭，水從洞出，每雨霽則噴瀑濺沫，如銀河飛灑，謂之仙洞瀑。

水簾洞。在仙居縣西南六十里披雲山南。有水自山頂懸崖而下，散漫若珠簾。

紫溪洞。在寧海縣北四十里。地幽阻，僅一綫道可通。唐寶應初，袁晁作亂，李光弼討之，晁死，其弟瑛從五百騎遁入此，光弼駐兵洞口，絶其糧道，俱餓死。宋時洞口猶有遺鏃。内有仙人洞，四壁皆巖，今名紫溪嶺，路出象山縣。

海。在府東。由温州府樂清縣迤邐東北爲太平縣，東南去海五十里。又北爲黄巖縣，東去海七十里。又北爲臨海縣，東去海百八十里。又北爲寧海縣，東去海四十里。又北接寧波府象山縣界。夷堅志：寧海縣東海中有尾閭，與海門馬筋相直，自高山望之，其水湍急，陷爲大渦者十餘，舟楫不可近，舊傳東海洩水處。海防考：台州之海，南自温州蒲岐，北抵寧波昌國，海岸五百餘里。臨海、寧、太之間，四塞孤懸，七港錯列，其最要者曰海門衛，衛城北即海門港，一名椒江渡。港水流入二十里，分兩支，一抵府城下，與三江接，一抵黄巖城下，接永安江。此府境咽喉也。

雙江。在臨海縣東二十里。受縣東諸溪之水，諸山障之，不能東達海，乃南流過少兩山，與靈江合。

靈江。在臨海縣南。一名澄江。元和志：臨海江有二水合成，一是始豐溪，一是樂安溪，至州城西北十三里合流。府志：天台關嶺、仙居永安二溪，至縣西合流，名曰三江，潮至此而止。故其流中分，溪清而江濁。環郡城之西南，而東流爲雙江口，至亭山會永安江，出海門，又名椒江，入海。

永安江。在黄巖縣北。源出縣西南塵山，東南流二百十里至左溪村，合黄巖溪。又東流三十里，可通舟楫。又東流百里，過縣北。又三十五里，會臨海縣江口入於海。從源至海，計四百八十里，亦曰澄江。

温嶺江。在太平縣西温嶺南。源出温嶺諸山，流出山門、楚門二港入海。凡海艦西去温州樂清，北趨台州黄巖，皆於此艤舟。又有松門港，在縣東南五十里甘罨海口，出海即石塘山也。

迂江。在太平縣北。源出王城山之桃溪，一名月河，東流合諸山水爲新建河，徑縣北三十里爲官塘河，北通黄巖縣官河，爲舟楫交會之衝。又東至新河所城，乃爲迂江，濶二里，東入海。

芳溪。在臨海縣西三十里。源出括蒼山，土民於下流導爲十二圳，溉田甚多。

軍營溪。在黄巖縣西三十里。源出佛嶺，東流入江。宋宣和中官軍禦寇，結營於此。

九溪。在黄巖縣西三十五里。源出柏嘉山，其上流凡九澗，合爲二溪，至此復合，東流入永安江。

錦溪。在黄巖縣西七十里。夾岸多桃李，花時望之如錦。每大旱，水忽自漲，越日必雨。會横溪水入江。

黄巖溪。在黄巖縣西百里。源出黄巖山，合山澗諸水凡五十餘派，東北流至縣西六十里爲安溪，又北流合永安江。

楢溪。在天台縣東二十五里。亦名歡溪。源出華頂，南流至鳳凰山側，入始豐溪。孫綽天台賦：「濟楢溪而直進。」唐杜甫詩：「飢食楢溪橡。」陸龜蒙宿國清寺詩：「松間石上定僧寒，半夜楢溪水聲急。」皆謂此。

始豐溪。源出天台山西大盆山。亦名大溪。東流繞明巖山，又東徑寒巖山，接諸溪澗水，縈繞天台縣境，東北流至城西南，會青溪。又東流過東横山側。又東經鳳凰山麓，會寶華及靈溪、歡溪等水，折流而南，入臨海縣界，名百步溪。明統志云：百步溪在縣西北六十里。前後二灘湍急，俗名大、小惡溪。唐孟浩然詩「欲尋華頂去，不憚惡溪名」是也。又南流二十餘里，合沙潭溪。又南至縣西十五里，合於靈江。

青溪。在天台縣西五里。源出天台山，南流爲瀑布，合關嶺溪水，入始豐溪。

左溪。在天台縣西五十里。源出左溪嶴，委蛇曲折，凡七十里，南入始豐溪。

銅溪。在天台縣西北二十里。源出桃源洞，以色黄如銅汁而名，一名桐溪。南流入始豐溪。又靈溪，在縣西北十五里。源出百丈巖，東流至鳳凰山側，入始豐溪。孫綽賦「過靈溪而一濯」，即此。

福溪。在天台縣北四十里。源出天台山石橋，水險而清，西北流入新昌縣，達於嵊縣之剡溪。

永安溪。在仙居縣南。元和志：樂安溪，源出縣西馮師山。流經縣南，又東入臨海縣界。舊志：永安溪，在縣西南一百四十里。東流與大溪會。其大溪在縣西南八十里，源出永嘉縣界坑山，東北流合焉。又東流七十里，至縣西四都，始開廣勝舟筏。又徑縣南，至縣東二十七里，入臨海縣界。又東至縣西十五里，合於靈江。

蓼溪。在仙居縣西南三十里。源出永嘉縣杉岡，北流入永安溪。又泙溪，在縣西二十里。一名櫸溪，源出縉雲縣，東南流合蓼溪。又有南溪、韋羌溪，源俱出永嘉。馬嶺溪、翟溪、柘溪，源俱出東陽。班溪、彭溪、白水溪，源俱出天台。皆流入永安溪。

曹溪。在仙居縣西南一百十里。源出縉雲縣，東流入永安溪。

安仁溪。在仙居縣西南一百二十里。源出永嘉縣，北流經縉雲縣界，又東北流入永安溪。

横溪。在仙居縣西七十里。源出蒼嶺，東流入永安溪。又慈溪，在縣西百二十里，源出縉雲縣。峆裏溪，亦在縣西北二十里，源出蒼嶺。水溪，在縣西百十里，源出縉雲縣。俱流入横溪。

大溪。在寧海縣南。源出縣西桃花坑、牛頭潭等處，流經縣南一里，又經縣東南之雙港渡，又經縣東七十里黄公渡，又東入海。

東溪。在寧海縣南九十里。源出屈母山南湫水潭，北流三十里，入安和溪。産鐵沙，冶之成鐵。

安和溪。在寧海縣南九十里。源出天台諸山，流入縣界，東北流四十里，會東溪水，又東流十里入海。

上白溪。在寧海縣西南四十里。源出天台山之華頂，東北流八十里，至縣南入大溪，俗名嘯狐溪。

浮溪。在寧海縣北四十里。源出縣西李嶴、戚嶴諸溪澗，東流經此。又東經黄墩，又東北入海。又柴溪，在縣東北八十里。源出蓋倉山，流四十里入海。又淮源水，在縣治東桃源橋下，北流入海。

閶溪。在太平縣南。源出大閶山，其白如練，亦名練溪。流經縣東南五里亭嶺下，亦名横溪，下流入海，即大閶港。

白漿渚溪。在太平縣西北。上流曰大溪，去縣西北三十五里，源出樂清縣界大安山。又有小溪，源出湖霧嶺，合衆流爲白漿渚溪，下流入官唐河。

官河。在黄巖縣東南一里。海潮自南浮橋至温州嶺一百三十里，廣百五十步，别爲九河，各二十里，支爲九百三十六涇，分二百餘埭，綿亘東南諸鄉，溉田七十一萬有奇。宋紹興九年濬治，元、明時亦屢修。

東湖。在臨海縣東二里。宋熙寧四年，郡守錢暄濬。又小鑑湖，在東湖北，宋參政賀允中鑿。

天賜湖。在黄巖縣東南五十里限浪山下。居民得灌溉之利，不假濬鑿，故名。又消湖，在縣東南九十里。

鑑湖。在黄巖縣南二十五里。修廣二千餘畝，溉田甚廣。

玉湖。在天台縣西十里。廣百餘步，長五里許，溉田百餘頃，俗呼馬湖。

相湖。在仙居縣東十五里。豬衆山之水，四時不涸，居人資以灌溉。

横湖。在太平縣東南十餘里。凡東南溪流三十有六，皆會於此。地最窪下，稍雨輒溢。

消湖。在太平縣東南五龍山麓。長二里許，源出縣東南諸山谷，澄深不測。下接横湖，有石壁插水，高四十丈。

杜瀆。在臨海縣東一百五十里。海水漲入溝澮，遂成瀆，廣袤二三里，溉田百餘頃。

筋竹潭。在臨海縣西三十五里三台山。上有兩巖，如手相麗，中有龍湫，湫之陽有石室，水自石根流出，旱禱輒應。

圓鏡潭。在臨海縣西五十里。峭壁中有穴如鏡奩，奩外飛瀑如練。

禦海潭。在臨海縣西南二十五里。上有瀑布，飛瀑十餘丈，墮之如曳練，下注於潭，流入永安溪。

畫巖潭。在黄巖縣西五十里。潭旁無蹊徑，詣潭必從上而下。宋嘉定八年不雨，縣令陳逵將投鐵簡，而雷發潭中，五色雲出，俄大風雨。今遇旱，禱輒應。

柵眉潭。在黄巖縣西九十里柏都洞南。怪石壁立，過者悚慄。年豐則有雲氣覆其上，雖烈日不散，歉歲則否。

洗米潭。在天台縣西九女硴之下。每日於辰、午、酉三時，水渾復清，如洗米然。

柘溪潭。在天台縣西北三十里。水極深泓，前横石檻，又有石室，可容百人。

大岊潭。在仙居縣東南二十里。有懸崖飛瀑，人莫敢近。

西罨潭。在仙居縣西南八十里百丈巖巔。亦名百丈潭，旱可禱雨。

白龍潭。在寧海縣西三十五里。其上崇巖插空，雲氣澒洞，舊傳龍常見此，鱗甲瑩如雪。又茶山有黑龍潭。

墨池。在黄巖縣東南妙智寺東。相傳爲王羲之守永嘉時遺跡。

忠孝泉。在臨海縣東四里，今名泉井洋。舊傳錢忠懿王鑿，以宋賜錢王忠孝之家爲名。井有二，大旱不竭。

湖苔泉。在臨海縣東南二十五里。源出古塘門山，有三十六穴，引流而南，溉田甚廣。

錫杖泉。在天台縣國清寺。明統志：昔寺取水甚遠，明禪師以錫杖叩之，泉水湧出。

湧泉井。在臨海縣東六十里。一名卓錫泉，味極甘，異於他水，冬温夏冷，俗稱聖泉。

軒井。在臨海縣東六十里桐巖山巔。明軒輗鑿。

天王井。在臨海縣西五里。水甚甘美，能愈痢。

大井。在黄巖縣東三十步。舊傳縣多水災，朱子命鑿井厭之，災遂熄。

醴泉井。在天台縣桐柏山中桐柏觀衆妙臺下。水甘，能愈疾。

九井。在仙居縣東南二十五里。一名蔡經井。每汲其一，八皆波動，後僅存其五。

古蹟

章安故城。在臨海縣東南一百十五里。漢置回浦縣，後漢曰章安。晉太康地記：章帝章和元年所立也。三國吴建興二年，孫峻廢齊王奮爲庶人，徙章安縣，即此。晉、宋以後，皆爲臨海郡治。隋併縣入臨海。自唐至宋皆爲章安鎮。元置稅場於此。今有章安市。

臨海故城。在臨海縣治。吴置。縣志有子城，在縣北大固山上，相傳晉辛景所築，以禦孫恩。周四里，有三門。今僅存舊址。

黄巖故城。今黄巖縣治北。元和志：縣北去台州一百五里。前上元二年，割臨海南界置。舊志有古越城，在縣南三十五里。外城周十里，内城周五里，有洗馬池、九曲池、故宫基址。楚滅越，越王支庶築城保此，俗訛爲徐偃王城。

始豐故城。今天台縣治。元和志：唐興縣東南至台州一百一十里。三國吴分章安置南始平縣，晉武帝以雍州有始平，改爲始豐。上元二年，改爲唐興。寰宇記：梁改爲天台縣。

樂安故城。在仙居縣西。元和志：縣東去台州一百五里。東晉永和三年，分始豐南鄉置樂安縣，屬臨海郡。隋開皇九年廢。上元元年，復置於孟溪之側。縣志：故城在今縣西北，至吴越時方徙今治。

寧海舊城。在今寧海縣東北。元和志：縣西南去台州一百五十里。晉永和三年，分鄞縣置寧海縣，屬臨海郡。隋開皇三年，廢郡，併入章安縣。永昌元年，於廢縣東二十里又置。載初元年，移就縣東十里。縣志：晉縣治白嶠，唐初復置，治海遊。永昌初復置，治廣度里，即今縣治。

孫恩城。在太平縣西温嶺上。相傳孫恩所築。

鎮亭。在寧海縣西北八十里。台、紹、寧三府界。漢書地理志：會稽郡鄞有鎮亭。

黄山樓。在黄巖縣東北一里。宋令楊圭建，參政樓鑰書扁。

分繡閣。在府治通判廳左。宋洪适建。

玉霄閣。在天台縣天台山。宋陸游有詩。

静鎮堂。在府治。唐李嘉祐爲守，竇常贈序，有「雅登郎位，静鎮方州」之句，因名。

君子堂。在静鎮堂前。宋畢士安來守，真宗嘗有君子人之稱，後人因以名堂。

和青堂。在府治。取唐杜甫「雲水長和島嶼青」之句爲名。

樂山堂。在府治。宋守尤袤建。

巖老堂。在仙居縣治東。宋皇祐間縣令陳襄建。

三瑞堂。在臨海縣主簿廳西。宋洪皓建。時桃實荷花，竹幹有連理之瑞，已而生子适。後适以貳車行縣，題詩云：「近事話甘棠。」指此祥也。又有交翠亭，亦皓建。适詩有「鸞棲築小亭」，即此。

參雲亭。在府治後山上。宋守元絳建。

萬壑風煙亭。在府治山上。舊名雲水亭，萬山拱揖，一江演迤，井邑粲然在目。宋通判趙彦衛重建，改今名。

閬風臺。在寧海縣北五十里天門山西麓。拔起數千仞，傍有香巖、石井、釣臺、白竹岡諸勝，宋劉次皐有銘。

釣翁臺。在仙居縣治後圃内。宋縣令陳襄建。

繙經臺。在黄巖縣西五十里。隋僧智顗繙經於此。

亭山館。在黄巖縣南三十里。宋建。

靈溪館。在天台縣東二十五里。唐鄭巢詩：「孤吟疏雨外，荒館亂風前。」

南陳館。在寧海縣西南。唐咸通元年，王式破裘甫於寧海，甫既失寧海，率其徒屯南陳館下。胡三省通鑑注：南陳館在寧海縣西南六十餘里。又有上嵺村，在縣西北四十里，王式破裘甫餘黨於此。

屈坦宅。明統志：坦，吴時人，嘗爲郡守。今府治乃其故宅。

蔡經宅。在仙居縣東南二十里。按：神仙傳經吴人，遇王方平、麻姑學道仙去，後人建爲隱真宫，近廢。

綦宗禮宅（四）。在臨海縣治東。宋紹興中，宗禮以忤秦檜謫台居此，今其地名綦内翰巷。

顧歡宅。在天台縣東北二十里歡溪側。今爲普慶寺。

方孝孺故宅。在寧海縣東南躍龍山下。

户曹巷。在府治東一里。輿地紀勝：唐鄭虔爲司户日居此，杜甫有詩，今有鄭廣文祠。

丹丘。在寧海縣南九十里。吴葛玄煉丹處。

浮門。在寧海縣南一百九十里。宋紹興中，漁者於此獲琴以獻，高宗見之淚下，乃建炎時航海所失也。

關隘

台州衛。在府治西。明洪武五年建，今設守備防守。

海門衛。在臨海縣東南九十里。明洪武二十年建衛，築城周五里有奇，三面阻水，爲浙東門户。本朝順治十八年裁衛，以黄巖鎮右營遊擊駐防於此。

松門衛。在太平縣東南五十里。宋置黄巖縣松門寨，去縣一百二十里。明洪武二十年，改松門衛，築城周九里有奇。本朝順治十七年裁衛，今置巡司，並設守備駐守。

健跳所。在臨海縣東南一百三十里，海門衛東北一百十里。明洪武二十年建千户所，築城周三里。本朝順治十八年徙近海居民，因墟其地，後復設守備駐守。

楚門所。在太平縣西南六十里，東北去松門衛百二十里。明洪武二十年建千户所，築城周七里有奇。對岸爲温州蒲岐所。本朝順治十七年裁。

新河所。在太平縣東北三十里，北去海門衛五十里，東去海五里。明洪武二十年建千户所，築城周四里有奇，屬海門衛，今廢。

前所寨。在臨海縣東九十里海門衛北。明洪武二十八年建前千户所，築城周三里有奇，南臨椒江，與衛城僅隔一水。本朝改爲寨，設都司、守備駐防，今增置巡司。

桃渚寨。在臨海縣東一百里，海門衛東北五十里。明洪武三十年建千户所，築城周二里有奇，爲衛城及府治之藩翰。本朝順治十八年廢，康熙十一年復爲寨，設守備駐防。其南有地名墾埠，逼近海口，亦有官兵戍守。

關頭寨。在臨海縣東北一百里。其東又有吴都、小雄寨、赤磡、浬浦諸汛，並海口要隘，俱有官兵防守。

連盤寨。在臨海縣東一百二十里。亦名連盤港。明初置巡司，與前所相爲形援，今裁。

長浦寨。在黄巖縣東南四十里。明洪武二十年，以增立海門衛，移置界首巡司於此。尋築城，更名長浦寨。今仍設巡司。

胡賨寨。在天台縣西六十里。元末設寨，并置巡司，今裁。

隘頑寨。在太平縣南三十里，南去海三里，東北至松門衛五十里。明洪武二十年建千户所，築城周五里有奇。本朝改爲寨，設把總防守。

沙角寨。在太平縣南二十五里。舊有巡司，明洪武初置於岐頭山下，二十年移置於此，後廢。又有小鹿巡司，在縣西南四十里。洪武三年徙建楚門所之横山，後於其地立千户所，仍徙舊地，今裁。

蛟湖鎮。在臨海縣東一百二里。東臨大海，南距桃渚，北抵健跳。明初置巡司，尋徙海口陶嶼，今裁。

路橋鎮。在黄巖縣東南三十里。宋初爲新安鎮，後改今名。今爲戍守處。

清溪鎮。在天台縣西三里。爲商賈輻輳之地。又茅鎮橋，在縣西二十五里，今俗呼三茅街。

越溪鎮。在寧海縣東二十里。明洪武三年置巡司。又曼嶴巡司，在縣東南七十里。賨嶴巡司，在縣東南八十里。長亭巡司，在縣東百里。鐵場巡司，在縣東北六十里。俱明初置，皆有小城。本朝順治十八年，徙濱海民户於内地，巡司皆裁。康熙九年，增設營兵爲防衛。

海遊鎮。在寧海縣南六十里。唐王式破賊裘甫處。今曰海遊寨，有官兵駐守。

海壆鎮。在寧海縣南百里。舊置鐵場於此，今有兵防守。

蒲岐鎮。在太平縣西四十里，接樂清縣界。舊有巡司。又縣西三十里有三山巡司，縣東四十里有盤馬巡司，俱明初置，舊皆屬黄巖，成化後改屬縣界，皆久廢。

温嶺鎮。在太平縣西温嶺上。宋置温嶺驛於此，路出樂清，後廢。明初改設巡司，尋徙於三山嶺北，今裁。

鎮守上營。在仙居縣西六十里。宋置，元廢。又有鎮守下營，在縣治側，元至元二十六年置，復廢。

白塔市。在仙居縣西四十里。宋宣和二年置巡司，嘉定十五年，守臣言白塔寨今已爲聚落，而蒼嶺當衢、處、婺三州，岡阜深阻，寇壤所憑，請徙於嶺下戴村。元改置上畈鎮守營，明廢。本朝改設百、總，移駐達仙橋，在縣西七十里。

田頭市。在仙居縣西三十里。明建文初設巡司，嘉靖中廢。

皤灘市。在仙居縣西五十里。爲縣西、南、北三面之要衝，明初嘗設兵戍守。

夏閣市。在仙居縣東南三十里。居民萬家，商賈輻輳。

赤城驛。在臨海縣東南巾子山側。宋置丹丘驛，明改赤城。本朝康熙三十九年裁併於縣。

丹崖驛。在黄巖縣治東。宋爲永寧驛，後曰仁風。明初，改建丹崖驛，并設河泊所。

桑洲驛。在天台縣西北六十里。地名王渡驛，舊在寧海縣界，明萬曆二十一年改建於此。

朱家壆驛。在寧海縣西南百二十里桐巖嶺。明初置於縣西九十里朱家壆，洪武二十年徙此。又有白嶠驛，在縣治西，宋爲迎恩驛，元至正中改建，明萬曆中移建桑洲，尋復舊，後廢。以上諸驛本朝康熙三十九年俱裁，併於縣。

鹽場。在臨海縣東南一百二十里曰杜瀆，在寧海縣東一百三十里曰長亭，在黄巖縣東南六十里曰黄巖，俱有鹽大使。

赤巖場。在天台縣西十里。宋元祐四年，以礦發置銀場，尋廢。又縣西九十里有天柱山鉛坑，東三十里有梄溪鐵坑，元時皆廢。

安仁場。在仙居縣西百二十里。宋開禧元年置鐵場，元廢。

津梁

悟真橋。在府治東北。舊傳宋張平叔所居之地，平叔嘗著悟真篇，因名。

玉帶橋。在府城東南門外，跨靈江，江面濶百餘丈。本朝康熙七年建石橋，分十八洞，凡十二年乃成。二十五年，湖水暴漲，橋圮。

中津浮橋。在府城南門外。宋淳熙八年建，長八十餘丈，籍舟五十。明弘治初，郡守馮岱置田，以供歲修。本朝康熙十八年，玉帶橋成，移於上津西門外。二十五年，以石橋壞，仍移故地。

赤欄橋。在府城東南一百二十里。上有亭，東西有樓，又名章安橋。寰宇通志：在府城臨海門。舊志：晉成公綏爲章安令，登橋望江，製雪賦。

利涉橋。在黄巖縣北門外，跨澄江。舊爲江亭渡，宋嘉定四年，縣令楊圭建。長百丈，爲台、温通衢。置田千餘畝，以供修築，葉適爲記。

清溪橋。在天台縣西五里。宋建，又名鶴仙橋，長四十丈。明萬曆六年，知縣岳加厚改建石橋〔五〕，環洞二十有八，名岳公橋，今圮，改建木橋以渡。

逢仙橋。在仙居縣西七十五里。

登台橋。在寧海縣東七十五里。宋紹定中，發運使鄭霖建。跨海港爲二十四洞，可通舟楫，王應麟爲記。

白箬橋。在太平縣西北三十里關嶼之南。

三江渡。在臨海縣西十五里。舊有官渡埠頭，歲久漸壞，明嘉靖中，移置上流里許，築大埠，造巨舟，建濟川堂，置田給篙工，至今便之。

隄堰

海塘。寧海縣有健陽塘，在健跳所城外。唐築隄五百餘丈，宋、明重修。黄巖縣有丁進塘，在縣東，明弘治間築，計六十餘里。又有洪輔塘，南至新河，北通海門，並捍海潮。

常豐閘。在黄巖縣東江河之間。河清江濁。宋元祐中，提刑羅適建清渾二閘，以防河水之洩，潮水之入，隨潮大小，以時啓閉，爲舟楫往來之利。

蛟龍閘。在黄巖縣東南。元大德中修。又長浦閘，在縣東南八十里，元大德中重建。其並建者，有鮑步、陡門、永通，與長浦、蛟龍爲五閘。縣東大河之水，與松門、太平之水，皆由蛟龍以入江，清流合注，傍河之田，並稱沃壤。

金清閘。在太平縣東繁昌鄉八都。宋元祐中建，本朝雍正八年重修。

周洋閘。在太平縣東北，與黄巖縣接界。元大德中建，地形卑下，諸水衝激，隨築隨潰。

西嶼閘。在太平縣東北。相近有永豐閘，俱宋建，元大德中修築。

中閘。在太平縣東北。宋朱子建，亦名迂浦閘。爲衆流所趨，數里間盤旋九折，以達於海。明成化中重修。

陵墓

晉

王昏墓。在黄巖縣南樓崎山。墓甎螭形、魚形，貫以柳，或爲錢狀，旁有文云「晉永和十二年」。

唐

鄭虔墓。在臨海縣東三十里金雞山。

宋

徐中行墓。在臨海縣東南六十九里白巖山。子庭筠祔葬。朱子過此，弔以詩，大書「有宋高士二徐先生墓」。

羅適墓。在寧海縣南六十里馬嚳。有祠在雁蒼山，名赤城先生祠。

陳公輔墓。在臨海縣南三十里拗嶺。

滕膺墓。在天台縣北。膺仕宋爲台州户曹，有禦賊全城功，後謫興化，台父老迎至此，卒葬焉。後爲神，追封忠烈侯。

范宗尹墓。在臨海縣東四十五里。

吴芾墓。在仙居縣西十里。

謝深甫墓。在臨海縣北六十里。

王居安墓。在太平縣西北。

葉夢鼎墓。在寧海縣東倉。

張夫人葉氏墓。在天台縣後洋百花園。葉，宋張世傑妻也。世傑没於崖山，其子舜功奉母徙台，卒葬此。

杜範墓。在黄巖縣西靖化鄉。

車若水墓。在黄巖縣西儒地。

元

吕徽之墓。在仙居縣南五十里。

台哈布哈墓。在黄巖縣東北五里唐門山將軍巖下。「台哈布哈」譯見前。

明

徐善述墓。在天台縣東八都。旁有祠。

魯穆墓。在天台縣西百步洋。

陳選墓。在臨海縣西北三十里八疊山。

林鶚墓。在太平縣治東芝嶴。

謝鐸墓。在太平縣西北華蓋山。

黄孔昭墓。在黄巖縣南委羽山。

鄭華墓。在臨海縣寶巖寺。

王叔英墓。在黄巖縣山下莊王淡嶴。

鄭公智墓。在寧海縣州市嶴。

陳函煇墓。在臨海縣雲峯寺前。

祠廟

徐偃王廟。在黄巖縣南三十五里故城東。

慈感廟。在仙居縣北六里。祀隋杜氏二女。

李太尉廟。在臨海縣西北五十里。祀唐李光弼。

陳長官祠。在寧海縣東妙相寺側。

古靈祠。在仙居縣學内。祀宋縣令陳襄。

鎮安廟。在府治東。宋陳瓘謫台州，郡人祀之。

三賢祠。在黄巖縣學宫。祀宋謝伋、葉適、徐中行。宋寶定二年，縣令朱日新建。

義靈廟。在臨海縣北二里。祀宋户曹滕膺，朱子記。宣和中，盜起幫源，連陷六州，台守丞皆遁去，膺爲死守計，卒全其郛，台人德之，立廟祀焉。

洪忠宣祠。在寧海縣西三十里梁王山上。祀宋洪皓。

朱子祠。在臨海縣西北大固山上。又有祠，舊在黄巖縣西北，明嘉靖中，改建於禦崇院故址，以邑之門人趙師淵等十七人配祀。又仙居縣東福應山亦有祠。

文信公祠。在臨海縣東一百二十里仙巖百花洞。

三處士祠。在仙居縣南三里南峯上。祀宋處士林訪、吕徽之、翁森。

崇節祠。在臨海縣東南六十里。元至正時，總管達兼善與方國珍戰死於此，順帝命立祠祀之，并賜額。

方正學祠。在臨海縣北百花橋。今重建於聚寶山側。又有祠在寧海縣西門内。俱祀明方孝孺。

八忠祠。在臨海縣龍顧山。祀方孝孺、葉惠仲、王叔英、徐垕、鄭華、盧原質、鄭恕、盧迥，皆建文時死難者。後增入東湖樵夫爲九忠祠。

雙忠祠。在仙居縣治西北隅。明嘉靖中建，祀忠臣盧迥、鄭恕。

愍忠祠。在臨海縣東南巾子山。祀明武暐。

恭愍祠。在臨海縣西北丹崖書院。祀明陳選。

寺觀

延恩寺。在臨海縣東南七十九里。晉泰康中建，本朝順治三年重建。

惠因寺。在臨海縣東南一百二十九里。劉宋元嘉四年建，本朝康熙九年重建。

多福寺。在黄巖縣西三十里。吴赤烏中建，本朝康熙十九年重建。

廣孝寺。在黄巖縣西六十里。吴赤烏中建，本朝康熙二十年重建。

慶善寺。在黄巖縣東。晉永和五年建，本朝順治中重建。

明因寺。在黄巖縣南一里。梁天監中建，本朝康熙十四年重建。

壽安寺。在寧海縣南十里。晉義熙元年，僧曇猷建。本朝康熙八年重建。

天安寺。在臨海縣東南巾子山麓。唐開元中建。寺東有古塔，相傳梁岳陽王詧建，宋名萬壽景德寺，後改今名。

祥符寺。在臨海縣東南金鼇山。宋建炎中，高宗航海嘗駐此，有御座尚存。其西有如畫軒，前挹海門諸峯，最爲奇勝。

寒巖寺。在天台縣西南寒巖山。即唐時寒山子棲遁處。

國清寺。在天台縣北十里。隋開皇十八年，僧智顗建，唐一行嘗於此學算。寺左右有五峯雙澗。本朝雍正十一年奉敕重建，御書「華巖浄域」扁額。

萬年寺。在天台縣西北六十里。唐建。

興道院。在仙居縣南峯上。宋建，有浮圖曰南塔。

萬安院。在仙居縣西南五十五里。其地深窈，與塵境絶，山環水抱，有茂林修竹之勝。宋建炎中，薛昂避地居此。

桐柏觀。在天台縣西北桐柏山上。唐景雲二年，爲司馬承禎建。五代梁末改觀爲宫。宋大中祥符初，改名崇道觀。本朝雍正十一年，奉敕重建，更今名，御書「萬法圓通」扁額。又有紫陽觀，在天台縣南三十里百步溪，同時敕建。

校勘記

〔一〕西至仙居縣界一百五十里　「一」，原脱，據乾隆志卷二二九台州府建置沿革(下同卷簡稱乾隆志)及志例補。

〔二〕永安江源出此　「安」，乾隆志作「寧」。按，此避清宣宗諱改。下文同。

〔三〕上雲峯　「上」，原作「土」，據乾隆志改。按，雍正浙江通志卷一〇五物産有「上雲茶」，引嘉靖臨海縣志云：「上雲峯産茶，味異他處。」蓋本志所本。

〔四〕綦宗禮宅　「宗」，乾隆志及雍正浙江通志卷四六古蹟同，疑當作「崇」或「崈」。考宋史卷三七八綦崇禮傳，綦氏高密人，高宗御筆除翰林學士，以寶文閣直學士知紹興府，期年上印綬，退居台州。當即其人。

〔五〕知縣岳加厚改建石橋　「岳加厚」，乾隆志同，雍正浙江通志卷三七關梁作「岳如厚」，疑是。

大清一統志卷二百九十八

台州府二

名宦

三國　吴

范平。錢塘人。吴時遷臨海太守，政有異能。

晉

王述。晉陽人。穆帝時，出補臨海太守。莅政清肅，公庭盡日無事。

郄愔。金鄉人。由黄門侍郎爲臨海太守。在郡優游，頗稱簡默。後以疾去職，築宅章安，有終焉之志。

辛景。爲臨海太守。孫恩寇臨海，景討破之，恩窮蹙赴海自沉。

南北朝　宋

臧熹。莒人。武帝時爲臨海太守。郡經兵寇，百不存一，熹綏輯綱紀，招聚流散，歸之者千餘家。

阮長之。尉氏人。元嘉十一年，除臨海太守。蒞官有風績，爲後人所思。

江秉之。考城人。元嘉十二年，轉臨海太守。以簡約見稱。得禄悉散之親故，妻子常饑寒，或勸營田者，秉之正色答曰：「食禄之家，豈可與農人競利？」在郡作書案一枚，及去官，留以付庫。

齊

孔琇之。山陰人。永明中，爲臨海太守。在任清約，罷郡還，獻乾薑二十斛，世祖嫌少，及知其清，乃歎息。

梁

傅昭。靈州人。天監中，出爲臨海太守。郡有蜜巖，前後太守皆自封固，專其利。昭以周文之囿與百姓共之，大可喻小，乃戒勿封。縣令常餉栗，置絹於簿下〔一〕，昭笑而還之。

蕭洽。南蘭陵人。遷臨海太守。爲政清平，不尚威猛，民俗便之。

劉潛。彭城人。大同十年，爲臨海太守。時政綱疏闊，百姓多不遵禁。潛下車，宣示條制，勵精綏撫，境内翕然，風俗大變。

唐

啖助。趙州人。天寶末，調臨海尉。

鄭虔。滎陽人。天寶末，貶台州司户參軍。在官貧約甚，澹如也。

五代　唐

陳長官。史失其名。事吴越王錢鏐，爲寧海令。鏐欲加賦，使按縣，長官上書言寧海土瘠收薄，難以加賦。鏐怒，繫之，死於獄。後悟，賦得不加。民廟祀之。

宋

畢士安。雲中人。太平興國初，吴越錢俶納土，選知台州。言錢氏上圖籍，有司皆侈張賦數，今湖海新民，始得天子命吏，宜有安輯，願一用舊籍。詔從之。

王子輿。莒人。雍熙初，知臨海縣。精於吏事，文牒紛委，頃刻決遣，曾無凝滯。

元絳。錢塘人。慶曆六年，知台州。州大水冒城，民廬蕩析，絳出庫錢，即其處作室數千區，命人自占，期三歲償費，流者復業。又甃其城，因門爲牐，以禦湍漲。後人守其法。

陳襄。侯官人。慶曆中，知仙居縣。以德化民，無事鞭箠，然神明内藴，案無留牘。創開黌宫，爲勸學文，月朔命門人管師讀以聳父老聽，自是人才輩出。

孔文仲。新喻人。台州推官。熙寧初，范鎮以制舉薦，對策九千餘言，力論王安石所建理財、訓兵之法爲非〔二〕。安石怒，罷歸故官。

錢暄。臨安人。熙寧中，知台州。台城惡地下，秋潦暴集，輒圮溺，人多即山爲居。暄增治城堞，壘石爲臺，作大隄捍之。

陳敏。無錫人。知台州。朝命立元祐黨籍碑，敏曰：「誣司馬公爲奸人，是誣天也。」其倅卒立之，敏碎其石，掛冠去。

陳槖。餘姚人。政和中，爲台州士曹。治獄平允，更攝天台、臨海、黄巖三邑，皆以愷悌稱。紹興中，知台州。民懷惠愛，越境歡迎，不數月稱治。母喪，邦人巷哭，相率走行在所者千餘人，請起槖。詔槖清謹不擾，治狀著聞，敕所在州賜錢三十萬，槖力辭。上謂近臣曰：「陳槖有古循吏風。」

滕膺。爲台州户曹參軍。宣和中，盜吕師囊應方臘來攻城，膺率吏士禦以方略，卒磔師囊。及去任，民立祠祀之，朱子撰廟記。

蕭振。平陽人。紹興中，知台州。海寇勢張，振至克之。

楊煒。紹興中，知黄巖縣。開官河，立陡門九所，民賴其利。

尤袤。無錫人。紹興中，知台州。州五縣，有丁無産者輸二年丁税，凡萬有三千家。前守修郡城，工纔什三，屬袤成之。袤按行前築殊鹵莽，亟命更築加高厚，數月而畢。明年大水，更築長墉，正值水衝，城賴以不没。有毁袤者，帝使人密察之，民誦其善政不絶口，乃録其東湖四詩歸奏。帝讀而歎賞，除淮東提舉常平。

曾幾。河南府人。紹興中，知台州。治尚清浄，民安之。

王淮。金華人。紹興中，爲台州臨海尉。郡守蕭振一見奇之，許以公輔器。

沈作賓。歸安人。知台州。首訪民疾苦，弛鹽禁，寬租期，均徭役，更酒政，決滯獄，五十日間，盡除前政之不便民者，邦人胥悦。前守嫉其勝己，媒蘗罷去。民請於朝，借留不遂，爲立留碑。

李浩。臨川人。孝宗時，知台州。州有練中禁軍五百人，訓練官貪殘，失衆心，不逞者因謀作亂，露刃於庭。浩推其爲首者四人，黥徙之，迄無事。並海有宿寇，久不獲，浩募其徒自縛贖罪，即得其魁。豪民鄭憲以貲結事權貴，囊橐爲奸，事覺，械繫之，死獄中。權貴教其家訟冤，且誣浩，參政劉珙白其本末，上曰：「守臣不畏强禦，豈易得耶？」浩始安。

趙汝愚。餘干人。淳熙初，知台州。有惠政，嘗修郡城，吕祖謙爲之記。後孫必愿復知台州，一循其政，察民疾苦，撫摩凋瘵，建養濟院、陳瓘祠，政教並舉。

彭仲剛。永嘉人。淳熙中，知臨海縣，有聲。郡守尤袤稱其興滯起廢，不擾而集。朱子亦謂其保伍之役得法外意。

黄罃。分寧人。知台州。謝良佐子孫居台者，既播越流落，罃求之民間，收而教之。爲治先勸後禁，訟牒銷縮，郡稱平治。爲濟糴倉、抵當庫，葬民之棲寄暴露者。置養濟院，又創安濟坊，以居病囚。皆自有子本錢，使不廢。故葉適謂罃條目建置，憂民如家。

王萬。濠州人。嘉熙中，差知台州。至郡，日惟蔬飯，終日坐廳事，事至立斷，吏無所售，往往改業散去。民亦化之，不復訟。上下肅然，郡以大治。纔五月，乞祠去。

許子良。東陽人。嘉熙中，知台州。弊蠹相仍，逋上供錢三百餘萬。子良節縮，凡典例所宜得者，亦謝去。居半載，郡計裕如。讞獄得情即決遣，僚吏無所容其私。

趙景緯。於潛人。景定中，知台州。以化民成俗爲先務，首取陳述古諭俗文書示諸邑〔三〕，且自爲之説，使民更相告諭，諷誦服行。約束官吏擾民五事，取孝經「庶人」章爲四言詠，使朝夕歌之。舉遺逸車若水、林正心於朝。旌孝行，作訓孝文以勵其俗。平重刑，懲譁訐，治豪横，建黄巖縣社倉六十有六，浚河道九十里，築隄路三十里。節浮費，爲下户代輸秋苗，奏蠲五邑坊河渡錢。

胡居仁。永康人。淳祐中，以進士知台州。文章政事，冠絶一時。

元

胡長孺。婺州永康人。至大元年，轉寧海縣主簿。大德末，浙東大祲，宣慰同知托和齊議行賑荒，斂富人錢一百五十萬給之，以餘錢二十五萬屬長孺藏，乃行旁州，長孺悉散於民，托和齊雖怒不敢問。縣有銅巖，惡少年狙伺其間，恒出鈔道，爲過客患，官不能禁。長孺僞衣商人服，令蒼頭負貨以從，陰戒騶卒十人躡其後。長孺至，巖中人突出，騶卒俄集，皆成擒。其行事多類此。「托和齊」舊作「脱歡察」，今改正。

黄溍。義烏人。延祐中，授寧海縣丞。地瀕鹽場，亭户恃其不統於有司，肆毒害民，編户隸曹司，及財賦府者，亦謂各有所憑，横暴尤甚。溍皆痛繩以法。民有後母殺其父，反誣民所爲，獄將成，溍變衣冠陰察之，卒直其冤。惡少年名在盜籍者，謀爲刼奪，未行，邑大姓執之，初無獲財左驗，事久不決。溍爲之疏剔，以其獄上，論之如本條，免死者十餘人。

伊埒布哈。蒙古人。元統中，授台州路録事司達嚕噶齊。縣未有學，乃首建孔子廟，延儒士爲之師，以教後進。「伊埒布哈」舊作「月魯不花」，「達嚕噶齊」舊作「達嚕花赤」，今俱改正。

白景亮。南陽人。爲衢州路總管。善政具舉，部使者上其事，特詔褒美，賜以宫錦，改授台州路總管。卒於官。

台哈布哈。蒙古人。至正十一年，遷台州路達嚕噶齊。十二年，方國珍復入海以叛，台哈布哈自分以死報國，發兵扼黄巖之澄江。國珍以小舸二百突海門，犯馬鞍諸山，台哈布哈率衆搏賊船，射死五人，賊躍入船，復斫死一人，賊羣至欲抱持，台哈布哈瞋目叱之，起奪賊刀，又殺二人，賊攢捌刺之，中頸死，猶植立不仆，投其屍海中。僮名抱琴，及臨海尉李輔德、千户徹辰、義士張君璧皆死之。後追封台哈布哈魏國公，謚忠介，立廟台州。「台哈布哈」、「達嚕噶齊」譯俱見前。「徹辰」舊作「赤盞」，今改正。

趙琬。甘陵人。台州路總管。至正二十七年，方國瑛以舟挾琬至黄巖，琬潛登白龍嶴，舍於民家，絶粒不食，人勸之食，輒瞑目却之，七日而死。

明

王士弘。潞州人。洪武初，知寧海縣。靖海侯吴楨奉命收方國珍故卒，無賴子誣引平民，台、温、明三州騷然。士弘條上封事，辭極懇切，詔罷之，諸境以安。

芮麟。宣城人。洪武中，知台州府。明於政體，嘗詿誤被逮，父老泣送郊外，多遺之金，却不受。

王謙。南昌人。洪武中，臨海縣丞。勸學課農，愛民如子。迄去，行李蕭然，父老追贈，不受一錢。

魏澤。溧水人。建文三年，由刑部尚書謫寧海典史。永樂初，逮捕方孝孺族黨，澤力保持其遺孤，藏匿之，孝孺得有後。

康彦民。泰和人。知天台縣，著名績。永樂初，罷歸。洪熙元年，御史巡按至，縣民二百餘人言彦民廉公有爲，乞還之天台，慰民望。御史以聞，宣宗歎曰：「彦民去天台二十餘年，民猶思之，其善政可知。」乃用爲江寧縣丞。

阮勤。交趾人。天順中，爲台州知府。清慎有惠政，賜誥旌異。

袁道。吉水人。成化中，爲太平知縣。時以海倉糧腐，責償於民，道力阻得寢。有賊殺捕盗官，幾激變，道亟至詔諭之，其豪民武斷者，一置之法。治汙浦閘以興水利，歲大穰，樂清民願屬，乃奏請割六都隸焉。後以憂去，行李蕭然，民祠祀之。

顧璘。上元人。弘治中，知台州府。爲政持大體，雖官冗不廢學。

盧英。重慶人。正德初，由黄巖調太平知縣。居官清約，均徭役，尤慎於治獄，催科立程限，不假箠楚。獨嚴於吏胥，及勢要之家，不少貸，一境肅然。

羅僑。吉水人。嘉靖初，知台州府。建忠節祠，祀方孝孺，延布衣張尺詢民間疾苦。歲時巡行阡陌，課農桑，講明冠婚喪祭禮，境内大治。

周志偉。江西人。嘉靖中，知台州府。政務德化，有大姓争田搆訟，志偉親往按視，開示大義，於是感泣相讓。

譚綸。宜黄人。嘉靖中，知台州府。性沉毅知兵，時東南苦倭患，綸練千人自衛。倭犯栅浦，將兵擊之，三戰三捷。倭復由松門、澶湖掠旁六縣，進圍台州，不克而去。其黨寇仙居、臨海，綸擒斬殆盡。進海道副使，益募浙東良家子教之，而盡罷客兵。倭自象山突台州，綸與戚繼光連破之。

武暐。嘉靖中，知台州府事。時倭入黄巖，暐挺身率兵至釣魚嶺，力戰遇害。建愍忠祠於巾子山祀之。

毛衢。吴江人。嘉靖中，知太平縣。革市豪包攬徭役弊，毁横湖堂淫祠，火其神，民患乃息。飭游徼捕盗賊知名者，悉瘐死獄中，偷黨遂散。

周思稷。麻城人。隆慶中，知臨海縣。清田畝，正疆界，刊税籍，宿弊盡洗。又奉檄履畝仙居，汰消耗，革詭冒，減圖一十有五，奸猾束手。

周孔教。臨川人。萬曆中，知臨海縣。治先教養，事無累民。初令所需器具，辦自坊長舖户，一切革去。公暇與諸生講學，士習丕變。

李天秩。雲南人。崇禎中，授台州府推官。廉積猾巨蠹，立置之法，案牘填委，頃刻決裁，前後御史上治行第一。去之日，單騎襆被，覊書史以自供，百姓環泣者數千人。

本朝

李士弘。磁州人。順治五年，授台州推官。性廉介，執法不少徇。時台初定，鎮將縱恣，士弘一繩以法，城鄉之人，始獲帖席。仙居防將趙德悍而黠，陰令所俘盜牽連平民，士弘以巡撫檄涖仙居，趙不敢恣，民咸相告曰：「李公生我。」及去任出郊，士民擁還，不得行者累月。

徐化成。昌平州人。順治八年，知台州府。寬徵省役，與民休息。

鄭之文。休寧人。任台巡道。中軍馬信叛，陷城，之文爲所執，不屈被害。事聞，賜廕一子。

劉登科。奉天人。順治十三年，知黄巖縣。明年海寇陷城，脅降不從，縶入舟，終不屈，賊縛投三江水中，士民哀之。

閻福玉。安丘人。任黄巖左營遊擊。康熙五十一年，出防海，與賊遇於牛頭門，力戰死。事聞，贈副將，廕一子。

人物

三國　吴

虞翔。章安人。官鄱陽太守，朱育稱其立言燦盛，與御史中丞句章任爽，各馳文檄，蔚若春榮。

晉

任旭。字次龍，章安人。立操清修，不染流俗。舉孝廉，除郎中，固辭歸。永康初，惠帝博求清節之士，太守仇馥薦旭，辭疾不行。陳敏作逆，江東名豪並見羈縶，惟旭與賀循守死不回，敏卒不能屈。元、明二帝屢徵不至。

唐

項斯。字子遷，寧海人。會昌中進士，官終丹徒尉。以詩名。

宋

郭琮。黄巖人。幼喪父，事母極恭順，娶妻有子，移居母室，凡母所欲，必親奉之，居常不過中食，絶飲酒茹葷者三十年，以祈母壽，母年百歲。至道三年，詔旌其門，除其徭役。

杜誼。字漢臣，黄巖人。事父母至孝，繼喪父母，號慟晝夜不絶。卜葬，徒跣負土爲墳，遂芟舍墓旁，終喪，雖虎狼交於側，誼泰然無所畏。明年吴越大水，民居廬墓田產漂壞甚衆，而獨不及誼。邑人狀其事以聞，詔嘉奬。以祖垂象廕，官至贊善大夫。嘗知永城縣，父老稱其政爲不可及。後通判梓州卒。子撰纔十六歲，哭墓旁卒。

楊蟠。字公濟，章安人。慶曆進士，爲密、和二州推官。歐陽修稱其詩。蘇軾知杭州，蟠通判州事，與軾倡酬居多，平生爲詩數千篇。後知壽州卒。

陳貽範。字伯模，臨海人。治平進士，歷處州通判。遊胡瑗之門，又師事陳襄，與徐中行、羅適爲台學源流之首。

徐中行。字德臣，臨海人。至京師，范純仁薦於司馬光，光謂神清氣和，可與進道。得胡瑗所授經，熟讀精思，踰年乃歸。葺小室，竟日危坐。父死，跣足廬墓，躬耕養母，晚年教授學者。崇寧中，郡守李諤以八行薦。時章、蔡竊國柄，竄逐善類且盡，中行去之黄巖。陳瓘謫台州，聞名納交，謂與山陽徐積齊名，呼爲八行先生。子三，庭槐、庭蘭、庭筠，皆有父風。

羅適。字正之，寧海人。治平進士，歷知五縣，官至京西北路提點刑獄。慷慨建白，務恤民隱。嘗與蘇軾論水利，凡興復者五十有五。秩滿去，民爲置祠。

徐庭筠。字季節，中行季子。童丱有志行，事父兄孝友天至。居喪毁甚，既免喪，猶不忍娶者十餘年。其學以誠敬爲主，居無惰容，喜無戲言，不事緣飾，不苟臧否。聞人片善，記其姓名。遇飢凍者，推食解衣不靳。一日端坐瞑目而逝，年八十五。鄉人以其父子俱隱遁，稱之曰二徐先生。

江仲明。台州人。宣和寇亂，載老母逃山澗中，猝遇寇於東城之岡，逼使就降，仲明義不辱，奮起駡賊，卒死之。丞相吕頤浩誄以文。

蔣煜。仙居人。有文學，寇欲妻以女，煜絶之，脅以拜，亦不從，寇曰：「吾戮汝矣。」煜伸頸就刃，詈聲不絶而死。

陳公輔。字國佐，臨海人。政和三年，上舍及第，調平江府教授。累遷祕書郎，擢右司諫。論蔡京父子懷奸誤國，又奏朱勔罪惡，時有指爲李綱黨者，因辭位。復陳三事，觸時宰，遂斥監全州税。紹興六年，召爲吏部員外郎，疏言今日公卿大夫，無氣節忠義，皆由王安石學術壞之。復授左司諫，言中興之治，在以孝感天，以誠得民。帝嘉其深得諫臣體，令尚書省寫圖進覽。公輔益罄忠鯁，乞增輪對官。有詔將駐蹕建康，上書陳攻守之策。以徽猷閣待制卒，贈大中大夫。公輔論事剴切，疾惡如仇。有文集二十卷、奏議十二卷。

吴芾。字明可，仙居人。舉進士第，遷秘書正字。與秦檜舊故，及檜專政，芾退然如未嘗識，檜風言者論罷。後以何溥薦，除監察御史。勸高宗痛自悔咎，延羣臣陳闕失，上韙其言。兩淮戰不利，廷臣争陳退避計，芾言今日之事，有進無退，因勸親征。上至建康，芾請遂駐蹕，以繫中原之望，上終不能用。孝宗即位，累遷禮部侍郎。以剛直見忌，出外，前後守六郡，各因其俗爲寬猛，吏莫容奸，人懷惠利。以龍圖閣直學士致仕。芾爲文豪健俊整，有表奏、文集數十卷。謚康肅。

陳良翰。字邦彦，臨海人。爲文恢博有氣。舉紹興五年進士，遷監察御史。孝宗初，金主求和，良翰應詔言議和、納降俱非是，必定計自治，而和不和聽之。又論時議捨淮防江之謬。金移書求故疆，湯思退主遣盧仲賢，良翰争之，不聽。仲賢至汴，果許金疆土、歲幣。良翰言秦檜復見今日，因極論思退姦邪悮國，宜罷黜。上曰：「朕愛思退警敏，卿其置之。」良翰對：「警敏二字，恐非卜相之法。」遂罷言職。會金敗盟，思退罷，召爲兵部侍郎，除右諫議大夫，陳蜀、漢、荆、襄進取大計。除敷文閣直學士。卒，謚獻肅。

陳騤。字叔進，臨海人。紹興二十四年，試春官第一，累官太子諭德。時命太子尹臨安，騤諫止之。光宗受禪，召試吏部侍郎。紹熙二年，詔陳時政得失，騤疏三十條，皆切時病，遷參知政事。光宗以疾不朝重華宫，騤三入奏，上感悟。寧宗即位，知樞密院事。慶元二年，知婺州，告老，授觀文殿學士，提舉洞霄宫。卒，贈少傅，謚文簡。

謝深甫。字子肅，臨海人。乾道進士，調嵊縣尉。以薦爲浙漕考官，一時士望皆與選中。江東大旱，擢提舉常平，講行救荒條目，所全活一百六十餘萬人。紹熙改元，遷起居郎，兼權給事中，遷黜多所諫止。每禁庭燕私，左右有希恩澤者，上必曰：「恐謝給事有不可耳。」寧宗即位，累遷知樞密院事，拜右丞相，封魯國公。深甫爲相，守法度，惜名器，能扶持朱子、蔡元定正學。拜少傅，致仕卒，謚惠正。

趙師淵。字幾道，宋宗室，黄巖人。乾道進士，從朱子遊。歷寧海軍推官，趙汝愚薦授職事官。汝愚去國，遂東歸，益究所學。官至太常丞。弟師夏、師雍，皆朱門高弟。

商飛卿。字翬仲，臨海人。淳熙進士，累官工部郎官。時韓侂胄柄國，飛卿未嘗一造請，踰月即丐去。後擢監察御史，以言事忤侂胄，罷爲奉常。改司農卿，總領江淮軍馬錢糧。飛卿以身率儉，節縮浮苛，糧餉稍裕。開禧中〔四〕，擢户部侍郎。

王居安。字資道，黄巖人。淳熙進士，遷著作郎，兼權考功郎官。誅韓侂胄，居安實贊其決。翼日擢右司諫，首論侂胄姦逆顯著，當肆諸市朝，以謝天下；陳自强奸險附麗，罪同侂胄。又劾郭倪、郭僎，竄嶺表。天下快之。遷起居郎，兼崇政殿説書。以忤權要去，歷知隆興府，討平羣盜。復召爲工部侍郎。理宗即位，以龍圖閣直學士知福州。卒，贈少保。居安宅心公明，待物不貳，有方巖集行世。

杜範。字成之，黄巖人。嘉定初進士，拜監察御史。奏權臣所用臺諫，必其私人，是以紀綱蕩然，風俗大敗。因率合臺論鄭清之詐謀罔上，凡侍從近臣之不合時望，監司郡守之貪暴者，皆以次論斥。清之愈忌。改太常少卿，累拜殿中侍御史，極言臺諫失職之弊。時襄、蜀俱壞，江陵孤危，兩浙震恐，復言清之横起邊釁，并李鳴復等以賄交結，帝未即行，遂渡江歸。淳祐二年，擢同簽書樞密院事，拜右丞相。上五事，繼上十二事，盡革舊弊。卒，贈少傅，謚清獻。

賈涉。字濟川，台州人。父偉，嘗守開江，極論武興守吴挺之横。陛對，又乞裁抑郭棣、郭杲兵權，孝宗嘉納。涉幼好讀古書，慷慨有大志。以父任高郵尉，歷淮東提點刑獄，兼楚州節制本路京東忠義人兵。分遣陳孝忠等屢破金人，又遣李全取海州，復取密、濰，收登、萊，兼略濟、沂，餘州相繼請降。擢制置副使，兼京東、河北節制。金人來犯，屢擊敗之。卒，贈龍圖閣學士、光禄大夫。

陳耆卿。字壽老，臨海人。嘉定進士，官至國子監司業。葉適嘗稱其文。著赤城志。同郡林表民，博物洽聞，同修赤城志，又自爲續志三卷。

葉夢鼎。字鎮之，寧海人。以上舍試入優等，釋褐授信州推官。淳祐中，歷知袁、吉、贛三州，隆興、建寧府，皆有善政。累遷吏部尚書，簽書樞密院事。咸淳三年〔五〕，拜特進、右丞相、兼樞密使。與賈似道不合，引疾辭歸。

舒岳祥。字舜侯，寧海人。寶祐進士，以文學著名，戴表元從而受業。表元爲東南文章大家，其學得於岳祥爲多。

胡三省。字身之，寧海人。寶祐進士，終朝奉郎。刊正資治通鑑，爲廣注九十七卷、著論十篇、釋文辨誤十二卷行世。

王珏。字叔寶，臨海人。又曰仙居人。咸淳進士，累官太學博士，權知本州事。元脅太后，詔台州降，珏與兵部侍郎仙居陳仁玉、本州教授臨海邵㘝，集民增陴浚隍，堅壁以守，城陷，赴泮水死。

陳天瑞。字德修，臨海人，公輔之後。咸淳進士，師事金華王柏，明性理之學，志潔行廉。爲金華令，有能名。宋末隱居，詩文極高古，效淵明書甲子，有文集五十卷。

車若水。字清臣，黄巖人。與同郡周敬孫、楊珏、陳天瑞等師事金華王柏，講明性理。若水博學工古文，自號玉峯山民，著宇宙略記、玉峯冗藁。

杜滸。字貴卿，範從子。少負氣俠。德祐元年，有詔勤王，滸糾集民兵得四千人。文天祥開閫平江，往附焉。及天祥北行，客無敢從者，滸慨然請行。至京口，以計得脱天祥，偕走淮甸，由海道達永嘉。益王即位，授司農卿。空坑兵敗，又與天祥跋涉患難以出。天祥移屯潮州，滸趨厓山，兵潰被執，憂憤卒。

牟大昌。字逢時，黄巖人。性忠義，驍勇絶倫。景炎中，應文天祥義檄，與姪天與聚兵勤王。浙東提刑杜淵聞其賢，辟爲都將，天與副之。未幾，台州陷，率衆禦之，遇敵於黄土嶺，力戰而死。元兵屠其家，宗族男女死者不可勝計。

徐副尉。失其名，天台人。率衆拒元兵於關嶺，宋主得浮海去。元兵抵台，闔門皆遇害，獨乳媪哺其所乳兒寄居王氏家，得存。三傳生善述，人謂忠節之報。

黄超然。字立道，黄巖州人。從王柏遊，得性理之傳。尤深於易，著周易通義及或問、發例、釋蒙等書，凡三十三卷。兩與鄉貢，及元代宋，遂絶意進取。

元

陳孚。字剛中，臨海人。幼讀書過目不忘。至元中，署上蔡書院山長，調國史院編修官，攝禮部郎中，副梁曾使安南。至則詰世子日燇不庭之罪，且責其當出郊迎詔，講新朝尚右之禮，往復三書，宣布天子威德，辭直氣壯。其所贈悉却之。使還，除翰林待制。帝方欲置之要地，廷臣忌之。歷台州路總管府治中。大德七年，州旱民飢，道殣相望，托歡徹爾怙勢立威，不恤民隱，孚詣宣撫使，愬其不法蠹民事一十九條，按實坐罪，命有司亟發倉賑飢，民賴以全活。孚亦以此致疾，卒於家。「托歡徹爾」舊作「脱歡察兒」，今改正。

周仁榮。字本心，臨海人。父敬孫，宋太學生。初，金華王柏以朱子之學主台之上蔡書院，敬孫與同郡楊珏、陳天瑞、車若水、黄超然、朱致中、薛松年師事之，受性理之旨。敬孫嘗著易象占、尚書補遺、春秋類例。仁榮承其家學，又師珏、天瑞治易、禮、春秋，而工爲文章。用薦署美化書院山長。泰定初，召拜國子博士，歷集賢待制。弟仔肩，字本道，延祐進士，終奉議大夫、惠州路總管府判官。與其兄俱以文學名。

孟夢恂。字長文，黄巖人。與周仁榮同師事楊珏、陳天瑞。夢恂講解經旨，體認精切，務見行事，四方從遊者皆服焉。以薦署本郡學録。至正十三年，以設策禦寇救鄉郡有功，授常州路宜興州判官，未受命卒，賜謚曰康靖先生。所著有性理本旨、四書辨疑、漢唐會要、七政疑解及筆海雜録五十卷。

張惟賢。字允德，仙居人。猿臂善射，能挽十石弓。至正中，薦授南漳監鎮，累勳擢武德將軍，進侯爵。與明兵戰蘭溪，被獲，將就刑，劉基勸勿殺義士，因戍武林，不食七日而死。

柯九思。字敬仲，仙居人。工詩善繪，仕至奎章閣學士。

明

陶凱。字中立，臨海人。博學善屬文，尤工詩。領至正鄉薦，除永豐教諭，不就。洪武初，徵修元史〔六〕，授翰林應奉，擢禮部尚書。與崔亮等酌定諸禮儀。時初舉制科，令定科舉式，頒於天下。明年爲會試主考，得人之盛自此始。凡詔令、封册、歌頌、碑碣，多命凱屬草。復請紀載時政，從之。出爲湖廣參政，以晉王府右相致仕。後以事被殺。

葉兑。字良仲，寧海人。以經濟自負，尤精天文、地理、卜筮之學。元末，知天運有歸，以布衣獻書太祖，列一綱三目，言天下大計。時太祖已定寧、越，規取張士誠、方國珍，而李察罕兵勢甚盛，發使至金陵招太祖，故兑書於三者籌之特詳。太祖奇其言，欲留用之，力辭，賜銀幣、襲衣以歸。後數歲，削平天下，規模次第略如兑言。

方克勤。字去矜，寧海人。洪武四年，擢濟寧知府。治以德化爲本，不喜近名，視事三年，户口增數倍。自奉簡素，一布袍十年不易。士大夫被逮過郡者，輒賙恤之。八年入朝，太祖嘉其績，賜宴遣還，尋爲屬吏所誣，謫江浦，復以空印事逮死。子孝聞，十三喪母，蔬食終制。

陶宗儀。字九成，黄巖人。少試有司，一不中，即棄去，務古學，無所不窺。工詩文，尤刻志字學，習舅氏趙雍篆法甚精，家貧教授自給。洪武初，累徵不就。常客松江，躬親稼穡，暇則休於樹陰，有所得，摘葉書之，貯一破盎，十年積盎以十數，一日發而録之，得三十卷，名輟耕録。又葺説郛、書史會要、四書備遺，傳於世。

徐一夔。字大章，天台人。工文。洪武二年，詔纂修禮書，一夔與焉。明年書成，將續修元史，王禕爲總裁官，以一夔薦。一夔遺書，論史宜置日曆甚詳核，以疾辭不至。未幾用薦，教授杭州。召修大明日曆，書成，將授翰林院官，又以足疾辭，賜文綺遣還。

朱右。字伯賢，臨海人。元末，屢舉不就。洪武初，宋濂薦修元史，史成辭歸。以徵修日曆、寶訓，授翰林編修，遷晉府右長史，卒於官。

陳圭。黄巖人。洪武時，父叔宏爲仇所訐，當死，圭詣闕上章曰：「臣爲子不能諫父，致陷不義，罪當死，乞原父使自新。」帝大喜曰：「不謂今日有此孝子！宜救其父，以風勵天下。」刑部尚書開濟奏不宜屈法，乃聽圭代，而戍其父雲南。

葉伯臣。字居升，寧海人。以國子生授平遥訓導。洪武九年，因災異上書，凡數千言，曰分封太侈，曰用刑太繁，曰求治太速，帝覽書大怒，命繫刑部，瘐死獄中。福王時，追贈御史，謚忠愍。

郭濬。字士淵，寧海人。伉爽不羣，師事宋濂，與方孝孺爲友。洪武九年，以諸生貢太學，應詔上書，論當時急務甚切。召對忤旨，令學於太學，同學嫉之。與學官語不合，誣奏，抵罪以死。

鄭士利。字好義，寧海人。兄士元，剛直有才學，由進士授懷慶府同知，擢湖廣按察司僉事，屢觸權貴怒。洪武九年，考校錢穀册書空印事覺，凡主印者論死，佐貳以下搒一百，戍遠方。臺吏因陷士元，遂繫獄。帝方盛怒，莫敢諫，會星變求言，士利方欲上書，既而讀詔，有假公言私者罪，恐禍及兄，待士元免死出，乃爲書數千言，言數事，而於空印事最詳。且言陛下奈何以不足罪之罪，而壞足用之材。帝覽書大怒，下丞相、御史雜問，士利辭不屈。與士元皆輸作江浦，而竟殺空印者。

朱煦。仙居人。善事父母。父季用爲福州知府。洪武十八年，詔盡逮天下積歲官吏爲民害者，赴京師築城。季用居官僅五月，亦被逮，病不能堪，時訴枉令嚴，至有抵極刑者。煦奮曰：「訴不訴等死耳，萬一父緣訴獲免，即戮死無恨。」即具狀叩閽。太祖悲其意，立赦季用，復其官。同時以例復官者十四人。同時危貞昉，字孟陽，臨海諸生。父孝先，洪武中進士，官陵川丞，坐法輸作江浦。貞昉詣闕上疏，言父筋力向衰，而大母年踰九十，願代父，俾父獲歸養。太祖惻然從之。貞昉即解儒服，雜衆傭力作，體弱不勝勞，閲七月病卒。

方孝孺。字希直，一字希古，克勤子。幼警敏，讀書日盈寸。師事宋濂，濂及門知名士盡出其下，恒以明王道、致太平爲己任。洪武二十五年，以薦召見，上顧皇孫曰：「此端士，當老其才以輔汝。」除漢中府教授，蜀獻王聘爲世子師，名其廬曰正學。建文即位，召入爲翰林文學博士，侍經筵，一時詔命，皆出其手。燕王入，召使草詔，孝孺衰絰至，號哭徹殿陛。燕王降榻勞之，顧左右授筆札曰：「詔非先生草不可。」孝孺大書數字，擲筆於地曰：「死即死耳，詔不可草。」遂磔於市。弟孝友，同就戮。妻鄭，二子中憲、中愈，先自經死。二女投秦淮河死。福王時，贈太師，謚文正。妻謚貞愍，孝友贈翰林待詔。本朝乾隆四十一年，賜孝孺謚曰忠文。所著有侯城集〔七〕、希古堂稿，學者稱正學先生。

盧原質。字希魯，寧海人，方孝孺姑子也。洪武中，廷對第二，授編修，歷官太常少卿。建文時，屢有建白。燕兵至，不屈被殺。弟原朴等皆死。福王時，贈原質禮部尚書，謚節愍。本朝乾隆四十一年，賜謚節愍。

王叔英。字原采，黄巖人。洪武中，與楊大中、葉見泰、方孝孺、林右並徵至，叔英固辭還鄉。二十年，以薦爲仙居訓導，遷漢陽知縣，多惠政。建文時，召爲翰林修撰，上資治八策，帝嘉納之。燕兵至淮，奉詔募兵廣德，已知事不可爲，沐浴具衣冠，書絶命詞自經。成祖既登極，陳瑛簿録其家，妻金氏已自經，二女下錦衣獄，赴井死。嘉靖中，建忠節祠，并祀其妻及二女。福王時，贈禮部侍郎，謚文忠。本朝乾隆四十一年，賜謚忠愍。

林右。字公輔，臨海人。洪武中，爲中書舍人。與方孝孺友善。嘗奉璽書行邊有功，進春坊大學士，命輔導皇太孫。以事謫中都教授，棄官歸。聞孝孺死，爲位哭於家。成祖召之，不至，械至京，猶欲官之，不屈，成祖怒，劓之死。福王時，贈禮部尚書，謚貞穆。

鄭華。字思孝，臨海人。洪武進士，授行人，奉使有聲，坐詿誤貶東平州吏目。燕兵至，州長貳盡棄城走，華謂妻蕭曰：「吾義必死。」蕭泣曰：「君不負國，妾敢負君？」華曰：「足矣。」率吏民憑城固守，力疾戰，城破，不食五日死。福王時，贈太僕少卿，謚貞莊。本朝乾隆四十一年，賜謚節愍。

盧迥。字士恭，仙居人。洪武中，以貢入太學，累官户部侍郎。燕兵起，與郭任主抗禦策，京師陷，抗節不屈死。本朝乾隆四十一年，賜謚節愍。

鄭恕。字本忠，仙居人。好古博雅。洪武中，由昌國縣訓導知蕭縣，甚得民心。建文四年，燕將王聰破蕭，不屈死。二女亦死之，子濂、淔，謫北平。福王時，謚惠節。本朝乾隆四十一年，賜謚節愍。

林嘉猷。初名昇，以字行，寧海人。與鄭公智師方孝孺，孝孺喜曰：「匡我者二子也。」洪武中，以儒士校文四川。建文初，入史館爲編修，尋遷陝西僉事。燕王稱帝，坐方黨被逮死。福王時，贈太僕卿，謚穆愍。本朝乾隆四十一年，賜謚節愍。

鄭公智。字叔貞，寧海人。爲方孝孺所知，薦於蜀王，王甚禮之。建文時，以賢良舉爲御史，持法不阿。後坐方黨誅。本朝乾隆四十一年，賜謚節愍。

葉惠仲。臨海人。與兄夷仲，並有文名。建文初，以知縣充史館官，修太祖實録，遷南昌知府。永樂元年，坐書靖難事事多指斥，論死，籍其家。福王時，贈太僕少卿。

徐宗實。名垕，以字行，黄巖人。少穎悟，力學。洪武中，薦授銅陵簿，請告迎養，忤帝意，謫戍淮陰驛。帝選駙馬都尉〔八〕，東川侯胡海子觀在選中，擇師難其人，以命宗實。中使置駙馬位南向，而布衣席東向，宗實手引駙馬位使下，然後爲講説，左右大驚，帝聞而嘉之。洪武末，通判蘇州，有惠政。建文二年，超擢兵部右侍郎，奉使兩淮。燕事急，使兩浙招義勇。成祖立，乞骸骨歸，踰二年，坐事逮至京，卒於道。

東湖樵夫。不知其姓名。樵臨海之東湖，日負薪入市，口不二價。靖難之變，聞詔書至，慟哭投湖水死。又天台東鄉野老，無姓氏，不知其從來。永樂改元，詔至，亟走山中，倚樹哭，踰晝夜，不食死。本朝乾隆四十一年，賜入祀忠義祠。

石允常。字恒德，寧海人。洪武進士，陞河南僉事，有清操。永樂初，謫戍歸，過金陵舊宫，慟哭不食而卒。

顧碩。字景蕃，仙居人。洪武中，以通經儒士，累官吏部主事。成祖立，召之不赴，爲富家牧牛。嘗作牧牛行，四顧無人，輒慷慨悲歌，人不知其爲碩也。後遇赦歸。

徐善述。字好古，天台人。洪武中，貢入太學，授桂陽州學正。永樂初，簡宫僚，爲春坊司直郎，見重皇太子。每作詩，輒令指摘數過乃定，時賜書翰。遷左贊善，太子每稱爲先生。坐累死。仁宗即位，贈太子少保，謚文肅。命立祠墓側，春秋祀之。

陳璲。字廷嘉，臨海人。永樂中，鄉會試皆第一，殿試問禮樂刑政，璲爲推原其本，且極言靖難師起，骨肉之間，不無慚德，誅戮黄子澄、方孝孺等，其如禮樂刑政何。帝不之罪，授庶吉士，預修五經大全諸書。乞休，薦起督學江西，致仕。

魯穆。字希文，天台人。永樂進士，有清操，除御史。仁宗監國，屢上封事。漢王宫奄將校不法，莫敢言，穆上章劾之，不報，然直聲振朝廷。遷福建僉事，理冤獄，摧豪强，民間呼魯鐵面。正統初，擢右僉都御史，奉命捕蝗，還，以疾卒，尚書吴中爲治棺衾，乃克殯。子崇志，登進士，授給事中，歷應天府尹，廉直有父風。

章樸。字原質，寧海人。與弟宗簡字原佳，俱登永樂中進士，改庶吉士。後以收藏方孝孺文集，爲楊善所搆，被逮，宗簡願以身代，並逮之。樸言孝孺效忠蒙戮，其文章明先王之道，不宜深罪。帝益怒，駢戮於市。樸妻金氏，不踰月以哀傷卒。

陳員韜。字從周，臨海人。宣德進士，擢御史，出按四川，黜貪獎廉，雪死囚四十餘人。正統末，大軍征鄧茂七，往撫其民，釋被誣爲賊者千餘家。都指揮蔣貴要所部賄，都督范雄病不能治軍，皆劾罷之。擢廣東右參政，遷福建右布政使。閩越當寇亂後，皆撫循備至，得士民心。員韜持操甚潔，而量能容物，人謂員韜德性，四時皆備云。

范理。字道濟，天台人。宣德進士，知江陵縣，以卓異聞。楊溥薦知德安府，又以最遷福建布政使，移貴州左布政，擢南京工部侍郎。請鬻蘆場新葦，及内庫舊貯布帛，葺造郊廟宫殿、内外諸署、城樓街表，并戰船食器，皆以次成，而民不知。又奏省饋糧米歲萬石備賑貸，從之。轉南吏部侍郎，以疾卒。子絪，由進士知濱州，王恕奏治行第一。

齊汪。字源澄，天台人。正統進士，累官車駕郎中。土木之變，汪扈駕不去，遂死之。

林鶚。字一鶚，太平人。景泰中進士，授御史。英宗復辟，出知鎮江，革弊舉廢，治甚有聲。居五年，以才任治劇，調蘇州。成化初，超遷江西按察使，歷左右布政使。歲飢，奏減民租十五萬石。擢刑部右侍郎，執法不撓。十二年，疾卒。鶚交遊不苟，對妻子無惰容，公餘輒危坐讀書。事生母孝謹，母稍不怡，必跪請，得其歡乃已。殁不能具棺斂，友人爲經紀其喪。嘉靖中，贈尚書，謚恭肅。

夏壎。字宗成，天台人。景泰進士，授御史。天順初，清軍江西，發鎮守中官葉達恣横狀，達爲斂威。以薦超擢廣東按察使。成化初，奏猺獞弗靖，用兵無功，由有司撫字乖方，請慎選監司守令，撫綏遺民，帝深納其言。歷遷右副都御史，巡撫四川。壎剛介，善聽斷，所至民無冤。在蜀三年，民夷畏服，年未五十，即求退。既歸，杜門養親，不接賓客。

黄孔昭。初名曜，後以字行，改字世顯，太平人。天順進士，授屯田主事。成化九年，爲文選郎中。故事，選郎率閉門謝客。孔昭曰：「苟以深居絶客爲高，何由知天下才俊？」公退遇客，輒延見，訪以人才，書之於册。除官以其才高下，配地繁簡，由是銓序平允，其以私干者悉拒之。累遷南京工部右侍郎，奉詔薦舉方面，以知府樊瑩、僉事章懋應，後皆爲名臣。孔昭嗜學敦行，爲士類所宗。嘉靖中，贈禮部尚書，謚文毅。孫琯，字宗賢，以議大禮，官至禮部尚書。

謝鐸。字鳴治，太平人。天順末進士，改庶吉士，授編修。性介特，力學慕古，講求經世務。成化九年，同校勘通鑑綱目。上書言時政，帝不能從，復條上備邊事宜，與邊將之弊，語皆切至。進侍講，直經筵。遭兩喪，服除，以親不逮養，遂不起。弘治中，起爲南京國子祭酒，尋謝病去。再擢禮部右侍郎，管祭酒事。嚴課程，杜請謁，增號舍，置公廨三十餘居其屬。諸生貧者賙恤之，死者請官爲之殮。居五年，引疾歸。鐸經術湛深，爲文章有體要。性好賙恤族黨，自奉則布衣蔬食。卒，贈禮部尚書，謚文肅。

陳選。字士賢，臨海人，員韜子。自幼端慤，寡言笑，以聖賢自期。天順四年，會試第一，授御史，巡按江西。盡黜貪殘吏，廣寇流入贛州，奏聞，不待報，遣兵平之。憲宗初，疏劾馬昂，救羅倫，一時憚其風采。督學南畿，頒禮儀於學宮，令肄業，作小學集註，以教諸生。改督河南學政。汪直被命出巡，都御史以下皆拜謁，選獨長揖。久之，進按察使，多所平反，囹圄爲空。歷廣東左右布政使，嚴條約，革和買，減泛役，屢觸市舶中官韋眷怒，誣以罪，被徵，至南昌病卒。選務克己，因自號克庵，正德中，追贈光禄卿，謚恭愍。

龐泮。字元化，天台人。成化進士，授工科給事中。弘治初，御史暢亨劾中官張慶，反爲誣訐，泮疏直之。遷刑科都給事中。副使楊茂元被逮，泮率同列疏救，茂元得薄譴。武岡知州劉遜，以事忤岷王，王劾之，命錦衣逮，泮率同列争之，忤旨，下詔獄，尋釋，停俸。威寧伯王越謀起用，中官蔣琮、李廣有罪，外戚周彧、張鶴齡縱家奴殺人，泮皆極論，直聲甚著。擢福建右參政，歷廣西左布政使，致仕。本朝嘉慶十二年，賜祀鄉賢祠。

王純。字弘文，仙居人。成化中進士，爲工部主事。會詔罷南京兵部尚書王恕官，純抗章言不宜罷，杖之闕下，貶思南推官。弘治中，累遷湖廣提學僉事。

夏鍭。字德樹，壎之子。成化進士。弘治四年，謁選入都，上章請復主事李文祥、庶吉士鄒智、御史湯鼐等官，罷輔臣劉吉位，忤旨，下詔獄。既釋歸，久之始赴選，除南京大理評事。疏論賦斂、傜役、馬政、鹽課，及宗藩戚里侵漁之狀，帝不省。鍭素無宦情，服官僅歲餘，念母老，乞歸侍養，家居三十餘年，竟不復起。

王爌。字存納，黄巖人。弘治進士，正德時，屢遷刑科都給事中。武定侯郭勛鎮兩廣，行事乖謬，奉詔自陳，多强辨，爌等駁之。都察院彭澤復奏，不録爌言，爌并劾澤。御史林有年直言下獄，浙江僉事韓邦奇忤中官被逮，爌皆論救。車駕幸大同，久不返，爌力請回鑾。俄以論救彭澤忤王瓊，調惠州推官。嘉靖中，累擢南京右都御史，以忤夏言，謝病歸。爌嘗與御史潘壯不相能，壯坐大獄，詔爌提問，爌力白壯罪，至忤旨，人以此稱爌長者。卒，贈工部尚書。

戴德孺。字子良，臨海人。弘治末進士，歷工部員外郎，監蕪湖税，有清名。再遷臨江知府。宸濠反，遣使收府印，德孺斬之，誓死守，旋與王守仁共滅宸濠。以憂去。世宗以德孺馭軍最整，獨增三秩，爲雲南右布政使。舟次徐州，覆水死。後贈光禄寺卿，予一子官。

余寬。字仲栗，臨海人。正德進士，歷文選司郎中。世宗時，争興獻大禮，下詔獄，戍海南。隆慶初，贈大理寺卿。

應良。字原忠，仙居人。父昌，字克盛，少孤，事母極孝，仕分宜尉。良正德中進士，改庶吉士，授編修。王守仁在吏部，良學焉。親老歸養，講學山中者將十年。世宗朝，以薦起，伏闕争大禮，忤旨，廷杖，張璁黜之爲山西副使。謝病歸，卒。

王宗沐〔九〕。字新甫，臨海人。嘉靖進士，授刑部主事，歷江西提學副使。修白鹿洞書院，引諸生講習其中。隆慶中，擢拜右副都御史，總督漕運，兼巡撫鳳陽。極陳運軍之苦，請旨優卹。又以河決無常，運道終梗，欲復海運，因條上便宜七事。徐、邳俗悍多奸，鹽徒出没，六安、霍山礦賊竊發，宗沐奏設守將，又召豪俠巨室充義勇，責令捕盜，後多有功。進刑部左侍郎，罷歸。卒，贈尚書。天啓初，追謚襄裕。子士崧、士琦、士昌，皆進士。士琦官至右副都御史，巡撫大同。士昌官至右僉都御史，巡撫福建。並有名於時。

曾銑。字子重，本江都人，世居黄巖。嘉靖中舉進士，授御史，巡撫遼東。值兵變，銑擒斬首惡，事遂定。歷右僉都御史，巡撫山東，再撫山西。二十五年，以兵部侍郎總督陝西三邊軍務。銑有膽略，長於用兵，又感帝知遇，圖報稱，念寇居河套，久爲中國患，遂上疏請搗其巢，條八議以進。已又獻營陣八圖，並優旨下廷議。嚴嵩言銑開邊釁，遂逮銑，嵩又使仇鸞訐銑，斬於市，妻子流二千里。銑廉，既没，家無餘貲，天下冤之。隆慶初，贈兵部尚書，謚襄敏。

吴時來。字惟修，仙居人。嘉靖進士，授松江推官，攝府事。以禦倭功，擢刑科給事中。劾罷嚴嵩私人兵部尚書許論、宣大總督楊順、巡按御史路楷，嵩疾之甚。出使琉球，將行，復劾嵩父子招權不法，嵩怒，密奏陷之，下詔獄，遣戍横州。隆慶初，召爲工科，條上治河事宜，又薦譚綸、俞大猷、戚繼光宜用之薊鎮，皆從之。累擢南京右僉都御史，遷廣東巡撫，旋罷歸。萬曆十二年，始起湖廣副使，終左都御史。

王士性。字恒叔，宗沐從子。萬曆進士，由確山知縣徵授禮科給事中，首陳天下大計，言朝廷要務二，官司要務三，兵戎要務四，疏凡數千言，深切時弊，多議行。劾楊巍阿輔臣申時行，時行納巍邪媚，皆失大臣誼。又請召還沈思孝、吴中行等十六人，忤旨，不報。遷吏科，出爲四川參議，歷鴻臚寺卿，卒。

盧明諏。字君教，黄巖人。萬曆進士，授太常博士，釐正郊廟大祀典章。擢給事中。倭警，上六事。時内侍頓隆犯罪，尋見原，雲南歲進礦金，初議量減，尋復故，明諏并疏參駁，忤中官。又疏請召還直臣張棟等，又請起用閣臣王家屏、尚書沈鯉、員外郎鄒元標。時家屏方建言忤旨，會枚卜，吏部首列家屏名，顧憲成坐謫，明諏復疏救之，帝怒，削籍歸。

吴執御。字朗公，黄巖人。天啓初進士，除濟南推官。德州建魏忠賢祠，獨不赴。崇禎三年，徵授刑科給事中，言理財先保民，請蠲畿輔加派，及捐助搜括宜速罷，帝切責之。已劾吏部尚書王永光專務比匪，亦不納。俄因風霾，陳謹邊防、擇守令二事，報聞。後劾首輔周延儒攬權爲奸利，忤旨，執政復從中搆之，下詔獄。釋歸。其學以立誠爲本，立朝更著風節，卒於家。

應昌士。字君寧〔一〇〕，仙居人。崇禎中，特賜進士，授安定知縣。流賊破潼關，城陷，被執不屈，賊先殺其妻女以脅之，終不屈。僞帥釋其縛，盛具延上座，從容勸降，昌士舉杯擊僞帥首，遂被害。本朝乾隆四十一年，賜謚節愍。

陳函輝。原名煒，字木叔〔一一〕，臨海人。崇禎進士，授靖江知縣。罷官歸，聞李自成陷京師，慟哭刑牲，誓衆倡義師，會福王不許草澤勤王，乃已。尋起職方主事，江北事敗，擁戴魯王，爲禮部侍郎。王自台航海，函輝從之，已而相失，哭入雲峯山，作絶命詞，投水死。本朝乾隆四十一年，賜謚忠節。

本朝

許鴻儒。字象垣，太平人。順治初，以貢選知羅城縣。縣爲土司叛據，鴻儒隨征數年，始得至。俄桂林失守，孤立無援，城陷被執，不屈死。子弟死者五人。贈廣西按察司僉事，賜祭葬，廕一子入監。

余煜。臨海人。有膽氣。康熙甲寅，耿精忠遣曾養性犯台，時寧海將軍募敢言之士往撫，煜毅然請往，縋城説賊，責以大義，賊怒脅之降，不屈死。

洪若臯。字叔敘，臨海人。順治乙未進士，授户部主事，歷福寧道僉事。丁艱，後遂杜門不出。性嗜學，林居三十年，手不停披，所著有南沙文集、臨海志、樂府源流等書。

婁汝初。黄巖人。任寧波城守千總。康熙三十六年，捕賊於慈谿之陽覺殿，力戰死。事聞，廕一子。同縣羅洪燦，乾隆間以把總隨勦林爽文，殁於陣。羅江太，官定海鎮總兵，嘉慶十年，追勦蔡牽至盡山洋，遭風漂殁。均議卹如例。

齊召南。字次風，天台人。幼有異秉，詩文援筆立就。乾隆丙辰舉博學鴻詞科，授檢討。嘗與修經史考證、通鑑綱目三編、續文獻通考、大清一統志諸書，歷官禮部侍郎。以疾乞歸，掌教敷文書院十餘年，人文蔚起。著有水道提綱、後漢公卿表、寶綸堂詩集。

李彬。黄巖人。乾隆五十七年旌表孝子。同縣孝子李恂，又天台縣孝子齊式唐、李元魁，並於嘉慶年間旌。

流寓

晉

江逌。陳留圉人，避蘇峻亂，屏居臨海。翦茅結宇，耽玩載籍，有終焉之志。辟從事，除佐著作郎，並不就。

南北朝　齊

顧歡。鹽官人。隱於剡天台山，開館受業者至百人。

褚伯玉。錢塘人，隱居剡瀑布山三十餘年。宋孝建時，樂詢表薦，不就。高帝即位〔一二〕，手詔以禮迎遣，又辭，敕於剡白石山立太平館居之。

梁

庾肩吾。新野人，信父。隱居天台，故信作哀江南賦云「少微真人，天台逸民」。

唐

司馬承禎。字子微，洛州温人。廬天台山不出。則天、睿宗、明皇朝累召見問，尋還山。善草隸，明皇嘗命以三體寫老子，刊正文句。卒年八十九，謚貞一先生。

宋

陳瓘。沙縣人。徽宗時，上疏辨宣仁后誣謗，及著尊堯集，坐徙台州。宰相且命凶人石悈知州事，窘辱百端，終不能害。在台五年，乃得自便。

豐稷。鄞人。爲御史中丞，以論蔡京安置台州。

石公弼。新昌人。以劾蔡京誤國，謫居台州。從弟公孺，亦相隨居台。

元

台哈布哈。世居白野山。父塔布台，歷任台州録事判官，遂居於台。「台哈布哈」譯見前，「塔布台」舊作「塔不台」〔一三〕。

列女

隋

杜氏二女。臨海仙居人。家鬻湯餅。大業末，女甫笄，喪父母，庖人挑之，二女憤激，殺庖人，去之盂溪，溪溢俱死。

宋

夏孝女。名阿九，黄巖人。嘉定中，隨父樵於山，父遇虎，女號叫直前，執薪鞭虎，曰「可食我，毋食我父」，且鞭且泣，踰數十步，虎棄父而啖女。

朱伯履妻陳氏。臨海人。年少夫亡，有欲奪其志者，痛哭引刀將自刎，姑亟持之，乃免。事舅姑至孝，淳熙中詔特封安人，旌其門，名所居曰節孝巷。

王貞婦。臨海人。德祐二年，元兵入境，舅姑與夫皆遇害。主將見婦美，欲内之，挈至嵊縣青楓嶺，婦伺守者稍懈，嚙指出血，書字山石，南望痛哭，投崖下死。其血漬入石間，天陰雨即墳起如始書時。元至治中旌曰貞婦，立石祠於嶺上，易其名曰清風嶺。

元

陶宗媛。臨海人。儒士杜思絅妻，歸杜四載而夫亡，矢志守節。台州被兵，宗媛方居姑喪，忍死護柩，爲遊軍所執，迫脅之不從，遂遇害。其妹宗婉、弟妻王淑皆赴水死。

任文仲妻林氏。寧海人。家甚貧，年二十八而寡。姑患風疾，林日暮扶持維謹，撫育三子，皆有成。年一百三歲而卒。

狄恒妻徐氏。天台人。恒早歿，徐堅志守節，至正二十年鄉民爲亂，被賊所迫，紿以渴甚，欲自汲飲，即投井死，時年十八。

郭氏。天台人。夫爲戍卒，千夫長李某見其色美，百計調之，郭毅然莫犯。夫歸，具以告，夫怒，欲殺李，李訴於縣論死。獄卒葉姓者，遇之有恩，卒度必死，乃囑妻嫁之。郭曰：「君以我死，我安能二適以求生乎？」歸鬻子女，得錢三十緡，攜之獄，請夫以酬獄卒，走至仙人渡水中，端坐而死。水極險惡，其尸不衝仆。事聞，具棺葬之，表其墓曰貞烈。

明

符松妾真奴。黄巖人。松既死，其妻歸母家，有他志，真奴泣諫，妻怒捶之，逼以去。真奴潛歸痛哭，自縊於松柩上。

程有德妻陳氏。名貞，黄巖人。洪武間，有德以軍士給事羽林左衛，鎮撫陸林見陳美，百計調脅不從，遂被亂毆而死。其夫訴於朝，林抵罪。

嚴氏。太平人。年十六，許字鄭某，未嫁而夫亡。鄭欲以次子接婚，父母利其貲，許之，氏自縊死。又朱四妻吴氏，少寡，父母欲奪其志，赴水死。

朱涣妻楊氏。臨海人。夫卒，其兄諷之他適，不從，乃潛許鄉之富人。楊知事迫，自縊死。又金氏，名顯，既許配而夫病瘋，母欲改字，女泣曰：「再聘非女道，吾惟有死而已。」乘間自縊死。

馮氏。臨海人，名光奴。嘉靖中，爲倭所掠，女奮拳擊倭，駡不絶口，遂被殺。

葉台妻張氏。太平人。年四歲時，父涵垂死，囑其母他日以嫁時奩田與之。後歸葉，其兄張突利其田，詐稱妹曾受其妻黨陳閑聘，而葉奪之，守令皆受囑，斷令離婚。氏從容拜舅姑，抱夫痛哭，以刀自斷其喉，懷五月娠而死。

項巽妻徐氏。黄巖人。倭寇至被執，紿以攜資從行，入室赴井死。同縣陳克諧妻解氏，寧海張佐妻周氏，俱以不從寇死。

顧氏。仙居人，名惜寶。與父妾阿香，俱爲倭所掠，至湖口，層崖百丈，下瞯深淵，女與香共投崖而死。

谷氏。天台人。矢志守節，有謀娶之者，詐爲母家召，及途，氏覺，號哭自輿投污泥中，舁者强致之，乃紿以沐浴，入室，遂閉户自經死。

陳音妻曹氏。天台人。倭寇入境，隨姑出避，與夫訣曰：「脱有不虞，有死而已。」既而遇賊，投水死。又龐氏二女，同祖姊妹也，賊逐之急，俱投水死。

孫季益妻應氏。黄巖人。季益死，季益兄利其産，强應他適，應分所有以安之。意猶未愜，强之不已，應不從，自經死。

又陳初妻林氏，夫入城，林獨居，惡少徐十九欲强之，堅拒不從，爲十九所殺。

張元向妻王氏。仙居人。被流寇掠至河埠溪，聞夫見殺，嚙指血題詩衣間，投河水死。

石氏女。寧海人。隨父節任邳州，遇盜江口，欲殺節，女悉脱簪珥與之，父獲免。盜欲犯之，大駡投水死。

本朝

鄧士鉉妻詹氏。臨海人。順治十三年，鎮江馬信叛入海，大掠城中，氏聞變，即投水死。明年海艘入犯黄巖，黄巖楊然妻張、鄭文妻丁、何汝韜妻趙、趙日高妻周，俱赴水死。葉嘉賓妻鄔，爲賊所執，脅污不從，死。

陳貞女。黄巖人。許字胡敏，敏卒，敏兄世彦欲恃强聘女，女著衰服服滷死，官表其閭。

蔡德塘妻陳氏。黄巖人。康熙十一年，海寇至，殺德塘，氏年二十餘，赴水死。氏女姪嫁德塘從子，亦赴水。時稱蔡氏二烈。

陳君翰妻丘氏。太平人。海寇入犯，氏隨諸女伴入山中，賊搜得，逼污不從，露刃脅之，氏即奪其刃自刎死，猶僵立不仆。

馮孟浣妻陳氏。臨海人。海寇逼驅下船，氏抱屋柱不去，賊牽之急，氏大駡，咬賊手出血，賊怒，連刃之。

横山烈女。天台人，失其姓名。年十七，爲海寇所掠，逼之不從，死横山嶺上。同縣陳余氏、王湯氏，並守志不渝，於康熙、雍正年間旌表。

吴金妻顧氏。仙居人。康熙甲寅，閩寇犯台，氏避賊於湖頭，被獲，以計紿之，乘間赴水死，時年十六。同縣葉茂林妻余及余氏女，俱誓不污賊以死。

王興路妻鮑氏。黄巖人。爲賊所執，大駡，賊驅至城北浮橋，氏投澄江死，其屍逆流三十餘里。同縣陳朝常妻車氏、黄嘉文妻蔡氏，俱抗賊死。

褚烈女。寧海人。年十六，與其兄俱爲海賊所掠，賊艷其色，逼汚之，女紿曰：「釋兄，我從汝。」賊縱其兄登岸，女厲聲曰：「吾不即死，爲吾兄耳，豈從汝耶？」遂躍入海。越三日，屍直浮於門前港，面色如生，鄉人以爲神。

李氏。天台人。美姿容，其夫王某農家子也，貧甚，婚未期，傭於象山，以疫卒。氏聞訃自經，鄰嫗解之，旋服滷死。又仙居吳廷蘭妻張氏，廷蘭卒，氏俟殮畢，自經於棺側。

陳士相妻江氏。黄巖人。士相弟有罪逃匿，縣豪吏戴德捕至其家，瞰氏美，遂脅士相自捕其弟，而拘氏舟中爲質。挑之，氏急躍入江水，舟人救挽，護之歸。是夜德復潛叩其室，氏持翦刀刺喉死。

姚淑姑。臨海處女也。年十九，不汚强暴以死。事聞，得旌，邑人祠之。

湯貞女。天台人。許字王夢雲，夢雲卒，女奔喪，矢志不嫁，撫姪爲嗣。雍正二年旌表。又太平林貞女，許字邱茂匡，茂匡卒，女遂守志終身。臨海徐喜姐，許字何珧，聞珧訃，不食死，亦雍正二年旌。

董應鯤妻陳氏。寧海人。夫亡，遺腹生子，冰蘗自持。雍正五年旌。同縣錢應昶妻項氏、俞應宰妻楊氏、吴啓取妻葉氏、田汝熙妻王氏、戴象彪妻胡氏、陳一元妻儲氏、鄔翼翀妻楊氏、錢福臣妻應氏、陳苑妻李氏、應昌洽妻章氏，並於雍正年間旌表。

朱經濟妻王氏。臨海人。夫亡守節。又同縣洪熙祚妻陳氏，方培妻余氏，綦淑和妻虞氏，張若綱妻彭氏，陳嘉謨妻奚氏，蔣時蓁妻尹氏，陳斌夫妻洪氏，莊宏儒妻張氏，林裕臣妻洪氏，何煦章妻陳氏，陳德載妻龔氏，江若霞妻金氏，張允臻妻王氏，陳文若妻蔣氏，張景周妻王氏，鄭緯甫妻馬氏，李居方妻秦氏，蔣時魁妻馮氏，許文選妻李氏，陳崇舜妻李氏，王季商妻郭氏，潘岵瞻妻周氏、妾周氏，洪承濂妻鄭氏，姚聖端妻沈氏，王之垣妻陳氏，潘景照妻胡氏，朱振揚妻金氏，傅天章妻葉氏，李趙璧繼妻周氏，馮我修妻許氏，李模妻虞氏，金文捷妻鄭氏，朱繼昌妻金氏，余伯略妻蔡氏，洪以占妻陶氏。又烈女周妹姑、鄭楊氏，未婚，夫亡殉節。

烈婦蘇陳氏，以拒强被殺。王李氏、范陳氏，均夫亡殉節。貞女蘇兆渠未婚妻張氏。俱於乾隆年間旌。李繼妥妻項氏、黃裳妻胡氏、陳禮繼妻吴氏、王麟振妻葉氏、楊廷照繼妻王氏、柯幹妻盧氏、王宗裔妻余氏、王如星妻余氏、生員謝履東妻陳氏、監生許增慈妻金氏、劉士攀妻章氏、鄭師傑妻周氏、生員鄭志周妻彭氏、監生劉佩玉妻盧氏、又妾穆氏、丁際謙妻邱氏、謝崇台妻洪氏、李公轅妻嚴氏、李安妥妻王氏、生員張藹妻黃氏，又烈婦陳黃氏，烈女盧二妹，貞女陳磬未婚妻張氏、邵舜明未婚妻柯氏，夫亡殉節，貞女徐氏、唐氏、陳氏，孝女陳氏，俱於嘉慶年間旌。

阮朝拱妻陳氏。黃巖人。夫亡守節。又同縣牟顯然妻楊氏、牟守聖妻樓氏、牟叔冕妻吴氏、管時佩妻李氏、牟守規妻張氏、盧運衡妻陳氏、盧元肇妻王氏、金永輿妻朱氏、黃元吉妻潘氏、何應魁妻吴氏、林元見妻楊氏、余甲愷妻郭氏、應學徹妻周氏、潘楚炎妻張氏、吕廷元妻陳氏、焦汝文妻陳氏、程公玉妻於氏、潘利器妻阮氏、黃顯周妻方氏、生員李倉妾葛氏、繆百謨妻張氏、池崇春妻羅氏、池保甦妻張氏、胡元廣妻張氏，又烈婦阮廷錦妻王氏，貞女符氏、徐氏，俱於乾隆年間旌。符卜厚妻王氏、池雲申妻趙氏、花閎妻李氏、周朝佐妻林氏、周朝顯妻管氏、黃令球妻李氏、應步蟾妻池氏、汪鴻妻許氏、張我思繼妻王氏、張昌錫妻施氏、陳元璋妻吴氏、俞邦静妻施氏、陳簋盛妻朱氏、陳茂芝妻張氏、潘忠魁妻郭氏、潘齊南妻陳氏、吴守宣妻應氏、外委夏攀蟾妻周氏、汪憲宗妻陳氏、周應猷妻陳氏、周盛昌妻牟氏、王近連妻胡氏、監生徐屏藩妻王氏、生員牟潤妻符氏、生員阮兆津妻張氏、周用貴妻費氏、張廷達妻金氏、汪起亭妻趙氏、汪起芳妻劉氏、陳慶澤妻徐氏，又烈婦陳程氏，貞女張氏、解氏、於氏、潘氏，俱於嘉慶年間旌。

潘英妻施氏。天台人。夫亡守節。又同縣陳九皐妻袁氏，陳濟之妻楊氏，胡紹穎妻陳氏，葉大觀妻姜氏，謝必功妻陳氏，范家泰妻陳氏，夏紹璧妻許氏，余世榮妻徐氏，陳源妻許氏，王萬植妻陸氏，胡紹銓妻葉氏，袁淑雍妻余氏，朱福生妻陸氏，陳升佩妻齊氏，陳其讜妻胡氏、又妾侯氏，陳錫潞妻張氏，裘茂長妻楊氏，張崧妻潘氏，徐天德妻陳氏，龐行之妻袁氏，朱楷妻葉氏，葉友旃妻龐氏，盧兆鎮妻陳氏，桂惟錦妻金氏，陳景菜妻施氏，裘廷珍妻余氏，朱中極妻齊氏，周德耀妻徐氏，范景稷妻葉氏，陳公定妻徐氏，楊基妻陳氏，梅維相妻葉氏，陳兆智妻張氏，龐登瀛妻徐氏、又妾蘇氏，戴椿宇妻許氏，張元心妻楊氏，張韓妻施氏，楊壽名妻徐氏，張瞻翰妻楊氏，施泮妻孫氏，梅元球妻胡氏，夏鳴臯妻施氏，陳葉氏，陳許氏，葉三雍妻袁氏，余萬筠妻洪氏，潘貞廣妻龐氏，龐昌嗣妻余氏，葉精一妻陳氏。又烈婦王胡美妻陳氏，以拒强被殺。貞女楊氏、阮氏、龐氏，孝婦許氏。俱於乾隆年間旌。奚大倫妻姚氏，孫幹妻奚氏，凌永華妻陸氏，陳亦昌妻許氏，陳治邦妻徐氏，丁華選妻陳氏，吳景軒妻徐氏，陳廷顯妻許氏，葉元介妻龐氏，葉其遜妻姚氏，朱振衢妻施氏，金朝立妻楊氏，生員王殿邦妻許氏，監生陳夢朋妻王氏，生員陳璵璠妻潘氏，金善士妻王氏，邢義福妻王氏，邢玉書妻張氏，從九品張蘭臯妻龐氏，潘貞健妻朱氏，生員汪逢清妻許氏，監生朱霞階妻陳氏。又烈婦生員葉瀾妻陳氏，夫亡殉節。貞女吳氏、張氏。俱於嘉慶年間旌。

徐進侯妻方氏。仙居人。夫亡守節。又同縣張家渠妻李氏，張其兼妻應氏，王夢賢妻蔣氏，張日和妻金氏，陳炳榮妻張氏，張家來妻徐氏，潘承植妻彭氏，朱永韶妻潘氏，應爾勤妻盧氏，朱植杞妻應氏，朱夢尚妻應氏，應友略妻張氏，楊文秀妻陳氏，楊仲珍妻徐氏，趙桂川妻張氏，趙拜獻妻張氏，應文起妻高氏，陳興朝妻王氏。又烈婦汪從進妻周氏，以拒强捐軀。烈女劉氏。俱於乾隆年間旌。應錫元妻王氏，陳宗全妻應氏，應繩祖妻林氏，錢韶妻吳氏，潘炳璋妻吳氏，朱學珍妻應氏，生員朱玉妻張氏，朱耀斗妻吳氏，監生朱鯨路妻張氏，監生吳一匡妻張氏，吳玉題妻郭氏，生員吳沛然妻趙氏，馬德温妻王氏，生員朱克用妻翁氏，生員王廷選妻張氏，張秀亭妻俞氏，張禮妻王氏，顧由才妻馮氏。又烈婦應旦華妻朱氏，夫亡殉節。俱於嘉慶年間旌。

應尚琦妻羅氏。寧海人。夫亡守節。又同縣董佐堯妻徐氏，王虞臣妻趙氏，華中寶妻金氏，潘志賢妻華氏，王學古妻范氏，王賢妻葛氏，謝紹宗妻金氏，葛正儒妻王氏，童義寵妻胡氏，童文煒妻王氏，童捷妻葛氏，鄔敬修妻葉氏，王聖從妻趙氏，童之麟妻王氏，章子林妻金氏，王國才妻葛氏，王孝如妻范氏，趙如瑾妻項氏，潘宗妻吳氏，王觀光妻袁氏，邵治浮妻郭氏，童金西妻褚氏，童治貞妻王氏，魏士卜妻鄔氏，童維龍妻葉氏，黃其塤妻楊氏，趙宏範妻董氏，程瑞玉妻胡氏，鄔安世妻陳氏，陳明學妻章氏，陳錫齡妻應氏，鮑昌儀妻張氏，陳加榮妻錢氏，王瀚妻董氏，趙嘉謨妻王氏，范人恭妻葛氏。又烈婦胡宗元妻陳氏，馮忠蘭妻王氏。烈女張昌銘未婚妻王氏、潘學泰未婚妻蔣氏，均夫亡殉節。貞女陳氏、徐之煌未婚妻王氏、章宏祖未婚妻陳氏。俱於乾隆年間旌。

趙若五妻葛氏，嚴廷芬妻俞氏，胡正文妻金氏，陳其路妻胡氏，洪光智妻鄔氏，嚴煓妻范氏，葉可燦妻陳氏，葛保夏妻沈氏，陳清順妻應氏，陳清揚妻賴氏，劉立銘妻方氏，劉武元妻章氏，金辰璧妻楊氏，王開埜妻林氏。又烈婦陳志辰妻尤氏、葉枝治妻徐氏、張昌河妻王氏、魏學義妻鄔氏，烈女蔣應芬未婚妻尤氏，均夫亡殉節。貞女胡氏、顧氏。俱於嘉慶年間旌。

林世芳妻何氏。太平人。夫亡守節。又同縣鄭茂先妻周氏、洪以玫妻葛氏、趙百朋妻葉氏、趙焕然妻蔡氏、曹紹鳳妻繆氏，又貞女陳沛然未婚妻阮氏、陳崇濬未婚妻沈氏、陳郁未婚妻林氏，俱於乾隆年間旌。趙金山妻江氏，趙紹憲妻李氏，曹紹剛妻陳氏，陳學蘭妻張氏，監生蔣文學繼妻張氏，程世芳妻林氏，監生鄭焕章妻張氏，葉繼炳妻鍾氏，生員趙煦妻石氏，柯維林繼妻蔡氏，生員趙飛五妻潘氏，武生柯應陶妾陳氏，葉元泰妻陳氏。又烈女陳奴，以被穢詈捐軀。陳孟棟未婚妻趙氏。烈婦鄭繩貴妻王氏，夫亡殉節。貞女未氏、陳氏、莫氏。俱於嘉慶年間旌。

仙釋

晉

竺曇猷。燉煌人。遊江左，居始興赤城山石室。山麓有巖方廣，下爲深淵，嘗有人自投於淵，猷飛錫救之，水立涸。已而誦經，猛獸巨蟒交見，猷不爲動。俄有神詣猷遜謝，願他徙，於是鼓角陵虚而去。

隋

徐則。東海郯人。入天台山，絶穀養性，所資松木而已。徐陵爲刊山立頌。

王遠知。台州人。善易，知人生死禍福。作易總十五卷，後仙去。

智顗。姓陳氏，華容人。居天台之佛隴山，賜號智者大師。著止觀十卷。

唐

寒山。居天台寒巖。往還國清寺，樺皮爲冠，布裘敝履，村野嘯歌，人莫識之。太守閭丘到官三日，親詣禮拜，乃入穴而去，其穴嘗自合云。本朝雍正十一年，敕封妙覺普度和聖大士。

拾得。不知其姓。豐干禪師步城道上，見十歲子，引至國清寺中，寒山來負之而去。後寺僧於南峯採薪，一僧巖間挑鎖子骨，云取拾得舍利，知在此巖寂滅焉。本朝雍正十一年，敕封妙覺慈度合聖大士。

宋

張用誠。本名伯端，字平叔，號紫陽，台州人。嘗入成都，遇劉海蟾，得金丹術，著祕訣八十一首，號悟真篇，授扶風馬默，年九十九。本朝雍正十一年，敕封大慈圓通禪仙紫陽真人。

明

宗泐。臨海人，姓周氏。從全悟學佛，經書過目成誦。工詞章，尤精篆隸，所著全室集行世。

土産

絹。黄巖、仙居出。

茶。陸羽茶經：生赤城者與歙同。又莊茹芝續譜云，天台茶有三品，紫凝爲上，魏嶺次之，小溪又次之。而黄巖紫高山、寧海茶山，昔以爲産茶在日鑄之上。

鹽。寰宇通志：有場，在臨海曰杜瀆，在寧海曰長亭，在黄巖曰黄巖。

金漆。宋土貢三十斤。

术。白者葉大有毛，甘而少膏，赤者反是，出天台。

乾薑。陶弘景云：乾薑惟臨海、章安二三村善爲之。齊孔琇之嘗獻二十斤，唐、宋爲土貢。

蕈。出仙居稠阜者勝。又天台萬年山出，土人暴以致遠。

金松。唐李德裕金松賦序：枝似檉松，葉如瞿麥，其名曰金松，得於台嶺。又天台有怪松，大數圍，高不四五尺，與貢松異。

柑。出黄巖。

方竹。出天台玉霄峯，可作杖。

飛生鳥。唐書地理志：台州土貢。

火魚。形赤類火。

章巨。八足，首圓。南海異名記：正名曰蝺蝫。郭璞江賦「蝺蝫生而垂翅」是也。海濱人訛曰章魚。一種足似之而小，曰望潮。魁首駢足，目在腰股，其足長三五尺者曰石蚷。

甲香。元和志：台州貢甲香三十斤。

鮫魚皮。元和志：台州貢鮫魚皮一百張。

貉皮。元土貢。

花乳石。仙居縣出。

校勘記

〔一〕置絹於簿下　「簿」，原作「薄」，據乾隆志卷二三〇台州府名宦（下同卷簡稱乾隆志）及南史卷六〇傅昭傳改。

〔二〕力論王安石所建理財訓兵之法爲非　「財」，原作「才」，乾隆志同，據宋史卷三四四孔文仲傳改。

〔三〕首取陳述古諭俗文書示諸邑　「諭」，原作「論」，據乾隆志及宋史卷四二五趙景緯傳改。

〔四〕開禧中　「開禧」，原作「開熹」，乾隆志同，據宋史卷四〇四商飛卿傳改。

〔五〕咸淳三年　「淳」，原作「寧」，宋無「咸寧」年號，據乾隆志及宋史卷四一四葉夢鼎傳改。

〔六〕洪武初徵修元史　「修」，原作「收」，據乾隆志及明史卷一三六陶凱傳改。

〔七〕所著有侯城集　「城」，原作「成」，據乾隆志及明史卷一四一方孝孺傳改。

〔八〕帝選駙馬都尉　「選」，原作「遷」，據乾隆志及明史卷一三七徐宗實傳改。

〔九〕王宗沐　「沐」，原作「沭」，據乾隆志及明史卷二二三王宗沐傳改。下文同。

〔一〇〕應昌士字君寧　「寧」，原作「安」，據乾隆志及雍正浙江通志卷一六五人物改。按，本志避清宣宗諱改，今改回。

〔一一〕字木叔　「木」，原作「本」，據乾隆志及雍正浙江通志卷一六五人物、小腆紀傳卷四二陳函輝傳改。

〔一二〕高帝即位　「高帝」，原作「高宗」，據乾隆志及南史卷七五隱逸傳改。

〔一三〕塔布台舊作塔不台　「不台」，原脱，據乾隆志及元史卷一四三泰不華傳補。

金華府圖

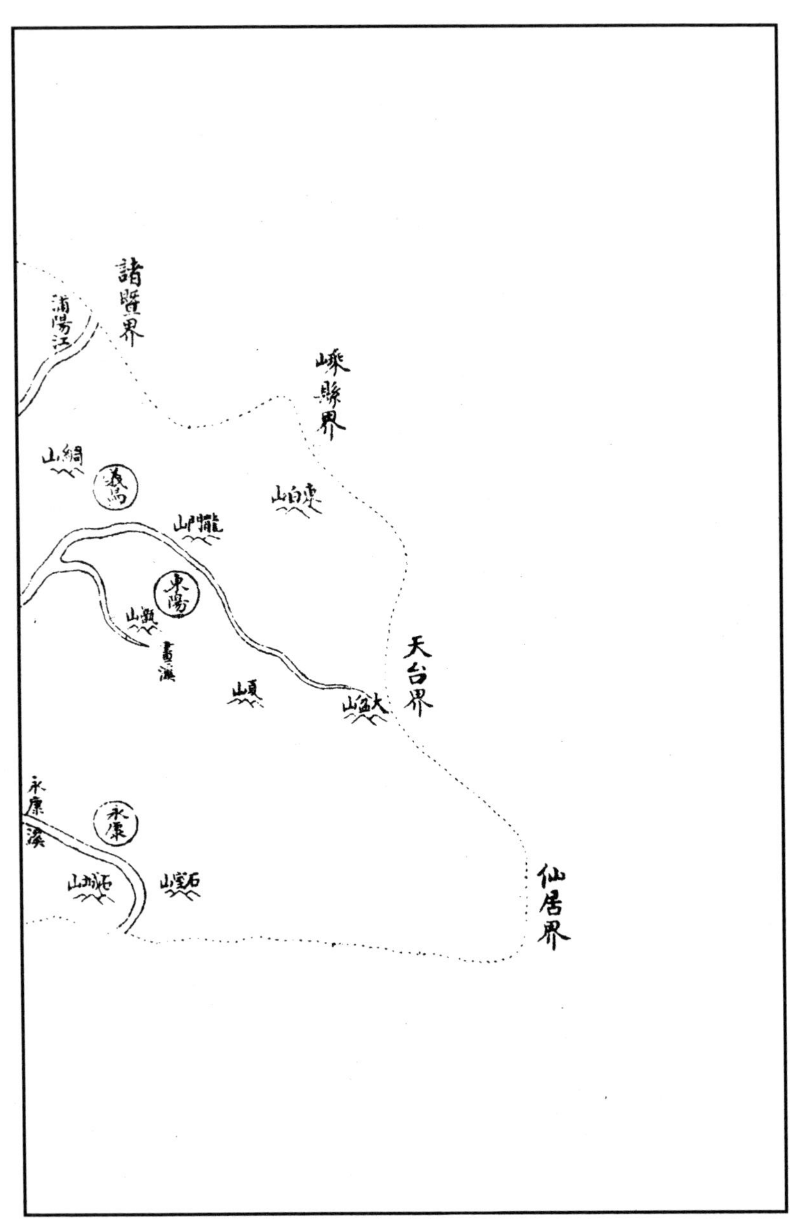
諸暨界
浦陽江
嵊縣界
義烏
龍門山
東白山
東陽
畫溪
大盆山
天台界
永康溪
永康
石城山
石室山
仙居界

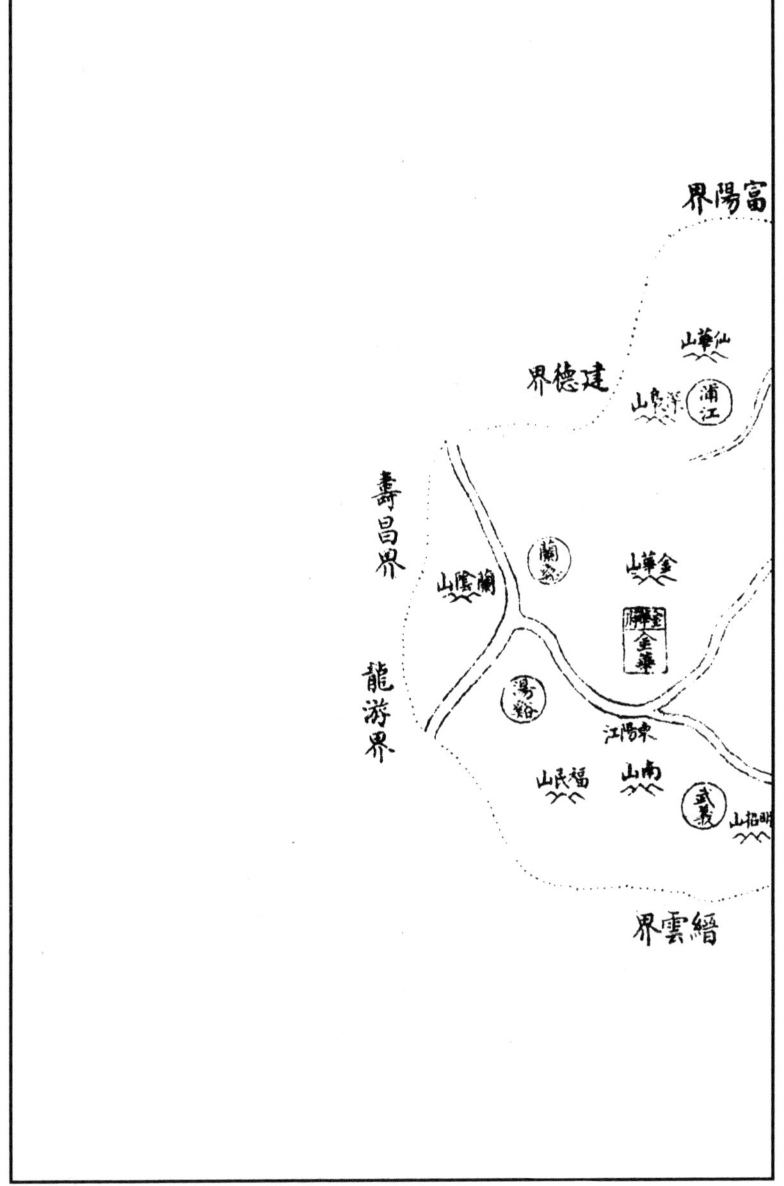
富陽界
建德界
仙華山
浦江
壽昌界
蘭谿
金華山
金華
湯谿
龍游界
東陽江
福民山
南山
武義
縉雲界

金華府表

	金華府	金華縣	蘭谿縣
兩漢	會稽郡地。	烏傷縣地，後漢末置長山縣。	烏傷縣地。後漢長山縣地。
三國	東陽郡吴寶鼎初置，治長山。	長山縣郡治。	
晉	東陽郡	長山縣	
宋	東陽郡	長山縣	
齊梁陳	東陽郡梁末置縉州，陳改置金華府。	長山縣	
隋	東陽郡初廢郡置婺州，大業初仍爲郡。	金華縣初更名吴寧，開皇中改東陽，旋又改。	金華縣地。
唐	婺州東陽郡初復置州，天寶初復曰東陽郡，屬江南東道。乾元初復曰婺州，屬浙江東道。	金華縣州治。垂拱中改名金山，神龍初復。	蘭谿縣咸淳中置，屬婺州。
五代	婺州屬吴越，晉天福中升爲武勝軍節度。	金華縣	蘭谿縣
宋	婺州東陽郡淳化初改保寧軍節度，屬兩浙路。	金華縣	蘭谿縣
元	婺州路升路，屬江浙行省。	金華縣路治。	蘭谿縣元貞初升州，屬婺州路。
明	金華府初改寧越府，旋又改名，屬浙江布政使司。	金華縣府治。	蘭谿縣復降縣，屬金華府。

續表

東陽縣	義烏縣	永康縣	武義縣
烏傷、諸暨二縣地。後漢興平中分置吴寧縣。	烏傷縣 屬會稽郡。	烏傷縣地。	烏傷縣地。
吴寧縣 吴屬東陽郡。	烏傷縣 吴屬東陽郡。	永康縣 吴赤烏八年置，屬會稽郡。寶鼎初分屬東陽郡。	永康縣地。
吴寧縣	烏傷縣	永康縣	
吴寧縣	烏傷縣	永康縣	
吴寧縣 梁、陳間廢。	烏傷縣	永康縣	
	烏傷縣	永康縣 隋末廢。	
東陽縣 垂拱二年析義烏縣置，屬婺州。	義烏縣 武德四年置綢州，尋廢州改名，屬婺州。	永康縣 武德初改置縉雲縣，兼置麗州，旋廢州復縣名，屬婺州。	武義縣 天授二年置，屬婺州。尋更名武成，天祐中復名。
東陽縣	義烏縣	永康縣	武義縣
東陽縣	義烏縣	永康縣	武義縣
東陽縣 屬婺州路。	義烏縣 屬婺州路。	永康縣 屬婺州路。	武義縣 屬婺州路。
東陽縣 屬金華府。	義烏縣 屬金華府。	永康縣 屬金華府。	武義縣 屬金華府。

浦江縣	湯溪縣
烏傷、諸暨二縣地。後漢末孫權置豐安路。	烏傷、太末二縣地。後漢末爲長山縣地。
豐安縣吳屬東陽郡。	
豐安縣	
豐安縣	
豐安縣	
省入金華。	金華縣地。
浦陽縣天寶中分義烏、蘭谿、富陽三縣地置，屬婺州。	
浦江縣梁開平中吳越更名。	
浦江縣	
浦江縣屬婺州路。	
浦江縣屬金華府。	湯溪縣成化中分金華、蘭谿及龍游、遂昌縣地置，屬金華府。

大清一統志卷二百九十九

金華府一

在浙江省治西南四百五十里。東西距三百九十八里，南北距二百四十四里。東至台州府天台縣界二百九十八里，西至衢州府龍游縣界一百里，南至處州府縉雲縣界一百五十四里，北至嚴州府建德縣界九十里。東南至台州府仙居縣界三百五十里，西南至龍游縣界七十五里，東北至紹興府諸暨縣界二百十五里，西北至建德縣界一百里。自府治至京師三千七百四十里。

分野

天文婺女分野，星紀之次。

建置沿革

禹貢揚州之域。春秋、戰國時越地。秦屬會稽郡。漢爲會稽郡烏傷縣。後漢爲會稽西部都尉治，後分置長山縣。三國吴寶鼎元年，於長山縣置東陽郡。晉及宋、齊因之。梁末置縉州，陳改置金華郡。按：陳書留異傳：梁紹泰二年，除縉州刺史，領東陽太守。永定二年，世祖即位，改授都督縉州諸軍事、縉州刺史，仍領東陽太守。本紀云：天嘉三年，東陽郡平。蓋是後始改爲金華。通典「梁、陳置金華郡」，寰宇記「梁武帝置金華郡」，恐誤。隋平陳，郡廢，改置婺州。通典：以當天文婺女之分爲名。大業初，仍爲東陽郡。唐武德四年，復置婺州。天寶初，復曰東陽郡，屬江南東道。乾元初，復曰婺州，屬浙江東道。五代時，屬吳越。晉天福四年，升爲武勝軍節度。見寰宇記。九域志作武陽。宋亦曰婺州東陽郡。淳化元年，改曰保寧軍節度，屬兩浙路。元至元十三年，改爲婺州路，屬江浙行省。至正二十八年，明太祖改寧越府，後又改曰金華府，屬浙江布政使司。本朝因之，隸浙江省，領縣八。

金華縣。附郭。東西距九十三里，南北距七十五里。東至義烏縣界六十八里，西至蘭溪縣界二十五里，南至武義縣界四十里，北至蘭溪縣界三十五里。東南至武義縣界四十五里，西南至湯溪縣界二十五里，東北至浦江縣界五十五里，西北至蘭溪縣界二十五里。漢會稽郡烏傷縣地。後漢初平三年，分置長山縣。三國吳爲東陽郡治。晉及宋、齊以後因之。隋平陳，改曰吳寧。開皇十二年，改曰東陽。十八年，始改曰金華，仍爲東陽郡治。唐爲婺州治，垂拱四年，改曰金山。神龍元年，復曰金華。五代及宋因之。元爲婺州路治。明爲金華府治。本朝因之。

蘭谿縣。在府西北五十里。東西距七十五里，南北距七十里。東至金華縣界三十里，西至嚴州府壽昌縣界四十五里，南至湯溪縣界二十五里，北至嚴州府建德縣界四十五里。東南至金華縣界二十里，西南至衢州府龍游縣界三十五里，東北至浦江縣界五十五里，西北至壽昌縣界七十里。漢烏傷縣地。漢末爲長山縣地。隋爲金華縣地。唐咸淳五年，始分置蘭谿縣，屬婺州。五代及宋因之。元元貞初，升爲蘭谿州。明初，復爲縣，屬金華府。本朝因之。

東陽縣。在府東少北一百三十里。東西距一百六十二里，南北距一百二十七里。東至台州府天台縣界一百四十二里，西至義烏縣界二十里，南至永康縣界六十七里，北至紹興府諸暨縣界六十里。東南至天台縣界一百四十里，西南至義烏縣界五十里，東北至紹興府嵊縣界九十里，西北至義烏縣界十五里。漢烏傷、諸暨二縣地。後漢興平二年，分置吴寧縣，屬會稽郡。三國吴分屬東陽郡。晉及宋、齊因之，後省。唐初爲義烏縣地。垂拱二年，始析置東陽縣，屬婺州。五代梁改曰東場。宋咸平二年，仍復曰東陽。元屬婺州路。明屬金華府。本朝因之。

義烏縣。在府東北一百十里。東西距六十里，南北距一百二十里。東至東陽縣界二十里，西至金華縣界四十里，南至永康縣界九十里，北至浦江縣界三十里。東南至東陽縣界五十里，西南至金華縣界五十里，東北至紹興府諸暨縣界五十里，西北至浦江縣界三十里。漢置烏傷縣，屬會稽郡。後漢因之。三國吴分屬東陽郡。晉及宋、齊至隋因之。唐武德四年，於縣置綢州，分置烏孝、華川二縣。七年州廢，併爲縣，改名曰義烏，仍屬婺州。五代及宋因之。元屬婺州路。明屬金華府。本朝因之。

永康縣。在府東南一百十里。東西距二百七十里，南北距一百里。東至台州府仙居縣界二百四十里，西至武義縣界三十里，南至處州府縉雲縣界四十五里，北至義烏縣界五十五里。東南至縉雲縣界四十里，西南至武義縣界三十里，東北至東陽縣界六十里，西北至武義縣界三十里。漢烏傷縣地。三國吴赤烏八年，分置永康縣，屬會稽郡。寶鼎初，分屬東陽郡。晉及宋、齊至隋因之，後廢。唐武德四年，復置曰縉雲，兼置麗州。八年，州廢，復曰永康縣，還屬婺州。五代及宋因之。元屬婺州路。明屬金華府。本朝因之。

武義縣。在府南少東七十五里。東西距六十里，南北距六十里。東至永康縣界二十五里，西至金華縣界三十五里，南至處州府縉雲縣界三十里，北至金華縣界三十里。東南至永康縣界三十里，西南至處州府宣平縣界四十里，東北至金華縣界三十五里，西北至金華縣界三十里。漢烏傷縣地。三國吴以後爲永康縣地。唐天授二年，分置武義縣，屬婺州，尋更名武成。天祐中，復名武義。五代及宋因之。元屬婺州路。明屬金華府。本朝因之。

浦江縣。在府東北一百十里。東西距九十里，南北距一百四十五里。東至紹興府諸暨縣界五十里，西至嚴州府建德縣界四十里，南至金華縣界五十五里，北至杭州府富陽縣界九十里。東南至義烏縣界三十里，西南至蘭谿縣界五十里，東北至諸暨縣界九十里，西北至建德縣界四十里。漢烏傷、諸暨二縣地。後漢興平二年，孫氏分諸暨立豐安縣。三國吴分屬東陽郡。晉及宋、齊以後因之。隋平陳，廢入金華縣。唐初爲義烏縣地。天寶十三載，始分義烏及蘭溪、富陽三縣地置浦陽縣，屬婺州。五代梁開平四年，錢氏改名曰浦江。宋因之。元屬婺州路。明屬金華府。本朝因之。

湯溪縣。在府西南五十里。東西距四十三里，南北距一百里。東至金華縣界二十五里，西至衢州府龍游縣界十八里，南至處州府遂昌縣界七十里，北至蘭谿縣界三十里。東南至武義縣界二十里，西南至龍游縣界二十里，東北至蘭谿縣界三十里，西北至蘭谿縣界二十二里。漢烏傷、太末二縣之界。後漢末爲長山縣地。隋、唐以後，爲金華縣地。明成化六年，始分金華、蘭谿及衢州府之龍游、處州府之遂昌縣地置縣，曰湯溪，屬金華府。本朝因之。

形勢

山水佳地，唐權德輿送僧道依歸婺州序。三洞雙溪之勝。鄭緝之東陽志。婺爲節藩，地廣力完。宋李惇裕州學記。山水清遠，土田沃衍。宋唐仲友金華縣治記。

風俗

俗勤耕織。宋中興以後，名卿踵接，風聲氣習，一變醇厚。宋洪遵東陽志。士敦實行，民勤稼穡。明李珉宣化堂記。文獻淵藪，名賢輩出。府志。

城池

金華府城。周九里一百步，門七，南臨大溪，三面環濠。宋時故址，元至正十二年重築。本朝雍正七年修，乾隆三十二年重修。

蘭谿縣城。周二里三百二十三步，門四。明正德八年，因舊址築。

東陽縣城。周一千三百三十五丈，水、陸門各四。明嘉靖三十七年築。本朝順治、康熙中屢修。

義烏縣城。舊周三里有奇。明嘉靖中築石，門四，後增爲七門。

永康縣城。無城。明末建東、西二門，疊石爲樓，北倚山，南阻水爲固。

武義縣城。周十里八步，門五，又小門四。明崇禎十三年築。本朝乾隆三十五年重修。

浦江縣城。周五里一百二十步，門四，又偏門五。明嘉靖三十六年築。本朝乾隆三十五年重修。

湯溪縣城。周三里，門三。明嘉靖中築。本朝乾隆三十五年重修。

學校

金華府學。在府治西。宋大觀二年建。本朝順治五年重建。入學額數二十五名。

金華縣學。在縣治東南一里。明萬曆中建。入學額數二十五名。

蘭谿縣學。在縣治東。宋崇寧中建。入學額數二十五名。

東陽縣學。在縣治東南。宋慶曆中建。入學額數二十名。

義烏縣學。在縣治西南。明正德中建。入學額數二十名。

永康縣學。在縣治西。本朝康熙十一年因宋址重建。入學額數二十名。

武義縣學。在縣治南。宋紹興十四年建，明萬曆中修。入學額數十六名。

浦江縣學。在縣治東南。明正德七年建。本朝順治四年重建。入學額數十六名。

湯溪縣學。在縣治西北。明成化八年建。入學額數十六名。

麗正書院。在府治西北。

雲山書院。在蘭谿縣治西。

吴寧書院。在東陽縣治南。

繡湖書院。在義烏縣。

從公書院。在永康縣東門外。

武城書院。在武義縣治西。

月泉書院。在浦江縣西北郊外。

浦陽書院。在浦江縣。

九峯書院。在湯溪縣治南。又麗澤書院，在府治。仁山書院，在蘭谿縣西天福山。重樂書院，在蘭谿縣西十里。瀫車書院，在蘭溪縣南鸕鷀塢。齊芳書院，在蘭溪縣柱竿山之陽。南園書院，在東陽縣東四十五里。石洞書院，在東陽縣南六十里。崇正書院，在東陽縣北三里。復初書院，在東陽縣南城。八華書院，在東陽縣西三十五里。五雲書院，在義烏縣五雲山。緑野書院，在永康縣東門外。五峯書院，在永康縣東五十里。又永康縣有龍川書院，浦江縣有東明書院，今皆圮。

户口

原額人丁二十三萬八千六百八十八，今滋生男婦大小二百五十四萬九千四百四十六名口，計五十六萬七千五百八十七户。又屯運男婦大小三百七十名口，計七十户。

田賦

田地共六萬八千二百八十八頃十五畝九分零，額征地丁銀三十三萬四千九百八十一兩二錢九分零，米一萬四千七十三石六斗五升零。

山川

上山。在金華縣西北隅。太守蘇遲謝政居此，今爲縣治所倚。

龍鱗山。在金華縣東八里。一名興教山，山石錯落如龍鱗。

靈嶽山。在金華縣東四十五里。

東山。在金華縣東五十里。高千餘丈，東接東陽縣之大盆山，南爲武義之八素山，其高巘曰齊雲岡。

霞母山。在金華縣東五十五里。霞湧即雨，爲太湖坂水口。

至道山。在金華縣東南三十五里。一名覆釜山，亦名積道山。連峯擁翠，石磴縈紆，山頂平曠，可列屯營。

銅山。在金華縣南三十里。寰宇記：山下有泉，水色鮮白，號曰銅泉。舊志：下臨南溪，舊產銅。

南山。在金華縣南三十五里。高數千仞，周四百餘里。脈自括蒼山來，深邃幽遠，千峯層矗，高入雲表，陰崖積雪，經春不消。其最高之巘曰筲陽，去縣百里，上有龍湫，名三斷水。三斷之水，有大溪、小溪，東流爲上干、下干，合於梅溪。其西曰輔蒼，入湯溪縣界。又南曰烏雲，曰青草，皆深僻，與武義、宣平交界，去縣八九十里。又有馬秦山、桃花峯、周寮岡，俱在縣南界，人跡罕至。

白原山。在金華縣南四十五里。高千餘仞，其巘曰猻樓，曰金山，曰屏山，曰五球，曰衷山，曰城山，曰濳山，深入有石巖曰皇公榻，即黄初平坐修處。三斷龍潭及大溪、小溪，經流於此。按：黄初平，一作「皇」。

石門山。在金華縣西南二十五里。有石對峙如門。水乘高而下者三級，俗謂之龍門。

玉笥山。在金華縣西南二十五里。山有石人峯，高三百餘丈。相近有沐塵山，一名候塵山，高七百餘丈。東西各有石人峯，與玉笥、石人並稱三峯。

罘罳山。在金華縣西南二十五里。形如罘罳，王柏講學其中。

望山。在金華縣西南二十五里。宋樞密倪普退隱於此，每登之以望臨安，故名。

金華山。在金華縣北。一名長山，亦作常山。越絶書：烏傷縣常山，古人所採藥也，高且神。隋書地理志：金華縣有常山。元和郡縣志：長山一名金華山，在縣北二十里，赤松子得道處。寰宇記：山南有春草巖、折竹巖，巖間不生蔓草，盡出龍鬚。輿地志云：山連亘三百餘里。舊志：山自天台、赤城發脈，至東陽之大盆山，迤邐至此，横亘金華、蘭谿、義烏、浦江之境，高千餘丈，周三百六十里。山巔雙巒，曰玉壺、曰金盆。玉壺之頂，有徐公湖，水分兩派，一瀉於山陽，一注於山陰，而爲溪泉。金盆亦有飛瀑下垂，爲赤松澗，兩崖對峙，高數百仞，溪流折旋，爲瀑爲湍。有石横跨其上，曰山橋，去縣三十里。

芙蓉山。在金華縣北十五里。高千餘丈，孤峯獨起，秀若芙蓉，一名尖峯山。

赤松山。在金華縣北十五里。有赤松宫，祠黄初平。明太祖初下婺城，駐蹕於此。其東又有卧羊山，即初平叱石成羊處。其北又有煉丹山。

鹿田山。在金華縣北二十五里。峯巒聳拔，上有沃野可耕，多産奇石。

天福山。在蘭谿縣治右。城址環其麓。

銅山。在蘭谿縣東十里，接金華山西麓。舊産銅，故名。

洞巖山。在蘭谿縣東二十里。一名靈洞，洞凡六，著名者三，曰白雲，曰紫霞，曰湧雪。東麓有白坑，西有紅坑，長皆五六里。其東北一峯，怪石屹立，名小飛來峯。下有天池泉，流爲洞溪。山口又有天井巖，高百餘丈。

紫巖山。在蘭谿縣東二十五里。山上有巖色紫，形如覆釜，穹窿深廣，可容百人。旁有玲瓏巖，其下爲鷄窠巖，深廣皆數丈，容二三百人，八石溪出焉。

高眉山。在蘭谿縣東少北二十五里。一峯高聳，羣峯環拱，石磴淩空，松陰蓋地。其東北曰十二曲山，以山腰路曲而名，飛瀑如練。

大雲山。在蘭谿縣城東南。俗名大寺山，延袤六七里。其西南曰蒼嶺，下臨大溪，東南曰芝巖山。

南住山。在蘭谿縣南十五里。方輿勝覽：其山自閩中迤邐而來，至此截然而住，因名。

古城山。在蘭谿縣南二十里。高阜中峙，兩山環其左右。山脊有城，周二三里，缺處如門。

九峯山。在蘭谿縣南六十里。下有唐中書侍郎徐安貞讀書巖〔一〕。

塔山。在蘭谿縣西南十三里。西麓有隱仙洞，高廣如屋。

蘭陰山。寰宇記：在蘭谿縣西五里。一名横山，臨截二江。舊志：在縣西南六里。周十二里，横截大溪，下有龍潭，即蘭谿水所滙也。其西有洞，與北山小三洞相連。元季士人多避兵其中，今塞。

柱竿山。在蘭谿縣西二十五里。平地突拔若柱，山多紫石如珠，可磨以作字。

龍門山。在蘭谿縣西三十里。狀若游龍，上有蒼松六七里，夾道如門。

白石山。在蘭谿縣西四十餘里。其石如玉，又名玉華峯。山腰有石洞，險不可登。其左四五里有大石，高數百丈，飛泉直下，溜石成溝，大旱不竭。又四五里有石柱，高百丈。

道峯山。在蘭谿縣西四十里玉華之前。相對曰仁山，山之左又有巨石、飛泉諸勝。

硯山。在蘭谿縣西四十里，接龍游、壽昌二縣界。高數百丈，盤亘二十餘里。山頂平正，有池如硯。其西爲陳嶺，石路岧嶤，千有餘丈。

白露山。在蘭谿縣西北三十里。山半有白石巖如帶，又名玉帶山。又十里曰三峯山，俗傳爲葛洪修煉處，丹井尚存。下有巖，廣三丈許，其深莫測。

黄大山。在蘭谿縣北七里。突然高聳，雄據縣後。

水山。在蘭谿縣北十五里。山多流泉，有三源，曰鮑源、盛源、繆源，各深十餘丈，盤亘二十餘里。

石蓮山。在蘭谿縣北二十五里。舊名獅山，峯巒秀簇，有洞可容千人。又香山，在縣北三十里。山産玉蘭，水經其下，名香溪，有香溪潭。

解石山。在蘭谿縣北五十里。名小桃源，有青霞館、丹井、丹竈諸勝。又十里有玉壺山，洪武中長史滕浩歸隱是山，號玉壺山人。

青臺山。在東陽縣東二十里。突立如臺，山頂有單令巖，下有龍潭。

嵬山。在東陽縣東五十里。山凡六面，上舊有井三十六所，今僅存其一。多産梨、榴、棗、栗，惟西一面無果木。

豹山。在東陽縣東五十四里。遠望如豹。

玉山。在東陽縣東一百五十里。舊名封山，接天台縣界。

夏山。在東陽縣東南四十五里。側有禹廟，故名。又名禹山，高七百丈，周二十里，四面峭絶，山頂有池曰上湖。山之西有西巖嶺，去縣三十里。東有垂瀑，懸崖而下二十丈，下有泉不竭。

歌山。在東陽縣東南。隋書地理志：烏傷縣有歌山。新唐志：在東陽縣。舊志：在縣東南六十五里，上有石室，可容百人。山下舊有水通臨海，今湮。

大盆山。在東陽縣東南一百三十里。形如覆盆，故名。高五百丈，周一百三十里，接天台縣界。其南爲畫溪水所出，其北則東陽江源也。旁有小盆山，東陽江别源出此。

三丘山。在東陽縣南八里。高三百二十丈，周二十里。晉義熙間，殷仲文守東陽，嘗登此山，後人比之羊叔子，因名峴山。有東西兩峴峯對峙。

甑山。在東陽縣西南。舊名崑山。寰宇記：崑山上有孤石，高三十丈，其形類甑，謂之石甑。舊志：甑山在縣西南十里，周二十里。上有鮑令巖，下有白雲洞，有水曰下崑溪。

八華山。在東陽縣西南四十里。許謙講學於此。

赤石山。在東陽縣東北十里。一名孤絶山，上有赤崖，不産凡木。

鶴巖山。在東陽縣東北二十七里。巖有三石，如鶴竦立，故名。上有風穴。

東白山。在東陽縣東北八十里。高七百三十丈，周五十里，亦名太白山。峯巒層叠，與會稽天台連屬。中有水源，流入東陽溪。其西爲西白山。

雞鳴山。在義烏縣東五里。昔有金雞鳴其上，羣雞皆應，故名。前瞰縣郭，傍臨大溪，上有登高臺。

石門山。在義烏縣東九里。連山中斷，兩石對峙如門。

南山。在義烏縣東十五里。蟠折縈紆，廣袤數里，上有平土可耕，人多居之，鮎溪水出焉。西流至縣東南二里，入大溪。

石樓山。在義烏縣東二十八里。一名白巖山。四面孤絶，東西兩巖對峙，遠望若浮屠。層級高下，類重樓複閣，羣巒環之，若屏幄然。

武巖山。在義烏縣東三十五里。周十餘里。其東有滴水巖，四時流注不絶。

鐵巖山。在義烏縣東南二十里。俗名郭公山。極峻峭，山半有水簾下垂數十丈，其頂有曠土數百畝，又有三塢一潭。

龍門山。在義烏縣東南二十五里。自南山口循澗水行至一巖曰樓梯，有平岡横亘其上，是爲龍門。旁皆平壤，民多耕桑其間。絶頂有兩峯對峙，曰雙玉峯。南下繭嶺，俯瞰深谷，是爲平山。有澗水經其中，西流入畫溪。相近有畫塢山，畫溪水經焉。其上中流爲斗潭，其下對岸爲石壁。

青巖山。在義烏縣南十里。其中高者爲齊山，山下有雙澗，南曰前溪，北曰梅溪，俱西流入大溪。

雲黄山。在義烏縣南二十五里。水經注：定陽溪東逕烏傷縣之雲黄山，山下臨溪水，水際石壁傑立，高一百許丈。舊志：一名雲横山，亦名松山。周三十里，多玄熊、赤豹，有峭壁高百丈，下臨畫溪。其上有七佛峯、穿身巖、矮虎巖、旋獅池。

蜀山。在義烏縣南四十里。山多靈草，上有仙壇，其陽有陽春澗，下臨蜀墅塘。

葛仙山。在義烏縣南五十里。有煉丹巖，相傳葛洪嘗煉丹於此。其嶺爲雪峯嶺，高八百丈。又南五里爲挂紙嶺，高九百五十丈。

大寒山。在義烏縣南六十里。山頂有池，四時不竭，春夏溢出爲瀑布。

來山。在義烏縣南七十里。羣山自遠來，至此而止，故名。山側有羊印石。

金山。在義烏縣西南四十五里。屹立雙流中。

香山。在義烏縣西二十里。其地多楓香木，因名。上有香爐峯，前有龍井。

五雲山。在義烏縣西四十里。山極高廣，上有智忍巖，五雲溪出焉。

綢山。在義烏縣西北二十五里。峯巒稠疊，故名。唐書地理志：綢州以綢巖爲名。即此。稍南曰東山，崇巖峭壁，竹木深蔚。上有危石，屹立澗中，俗呼爲師姑坪。絶頂曰德勝巖，是爲上巖，其陽又有下巖。

黄山。在義烏縣西北四十五里。甚高廣，下有斷坑，深數十丈，巖石如劈，相傳邑人拒黄巢於此。宋元豐中，改曰黄山洞。

黄蘗山。在義烏縣北二十里。一名黄蘆尖，唐初置綢州於此山之下。

雞棲山。在義烏縣北四十五里。一名金峯山，上有石屋，廣十餘步。

龍祈山。在義烏縣北四十八里。山西有水曰深溪，北流入浦江縣界，旱時居民多祈禱於此。

箭山。在義烏縣東北四十里。上多竹箭。

清潭山。在義烏縣東北四十五里。下有清潭，其最高處曰春岡雪頂，旁有戰巖，舊傳方臘亂時，士人避兵於此。

石翁山。在永康縣東四十里。五峯相連，中有二峯壁立，遠望如人，俗呼公婆巖。由石翁而西，爲虎跳闕，爲大小鷹嘴巖，爲老鼠梯，峭立如壁，僅通樵徑。其頂寬平，可容數千人。明正統中，處州寇警，邑人多依以立砦。

方巖山。在永康縣東四十五里。平地拔起，四面如削，惟南通一道，架石梯飛橋而登，絶頂二巖對峙，曰透關，俗呼爲峯門。入關，地皆平衍，約數百畝。中有池，池側有井，巖石泉洞，争奇競勝，宋侍郎胡則讀書於此。又東五里有龍窟山，山下有小空同洞，宋陳亮讀書處。

壽山。在永康縣東四十八里方巖山北。山有五峯，曰固厚、瀑布、桃花、覆釜、雞鳴，皆陡壁，平地拔起，周如城郭。固厚峯下有大石洞，高敞軒豁，可容千人。瀑布峯上有龍湫，直下數十丈如練，及霽久水弱，飄風颺之，濺灑四出，若霧雨然。

橙尖山。在永康縣東五十里，方巖東五里。高峯圓聳。山東爲獨松坑。少北有桃巖山，山石赤白相間，狀類桃花，下有洞可容千人。又北即華釜山也。

銅山。在永康縣東五十五里。宋元祐中，嘗置場採銅，宣和後廢。紹興中復置，尋廢。

石室山。在永康縣東南三十里。石壁聳起，東溪環流其下。緣崖而上，有石洞，南北相通，可容數百人。

絶塵山。在永康縣東南三十五里。俗名東溪山。四面皆峭壁，拔地而起，一徑縈紆，斜穿巖石間，以達其巔。有兩石對峙如門，入其中，周圍如城郭，有田數十畝，又有大井不竭，昔人多避兵於此。

靈巖山。在永康縣東南四十里。峭壁拔起，與絶塵相似。架石梁曲折而上，至里許有洞，南北相通，軒敞勝於石室，上下及左右壁皆砥平，無纖毫窳突。

斗潭山。在永康縣東南五十里。上有三石潭，皆天成，不假掘鑿。又名三石山。

方山。在永康縣東南六十里。高千餘丈，登其巔，縉雲、武義、東陽、義烏諸縣山川，一目可盡。

金勝山。在永康縣南五里。昔有人於此拾得金勝，因名，俗訛爲金豚山。産天門冬。寰宇記：山在縣東五十里。

石城山。在永康縣南十四里。寰宇記：上有小石城，相傳黄帝曾遊此山，即三天子都也。舊志：山際四圍，崿呀如雉堞然，俗謂之天馬山。其東傳南溪爲水浄巖。

白雲山。在永康縣南十五里。危峯百丈，縣之望山也。

歷山。在永康縣南三十五里。周四十里，圓峯屹立，狀如覆釜，亦名釜歷山。其巔有田、有井、有潭，皆以舜名，因山名與冀州歷山同故也。

霞裏山。在永康縣西三里。皆積石所成，亦名西石山，一名龍虎山。盤旋環顧，南傳於溪，爲縣治水口之鎮。

石牛山。在永康縣北二十里。山巔有石如牛。又北五里爲石佛山，山腰有石，高二十丈，聳立如佛。又北爲白窖嶺，八府之徑道。

三峯山。在永康縣北四十五里。三峯鼎峙峭絶，爲縣北之望山。其西爲挂紙嶺，接義烏縣界。其東爲香嶺，一名豐嶺。

鬭牛山。在永康縣東北四十里。山背有兩石相觸，狀如牛鬭。又其勢上闔下開如橋，俗呼爲仙人橋。其南五里有石倉巖，石室玲瓏，今爲佛刹。

九洩山。在永康縣東北四十五里，龍穴山之北。自麓至巔，有潭凡九，相傳皆龍所。

密浦山。在永康縣東北五十里。華溪發源於此。上有仙人壇。相近爲華釜山，其上平曠，中窪旁高，狀如仰釜。左爲畫眉巖，右爲棲霞洞。當華釜、棲霞兩山夾處，曰金城坑，有澗水出焉。

白陽山。在武義縣東七里。亦名白洋山。上有異石，隨年色變，黄則歲豐，黑則歉，邑人以爲占候。

竹巖山。在武義縣東十四里。高千餘丈，縣之鎮山也。

講堂山。在武義縣東二十五里。相傳梁劉孝標讀書處。

明招山。在武義縣東十五里。宋吕祖謙講學於此。

金柱山。在武義縣南二十里。上有懸瀑百仞，投空而下。

菊妃山。在武義縣南三十里。多生蘭菊，旁有溪，號曰妃水。

白華山。在武義縣南四十里。曲折險峻，泉石頗勝。

壺山。在武義縣西二里。亦名湖山，以有潭水，故名。

書臺山。在武義縣西三里。相傳唐舒元輿讀書於此。

大家山。在武義縣西二十里。其南對峙者爲新婦山。

銅釜山。在武義縣西三十里。巔有石穴，空洞如屋可居，有寨址。

八素山。在武義縣東北四十里。周二十里，有八素潭，渡潭迤邐而上。又有九井，每山一曲，則有一井，相去各里許，山谷深杳，人跡罕到。

龍峯山。在浦江縣東一里。三峯相屬，環顧縣左，縣治之輔山也。其巔有浮圖七層。

湖山。在浦江縣東十里。兩山峙立，浦陽江出其中，亦曰湖山峽。

香巖山。在浦江縣東二十五里。一名金芙蓉山，白麟溪水出此。又東一里爲元麓山，下有飛泉。

東明山。在浦江縣東三十里。突起大澤中，元時青田尉鄭德璋建立精舍於此，教其族人。旁有水曰靈淵，淵東百步有泉，曰梅花泉。相近爲青蘿山，元末宋濂築青蘿山房，自金華徙家於此。

雞冠山。在浦江縣東三十里。至高峻，可俯瞰二百里外。其東有三十六岡，重巒複嶂，前後相屬，人行其上，如登雲漢。

球山。在浦江縣東四十里。聳峙水口，亦名球山峽。隔江爲楊家塢。

康侯山。在浦江縣東南三十五里。一名官巖，周十五里，拔起羣峯間。山半有穴若屋，可容十餘人，絶頂有池不涸。

白石山。在浦江縣南十五里。山腰有龍潭。

烏蜀山。在浦江縣南三十里。突然中起，衆峯羅列，亦曰烏燒嶺。

壺盤山。在浦江縣西南五十五里，金華北山之北，接蘭谿縣界。高出衆山，有龍門之勝。

四全山。在浦江縣西十五里。形類金、木、火、土四星，故名。

深裊山。在浦江縣西五十里。重巒複嶺，峭拔千仞，其下滙爲溪流，清徹無泥滓，即浦陽江之源也。

巖坑山。在浦江縣西北五十里。上有水分爲二派，東曰巖坑，北曰湖溪。

仙華山。在浦江縣北八里。一名仙姑山，又名少女峯。五峯插天，巖岫層疊，綺繡妍麗，爲縣主山。

寶掌山。在浦江縣北八里。雙峯列峙，沿澗奇石，若虎豹、狻猊、鐘鼎、刀戟，上下錯列，有懸巖湧出，類翩躚飛舞之狀。

茅廬山。在浦江縣北十五里。亘八九里，上有峭壁，疊嶂層巖。説者謂縣之名山，前數仙華，後數茅廬。

小孤山。在浦江縣北三十里。巉巖險峻，人不能升。又大孤山，在縣北四十里。峭削壁立，映帶清溪，稱爲獨勝。

響巖山。在浦江縣北五十里。有大湫、檀溪二水流其下，盤折萬山間，入富陽江。

九靈山。在浦江縣北九十里。山有九峯，元末戴良居此。

洞山。在湯溪縣東二十五里。白龍溪水旋繞其下，爲酤坊水口。

福民山。在湯溪縣東南四十里。高數百丈，峯巒秀拔，林木蓊鬱，上有層樓，遠見數百里。

香爐山。在湯溪縣東南五十里。衆峯環列，卓然特起，爲縣望山。

輔倉山。在湯溪縣東南六十里，接遂昌縣界。相傳漢時盧文臺嘗耕於此，亦名盧坂，白沙溪水出此。

九峯山。在湯溪縣南十里。太平寰宇記：在蘭谿縣南六十里。下有唐中書侍郎徐安貞讀書巖。明統志：在湯溪縣南十里。高數百丈，峯巒秀拔，巖洞玲瓏，昔龍丘萇、仙人酆去奢皆居其下。縣志：一名風子山，土人以爲即龍丘山也。

青峯山。在湯溪縣南十里。迤東爲白石巖，周五十餘里，高五百餘丈，每天陰則穴中霧氣騰出，人不能行。

仙舟山。在湯溪縣南三十里。其山四面如一。

湯塘山。在湯溪縣西北，附城。

黄姑嶺。在金華縣東北五十里。宋宣和中，方臘寇婺，邀敗官軍於此。

太陽嶺。在金華縣東北五十五里。高千餘丈，長十里，踰嶺即浦江縣界，去縣五十里。

白峯嶺。在東陽縣東北七十里。高三百丈，石棧縈紆，東通嵊縣，明嘉靖間曾立砦。

八嶺。在義烏縣南十三里。亦曰八風嶺，高七十丈，東南入東陽縣界。

峴峯嶺。在永康縣東四十里。在翁山西，其陽有將軍巖，兩巖夾道，巨石若人捍門，爲台州扼險之要。

八盤嶺。在永康縣東八十五里。石道高險，通天台縣。又有馬鬃嶺，在縣極東，踰嶺即仙居縣，舊有砦。

牛筋嶺。在永康縣東南十五里。西臨南溪，溪西即水浄巖，巖嶺之間，兩崖犬牙相錯，中開一罅，僅通溪流。

龍門嶺。在武義縣西南四十里。上有關。又稽較嶺，亦名稽句嶺，在縣西南五十五里，南去處州府九十里。嶺路崎嶇，爲往來逕道。

紡車嶺。在武義縣北七里。行人如織，故名。舊險窄難行，明萬曆間里人砌石爲路，行者便之。

大洪嶺。在浦江縣西南。大梅溪出此。

金坑嶺。在浦江縣北十里。有内外龍門，内龍門兩山石壁湊合，高十數仞，下有龍窟、紺泉。外龍門屈曲重關，有石峯插天，亦曰小仙姑山。

白巖嶺。在浦江縣北三十五里。左溪源出此。

市聚嶺。在湯溪縣東南七十里，路接遂昌。山溪深險，商旅經此，必羣聚而行，故名。

銀嶺。在湯溪縣南六十里，與遂昌縣接界。舊有銀嶺寨。

巖高峯。在蘭谿縣北五十里。高五百餘丈，旁有勝觀石，高四十餘丈。

雙峯。在義烏縣南四十里。高拔天表，下有梅溪澗。

紫微巖。在金華縣西北三十里，金華山西。一名講堂洞，有石室深廣十丈，梁劉孝標棄官舍其下，撰類苑，人呼爲書堂巖。

清泉巖。在東陽縣東五十里。下有洞廣七八尺，洞口有水簾，四時不竭。

烏舞巖。在東陽縣東南七十里。一名青巖。高五百丈，止有絶磴二道可上，上寬平可容千人。舊傳唐末馬將軍置砦禦黄巢處。

覆釜巖。在義烏縣西北六十里。形如覆釜，四隅孤絶，石芒峭發，行者鑿穴躡步扳緣而上。上有平壤三十餘畝，土美可耕，竹柏幽茂。

新巖。在武義縣西南三十五里。石竅嵌空，儼若天造。

寶泉巖。在武義縣西二十里。上有池水，味甘美，大旱不竭。

劉巖。在武義縣西三十五里。一名金石巖，亦名玲瓏巖。上有峻石側立百丈。轉左曰平水洞，高倚斷崖，下瞰天井。前一山陡削，若屏幄然，曰招聖峯。後一山曰仙都壇，崖石巉削，高百餘丈，鑿石梯而上，絶頂少平。明正統十四年，鄉人避寇於此者以萬計，皆得免。其南有大門巖，高廣迴邃，亦可避兵。

雙巖。在武義縣西四十里。亦名雙玉巖，上有二石室。

密溪巖。在浦江縣南三十五里。巖下爽塏寬平若堂宇，可容三百人。巖上有泉，四時常如簷滴。

九龍洞。在金華縣西北紫微巖東。有石奔湧如龍，潛溪出焉。

金華洞。在金華縣北三十里金華山下。道書以爲第三十六洞，名金華洞元之天。洞有三，曰朝真，居山巔；曰冰壺，居中；曰雙龍，最下。相傳與四明、天台諸山相通。

新洞。在金華縣東北三十五里。宋紹興間，一石摧下，旁露大竅，風自中出，振動山谷，洞皆石乳，登之若身在瓊樓銀闕中。今塞。

白雲洞。在東陽縣西六里。中有玉女盆、瀑布、珠壁、石乳諸勝。

慕塢源。在蘭谿縣西純孝鄉。有上下二源，各深五六里。其山有蟠尖、邵家尖，皆高二百丈。相近又有峴垣源，深十餘里，有田三千餘畝。其山有萬羅尖，高百餘丈。

塔彈源。在蘭谿縣西北四十五里。深二十五里，其中寬平，有田四千餘畝。有餘梁、白巖、龍門等山，各高數百餘丈。桐漆材木，諸物產焉。又有三峯源，左右夾西溪，一名小溪，一名芝溪，各深四五十里，其中平廣，有田萬餘畝，所產尤多。又萬松源，去縣四十里，山繞谷深，源口盤固。

木沉源。在蘭谿縣北武昌鄉。左右皆大山，有長山間於其中，人呼爲東西源，廣幾半里，深各三十餘里，茶、笋之利出焉。其西爲湛衷源，亦有東西兩源，深三十里，有茶、笋、楊梅、石灰之利。又西爲魯源。

東陽江。在府城南。一名婺港。自東陽縣北西流經義烏縣南，又西經府城南，與永康溪合爲雙溪，即古吳寧水也。水經

注：吴寧溪水，出吴寧縣，下逕烏傷縣入㲝[二]，謂之烏傷溪水。元和郡縣志：金華縣東陽江有二源，一南自永康縣界流入，一東自義烏縣界流入。至金華縣南合爲一，謂之東陽江。舊志：東陽江，亦名北溪，源出東陽縣大、小盆山，屈曲行二百里，徑縣北五里，俗謂之河埠。又西四十里，入義烏縣界，名義烏溪，亦名大溪。至縣東二十里，廿三里溪水流入焉。又西至縣東三里，有東江之名。又西合繡湖水，又西徑金山之麓，又西南與畫溪合，入金華縣界，乃名東溪，航慈、梅溪諸水皆滙入焉。又西南至城南，與南港會爲雙港，統名婺港。又西徑蘭谿縣南，至縣西南，合於衢港。

衢江。亦名衢港。自衢州府龍游縣流入，經湯溪縣西北二十里，又北入蘭谿縣界，徑縣西南十五里爲金臺灘。又至蘭陰山下，與婺港合，統名曰蘭谿，亦曰大溪，又名㲝水，以水紋類羅縠，岸多蘭茝，故名。徑縣西南二里，又北流四十餘里，至望雲灘，入嚴州府建德縣界。舊志謂入東陽江，當是指婺港也。

浦陽江。在浦江縣南一里。韋昭以浦陽與錢塘江、松江爲禹貢「三江」。水經注：浦陽江，導源烏傷縣，又東逕諸暨縣。元和志：在浦江縣西北四十里。源出雙溪山嶺，東入諸暨。舊志：源出縣西深裊山，東流三十餘里，經縣郭南，又東北逶迤百餘里，入諸暨縣界，始通舟楫，亦名豐江、浣江。

通元溪。在金華縣東。源出玉壺山東南，南流環城入東港，爲縣左峽水。又迴溪，在縣西四里，與通元溪同源分流，經縣北關，又西北入雙溪，爲縣右峽水。

松溪。在金華縣東南二十五里。源出武義縣北八素潭，名八素溪。流入金華縣界爲松溪，一名桼溪，亦名崇溪。北流入南港。又梅溪，源出武義縣西北大家山，北流入金華縣界，至縣南入南港。

白沙溪。在金華縣西南。源出湯溪縣東南輔倉山，北流逕縣東，一名白龍溪。又北入金華縣界，至縣西南二十里臨江入婺港。

黄湮溪。在金華縣西。源出北山徐公湖，徑雙龍洞，至仙溪，亦曰盤溪，合九龍洞水，又西南注此入婺港。

赤松溪。在金華縣東北。隋書地理志：金華縣有赤松澗。寰宇記：澗水出金華山。縣志：赤松溪源出盤泉山頂東玉壺〔三〕，南流至卧羊山，有赤松澗流合焉。又東十餘里入東港。

雙溪。在蘭谿縣東。一出鷄窠巖，曰八石溪；一出玲瓏巖。二水合流，西入婺港。又有石匣溪，亦名東溪，上承雙溪水，自縣東二十五里郭塘分流，至風秋潭入婺港。又洞溪，源出靈洞山，由洞橋而出，西入婺港。

乾溪。在蘭谿縣西北三十里。有二源：一出嚴州府西南馬目山，曰芝溪；一出縣西塔彈源，曰社溪。分流數十里，會於白露山下，又十餘里至湖埠入蘭谿。

大梅溪。在蘭谿縣北。一名龍門水，源出浦江縣之大洪嶺，至縣北三十里入蘭谿。又有小梅溪，源出浦江縣之烏燒嶺，流徑崧山下，入大梅溪。

横溪。在東陽縣南四十二里。源出大盆山，西流入畫溪。又荆浦溪，在縣南四十五里，亦出大盆山，西流入横溪。

畫溪。在東陽縣西南三十五里。亦名南溪，源出大、小盆山，以羣山縈連，草木如畫，故名畫溪。西北流徑清潭，又西合荆浦溪、横溪，又西入義烏縣界，徑畫塢山下。又西徑縣南爲洋灘江，又西入東陽溪。

梅溪。在義烏縣南十里。源出青巖山，中有巨石，舊名石溪。西流四里，滙於大陂，曰新塘。又西至合港，入東陽溪。

吴溪。在義烏縣南三十里。源出杏嶺，北流徑楓坑口，又西北與丹溪合，名小雙溪。又西北爲吴溪，又與峴溪合，至縣西南二十里，入東陽溪。其丹溪在縣南四十里，舊名赤岸溪，源出楓坑。峴溪在縣南三十里，源出雲黄山。俱流入吴溪。

熟溪。在義烏縣南一里。源出處州府遂昌縣，東北流入縣界，又東北入永康溪。溪水溉田，歲常倍熟，因名。

航慈溪。在義烏縣西南四十里，與金華縣接界。有二源：一曰雙溪，出黄山；一曰根溪，出覆釜巖。合流曰航慈溪，又西流至金華縣界，合於東港。又有潛溪，源出金華山，東流五十餘里，入航慈溪。

五雲溪。在義烏縣西北二十里。源出五雲山，流徑梅塢口，曰梅溪。又至縣西二十里，入東陽溪。

廿三里溪。在義烏縣北。源出蝦陂，西流至縣東北二十里入東陽溪。其西至縣郭，南至畫溪，北至酥溪，皆二十三里，故名。

華溪。在永康縣東。源出密浦山，西南流合烏江溪，又西合酥溪。又西至縣城東北合北溪，又西滙爲桃花洞。兩岸飛甍鱗次，故名華溪。又南與永康溪合。其烏江溪，源出縣東五十里銅坑。酥溪，源出縣東北五十里峽源坑。北溪在縣東，亦名桃溪，源出石佛山。俱流合華溪。

李溪。在永康縣東南。源出縣東四十四都峽上，西南流合下東溪，又折西北至水浄巖，入永康溪。

永康溪。在永康縣南。亦名南溪，源出處州府縉雲縣土母山，上接麗水縣蜂窠嶺水，東北流入縣界。至水浄巖合李溪，屈曲自巖石間，逆而西流，至金勝山麓，滙爲石鱉潭。又西北與華溪會，始勝舟楫。又西合西門溪，入武義縣界，至縣東南合熟溪。又西北入金華縣界，謂之南港，梅溪諸水滙流入焉。又經屏山西北，至城下與東港合。

西門溪。在永康縣西。源出縣北石和尚頭下盧柴坑，南流過縣西門外，入永康溪。

銅溪。在永康縣西北十七里。有小銅川，合大銅川，入義烏縣界，合永康溪。

南溪。在武義縣西南三十里。源出處州府界，大梨、樊嶺、俞源、劉巖、劉休五溪水，滙流於此，入永康溪。

深溪。在浦江縣東二十里。源出義烏縣龍祈山，西北流徑縣界，入浦陽江。

左溪。在浦江縣東二十五里。源出白巖嶺，與太陽嶺水合流，亦名雙溪，南流入浦陽江。又白麟溪，源出金芙蓉山，東流入江。

西溪。在浦江縣西一里。源出縣西北巖坑山，南流入浦陽江。又東溪，在縣東一里。源出仙華山，東南流，逶迤繞龍峯山入江。

湖溪。在浦江縣北二十里。源出巖坑山，北流徑富陽縣界入大江。

劍溪。在浦江縣北九十里。會合衆山泉水，西流三十里入湖溪。

蘭源水。在蘭谿縣南。寰宇記：龍丘山下有蘭溪。府志：在湯溪縣西南十里。其地出玉蘭，色如翠玉，無葉而香，故名。北流入瀔。

靈湖。在蘭谿縣東十九里。長二里，廣五十丈，中有泉穴三十六。又有泉湖，在縣西北二十里。廣百餘畝，中有泉穴十。又有長湖，在縣北。長十餘里。皆瀦水灌田處。

繡川湖。在義烏縣西一百五十步，即華川也。周九里有奇，南入東陽溪，溉民田百餘頃。羣峯環列，粲如組繡，故名。自宋至今，築堤修閘，爲游覽之勝。

東湖。在浦江縣西南三十五里。又西湖，在縣西南四十里。迤東曰椒湖，宋天聖初，邑人錢侃築塘瀦水以溉田，大觀間，其孫遹重修之。並稱爲三湖，凡溉田十五里。

八詠灘。在金華縣南。雙溪匯流，襟帶郡治。

五百灘。在金華縣西五里雙溪中。盤亘甚大，舟行牽挽須五百人然後可渡，故名。唐李白詩：「聞説金華渡，東連五百灘。」即此。

椒石潭。在蘭谿縣西北二十五里椒石山下。溪流至此，瀦畜爲潭，其山下有巖洞，與潭水平，水從外入，不見其溢，莫知所從洩處。

九里潭。在義烏縣東南九里。每風雨晦冥，輒有鐘聲隱隱出潭中。嘗有漁者撈得鐘，窺其旁有屋，類廟剎然。

日月潭。在永康縣東一百二十里石霞嶺上。其上石壁赤白相間，圓各二三尺許，如日月狀，故名。

石鼈潭。在永康縣南五里。昔有人入山經此，遇一大龜，束之歸，龜便能言，曰：「游不良時，爲君所得。」人甚怪之，載上吴王，王命煮之。焚柴萬車，語猶如故。諸葛恪命燃老桑煮之立爛。見異苑。

三斷龍潭。在武義縣西七十里。有上、中、下三潭，皆爲龍所宅。

螺井泉。在義烏縣西三十五里黄山之左。其泉一年出黄山，一年出五雲山，輪流不變，居民多利以溉田。

楊泉。在武義縣東北二十里。可溉田萬畝。

孝感泉。在浦江縣東三十里白麟溪側。明統志：宋鄭綺母張性嗜溪水，時旱，鑿溪數仞而不得泉，綺慟哭，水爲湧出，故名。

明月泉。在浦江縣西北二里。源出仙華山下，其泉視月盈虧爲消長，故名。宋政和間，知縣事孫潮疏爲曲池，築亭以備遊觀。

四井。在義烏縣。明統志：舊傳郭璞所鑿。一曰富井，在縣繡川門外；二曰貴井，在縣東陽門外；三曰貧井，在縣學西；四曰賤井，在縣治前。四井之稱，以泉之多少清濁爲别。泉多爲富，少爲貧，清爲貴，濁爲賤，惟富、貴二井最甘美。

古蹟

婺州故城。今府治。後漢分烏傷縣南鄉置長山縣，以長山爲名。三國吴置東陽郡，治此。隋平陳，置婺州。縣志：舊有子城，在金華縣大司前，周四里，宋廢。又有長山故城，在縣東四十里。唐武德四年，析金華復置長山縣。八年，仍省入金華。即此。

蘭谿故城。今蘭谿縣治。寰宇記：縣在州西北五十五里。唐分金華西界置，因蘭溪爲名。舊志有古城，在縣東南二十里古城山脊。或謂即古州城也。

吴寧舊城。在東陽縣東。後漢分諸暨縣置。舊志：漢時析諸暨之水門村置漢寧縣，孫氏始改爲吴寧。舊城在今縣東二十七里，周一里，土人猶呼其地曰「城裏」。水門村，去舊城二百步，臨溪有石岸。

烏傷故城。今義烏縣治。東陽顔烏以淳孝著聞，後有羣烏銜鼓集顔烏所居之村，烏口皆傷，一境以爲顔烏至孝，故致慈烏銜鼓，欲令孝聲遠聞，即於鼓處置縣，而名爲烏傷。一説烏父亡，負土成冢，羣烏銜土助之，烏吻皆傷，因以名縣。元和郡縣志：義烏縣西南至州一百五十一里，本漢烏傷縣也。唐武德四年，於縣置綢州，改烏傷爲義烏。縣志：廢綢州，在縣北一百八十步，今爲滿心寺。

華川故城。在義烏縣西南。唐武德中，分烏傷縣置華川縣，屬綢州，尋與州俱廢。晏殊類要云縣西南有繡川城，即華川也。舊志：在今縣西南三十里。

麗州故城。在永康縣北。三國吴分烏傷上浦置永康縣，至隋因之。唐書地理志：永康縣，本縉雲，武德四年，置麗州，八年州廢，更名。蓋隋末廢，唐初復置也。舊志：時徙縣治於城北，州廢，復還故治。

武義故城。今武義縣治。元和郡縣志：縣北至婺州九十里。天授二年，分永康西界置。寰宇記引輿地志云：吴赤烏八年，分烏傷、永康縣置，隋廢，唐復置。按：晉、宋、齊、隋諸志，並無武義縣。寰宇記所引輿地志，不知何據。

浦陽故城。今浦江縣治。元和志：縣西南至婺州一百二十里。唐天寶十三載，分義烏縣北界置。寰宇記：縣取浦陽江爲名。尋又析蘭谿界二鄉、杭州富陽縣二里屬焉。縣志：五代梁時，錢鏐與楊行密相讐，惡聞其姓，故改浦陽爲浦江。

豐安廢縣。在浦江縣西南。後漢末，孫氏分諸暨縣置，隋平陳廢。

古城。在湯谿縣西五里湯塘山上。或以爲婺州舊治。舊志：又有太末舊址，在縣南九峯山。

湯塘。今湯谿縣治。本金華縣地，在金華之西，衢州之東，處州之北。明成化中，知府李嗣以其地阻山帶水，獷戾難治，因割金華、蘭溪、龍游、遂昌四縣之地置縣，治湯塘，因以爲名。

八詠樓。在府學西。舊名元暢樓，齊隆昌初，太守沈約建，有八詠詩。宋至道間，郡守馮伉更今名。

明月樓。在府治東。取嚴維詩「明月雙溪水」之句爲名。

馮家樓。在東陽縣東二十里。唐時馮宿所居。

面香閣。在東陽縣西北隅。宋紹興中，縣令留觀德建。以閣前多植巖桂，故名。

與春堂。在府治東。舊名魚水堂，堂下有池，池中有臺，跨梁其上。宋紹興間，知州周綱重建，榜今名。

見山堂。在蘭谿縣治東偏。登堂屬目，盡見一邑山水之勝。

極目亭。在府子城上。宋政和中，知州黃特建雙溪樓，後廢。紹興中，即其故址改建爲亭，陸游有詩。

最高亭。在府治北。宋葉衡建，陸游有記。

東峯亭。在蘭谿縣東。唐貞元中，縣令洪少卿建。東陽馮宿記云：「崇山濬谷，佳境勝概，綿亘伏匿，一朝發明。」

寒碧亭〔四〕。在東陽縣南五里。唐寶曆中，縣令于興宗建。下穿方池，引水爲流觴之所，劉禹錫詩：「東陽本是佳山水，何況曾經沈隱侯。化得邦人解吟咏，如今縣令亦風流。」興宗亦自賦詩云：「高低竹雜松，積翠復留風。路劇陰溪裏，寒生暑氣中。」

水樂亭。在東陽縣西南八里。兩山對峙，有飛泉數丈，界山而落，泠然有聲。宋縣令王概作亭澗上，蘇軾兄弟有詩。

蠟屐亭。在武義縣東明招山前。相傳晉阮孚隱此。其右又有金貂亭，亦以孚得名。

劉峻宅。在金華縣北二十五里靈巖寺。

喬行簡宅。在東陽縣東南。有孔山堂、雙峴樓、釣游亭，皆理宗御書額。

羅隱宅。在東陽縣南五里。宋元祐間，改建僧菴曰棲賢。

徐伯珍宅。在湯溪縣西五里。

徐安貞宅。在湯溪縣北十里洪塘。

東巖書舍。在義烏縣東三十五里滴水巖。宋虞復建，遺址尚存。

華川書舍。在義烏縣西繡湖之陰。明王禕故居也。

陳氏義莊。在東陽縣東南四十里。宋開禧間，邑人陳德高建。又胡氏義莊，在縣南六十里。咸淳間，邑人胡祐之建。

銀銅場。宋元祐中，置光寶寺場採銅，在東陽縣北四十五里，政和中廢。崇寧三年，又置金井場採銀，在縣西南十五里，以費多利少罷。

關隘

龍門關。在武義縣南四十里龍門嶺。東出永康，東南出縉雲之要道。

四路口隘。在永康縣東北六十里，與東陽縣接界。

孝順鎮。九域志：金華縣有孝順鎮。舊志：在縣東五十五里。元置孝順驛，爲東出義烏之道。今廢。

平渡鎮。在蘭谿縣西北十五里溪水北岸，即女埠。下爲女兒渡，舊有巡司，今裁。又香溪鎮，在縣北三十里。元置靈泉鄉巡司。又龍巖鄉巡司，在雙牌。皆久廢。

永昌鎮。在蘭谿縣西北四十三里，與建德縣接界，即古三河戍也。有三河渡，爲金、衢、徽、嚴四郡要地。明嘉靖間，礦盜竊發，設兵駐防於此。

永寧鎮〔五〕。在東陽縣東五十里茶場市。宋置永寧巡司，本在縣東北百里，近白峯嶺。紹興十年，徙置於此。又宋有瑞山、玉山巡司，在縣東南，地名横巖。元增設興賢、仁壽巡司，在縣南，地名葛府。皆久廢。

龍祈鎮。在義烏縣北三十里。宋置巡司。又有智者同義鄉巡司，在縣西三十五里。雙林明義鄉巡司，在縣南四十里。皆元置，久廢。

夾溪寨。在東陽縣東一百里。明嘉靖三十四年置。

孝義寨。在永康縣東九十里靈山下。道出仙居縣，元置孝義巡司，明洪武七年，改置百户鎮守，嘉靖八年廢。又李溪寨，在縣東南十八里，宋置温處四州都巡檢司，後改置合德鄉巡司。又有義豐鄉巡司，在縣南十里，地名麻車頭。皆久廢。

山口寨。在湯溪縣南十里。又大嚴寨，在縣南十五里。蘇村寨，在縣東南五十里。並明正統十三年副使陶成築以禦處寇。

雙溪驛。在金華縣西南。明置雙溪馬驛，在城西南通遠門外。又置雙圓水驛於此，本朝併爲雙溪水馬驛，雍正二年裁歸府經歷兼攝。

瀫水驛。在蘭谿縣南門外。明洪武初，置蘭谿驛，十四年改今名，本朝康熙十二年裁。

華溪驛。在永康縣治西。明初建，本朝康熙元年裁。

清潭埠。在東陽縣東南五十五里。畫溪所經，爲往來要道。

楊家埠。在浦江縣東四十里，路通諸暨縣。明洪武六年置巡司，萬曆中裁。

白溪口市。在武義縣東北五里，永康縣東岸。南行者由此捨舟登陸，北行者由此捨陸下舟。

茭道市。在武義縣東北三十里，北去府城五十里。舊置道山驛於此。明洪武十四年，改曰茭道驛，隆慶初改爲茭道公館。

駢塘税務場。在湯溪縣東北十五里。今廢。

津梁

通濟橋。在金華縣西南一里。長七十餘丈，跨雙溪水。元元統二年，甃甓爲梁，後屢修屢圮，復就圮壞，乃比舟貫絇以渡行者。與問津橋相望，曰上、下浮橋。

宏濟橋。在金華縣東南三里。長三十餘丈，維舟爲之，亦名上浮橋，即古問津橋也。

山橋。在蘭谿縣北三十里。兩岸對峙，溪流亂石間，橋跨其上，爲一邑奇勝處。今名登龍橋。

悦濟浮橋。在蘭谿縣西門外。一跨婺港，一跨衢港，兩江相合，有州渚横亘如月牙，樹石其端，繫鐵絙以維舟。兩橋相距百餘步，爲水陸津要。

普濟橋。在蘭谿縣西北十五里女兒渡。宋紹興中，維百艘以梁溪上，名普濟橋，後更名望雲。今橋廢，仍以舟濟。

叱馭橋。在東陽縣東迎陽門外。

夾溪橋。在東陽縣東一百里。明嘉靖中建，長三十丈，羣山中斷，兩岸壁立，其水懸流而下，匯爲十八渦，橋亘其間，如綴絶綆。

興濟橋。在義烏縣東三里，跨東江。宋慶元三年縣令薛揚祖建，名薛公橋。淳祐中重建，易今名。長四十二丈。

仁政橋。在永康縣東南三十步。舊名大花橋，元至元中改建。

南橋。在浦江縣南一里，跨浦陽江。宋元符中，錢適建，亘三十丈，下釃水爲九道。元至正中重修，又築堤三百餘丈以障水，人行橋上，儼然圖畫。

隄堰

蜀墅塘。在義烏縣南蜀山下。周十里，溉田千餘畝。

鶴塘。在浦江縣東十五里。廣袤數里，灌田二千餘畝。

富民堰。在東陽縣東。堰上言溪水，長七里，分溉田數十萬畝。

社陂堰。在東陽縣東南乘驄鄉。又名都督堰，長七百餘丈，灌田百餘頃。

長安堰。在武義縣西二里湖山潭上。其下分爲三，曰上堰、中堰、曹堰。唐光化初，邑人任留築，溉田萬餘畝。

白砂堰。在湯溪縣東三十里。相傳漢盧文臺所開，首銜輔倉，尾跨古城，共三十六堰，灌田千萬畝。其第十九堰，闊一百餘丈，水分六帶，灌田尤多，因名曰第一堰。

陵墓

秦

顔烏墓。在義烏縣東北四里。

漢

盧文臺墓。在湯溪縣南四十里白沙原。

三國 吴

斯敦墓。在東陽縣東二十五里後呂村。

晉

許孜墓。在東陽縣北七十里藍硎保。

阮孚墓。在武義縣東十五里明招山惠安寺東。

南北朝　宋

蔡興宗墓。在金華縣南二十五里述村。

唐

駱賓王墓。在義烏縣東二十里上楓橋。

舒元輿墓。在蘭谿縣西十三都惠安寺側。

陳太竭墓。在浦江縣南二十三里松柏橋。

宋

胡則墓。在永康縣東履泰鄉。又有祠，在壽山。

錢遹墓。在浦江縣南五十里鳳凰原。

梅執禮墓。在浦江縣南二十里。

吕好問墓。在武義縣東明招山。又孫祖謙、祖儉墓皆在其側。

潘良貴墓。在金華縣北二十里。

趙柏墓〔六〕。在金華縣北。案：柏洛陽人，紹興間帥盧州〔七〕，死于酈瓊之難，殯婺州。郡守孟猷爲葬兹土。

范浚墓。在蘭谿縣北十都寶惠寺側。

蘇衡墓。在金華縣東南十里。

林大中墓。在永康縣西火爐山南。

鄭綺墓。在浦江縣東二十五里懸柏原。

應孟明墓。在永康縣東三十五里。

陳亮墓。在永康縣東五十里龍窟山之原。

徐僑墓。在義烏縣西五雲山。

喬行簡墓。在東陽縣東二十五里。

章如愚墓。在蘭谿縣八石溪。

應純之墓。在永康縣南官山。

李誠之墓。在東陽縣東七星墩。

王埜墓。在金華縣東南十里。

馬光祖墓。在武義縣南十五里。

何基墓。在金華縣西南三十里。

王柏墓。在金華縣西北八里金村之原。

章墳、章塈墓。在永康縣南官山。

楊與立墓。在湯溪縣東北十五里石坑。

元

金履祥墓。在蘭谿縣西北仁山後。

許謙墓。在金華縣北十里許官山。

黃溍墓。在義烏縣東北三里東埜山之原。有祠，在縣治西。

柳貫墓。在浦江縣南三十里荆山。

吴萊墓。在浦江縣西十里。

吴師道墓。在蘭谿縣銅山鄉。

明

王褘墓。在義烏縣南十里青巖象鼻岡。褘死節，其家招魂以葬。

胡翰墓。在金華縣西北十五里智者橋東。
章懋墓。在蘭谿縣西純孝鄉竹塘。
陸震墓。在蘭谿縣西瑞山鄉。
程文德墓。在永康縣南四十里。
張國維墓。在東陽縣禹山之東。
杜學伸墓。在東陽縣都盛山下杜莊。
龔泰墓。在義烏縣置馬塘山。
王肇坤墓。在蘭谿縣雙牌。
徐學顔墓。在永康縣都倉凸山。
洪希懋墓。在湯溪縣王家坂。
包姜姑墓。在蘭谿縣純孝鄉鴨塘。

本朝

朱之錫墓。在金華縣孝順街。
金漢蕙墓。在義烏縣孝子門右。

祠廟

永慕廟。在義烏縣東四里。祀秦孝子顏烏。

白沙廟。在湯溪縣東三十里。祀漢盧文臺。

六孝祠。在東陽縣南一里。祀孝子斯敦、許孜、許生、馮子華、應先、唐君祐。宋端平二年建。

二賢祠。在浦江縣。宋紹定中建，祀梅執禮、吕祖謙。

忠賢祠。在義烏縣治後。明嘉靖中建，祀宋宗澤、徐僑、元黄溍、明王禕，萬曆中增祀龔泰。

吕成公祠。在金華縣治北隅。又有祠在武義縣嶽廟西。祀宋吕祖謙。

正節侯祠。在東陽縣西一里。祀宋李誠之。

越國公祠。在府城内。明初建，祀胡大海，宋濂撰碑記。

宋學士祠。在浦江縣儒學南。祀明宋濂。

陶公祠。在湯溪縣南十里山口。祀明副使陶成。

章文懿祠。在蘭溪縣城東。祠明章懋。

褒忠祠。在蘭溪縣瀔水驛西。祀明陸震。

朱大典祠。在金華縣東下溪灘莊。

張國維祠。在東陽縣西嶺下。

盧懋鼎祠。在東陽縣忠直名臣坊左。

杜學伸祠。在東陽縣西。

龔泰祠。在義烏縣城南河濱。

金漢蕙祠。在義烏縣學側。

寺觀

密印寺。在府治西北。有塔，唐時建，本朝康熙十五年重建。

智者寺。在金華縣西北十五里。梁僧智者道場，景物絶勝，爲金華第一刹。

西巖寺。在金華縣東北四十里。舊名赤松巖寺，梁大同閒建。寺有鐵羅漢五百十八尊。

法隆寺。在金華縣通濟橋旁。有經幢，高五丈，刻云「唐大中十一年立」。

寶林寺。在義烏縣南雲黄山下。梁大通閒，爲傅大士建。

龍德寺。在浦江縣南龍峯山下。宋寧宗御書額。

寶婺觀。在府治西五十步。唐建，在城西北隅，吴越時遷今所。

赤松觀。在金華縣東北二十里。一名寶積觀，即黄初平叱石成羊處。

延真觀。在永康縣東南隅。舊名寶林，元黄溍有記。觀前舊有松化石，爲唐道士馬自然遺跡。

校勘記

〔一〕下有唐中書侍郎徐安貞讀書巖　「貞」，原作「正」，據太平寰宇記卷九七江南東道婺州改。按，此避清世宗嫌諱改字也。又按，下文湯溪縣亦有九峯山，與此條實爲一山，當删併。

〔二〕下逕烏傷縣入㴋　「㴋」，乾隆志卷二三一金華府山川（下同卷簡稱乾隆志）作「縠」。按，傳本水經注卷四〇漸江水作「穀」。然雍正浙江通志卷一七山川湯溪縣有㴋江，「在縣北二十里，上接盈川，下通蘭溪，其水縈迴如㴋紋，故名」，湯溪舊亦烏傷縣地，則字作「㴋」亦有説。

〔三〕赤松溪源出盤泉山頂東玉壺　「山頂」下，乾隆志有「西流合航慈溪，又東匯小雙溪，西南流入于東溪。又黄湮溪，在府西二十里，源出徐公湖，西南流入」三十八字，恰爲兩行。考之讀史方輿紀要卷九三浙江諸水多合。本志承襲乾隆志而來，蓋史臣鈔録之際，誤跳脱兩行文字，當補入。

〔四〕寒碧亭　「寒」，乾隆志作「涵」。按，雍正浙江通志卷一七山川三丘山條作「涵」，卷四七古蹟又作「寒」。全唐詩劉禹錫詩題作「寒」，此蓋本志所本。

〔五〕永寧鎮　「寧」，原作「安」，據乾隆志及讀史方輿紀要卷九三浙江改。下文同改。按，本志避清宣宗諱改字，今改回。

〔六〕趙柏墓　「趙柏」，乾隆志同，康熙浙江通志卷二一陵墓作「趙桓」，雍正浙江通志仍之。按，浙江通志作「趙桓」，不避宋欽宗名諱，似無可能，當有誤。一統志未知何本，趙柏生平未詳，待考。

〔七〕紹興間帥盧州　「盧州」，乾隆志同，雍正浙江通志作「廬州」，疑皆有誤。按，趙柏帥廬州，何以死葬婺州？文獻有闕，疑未能定。

大清一統志卷三百

金華府二

名宦

晋

丁潭。山陰人。元帝時爲東陽太守，以清潔見稱。

顔含。瑯琊莘人。元帝時爲東陽太守，簡而有恩，明而能斷。

山遐。河内懷人。康帝時爲東陽太守，爲政嚴猛，帝詔曰：「東陽頃來竟囚，每多入重，豈郡多罪人，將筆楚所求，莫能自固耶？」遐處之自若，郡境肅然。

范汪。順陽人。咸安中，爲東陽太守。大興學校，甚有惠政。

袁宏。陽夏人。爲東陽太守，時謝安爲揚州刺史，祖道治亭，執宏手取一扇授之，曰：「聊以贈行。」宏應聲答曰：「輒當奉揚仁風，慰彼黎庶。」太元初卒於官。

殷仲文。長平人。義熙中爲東陽太守，多惠政。

南北朝　宋

蔡興宗。考城人。孝武時，爲東陽太守。舊有鄉射禮，久不復修，興宗行之，禮儀甚整。

齊

蕭崇之。蘭陵人。仕齊爲東陽太守，以幹能顯，政尚嚴厲。永明中，富陽唐寓之反〔一〕，破東陽，崇之死之。

沈約。武康人。隆昌元年，爲東陽太守。

王志。臨沂人。爲東陽太守。郡獄有重囚十餘人，冬至日悉遣還家過節，皆反，惟一人失期，司獄以爲言。志曰：「此是太守事，主者勿憂。」明旦果自詣獄，辭以婦孕。吏民皆歎服〔二〕。

梁

王承。臨沂人。武帝時爲東陽太守。爲政寬厚，吏民悦之。時朱异當朝，車馬填門，魏郡申英常指异門曰：「此中能不至者，惟大、小王東陽。」小東陽即承弟稺也。

何遠。東海郯人。武帝時，爲東陽太守。疾强富如仇讐，視貧細如子弟，特爲豪右所畏憚。及去東陽，經年歲，口不言榮辱，士類益以此多之。

席闡文。臨涇人。武帝時爲東陽太守。在郡有能名，冬至悉放獄中囚，依期而至。

何烱。灊人。嘗慕恬退，不樂仕進。從叔昌寓勸之，遂解褐。尋爲永康令，以和理稱。

陳

章昭達。武康人。武帝時，留異據東陽，帝患之，乃使昭達爲長山令，居其心腹，後卒擒異。

唐

崔義元。武城人。永徽中，爲婺州刺史。時睦州女子陳碩貞舉兵反，圍婺州，義元署崔元籍爲先鋒，而自統衆繼進，至下淮戍，擒其諜數十人。於是士卒齊力，賊衆大潰，斬首數百級，歸者萬計，獲碩貞斬之，餘黨悉平。

李嗣貞。趙州柏人。高宗時，補義烏令，有政譽。

杜暹。濮陽人。擢明經第，補婺州參軍。秩滿歸，吏以紙萬番贐之，暹爲受百番，衆歎曰：「昔清吏受一大錢，何異哉？」

王仲舒。并州祁人。元和中，爲婺州刺史。時州旱疫，人多徙死，閭里幾空。仲舒在任五年，克增户口，又按劾贓吏，州部肅清。

于興宗。高陵人。補東陽令。廉静和易，吏民安之。

黄碣。閩人。初爲漳州刺史，尋徙婺州。治有績，董昌爲威勝軍節度使，表碣自副，及昌反，碣直諫遇害。

宋

段少連。開封人。仁宗時，知金華縣。通敏有才，遇事無大小，決遣如流，不爲權勢所屈。

李南公。鄭州人。調浦江令。郡猾吏恃守以陵縣，不輸負租，南公捕繫之。守怒，通判爲謝曰：「能按郡吏，健令也。」卒寘諸法。

蘇頌。丹陽人。熙寧間，知婺州。遷州學於子城南。頌初赴官，泝桐江，水瀑迅，舟横欲覆，母在舟中幾溺矣。頌哀號赴水救之，舟忽自正，母甫及岸，舟乃覆，人以爲純孝所感。

蕭振。平陽人。政和中，方臘寇東南，振調婺州兵曹兼功曹。時盜賊所在猖獗，婺卒揚言欲叛應賊，官吏震恐。振選士兵强勇者幾千人，日習武以備，蓄異謀者懾息。嘗議城守，振請以錢數萬緡，傭工板築，未數月，城壘屹然。

姚舜明。嵊縣人。宣和初，盜發青溪，連陷杭、睦、衢、婺、處、歙六州，以舜明判婺州，權州事。招集流亡兵數千餘人，賊入境，晨登義烏門城壁，飛矢雨集，舜明親率從兵以石擊賊，既而引兵出戰，賊遂大潰。

蘇遲。眉山人。建炎初，以直秘閣知婺州。言本州上供羅歲增五萬餘疋，民實不堪，詔減其半。

黄友。平陽人。攝婺州兵曹。婺寇作，守欲爲殄滅之計，友請往諭之。既次浦江，賊望風解去，一境帖然。婺人圖像祀之。

吴表臣。永嘉人。紹興中，知婺州。會大饑，先發常平米賑貸之，然後以聞。郡人德之，課最。

王居正。維揚人。紹興中，知婺州。奏免歲增貢羅及御炭，高宗曰：「守臣愛百姓皆如此，朕復何憂？」

辛次膺。萊州人。紹興中，知婺州。爲政貴清净，先德化，人稱其不煩。

汪大猷。鄞人。紹興間，授金華縣丞。争財者諭以長幼之禮，悦服而退。李椿年行經界法，約束嚴甚，檄大猷覆視龍游縣，大猷請不實者得自陳，毋遽加罪。

汪綱。黟縣人。紹興中，知蘭谿縣。決擿如神。歲旱，郡倚辦勸分，綱請假常平錢爲糴本，使得循環迭濟。又躬勸富民浚築塘堰，大興水利，饑者得食其力，全活甚衆，部使列爲一道荒政之冠。以言去，邑人相率投匭直其事，綱力止之。後以直秘閣知婺州，改提點浙東刑獄。慮囚至婺州，有奴挾刃欲戕其主，不遇而殺其子，妄牽連，徑出斬之。

汪應辰。玉山人。紹興中，知婺州。郡積欠上供十三萬緡，朝廷命憲漕究治，應辰謂急則擾民〔三〕，乃與諸邑蠲宿逋，去苛斂，定期會，窒滲漏，悉爲補發。

趙不恴。宋宗室。紹興中，調金華丞。治縣豪何汝翼，械請諸郡，編隸他州，邑人慴服。

林光朝。莆田人。尹焞弟子，南渡後，以理學倡東南。

吴芾。仙居人。孝宗時，知婺州。勸民義役。金華長仙鄉民十有一家，自以甲乙第其産，相次執役，幾二十年。芾輿致十一人者，與合宴，更其鄉曰循理，里曰信義，以褒異之。

李椿。永平人。孝宗時，知婺州。會詔市牛筋五千觔，椿奏一牛之筋纔四兩，是欲屠二萬牛也。上悟，爲收前詔。

洪邁。番陽人。孝宗時，知婺州。金華田多沙，勢不受水，邁奏治境内陂湖八百三十七所。婺軍素無律，邁以計逮捕四十有八人，戮首惡二人，餘黥撻有差，莫敢譁者。事聞，上與輔臣曰：「不謂書生能臨事達權。」特遷敷文閣待制。

蕭燧。臨江人。淳熙中，自嚴州移知婺州。父老遮道，幾不得行，送出境者以千數。婺與嚴隣，人熟知條教，不勞而治。歲旱，浙西常平司請移粟於嚴，燧謂東西異路，不當與，然安忍於舊治坐視，爲請諸朝，發太倉米賑之。

李彦穎。德清人。淳熙中，知婺州。勤約有惠政，禁民屠牛，蠲屬縣税十三萬緡。

趙善湘。濮安懿王五世孫。開禧元年，通判婺州。有招茶寇功。

趙必愿。汝愚之孫。端平初，以直秘閣知婺州。至郡，免催紹定六年分小户綾羅錢三萬緡，立淳良、頑慢二籍，勸懲人户，措置廣運倉及諸倉積穀。奏乞寬減内帑綾羅，申省免用舊例豫解諸色窠名錢，罷開化税場。

吴昌裔。中江人。嘉熙間，知婺州。婺告旱，乃減騶從供帳，遣僚佐召邑令，周行阡陌，蠲粟八萬一千石，錢二十五萬緡，以慰婺民。

常楙。臨邛人。淳祐間，調婺州推官。疏決滯訟，以剸繁裁劇稱。所至公廉自持，故人言常侍郎不受錢。

陳塏。嘉興人。淳祐中，知婺州。進寶章閣直學士，再知州。興學好士，民愛戴之。

元

周自强。臨江人。泰定時，遷義烏尹。周知民情，而性度寬厚，不爲刻深。民有以争訟訴於庭者，知其曲直，未遽加以刑，反覆開譬之，不悛，然後繩之以法。民間田税之籍多失實，自强出令，履畝覈之，吏不能欺，由是政治大行，聲譽籍甚。

許廣大。天台人。至正間，爲武義尹，有循聲。他邑訟不決者，咸請質焉。熟溪水潰，築石堤以捍之，民稱許公堤。

徐永益。平陽人。至正間，爲金華尹。王褘嘗曰：「婺之屬縣，六十年爲令而有循良名者，得三人焉，義烏周自强，武義許廣大，金華徐永益。」

明

王宗顯。和州人。太祖初克婺州，改州爲寧越府，以宗顯知府事。宗顯故儒者，博涉經史，開郡學，聘葉儀、宋濂爲五經師，戴良爲學正，吴沉、徐源等爲訓導〔四〕。自兵興，學校久廢，至是始聞絃誦聲。未幾卒官。

王興宗。秣陵人。太祖初下婺，以興宗知金華縣事。興宗故隸人也，李善長等皆以爲不可，太祖曰：「興宗從我久，勤廉能斷，儒生法吏莫先也。」居三年，果以治行聞。

王允誠。洪武初，以清軍總管知義烏縣。時承兵燹後，廬井蕩然，允誠修舉拊循，不期月而民安堵。縣當孔道，民苦軍士侵擾，爲立法繩之，害頓息。凡營造及軍需供億，事事規措有方。尋擢南安守去，民涕泣擁留，至馬不得行。

魏處直。益都人。洪武中，知永康縣。持身廉儉，剖決精明，民歌頌之。

黄紹欽。交州吴川人。洪武中，爲永康縣。宋濂稱其真廉且惠，有古循吏風。

宋哲。恩縣人。永樂初，知蘭谿縣。爲治嚴明，豪猾屏跡。陞户部郎中，父老詣闕乞留，詔從之。

黄仲芳。建安人。永樂中，知東陽縣。凡雜賦於民者，悉奏罷之。縣南山有虎患，仲芳爲文禱於神，越三日，有二虎來伏南門外，殺之，害遂絶。

劉實。安福人。正統初，授金華府通判。適歲大旱，請蠲租，且贖還饑民女子。義門鄭氏，族大不能自給，又買馬出丁，供山西郵傳，困甚，亦以實言獲免。

劉傑。樂平人。正統三年，任義烏縣丞。爲政識大體，嘗因旱奏請蠲糧，上封事十條，採行其九。秩滿，民詣闕乞留。

繆樗。溧陽人。成化中，知東陽縣。履畝繪圖，飛詭之弊一清。歷五載，政平訟理。

劉莅。涪人。正德中，爲金華知府。舉治行卓異，未及遷，即告歸。

李一元。建德人。嘉靖中，知金華府。周知吏胥姦僞，訟者情得自達，曲直立辨。賦税酌輕重爲後先，令縣官與民期約，未嘗遣役下縣。

汪道昆。歙縣人。嘉靖中，知義烏縣。絶侵漁，抑豪强，辨寃獄，盜賊屏息。尤重學校，所舉拔多爲名流。

文元發。長洲人。萬曆初，知浦江縣。善折獄，凡上官疑難案牘，數委決焉。歲當丈量，履畝畫魚鱗圖册，吏弊一清。時通浙得羨田千畝，請以羨米充羨田，議下行之。

解學龍。興化人。萬曆中，任金華府推官。居官持大體，不爲苛察，吏畏民懷，奸宄懾息。

周士英。武進人。萬曆中，知義烏縣。清介有守，以治最，擢吏部主事。

莊起元。武進人。萬曆中，知浦江縣。甫視事，察知左右叢奸，置之法。讞斷摘伏如神，而於百姓多所矜釋，暇則進諸生談論經藝，設學田，建書院，士皆感奮。

本朝

張安豫。華亭人。順治三年，知金華府。時府境初下，民多竄伏山谷。安豫設法招徠，戢暴兵，嚴告訐，寬免力役，民得少休。府學及鼓樓皆燬於兵，次第建造。修通濟橋以通行旅，石壩圮，復修築之，民獲水利。治行推第一。

孫家棟。安邱人。順治十七年，知義烏縣。剖決如神，奸豪俱斂迹。

徐喆。廣昌人。康熙九年，任蘭谿縣丞。有惠政，十三年攝武義縣事，甫月餘，閩賊陷城，死之。事聞，贈按察司僉事，賜祭葬。

張元會。武寧人。知湯溪縣。值閩亂，悉心守禦，計誅叛逆，邑賴以全。

李忱。安邑人。康熙十三年，知金華府。下車即除民疾苦，值閩變，甌、括望風響應，賊兵數萬，屯積道山。忱孤城獨守，爲浙東屏翰，以勞卒官。

趙泰甡。膠州人。康熙三十一年，知金華縣。剔除里遞及採買之累，邑民德之。

人物

秦

顔烏。烏傷人。事親孝，有羣烏銜鼓集所居之異。一説羣烏啣土助成父冢。詳古蹟烏傷故城下。

漢

楊璇。字機平，烏傷人。兄喬歷官尚書，桓帝愛其才貌，詔妻以公主，喬不食而死。璇舉孝廉，靈帝時爲零陵太守。是時蒼梧、桂陽猾賊相聚攻郡縣，璇制馬車、兵車，尅期會戰，奔突賊陣，羣盜駭散，郡境以清。三遷爲渤海太守，所在有異政。以事免，後拜尚書僕射。以病乞骸骨，卒於家。

駱俊。字孝遠，烏傷人。有文武才幹，少爲郡吏，察孝廉，補尚書郎，擢拜陳留相。值袁術僭號，羣賊並起，俊厲威武，保疆境，賊不敢犯。養濟百姓，歲獲豐稔。後術軍衆飢困求糧，俊疾惡術不應，術怒，密使殺之。

三國　吴

留贊。字正明，長山人。少爲郡吏，與黄巾賊帥吴桓戰，手斬之。贊一足被創，遂屈不伸，後引刃自割其筋，足伸創愈。淩統聞而壯之，乃表薦贊。累有戰功，稍遷屯騎校尉。好規諫，直言不阿旨，孫權憚之。諸葛恪征東興，贊爲前部，大戰魏師，遷左將軍。孫浚征淮南，拜左護軍，道病卒。

駱統。字公緒，俊之子。爲孫權騎都尉，常勸權以尊賢接士，育民阜財，權深加意焉。累遷偏將軍，黄武初，曹仁攻濡須，使别將襲中洲，統拒破之，封新陽亭侯。

斯敦。烏傷人。父偉，爲廷尉失機，議當坐死，敦叩閽泣血，乞以身代。吴主嘉其孝，赦偉罪，仍旌其門。

晉

許孜。字季義，吴寧人。師事會稽孔冲，受詩、書、禮及孝經、論語。冲亡，孜爲制服三年。二親殁，柴毁骨立，建墓於縣之東山，躬自負土，每一悲號，禽鳥翔集宿墓所。手植松柏，亘五六里，時有鹿犯松栽，孜悲歎曰：「鹿獨不念我乎？」明日忽見鹿爲猛獸所殺，置於所犯栽下，猛獸即於孜前自撲而死。自後樹木滋茂，無犯者。孜乃立宅墓次，朝夕奉亡如存。元康中，郡察孝廉，不起，邑人號其居曰孝順里。子生，亦有孝行，家於墓側，圖孜像朝夕拜焉。

南北朝　宋

樓惠明。字智遠，長山人。立性貞固，有道術。居金華山，舊多毒害，自惠明居之，無復辛螫之苦。藏名匿跡，人莫之知。

宋明帝、齊高帝召，俱不至。文惠太子在東宫，苦延方至，尋辭歸。

梁

龔孟舒。東陽人。通毛詩，善談名理。仕梁爲潯陽郡丞。元帝在江州，師事之。陳天嘉中，官至中大夫。

唐

駱賓王。義烏人。七歲能賦詩，與王勃、楊炯、盧照隣以文章齊名，號爲「四傑」。歷武功、長安主簿。武后時，數上書言事，除臨海丞，棄官去。李敬業起兵，署爲府屬，爲敬業傳檄天下，斥武后罪，后見之曰：「宰相安得失此人！」敬業敗，亡命不知所之。中宗時，詔求其文，得數百篇。

張志和。字子同，金華人。始名龜齡，年十六，擢明經第，以策干肅宗，命待詔翰林，授左金吾衛録事參軍，因賜名。後坐事貶南浦尉，赦還，居江湖，自稱烟波釣徒，又號玄真子。帝嘗賜奴婢各一，志和配爲夫婦，號漁童、樵青。顔真卿刺湖州，志和往來苕霅間，李德裕嘗稱其隱而有名，顯而無事，不窮不達，嚴光之比云。

馮宿。字拱之，東陽人。父子華，盧親墓，有靈芝、白兔，號孝馮家。宿擢進士第，累拜河南尹，擢東川節度使。完城郭，增兵械，息水患，一方賴之。卒，謚曰懿。弟定，字介夫，與宿齊名，人以方漢二馮。

舒元輿。東陽人。元和中，第進士，擢監察御史，按劾無所縱。累遷御史中丞，奏辨明審，尋拜同中書門下平章事。與甘露之難。

陳太竭。浦陽人。親亡，即墓手植松柏，衰絰終身，形質枯瘁，哀哭不輟。每奠果肴，烏鳥不啄。

宋

胡則。字子正，永康人。果敢有材氣，進士起家，轉憲州録事參軍。入奏，太宗因問邊策，對稱旨。歷典七州，更六路使者節，所臨有績。以兵部侍郎致仕。嘗奏免衢、婺二州丁身錢，民懷其德，立像祀之。

滕元發。字達道，東陽人。初名甫，性豪儁，九歲能賦詩，舅范仲淹見而奇之。第進士，通判湖州，歷御史中丞。神宗知其誠藎，事無巨細輒問之，元發隨事解答，不少嫌隱。徙定州，入覲，力言新法之害。歷知青州、應天府，齊、鄧二州，貶居筠州。哲宗即位，屢遷太原，威行西北，號稱名帥。以龍圖學士知揚州，卒，謚章敏。

徐無黨。永康人。從歐陽修學文章，皇祐中，以南省第一人登進士第，仕止郡教授。所著有五代史注。

錢遹。字德循，浦江人。熙寧進士，通判越州，攝府事。纔二日，獄爲一空。建中靖國初，擢殿中侍御史，出提舉湖北常平，興利除害，發奸摘伏，風采凛然。

梅溶。其先吴興人，五季時遷浦陽。溶以儒受薦，爲單州助教，年七十餘，攝松陽丞。宣和初，盜發青溪，據歙，睦、衢、婺、處相繼陷，兵及境，溶死之。從子執禮，言於朝，官其二子。

梅執禮。字和勝，浦江人。第進士，調常山尉，以薦爲武學博士。累遷禮部尚書，以忤王黼，出知蘄州，又奪職。欽宗立，召除吏部尚書，旋改户部。金人圍京師，執禮勸帝親征，而請太上帝后、皇后、太子出避，用事者阻之。及車駕再出，執禮與宗室子昉、諸將吴革等，謀集兵奪萬勝門，夜擣金帥帳，迎二帝歸，范瓊泄其謀，故不克而死。高宗即位，加贈資政殿學士，謚曰節愍。

項德。武義人。充郡禁卒。宣和間，盜陷婺城，縣亦隨没，德率潰卒破賊屯於城隍祠，東抗江、蔡，西拒董舉，北扞王國，大小百餘戰，俘馘無算，賊目爲項鷂子。適王師至，德引衆合會，賊盡鋭邀黄姑嶺下，德戰死。邑人哭聲震山谷，圖像，歲時祭之。

宗澤。字汝霖，義烏人。幼有大志。登元祐進士。靖康元年，知磁州。從嬴卒十餘人，單騎就道，至則繕城池，修器械，募義勇，爲固守計。康王再使金，澤力止之，詔爲副元帥，將兵與金人數十戰，皆大敗之。會金人逼二帝北行，澤提軍趨滑，欲徑渡河，據其歸路，邀還二帝，而勤王之兵無一至者。仍移師近都，累表勸進，王即位於南京，澤入見，涕泗交頤，陳興復大計，除龍圖閣學士，京城留守，兼開封尹。屢破金兵，威聲日著，北方聞其名，尊憚之，呼曰宗爺爺。方與諸將剋期大舉，前後請上還京二十餘奏，每爲黄潛善等所抑，憂憤疽發於背，連呼「過河」者三而卒。贈觀文殿學士，通議大夫，謚忠簡。

潘良貴。字子賤，金華人。以上舍釋褐，歷秘書郎。時蔡京父子欲引致，良貴謝絶之。尋提舉淮南路常平。靖康元年召還，賜對，極言何㮚、唐恪等不可用，坐黜。高宗即位，召爲左司諫，請誅判命僞黨，又乞封宗室賢者，以壯國體；巡幸維揚，養兵威以圖恢復。黄、汪惡其言。久之，除考功郎。宰相呂頤浩欲引入兩省，良貴正色曰：「親老方欲乞外。」遂出知嚴州。未幾請祠，起爲中書舍人，除徽猷閣待制，提舉亳州明道宫。歸十年不出，家居貧甚，秦檜諷令求郡，不答。卒年五十七。良貴剛介清苦，壯老一節，諫疏多焚藁，僅存雜著十五卷。

鄭剛中。字亨仲，金華人。登進士甲科，累官殿中侍御史，充陝西分畫地界使。金使欲盡取階、成、岷、鳳、秦、商六州，剛中力争，止割秦、鳳之半。尋除四川宣撫副使，移司於利州，省費百萬。奏蠲四川雜征，於階、成二州營田，抵秦州界，凡三千餘頃，歲收十八萬斛。又分利州爲三路，命大將吴璘、楊政、郭浩爲安撫。在蜀六年，儲蓄豐積，金不敢犯，與宗澤齊稱。以忤秦檜落職，徙封州。檜死，復官。卒，謚忠愍。

范浚。字茂明，蘭谿人。紹興間，舉賢良方正，以秦檜當國，不起，閉門講學，篤志求道。嘗著心箴，學者稱爲香溪先生。有文集二十卷。

王淮。字季海，金華人。紹興進士，爲臨海尉。朱倬舉監察御史，遷右正言，條奏宰相湯思退罪數十，遂策免。又奏爲治之策，治内有三，治外有四，上深嘉歎。淳熙八年，拜右相兼樞密事。樞密都承旨王忭怙寵爲姦，淮極陳其罪，斥之。章穎論事狂直，上將罷黜，淮曰：「陛下樂聞直言，士大夫以言相尚，此風可賀也。」進拜左丞相，已而上章求去，加觀文殿大學士判衢州，力辭，改提舉洞霄宫。卒，贈少師，謚文定。

葉衡。字孟錫，金華人。紹興進士，知於潛縣。治爲諸邑最，擢知常州，除太府少卿。奏募民耕合肥瀕湖田四十里，倣營田，官私各收其半。累除樞密都承旨，命按視江淮，措置軍民，得治兵之要。歷拜參知政事，奏牧守將帥，必擇才久任。拜右丞相，兼樞密使。湯邦彦譖之，罷相謫官。邦彦以罪竄，復官與祠，卒。衡負才足智，兵事甚悉，贈資政殿學士。

陳良祐。字天與，金華人。紹興進士，累遷右司諫。首論會子之弊，願損内帑以紓民急，上從之，軍民翕然。上鋭意圖治，良祐勸覽貞觀政要，帝曰：「卿亦當以魏徵自勉。」左相丁外艱，詔起復，良祐言起復非正理，宜使之終喪，遂寢。歷吏部尚書。時議遣北使請地，良祐奏請地乃起釁之端，必須遣使，則祈請欽宗梓宫，猶爲有辭。奏入忤旨，貶瑞州居住。淳熙四年，起知徽州，除敷文閣待制，知建寧府，卒。

潘景憲。字叔度，金華人。隆慶初進士，以親老，力請太平州教授，宰相歎爲不可及。與吕祖謙同榜，而齒加長，聞其論説，遂執弟子禮。遭父喪，廬墓三年，服除，遂不復仕。所著有記纂淵海。

林大中。字叔和，永康人。紹興進士，累遷殿中侍御史。紹熙二年春，雷電交作，詔訪時政闕失，疏言陰勝陽之明驗，當辨邪正，毋使女謁得行，小人得間君子。又疏言宗室汝愚之賢，當召。上從其言。尋以言不行求去，知寧國府，移贛州。寧宗即位，召還，韓侂胄請内交，却之。會彭龜年論侂胄，有旨，侂胄與内祠，龜年與郡。大中請留龜年經筵，而斥侂胄外任，不聽。出知慶元府，俄削職歸。侂胄誅，起僉書樞密院事。卒，贈資政殿學士，謚正惠。所著有奏議、外制、文集三十卷。

鄭綺。字宗文，浦江人。事親孝。父照，繫獄當死，綺上書請以身代，事遂白。母病攣，抱持若嬰兒，三十年不懈。綺臨没，戒子孫毋分財異爨。乾道間，賜號冲素處士。四世孫德珪、德璋，孝友天至，宋亡，德璋爲仇家所陷，德珪以身代弟，德璋慟絶者數四，負骨歸葬，廬墓再期，每一悲號，烏鳥皆翔集不食。後人皆同居。元至大中，表其門。明洪武二十六年，遣官簡拔其家子弟年二十以上者二十四人，赴京選用。

應孟明。字仲實，永康人。隆興初進士，歷官樂平縣丞。輪對，帝嘉奬，拜大理寺丞。故大將李顯忠之子家僮溺死，有司誣以殺人，逮繫三百家，孟明察其冤，白釋之。進直秘閣，知靖江府，兼廣西經略安撫。民病鹽法，孟明條具驛奏，除其弊。寧宗即位，拜太府卿，尋權吏部侍郎，卒。孟明以儒學奮身，受知人主，官職未嘗幸遷，韓侂胄嘗遣客誘以諫官，俾誣趙汝愚，孟明不答，士論重之。

應純之。孟明子。嘉泰進士，歷知楚州，兼京東經略安撫使。見北軍屢捷，謂中原可復，密聞於朝，丞相史彌遠鑒開禧之事，不欲大舉，第敕立忠義軍，令就節制。已而擢兵部侍郎，金人內侵，力戰死之。

喻良能。字叔奇，義烏人。舉進士第，補廣德尉，調鄱陽丞，遷國子監主簿。進忠義傳二十卷，通一百九十人，乞授之將帥，孝宗嘉歎。尋除太常丞，兼工部郎官，致仕。鄉人表其里曰郎官里。

呂祖謙。字伯恭，金華人。尚書右丞好問之孫也。祖謙學本之家庭，有中原文獻之傳。長從林之奇、汪應辰、吴憲游，既又友張栻、朱子，講索益精。初蔭補入官，後舉進士，復中博學宏詞科，調宗學教授。尋除太學博士，兼國史院編修、實録院檢討官。輪對，勉孝宗留意聖學及恢復大事。歷官著作郎，直秘閣。祖謙學以關洛爲宗，而旁稽載籍，不見涯涘。朱子嘗言，學如伯恭，方是能變化氣質。其所講畫，將以開物成務，居家之政，皆可爲後世法，學者稱東萊先生。理宗朝謚曰成，嘉熙二年，改謚忠亮，景定二年，從祀孔廟。

呂祖儉。字子約，祖謙弟。受業祖謙，如諸生。監明州倉，將上，會祖謙卒，乞終期喪。寧宗即位，除太府丞。韓侂胄用事，趙汝愚罷相，祖儉上封事極論，安置吉州。遇赦，量移高安，尋卒。在謫所讀書窮理，賣藥以自給。每出必草履徒步，爲踰嶺之備。所爲文有大愚集。嘉熙初謚曰忠。

呂祖泰。字泰然，祖儉從弟。性疏達，尚氣誼。慶元初，祖儉以言事安置端州，祖泰徒步往省之，留月餘，祖儉殁，乃詣登聞鼓院上書，論侂胄有無君之心，請誅之，以防禍亂。又請誅蘇師旦，罷陳自强，用周必大。書出，中外大駭，有旨拘管連州，尋杖之百，配欽州牢城。侂胄誅，詔雪其冤，特補上州文學〔五〕，改授迪功郎，監南嶽廟。喪母，無以葬，至都謀於諸公，得寒疾卒。

喬夢符。字世用，東陽人。從呂祖謙學。登淳熙進士，知徽州歙縣，累官大理正。鞫獄嚴明，不畏權勢。除監察御史，姦佞爲之斂跡。

陳黼。字斯士，東陽人。少從呂祖謙游，永康林大中聞其賢，以女妻之。登淳熙進士，性恬静有守，官至著作郎。貧無室廬，而能不改其樂。終參議，有文集二十卷。

邵囦。字萬宗，蘭谿人。登淳熙進士，授郴州教授，改潭州。朱子帥湖南，薦其學行，有「文學自將，誨誘不倦」之語。所著有禮記解、讀易管見等書。

葛洪。字容父，東陽人。從呂祖謙學。登淳熙進士，爲工部員外郎。上疏言當今將帥諸弊，乞加嚴飭，上下振厲，以求更新。帝嘉納之。累遷參知政事，封東陽郡公。以資政殿大學士致仕，卒，謚端獻。杜範稱其侃侃守正，有大臣風。

徐僑。字崇甫，義烏人。淳熙進士，調上饒主簿。登朱子之門，子稱其明白剛直，命以毅名齋。入爲秘書省正字，直寶謨閣，以忤史彌遠劾罷。端平初，召還秘書少監、太常少卿，手疏數千言，皆感憤剴切。除兼侍講，開陳友愛大義，皇子竑得復爵，請周敦頤、程顥、程頤、張載、朱子從祀，趙汝愚侑食寧宗，帝皆如其請。遷工部侍郎，以寶謨閣待制奉祠。卒，謚文清。

葉由庚。字成父，義烏人。從徐僑學，蚤夜窮探經旨，驗之躬行。僑謂人曰：「吾道爲有托矣。」金華何基、王柏，相與貽書辨析，至無虚月。平生不務著書，惟研濂洛諸儒之説以教人，學者宗之。

王介。字元石，金華人。從朱子、呂祖謙游。登紹興元年進士，除國子録。上疏言陛下於壽皇，孝敬不可久闕。孝宗崩，又力請上過宮執喪，言辭激切。寧宗即位，疏言陛下即位未三月，策免宰相，遷易臺諫，悉出内批，非治世事。韓侂胄疑介詆己，出知邵武軍。會學禁起，姚愈劾介黨僞學，謫主台州崇道觀。侂胄誅，召還，除國子祭酒。論宰相史彌遠不宜起復。兼權中書舍人，檄駁不避權貴。歷知慶元府，兼沿海制置使。以疾奉祠，卒，謚忠簡。

陳亮。字同甫，永康人。才氣超邁，喜談兵，下筆數千言立就。隆興初，婺州以解頭薦〔六〕，上中興五論，不報。益力學，著書者十年。孝宗即位，亮更名同，詣闕上書，極言和金之失，勸上移居建業，以圖恢復。孝宗將擢用，大臣交沮之。渡江歸，日落魄飲酒，醉中言涉犯上。或首刑部以聞，下大理，孝宗廉知其事，劃牘於地，遂得免。光宗即位，舉進士，擢第一，授僉書建康府判官，未至官卒。端平初，謚文毅。

喬行簡。字壽朋，東陽人。學於呂祖謙。登紹熙進士，歷淮西轉運判官，列上備邊四事。理宗時，應詔上書，謂賢路當廣不當狹，言路當開不當塞，累疏論時政。拜參知政事，兼知樞密院事。時議收復三京，行簡上疏陳利害，不從。尋拜右丞相。襄陽失守，或又陳進取之計，行簡奏今内外事勢可憂而不可恃者七，言甚懇切，師得不出。嘉熙二年，拜平章軍國重事，加少師，封魯國公。卒，贈太師，謚文惠。行簡歷練老成，居官知無不言，好薦士，多至顯達。

徐邦憲。字子文，義烏人。從陳傅良學，博通史傳。紹熙四年，登進士第，三遷秘書郎。韓侂胄開兵端，無敢議其非者，邦憲獨首言之。丐外，出知處州。陛辭，力諫用兵不可太驟。再歲召還，上建儲之議，侂胄惡其言，嗾御史劾之，鐫秩罷祠。侂胄誅，尚書倪思舉以自代，除權工部侍郎，以寶謨閣待制致仕。卒，謚文肅。

李誠之。字茂卿，東陽人。受學呂祖謙。鄉舉第一，入太學，舍選亦第一，釋褐爲饒州教授，歷知蘄州。嘉定十四年，金人攻淮南，誠之募死士迎擊，連破之。金人攻益力，圍城數重，誠之料敵應變，金人卒不得志。會黄州失守，併兵十餘萬來攻，城陷，誠之率兵巷戰，子士允力戰死，誠之引劍自刭，妻許及婦若孫皆赴水死。事聞，封正節侯，立廟於蘄，賜名褒忠。

章如愚。字俊卿，金華人。慶元進士，累官國子博士，出知貴州。開禧初，被召，上疏極陳時政，以忤韓侂胄罷歸。結草堂山中，與士子講學，遠近師尊之，曰山堂先生。所著有羣書考索六十六卷。

范鍾。字仲和，蘭谿人。嘉定進士，理宗時，歷官參知政事，拜右丞相，兼樞密院使。鍾爲相，直清守法，重惜名器，清德雅量，與杜範、李宗勉齊名。卒，贈少師，謚文肅。所著書有禮記解。

胡巖起。永康人。嘉定進士，知閩縣事。卓行危論，奇文瑰句，士大夫皆自以爲不可及。在江西幕府，平贛州之難，全活數十萬人。

王埜。字子文，介之弟。以父廕補官，登嘉定進士，歷樞密院編修。時襄蜀事急，埜上疏條陳八事。繼爲副都承旨，奏請出師，絕和使，命淮東、西夾攻，理宗深然之。史嵩之起復，埜上疏乞聽終喪。拜禮部尚書，奏十事。前後奏陳皆明正剴切。遷沿江制置使，兼江東安撫使。巡江，創遊擊軍萬二千，蒙衝萬艘，江上晏然。寶祐二年，僉書樞密院事，與宰相不合罷。卒，贈特進。埜工於詩，書法祖唐歐陽詢，有奏議、文集若干卷。

王霆。字定叟，東陽人。少有奇氣，試不偶，去就武舉。嘉定四年，中絕倫異等，授承節郎，從軍於鄂。理宗即位，鎮江都統趙勝辟爲計議官。李全攻鹽城，攻海陵，勝出戍揚州，霆從行，與賊大小十八戰，無不利。召試閤門舍人，歷知蘄州。嘗歎曰：「兩淮，籓籬也。大江，門户也。三輔，堂奥也。」於是貽書丞相杜範，乞瞰江審察形勢，置三新城，不報。

李大同。字從仲，東陽人。嘉定進士，歷官右正言，兼侍講。疏言：「趙冀分野，乃有熒惑犯填星之變，願陛下勿以小異而或加忽，求必有以格天心而弭災變。進兵攻討，尤切謹重。」累進工部尚書，以寶謨閣直學士知平江府，提舉太平興國宫。後卒於家。

王萬。字處一，浦江人。嘉定進士，累遷監察御史。史嵩之自江上董師入相，萬首論之，而當時論相之事已決，遂力辭乞休，以太常少卿致仕，卒。及嵩之罷，上思萬先見，賜謚忠惠。

馬光祖。字華父，金華人。寶慶進士，累遷户部尚書，兼知臨安府。歷陳京師艱食、和糴增價、海道致寇三害。爲江東安撫使，知建康府。減租稅，養鰥寡孤疾，辟召僚屬，皆極一時之選。咸淳中，歷官知樞密院事，兼參知政事。以金紫光禄大夫致仕。卒，謚莊敏。光祖在外，練兵豐財，剸治浩穰，風節凜然。三至建康，終始一紀，威惠並行，百廢無不修舉云。

何基。字子恭，金華人。父伯熭，爲臨川丞，黄榦適知縣，基遂師事焉。榦告以必有真實心地，刻苦工夫，於是研精覃思，平心易氣，以俟其通。朱子門人楊與立一見推服，來學者衆。基淳固篤實，絶類漢儒，雖一本於朱子，然就其言發明，則精義新意愈出不窮。郡守趙汝騰等相繼薦於朝，皆辭。景定五年，特薦被命添差婺州教授，兼麗澤書院山長，力辭。咸淳初，授史館校勘，改主管西嶽廟，終亦不受。卒年八十一。國子祭酒楊文仲請於朝，謚文定。所著有大學、中庸、大傳、啓蒙、通書、近思録等發揮。本朝雍正二年，詔從祀孔廟。

王柏。字會之，金華人。大父師愈，從楊時授易。父瀚，及朱子、吕祖謙之門。柏少慕諸葛亮爲人，自號長嘯，年踰三十，始知家學之原，往從何基遊，授以立志居敬之旨，作敬齋箴圖。郡守聘爲麗澤書院師，台守又聘主上蔡書院。鄉之耆德，皆執弟子禮。柏於河圖、洛書、詩、大學、中庸，有卓識獨見，發先儒所未發，外所著書數百卷。及卒，整衣冠端坐。楊文仲請於朝，謚曰文憲。本朝雍正二年，詔從祀孔廟。

金履祥。字吉甫，蘭谿人。幼敏睿，比長，凡天文、地形、田乘、陰陽、律曆之書，靡不畢究。及壯，知向濂洛之學，事同郡王柏，從登何基之門，造詣益邃。襄樊師急，因進牽制擣虚之策，請以重兵由海道直趨幽薊，終莫能用。德祐初，以迪功郎、史館編校起之，辭弗就。晚歲屏居金華山中，講道著書，以淑後進。所著書曰通鑑前編、大學章句疏義、論孟集注考證、書表注，學者稱仁山先生。元大德中卒，至正中賜謚文安〔七〕。本朝雍正二年，詔從祀孔廟。

陳自中。蘭谿人。咸淳進士，歷太常寺丞。元兵渡江，自中以大都督府行軍司馬，提兵拒守分水關，食盡援絶，士卒多散亡，元軍帥欲降之，不屈，朝服南面，再拜而死。

章堉。永康人。咸淳末，都城失守，浙東諸郡多陷，時衢、益二王在福州，堉與弟塈捐家資，募義勇兵數千，收復婺城。制置使李珏以其事上聞，授堉知婺州，堅通判衢州。尋與元兵力戰於丁鼠山，援絶城陷，堉與堅並死。

唐元章。字子焕，蘭谿人。爲文思院官，與兄子良嗣守蘭谿，與元兵戰於黄盆灘，破之，斬其將奚達魯。元兵退守桐廬，遂進兵扼守嚴州，相持二年，糧援不繼，元章戰死於龍游。元將索多以雙虎符金牌招良嗣，不從，亦戰死於仙霞嶺。「奚達魯」蒙古語「琵琶骨」也。「索多」舊作「唆都」，今改正。

徐道隆。字伯謙，武義人。以父任入官，累官潭州判官。汪立信奏辟爲參議，後參江陵趙孟傳軍，遂爲提點刑獄。奉旨措置潰卒，梟其首亂者於市。范文虎等俱遺書誘降，道隆焚書斬使。元兵至臨平皋亭山，朝廷令間道入援，即日乘舟出臨湖門，泊宋村。德祐二年，追兵及，道隆率三百人殊死戰，矢盡槍槊折，一軍盡没。道隆見執，與子載孫俱赴水死。贈官賜謚，厚卹其家。

元

胡長孺。字汲仲〔八〕，巖起孫。所學自九經諸史，下逮百氏，罔不包羅。至元中，拜集賢修撰，與宰相議不合，改教授揚州。轉寧海主簿。延祐初，以病不復仕，隱杭之虎林山以終。長孺初師青田余學古，得朱子淵源。爲人光明俊偉，誘引不倦。爲辭章有精魄，海内來求者，如購拱璧。屢司文衡，貴實賤華，文風一變。所著瓦缶編、南昌集、寧海漫抄、顔樂齋稿，行於世。其從兄之綱、之純，皆以經術文學名，人稱三胡云。

黄溍。字晉卿，義烏人。延祐進士，授台州寧海丞，累遷秘書少監，致仕。未幾，召除翰林直學士，知制誥，同修國史，兼經筵。帝嘉其忠，陞侍講學士，致仕。優游田里，七年卒。追封江夏郡公，謚文獻。溍天資介特，立朝無所附，其學博極羣書，而約之於至精，剖析經史疑難，及古今因革制度名物之屬，多先儒所未發。文辭布置謹嚴，援據精切，所著書有日損齋稿、義烏志、筆記若干卷。

鄭文嗣。綺四世孫，德珪之子。累世同居，凡二百四十餘年，一錢尺帛無敢私。至大二年，旌爲義門。文嗣没，從弟文融，字大和，繼主家政，家庭中凛如公府。每遇歲時，文融坐堂上，諸從子盛衣冠，以次進拜奉觴畢，皆肅容拱手趨出，無敢參差者。部使者余闕爲書「浙東第一家」褒之。冠昏喪葬，必稽朱子家禮而行。執親喪哀甚，三年不御酒肉，子弟從化，皆孝謹。有家範三卷傳於世。文嗣子銘，受學於吴萊。婦翁張無子，盡以其業畀銘。及翁没，籍所受歸於張從弟鉉。父喪，慟哭三日，而鬚髮盡白。與揭傒斯、黄溍善，綜家政，嚴而有恩。元末兵起，相戒毋犯義門。

柳貫。字道傳，浦江人。器局凝定，端嚴若神，嘗受性理之學於金履祥，必先諸躬行，自幼至老，好學不倦。於書靡所不通，作文沉鬱舂容，涵肆演迤，人多傳誦之。始用察舉爲江山教諭，仕至翰林待制。與黄溍、虞集、揭傒斯齊名，人號爲「儒林四傑」。所著有文集、字系、近思録廣輯、金石竹帛遺文若干卷。

許謙。字益之，金華人。少孤，甫能言，庶母陶氏口授孝經、論語，入耳輒不忘。稍長，肆力於學。受業金履祥之門，居數年，盡得其所傳之奥。嘗作自省編，晝之所爲，夜必書之。於書靡不該貫。延祐初，居東陽八華山，遠近學者，翕然從之，不出閭里者垂四十年。時中外名臣，列其行義薦於朝者前後章數十上，郡復以遺逸應詔，終莫能致。至元三年卒。嘗以白雲山人自號，世稱白雲先生。賜謚文懿。所著有四書叢説、詩名物抄、書輯傳叢説〔九〕、治忽幾微諸書。本朝雍正二年，詔從祀孔廟。

吴萊。字立夫，浦江人。父直方，學問該博，托克托從受業。巴延專政，直方告以大義滅親，托克托乃白帝去之。官集賢大學士致仕。萊天資絶人，七歲能屬文，書一經目輒成誦。延祐中，以春秋舉上禮部不第，退居深裹山中，益窮諸書奥旨。柳貫每稱萊爲絶世之才，黄溍謂萊之文嶄絶雄深，類秦漢間人作。後以薦調長薌書院山長，未上卒。門人私謚曰淵穎先生，有集十二卷。

「托克托」舊作「脱脱」，「巴延」舊作「伯顔」，今俱改正。

吴師道。字正傳，蘭谿人。幼工詞章，弱冠讀宋儒真德秀遺書，幡然有志於爲己之學，質於同郡許謙，由是造履益深。登至治初進士第，授高郵丞，調寧國路録事。歲大饑，師道賑濟有方，民賴全活。遷建德尹，用薦召爲國子助教，陞博士。其爲教一本朱子之旨，而遵許衡成法，六館諸生，人人自以爲得師。以奉議大夫、禮部郎中致仕，終於家。所著有易詩書雜記、春秋胡傳附辨、戰國策校注、敬鄉録及文集二十卷。

張樞。字子長，金華人。幼聰慧，外家潘氏積書數萬卷，樞盡取讀之。既長，肆筆成章，頃刻數千言。其爲文務推明經史，以扶翼教道，尤長於敘事。嘗取三國時事，撰漢本紀、列傳，附以魏、吴載記，爲續後漢書七十三卷，危素稱其立議精密，朝廷取其書置宣文閣。至正初，托克托監修宋、遼、金三史，辟爲長史，不就。徵爲國史編修官，使强之，行至杭州，固辭歸。

陳樵。字君采，東陽人。受經於李直方，研精遺經，一洗支離穿鑿之陋，逾四十年，入東白山太霞洞中著書。其辭縱横辨博，一時知名士若虞集、黄溍、歐陽玄等，皆嚮慕以爲不可及。所著有鹿皮子集。

聞人夢吉。字應之，金華人。父詵老，嘗遊王柏之門。夢吉受學家庭，手鈔七經傳疏，閉户十年，洞究奥旨。泰定中，貢於鄉，以薦起爲校官，累遷泉州教授。至正中，授福建等處儒學提舉，辭不上。晚避地永康魁山下，卒。及門宋濂等私謚曰凝熙先生。

朱震亨。字彦修，義烏人。師事許謙，清修苦節，所至人多化之。尤精醫術，得羅知悌之傳。嘗著格致餘論、本草衍義補遺、丹溪心法，學者稱丹溪先生。

王餘慶。字淑善，蘭谿人。仕爲江南行臺監察御史。以儒學名重當世。

戴良。字叔能〔一〇〕，浦江人。通經史百家，暨醫卜、釋老之説。初習科舉業，已棄去，學古文於黄溍、柳貫、吴萊，以詩名，日討論聖賢微言。至正中，以薦擢儒學提舉。寓吴門，嘗泛海抵登、萊，結交燕、齊豪傑，奮欲有爲，不獲遂。元亡，南還，變姓名隱四明山，太祖物色得之，召至京師，欲官之，以老疾固辭，忤旨。踰年暴卒，蓋自裁也。良世居金華九靈山下，自號九靈山人。

明

宋濂。字景濂，其先潛溪人，至濂遷浦江。幼英敏，善記，嘗從吴萊學，已游柳貫、黄溍之門。元至正中，薦授翰林編修，辭不行，入龍門山著書。太祖取婺州，召見濂，復以書幣徵，乃與劉基、葉琛、章溢同入見，除江南儒學提舉，兼命授太子經，尋改起居注。濂自命儒者，首用文學受知，恒侍左右，備顧問。充元史總裁官，遷贊善大夫，隨事納忠，帝益重之。已擢學士承旨致仕。以長孫慎獲罪，安置茂州，卒於夔。濂於學無所不通，爲文深醇演迤，與古作者並。朝廷典禮及大制作，悉以委濂，爲開國文臣之首〔一一〕。正德中，追謚文憲。仲子璲，最知名，善詩，尤工書法。

王禕。字子充，義烏人。幼敏慧，長師黄溍，遂以文章名世。嘗遊元都，陳時務七八千言，宰相格不以聞，乃南歸，益著書，名日盛。太祖取婺州，召見，謂曰：「江南有二儒，卿與宋濂耳。」爲南康同知，有惠政。洪武元年，上疏言祈天永命，在忠厚寬大，雷霆霜雪，可暫不可常。帝不能盡從也。明年，詔與濂爲元史總裁。書成，擢翰林待制，兼國史院編修官。既平蜀，命禕賫詔諭雲南，至則諭梁王以禍福，王未決，適元嗣君遣使托克托徵餉，脅王殺禕，遂遇害。建文中，贈翰林學士，謚文節。正統中，改謚忠文。成化中，命建祠雲南，春秋奉祀。

葉儀。字景翰，金華人。受業於許謙，得聞學者以五性人倫爲本，變化氣質爲先之説。朝夕惕厲，研究奥旨。已而授徒講學，士争趨之。太祖克婺州，召見，授爲諮議，以老病辭。太守王宗顯，聘儀及宋濂爲五經師，尋亦辭歸，隱居養親。所著有南陽雜稿等集。吴沉稱其理明識精，一介不苟，安貧樂道，死而不變。門人同邑何壽朋，字德齡，窮經守志，不妄干人。洪武初，舉孝廉，以親老辭。父殁，舍所居宅，易地以葬，學者因其自號，稱曰歸全先生。

范祖幹。字景先，金華人。從許謙遊，得其旨要。其學以誠意爲主，引誘學者，惟恐不入於善，四方士大夫，嘗詢其安否，爲斯文重輕。太祖兵下婺州，與葉儀並召，祖幹持大學以進，尋辟爲諮議，以親老辭歸。李文忠守嚴州，特加敬禮，恒稱之爲師。性至孝，父母終，貧不能葬，鄉里共爲營辦，悲號三年如一日。有司以聞，命表其所居曰純孝坊，學者稱爲純孝先生。門人同邑汪興立，字師道，其德行與何壽朋齊名，隱居教授，以高壽終。

陳洄。義烏人。幼治經，長通百家言。既而隱居，戴青霞冠，被白鹿裘，不復與塵事接。常乘小艇，吹短簫，吹已，扣舷而歌，悠然自適，自號竹溪逸民，宋濂爲之傳。

胡翰。字仲申，金華人。從吳師道遊，博習經史。已從吳萊學古文，復登許謙之門，學益邃。同郡黄溍、柳貫，見翰文稱之不容口。游元都，公卿交譽之。或勸之仕，不應。既歸，遭天下大亂，避地南華山，著書自適，文章與宋濂、王禕相上下。太祖下金華，召見，授衢州教授。洪武初，聘修元史書成，受賚歸，卜居長山之陽。所著有春秋集義，文曰胡仲子集，詩曰長山先生集。

蘇伯衡。字平仲，金華人。宋門下侍郎轍之裔也。博洽羣籍，爲古文有聲。元末貢於鄉，太祖置禮賢館，伯衡與焉。尋用爲國子學録，遷學正，擢翰林編修，力辭歸。學士宋濂致仕，太祖問誰可代者，濂對曰：「伯衡，臣鄉人，學博行修，文詞蔚贍有法。」太祖即徵之。入見，復以疾辭，賜衣鈔而還。復起處州教授，坐表箋誤，下吏死，士論悲之。二子恬、怡救父，并被刑。

吳沉。字濬仲，師道子。早以學行聞。洪武初，郡以儒士舉，誤上其名曰信仲，授翰林院待制。沉曰：「名誤不更，是欺罔也。」牒請改正。帝喜曰：「誠慤人也。」遂眷遇之，召侍左右，論説書史。累官東閣大學士，編輯精誠録，書成，命沉撰序。尋降國子博士，以老乞歸，卒。

吳履。字德基，蘭谿人。少從聞人夢吉學，通春秋諸史。李文忠鎮浙東，聘爲郡學正，舉於朝，授南康丞。居六年，百姓愛之，遷安化知縣，晉知濰州，會改州爲縣，召還，民皆涕泣奔送，履遂乞骸骨歸。

吳文燧。字用明，永康人。元末，處州盜起，掠永康，文燧散家財，募壯士得三千人，與盜賊戰，破走之。三授以官，皆不受。太祖下婺州，擢爲左副元帥，兼知縣事，尋擢知嘉興。松江民作亂，諸將議屠之，燧争曰：「據城者賊也，民何罪？」釋不問。滿三載，入朝，奉詔持節諭闍婆國，次興化，疾卒。

許存仁。名元，以字行，謙子。太祖克金華，訪謙後，召存仁語，大悦，授應天府教授，仍命入傳諸子，擢博士。嘗問孟子何説爲要，存仁以行王道、省刑薄賦對。吴元年，擢祭酒。存仁出入左右，垂十年，自稽古禮文事，至進退人材，無不與論議。後逮死獄中。

朱廉。字伯清，義烏人。以文章知名，知府王宗顯辟爲郡學師。洪武三年，召修元史，拜翰林院編修。扈駕至中都，進詩，上喜，賜和詩，陞楚王長史〔一二〕，致仕歸。廉好程朱之學，編朱子語類，曰理學纂言。

王名善。義烏人。爲高州通判。海寇何均善被戮，洪武五年，其黨羅子仁率衆潛入城，執名善，不屈死。

樓璉〔一三〕。字士連，義烏人。嘗從宋濂學，洪武中，歷官御史，謫戍雲南。建文初，以文學舉，入翰林，官侍讀。成祖命方孝孺草詔，不屈死，改命璉，璉歸而邑邑，其妻問之曰：「得無傷方先生耶？」璉曰：「我固甘死，正恐累汝輩耳。」其夕自經死。

龔泰。字叔安〔一四〕，義烏人。洪武中，以鄉薦入太學，授户科給事中。建文時，遷都給事中。燕師渡江，泰與其妻訣曰：「國事至此，吾自分死矣。」俄宫中火起，自投城下死。子永吉，其母傅守志撫之，成立，舉鄉薦，官至兵部侍郎。本朝乾隆四十年，賜謚忠節。

劉辰。字伯静，金華人。少負氣節，喜功名。太祖下婺州，首上謁，署典籤使。方國珍飾二姬以進，辰叱却之。李文忠開省嚴州，辟至幕下。建文中，擢監察御史，出知鎮江。勤於職事，修京口故閘，公私便之。永樂初，遷江西布政司左參政，奏蠲九郡荒田糧，以數與都司按察使争，坐免歸。起刑部右侍郎，致仕。

鄭淵。字仲涵，綺七世孫，德璋曾孫也。師宋濂，好洛閩之學，善古文。母病踰年，跪進湯藥，膝生胝。既卒，哀慟過節，耳爲之贖。明初，中外屢薦，以贖辭，卒。宋濂謚曰貞孝。子楷，字叔度，與方孝孺善，官蜀府長史。

鄭濂。字仲德，淵從弟。自七世祖綺至濂，同居幾三百年，世以一人主家政。兄渭卒，濂繼之。以賦長詣京師，太祖問治家長久之道，對曰：「無忘祖訓，勿聽婦言。」帝稱善。時富家多以罪傾宗，而鄭氏獨完。濂卒，從弟溪繼之，建文帝御書「孝義家」三字以賜。濂弟濟，善屬文，官春坊左庶子。從弟沂，自白衣擢禮部尚書。

鄭湜。字仲持，濂從弟。洪武中，有誣鄭氏與胡惟庸交通者，吏捕之，兄弟六人争欲行，湜竟往。濂曰：「我家長，當任罪。」於是與湜争入獄。事聞，太祖慰諭之，立擢湜爲福建左參議。居官有政聲，居一歲，入覲，卒。從弟洧，字仲宗，十九年，濂復坐事當逮，洧曰：「吾家以義名，先世有兄弟代死者，吾可不代兄死乎？」詣吏自誣服，斬於市。洧受學於宋濂，有學行，鄉人哀之，私謚貞義處士。

王應。浦江人。祖澄，字德輝，慕義門鄭氏風，欲學之，將終，集子孫誨之曰：「汝曹能合食同居如鄭氏，吾目瞑矣。」子覺，承父志，同居無間言。洪武十四年，太祖既擢用義門鄭湜，因令湜舉所知，以應應詔，擢布政司參議。王氏之名，遂與鄭氏並。

王紳。字仲縉，褘之子。褘死時，鞠於兄綬，事母兄盡孝道。長博學，受業宋濂，濂器之，曰：「吾友不亡矣。」蜀獻王聘紳，待以客禮，紳啓王往雲南求父遺骸，不獲，即死所致祭，述滇南慟哭記以歸。建文帝時，用薦召爲國子博士，豫修太祖實録，獻大明鐃歌鼓吹曲十二章。與方孝孺交善，卒官。子稌，字叔豐，幼師孝孺，孝孺被難，與其友鄭珣輩潛收遺骸，禍幾不測。自是絶意仕進。初紳痛父亡，食不兼味，稌守之不變，居喪不飲酒食肉者三年，門人私謚曰孝莊先生。子汶，成化進士，授中書舍人。謝病歸，讀書齊山下。弘治初，與陳獻章同召，未抵京卒。

楊榮。湯溪人。洪武間，任國子監助教。靖難兵起，棄官歸。永樂改元，有詔録用舊臣，榮不肯赴，强勒至中途，赴水死。

邵玘。字以先，蘭谿人。永樂進士，授御史，巡按江西、廣東、福建，所過人不敢犯。仁宗監國，知玘廉直，有重獄輒付玘。

宣宗擢爲南京左副都御史，奏黜御史不職者十三人，簡黜諸司庸儒不肖者八十餘人，風紀大振，與北臺顧佐齊名。卒於官。玘負氣，持身廉，内行修潔，母喪哀毁，芝再産於庭。

朱勝。字仲高，湯溪人。永樂舉人，授刑部主事，累遷郎中，知武昌府。未幾，調蘇州府。勝廉静精敏，下不能欺，嘗曰：「吏貪吾不多受牒，隸貪吾不行杖，獄卒貪吾不繫囚。」由是公庭清肅，民安而化之。居七年，超授江西左布政使，卒於官。

章懋。字德懋，蘭谿人。成化二年，會試第一，成進士，選庶吉士，授編修。疏諫元夕張燈，廷杖謫官。累遷福建按察司僉事，平沙尤賊。滿考，入求致仕。既歸，屏跡不入城府，奉親之暇，專以讀書講學爲事，弟子執經者嘗數十百人。貧無供具，惟脱粟菜羹而已，四方稱爲楓山先生。家居二十餘年，中外交薦，部檄屢起之，以親老辭。弘治中起爲南京國子監祭酒，六館士翕然向風，人人自以爲得師。武宗立，陳勤聖學、隆繼述、謹大婚、重詔令、敬天戒五事。俄引年乞休。嘉靖改元，即家進南京禮部尚書，致仕。卒贈太子少保，謚文懿。懋爲學恪守先儒訓，難進易退之節，世尤高之。

盧可久。字一松，永康人。爲諸生，聞王守仁倡道，偕同邑程粹、應典往師之。比歸，守仁曰：「吾道東矣。」邑有五峯書院，祀守仁其中，三人聚講焉。其殁也，鄉人即祀之書院，配享守仁。粹字養之。典字天彝，由進士官兵部主事，家居養母，不希榮利，通籍三十年，在官止一考。

杜惟熙。東陽人。師事盧可久，其學以克己爲要。嘗曰：「學者一息不昧，則萬古皆通。一刻少寬，即終身欠缺。」卒年八十餘。惟熙傳同邑陳時芳、陳正道。時芳博覽多聞，而歸於實踐，歲貢，不仕。正道爲建安訓導，年八十餘，猶徒走赴五峯講會。其門人永康吕一龍，言動不苟，學者咸宗之，殁亦祀五峯書院。

徐沂。字希曾，永康人。弘治進士，授刑科給事中。時張鶴齡等恃恩冒廕，及中官李廣矯命干政，皆抗章論之。改南京工科，奏罷歲取蘇州細密苧布，福建改機陝西駞絨，民稱便焉。陞廣東副使，卒於官，歸裝唯圖書而已。

潘希曾。字仲魯，金華人。弘治進士，改庶吉士，授兵科給事中。武宗初，論故太監汪直養子鉦敬不宜授錦衣衛官，又論災變陳八事，宦官皆怒，劉瑾矯詔杖之闕下，斥爲民。瑾誅，起歷工科都給事中。世祖時，以右僉都御史巡撫南贛，討平惠州浰頭諸賊。遷工部右侍郎，治河，自單至沛，築長堤百四十里，以障其衝。歷兵部左右侍郎，卒官。希曾學於章懋，言動有準繩。同郡唐龍以尚書歸里，出入嘗徒步，或勸乘肩輿，龍曰：「昔吾師章文懿公、吾友潘司馬咸若是。」司馬，謂希曾也。

陸震。字汝亨，蘭谿人。受業章懋，以學行知名。登正德初進士，授泰和令。威惠並著，徵爲兵部主事。在部主諸司章奏，與中人忤，改巡紫荆諸關。又以論都御史彭澤、副使胡世安無罪，忤尚書王瓊、陸完，乞歸不得。武宗復欲北出宣府，震抗疏諫，不報。遷武選司員外郎。江彬惑帝南巡，震與同官黄鞏疏陳六事，請斬彬以謝天下，彬啣之，矯詔下獄，廷杖五十死。方震等繫獄，彬必欲致之死，絶其飲食，震季子體仁年十五，變服爲他囚親屬，饋父。世宗立，贈震太常少卿，詔録一子官。諸子以母意讓體仁，爲漳州通判，有名。

章拯。字以道，懋從子。幼從懋學，登弘治中進士，授工部主事，改刑部。因忤劉瑾下詔獄，謫梧州府通判。瑾誅，擢南京兵部郎中。嘉靖中，累官工部尚書。桂萼欲復海運，延公卿議得失，拯曰：「海運雖有故事，風濤百倍於河，且天津海口多淤，自古不聞有濬海者。」議遂寢。南北郊議起，拯言不可，失帝意，尋落職歸。久之復官，致仕卒，謚恭惠。

唐龍。字虞佐，蘭谿人。從章懋學。登正德初進士，授郯城令。數敗大盜劉六，徵授御史，出按雲南。錢寧義父參將盧和坐罪當死，寧屬官出和，爲龍所持，卒正其罪。再按江西，二司官從宸濠叛者猶居位，龍立收其印綬。歷僉都御史，總漕淮上，兼巡撫鳳陽，民甚德之。累進兵部尚書，總制三邊軍務，奏行救荒十四事，用總兵官王啓、梁震數敗敵。召爲刑部尚書，執正大猾劉東山罪。大禮大獄，及諸建言獲罪者，録上應赦百四十人，率得宥。乞歸養母，久之復起，改爲吏部尚書，加太子太保，卒贈少師，謚文襄。

章僑。字處仁，蘭谿人。正德進士，授行人，擢禮科給事中。疏劾中官蕭敬、芮景賢等。又言三代以下，正學莫如朱熹，近有倡異學者，取陸九淵之簡便，詆朱熹爲支離，不禁且爲學術憂。帝下詔如僑指。奸人何淵請立世室，僑力言其不可。又請停革添設織造内臣，尋請斥張璁、霍韜等，並不聽。孝陵司香谷大用乞還京，僑言大用初附逆瑾，後引錢寧、江彬，宜早遏絶。歷禮科左給事中，出知衡州府，終福建布政使。

程文德。字舜敷，永康人。初受業章懋，爲敦本之學，後從王守仁遊。登嘉靖八年進士第二，授編修。坐同年生楊名劾汪鋐事下詔獄，謫信宜典史。鋐罷，歷兵部員外郎。父憂，廬墓側，終喪不入内。起郎中，累擢禮部右侍郎，尋調吏部，改掌詹事府，供事西苑。不好爲道家祝釐事，所撰青詞有規諷，帝銜之，調南京工部侍郎。疏勸帝享安静和平之福，帝以爲謗訕，除其名。既歸，聚徒講學。卒，貧不能殮。萬曆間贈禮部尚書，謚文恭。

吴百朋。字惟錫，義烏人。嘉靖進士，擢御史，巡按淮揚、湖廣。進右僉都御史，撫治鄖陽，改撫南贛汀漳。會師破倭海豐，又擒賊余大眷等，時岑岡、高沙、下歷三巢賊猖獗，百朋命守備蔡汝蘭討擒其渠于苦竹嶂，羣賊震懾。歷刑部右侍郎。父喪歸，起改兵部，閲視宣、大、山西三鎮，考覈邊臣督撫以下，陞賞黜革有差。進邊圖，凡關塞險隘、番族部落、士馬强弱、亭障遠近，歷歷如指掌。官至刑部尚書。

周煥。字克光，浦江人。嘉靖中，由貢生授永福知縣。倭寇攻城，煥率民兵拒守月餘，外援不至，巷戰死之。時一家死者八人。

王世名。字時望，武義人。年十七，父爲族子俊毆死，恐殘父尸，不忍就理，乃佯聽其輸田議和。凡田所入，輒易價封識，購一刀，銘「報讐」二字。服闋，爲諸生，及生子數月，謂母、妻曰：「吾已有後，可以死矣。」一日俊自外醉歸，世名迎刃擊之，立斃。取前所封識者詣官請死。時父死已六年矣。知縣欲檢其父尸以生之，世名曰：「吾惟不忍殘父尸，故至今日。」遂不食而死。

應枌。字尚端，永康人。弘治中，補弟子員。師事王陽明，篤行孝友，設義田以賙族黨。以季子典貴，贈兵部主事。子勳，亦以孝友聞。母瞽，勳餂之復明。均祀鄉賢。

盧洪春。字思仁，東陽人。萬曆進士，擢禮部祠祭司主事〔一五〕。時帝託疾久不視朝，孟春享太廟，遣官以代。洪春上疏切諫，帝震怒，廷杖六十，斥爲民，遂廢於家。光宗嗣位，贈太僕少卿。子懋鼎，以父廕入官，崇禎間備兵建昌，張獻忠陷城，被執不屈，死之。本朝乾隆四十年，賜懋鼎謚烈愍。

徐學顏。字君復，永康人。性孝友，母疾禱於天，請以身代，夜夢神人授藥，識其形色，廣覓之，得荊瀝，疾遂愈。父爲中城兵馬指揮，忤要人下吏，將至重辟，學顏號泣争於刑部，至齧臂血濺於庭，乃獲釋歸。弟食指繁，推所居大宅畀之。尚義疏財，爲德族黨。三登鄉試副榜，以恩貢生特授楚王府長史。崇禎十五年，攝江夏縣事。明年，張獻忠陷武昌，學顏格鬬，斷左臂，大駡不屈，爲賊支解，一家二十餘人殉之。贈僉事。本朝乾隆四十年，賜謚烈愍。

周鳳岐。字宇和，永康人。萬曆進士，歷官澧州參政。張獻忠陷長沙，轉攻澧州，糧盡援絶，城陷被執。賊帥親解其縛，諷之降，鳳岐怒駡曰：「誓不與賊子同生。」張拳擊之，賊斷其臂，剖其腹而死。贈都察院右副都御史。本朝乾隆四十年，賜謚忠節。

朱大典。字延之，金華人。萬曆進士，擢兵科給事中。中官王體乾、魏忠賢及客氏假保護功，所廕錦衣，許世襲，大典抗疏力諫，出爲福建副使。崇禎三年，擢巡撫山東。時寇亂，據登圍萊，累月不解。大典集兵數萬攻之，萊州圍解，賊盡平。進兵部右侍郎。流賊陷鳳陽，詔大典以總督漕運兼巡撫，移鎮鳳陽，屢有破賊功。尋被劾罷歸。福王立，召爲兵部左侍郎，進尚書，總督上江軍務。大兵南下，還守婺城，城破，闔門死之。本朝乾隆四十年，賜謚烈愍。

張國維。字玉笥，東陽人。天啓進士，授番禺知縣，擢刑科給事中。陳時政五事，切中時弊。累擢右僉都御史，巡撫應天。寬惠得士民心。遷工部右侍郎，總理河道，濬諸水以通漕。山東饑，賑活貧民無算。擊降大盜李青山，進兵部尚書。南都失守，國維請魯王監國，督師江上，還守東陽。知勢不可支，作絶命詩三章，赴水死。

王肇坤。字亦資，蘭谿人。崇禎進士，除刑部主事。以平恕稱，改御史，疏陳崇政體、宥詿誤、廣薦舉、恤民命、寬物力五事，詔所司議行。尋奉命巡視山海、居庸二關，上言乞正總督陳奇瑜法，警厲疆臣，帝是之。大兵自天壽山入圍昌平，肇坤分門拒守，城破，身中四矢兩刃而死。本朝乾隆四十年，賜謚忠烈。

洪希懋。字子修，湯溪人。由歲貢生任校官，擢知江西德安縣。流賊亂，希懋守城拒之，幾半載，城陷遇害。本朝乾隆四十一年，入祀忠義。

杜學伸。字適我，東陽人。以武功任孝陵參將。劾内監張其蘊盜伐陵木，上怒，遂盡撤鎮守，内監宦寺等銜之。於崇禎十三年歸里，明亡，死節於天安寺。本朝乾隆四十一年，賜謚節愍。

本朝

周世榜。義烏人。順治三年，任順昌縣典史。土寇攻城，佐縣令晝夜捍禦却之。尋復來攻，城陷不屈死。

朱之錫。字孟九，義烏人。順治丙戌進士，選庶吉士，授編修，歷官兵部尚書，總督河道。時黄河秋決，悉心防浚，得免水患。山東、河南歲大飢，之錫設法賑濟，全活甚多。在任十一年，加太子太傅。卒，特賜祭葬，瀕河之民祀之。

金芳。義烏人。官羅定州同。順治十年，李定國黨攻城，芳設備固守。城陷，被執不屈，賊縶守之，芳知守之者其渠也，紿入火藥局，擲火焉，芳及凶渠俱轟死。又李應選，永康人，官濟源典史。順治初流寇陷城被執，脅降不從，死之。

金漢蕙。字湘隣，義烏人。順治間進士，歷官廣西參議，分守右江。單騎之官，披荆棘，招撫流亡，威惠大著。會寇變，官吏俱挈印走，漢蕙獨率士民守孤城，援絶城陷，爲賊所執，不屈死。

吴尚鉉。字惟鼎，浦江諸生，有膽略。康熙十三年，耿精忠叛，尚鉉練鄉勇爲守禦計，既賊大至，遇於松村，力戰死。

金光。義烏人。康熙十三年，贊平南王尚可喜幕，以籌征吴三桂，可喜上其功，授鴻臚寺卿銜。未幾，可喜子叛，脅光共事，不從，備極酷刑，光不爲動。囚之，絶其食。光曰：「亂臣不可爲，况賊子乎？」遂被殺。詔祀賢良祠。又舒學文，蘭谿人。康熙十三年，以江西巡檢招撫賊黨，遂被害。贈經歷。傅宏基，金華人。任漳州遊擊。康熙十六年，寇陷長泰，力戰死之。曹永言，金華人。乾隆三十六年，以綏寧參將隨征金川，陣歿。

楊三虎。義烏人。累著軍功，至秦州副將。康熙十八年，調征四川，明年從克成都，得永寧鎮，未幾賊來攻，城陷，遂死之。贈左都督。

張宇。浦江人。性純孝，父患癰，百藥罔效，宇焚香祝天，親跪吮之，乃愈。康熙二十二年旌。

方應秩。浦江人。父大奎，性嚴肅，應秩先意承志，曲盡心力。母卒，廬墓哀毁，不御内者三年。後居父喪，如母喪時。雍正八年旌。

黄應律。浦江人。父寢疾，哭求告天，願以身代。及歿，哀毁廬墓三年。母性嚴急，應律曲體，務得歡心，迨居母喪，悲哀盡禮，一如喪父時。乾隆四十年旌。

吴守儁。浦江人。值閩寇亂，祖母方患病，守儁隨父侍寢側，寇入縛父索金帛，守儁傾囊求免，猶不許，舉刃將加父頸，守儁以身翼之，首觸賊刃求代，寇乃並釋之。乾隆九年旌。

陳之璉〔一六〕。浦江人。性純孝，善體親心，凡父母所欲，必竭力以養其心。遇疾病，衣不解帶，久而不衰。歿後廬墓三年，終身哀慕。乾隆九年旌。

黄昌期。浦江人。少失恃，育於祖母趙氏，迨祖母歿，隨父廬墓側，孝思一如其父。事繼母曲意承歡，父患噎，醫藥罔效，昌期遍訪名醫，獲奇方以療，乃愈。乾隆二十五年旌。

鄭爾壽。浦江人。幼時遇父母微疾，輒形於色，寢食俱廢，里人咸稱曰孝童。母患痢，爾壽禱於神，夢神告曰康山泉可療汝母疾，如言飲泉，果愈。父又病瘋，爾壽旦夕扶持，衣不解帶者三載。父臨終囑以隨力賙濟，後值荒歉，爾壽出粟賑濟，全活甚多。乾隆二十六年旌。

張啓旭。浦江人。童時母目盲，啓旭晨昏舌舐，母目復明。父得瘋疾，或言海風藤可治，啓旭入山求之，不避虎狼，卒得之以療父疾。乾隆二十七年旌。

石文楫。浦江人。母疾，文楫患痔，不能起坐，跪煉藥餌以進。母目失明，文楫舐之復明。母歿，廬墓不歸而卒。乾隆三十七年旌。

唐宇泰。蘭谿人。與同縣范國寵、唐兆昇、都有泰均於乾隆年間以孝旌。

李正馥。東陽人。與同縣蔣哲、吴承統、金希俊均於乾隆年間以孝旌。

吴世昌。義烏人。事親盡孝。乾隆三十七年旌。

吴時敏。東陽人。嘉慶年間以孝行旌。

流寓

南北朝　梁

劉峻。平原人，遊東陽紫巖山，築室居焉。爲山棲志，其文甚美，時吴會人士多從其學。

宋

楊時。南劍將樂人。紹興間，寓居金華，潘良甫從之遊，王師愈受論語傳。

楊與立。字子權，浦城人。受業朱子之門，嘗知遂昌縣，因家於蘭谿。以道淑人，學者宗之，稱爲船山先生。

列女

宋

杜氏女。永康人。生而端麗，宣和間，方臘倡亂，有賊叩門大言曰：「以女遺我，否則族矣。」舉家驚泣。女曰：「無恐，以一女易一家，奚不可？」賊聞之，歡笑以俟。女乃沐浴更衣就縊。家人推户入，惶遽號泣，賊遂驚去。

章保妻應氏。永康人。與其姒周氏相歡如同産。方臘亂，村舍咸走避，應與十歲兒居不能去，屬姒宜急避。周曰：「生死同之，何避焉？」未幾賊入，俱罵賊死。

元

胡履妻謝氏。名瀲，蘭谿人。元季兵亂，遊騎及境，氏挈幼女入山中，度不能免，行至巖險處，先投其女，身繼之，俱死。

賈明善妻宋氏。名婺，金華人，濂女弟也。戊戌歲，西兵擣蘭谿，鄉民復嘯聚爲亂，婺亡匿灌莽中，爲遊卒所執，以計紿至深淵側，躍入而死。

方仲剛妻吴氏。蘭谿人。元季兵亂，與其夫避難，聞鼓噪聲，吴度不可免，乃謂夫曰：「君宜自脱，勿以妾爲累。」夫不得已捨去。遊兵追至，投道旁梅塘而死。

明

鄭洪妻石氏。浦江人。明初李文忠薦洪於朝，官藏庫提點，坐法死，石當發配。泣曰：「我義門婦也，可辱其身以辱其門乎？」不食死。

李淳妻盧氏。永康人。嫁三載而寡，李宗迫其再適。歸依母家，弟亦迫之。盧紿曰：「吾所以不從者，夫亡未薦耳。」衆以爲然，乃潛治己衣衾喪具，及期，置夫神主，哭祭之，自縊死。

程浪妻朱氏。永康人。年十八，歸程，未匝月，浪遊學南都，遘疾亡。朱誓不再適，有黄某者欲求之，朱泣告舅姑曰：「烈女不更二夫，願終吾志。」舅姑不聽，潛許黄矣。朱聞，沐浴更衣，自縊死。

章孝女。名銀兒，蘭谿人。幼喪父，獨與母居。邑多火災，室盡燬，結茅以棲母。母方疾，隣居又火，衆呼令疾避，銀兒曰：「母疾不能動，何可獨避？」亟欲扶母出，烈焰忽覆其屋，終莫能救。火光中遥見銀兒抱其母宛轉同焚死。時弘治元年三月也。

袁堅妻方氏。金華人。堅嗜酒敗家，死殯于城北濠上。方貧無所依，乃即殯處置棺，寢處其中，久之不出死。郡守劉菃爲封土祭之。

胡昷妻汪氏。蘭谿人。嫁未幾，昷亡，昷弟昉逼汪再嫁，不聽，乃私受人聘財。汪心覺，更飾衣服，若願嫁狀，衆不爲備，因逸出，溺萬安橋下死焉。

包姜姑。蘭谿人。父湘，少許字朱楫，家甚貧，族叔欽武斷一鄉，知富賈范某有睭女意，遂揚言湘先受范聘，訟於官，湘與楫俱懦不能自明。女聞而號曰：「官能拆我婚，能拆我心乎？」自縊死。

王世名妻俞氏。武義人。世名爲父報讐死，俞欲殉夫，念孤幼，乃乳其孤於柩側。及三年，兒能食，自縊以殉。旌其門曰「孝烈」。

張應華妻陳氏。浦江人。嫁甫一年，應華從軍戰亡。陳屢闔門自縊，小姑同處，屢解之。服除，父母私與舅姑議更嫁，及娶者舁輿至，陳潛出投池死。池素濁，後水爲之清。

許伸妻葉氏。蘭谿人。伸家素饒於財，以不儉蕩且盡，攜妻投所親，卒於通州。氏守尸晝夜哭，或遺之食，或餽金，或勸改嫁，俱却不應，水漿不入口者十四日，竟死尸旁，年二十餘。州人爲買棺合葬。

劉志浩妻華氏。蘭谿人。年十七，歸浩，再期浩卒，遺孤甫週歲。華甘貧勵節，鄰家利富室之賄者爲媒娶華，先白之舅姑不可，繼使伯妾甘言勸華，華痛恨嚼舌死。

楊烈女。義烏人。少許字胡恩，未婚而恩死。訃聞號慟，矢不再適。其父尋受葉姓聘，將改醮焉，女號哭三日，遂自經死。

唐貞女。蘭谿人。許聘鄭時敞，未婚，時敞歿。會有議婚者，女憤鬱不食死。臨死時，先起易鞋，蓋聞夫歿而即製者。舅姑傷其志，合葬焉。

孫廷佐妻潘氏。浦江人。嫁逾年，廷佐病劇，謂曰：「吾死，柰爾年少何？」潘立誓從死，削竹牌數寸，刻「死節」二字佩之。夫亡，執喪三年，終父欲奪其志，遂自縊。

方滿妻徐氏。蘭谿人。年十八于歸，數年滿患惡疾，謀令改適。婦覺，詰之曰：「而欲賣我，盍留我紡績以自給？必我棄，有死而已。」乃止。越五載，夫亡，舅姑又謀嫁之，徐見父母訣別，一夕自縊。

潘士桂妻童氏。蘭谿人。奉姑以孝聞。年二十四，會亂兵經其地，童扶姑逃至白蓮塘，爲兵所獲，脇使上馬，大駡，兵仍挾之行，至水邊，遂投水，涸不能没，兵拽之出，駡益厲，遂遇害。

楊國瑞妻徐氏。武義人。年十九，夫亡，遺腹産一女。繼母欲奪其志，徐翦髮毁容，以死拒之。會寇亂，居民多挈家逃避，徐聞之曰：「未亡人待死之日久矣，今豈能更偷生乎？」遂自縊死。

章宜賓妻范氏。蘭谿人。未婚，宜賓得痿疾，形如嬰孩，父母欲别圖嫁，范知之，佯曰：「乞與姑一面，再議未晚也。」至章家，遂不返。越十年，宜賓始逝，撫姪爲嗣。年八十五卒。

王忭妻陳氏。金華人。明末，攜七歲孤姪避兵南山，道遇兵，欲逼之，陳紿之曰：「乞放孤兒還家，吾當從。」兵如其言。陳即赴水死。後忭蹤跡得尸，衣帶重結，腰繫其夫平日所用詩箋爲識。時年甫二十。

趙世對妻余氏。蘭谿人。明季兵潰肆掠，余攜媳諸葛氏與女螽奔，蹶折右肱，媳灑血别夫，螽年未笄，亦誓與同死，且相謂曰：「事急矣，稍緩即欲求死不可。」三人遂密縫其衣，並自縊。

戴貞妹。金華人。戴嘉茂女。幼許王畿華，畿華痘殤，貞妹自製衰服，跪告父母往奠，誓不再嫁。舅姑屢勸改配次子，悲泣不從，自刎死。

陳所思妻戴氏。金華人。貞妹之女弟，從夫避兵售溪山，兵抵郡，舉家被執。戴於袖中自出利剪刺喉而死。其將義之，釋其夫與子。

其尸。

本朝

馮士身妻劉氏。義烏人。順治二年，方國安兵肆掠，挾氏登騎，氏以頭觸石，兵抱之，口斷兵指，兵怒，奮刀亂砍，剖其尸。

嚴仲春妻王氏。金華人。年未二十，方國安敗兵挾之上馬，氏躍馬投塘而死。同縣倪星焜妻朱氏，自縊死。倪明廷妻徐氏，觸巖死。朱廷翼妻方氏，奪刀自殺。索大機妻章氏，投水死。黄啓賢妻邵氏，亦不辱死。又湯溪鄭宗元妻祝氏，夫婦避難，遇賊於邵家源，氏即投巖下潭，夫亟救之，相抱而死。

葉氏二節。蘭谿人。葉鍾芝妻趙氏，其弟鍾藻妻徐氏，馬士英潰兵剽掠，二氏並爲所獲，奮呼曰：「殺我，我不去。」共跳入荷花塘中。兵怒，以槍亂刺之死。順治年間旌。

張武愍妻蔣氏。東陽人。順治三年，亂兵入其家，欲污之，氏躍入門前塘水死。又同縣周汝桂妻徐氏，張文泰妻馬氏，爲所掠，俱躍入水中死。又武義蔣文逵妻翁氏，亦赴水不污死。又東陽倪良淘妻陳氏，投西湖潭中死。

樓氏六節。東陽人。順治四年，土寇掠三都和堂，樓氏婦女全節死者六人：曰王氏，廷策妻；曰陳氏，賢村妻；曰蔣氏，用意妻；曰李氏，用京妻；曰吴氏，用孝妻；曰王氏，用聲妻；俱抱幼子赴水死。又黄氏樓廷挺妻，有殊色，夫婦皆被執，賊殺其夫脅氏，氏駡不絶口，爲所害。

許欽京妻金氏。東陽人。隨姑入山避賊，賊以刀擬其姑，氏懼姑見害，因躍起奪其刀自刎，十指斷裂，賊義之，姑得全，氏旋以創死。同縣趙忠興妻虞氏，被掠，拉之馬上，氏自投下者三，賊怒，横刺其脇以死。

陳廷雪妻張氏。東陽人。順治五年，賊執欲污之，氏大駡曰：「頭可斷，身不可辱。」賊以刀礪其頸，氏厲聲曰：「殺即殺，嚇我何爲？」遂見害。

郭必光妻郭氏。東陽人。順治十七年，必光死，姑勒氏他適，氏即自經。

蔣達妻王氏。義烏人。年十七歸達，康熙甲寅鄰寇起，氏家臨河，一騎卒逼之，躍入江潭死。

申可賢妻沈氏。金華人。青年寡居，康熙十五年，山賊至，執氏歸巢，氏厲聲駡，賊砍其尸爲三。

趙養生妻楊氏。蘭谿人。年十八歸趙，期年夫亡，氏即自經。以救免，家人環守之，氏裂椀割喉死。同邑戴于度妻孫氏、東陽吴國元妻杜氏、義烏商德茂妻賈氏、永康程德福妻陳氏、胡明睢妻王氏、武義倪世陛妻程氏、徐文源妻邵氏、金華黄家瑶妻仇氏，並順治年間旌。

葉爾烈。義烏葉尚坦女，許字金華張孫瑶。訃聞，女哭往奠，死之。康熙二十四年旌表。又義烏王貞女，許字蔣巨川，巨川死，女自引決。

丁貞女。義烏人。許字沈敦，敦卒，女立志守貞。其叔與兄欲嫁之，截髮自誓，以紡織自給。有婢冬菊，感其苦節，相依不忍去。康熙二十七年旌表。又蘭谿俞貞女、朱貞女、唐貞女、郭貞女、東陽王貞女，皆未婚夫死，完貞不嫁。

何季奴。武義人。許字顧兆吉。貧甚，父母背盟令别適，女泣諫不從，閉户自縊。

吴明燧妻陳氏。浦江人。康熙十二年旌表。同縣張德冠妻鄭氏，康熙五十一年旌表。金國璉妻樓氏、張以琳妻朱氏、金階妻張氏，並於雍正年間旌表。

方福娃。永康人。年甫十歲，母病亟，福娃日夜涕泣，登樓割臂肉以進，母病即痊。鄉人號方孝女。

徐聖鳳妻童氏。永康人。以力拒强暴遇害，康熙五十六年旌表。又同縣陳嘉謨妻朱氏、徐士雷妻虞氏、徐璜妻虞氏、盧一鵬妻朱氏、方震暘妻楊氏，並於康熙年間先後旌表。又東陽任氏女、義烏駱喜娘、蘭谿董某妻吴氏，俱以不辱强暴死。

葉廷驤妻祝氏。金華人。夫亡守節，乾隆四年旌。同縣倪應節妻程氏、妾吴氏，李升聰妻余氏，倪惟道妻朱氏，李邦屏妻吴氏，滕元其妻葉氏，倪家泉妻吴氏，鄭尚信妻曾氏，姜訦妻鄭氏，邵鴻肇妻倪氏，何德源妻葉氏，倪茂良妻方氏，吴國臣妻樓氏，張尚曇妻蔣氏，姚永佩妻王氏，陳惟吉妻童氏，鄭壽妻徐氏，王國昌妻張氏，孫應維妻樓氏，葉鍾泰妻盛氏，徐盛瑕妻倪氏，藍士宏妻李氏，章言焕妻李氏，盧以立妻陳氏，林國能妻金氏，金之韜妻舒氏，張思勝妻陳氏，孫玠妻鄭氏，樓林侯妻張氏，金之紹妻方氏，金若盛妻葉氏，徐鴻第妻倪氏，尹元功妻翁氏，施沛仁妻方氏，傅世甡妾項氏，朱之發妻嚴氏，柳德亭妻姜氏，嚴錫佩妻黄氏，王朝模妻嚴氏，陳恕妻徐氏，金光情妻何氏，徐振興妻童氏，顧光偉妻吴氏，夏炳章妻孔氏，黄繼祖妻王氏，金永淶妻鄭氏，張雲標妻孫氏，傅肇伯妻徐氏，葉元龍妻林氏。又貞女徐氏、方氏。俱於乾隆年間旌。楊鳳興妻傅氏，徐廷佐妻陸氏，金之玖妻姚氏，汪鼎樟妻戴氏，莊思清妻王氏，程志鵬妻唐氏，何安愛妻吴氏，倪如安妻葉氏，葉廷源妻黄氏，傅士吉妻黄氏，邵景僎妻葉氏，姚商輔妻葉氏，倪士鵬妾趙氏，葉廷煜妻滕氏，方文揚妻施氏，俱於嘉慶年間旌。

嚴上球妻鄭氏。蘭谿人。夫亡守節，乾隆二年旌。同縣朱秉良妻黄氏，諸葛國材妻柳氏，包道秀妻章氏，鄭明儒妻王氏，戴佑臣妻鄭氏，葉爾錫妻宋氏，徐仲音妻王氏，趙名品妻鄭氏，趙旭明妻鄭氏，趙南英妻范氏，徐萬瑞妻童氏，諸葛俣妻方氏，鄭惟琪妻朱氏，邱有道妻周氏，陸榮先妻戴氏，郭宗術妻徐氏，吴懷虞妻范氏，諸葛鍵妻王氏，應開昱妻徐氏，潘望典妻邵氏，趙盤妻陳氏，黄錧妻童氏，黄舟妻陳氏，邵暹儒妻童氏，陳世耀妻方氏，嚴河妻郭氏，應國璋妻潘氏，嚴廷槐妻程氏，繆崇蛟妻唐氏，董伯謙妻蔣氏，洪孚忠妻柴氏，陳錫功妻汪氏，姜起庠妻水氏，李德炳妻吴氏，陳惟章妻徐氏，何文聖妻金氏，趙茂德妻汪氏，戴大衡妻汪氏，江永起妻戴氏，童介爾妻徐氏，諸葛銓妻吴氏，童子見妻唐氏，方聖傳妻姚氏，范日星妻王氏，徐光崇妻何氏，趙嘉謨妻柳氏，徐應亨妻孫氏，吕瑞秀妻章氏，吴涵妻鄭氏，章灝妻徐氏，郭克方妻祝氏，嚴濟妻徐氏，翁胃占妻胡氏，趙用照妻方氏，林志雷妻鄭氏，童懋俊妻施氏，章春旭妻倪氏，章廷鳳妻徐氏，方國琦妻葉氏，姚世德妻黄氏，章學禮妻郭氏，郭遵道妻徐氏，諸葛士妻陸氏，柳秉純妻嚴氏，王如岡妻陸氏，吴殿掄妻童氏，余師伋妻趙氏，舒崇瑾妻劉氏，施國珍妻童氏，王起佐妻方氏，童心化妻葉氏，趙朱妻諸葛氏，諸葛格妻唐氏，邵元烋妻方氏。又烈婦章光德妻邵氏，貞女程福壽未婚妻鄭氏。俱於乾隆年間旌。吳秉鈖妾陸氏，趙廷彩妻徐氏，趙之璽妻李氏，徐懋泰妻何氏，金其相妻劉氏，諸葛惠妻徐氏，徐鳳山妻陳氏，葉紹恒妻陳氏，諸葛弼妻姜氏，徐名蕡妻唐氏，鄭思緒妾陳氏，姚秉德妻閻氏，姜裔雯妻諸葛氏，陳元會繼妻章氏，蔣崇源妻舒氏，滕新彩妻方氏，柳遇占妻吳氏，林有梁妻徐氏，林世芳妾書氏，趙學義妾童氏，王嘉錫妻嚴氏，陸光元妻章氏，徐名觀妻趙氏，嚴雲龍妻徐氏，嚴國慶妻鄭氏，趙正祿妻葉氏，嚴國幹妻鮑氏，徐珩妻朱氏，何宗鼎妻葉氏。又烈婦姚林氏。俱於嘉慶年間旌。

張兆昌妻李氏。東陽人。夫亡守節，乾隆二年旌。同縣張承祥妻吳氏，韋子濬妻李氏，杜時球妻虞氏，陸祖發妻蔣氏，楊茂壎妻樓氏，胡肇挺妻李氏，趙雲駇妻陳氏，王嗣綬妻樓氏，趙涵妻張氏，韋名正妻徐氏，厲士正妻杜氏，馬惟煜妻樓氏，趙雲皤妻盧氏，李貴祖妻郭氏，呂立智妻趙氏，何禮培妻陳氏，張洪祚妻徐氏，張世貴妻施氏，馬宏紳妻許氏，任堯鼐妻杜氏，吳蔣顧妻蔣氏，斯首瑁妻胡氏，吳從鑰妻蔣氏，杜立振妻吳氏，王子衡妻賈氏，郭欽隣妻金氏，吳承安妻華氏，蔡崇森妻陳氏，王子淳妻張氏，許世恩妻韋氏，胡嘉淳妻湯氏，陸守仁妻賈氏，盧永衍妻駱氏，杜思敬妻厲氏，杜思灝妻王氏，謝緯甫妻吳氏，李光錫妻方氏，陳元堂妻張氏，郭啓疆妻王氏，趙爙妻劉氏，金仲進妻周氏，周世昌妻金氏。又烈婦陳廷鰲妻許氏，遇暴捐軀。貞女盧技長未婚妻徐氏，趙仍正未婚妻李氏。貞女徐氏。俱於乾隆年間旌。張朝魁妻胡氏，王顯嗜妻韋氏，盧大珣妻徐氏，吳應龍妻王氏，方光錫妻徐氏，吳明模妻蔡氏，王泳銘妻樓氏，盧人祖妻周氏，蔣立勳妻周氏，斯本煒妻王氏，王熙生妻杜氏，蔣緯標妻王氏，王連壽妻陳氏，朱璠妻王氏，盧人份妻趙氏，呂調玉妻盧氏，何永清妻程氏，王永斯妻盧氏，程光槐妻吳氏、妾汪氏，章世福妻陳氏，張承魁妻杜氏，蔣錫梅妻陸氏，李昌明妻趙氏，韋昌瑄妻許氏，陳啓聖妻李氏，章昌元妻吳氏。又貞女吳張氏。俱於嘉慶年間旌。

金來儀妻陶氏。義烏人。夫亡守節，乾隆四年旌。同縣朱茂章繼妻王氏，王明霞妻成氏，吳宏茂妻傅氏，毛有泉妻朱氏，吳有仁妻劉氏，吳茂葵妻何氏，黃世睦妻季氏，童世組妻許氏，樊忱妻金氏，于日鞏妻王氏，鮑元妻楊氏，王明長妻陳氏，陳孫芳妻黃氏，何鳳鳴妻樓氏，何楠妻方氏，張其來妻傅氏，胡德盛妻陳氏，徐舜齊妻徐氏，周其泉妻楊氏，黃吉仁妻傅氏，吳爾圻妻何氏，陳槐妻吳氏，王宏遺妻虞氏，金廷珠妻方氏，王法商妻傅氏，吳世枚妻孫氏，陳訡妻劉氏，陳起基妻王氏，朱元性妻金氏，于士國妻陳氏，王永曇妻丁氏，吳安周妻陳氏，陳喆生妻龔氏，吳德文妻何氏，施茂琅妻陳氏，王應賢妻陳氏，張祖珣妻滕氏，王藺旭妻陳氏，黃銘武妻朱氏，傅立振妻季氏，方紹綸妻樓氏，宋季臣妻朱氏，龔治安妻傅氏，陳公沫妻劉氏，馮岐喈妻王氏，傅家模妻何氏，楊之友妻王氏，方德俊妻駱氏，朱惟任妻馮氏，王元瑞妻何氏，陳瑞發妻吳氏，朱承滿妻宋氏，方源興妻蔣氏，王正亨妻張氏，王正元妻朱氏，吳光昌妻季氏，劉正對妻傅氏，季子信妻童氏，吳連珠妻葉氏，王正貞妻朱氏。又烈婦陳舜恭妻朱氏，烈女朱有紹未婚妻樓氏，均夫亡殉節，於乾隆年間旌。毛宗植妻金氏，楊永梁妻周氏，陳大鱗妻蔣氏，吳家貞妻虞氏，楊初闢妻王氏、妾何氏，龔景龍妻張氏，李式璋妻施氏，吳人意妻嚴氏，許彭年妻陳氏，陳瑞福妻龔氏，王爲有妻馮氏，王伯允妻施氏，吳家亮妻丁氏，陳日樂妻駱氏，楊永修妻何氏，陳溱洧妻駱氏，楊永廸妻季氏，樓恩拔妻金氏，虞氏，馮文樂妻王氏，傅世綸妻鮑氏，金兆璠妻黃氏，成瑞堅妻陳氏，季成全妻陳氏，王世受妻陳氏，王日向繼妻龔氏，陳烺妻王氏，丁子琅妻朱氏，朱兆般妻許氏，朱承透妻沈氏，徐堯典妻朱氏，虞永甲妻李氏，朱兆琪妻王氏，陳德洋妻張氏，吳有權妻鮑氏，陳德浩妻馬氏，施渭璧妻傅氏，王顯俸妻吳氏，陳順鏡妻虞氏。俱於嘉慶年間旌。

黃介瑞妻鮑氏。永康人。夫亡守節，乾隆二年旌。同縣鄭爾其妻盧氏，陳振禄妻呂氏，應鼎文妻蕭氏，徐廣妻林氏，盧嘉學妻程氏，胡啓璋妻徐氏，章鈐妻陳氏，李經詁妻池氏，王世謨妻俞氏，林守官妻應氏，周鳴妻應氏，李天培妻呂氏，徐兆楷妻應氏，徐彦深妻應氏，呂聖瑞妻胡氏，李雲剛妻姚氏，朱魯珍妻俞氏，周楷妻王氏，姚楚儒妻董氏，李雲錫妻池氏，施仁禎妻胡氏，陳世諤妻徐氏，陳貞獻妻楊氏，朱廷槐妻陳氏，程開澳妻吳氏，胡懋達妻李氏，徐錫耘妻應氏，周景濬妻李氏，徐明瀚妻王氏，章爾鏴妻應氏，李正池妻陳氏，呂岳松妻應氏，馮辰章妻胡氏，應世志妻牟氏，沈爾賢妻李氏，呂元鳳妻朱氏，胡嘉元妻呂氏，林伯雲妻盧氏，李如位妻徐氏，王戴岧妻倪氏，樓元日妻方氏，徐發妻呂氏，胡儒鄉妻李氏，顔宗榮妻季氏，李作賓妻應氏，吳鳴心妻楊氏，吳鳴龍妻呂氏，方仕高妻孫氏，王鍾祥妻應氏，陳孟誠妻呂氏，李祖芳妻章氏，吳彩祖妻池氏。又烈婦黃思奇妻俞氏，遇暴捐軀。陳家浦妻施氏，夫亡逼嫁自經。貞女陳兆槐未婚妻周氏，陳法奇未婚妻楊氏。俱於乾隆年間旌。沈天德妻吕氏，姚伯登妻李氏，陳之謙妻顔氏，王集薇妻胡氏，王洪盛妻李氏，池天敘妻吴氏，孫兆楷妻李氏，吴學起妻施氏，褚隨元妻俞氏，陳有明妻吕氏，吕律妻徐氏，鄭祖洢妻陳氏，吕鳳儀妻陳氏，徐宏賽妻林氏，胡昇佐妻應氏，施國昭妻俞氏，金希顔妻盧氏，陳修齊妻陶氏，樓景東妻章氏，胡安玉妻程氏，周廷吉妻葉氏，陳修琅妻楊氏，應洪沂妾馮氏，金景郎妻陳氏，胡學輝妻吕氏，徐萬青妻王氏，鄧奇旌妻應氏，李徵仲妻胡氏，陳茂全妻徐氏，黄懋巍妻陳氏，倪廷柱妻潘氏。又烈婦王蔡氏，遇暴捐軀。貞女徐氏。俱於嘉慶年間旌。

趙集仁妻徐氏。武義人。夫亡守節，乾隆六年旌。同縣趙集義妻何氏，顧鍾修妻徐氏，朱佳琦妻張氏，徐之成妻何氏，林章妻徐氏，葉成龍妻程氏，何緒輝妻徐氏，陳世泮妻邵氏，賀邦瞻妻徐氏，趙鴻梓妻朱氏，鍾志振妻徐氏，趙鴻商妻朱氏。又貞女邵氏。俱於乾隆年間旌。何緒啓妻金氏，何永芝妻王氏，周文彪妻徐氏，王彰妻鍾氏，王文律妻徐氏，項人銓妻尤氏，李錫燦妻徐氏，項興梁妻徐氏，沈文峯妻方氏。俱於嘉慶年間旌。

張成濟妻黄氏。浦江人。夫亡守節，乾隆二年旌。同縣周能約妻王氏，鄭爾銘妻倪氏，施惠愛妻祝氏，虞啓模妻張氏，傅虞掌妻葛氏，石邦安妻虞氏，張德蔡妻傅氏，石興星妻潘氏，黄應上妻傅氏，毛可瓊妻樓氏，尚涓妻張氏，樓起嶼妻趙氏，朱之煜妻張氏，程尚稠妻張氏，張以忠妻陳氏，潘志珏妻張氏，潘珙妻張氏，吴一黄妻金氏，柳邦和妻宋氏，倪尹徵妻陶氏，鄭思譽妻張氏，樓紹升妻傅氏，張致珙妻朱氏，張致瑞妻方氏，張以瓚妻陳氏，戴聖欽妻張氏，戴聖謨妻朱氏，戴聖乾妻郭氏，樓紹隨妻陳氏，吴嘉禾妾全氏，王志棣妻黄氏。又遇暴捐軀之烈婦張陳氏。俱於乾隆年間旌。張用嶧妻陳氏，張用端妻樓氏，戴廷銓妻趙氏，黄德彩妻蔣氏，鄭遵堅妻吴氏，周元昂妻鍾氏，樓爾漢妻項氏，張可炊妻楊氏，樓永信繼妻費氏，樓廣源妻于氏，俱於嘉慶年間旌。

錢文秀妻潘氏。湯溪人。夫亡守節，乾隆三十年旌。同縣潘茂兆妻陳氏，何文盛妻胡氏，邵起標妻葉氏，邵日元妻張氏。又烈婦李廷煦妻邵氏，夫亡殉節。俱於乾隆年間旌。洪文燿妻陳氏，張宗升妻陳氏，徐國望妻陳氏，伍昌妻陳氏，陳觀禮妻伊氏，俱於嘉慶年間旌。

仙釋

晉

黄初平。蘭谿人。年十五，家使牧羊，遇道士將至金華山石室中。兄初起，尋之四十餘年，一日逢道士，引入山相見，問羊安在，初平曰：「在山之東。」初起視之，但見白石，初平叱之，石皆起成羊。初起遂絶粒，服松柏、茯苓，尋亦得仙。初平别號赤松子云。

南北朝　齊

孫遊岳。東陽人。宋太初中，遇簡寂先生，授以三洞經法，其後茹芝却粒，久而益少，齊永明間，端坐而逝。

梁

傅翕。義烏人。少以漁爲業，普通元年，遇胡僧嵩頭陀語之曰：「爾彌勒化身也，何以漁爲？」因令鑑於水，乃見圓光寶蓋，即悟前因，遂入松山修道。所居輒有黄雲如蓋覆之，山多猛獸，翕每齋竟，持飯飼之，自後伏匿。涅盤後，東海徐陵爲撰塔志銘，至今猶存。

唐

寶掌和尚。西域人。生於周末，貞觀中，來遊東土，至浦江縣之寶掌山，誦偈曰：「行盡支那四百州，此中偏稱道人遊。」遂結茅爲庵。晏坐十七年，一日屈指已一千七十三歲，謂其徒惠雲曰：「吾將謝世矣。」端坐而化。

五代

貫休。姓姜氏，蘭谿人。天復間入蜀，蜀主賜號禪月大師。苦節峻行，善草書，工詩歌，所著有西嶽集二十餘卷。

土産

纖纊。元和郡縣志：婺州貢。

綿。唐書地理志：婺州土貢綿。寰宇記：又貢絁絹。

紵布。元和郡縣志：婺州貢紵布。唐書地理志：又貢葛。

紙。元和郡縣志：婺州貢白藤細紙。明統志：永康縣出。通志：東陽縣出。

漆。唐書地理志：婺州土貢漆。

香秔。唐書地理志：婺州土貢赤松澗米香秔。

銅。唐書地理志：金華縣有銅。

葛粉。唐書地理志：婺州土貢。

藥。唐書地理志：婺州土貢黄連。舊志：又産金星草，可解丹石毒。

膏棗。明統志：東陽縣出。府志：南棗出東陽茶場，最有名。

榧子。明統志：東陽縣出。

酒。明統志：東陽縣出。

熏蹄。東陽縣出。

校勘記

〔一〕富陽唐寓之反　「寓」，原作「寓」，據乾隆志卷二三二金華府名宦（下同卷簡稱乾隆志）及南齊書卷三武帝本紀改。

〔二〕吏民皆歎服　「歎」，原作「歡」，據乾隆志改。

〔三〕應辰謂急則擾民　「擾」，原作「憂」，乾隆志同，據宋史卷三八七汪應辰傳改。

〔四〕吴沉徐源等爲訓導　「源」，原作「原」，乾隆志同，據明史卷一四〇王宗顯傳改。

〔五〕特補上州文學　「上」，原作「土」，乾隆志同，據宋史卷四五五吕祖泰傳改。

〔六〕婺州以解頭薦　「頭」，原作「頤」，據乾隆志及宋史卷四三六陳亮傳改。

〔七〕至正中賜謚文安　「至正」，原作「至德」，乾隆志同，據元史卷一八九金履祥傳改。

〔八〕胡長孺字汲仲　「汲」，原作「及」，據乾隆志及元史卷一九〇儒學傳改。

〔九〕書輯傳叢説　乾隆志同。按，元史卷七六許謙傳云其「讀書集傳有叢説六卷」，略異。

〔一〇〕戴良字叔能　「叔」，原作「淑」，據乾隆志及明史卷二八五戴良傳改。

〔一一〕爲開國文臣之首　「文」，原作「大」，乾隆志同，據明史卷一二八宋濂傳改。

〔一二〕陞楚王長史　乾隆志同，明史卷二八五朱廉傳作「右長史」，此脱「右」字。

〔一三〕樓璉　「璉」，原作「連」，據乾隆志及雍正浙江通志卷一六五人物改。按，本志避乾隆太子永璉諱改字，今改回。

〔一四〕龔泰字叔安　「叔」，原作「淑」，據乾隆志及雍正浙江通志卷一六五人物改。

〔一五〕擢禮部祠祭司主事　「祠」，原作「祀」，據乾隆志及明史卷二三四盧洪春傳改。

〔一六〕陳之璉　「璉」，原作「連」，據乾隆志改。按，本志避乾隆太子永璉諱改字也。

衢州府圖

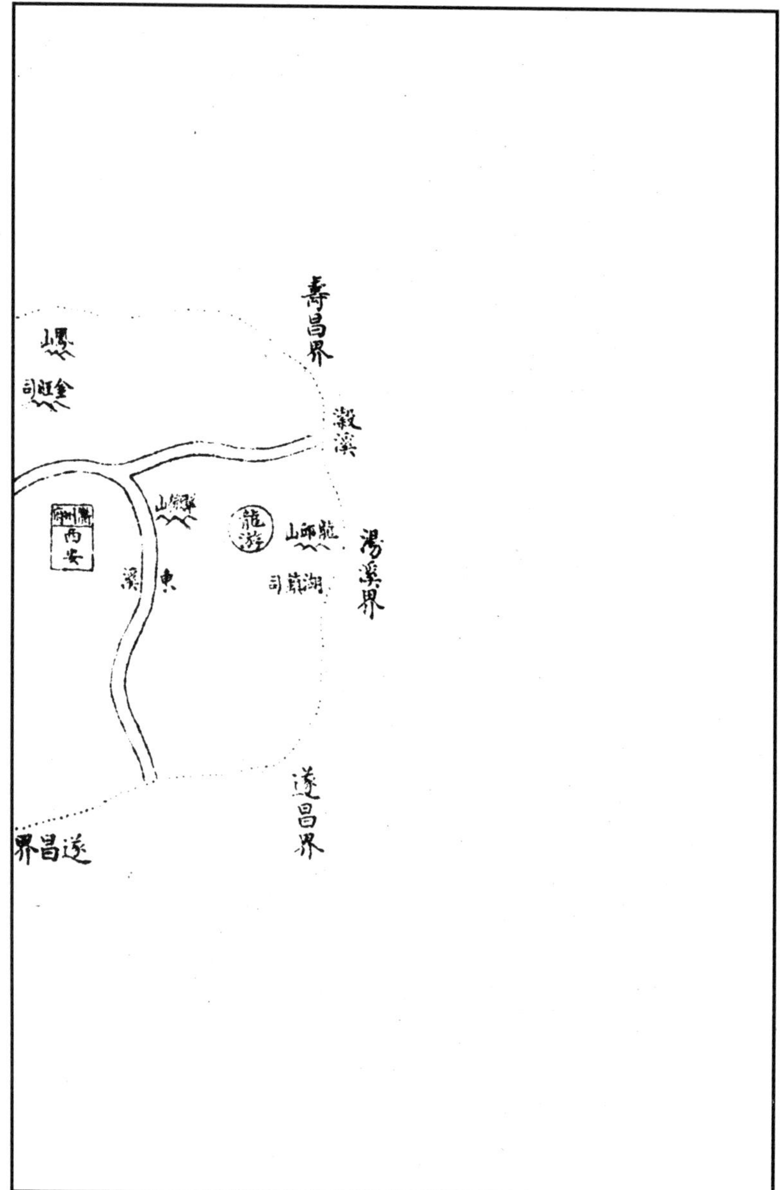
壽昌界
瀫溪
衢州府
西安
龍游
龍邱山
湖鎮司
東溪
湯溪界
遂昌界
遂昌界

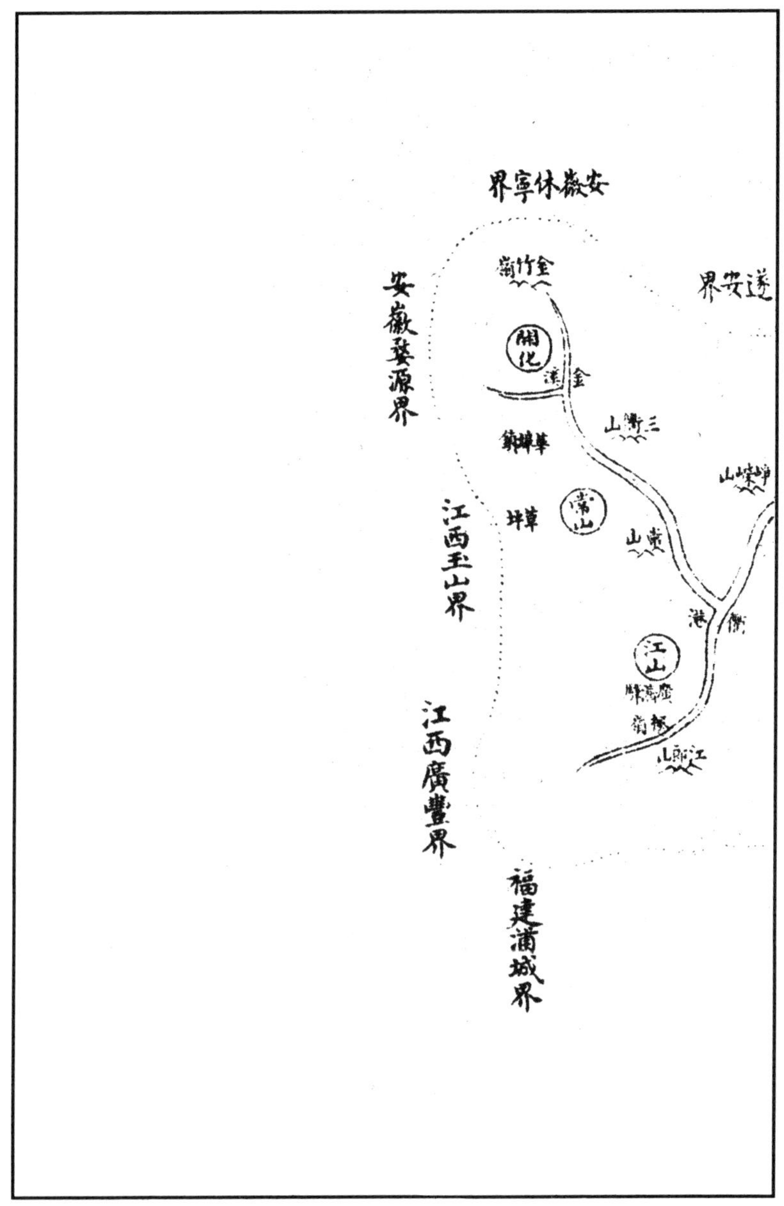
安徽休寧界
遂安界
安徽婺源界
金竹嶺
開化
金溪
三衢山
華埠鎮
常山
草坪
江西玉山界
衢港
江山
江郎山
江西廣豐界
福建浦城界

衢州府表

	衢州府	西安縣
兩漢	會稽郡地。	太末縣地。後漢初平中置新安縣。
三國	吴屬東陽郡。	新安縣吴屬東陽郡。
晉		信安縣太康初更名。
宋		信安縣
齊梁陳		信安縣
隋		信安縣
唐	衢州信安郡初屬婺州，武德四年置州，治信安，旋廢。垂拱初復置。天寶初曰信安郡，屬江南東道。乾元初曰衢州，屬浙江東道。	西安縣初爲州治，旋屬婺州。垂拱初復爲州治。咸通中更名。又盈川縣，如意初置，元和中省入。
五代	衢州屬吴越。	西安縣
宋	衢州信安郡初屬兩浙路，南宋屬浙東路。	西安縣
元	衢州路升路，屬江浙行省。	西安縣路治。
明	衢州府初爲龍游府，後改名，屬浙江布政司。	西安縣府治。

續表

龍游縣	江山縣
太末縣 屬會稽郡。	太末縣地。
太末縣 吳屬東陽郡。	
太末縣	信安縣地。
太末縣	
太末縣	
省入金華。	
龍丘縣 武德四年改置穀州及太末、白石二縣，旋俱省入信安。貞觀八年改置，隸屬婺州。垂拱二年屬衢州。又武安縣，證聖二年析置，後省。	須江縣 武德四年置，屬衢州，旋省，永昌初復。
龍游縣 吳越更名。	江山縣 吳越更名。
龍游縣 宣和三年更名盈州。紹興初復，仍屬衢州。	禮賢縣 南宋更名，仍屬衢州。
龍游縣 屬衢州路。	江山縣 至元中復名，移治，屬衢州路。
龍游縣 屬衢州府。	江山縣 屬衢州府。

續表

常山縣	開化縣
太末縣地。後漢末孫權置定陽縣。	太末縣地。
定陽縣吴屬東陽郡	
定陽縣	定陽縣地。
定陽縣	
定陽縣	
省入信安。	
常山縣武德四年復置定陽縣，旋廢。咸亨中改置，屬婺州。垂拱中屬衢州。乾元初屬信州，後復。	常山縣地。
常山縣	吴越分置開化場。
信安縣咸淳三年更名，仍屬衢州。	開化縣太平興國六年置，屬衢州。
常山縣復名，屬衢州路。	開化縣屬衢州路。
常山縣屬衢州府。	開化縣屬衢州府。

大清一統志卷三百一

衢州府

在浙江省治西南五百六十里。東西距二百二十五里，南北距二百二十里。東至金華府湯溪縣界一百十里，西至江西廣信府玉山縣界一百十五里，南至處州府遂昌縣界一百二十五里，北至嚴州府遂安縣界九十五里。東南至遂昌縣界一百四十里，西南至福建建寧府浦城縣界一百八十里，東北至嚴州府壽昌縣界九十里，西北至安徽徽州府婺源縣界一百九十五里。自府治至京師三千八百四十里。

分野

天文斗、牛分野，星紀之次。

建置沿革

禹貢揚州之域。春秋時越姑蔑地。戰國屬楚。秦屬會稽郡。漢爲會稽郡太末縣地。三國吴分屬東陽郡。歷晉至隋皆因之。唐初屬婺州，武德四年始於信安縣置衢州，元和志：以州有三衢山，因名。六年廢。時陷於輔公祏。垂拱二年復置。天寶初曰信安郡，屬江南東道，乾元初復曰衢州，屬浙江東道。五代屬吴越國。宋初屬兩浙路。南宋屬浙東路。元至元十三年改衢州路，屬江浙行省。明初改龍游府，明年復曰衢州府，屬浙江布政使司。本朝因之，隸浙江省，領縣五。

西安縣。附郭。東西距七十五里，南北距二百二十里。東至龍游縣界四十里，西至常山縣界三十五里，南至處州府遂昌縣界一百二十五里，北至嚴州府遂安縣界九十五里。東南至遂昌縣界一百三十里，西南至江山縣界五十里，東北至龍游縣界六十里，西北至常山縣界四十里。漢會稽郡太末縣地。後漢初平三年，分置新安縣。三國吴分屬東陽郡。晉太康元年，改曰信安。宋、齊以後因之。隋亦屬東陽郡。唐武德四年，始置衢州，治此。六年州廢，仍屬婺州。垂拱二年復爲衢州治。咸通中，始改曰西安。歷宋、元、明不改，本朝因之。

龍游縣。在府東七十里。東西距五十七里，南北距一百五十五里。東至金華府湯溪縣界三十里，西至西安縣界二十七里，南至處州府遂昌縣界九十里，北至嚴州府壽昌縣界六十五里。東南至遂昌縣界六十里，西南至西安縣界四十里，東北至金華府蘭谿縣界四十里，西北至西安縣界五十五里。春秋越姑蔑地。漢置太末縣，屬會稽郡。後漢因之。三國吴分屬東陽郡。晉及宋、齊以後因之。隋平陳，併入金華縣。唐武德四年，置穀州及太末、白石二縣。八年，州縣俱廢入信安。貞觀八年，分信安、金華二縣地改置龍丘縣，屬婺州。垂拱二年，改屬衢州。五代時，吴越始改曰龍游。宋宣和三年，改曰盈川。紹興初，復故。元屬衢州路。明屬衢州府。本朝因之。

江山縣。在府西南七十五里。東西距一百五里，南北距一百五十里。東至西安縣界三十五里，西至江西廣信府玉山縣界七十里，南至福建建寧府浦城縣界一百二十五里，北至常山縣界二十五里。東南至處州府遂昌縣界一百里，西南至廣信府廣豐縣界九十里，東北至西安縣界三十五里，西北至常山縣界四十里。漢太末縣地。晉以後爲信安縣地。唐武德四年，分信安南境置須江縣，屬衢州，八年省。永昌元年復置，仍屬衢州。五代時吴越改曰江山。宋初因之。咸淳中，改曰禮賢。元初復曰江山，屬衢州路。明屬衢州府。本朝因之。

常山縣。在府西八十里。東西距八十里，南北距六十里。東至西安縣界四十五里，西至江西廣信府玉山縣界三十五里，南至江山縣界二十五里，北至開化縣界三十五里。東南至江山縣界十五里，西南至玉山縣界三十五里，東北至西安縣界五十里，西北至開化縣界五十里。漢太末縣地。後漢建安二十三年，分置定陽縣。三國吴分屬東陽郡。晉及宋、齊因之。隋廢入信安縣。唐武德四年復置，八年廢。咸亨五年，改置常山縣，屬婺州。垂拱二年，屬衢州。乾元元年，割屬信州，後還屬衢州。宋初因之。咸淳三年，改曰信安。元復曰常山，屬衢州路。明屬衢州府。本朝因之。

開化縣。在府西北一百六十里。東西距一百二十里，南北距一百六十里。東至常山縣界四十里，西至江西饒州府德興縣界八十里，南至常山縣界四十里，北至安徽徽州府休寧縣界一百二十里。東南至常山縣界五十里，西南至江西廣信府玉山縣界八十里，東北至嚴州府遂安縣界七十里，西北至徽州府婺源縣界八十里。漢太末縣地。晉以後爲定陽縣地。唐爲常山縣地。宋乾德四年，吴越分常山置開化場。太平興國六年，升爲縣，屬衢州。元屬衢州路。明屬衢州府。本朝因之。

形勢

姑蔑之墟，太末之里。唐韓愈徐偃王廟碑。東望九峯，西瞻靈石，南臨樵谷。宋毛幵超覽堂記。東南孔道，閩、越之交，舟車往來之都會。毛幵和風樓記。南走閩，西適楚。毛幵竚舟亭記。其山邃以麗，其水清以駛。宋程俱保安院記。當浙上游，多佳山水，與閩、婺、括蒼相望。明王璣楊公河記。

風俗

其俗悍以果，其君子好氣敏於事。宋程俱保安院記。君子多亢言而厲行，易知而難狎，有古之遺風。毛幵超覽堂記。廣川大谷之間，風土樸野，民俗醇厚。信安志。民多行商，龍游尤甚。龍游志。

城池

衢州府城。周四千五十步，門六，三面浚濠，西阻溪。宋宣和三年築，元至正時，增築新城。本朝屢經修葺。

龍游縣城。周六里，門四，池廣三丈。明隆慶中築。本朝乾隆年間屢修。

江山縣城。周五里，門九，左據文溪，右倚西山。明隆慶初築。本朝乾隆三十三年重修。

常山縣城。周三里，門六，又水門七。明正德七年築。本朝乾隆三十一年重修。

開化縣城。周二千八丈五尺，門六，水門二。明正德六年土築，天啓三年甃石。本朝乾隆三十一年重修。

學校

衢州府學。在府治西。宋慶曆中建。本朝順治、康熙中屢修。入學額數二十五名。

西安縣學。在縣治西北。明嘉靖二十三年遷建。入學額數二十五名,聖裔附入額數二名。

龍游縣學。在縣治西。宋至和初建,元末燬,明洪武中重建。入學額數二十名。

江山縣學。在縣治西。宋舊學在治東,朱子爲記。元至元中改建於此。入學額數十六名。

常山縣學。在縣治西。明嘉靖九年遷建。入學額數二十名。

開化縣學。在縣治東。舊在縣西,本朝康熙六十一年遷建。入學額數十六名。

正誼書院。在郡治北。

岑峯書院。在龍游縣北隅。

文溪書院。在江山縣治南。本朝乾隆二十八年重建。

定陽書院。在常山縣治。本朝乾隆六年建。

天香書院。在開化縣治。又府北有青霞書院,本朝康熙中建。西安縣有柯山書院,宋淳祐中建。明正書院,在縣東,咸淳中建。定志書院,在縣學右,明萬曆中建。今皆圮。

户口

原額人丁一十五萬八千六百九,今滋生男婦□十五萬九百三十六名口,計十六萬六千六百五十户。又屯運男婦一千二百八十八名口,計一百九十七户。

田賦

田地共二萬七千三百十三頃二十二畝二分零，額徵銀十八萬八千三百二十四兩六錢一分零，米一萬一千九百九十七石六斗八升六合零。

山川

雞鳴山。在西安縣東十五里。東溪流經其下。

翠微山。在西安縣東二十五里。高十餘里，上有平田數十畝，旁爲仙巖，中空可坐數十人。明太祖兵下江西，凱旋過此，御書「仙巖洞天」四字刻於石。

塘山。在西安縣東三十里。亦名塘臺山，高可數里，上有池，深不可測。又東五里爲烏巨山，有東西兩山連亘，西山尤雄秀，高可六七里。

鵝籠山。在西安縣東五十里。一名繡峯，上有三塢一池，稱爲奥區。其旁有九仙巖，峭峻百仞。

紫微山。在西安縣東南五十里。一名迷茨山，與鵝籠相接，峯巒際天，邈絶羣嶺。中有懸崖，泉滴不竭，旱則禱焉。

爛柯山。在西安縣南二十里。杜佑通典謂之石橋山，以中有石橋也。道書謂之青霞第八洞天，一名石室山。梁任昉述異記：晉王質入山採樵，見二童子對弈，質置斧坐觀，童子與質一物如棗核，食之不饑。局終，童子指示曰：「汝柯爛矣。」質歸鄉里，已及百歲，無復舊時人。

響谷山。在西安縣南三十一里。崖壁峭立，水環其址，崖半有穴，風嘘則鳴。

疊石山。在西安縣南四十里。其石層出若疊累狀，中有巖穴，名仙遊洞。

爵豆山。在西安縣南七十五里。舊有銀鑛，唐元和中閉塞。五代錢氏時復開，後仍閉。

鹿鳴山。在西安縣西三里。岡巒秀滌，修竹蒼松，掩映禪刹，爲郡人遊覽之所。

巖山。在西安縣西十里。四面壁立，絶頂平曠，可數十畝，中有石井，冬夏不竭。

屹石山。在西安縣西二十里。平地五峯拔起，下臨溪水。

烏石山。在西安縣西四十里。延袤十數里，巨石周匝如城，有石門可入，俗號寨門，相傳邑人避黄巢時所設。中有水田，歲未嘗旱。自府境趨江右者多道此。有張浚、岳飛題名石。

峥嶸山。在府城西北隅。三國吴遣將軍鄭平以十人守峥嶸鎮，即此。唐孟郊有詩。其東南相連者曰龜峯山，府治枕其麓。

銅山。在西安縣西北百里。宋時山出銅、錫、鉛。明産鑛，嘉靖三十九年徽、處二郡民羣聚來取，因爲寇盜，官兵蕩平之，遂設兵戍守。

鳳山。在西安縣北八十里。上極平曠，可治田圃，芝溪出焉。

東華山。在龍游縣東二里。下有姑蔑子墓。

石壁山。在龍游縣東三十里。下臨縠溪。

龍丘山。在龍游縣東三十五里。王渙之東陽記：龍丘山有九石，特秀林表，色丹白，遠望盡如蓮花。龍丘萇隱居於此，因以爲名。其峯際復有巖穴，外如窗牖，中有石牀。南齊書徐伯珍傳：宅南九里有高山，班固謂之九巖山，後漢龍丘萇隱處也。山多龍鬚檉柏，望之五采，世呼爲婦人巖。元和志：唐改太末縣爲龍丘，因龍丘山爲名。舊志：一名九峯巖，亦名芙蓉山。山西南五里爲三疊巖，有石室如層樓，旁有雪巖、獅巖、牛巖、破巖，巖有泉出龍吻，中有石鼓，冬至夜自鳴，宋度宗朝嘗遣祭。

方山。在龍游縣東四十里。山形方正，産茶絶佳。

鷄鳴山。在龍游縣南三里。宋時邑人呂防講學於此，嘗登山見鷄鳴叢棘中，羅得白金數十鎰，輸之官。

岑山。舊志：在龍游縣南十五里。唐書地理志：龍丘縣有岑山，俗名筆架山，自金華望之，正當其面，故號婺女照鏡臺。

聖壇山。在龍游縣南三十里。高五里，山勢聳拔，鳥道盤旋，名十八曲，上有天生池。山有龍洞井，其東爲雁蕩山，下臨茅溪。

靈山。在龍游縣南四十里。下爲靈溪，有徐偃王廟，後以禱雨得驗，更今名。其下有塔山，在靈溪中，孤嶼屹立，四水環流。

白石山。在龍游縣南四十五里。山有圓石，聳立二十餘丈，色純白，唐嘗以此山名縣。

樓山。在龍游縣南五十里。隋書所載樓山即此，土人呼爲五鳳樓。

楊樹山。在龍游縣西南八十里。疊嶂重巒，上戛牛斗，上有五粒小松數株，相傳楊盈川從華山移植，後人因以名山。

杜山。在龍游縣西北三十里。上有白馬嶺、下馬磡、洗馬池，其東爲雙巖山，西爲石佛山，西北爲大乘山，接西安縣界。

康山。在龍游縣北五里。其東爲縠波巖。

烏石山。在龍游縣北四十五里。下有幽巖，又北即梅嶺也。

航埠山。在江山縣東一里。周五里，山勢逶迤，鹿溪經其陽，有航渡。

漸山。在江山縣東二十里。俗名大靈山，巍然秀出，上有徐偃王廟，旁有泉三泓。

神仙山。在江山縣東三十里。上有泓泉。

鵝籠山。在江山縣東南四十里。上有靈湫。

景星山。在江山縣南五里。本名突星山，宋紹興中改今名。高四十丈，周五里，有三石峯，煙蘿、賓暘二洞。

徐王山。在江山縣南二十五里。三峯秀峙，東麓有押衙塢，相傳徐偃王嘗駐兵於此。又南十五里有徐山。

石門山。在江山縣南三十里。往來者皆道出山麓，謂之石門街。

洗仙山。在江山縣南四十五里。俗名萬青山，有仙人洞。又南五里爲龍堂山，頂有龍井。

江郎山。在江山縣南五十里。隋書地理志：信安縣有江山。即此。通典：須郎山發地如筍，有三峯。舊志：山在縣南五十里，一名金純山，又名須郎山。高六百尋，上有三峯，峯各有巨石，高數十丈，色丹奪目，不可仰視。相傳昔有江氏兄弟三人，登山巔化爲石，因名，俗呼江郎三片石山。頂有池，產碧蓮、金鯽，時有甘露之祥，錢氏以此山名縣。

石鼓山。在江山縣南九十里。路特嶮巇，人跡罕到。上有井十，皆有龍居。內一井有石鏡，煜煜有光，尤神怪莫測。絶頂名品尖，天霽可見衢城。相近又有箬山，高出仙霞之上，上有田，不旱，山民佃之。

浮蓋仙山。在江山縣南一百里。上有仙洞、石壇、石屏，奇怪百出。又多紅桃，花而不實。又南十里曰覰星山，巋然爲衆山之宗，登此可觀星辰，因名。

泉山。在江山縣南一百三十里。周數百里，漢朱買臣云東越王居保泉山，一人守險，千人不得上。通典：泉嶺山在信安縣南二百里。即此。

西山。在江山縣西一里。峯巒秀聳，下有須泉，一名梅花泉，邑人多擇勝爲亭榭。又西一里爲騎石山，高四十丈，周四里，與景星山相向。

湖山。在江山縣北二十五里。高百丈，周五十五里。上有石窟，山半有石城兩層，内有腴田。

漳山。在常山縣東二十里。其東有石井山，兩山壁立，中夾石溪，極爲幽勝。

常山。在常山縣東三十里。唐以此名縣。一作長山。絶頂有湖可數畝，亦曰湖山，巨石環繞，儼如城郭。王象之輿地紀勝：即古信安嶺也。陳天嘉初，留異據東陽時，王琳據江、郢二州，異因自信安嶺與琳潛通使往來。今自衢州西出信州達鄱陽者，必出常山，所謂嶺路也。

白馬山。在常山縣東四十里。上有石如掌擎一盤，水流不息。

硯山。在常山縣南二十里。出紫石及金星石，皆可作硯。

彤弓山。在常山縣西二十里。勢如龍蟠，溪流縈帶。

三衢山。在常山縣北二十五里。東陽記云：山上有石，週迴三百步。明統志云：昔有洪水暴出，派兹山爲三道，故名。峭峯奇石，玲瓏紺碧，夭矯槎牙，不可名狀。上有巖洞，中有石室，旁通二門，其相接者曰容車山，高三百丈，周五里，下有碧玉、蓮花二洞。

石門山。在常山縣北二十五里。下臨金川，石徑如門，僅容一人，山巔有竅，每旦出雲，東馳則雨，西馳則晴，驗之多應。

又有丫巾山，上有丫巾洞，有靈湫，爲龍所宅。

黄岡山。在常山縣北三十五里。宋時趙鼎、范冲、魏矼同隱於此。相近者爲營山，昔詹寇曾結營於此，故名。

巖谷山。在常山縣北三十八里。石壁高百餘丈。明統志：山多窟穴，産靈草嘉禾。山腹有靈真洞，中有三石人。

金錢山。在開化縣治東百步。世傳有金、錢二仙於此煉丹，故名。

王母山。在開化縣東十五里。山高而鋭，山半有靈湫，俗謂之天井。

鳳凰山。在開化縣南一里。如鳳展翅，舊有置麻車其下而去者，故西南一帶一名麻車山。

獨山。在開化縣南十里溪中。

雲霧山。在開化縣西南八十里。與江西德興、玉山二縣交界，周五十里。

石耳山。在開化縣西八十里。周三百里，跨婺源、德興二縣界。石壁聳立，嵌空如耳，故名。石巖旁有泉及池，四時不竭。

古田山。在開化縣西百餘里。高十五里，山中有田可百畝，田畔有泉，泉出兩竇，下瀦爲龍湫，每旦將雨，有雲一縷，浮空而出。

鐘山。在開化縣北一里。亦名覆釜山，縣之主山也。周八里，東北有龍潭，中多奇石。

臺石山。在開化縣北十里。周五里，高三十餘丈，山之東有臺石，倚山臨流，瞰空欲墮。

天童八仙山。在開化縣北四十里。周五里。相傳唐時有酆去奢修煉於此，丹井猶存。

蟠桃山。在開化縣東北五里。巖壁峻立，其上平廣數里，山逕縈紆，處處種桃，花時望之如蒸霞然。

銅錢嶺。舊志：去郡城三里而遥。國朝康熙十三年，耿逆之變，官兵列營於此，與賊對河而陣，歷三年，大兵雲集，賊始大潰，夜燒營壘而遁。

赤津嶺。在龍游縣南七十里。嶺崖峻隘，爲邑中五嶺之一。舊置有寨，守此，則括蒼之寇不能北下。所謂五嶺者，在南爲赤津、上塘，在西南爲小蓮、豪嶺，在北爲梅嶺，是也。

璩公嶺。在江山縣東南六十里，路通處州府遂昌、龍泉二縣。

仙霞嶺。在江山縣南一百里，又南去福建浦城縣一百二十里。或曰即古泉山之嶺也。周百里，登之者凡三百六十級，歷二十四曲，長二十里。唐乾符五年，黄巢破饒、信、歙等州，轉掠浙東，因刊山開道七百餘里，直趨建州，即此嶺也。宋紹興中，史浩帥閩過此，募人以石甃路，自是鐫除鏟削，舊時險阨少就寬平。南行記：仙霞之爲嶺一，而南北有名之嶺凡五：一曰窑頭，在仙霞北十五里；一曰茶嶺，在仙霞南三里；一曰大竿嶺，在仙霞南八里；一曰小竿嶺，在仙霞南三十六里；一曰梨嶺，在仙霞南五十六里。與仙霞爲六大嶺。盤紆峻拔，岡麓相接，六嶺之旁，大山深谷，接岫連峯，不可勝紀。東接處州，西亘廣信，林巒綿錯，略無斷處。輿程考：自馬頭嶺南至窑嶺，峯勢突起，行近仙霞，則高峯插天，旁臨絶澗，隘處僅容一馬。至關嶺益陡峻，蹊徑回曲，步步皆險。又南即茶嶺，松篁相接，夷險相乘。又南里許曰楊姑嶺。又南即大竿嶺，突然高峙，南去小竿嶺二十里，坡陀曠衍，寬平處可屯列萬騎。小竿嶺童然隆起，高一百五十丈，延袤十餘里，北趨婺州，西達廣信，皆可取途。又南五里，一峯傑出，謂之楓嶺。楓嶺北爲浙，閩分疆處，地名南樓。又南十五里即梨嶺。又南二十餘里爲魚梁嶺，過此則去險就平矣。蓋六嶺之險，止在七十餘里之中，故皆以仙霞目之。

紅旗嶺。在江山縣西南三十五里，路出江西玉山縣。每歲藝麥，不耕而穫。

巖嶺。在常山縣南五里。産黑石，可爲硯。

木綿嶺。在常山縣南十里，往江山之要路。山峻石險，後劃去巉石，嶺道始通。

菱湖嶺。在常山縣北二十五里，爲往開化之道。嶺路崎嶇，宋靖康間，江袤始開通之，後以鄰寇竊發，置寨防守。

雅金嶺。在開化縣東二十五里。周五十里。路出常山，嶺勢壁立，山半有龍湫，名攝龍洞。

芹嶺。在開化縣西南三十里。相近又有遁嶺，高十五里，二嶺連峙，皆崎嶇險峻。

歇嶺。在開化縣西少北七十里。自嶺而西十里抵白河，接德興縣界，爲往來通道。

百際嶺。在開化縣西北五十里，與婺源縣接界。

金竹嶺。在開化縣北六十里。有巡司戍守。自嶺又北六十里至休寧縣之江嶺。

馬金嶺。在開化縣北九十里，東接遂安，北接休寧，最爲衝要。

梧桐峯。在西安縣北七十里。與城東紫微峯相對，號南北高峯。

獨秀峯。在江山縣東南五十里。

西高峯。在常山縣治西北。縣城倚其麓。

賢良峯。在常山縣北十五里。秀聳如筆，宋王介讀書其下，應賢良科第一，因名。相近有豸峯，狀肖獬豸，宋侍御江躋居其下，故名。

湖巖。在龍游縣東十五里。石山横截水面，其下深巖窈然，半入水中，深不見底。

白佛巖。在龍游縣北四十里。山門山巔廣五丈四尺，深四丈七尺，有水南入瀫。相近有烏石巖，廣五丈，深三丈，有水滴下不絶。

白巖。在江山縣東南四十五里。廣一丈，深倍之，中平曠可容數百人。瀑布從巔下，若輕綃高挂，名水簾泉。

莫測。

登真巖。在江山縣西北十五里。舊名筋竹山，相傳唐女冠詹妙容得道於此，别駕令狐峘易今名。高五千丈，中有潭，深晦莫測。

趙公巖。在常山縣東北二十五里。宋時趙抃讀書其下，因名。捫蘿而登，石洞可容百人。

烏巖。在開化縣南十五里。廣三十餘丈，中平可居，其西又有白巖。

西巖。在開化縣北六十里。廣五丈，下有潭，深不測。又雲霧巖，在縣北七十里，廣七丈，中有龍湫。

宋村巖。在開化縣東北四十五里。有石龍，水自龍口出不絶，下有石臺承之，皆自然無斧鑿痕。

龍奄洞。在西安縣南。名勝志：昔有彭大佛者，棄妻子棲林泉寺，忽於小徑中聞樂聲，跡其路六七里，有宫室，仙人采女坐堂上，酒殽盛設，遂請大佛應供。大佛食畢辭避，堂上傳聲，送大佛從後門出。既出，惟見綫溜流入洞中。後每陰雨，猶聞鐘鼓聲。

四果洞。在西安縣西三十五里，接常山縣界。洞門方廣數丈，水從中出，溉田十餘里。

靈龜洞。在西安縣北六十里。亦名太乙洞，洞門高丈餘，中廣五丈，詰曲行里許，至石龜塘，僅廣二尺，中有石龜，具青、黄、白三色。相近又有太真、碧雲二洞。又朝陽洞，去芝溪五里，洞門纔三尺，其中石潨水瀧，深不能測。

煙蘿洞。在江山縣南五里。相傳有煙蘿子於此修道，宋趙抃有詩。

目連洞。在江山縣西二里。明浄幽曠，瀑布聲響不絶。舊傳阿目揵連修行於此，政和間，掘得青提夫人碑，乃目連母也。

大嶺洞。在江山縣西二十里。懸石如屋，愈入愈深，杳不可窮。

左坑洞。在江山縣北二十里。洞凡六七所，中有石佛、石乳、石田之類。

禹跡洞。在常山縣南五里。有泉溉田二百餘畝。

寶蓋洞。在常山縣西五十五里球川之上。明正德中，姚源盜起，置戍於此。

攝龍洞。在常山縣北。洞前石竇常乾，禱雨則滲潤，須臾滿溢，有異物如蛇蝎魚蝦之類，以水注瓶而歸，雲雨隨至。

衢江。源出江山縣仙霞嶺，流經西安、龍游二縣北，又東北入金華府湯谿、蘭谿二縣界，即古穀水也。漢書地理志：太末縣有穀水，東北至錢塘入江。元和郡縣志：穀水在須江縣東南一里。舊志：源出仙霞諸嶺曰大溪，一名鹿溪，匯流至清湖渡，始通舟楫。北流經江山縣東二里，又東北十八里而爲大溪灘，舊有浮橋，爲縣境之衝要。又東北入西安縣，爲衢港。至府城西南與信安溪合，曰雙港口，亦曰信安江。經城西，又繞出城北，又東至鷄鳴山下，與定陽溪合，亦曰盈川溪。又東北入龍游界，經縣西之團石潭，又東徑縣北五里，又東八十里入蘭溪縣界，與婺港合。其水隨地異稱，而穀溪其總名也。

東溪。在西安縣東十五里。隋書地理志：信安縣有定陽溪。即此。明統志：源出處州遂昌縣之周公嶺，東北流入縣界，至鷄鳴山下，與信安溪合。舊志：東溪沿周公源，過相思源口，循縣南二十里，九龍山下，又緣響谷、石室諸山麓而東北出。昔人於此横溪築堰，分派導流，迤邐而北，灌田五萬六千餘畝。又有柘溪，亦自常山縣流入，至上航入西溪。

芝溪。在西安縣北。源出鳳山，南流入衢江。

築溪。在龍游縣東二十五里。源出處州府松陽縣大方山，流入縣境七十里，合馬報溪，又西北流入穀溪。縣志又有白鶴溪，源出長枝、方山、官賽諸澗，流逕六石、龍泉二溪，合築溪，又北流五里，合馬報水，入寺湖。

靈溪。在龍游縣治東南百步。源出處州府遂昌縣，北流逕縣南靈山下，曰靈山港。繞城南復折而東，又北入於穀溪。凡行九十餘里。又有芝溪，在縣西九里，源出岑山西北，流入穀溪。

染口溪。在江山縣東南十里。自遂昌縣流入，合於大溪。

文溪。在江山縣西南三十五里禮溪鎮西。其源有三：一出石鼓山，一出廣源，一出廣嶺、永豐之後洋。至鎮匯爲一，北流入常山縣界，謂之私溪。又東北流四十里，與石崆溪會。其石崆溪亦出江山縣東北，流七十里，徑縣南一里，與私溪合，名曰新開溪。又東入金川，謂之三合水。

虹橋溪。在常山縣東二十五里。源出東魯等處，流入金川。又浮河溪，源出縣東匯南巖前，南流入金川。招賢溪，在縣東二十五里，源出常山鄉，亦南流入金川。

金溪。在常山縣北。源出開化縣北，南流折東，徑常山縣北，至府城西南，合衢江，即古定陽溪也。水經注：定陽溪水，上承信安縣之蘇姥布水，懸百餘丈，瀨勢飛注，狀如瀑布。其水分納衆流，混波東逝，徑定陽縣，又東入縠水。舊志：金溪有二源，一出開化縣北馬金嶺，一出縣西北百際嶺。二水合流，亦名馬金溪。南流四十里，徑鐘山下，環縣治東，又東南流，至華埠，始容小舟。又南入常山縣界，又名金川。至縣北五里，有疊石突出溪中，謂之金川灘。縣北諸溪，皆由此匯入，水至此最大，勝三百斛舟，繞縣郭而東，南合文溪。又東南流五十里，入西安縣界，亦名信安溪。以在郡西，又名西溪。至縣西南二里，合於衢江。

後溪。在常山縣北十里。源出丫巾山，南流疊石入金川。

馬厓溪。源出開化縣東十五里白馬山下，合大駛、小駛二澗，西南流三十五里，至常山縣界。又東南二十里，至石門，入金川，亦曰雙溪。又誾嶺水，出開化縣東北誾嶺，南流入馬厓溪。

聲口溪。在開化縣西二十里。其上流曰池淮溪，有兩源，一出歇嶺，一出縣西百里大榕嶺。合流至縣西三十里滕巖下之池淮畈，曰池淮溪。又東南爲聲口溪。又東南至縣南三十里，入金溪。

梅嶺水。在龍游縣北。源出嚴州府壽昌縣界，南流入縠。又有金村水，源亦出壽昌縣界，南流至筍墩入縠。

斗山水。在龍游縣東北。源出壽昌縣，南流入縠水。

彭湖。在西安縣東十五里。廣數十丈，延袤五里。

井湖。在西安縣東三十五里。廣百步，長五里。

西湖。在龍游縣西南五百步。宋時馬天驥所鑿，以擬杭之西湖。

五百人湖。在龍游縣東北三十里。亦名斗潭，周二里。相傳昔有五百人於此竭水取魚，得異魚及銅缶，已而水暴長，五百人皆没，因名。爲穀溪諸水所匯，溉田五百餘頃。

浮石潭。在西安縣東北五里信安江中。有石高丈餘，水大漲不没，唐白居易詩「浮石潭前停五馬」，指此。潭下有帝王灘，相傳明太祖自江右旋師過此，嘗駐蹕，故名。

漁湖潭。在常山縣東四十里，接西安縣界。

球川。在常山縣西五十里。四山環抱，形若金盤，川經其間，水最清潔，民多取以造紙。

雪泉。在江山縣西西山麓。亦名薛家泉，明時知縣張鳳翼浚入縣河。

須女泉。在江山縣西西山麓。深不及丈，形如半月，大旱不涸，流經縣北三里，入大溪，溉田數百畝。又白馬泉，在縣西北十五里登真巖下，溉灌甚廣。

義泉。在開化縣東北百步。廣僅十尺，深不盈仞，泡湧如沸，冬温夏凉，甘美不涸。

古蹟

姑蔑故城。在龍游縣北。國語：勾踐之地，西至姑蔑。又左傳哀公十三年：越伐吴，吴王孫彌庸見姑蔑之旗。杜預

注：「姑蔑，今東陽太末縣。」孟康曰：「太音闥。」陸德明曰：「音泰。」舊志：在縠溪之南，今人呼爲寺城麓。

太末故城。在龍游縣治。漢置太末縣，隋廢。唐初復置，并置縠州，尋廢，後又改置龍丘縣。章懷太子曰：「漢太末，今龍丘縣。」元和郡縣志：縣西去衢州七十二里。舊志：吴越時，以丘名近墓不祥，乃改爲龍游。或曰故城在今縣西。又縣北五里有縠波亭，或謂唐縠州置此。

信安故城。有二：一在西安縣南六里馬驛橋南，一在縣東十五里開化寺北，一在縣北二十里白石山。舊志：宋宣和三年，方臘陷衢州，州守高至臨於龜峯山築城，即今治。又有定陽城，在縣北二十五里欽風鄉，今爲古城院，或以爲即故縠州城也。

須江故城。在江山縣西南。唐置，屬衢州。元和郡縣志：縣北去州九十五里，以縣南有須江溪爲名。五代錢鏐改名江山，以縣有江山爲名。宋咸淳中，又改禮賢。舊志：禮賢故城，在縣西南三十五里。唐、宋縣皆治此。元至元十三年，始遷今治，復名曰江山。

常山故城。在今常山縣東。元和志：縣東去衢州八十里，本太末縣地，咸亨五年，於今縣東四十里置常山縣，因縣南有常山爲名。廣德二年，本道使薛兼訓奏移於舊縣西四十里，即今縣是。舊志：故縣治在常山北麓。又曰有信安故縣，在縣東四十里常山鄉，地名招賢，蓋即常山之訛也。

盈川廢縣。在西安縣南。寰宇記：盈川廢縣在州南九十五里。唐如意元年，分龍丘縣西桐山、玉泉等鄉置。縣西舊有刑溪，陳時土人留異惡其名，改曰盈川，唐因取爲縣名。元和七年廢，以其地併入信安、龍丘二縣。

白石廢縣。在龍游縣南三十五里白石山麓。唐武德四年，析太末縣置，屬縠州，八年省入信安。

武安廢縣。在龍游縣南。唐證聖二年，析龍丘縣置，後省。寰宇記：地有武安山，因名，故城猶存。

定陽廢縣。在常山縣東南。後漢末，孫氏所置，隋廢。唐初復置，尋廢。舊志：在縣東南三十里定陽鄉，地名三岡，去府治一百十里，遺址尚存。

開化場。今開化縣治。寰宇記：開化縣本常山縣地，錢鏐割據之時，析常山八鄉置縣。九域志：乾德四年，分常山縣置開化場。太平興國六年，升爲縣。蓋錢氏置場，入宋始爲縣也。

銀場。九域志：西安縣有南、北二銀場，南場蓋在爵豆山下。

超覽堂。在府城内。宋時建，毛幵有記。

六賢堂。在府城東。宋時郡人祀趙鼎、范冲、馬伸、汪應辰、劉穎、汪逵六賢於此。

證夢亭。在府治南。唐豆盧署常夢一老人謂曰：「二十年後爲此郡守，可於此建亭。」後果守衢州，乃立亭於夢中所見處。

濯纓亭。在西安縣北二里。與逸老、水月共三亭，俱宋趙抃建。

月波亭。在開化縣金錢山。北宋時建，朱子有詩。

雁序館。在府城西隅。唐咸通中，刺史趙璘與弟處州刺史瓚會别之處。

景星館。在江山縣南五十步。宋汪大猷、辛棄疾皆留題。

龍丘萇宅。在龍游縣東龍丘山。東陽記：太末縣有龍丘山，龍丘萇隱居於此。又蕭齊時，徐伯珍亦居此。

殷浩宅。在西安縣南六里信安故城中。晉建元間，浩以山桑之敗，貶居於此。其址猶存，土人號曰殷牆。

徐安貞宅。在龍游縣龍丘山下。爲安貞讀書處，後改爲九峯書院。

趙抃宅。在西安縣北五里。抃喪繼母，與弟抪廬墓，縣令過勗榜其居曰孝弟居〔一〕，即此。又有高齋，在縣北拱辰門外二里，抃退居時建。

馬君驥宅。在龍游縣東南。今名馬府。

關隘

仙霞關。在江山縣南仙霞嶺上。有巡司戍守。舊名東山巡司，初置於嶺下，明成化間徙於嶺上。又有小竿塞巡司，在縣南小竿嶺上，今裁。舊志：仙霞之爲關一，而東西有名之關有五，一曰安民關，在仙霞東南三十五里，路通處州府遂昌縣；一曰六石關，在仙霞西南三十五里，屬江西永豐縣，路通江山縣及玉山縣；一曰黄塢關，在仙霞西南五十里；一曰木城關，在仙霞西南六十里，屬福建浦城縣，路皆通永豐；一曰二渡關，在仙霞西南八十里，亦屬浦城縣，出關即永豐縣界。皆江浙往來之間道，與仙霞共爲六關。六關中唯二渡、山溪環匝，路容單騎，若從江西廣信取逕，由此而東，則逕出楓嶺之南，歷盆亭司、分水關，凡五十里，合於仙霞南出之道，其地崎嶇險仄。而安民、木城諸關，又皆迂僻深險，難於登陟，非經途所由也。其外又有茅簷嶺關，在六石關東南十餘里，屬江山縣界，路通浦城。又有限門關，在二渡關南三十餘里，屬浦城縣，路通崇安。又岑陽關，在二渡關西三十餘里，屬崇安縣，路通永豐、上饒。其餘山逕叢雜，因地設隘，多以關名，要以仙霞爲首。

白沙關。在開化縣西八十里，接江西饒州府德興縣界。自關而西又七十里，即德興縣也。

守禦千户所。在府治西。元置鎮守保甲萬户府，明初改置仁和衛，尋改爲守禦所。

全旺。在西安縣北三十里〔二〕。有巡司駐此。

湖鎮。在龍游縣東三十里湖頭鎮。路出蘭谿，有公館，明置巡司，今因之。

草坪。在常山縣西四十里舊草坪驛。又西四十里，即江西玉山縣，江、浙於此分界。元至元末，置軍營駐兵防守，明洪武三年，復置草坪馬驛。隆慶初，併入廣濟驛，改置公館，今設巡司。

金竹嶺。在開化縣北六十里，有巡司駐此。又雲臺巡司，在縣西七十里。低坂巡司，在縣北二十五里。皆久廢。

禮賢鎮。九域志：江山縣有禮賢鎮。舊志：在縣西南四十里。又有清湖鎮，在縣南十五里，爲浙、閩水陸之衝。

鎮平鎮。在常山縣東南定陽鄉，地名派石。相傳昔有詹寇據此，官兵剿平之，向設巡司，今裁。又丁坑巡司，在縣北三十五里，亦久廢。

甘露鎮。在常山縣西北四十里。五代梁開平二年，淮南攻危仔昌於信州，吴越攻淮南甘露鎮以救之，即此。

馬金鎮。在開化縣北三十五里。以馬金嶺爲名。

華埠鎮。在開化縣南三十里。自常山至縣，此爲通道。明隆慶初，設營於此，今有守備駐防。

巖剩寨。在西安縣西南一百二十里。明置巡司，本朝康熙三十九年裁。又相固寨，亦名板固，在縣東南四十五里，舊亦有巡司，久廢。

赤津嶺寨。在龍游縣東南七十里。又梅嶺寨，在縣北五十里梅嶺，明正統中，置以備礦寇。

白磋寨。在江山縣東八十里。又馬鞍寨，在縣西南六十里。新塘寨，在縣西五十里。皆明正統中，置以備礦寇。

楓嶺寨。在江山縣南楓嶺，爲浙、閩分界處。本朝特設遊擊駐防。

硤石寨。在江山縣南七十里硤石渡。爲浙、閩要道。本朝雍正十二年，移府同知駐此。又小竿嶺新寨，在縣南小竿嶺，有兵戍守。

壕頭寨。在常山縣西，與江西玉山縣接界。明正德中，王浩八作亂〔三〕，因立寨掘壕。又白石塢壕坑，在縣西南三十餘里，亦是時置戍處。

白石寨。在開化縣西六十里。

陳村營。在龍游縣西南六十里。元至元中，平昌賊孟祥作亂，調吳興師囊古討之，立營於此。久廢。

安仁市。在西安縣東三十五里。陸走龍游，爲府東要隘。

靈山市。在龍游縣南靈山下。路通遂昌，舊有巡司。又有水北巡司，在縣北石佛山北。皆久廢。

上航驛。在西安縣西三里。舊爲信安水驛，明弘治中改爲上航埠頭水馬驛。

亭步驛。在龍游縣北五里穀溪南岸。舊爲穀波驛，明弘治六年徙於泥灣，改置水馬驛。舊有驛丞，今裁。

廣濟驛。在江山縣南。舊自衢入閩者皆由常山西出玉山。本朝順治十二年，始移常山之廣濟驛於此，今設驛丞，兼管清湖巡檢事。

津梁

通和橋。在城西門外水亭埠。明萬曆四十年，創建浮橋，長八十餘丈。

東蹟浮橋。在西安縣東十里。爲往來通道。

雙浮橋。在西安縣東三十五里安仁市。二溪分流於此。

通駟橋。在龍游縣東門外，跨靈山港。長二百步，宋紹興中建。相近又有文昌橋，明萬曆中建。

馬報橋。在龍游縣東十五里。長十五丈。

大虹橋。在龍游縣南五十里，跨洞溪，路出遂昌。山崖高險，阻塞難行，明天順四年，知縣王瓚鑿石構橋，遂爲通道。

笱墩橋。在龍游縣北六里。長十丈。

通濟橋。在江山縣東門外，跨鹿溪。

昭明橋。在江山縣南三十里江山鄉。爲閩、浙要衝，宋建。

三鄉口橋。在江山縣。本朝乾隆三十二年壞於水，三十四年修築。

觀風橋。在常山縣東門外，跨龍潭上。舊名迎恩，明嘉靖中重建，改今名，覆屋九間。

廣濟渡浮橋。在常山縣東觀風橋東，跨廣濟渡。初設渡夫以舟渡，明弘治中，比舟爲浮橋，纜以鐵索。後舟壞，築石墩十，架木梁於其上。

太平橋。在常山縣西二十里草坪舊驛。有屋覆之。

和平通濟橋。在開化縣治東。宋紹興中建，今改浮橋。

石梯橋。在開化縣北三里。石壁峭立，下臨密賽淤，疊石爲梯七十餘級。

招賢渡。在西安縣西南三十五里信安溪，路達常山。

清湖渡。在江山縣南十五里。爲浙、閩要會，閩行者自此舍舟而陸，浙行者自此舍陸而舟。官置浮梁，以濟行旅。明萬曆中建橋曰九清，今改浮橋。

硤口渡。在江山縣南六十五里。輿程記：自清湖至硤口，凡五十里。

星口渡。在開化縣南石門鄉。

隄堰

石室堰。在西安縣西南十一都。溉田二十萬畝，爲縣境水利第一。相近有黄陵堰，溉田二萬餘畝。又有坊門堰，在縣西南，跨江山縣界，灌田十五萬畝。

姜村堰。在龍游縣南二十里。相近又有席村堰，皆遏茅溪，溉田三萬餘畝。又分子堰七十一，雖大旱不涸，地稱沃壤。明嘉靖四年爲洪水所壞，推官鄭道築馬脛八十丈，以殺其勢，又築東壩五十丈，以固其址，至今利之。

五社石壩。在龍游縣西南。禦近城溪河上流水勢。本朝乾隆五十七年修。

官壩。在常山縣北二里。明萬曆間築。

魁星閘。在府城小南門外。蓄水灌入城内，環繞城河。

陵墓

周

姑蔑子墓。在龍游縣東東華山下。宋慶元間爲人所發，古物充牣。

漢

龍丘萇墓。在龍游縣東龍丘山。又有祠，在縣東三里。

晉

毛璩墓。在西安縣南一里。

唐

祝奢墓。在江山縣南景星山下。

五代　吴越

陳備墓。在西安縣西二里。備本錢氏舊臣，聞國除，慟哭不食而卒。

宋

趙抃墓。在西安縣東四十里。

徐揆墓。在江山縣南景星鄉南塘。

趙鼎墓。在常山縣東石門山。有石門書院，以祀鼎。

范冲墓。在常山縣北三十五里容車山下。

魏矼墓。在常山縣南宅山。

劉章墓。在龍游縣南四十里靈山下。

余端禮墓。在龍游縣南靈山石壁原。又有祠，在縣北。

汪應辰墓。在常山縣西石潭頭。

明

孝子何倫墓。在江山縣北六都墳前山。

吾紳墓。在開化縣北鍾山下。

樊瑩墓。在常山縣北博望鄉。

方召墓。在江山縣景星山。

祠廟

孔氏家廟。在府城中。宋建炎初，孔子四十八代孫衍聖公端友扈從南渡，紹興初詔賜田於衢州，建廟城北之菱塘，規制比曲阜。元季燬於兵。明永樂初，遷於城南。正德十五年，又遷於西安縣學舊址，即今所。本朝康熙二十一年重修。

徐偃王廟。在龍游縣西四十里靈山下。唐刺史徐放重修，韓愈有碑。

楊盈川祠。在龍游縣西北二十里盈川上。祀唐縣令楊炯。

趙清獻祠。舊在西安縣北，明嘉靖中徙城南，祀宋趙抃。

景行祠。在江山縣學内。舊名三賢堂，祀宋周穎、徐揆、徐存。淳熙二年，縣令邵浩益以毛漸、毛㮚，更今名，朱子有記。

徐正節祠。在江山縣北門外。祀宋徐應鑣。

七賢祠。在開化縣學東。祀唐魏謩、宋趙抃、江景房、程俱、鄒補之、趙汝櫄、魏亨中。

貞烈祠。在龍游縣北三里。祀列女徐蓮姑。

方節愍祠。在江山縣署儀門内。祀明死節知縣方召。

寺觀

祥符寺。在府治西北。三國吴鄭平舍宅建，元黄溍有記。

靈耀寺。在龍游縣西。晉時建，相傳爲姑蔑子故宫。

南禪顯聖寺。在府城南三里。梁天監中建。本朝康熙四十八年重建。

報恩寺。在常山縣北十五里。唐貞觀二年建，初名保安寺，明末燬。本朝康熙中重建，更名報恩。

開元寺。在府城東南十五里。唐神龍中建。本朝康熙中重建。

永平寺。在常山縣北三十里。唐大中十年建。宋趙鼎、魏矼、范冲三賢嘗寓此。

明教寺。在府城北二十里。宋太平興國元年建。本朝康熙中重建。

烏石寺。在龍游縣北四十五里。宋紹興中，岳飛過此，有題識。

元妙觀。在城南府治西。唐天寶中建。

集仙觀。在西安縣南爛柯山下。

名宦

三國　吴

賀齊。山陰人。漢獻帝時，太末豐浦民反，齊轉守太末長，誅惡養善，期月盡平。

晉

江逌。陳留圉人。爲太末令。縣界深山中有亡命數百家，恃險爲阻，前後守宰莫能平。逌到官，召其魁帥，厚加撫綏，諭以禍福，旬月間襁負而至，朝廷嘉之。子蔚，吴興太守。

隋

辛大德。天水人。爲信安令。誅翦羣盜，甚得民和。煬帝徙虞綽於且末，綽亡走信安，大德舍之。歲餘，有告綽者，與綽俱爲使者所執，會有詔，死罪得以擊賊自效，信安吏民詣使者叩頭曰：「辛君人命所懸，辛君若去，亦無信安矣。」使者留之以討賊。帝怒，斬使者，大德獲全。

唐

李禕。吴王恪孫。開元時徙信安郡王，爲衢州刺史。治嚴辨。子峴，後亦刺衢。

趙涓。冀州人。德宗初爲衢州刺史。不爲觀察使韓滉所容，奏免官。帝見其名，問宰相曰：「是豈永泰時御史乎？」對曰：「然。」詔拜尚書左丞。既至，勞之曰：「卿正直，朕所自知，乃以罪聞，不信也。」

宋

高賦。中山人。嘉祐中，知衢州。俗尚巫鬼，民毛氏、柴氏二十餘家世蓄蠱毒，值閏歲害人尤多，與人忿争，輒毒之。賦悉擒治伏辜，蠱患遂絶。

趙師旦。宣城人。知江山縣。斷治出己，吏不能得民一錢，棄物道上，人無敢取。後知康州，死儂智高之難，柩過江山，江山之人哭祭於路，絡繹數百里不絶。

錢顗。字安道，無錫人。熙寧初，爲殿中侍御史裏行，與劉述、劉琦上疏言新法不便，貶監衢州鹽務。怡然無謫官之色，蘇軾贈詩，有「烏府先生鐵作肝」之句，時因號爲「鐵肝御史」。

張奎。字仲野，臨濮人。元祐初，監衢州酒稅。有徐生者，以毆人至死，繫婺州獄，再鞫輒稱冤。轉運使命奎復治，奎視囚籍印竄僞〔四〕，深探之，乃獄吏竄易，卒釋徐生，抵吏罪，衆驚伏。同時薦奎者三十九人，遂擢大理寺丞。

宗澤。義烏人。元符初，知龍游縣。民未知學，澤爲建庠序，設師儒，講論經術，風俗一變，自此擢科者相繼。

李光。上虞人。崇寧中，調開化令，有政聲。

彭汝方。鄱陽人。宣和初，通判衢州。使者疏其治狀，擢知州事。方臘起睦之青溪，與衢接境，寇至，無兵可禦，衆望風奔潰。汝方獨與其僚段約界守孤城，三日而陷，罵賊以死。

胡唐老。晉陵人。靖康三年，知衢州。苗傅敗走，以亂兵犯城，唐老拒之。會大雨雹，城上矢石俱發，賊不支，遂解去。以功擢秘閣修撰。

趙子潚。秦康惠王後。爲衢州推官。胡唐老奇其才，任之，屬時多故，子潚佐唐老繕完城具。苗、劉兵至城下，不能攻。以功進秩。

陳康伯。弋陽人。紹興初，通判衢州，攝郡事。盜發白馬原，康伯督州兵濟王師進討，克之。

翁蒙之。崇安人。爲常山尉。時趙鼎以謫死，其子汾將喪過衢，郡守章傑希秦檜意，檄蒙之領卒掩取鼎平時與故舊來往簡牘。蒙之先遣人告汾焚之，逮至，一無所得。傑怒，治蒙之罪，士論高之。

汪大猷。鄞人。紹興中，以恩補官，授江山縣尉。曉暢吏事。

劉珙。建人。隆興初，改知衢州。治事精明，吏人畏服。

趙希言。惠王令廌元孫。淳熙中，調衢州司户參軍。合郡民以計，表其坊里，標其户數，爲圖獻於守，守得而才之。時衢已復孔步、章戴二場，漕帥復檄訪嚴州烏龍嶺税場，希言力陳不當復。帥怒曰：「衢已復二場，何烏龍獨不可復？」希言謂二場當併罷去。帥不能奪，二場竟亦廢。

袁甫。鄞人。嘉定中，知衢州。立旬講，務以理義淑士心，歲撥助養士千緡。西安、龍游、常山三邑積窘，豫借爲代輸三萬五千緡，蠲放四萬七千緡。郡有義莊，買良田二百畝益之。

趙逢龍。鄞人。理宗時，歷知衢州。有司例設供張，逢龍至，悉命撤去，日具蔬飯，坐公署，事至即面問決遣。爲政務寬恕，無論惻怛，一以天理民彜爲言，民不忍欺。

馮惟説。理宗時，爲衢州推官。浙東提點刑獄徐鹿卿檄惟説決婺獄，惟説素廉平，至則辨曲直，出淹禁，大家不快其爲。會鄉人居言路，迺屬劾惟説，州索印紙，惟説笑曰：「是猶可以仕乎？」自題詩印紙而去。

陳塤。鄞人。端平初，知衢州。寇卜日發滌坑，遵江山縣而東，塤獲諜者，即遣人致牛酒，諭以大義，勸其速改，否則殺無赦。於是自首者日以百數，獻器械者重酬之，遂潰散。

孫子秀。餘姚人。理宗時，守衢州。時寇作，水冒城郭，子秀立保伍，選士豪，首表常山縣令陳謙亨、寓士周還淳等捍禦之勞，乞加優賞，人心由是競勸。未幾，盜復起江山、玉山間，甫七日而衆擒四十八人以來，終其任賊不復動。又治橋梁，修堰牐，補城壁，浚水原，助葺民廬，賑以錢米，奏蠲秋苗萬五千石有奇，並除公私一切之負。坍溪沙壅之田，請於朝，永蠲其税，民用復蘇。南渡後，孔子裔孫寓衢州，詔權以衢學奉祀，久無專饗之廟，子秀廢佛寺奏立家廟如闕里。以政最遷太常丞。

王應麟。慶元府人。淳祐中，調西安主簿。民以年少易視之，輸賦後時。應麟白郡守，繩以法，遂立辦。諸校欲爲亂，縣令翁甫倉皇計不知所出，應麟以禮諭之，衆皆讋服。

元

白景亮。南陽人。爲衢州路總管。時徭役不均，吏緣爲姦，景亮覈驗田畝，役之輕重，視田之多寡，民不勞而事易集。郡學之政久弛，諸賢塑像以及祭服樂器、諸生廩給，景亮皆爲之備，儒風大振。性廉介，妻尤儉約，惟以脱粟對飯而已。部使者上其事，特詔褒美。

陳孚。臨海人。遷衢州治中。多著善政。

徹爾庫輝。本蘇默人。至順初，爲達嚕噶齊，監龍游縣。召父老開闢田野，均賦役，使民自陳，得實户九千有奇。先是，西安、龍游糧輸建德，凡羨餘令再輸本路。庫輝言於司府，西安存廣盈倉，龍游存和豐倉，永爲例，民便之。修瀫江浮橋，置田二百四十畝，立倉充其費。築席村、鷄鳴二堰，皆親督其成。「徹爾庫輝」舊作「察兒可馬」，「蘇默」舊作「速蠻」，「達嚕噶齊」舊作「達魯花赤」，今俱改正。

楊居仁。至正末，爲開化尹。饒兵陷縣治，仗義不屈，罵賊死。

巴延布哈德濟。字蒼崖，輝和兒人。至正十六年，授衢州路達嚕噶齊。阿爾輝引兵經衢州，軍無紀律，所過輒大剽掠。巴延布哈德濟曰：「阿爾輝以官軍而爲民患，此國賊也，可縱之乎？」乃帥兵逐之出境，郡賴以安。陞浙東都元帥，守禦衢州。頃之，擢江東道廉訪副使，階中大夫。十八年，陳友諒遺黨王奉國等寇信州，巴延布哈德濟自衢引兵援之，日夜與賊鏖戰，糧竭矢盡，自刎死，追謚桓敏。總管馬浩，同時赴水死。「巴延布哈德濟」舊作「伯顔不花的斤」，「輝和兒」舊作「畏吾兒」，「阿爾輝」舊作「阿魯灰」，今俱改正。

明

王愷。當塗人。太祖克衢州，命愷總制軍民事。時常遇春守金華，部將擾民，愷執撻之。遇春讓愷，愷曰：「民者國之本，撻一部將，萬民安，將軍所樂聞也。」遇春乃謝愷。開化馬宣、江山楊明並起爲亂，悉先後討擒之。

唐鐸。虹縣人。洪武初，爲西安縣丞。撫綏新附，以德化民，聲譽大振。

夏毅。衢州守將。時金華苗軍作亂，殺參政胡大海，處州苗將亦殺總制孫炎等，衢州或謀以城應之。毅決計固守，會劉基丁母憂回，即迎入城，告諭屬邑，州境遂安。

黄奭。黄岡人。洪武初，爲衢州知府。營府治，增城堡，興水利，以資灌溉。有姦民爲亂，親入其壘平之。去任後，與郡丞余伯深並祀清節祠。

郭敦。堂邑人。洪武中，爲衢州知府。多惠政。衢俗貧者輒焚尸，敦爲厲禁，且立義阡，俗遂革。禁民聚淫祠，敦疾，民勸弛其禁，弗聽，疾亦瘳。在衢七年，永樂初，坐累被逮，耆老數百人伏闕乞留。

夏升。鹽城人。永樂中，開化知縣。有惠政。秩滿當遷，部民訴於上官，乞再任。上官以聞，帝嘉之，即擢衢州知府，俾得治其故縣。

王瓚。陝州人。天順初，龍游知縣。俗好訟，黜其渠魁數輩，漸慑服。凡學校、公宇、橋梁，修舉一新。在任六年，以最聞。

唐瑜。上海人。天順中，衢州知府。重建郡學，復孔氏祊田，造石塘浮橋。歲祲，禱雨立應。有倉大使貧卒於官，其妻鬻女以殮，瑜贖之而歸其櫬。

饒泗。進賢人。弘治中，知衢州府。恤旱災，興學政。在任五年，妻孥不入官舍，布被脱粟，官厨屢空。民立明德祠祀之。

沈杰。長洲人。弘治中，衢州知府。修雉堞，建窩鋪，疏請孔氏承蔭博士，復趙清獻祠，浚河引石室堰水入濠，皆有利於民。

林有年。莆田人。正德中，以御史出爲衢州知府。毁淫祠，創社學，修築館舍，令諸生肄業於中。以衢道衝煩，立節省法，支應視昔減半。歲饑，捐俸以賑。去之日，行李蕭然。

劉佐。安福人。正德中，知龍游縣。重民不舉子之禁，令婚姻以時，有不奉者，置之罪。以艱去，再起仍知龍游，治行益著。

楊燦。華亭人。正德中，知開化縣。流寇入境，燦築城固守。寇退，請賑給，兼予牛具穀種，親率醫胗治疫病，全活甚衆。

劉起宗。巴縣人。嘉靖中，任衢州推官。時礦盜盤踞銅山，起宗親率兵往攻，先遏其歸路，分兵三疊陣以進，賊驚懼，皆潰走，官兵夾擊之，俘獲甚衆。自是礦徒絶蹟。

楊準。宜興人。嘉靖中，知衢州府。郡故多火災，準濬古河遶龜峯，火災頓息，民德之，稱爲楊公河。驅剿礦盜，四境以安。後轉閩藩，便道過衢，復與後任郡守，共置學田。

余一壠。婺源人。嘉靖中，知江山縣。縣舊無城，一壠創議建築，邑賴以安。

張克文。新淦人。隆慶中，知常山縣。躬履田中清丈，汰浮糧八百餘石。諸催徵解絹，鹽商開引舊例，悉行申革，商民德之。

韓邦憲。高淳人。隆慶中，知衢州府。築石室堰，以灌田。設石門、長臺戍守，以扼礦坑。立類編追徵法，以杜混科煩催之弊。善政具舉，未幾病卒，民思之，爲建常懷祠。

李一陽。丹徒人。萬曆中，知西安縣。摘伏發姦，課士取實，詘黜浮華。履畝丈量，得浮額於通邑，每畝酌減稅糧，民德之。

伍經正。安福人。崇禎時，爲西安知縣，尋擢知府事。城陷，赴井死。本朝乾隆四十一年，賜謚節愍。

鄧巖忠。江陵人。爲衢州推官。城破，自縊。時巡按王景亮，吴江人；鎮將張鵬翼，諸暨人；同死之。本朝乾隆四十一年，賜巖忠、景亮並謚節愍，鵬翼謚烈愍。

方召。宣城人。署江山縣事。時金華被屠，集父老告之曰：「兵且至，吾義不當去，然不可以一人故，致闔城被殃。」遂封其印，冠帶北向拜，赴井死。士民爲收葬，立祠祀焉。本朝乾隆四十一年，賜謚節愍。

本朝

崔華。平山人。康熙六年，知開化縣。先時縣有私徵，責成里長，民以爲累。華至，立除之。耿精忠叛，守將據城通賊，華齎印間道走至十六都，糾合鄉勇鄭大來、夏祚等，激以忠義，得萬餘人，力戰五日，復其城。撫輯流亡，民間子女散失者，遍訪贖回，復繪圖請免四年積逋。時疫氣盛行，設藥局，廣爲療治，死者爲置棺瘞埋，善聲著聞。

王宏仁。遼陽人。康熙十三年，以湖州知府調衢州。時耿精忠叛，衢爲浙、閩要衝，滿、漢將士畢集，宏仁調度供億，不擾於民，指陳方略，動中機宜。又力請蠲賑，衢人德之。

晉大忠。趙城人。衢州守備。與耿精忠黨戰於繆村，斬賊數十人，力竭而死。事聞，賜祭，厚恤其家。

盧燦。海城人。康熙中，任龍游知縣。時盜賊充斥，燦剿撫並施，四境獲安。在任八年，愛士勸農，歷著善政，卒於官。

陳鵬年。湘潭人。康熙中，知西安縣。民苦虛糧爲累，鵬年下車申請丈量，不假手胥役，每圖十區，設區長二人，同衆户自丈己田，每都立公正二人，彙其總數，據現田科糧。豁除絶户，而以丈出餘糧補從前缺額。邑境之田，多資堰壩以爲蓄洩，多圮壞，鵬年按承堰水田，編爲十甲，擇甲内田多者令爲堰長，督築堰壩，計田出費，無苛派侵漁之弊。他如驅除銅山礦賊，雪鄭榮組妻徐氏冤，止停喪、溺女，善政具舉。

費我仁。歸安人。以歲貢生任開化訓導。教士以孝友廉節，寒儒逋國賦者，助完之。文廟圮，倡修落成。去任時，士皆涕泣以送。

人物

漢

龍丘萇。隱居太末，志不降辱。王莽時，四輔三公連辟不到。更始初，任延爲會稽都尉，掾吏白請召之，延曰：「龍丘先生，躬德履義，有原憲、伯夷之節，都尉埽灑其門猶懼辱焉，召之不可。」遣功曹奉謁，修書記，致醫藥，吏使相望於道。積一歲，萇乃乘輦詣府門，願得備録。延辭讓再三，遂署議曹祭酒。尋病卒。

三國　吴

徐陵。字元大，太末人。爲縣吏，虞翻一見與友善。歷三縣長，所在著稱。遷零陵太守。子平，字伯先，童齔知名。諸葛恪守丹陽，討山越，請平爲丞。稍遷武昌左部督。初，恪待平禮意甚薄，後恪被害，其子建亡走，爲平部曲所得，平使遣去。行義敦篤，皆此類也。

南北朝

齊

徐伯珍。字文楚，太末人。少孤貧，學書無紙，嘗以竹箭、箬葉、甘蕉及地上學書。山水暴出，漂溺宅舍，村鄰皆奔走，伯珍累牀而坐，讀書不輟。從學叔父璠之，積十年，究尋經史，游學者多依之。後移居九巖山，州郡禮辟皆不就。兄弟四人，皆白首相對，時人呼爲「四皓」。

陳

鄭灼。字茂昭，信安人。幼聰敏，勵志儒學，受業於皇侃，尤明三禮。梁簡文在東宫，雅愛經術，引灼爲西省義學士。天嘉初，累遷中散大夫。

唐

徐知新。信安人。與同邑徐惠譓，俱以孝行著。

徐安貞。字子貞，龍丘人，本名楚璧。應制舉，三登甲科，調武陟尉。開元中，進中書舍人、集賢院學士。帝屬文多令視草，甚承恩顧。累遷中書侍郎，封東海縣子。

余常安。衢州人。父、叔皆爲里人謝全所殺，常安八歲已能謀復仇。十有七年，卒殺全，刺史元錫奏輕比，刑部尚書李鄘執不可，卒抵死。

宋

慎知禮。信安人。父温有詞學，仕錢俶，終元帥府判官。知禮幼好學，年十八獻書於俶，署校書郎，爲掌書記。太平興國三年，從俶歸朝，授鴻臚卿，歷知陳州、興元府。母年八十餘，居宛丘，懇求歸養，退處十年，縉紳稱其孝。至道三年，以工部侍郎致仕。知禮自幼至白首，歲讀五經周而後止，每開卷必正衣冠危坐，未嘗少懈。子從吉，字慶之，真宗朝歷右諫議大夫，改給事中，權知開封尹。以勤敏稱。

趙抃。字閱道，西安人。景祐進士，爲殿中侍御史。彈劾不避權倖，京師目爲鐵面御史。累加龍圖閣學士，知成都府。神宗立，召知諫院，尋擢參知政事。抃感知遇，朝政有未協者，必密啓陳。會王安石用事，議論不合，累疏求去，拜資政殿學士、知杭州，再知成都，改知越州，復徙杭，以太子少保致仕。卒，贈太子少師，謚清獻。抃長厚清修，人不見其喜愠。不治貲業，不畜聲伎，日所爲事，夜必焚香告天。其爲政善因俗施設，猛寬不同。在處州與成都，尤爲世所稱道。晚年學道有得，韓琦嘗稱抃真世人標表云。

趙屼。字景仁，抃子。由廕登第，擢監察御史。以親老乞外以便養，提舉兩浙常平。哲宗立，復召爲御史。所言皆切時務，蔡卞等忌之，出提點京東刑獄。元符中，歷鴻臚、太僕少卿，卒。初，抃廬母墓三年，縣榜其里曰孝弟。及屼執父喪，而甘露降墓木。屼卒，子雲又以毀死，人稱其世孝。

毛漸。字正仲，江山人。治平進士，元祐初，歷江東、兩浙轉運副使。浙部水溢，起長安堰，開無錫、武進、常熟、崑山諸湖浦以入海，水不爲患。入爲吏部郎，以秘閣校理爲陜西轉運使，攝帥涇原，破夏人於没煙砦。進直龍圖閣，知渭州，未任卒。

毛奧。字叔縝，江山人。少有節操，爲歙州士曹，睦寇陷城，罵賊死。贈朝議郎。

劉絢。字質夫，常山人。以蔭爲壽安主簿、長子令。元祐初，韓維薦其經明行修，爲京兆府教授。王巖叟、朱光庭又薦爲太學博士，卒於官。絢從游程顥之門，力學不倦，最明於春秋。顥每爲人言，他人之學，敏則有矣，未易保也，若絢者，吾無疑焉。

毛奎。字世高，本名倜，西安人。紹聖四年進士，爲閩曹。建卒張員作亂，力疾諭之，竟死於兵，血流如白乳。

王涣之。字彦舟，常山人。父介，舉制科，以直聞，至秘閣校理。兄漢之，舉進士，累官兵部侍郎、龍圖閣直學士。涣之未冠，擢上第，歷官太學博士。徽宗立，以日食求言，召對稱旨，欲任以御史，辭曰：「臣由大臣薦，不可居是官。」乃拜吏部員外郎。崇寧初，進吏部侍郎，出知廣州。言者論涣之當元祐末，與陳瓘等遊，不宜復任，解職入黨籍。後以寶文閣直學士知中山府，以疾丐祠。涣之性淡泊，恬於仕進，每云乘車常以顛墜處之，乘舟常以覆溺處之，仕宦常以不遇處之，則無事矣。其歸趣如此。

劉正夫。字德初，西安人。未冠，入太學有聲，與范致虚、吴材、江嶼號四俊。元豐八年舉進士，歷左司諫。時方究蔡邸獄，正夫入對，徐及「淮南尺布斗粟」之謡，帝感動，解散其獄。累拜中書侍郎，進少宰，以疾致仕。

毛滂。字澤民，江山人。元祐中，蘇軾守杭，滂爲法曹，軾見其文，深器重之，後薦於朝，擢知秀州。所著有東堂集。

毛注。字聖可，西安人。舉進士，知南陵、高苑、富陽三縣，皆以治辨稱。徽宗召爲殿中侍御史，蔡京免相留京師，注疏其擅持威福，動揺中外，交植黨與，京遂致仕。因彗星見，又極言京罪惡，京始出居錢塘。注復采當世之急務，曰省邊事、足財用、收士心、禁技巧，皆切於世務。官至左諫議大夫。

徐揆。字宅卿，衢州人。遊京師，入太學。靖康元年，試開封府進士，爲舉首。欽宗詣金營不歸，揆率諸生扣南薰門，以書抵二酋，請車駕還闕。二酋見書，使以馬載揆至軍，詰難。揆厲聲抗論，爲所殺。建炎二年，追贈宣教郎，官其後。

徐徽言。字彦猷，西安人。少爲諸生，汎涉書傳，負氣豪舉，有奇志。大觀二年，賜武舉絶倫及第。靖康初，知晉寧軍。金兵圍太原，據嵐石，徽言屢率兵破之。陰結汾晉土豪，欲擣太原，取雁門，定全晉，以復中原。有詔聽王庶節制，議遂格。後河東皆陷没，獨晉寧屹然孤墉。與金人大小數十戰，圍益急，城陷，金婁宿脅之降，徽言慢駡不屈，遂射殺之。事聞，高宗撫几歎曰：「徐徽言忠貫日月，過於顔真卿、段秀實遠矣。」贈彰化軍節度，謚忠壯。子岡同死事，從孫適亦以守安豐死，世著忠義云。

方允武。西安人。武學上舍，爲宜興巡檢。建炎三年，金人入境，允武率士兵力戰死之。

程俱。字致道，開化人。以恩補吴江主簿，累遷著作佐郎。建炎中，爲太常少卿，知秀州。會車駕臨幸，賜對，高宗嘉納之。紹興初，始置秘書省，召爲少監。時有司文章，例從省記，俱摭三館舊聞，比次爲書，名曰麟臺故事，上之。擢中書舍人，兼侍講，後罷爲提舉江州太平觀。久之，除徽猷閣待制。秦檜薦領史事，力辭不至。俱在掖垣，命令下，有不安於心者，必反覆言之，不少畏避。其爲文典雅閎奥，爲世所稱。

劉章。字文儒，龍游人。少警異，日誦數千言。紹興中，廷對第一，授鎮江軍簽判，遷秘書郎，兼王府教授，專以經義文學，啓迪掖導。秦檜嗛其不附己，諷言者劾之，出倅筠州。檜死，召還，拜禮部侍郎，進權禮部尚書。以資政殿學士致仕。卒，謚文靖。章容貌魁碩，以周密自守，出入兩朝，被顧遇，未嘗洩禁中一語。

劉愚。字必明，龍游人〔五〕。幼警敏力學，弱冠入太學有聲。上舍釋褐居第一，調江陵府教授。與葉適、項安世講論不倦，移安鄉縣令，有惠政。諸司交薦改秩，愚雅不樂仕進，遂致仕，結廬城南，頽垣敗壁，蓬蒿蕭然，著書自適，書、禮、語、孟皆有解。年八十三卒，門人私謚曰謙靖先生，鄉郡祀之。子克凡，以詩名，葉適嘗稱其可繼陶、韋。

余端禮。字處恭，龍游人。第進士，知烏程縣。召對時，孝宗志在恢復，端禮極陳謀敵決勝之道，上喜曰：「卿可謂通事體矣。」歷吏部侍郎。光宗立，拜吏部尚書，擢同知樞密院事。興州帥吴挺死，端禮謂不宜復令承襲，將爲後患，不聽。挺子曦果叛。光宗不豫，端禮力贊宰相，請太皇太后册皇子嘉王即帝位。慶元初，累進左丞相，與趙汝愚同心共政。韓侂胄用事，稱疾求退，授少保、郇國公致仕。卒，謚忠肅。

劉穎。字公實，西安人。紹興進士，調溧陽主簿。張浚知其賢，遣子栻與遊。歷知郡縣，所至皆有治行。積官至寶謨閣直學士，致仕。穎歷事三朝，論列俱切中於時，常言士以不辱身爲重。初與韓侂胄交，及侂胄用事，遂謝絶之。丞相趙汝愚謫歸，相遇於廢寺，所言皆愛惜人才事。余端禮繼相，卒於善類多所全佑，實穎之助云。

劉甲。字師文，其先東光人，父著，葬龍游，因家焉。中淳熙進士，歷知興元府、利東安撫使。吴曦叛，以書致甲，甲援大義拒之，復持帛書貽參知政事李壁告變。曦僭王位，甲遂去官，朝廷久乃微聞曦反狀，壁袖帛書進，上覽之，稱忠臣者再。安丙等誅曦，甲復還漢中，上奏待罪，詔趣還任，尋除宣撫使。西邊諸事，朝論多於甲取決。進寶謨閣學士，兼權四川制置司事。卒於官。甲幼孤多難，母病刲股以進。生平常謂「吾無他長，惟足履實地」。晝所爲，夜必書之，名曰「自監」。爲文平澹，有奏議十卷。理宗詔謚清惠。

祝夢熊。字寬夫，江山人。嘉泰三年進士，累官監察御史。請弛僞學之禁，又請朱子、趙汝愚等復其官。開禧用兵，疏邊臣啓釁，忤韓侂胄，罷知武夷山冲祐觀。又以聚徒講學，謫黄巖尉。寇亂禦之，力盡被執，不屈死。加贈龍圖閣待制，謚獻烈。

趙汝標。字準叔，開化人。嘉定中爲蘄州簽判。金人圍城，三月救兵不至，與守臣李成之死之。事聞，官其子二人。

馬天驥。字德夫，衢州人。紹定進士，歷著作佐郎。輪對，假司馬光「五規」之名條上時弊，詞旨切直。寶祐中，拜端明殿學士，同簽書樞密院事，封信安郡侯。

徐霖。字景説，西安人。年十三，有志聖道，研精六經，以探其要。淳祐初，試禮部第一，授沅州教授。上疏歷言史嵩之姦狀，上大感悟，擢秘書省正字。會日食，應詔上封事，又數請建立太子，以言不行去國。每遷官輒辭，後爲秘書省著作郎，兼除崇政殿説書，權左司。知無不言，於是讒嫉者思中傷之，乞補外，歷知汀州卒。度宗賜祭田百畝，以旌直臣。霖嘗家居，衢守游鈞築精舍聘霖講道，聽者至三千餘人。

徐應鑣。字巨翁，江山人。世爲衢望族。咸淳末，試補太學生。宋亡，應鑣與其子琦、崧，女元娘誓共焚，子女皆喜從之。

太學故岳飛第，有飛祠，應鑣具酒肉祀飛，琦亦賦詩以自誓，祭畢，乃與其子女入梯雲樓，縱火自焚。僕聞火聲，穴牖視之，父子儼然坐立，如廟塑像。諸僕壞壁入，撲滅火，不能死，與其子女怏怏出户去，倉卒不知所之。翼日得其尸祠前井中，皆僵立瞠目，面如生。益王立福州，贈祕閣修撰。後同舍生私謚曰正節先生。

元

鄭介夫。字以居，開化人。性剛直，敢言。至大間，上太平策一綱二十目，奏入，多見采納。終金谿縣丞。著韻海行世。

汪文燝。字良辰，常山人。泰定進士，累官廉訪副使。以國難憂憤不食卒。所著有居朝、明農二稿。

魯貞。字起元，開化人。元末隱居不仕，所著有春秋案斷、中庸解、易注，余闕薦之，終不出。

明

鄭辰。字文樞，西安人。永樂進士，授監察御史。南京敕建報恩寺，役囚萬人，蜚語告變，命辰往驗，無實，無一得罪者。谷庶人謀不軌，辰盡得其蹤跡，帝嘉之，超遷山西按察使。糾治貪濁不少貸。潞州盜起，辰親入山谷撫諭，盜皆感泣，復爲良民。宣德三年，召爲南京工部右侍郎。英宗即位，分遣大臣考察天下方面官，辰至四川、貴州、雲南，悉奏罷其不職者。遷兵部左侍郎，以疾告歸。辰爲人重義輕利，初登進士，産悉讓兄弟，當世稱之。

金實。字用誠，開化人。成祖即位，上書言治道，帝嘉之。復對策稱旨，命入翰林，與修太祖實録、永樂大典。仁宗即位，除衛府左長史。正統初卒。實爲人孝友，敦行誼，閲經史日有程限，至老不輟。

樊瑩。字廷璧，常山人。天順進士，授行人。使川中，不受餽，土官作却金亭識之。成化中擢御史，山東盜起，奉命捕獲其魁。清軍江北，所條奏多著爲例。弘治初，擢河南按察使。賑恤流民，全活甚衆。歷右副都御史，巡撫湖廣，平錦田賊。以疾乞休，起南京刑部右侍郎。時滇、黔多災異，命瑩巡視，至則劾鎮巡官罪，黜文武不職者千七百人，威震蠻俗。還進尚書，致仕。劉瑾用事，削其籍。瑾誅，復官。卒，贈太子少保，謚清惠。

鄭伉。字孔明，常山人。爲諸生，試有司不偶，即棄去，從崇仁吴與弼學。歸，築室龍池之上，日究諸儒論議，一切折衷於朱子。事親孝，設義學，立社倉以惠族黨。所著易義發明、讀史管見、觀物餘論、蛙鳴集諸書，多燼於火。

徐文溥。字可天，開化人。正德進士，授南京禮科給事中。劾尚書劉櫻、都御史李自實、侍郎吕獻，請召還致仕尚書孫交、傅珪，時論以爲當。宸濠求復護衛，文溥抗疏争之。又疏請擇建儲貳，劾中官崔瑶等誣罔罪。帝皆不聽，遂引疾去。世宗即位，廷臣交薦。累遷廣東副使，上言十事，多涉權要，尋以母老乞歸。

毛愷。字達和，江山人。嘉靖進士，授行人，擢御史。上疏救鄒守益，謫寧國推官，榷税蕪湖，額足即開關放舟，商人德之。歷官刑部，忤時相，坐事落職。萬曆初，巡按御史謝廷傑奏愷守正不阿，狷潔有古人風，詔復官。卒，贈太子少保，謚端簡。

余日新。字君又，龍游人。崇禎進士，任漳浦縣令，有治行。擢御史，巡按山東。時方被兵，登陴拒守，旋底定。上章薦劉宗周等，劾兵部尚書陳啓新。後以太僕卿致仕。

柴薦禋。字德馨，江山人。崇禎中，由舉人知洧川縣。抵任不數日，流寇猝至，城陷罵賊死。本朝乾隆四十一年，賜謚烈愍。

本朝

徐光旭。常山人。由舉人任昌化縣教諭，再補黄巖。康熙十三年，耿精忠叛，逼以僞職，抗節不受，逃匿永嘉山谷中，不食而死。

徐光皓。常山人。官山東新城知縣，致仕歸。值耿精忠變，被執，脅降，罵賊不屈，遂遇害。

江之崑。字玉隣，常山人。耿精忠亂，賊將吴安邦破常山，欲降之，之崑罵賊不屈，與次子世晟俱被害，其妻及子婦、孫女皆死之。

鄭大來。開化人。諸生，有勇力。康熙甲寅，閩賊陷城，知縣崔華募兵，大來團結鄉勇禦之，獲賊諜數人磔之，賊引去。後賊復聚衆萬餘，謀夜襲城，時黑霧四塞，大來單騎從霧中擊殺數十人，猝中鎗死。時同戰殁者鄭卓麟、鄭振祥、鄭有忻、鄭大卿、鄭毛、鄭童、戴甲毛、徐義禮、徐白古、徐六十、徐旦等共十七人。

汪允祐。開化人。負母避賊，棄妻不顧，妻投水而死。逃至遂安深山中，糧盡乞食以奉母。母卒，廬墓終喪。雍正六年旌其閭。

徐灝。字景梁，常山人。康熙十三年，閩賊陷城，灝父錫德被執，酷刑索餉。時灝年十四，以身被翼，叩頭流血，曰：「但箠我，勿傷吾父。」賊感其誠，兩釋之。父病，侍湯藥，衣不解帶者五年。及殁，廬墓三年，猶不忍去。族人有争産不解者，灝割己地以釋其争。

毛大經。西安人。以侍衛官雲南遊擊。乾隆三十一年，緬匪滋擾，大經防禦虎踞、鐵壁等關。明年，擊賊於猛卯江，陣殁。同縣吉兆，乾隆五十二年，以外委隨剿林爽文陣亡。俱議卹如例。

何肇勤。江山人。官廣西守備。乾隆五十三年，從征黔楚逆苗，戰殁。同縣周長泰，嘉慶七年以都司隨剿楚匪陣亡。俱蔭卹如例。

黄廷選。開化人。嘉慶六年旌表孝子。

尹子南。龍游人。嘉慶七年旌表孝子。

流寓

宋

孔端友。宣聖四十八代孫，襲封衍聖公。靖康之變，與子玠隨高宗南渡，因賜第居衢，終宋之世百六十年，皆襲封爵。元初封孔子後，疑所立，或言孔氏子孫寓衢者乃其宗子，召孔洙赴闕，洙以封爵遜於居曲阜者。世祖曰：「違榮而不違道，真聖人之後也。」拜國子祭酒。

趙子晝。宋宗室。建炎中，以公族爲侍從。衢、嚴、信、饒之民，生子多不舉，子晝請禁絶之。遷知秀州，既而奉祠以歸，寓於衢，爲崇蘭圃於城南，與程俱諸人酬倡其中。

汪應辰。信州玉山人。紹興中，疏論和議，秦檜不悦，遂請祠歸，寓居常山之永年院。蓬蒿滿逕，一室蕭然，饘粥不繼，人不堪其憂，應辰處之裕如，益以修身講學爲事。

元

趙友欽。宋宗室。凡遁甲、韜鈐，天文、曆算之學，靡不精究。一日遊芝山酒肆中，遇一丈人，方瞳緑髮，授以懷中丹書，遂隱處海濱二十年，注易數萬言。嘗乘青騾從小蒼頭，往來衢、婺山水間。卒於龍游之鷄鳴山，號緣督先生。宋濂、劉基皆從之遊，其書失於兵火，惟存革象新書，王禕手校傳世。

列女

宋

劉愚妻徐氏。龍游人。在家時，其母將以嫁姑子之富者，徐泣曰：「爲富人妻不願也。」遂歸於愚。居破屋中，一事機杼。愚常懷白金歸，徐怒曰：「我以子爲賢而若是！」愚出書以示，束修得也，乃已。

徐氏女。龍游人，名蓮姑，許配方鍾。鍾行不檢，爲父母逐，流落死。女聞，誓不再嫁。父母欲奪其志，女斷髮持刀，以死自勵。越歲有生員杜謙求爲配，父母悦而强之，女度不免，乃佯許之，就寢室縊死。事聞，詔旌其貞烈，春秋祀焉。

潘仲岳妻程氏。開化人。夫戍遼東，程送行，監督者豔其色，遂以軍政挾與偕行。仲岳恐在途遭辱，程曰：「妾自爲計，君勿憂也。」因紿以整裝還家，即自經死。

楊子善妻徐氏。常山人，字玉姑。夜有數盜囊一首入子善家，呼之出，擒縛外庭。徐與妾在室中倉卒不知其故，盜挈所囊首脅之曰：「此汝夫也，可疾從我。」徐度不能免，使妾款賊，急趨出後門，投井死。

魯氏女。常山人。幼孤，育於叔父母，許字徐洛。將嫁，洛死，魯請往視殮，不可，即去膏沐，尸居一室。家人以其長，議婚嫁，竊知其期，沐浴更衣，自縊於室。又同邑鄭氏女，許配汪璇，未嫁璇溺桐江死，訃至，鄭遂自經。

江氏女。開化人，名瑞英。饒寇破馬金營，女從母匿屋後白馬崖下。寇獲之，欲殺母留女，女解耳釁遺母曰：「母以此買命，兒自爲計。」母去，即投崖死。

孔聞勉妻徐氏。西安人。夫疾，侍奉湯藥，衣不解帶者三年。事舅姑，親操井臼，備極艱辛。夫亡逾七日，密紉其衣，赴井死。

本朝

張秉薦妻徐氏。常山人。順治初，馬士英驅衆南奔，大肆刦掠，秉薦爲亂兵所擄。氏脱簪珥往救，兵見氏色麗，欲逼之。氏大罵，兵加以刃，即引頸受。牽其袂，氏即斷袂。兵怒，三斫其尸。月餘，秉薦歸殮，顔色如生。又同縣毛應兆妻江氏，應兆任鎮江守備，氏在家，爲賊所掠，欲汙之，不從，投水死。

楊有華妻葉氏。名月娥，開化人。年十八，有華卒，守節二十餘年。康熙甲寅，耿精忠亂，氏爲賊所獲，拔簪自刺，未殞，過溪橋赴水死。又同縣劉大通妻魯氏，與其父同爲賊所執，賊斬其父，氏奪其刀，十指俱墮，罵賊而死。劉起雨妻徐氏、余文教妻劉氏，俱投水死。余大英妻徐氏，自刎死。

江氏三節。常山人。張氏，江之崑妻；曹氏，其媳也。康熙甲寅，耿精忠亂，之崑爲賊所殺。張氏、曹氏求自盡，孫女如娟大呼曰：「請先母死。」賊怒，先殺之。二氏亦皆自縊。又江山縣林士鼎妻毛氏，名遜娘，賊陷江山，遜娘同姑避難至城隅，與姑相失，因涕泣覓姑不得，日暮至陳村，自經而死。

汪氏二節。開化汪二蛟母徐氏，婦戴氏，康熙甲寅，閩賊陷開化，縛二蛟，驅其母、妻以行。抵大澤，戴忽厲聲曰：「得死所矣。」徐應聲曰：「待我。」賊急持戴袖，袖絶，遂沉於水。徐亦一躍而下。二蛟大呼，縛索盡絶，亦赴水死。同時獨山農民洪大偉妻余氏、媳徐氏，姑媳避難山中，賊搜得之，婦觸石破額，流血滿面，賊知不可活，手刃之。姑且哭且罵，亦觸死於婦之旁。

姚紳妻楊氏。常山人。康熙甲寅夏，閩賊縛之登舟，乘間躍河而死，時年二十。同縣周正徵妻王氏，爲賊所擄，不從，投井死。

徐氏四節。常山人。詹氏名三娘，徐明備妻，素有節概。康熙甲寅夏，閩賊入城，氏恐辱，與女小答俱投鄰井，數日賊退，出之，顏色不變。又徐明琦女秀姑，年十六，賊薄城，夜與父訣，閉樓自經死。徐文英妻王氏，爲賊所掠，以首觸刃，賊斷其喉而去。

俊姑。常山人。徐生之妾，生一子。康熙甲寅夏，爲賊所掠，大罵不從，被殺。賊去，其子猶伏尸而乳，賊有後至者異之，令他婦抱之起。尸忽張目視，乃以土掩之，訪徐生而歸其子。

劉章壽妻徐氏。開化人。劉光漢之子婦。康熙甲寅，閩賊之變，光漢罵賊不屈，以義烈聞。丙辰三月，城再陷，氏年十九，賊欲逼之，不屈，置於樓上，令兩卒守之。氏佯謂卒曰：「幸語若主，必成禮乃可。」守者以告，賊喜，盛服佩刀而上。氏改容迎之，爲解所佩刀置案上，佯笑曰：「何不爲我具衣飾？」賊欣然下，氏引刀自刺。守者奪之，氏斷其右臂，遂自剄死。賊忿甚，五截其尸而去。又同縣夏祁貞妻詹氏，被賊掠，躍入深溪死。汪日炯妻蔣氏、鄭起熉妻余氏，俱投繯死。

杜斌妻徐氏。西安人。年二十餘，夫疾，割股再。夫死，孝事舅姑，舅姑歿，哭泣喪明卒。

鄭榮組妻徐氏。西安人。榮組父爲族弟所擊，榮組往救之，遂死。其冬，榮組父亦死。明年，氏子五元、七元遇其人於途，嚙之，墮其鼻，其人控於縣，縣逮五元兄弟。氏詣縣訴之，署令不省，氏觸石碑而死。典史爲置棺置於城西鐵塔下，後知縣陳鵬年廉得其事，爲買地以葬，復建孝烈祠於墓旁以祀之。

徐元那妻王氏。開化人。年二十而寡，無子。舅姑早喪，依叔姑以居。叔姑之子潛鬻氏，受金以償所負。及期，娶者臨門，乃白氏，氏入室沐浴，自縊死。又龍游縣張旭初妻胡氏，歸旭初二載而夫亡。姑貧，欲奪其志，氏飲藥酒死。

黄貞女。開化人。父德初業農，女八歲，許字余生。年十四，夫以痘殤，寄衣爲訣。氏著衣大慟，投於河，尸流數里，仍逆流而上，止夫家門。

席廿二妻方氏。龍游人。廿二置酒宴客，同席有尹眷廣者，知廿二與妻異室而寢，客散，潛入氏室，欲犯之。氏驚起，大呼持刀力拒，眷廣奪刀刺氏喉而死。雍正二年旌表。

詹文尉妻徐氏。西安人。夫亡，守節。同縣詹文英妻邵氏，江敏琇妻鄭氏，蔣元肇妻楊氏，胡思孟妻陳氏，王學恭妻方氏，鄭一鼎妻陳氏，楊長禧妻葉氏，葉應梅妻鄭氏，葉起松妻鄭氏，江應麟妻鄭氏，王鰲妻錢氏，舒啓瑞妻杜氏，鄭觀光妻王氏，周文瑞妻余氏，常騮妻鄭氏，柴應陞繼妻毛氏，王志雍妻陳氏，方其升妻陳氏，劉雲蛟妻杜氏，陳國頓妻留氏，陳聖濂妻徐氏，王良弼妻趙氏，陳其度妻李氏，方盛妻徐氏，舒齊佳妻胡氏，王學岳妻周氏，江繼瀚妻鄭氏，王學聖妻周氏，張元釗妻胡氏，凌宏楫妻汪氏，余文光妻張氏，楊應春妻鄭氏，徐兆詩妻吕氏，鄭光庶妻夏氏，方環妻江氏，崔翰妻吴氏，徐彪妻鄭氏，方濱妻祝氏，生員葉璿妻葉氏，通判徐敦蕃妾雷氏，劉宏治妻鄭氏，張榮鎮妻夏氏，胡經正妻王氏，王正華妻陳氏，汪聖溶妻鄭氏，邵增祚妻徐氏，徐崇卬妻祝氏，鄭萬峻妻吴氏，吴盛楷妻王氏，吴之莊妻杜氏，劉雲霞妻胡氏，汪起翰妻王氏，吴兆觀妻范氏，梁崇瓚妻毛氏，彭亨政妻季氏，許長才妻洪氏，葉應旦妻蔣氏。又烈婦侯江氏。烈女陳清娘，以拒姦被殺。貞女周一萼未婚妻方氏、葉向浩未婚妻陳氏。俱於乾隆年間旌。龔濂妻葉氏，余本淳妻鄭氏，孔繼元妻胡氏，吴德鍵妻周氏，劉汝齡妾金氏，杜邦溥妻鄭氏，繆上準妻徐氏，姜忠鵠妻全氏，鄭昌緒妻毛氏，葉鏞序妻祝氏，姜忠鴻妻柴氏，陳獻懃妻繆氏，方鐸妻劉氏，陳慧光妻錢氏，陳鍾奇妻毛氏，陳從吉妻婁氏，方洙妻張氏，陳訓妻江氏，鄭美櫃妻余氏，朱通純妻周氏，范崇文妻吾氏，藍繼春繼妻朱氏，監生藍繼夏妻汪氏，劉縉妻張氏，監生徐溶春妻王氏，舉人王榮綬繼妻何氏，劉傑妻戴氏，新安衛千總龔嶧妾蔣氏，方邦燧妻祝氏，生員孔繼聖妾劉氏，監生顏正盛妻鄭氏，徐金偉妻葉氏，鄭燿太妻毛氏，陳翰旦妻周氏，江賢儁妻徐氏，汪彭櫃妻江氏，監生余時淑妻吕氏，監生馮大榮妻余氏，陳芳英妻翁氏，詹日乾妻沈氏。又烈婦羅海文妻陳氏、羅勝章妻林氏、周有那妻劉冬娘。烈女張秀英。俱於嘉慶年間旌。

葉聖淑妻王氏。龍游人。夫亡守節。同縣吕光國妻嚴氏、嚴震元妻葉氏、徐棫妻姜氏、汪邦蒸妻俞氏、汪邦燮妻馬氏、范芝域妻吕氏、葉世璡妻詹氏、余琛妻周氏、楊鵬鳴妻胡氏、余長發妻吴氏、葉世璠妻侯氏，俱於乾隆年間旌。方曰祥妻嚴氏、陸文鯉妻余氏、蔣亨育妾包氏、余慶演繼妻程氏、葉鳳祥妻朱氏、嚴詧妻毛氏、陸佩光妻葉氏、徐世柏妻李氏、曹世慶妻馬氏、馬家瑞妻劉氏、王崇妾陳氏、王廷柱妻徐氏、何錡妻吴氏、徐啓東妻余氏、王廷獻妻龔氏、楊聖烈妻張氏、勞法妻陳氏、吏目余長泰繼妻徐氏、余長安妻錢氏、黄廷紹妻葉氏、生員袁文燧妻朱氏、余仕亨妻徐氏、生員余錦妻葉氏、生員余鈞妻吕氏、生員葉有聲妻余氏、楊士宏妻余氏、生員余廷禮妻詹氏、黄芳芝妻徐氏、曹美財妻葉氏、朱雯彩妻余氏、勞德應妻余氏、劉瑞妻葉氏、曹美植妻余氏、王振民妻葉氏、生員徐日武妻劉氏、勞茂桂妻嚴氏、項敬濡妻王氏、沈正柱妻林氏、吴際盛妻余氏、余之理妻童氏、朱啓發妻張氏、袁書升妻張氏、汪俊妻徐氏、汪家玉妻徐氏，又烈婦許文盛妻俞氏，貞女曹氏，俱於嘉慶年間旌。

王文甲妻毛氏。江山人。夫亡守節。同縣柴成茂妻趙氏、徐代妻王氏、姜秉銓妻周氏、劉春喜妻鄭氏、鄭世纓妻毛氏、何鯤妻鄭氏、祝會三妻徐氏、劉芝方妻毛氏、王永禄妻毛氏、毛振三妻汪氏、王志略妻何氏、嚴道岸妻沈氏、王德亨妻柴氏、貢生周尚文妻劉氏、徐永忠妻祝氏、毛士鍹妻鄭氏、毛在桂妻何氏、蔣橒妻王氏、周茂穗妻毛氏、王錦靄妻毛氏、毛廷闈妻胡氏，又烈婦吴周氏、柴柳氏、姜嚴氏，俱於乾隆年間旌。吴發賢妻徐氏、汪晉妻祝氏、楊文在妻王氏、王廷祐妻柴氏、璩兆湖妻毛氏、王永祥妻祝氏、周文準妻毛氏、柴儒妻徐氏、朱時尚妻柴氏、唐兆武妻方氏、毛懋通妻王氏、毛連本妻劉氏、鄭文燦妻何氏、毛梓妻周氏、王明瑛妻夏氏、黄序錫妻周氏、璩顯祖妻林氏、璩家瓊妻毛氏、何益謙妻周氏、朱啓泰妻汪氏、毛如球妻吴氏、王泳漣妻毛氏、徐永高繼妻周氏、徐廷科繼妻張氏、姜文昭繼妻徐氏、張廷煌妻王氏、周文桓妻毛氏、陳楚書妻劉氏、周大涒妻毛氏、周大浹妻楊氏、監生徐尚齡妻劉氏、何勝宗妻陳氏，又烈婦李周氏、潘戴氏、程蔡氏，貞女劉氏、徐氏，俱於嘉慶年間旌。

徐瑞麒妻陳氏。常山人。夫亡守節。同縣詹際熙妻徐氏、徐調梅妻王氏、楊瑞蛟妻張氏、徐錫瑶繼妻汪氏、詹人魁妻徐氏、詹錫光妻徐氏、詹錫極妻徐氏、徐之涵妻鄭氏、吴宏基妻江氏、徐之華妻周氏、樊學洙妻金氏、徐世仁妻鄭氏、金良璋妻徐氏、吕之傑妻鄭氏、徐鳳逸妻魯氏、毛光蕃妻邵氏、毛光菽妻徐氏、許延濂妻謝氏、徐鍾彦妻魯氏、徐之焱妻汪氏、徐崇範妻吴氏、汪樹槐妻江氏、吴應杏妻詹氏、余永德妻江氏、徐之純妻詹氏、江日昭妻徐氏、徐日蕃妻周氏、徐廷伯妻王氏、徐之倬妻吴氏、汪瑞炳妻徐氏，又烈婦樊徐氏，俱於乾隆年間旌。江廷泓妻徐氏、魯淑璟妻徐氏、汪瀚妻徐氏、王宏畯妻徐氏、鄭振鷺妻徐氏、徐之炳妻張氏、鄭宗海妻徐氏、詹兆龍繼妻趙氏、鄭建浩妻胡氏、趙宜家妻劉氏、曾樹林妻徐氏、樊文煒妻璩氏、徐始濂妻魯氏、監生魯文炳妻徐氏、季會江妻鄭氏、生員徐元魁妻裴氏、生員黄在中妻徐氏、江秀佑妻徐氏、徐元浩妻樊氏、生員任楷年妻鄭氏、李公趙妻張氏、季會河妻江氏、鄭席珍妻江氏、生員徐永清妻陳氏、監生鄭懋全妻徐氏、毛士灼妻詹氏，又烈婦徐元齡妻張氏、江文元妻江氏、詹綸文妻璩氏均夫亡殉節，孝婦詹孔氏、魯徐氏，俱嘉慶年間旌。

孝曰灝妻徐氏。開化人。夫亡守節。同縣張偉業妻徐氏、方士勳妻程氏、魏光祖妻汪氏、徐麟孫妻方氏、沈邦珍妻王氏、徐大錦妻汪氏、詹錫俊妻程氏、江瀚妻方氏、方覆正妻毛氏、方嚴毅妻余氏、方增麟妻徐氏、徐長發妻宋氏、李曰玉妻方氏、方宏昌妻詹氏、余雙鯶妻吴氏、詹文江妻張氏，俱於乾隆年間旌。詹世駿妻夏氏、汪上玘妻程氏、程國模妻林氏、程大憷妻姜氏、張正旭妻方氏、生員張學恕妻詹氏、監生吴文興妻張氏、徐維璟妻張氏、方濬妻張氏，又貞女楊師襄未婚妻詹氏，俱於嘉慶年間旌。

仙釋

南北朝　宋

酆去奢。龍丘人。少爲崇仙宫道士，精思忘疲，雲遊，見處之茅山，遂結廬巖下，修煉三年，得道仙去。

唐

大徹。信安人，姓祝氏。貞元中，行化閩、越，西安明果寺其道場也。憲宗嘗召見，問法。

五代

儀宴。吴興許氏子。開運中，遊江郎巖，覩石龕，謂弟子慧興曰：「予入定此中，汝當累石塞門，勿以吾爲念。」興如所戒。明年起龕視之，師素髮垂眉，徐自立起。錢忠懿賜號曰開明。

土産

紵布。郡縣志：衢州土貢。寰宇記：衢州産麻布及紗。

綿。唐書地理志：衢州土貢。

紙。唐書地理志：衢州土貢。明統志：出開化者佳。

扇。唐書地理志：衢州土貢竹扇。

簟。郡縣志：衢州貢。

龍鬚席。郡縣志：衢州貢。

葛粉。郡縣志：衢州貢。

茶。明統志：出龍游縣方山者佳。

硯。明統志：常山、開化二縣出。

橘。明統志：西安縣産獅橘。府志：西安二十里地出相橙。

黄連。郡縣志：衢州貢。　按：唐書地理志衢州西安有銀。九域志西安有南北二銀場，今廢。

校勘記

〔一〕縣令過昮榜其居曰孝弟居　「過昮」，雍正浙江通志卷四八古蹟同，乾隆志卷二三三衢州府古蹟（下同卷簡稱乾隆志）及明一統志卷四三衢州府古蹟作「過煦」。

〔二〕全旺在西安縣北三十里　按，今衢州市有全旺鎮，考其地在舊西安縣東。疑此「北」字當作「東」。

〔三〕王浩八作亂　「八」，原作「入」，乾隆志同。考明史卷二〇一陶琰傳，明正德七年王浩八犯衢州。明史其他列傳亦多有王浩八作亂事，當即其人，一統志誤「八」作「入」也，因據改。

〔四〕奎視囚籍印窾僞　「窾」，原作「竅」，乾隆志同，據宋史卷三二四張奎傳改。

〔五〕龍游人　「游」，原作「海」，據乾隆志及宋史卷四五九劉愚傳改。

嚴州府圖

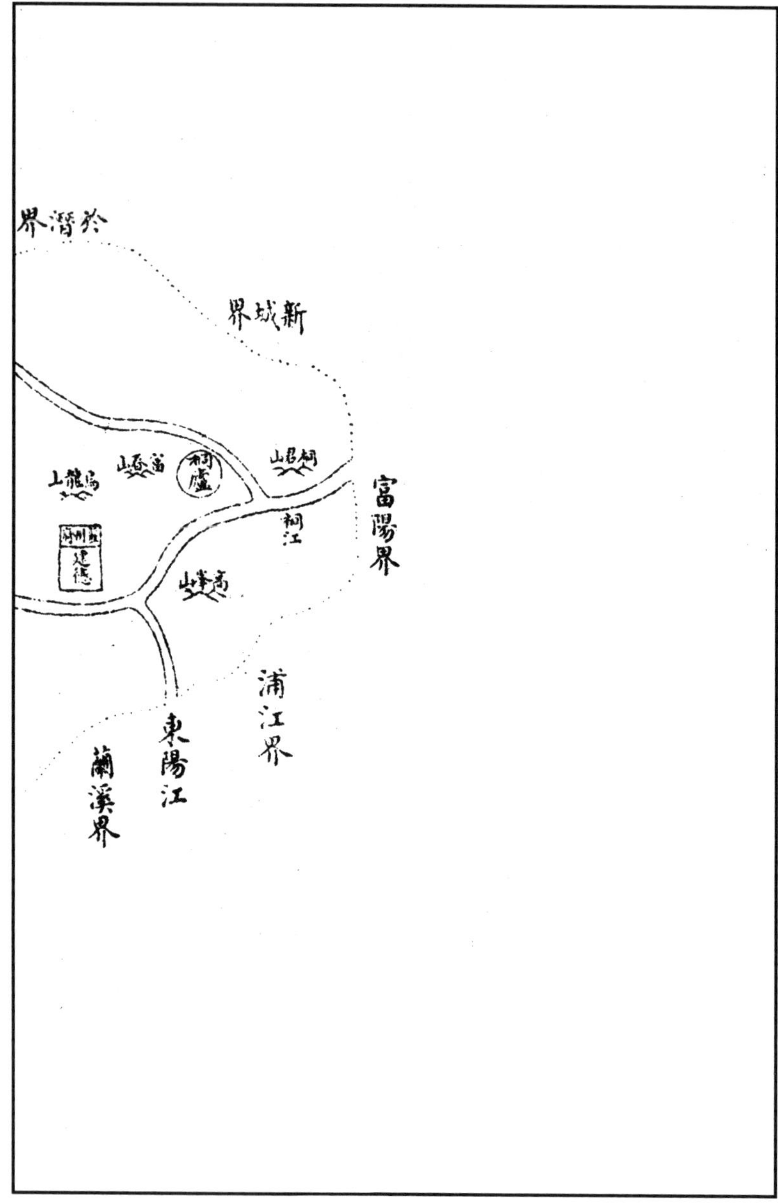
於潛界
新城界
桐君山
富春山
桐廬
烏龍山
嚴州府
建德
桐江
富陽界
高峯山
浦江界
東陽江
蘭溪界

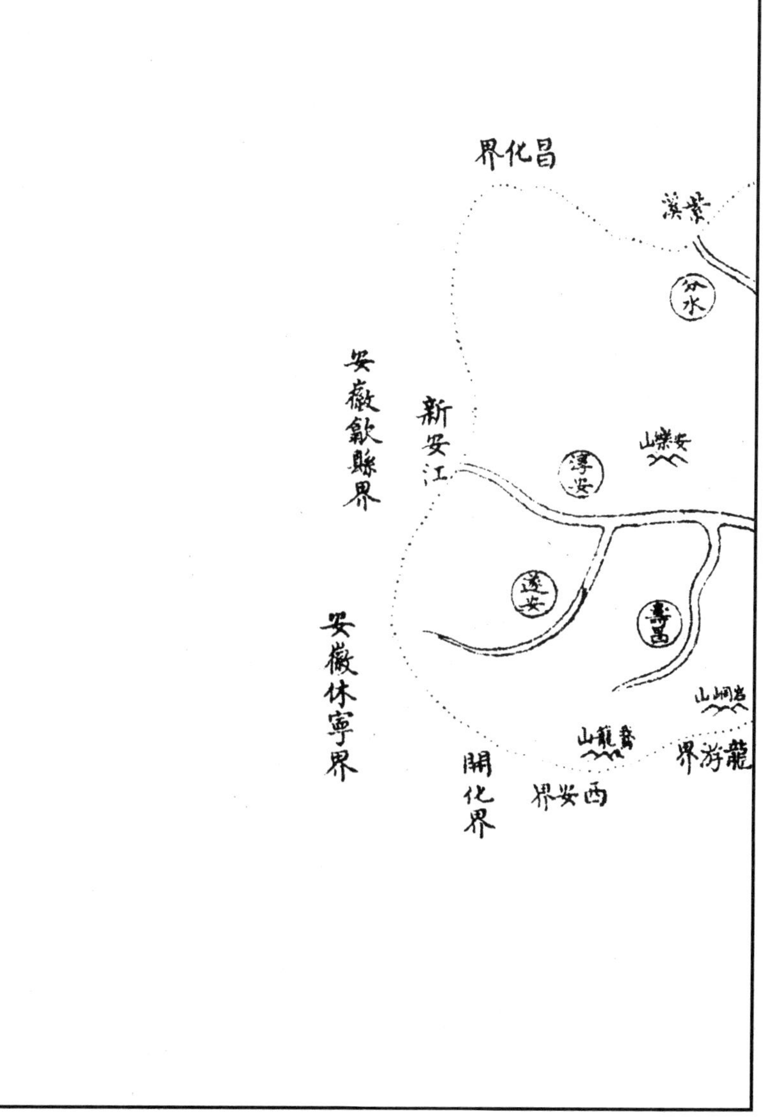

昌化界
分水
安徽歙縣界
新安江
安樂山
淳安
遂安
壽昌
安徽休寧界
龍游界
開化界
西安界

嚴州府表

	嚴州府	建德縣
兩漢	漢會稽、丹陽二郡地。後漢屬吳、丹陽二郡。	富春縣地。
三國		建德縣吳黃武四年置，屬吳郡。
晉		建德縣
宋		建德縣
齊梁陳		建德縣
隋		省入金華。
唐	睦州新定郡萬歲通天二年，移州治建德縣。天寶初改新定郡，屬江南東道。乾元初復曰睦州，屬浙江東道。	建德縣武德四年復置，屬嚴州，旋廢。永淳初復置，屬睦州。萬歲通天二年，移州來治。
五代	睦州屬吳越。	建德縣
宋	建德府初仍曰睦州新定郡，屬兩浙路。宣和初升建德軍節度，旋改嚴州遂安軍節度，咸淳初升府，屬浙西路。	建德縣府治。
元	建德路改路，屬江浙行省。	建德縣路治。
明	嚴州府初改建安府，洪武八年又改，屬浙江布政司。	建德縣府治。

續表

淳安縣	
漢丹陽郡地。後漢末孫權置新都郡。	漢歙縣地。後漢末孫權置始新縣，爲郡治。
新都郡	始新縣
新安郡太康初更名。	始新縣郡治。
新安郡	始新縣
新安郡	始新縣
遂安郡初廢郡，仁壽三年置睦州，大業初改。	雉山縣初改名新安。仁壽中爲睦州治。大業初徙治，改名爲郡。
武德四年復置睦州。萬歲通天初，從治建德。	青溪縣初仍曰雉山，爲睦州治。文明初更名新安。萬歲通天初州徙縣屬。開元二十年改曰還淳。神功初移治，永貞初又改名，仍屬睦州。
	青溪縣
	淳安縣宣和三年更名淳化，屬嚴州。紹興初又改名，屬建德府。
	淳安縣屬建德路。
	淳安縣屬嚴州府。

桐廬縣	遂安縣
富春縣地。	漢歙縣地。後漢建安十三年孫權置新定縣，屬新都郡。
桐廬縣吴黄武四年置，屬吴郡。	新定縣
桐廬縣	遂安縣太康初更名，屬新安郡。
桐廬縣	遂安縣
桐廬縣	遂安縣
桐廬縣初省，仁壽中復，屬遂安郡。	遂安縣初省入新安，仁壽中復，屬遂安郡。
桐廬縣武德四年置嚴州，旋廢，屬睦州，後徙治。	遂安縣移置，屬睦州。
桐廬縣吴越屬杭州。	遂安縣
桐廬縣太平興國中還屬睦州。	遂安縣屬建德府。
桐廬縣屬建德路。	遂安縣屬建德路。
桐廬縣屬嚴州府。	遂安縣屬嚴州府。

續表

壽昌縣	分水縣
富春縣地。	富春縣地。
新昌縣吴置。	吴桐廬縣地。
壽昌縣太康初更名，屬吴郡。	
壽昌縣	
壽昌縣	
廢。	
壽昌縣永昌初復置，載初元年廢。神龍初又復，屬睦州，後移治。	分水縣武德四年置，屬嚴州，旋省入桐廬。如意初改置武盛縣，屬睦州。神龍初復名。寶應二年析置昭德縣，大曆六年省入。
壽昌縣	分水縣
壽昌縣屬建德府。	分水縣屬建德府。
壽昌縣屬建德路。	分水縣屬建德路。
壽昌縣屬嚴州府。	分水縣屬嚴州府。

大清一統志卷三百二

嚴州府一

在浙江省治西南二百七十里。東西距三百七十里，南北距一百七十五里。東至杭州府富陽縣界一百四十里，西至安徽徽州府歙縣界二百三十里，南至金華府蘭谿縣界四十里，北至杭州府於潛縣界一百三十五里。東南至金華府治一百四十五里，西南至衢州府治二百里，東北至杭州府治二百七十里，西北至歙縣治三百十里。自府治至京師三千五百八十里。

分野

天文斗、牛分野，星紀之次。

建置沿革

禹貢揚州之域。春秋屬吳，後屬越。戰國屬楚。秦爲會稽、鄣二郡地。漢屬會稽、丹陽二郡。東境爲富陽縣地，屬會稽。西境爲歙縣地，屬丹陽。後漢屬吳、丹陽二郡，建安十三年，孫吳始分置始新等縣，又於始新置新都郡。治在今府西境。晉太康元年，改曰新安郡。宋、齊以後因之。隋平陳，郡廢，仁壽三年，復置睦州。大業初，改爲遂安郡，治雉山縣。即漢始新縣。唐武德四年，復於雉山縣置睦州，又於桐廬縣置嚴州。七年，廢嚴州，以睦州爲東睦州。八年，復曰睦州。萬歲通天二年，始移治建德縣。天寶初，改新定郡，屬江南東道。乾元初，復曰睦州，屬浙江東道。五代屬吴越國。宋亦曰睦州新定郡，屬兩浙路。宣和初，升爲建德軍節度。三年，改曰嚴州遂安軍節度。咸淳元年，升爲建德府，以高、度二宗皆嘗爲潛邸也。屬浙西路。元至元十四年，改建德路，屬江浙行省。明初改建安府，洪武八年，改曰嚴州府，屬浙江布政使司。本朝因之，隸浙江省，領縣六。

建德縣。附郭。東西距一百三十五里，南北距一百里。東至桐廬縣界五十五里，西至淳安縣界八十里，南至金華府蘭溪縣界四十里，北至分水縣界六十里。東南至金華府浦江縣界七十五里，西南至壽昌縣界六十里，東北至桐廬縣界六十里，西北至分水縣界五十五里。漢會稽郡富春縣地。三國吴黄武四年，始析置建德縣，屬吴郡。晉以後因之。隋平陳，廢入金華縣。唐武德四年，復置，屬嚴州。七年，與州俱廢。永淳二年，分桐廬、雉山二縣復置，屬睦州。萬歲通天二年，始移睦州來治。五代因之。宋爲建德府治。元爲建德路治。明爲嚴州府治。本朝因之。

淳安縣。在府西一百六十五里。東西距一百五十三里，南北距二百二里。東至建德縣界八十里，西至遂安縣界七十三里，南至遂安縣界四十三里，北至杭州府昌化縣界一百五十九里。東南至壽昌縣界七十五里，西南至遂安縣界二十里，東北至分水縣界八十六里，西北至安徽徽州府歙縣界九十七里。漢丹陽郡歙縣地。後漢建安十三年，孫權析置始新縣，并置新都郡。晉爲新安郡治。宋、齊以後因之。隋平陳，改縣曰新安。仁壽中，爲睦州治。大業初，改縣曰雉山，爲遂安郡治。唐初仍爲睦州治。文明元年，又改曰新安。萬歲通天二年，始移州治建德，以縣屬焉。開元二十年，改曰還淳。永貞元年避諱，又改曰青溪。五代因之。宋宣和三年，改曰淳化。紹興元年，始改曰淳安，屬建德府。元屬建德路。明屬嚴州府。本朝因之。

桐廬縣。在府東北九十五里。東西距八十五里，南北距一百二十里。東至杭州府富陽縣界四十五里，西至建德縣界四十里，南至金華府浦江縣界七十里，北至分水縣界五十里。東南至浦江縣界九十里，西南至建德縣界四十里，東北至杭州府新城縣界四十里，西北至分水縣界七十里。漢富春縣地。三國吴黄武四年，始分縣之桐溪鄉置桐廬縣，屬吴郡。晉、宋以後因之。隋平陳，縣廢。仁壽中復置，屬遂安郡。唐武德四年，於縣置嚴州，七年州廢，屬睦州。五代吴越改屬杭州。宋太平興國三年，還屬睦州。南宋屬建德府。元屬建德路。明屬嚴州府。本朝因之。

遂安縣。在府西少南一百八十里。東西距一百三十三里，南北距一百二十四里。東至淳安縣界四十三里，西至安徽徽州府休寧縣界九十里，南至衢州府西安縣界七十九里，北至淳安縣界四十五里。東南至淳安縣界三十七里，西南至衢州府開化縣界七十里，東北至淳安縣界四十里，西北至淳安縣界四十二里。漢丹陽郡歙縣地。後漢建安十三年，孫權置新定縣，屬新都郡。晉太康元年，改曰遂安，屬新安郡。宋、齊以後因之。隋平陳，省入新安。仁壽三年，復置，屬遂安郡。唐屬睦州。五代因之。宋屬建德府。元屬建德路。明屬嚴州府。本朝因之。

壽昌縣。在府西南九十里。東西距一百里，南北距九十里。東至建德縣界二十五里，西至遂安縣界七十五里，南至衢州府龍游縣界四十里，北至淳安縣界五十里。東南至金華府蘭溪縣界三十五里，西南至衢州府西安縣界六十里，東北至建德縣界三十里，西北至淳安縣界五十里。漢富春縣地。三國吴分立新昌縣。晉太康元年，改曰壽昌，屬吴郡。宋、齊以後因之。隋廢。唐永昌元年，分雉山縣復置，載初元年廢。神龍元年復置，屬睦州。五代因之。宋屬建德府。元屬建德路。明屬嚴州府。本朝因之。

分水縣。在府西北一百二十三里。東西距一百十里，南北距七十五里。東至杭州府新城縣界六十里，西至淳安縣界五十里，南至建德縣界六十三里，北至杭州府於潛縣界十二里。東南至桐廬縣界二十里，西南至建德縣界五十里，東北至杭州府臨安縣界六十三里，西北至淳安縣界七十八里。漢富春縣地。三國吴以後爲桐廬縣地。唐武德四年，始析置分水縣，屬嚴州。七年，仍廢入桐廬。如意元年復置，曰武盛縣，屬睦州。神龍元年，復曰分水。五代因之。宋屬建德府。元屬建德路。明屬嚴州府。本朝因之。

形勢

據浙江上游，當甌、歙數道之衝。宋錢勰浮橋記。羣峯回環，一水縈帶。宋蘇頌雲香閣記。溪山秀妙，號清涼國。新定志。四達皆巇險之道。郡志。州境山谷居多，地狹且瘠。圖經序。

風俗

俗號輯睦，因以名邦。可以無事治，不可以多事理。圖經。山嶮土磽，蠶桑是務，蒸茶割漆，以要商賈貿易之利。方輿勝覽。民貧而嗇，多文學之士。明統志。

城池

嚴州府城。周八里二十三步，門五，東西北有濠。明初因舊址改築。本朝康熙、雍正中屢修。

淳安縣城。無城，止立四門。

桐廬縣城。無城，止立四門。

遂安縣城。周四里一百十六步，門五。明正德八年築。本朝乾隆十年、三十二年重修。

壽昌縣城。周一里二十步，門四。明崇禎十二年築。

分水縣城。無城，壘石爲四門。

學校

嚴州府學。在府治西南。明洪武七年建。本朝康熙、乾隆年間屢修。入學額數二十五名。

建德縣學。在縣治東建安山麓。明隆慶中改建。本朝雍正元年重建，乾隆十一年修。入學額數二十五名。

淳安縣學。在縣治東南。宋至道中建。本朝順治中重建，康熙、雍正間累修。入學額數二十五名。

桐廬縣學。在縣治東北。宋嘉祐中建。本朝順治十七年重建，乾隆六年、十八年累修。入學額數十六名。

遂安縣學。在縣治西。宋紹熙中改建。本朝順治十一年重建，乾隆十八年修。入學額數二十名。

壽昌縣學。在縣治東。明弘治十五年改建。本朝順治十二年重建，康熙中累修。入學額數十六名。

分水縣學。在縣治東。明嘉靖十五年改建。本朝順治十六年重建，康熙、雍正中累修。入學額數十二名。

文淵書院。在府儒學東。本朝康熙五十八年知府吴昌祚建，乾隆十二年重修。

釣臺書院。在富春山下。宋紹興中建，累朝修葺。

瓊林書院。在淳安縣。明建。本朝順治十五年修。

獅山書院。在遂安縣治東。明隆慶中建。

清溪書院。在壽昌縣治。

呂成公書院。在壽昌縣治。

興賢書院。在分水縣城隍廟左。明嘉靖中建。又桐廬縣有桐江書院，在城隍廟東。明建，本朝康熙三十一年重建，乾隆中累修。案：建德縣有龍山書院，在拱辰門外。淳安縣有石峽書院，在縣東北五里。柘山書院，在縣東龍山鄉。五峯書院，在縣東。蜀阜書院，一名雉峯書院，在招賢里。雲峯書院，在太平鄉。清溪書院，在城隍廟左，明嘉靖中知縣海瑞建。高山書院，在城隍廟左，明知縣高秉衡建。仙居書院、南山書院，並在縣南，俱明建。賓興書院、吾溪書院、蛟池書院，並在縣西，俱明建。遂安縣有瀛山書院，在縣北四十里，明建。壽昌縣有青山書院，在縣西南十里，唐建。默山書院，在縣西南，宋建。蓮谷書院，在縣北一里。桐廬縣有滄江書院，在縣西北十五里。分水縣有志學書院，在縣治東，明萬曆中建。今皆圮廢。

户口

原額人丁一十一萬八百四十三，今滋生男婦一百四十五萬七千一百四十六名口，計二十二萬六千五百三十六户。又屯運男婦三千九百二十七名口，計八百三十二户。

田賦

田地共二萬七千六百三頃二畝一分零，額徵地丁銀一十六萬七千五百六兩七錢一分零，米三千一百三十四石三斗七升三合零。

山川

東山。在府城内東北隅。相連者爲秀山，下有秀泉，少東爲建安山。

高峯山。在建德縣東五里。一名北高峯，雙峯聳出，新安江繞其西南。又二里爲方門山，列嶂臨江，其狀若門。二山皆烏龍之支山也。

龍門山。在建德縣東二十七里。上有浮圖，下瞰江渚，石壁上有瀑布泉，下入胥水。

芝山。在建德縣東六十里，桐廬清冷山之支也〔一〕。下有芝水環之，故名。

橘山。在建德縣南十里。明統志：相傳絶頂有羅浮橘一株，遇橘熟時風飄墜地，得者詫爲仙人橘。

馬目山。在建德縣西南二十五里。一峯狀如馬首，中有小峯如目，名南高峯。

建昌山。在建德縣西二里。一名建蒼山，下瞰江流。又西三里爲九峯山。

青山。在建德縣西十里。南面瀕江，山多秀木，色暎黛潭。

平壁山。在建德縣西十五里。千仞壁立。

焦山。在建德縣西五十里，臨新安江。相接者爲蓮花山，與楊溪峯相連，去縣四十五里，峯下人煙湊集。

靈巖山。在建德縣西八十里，與淳安縣紫蓋峯相連。巖泉不竭。

銅官山。在建德縣西八十里靈巖之北。秦時嘗於此置官採銅。

五寶山。在建德縣西八十里銅官之北，接淳安縣界。五山一源，曰金，曰銀，曰銅，曰緑，曰鐵，皆以色相似而名。

紫蓋山。在建德縣西北七十里，接淳安縣界。高出衆山，常有紫霞，騰繞如蓋。

烏龍山。在建德縣北三里。高六百丈，周一百六十里，郡之鎮山也。水經注：建德縣北有烏山。即此。宋宣和中以龍爲君象，凡山水地名，有龍字者避之，嘗改名仁安山。旁有烏龍嶺，明初克嚴州，苗帥楊完者屯烏龍嶺，李文忠擊敗之，即此。嶺有二池，下有水東注，爲玉泉，流爲余浦。

雲岫山。在建德縣東北四十里。杜息溪出此。

湫山。在建德縣東北四十五里。高六百丈，周百餘里，與烏龍及桐廬之清泠山相埒。上有石湫，歲旱不涸。

金鈎山。在淳安縣東八里。形如金鈎，又名象鼻山。

羨山。在淳安縣東三十五里。形極峭拔，其麓有仙居洞，數洞相接，可通往來。最外一洞，有石如龍蟠，水自龍口下注石盆中，常滿不溢。相近爲燕山，其嶺有田一頃，大旱亦稔。

龜鶴山。在淳安縣東五十里，茶坡溪南岸。兩峯相對，東峯低小，形如龜，西峯高聳，形如鶴，故名。其山產青碧堅石，官民採用。

東山。在淳安縣東五十五里。

安樂山。在淳安縣東六十五里。本名樂安山，以宋張景修詩「我是挂冠林下客，山中安樂合平分」，後人因倒其名曰安樂山。山頂有泉，及石棋盤，禱雨輒應。

重坑山。在淳安縣東八十里。山有二坑，宋宣和初，兩浙將蔡遵討方臘，敗死於息坑，或謂即此。

聖姥山。在淳安縣東南二十五里。絶頂有平地一頃餘，有仙洞，泉流不竭。

蜜山。在淳安縣東南五十里。一作密山。臨流聳峙，山多蜜，出木空石罅中。下有密山潭，程嘉燧遊記：山形亞缺如朽株，其理皆横旋，凹凸亦異狀，山石瑣碎攢累，如鳥獸器物之形者，不可勝計。

南山。在淳安縣南青溪南岸。一名青山。自縣西南發脈，迤邐奔騰，至此而止。

雲濛山。在淳安縣南三十里。高五百丈，周七十里。海天欲雨，先有雲霧蒙於山頂。其西有梅花峯，秀峯五出若梅花然，其高峯正對縣治。

三鶴山。在淳安縣南三十五里。

芝山。在淳安縣南七十里。秀出遂溪之上。

雉山。在淳安縣西南。郡縣志：隋雉山縣，以縣南有雉山爲名。嚴陵志：在縣西南隔溪一里，形如雉蹲，下有雉山潭。

都督山。在淳安縣西南。相傳後漢方儼爲都督，常駐兵處。寰宇記：山極高峻，臨江。舊志：在縣西六十里，去威平鎮六里。

尹山。在淳安縣西南七十里。兩峯南峙，中跨石橋。

小金山。在淳安縣西十里。屹立青溪中，上有佛宇，有似京口之金山而小，故名。

響山。在淳安縣西十八里。石壁如削，下臨深潭，舟人呼之，其響相應。

蜀阜山。在淳安縣西六十五里。以下有三峽水，如蜀中，故名。其前爲照山，有蒼虬峰。

邁山。在淳安縣西北六里。山形重疊，秀邁諸山。

並桃山。在淳安縣西北六十里。高出衆山之上，登其巔，杭、歙、衢、婺宛在目前。自下望之，如二桃然。

擔鹽山。在淳安縣西北一百十里。有拄杖泉，相傳錢鏐微時，販鹽經此，苦渴，以拄杖觸巖，泉忽湧出，故名。

南來山。在淳安縣西北一百十里。山勢自北而南，又名静峯。

靈巖山。在淳安縣東北六里。周十二里。吴永安中，黄龍見於此，因名龍山。唐元和中改今名。宋方逢辰居其下，學者稱蛟峯先生，故此山又名蛟峯。

蔗山。在淳安縣東北四十二里。山分八面，水注十派，上有平田二頃，昔人嘗於此種蔗，故名。

東泉山。在淳安縣東北一百三十里。舊名覆船。其一支南出曰紫瑞峯，當龍池之上，望之如青芙蓉，出泉三派並東注，唐時改今名。

桐君山。在桐廬縣東二里。一名桐廬山，縣以此名。下有合江亭。盧驤西征記：桐、睦二江，會合亭下，有山巍然，直壓其首，如渴鯨入水之狀，即桐君山也。明統志：相傳昔有異人，於此採藥求道，結廬於桐木下，人問其姓，則指桐以示之，因號爲桐君山。按：寰宇記又云，相傳桐溪側有大椅桐樹，垂條偃蓋，蔭蔽數畝，遠望如廬，遂名桐廬。其説恐皆附會。

戴山。在桐廬縣東二里。寰宇記：桐廬縣有戴山，宋徵士戴顒所隱處〔二〕。舊志：絶頂頗平，顒遺居在焉。旁有九田灣。

梓芳山。在桐廬縣東六里。本名紙芳。數峯連接，特峙江心，爲縣水口。

香泉山。在桐廬縣東南二十五里。下有甘泉。相接者爲五聰山，山麓有五穴，出泉。又有珠山，下臨甘溪，側有乳泉，平地湧出，溉田二十餘頃。

烏石山。在桐廬縣東南四十五里。相傳孫鍾祖墓在此，一名白鶴峯。

龍潭山。在桐廬縣南十里。上有龍潭，山險潭深，其下又有泉，灌田數百畝。一名武牛山。

大奇山。在桐廬縣南十里。山高徑曲，其頂有泉，昔嘗立寨於此，亦名寨基山。

牛山。在桐廬縣西五里。山當驛道，俯瞰大江。宋孫紹遠記：自桐廬取道而西，内薄山，外瞰江，高深殊絶，而窪凸屈曲，步步必戒，如是者十五六里。淳熙中，邑令向演於沿江險處作扶欄七百，行者便之。元末張士誠將劉真據縣，取石築城，扶欄遂廢。其左曰金鷄山，有巨石，俯瞰大江。

富春山。在桐廬縣西。後漢書嚴光傳：耕於富春山，後人名其釣處爲嚴陵瀨焉。寰宇記：桐廬縣有嚴陵山，境尤勝麗。夾岸是錦峯繡嶺。舊志：富春山在縣西三十里，前臨大江，上有東西二釣臺。王思任遊越雜記：由客星亭右徑二十餘折，上西臺，亭曰「留鼎一絲」。復從龍脊上騎過東臺，亭曰「垂竿百尺」。

清冷山。在桐廬縣西北三十里。本名鍾山，唐天寶間改今名。高五千餘仞，周七十里，有洞四面出泉，大旱不竭，溉田五千餘頃。

藍田山。在桐廬縣西北三十里。絶頂寬平可居。又有湖塘山，其頂有湖，曠阜平岡，羣峯四擁，宛如城垣，湖水當其中，朝夕盈縮，與錢塘潮汐相應。

龍洞山。在桐廬縣西北三十五里。山徑巉巖，半舍許有石峽洞門，越此乃平曠。其嶺有龍門池，引流可溉田二百餘畝。

風穴山。在桐廬縣西北四十里。山下有穴，常有風自中出。

白石山。在桐廬縣西北五十里。隋書地理志：桐廬縣有白石山。寰宇記：山下有印渚，渚多巉石。縣志：中多白石，故名。巖壁陡絶，下瞰溪流。

鷄籠山。在桐廬縣西北五十里。上有佛印洞，下有城門洞，有泉注不竭。又有泠塢嶺、杏源洞，有水灌田數十頃。

安樂山。在桐廬縣北一里。爲縣主山，上有浮圖。

高山。在桐廬縣東北二十里。壁立巉巖，中有閬仙洞。洞口有石關，入關十步許，曲折而東，忽曠然空明，其北乃洞室也。迴環二十餘丈，有基坦平，可坐百人。

碧稍山。在遂安縣東十五里。遥截下流，屹然華表，下有碧稍塢。

婺山。在遂安縣東南二里。孤峯峭立，爲邑之望。一作霧山。

七峯山。在遂安縣西南四十里。高峻爲諸山冠。

洪洞山。在遂安縣西南七十里。唐天寶中，嘗置場採銅於此。

長垓山。在遂安縣西五里。兩峯壁立，道狹多阻，元末指揮高裕遏紅巾賊於此。

純和山。在遂安縣西十里。上有石橋，號仙人橋。

霞山。在遂安縣西二十里。丹崖返照，遥望如霞。

龍耳山。在遂安縣西六十里。舊名兔耳山，兩峯直上如兔耳。唐天寶六載改今名。

玉屏山。在遂安縣西六十里。列嶂如屏。

白石山。在遂安縣西七十里。元和郡縣志：山出白石英充貢，因名。

高喬山。在遂安縣西六十五里，近開化縣界。層峯疊嶂，溪谷紆迴。明正德八年，流寇由開化馬金嶺突犯縣境，知縣容九霄於此築寨禦之。

靈巖山。在遂安縣西北十五里。下有百丈潭，山半有靈巖洞，有龍臍泉，流出爲小溪，循石壁爲瀑布。

瀛山。在遂安縣西北四十里。

花果山。在遂安縣西北四十五里。居者不必布種，但焚其地而鋤之，蔓菁之類自生。

武强山。在遂安縣西北六十里，與休寧之白漈諸嶺相錯。峯巒險阻，唐末鄉兵保聚於此，拒破黃巢。今山麓有黃巢坪。

青龍山。在壽昌縣東一里。脈自西來，繞出艾溪。又東二里爲金姑峯，臨淤堨溪，爲縣水口。明萬曆中，嘗易名靖武山。

西山。在壽昌縣東十五里。右枕淤堨溪，左帶芳溪。

玉華山。在壽昌縣東南二十里。巖峯奇削，高數百丈，石色映空如白玉，一名白山。

巖洞山。在壽昌縣東南三十里，跨蘭谿縣界，高與金華山等。每冬山麓下雨，則山半成雪。有華蓋、羅帽、玉露、慶雲、景星五峯，而華蓋爲最高。

仙池山。在壽昌縣南三里。一名南山。山巔有池，廣三十餘畝，遇旱則鄉民爲機以洩池水，溉山下田。

天井山。寰宇記：壽昌縣有天井山，天將降雨，頂上輒有鐘鼓之聲。縣志：山在縣南七里，其水下注石窟，名曰天井。相接者爲石鼓山，有大石如鼓，每邑有災沴，不擊自鳴。

金臺山。在壽昌縣南十五里。最高峻。其西爲烏石山，南爲冠山。壁立萬仞，登其巔可覽龍游、蘭谿、壽昌三縣之勝。中有冠山洞。

泉山。在壽昌縣南二十五里。有泉分四道而下，冬夏不竭。

硯山。在壽昌縣南三十里。南屬蘭谿，西屬龍游，爲三郡之界。

鵝籠山。在壽昌縣西南六十里。壽昌溪出此。

屏風山。在壽昌縣西南。《貝瓊記》：壽昌茗塘東北一山却立千仞，曰屏風山。

彭頭山。在壽昌縣西里許，西湖東岸。宋胡楚材未第時讀書其中，後憶之，作詩云：「松篁讀書室，水石釣魚臺。」

天湖山。在壽昌縣西二十里。上有池，廣三畝，可溉山下田二百餘頃。

岑山。在壽昌縣西二十里。孤峯峭立，山頂平曠，麓有石室，可容數人。宋時鄭彦嘗構書院於此。

四靈山。在壽昌縣西四十里。有龍、鳳、龜、麟四山，拱揖相向。宋葉義問居此。相接者爲魏馱山。

塘山。在壽昌縣西五十里。石徑屈曲，上有二池，分水爲瀑布。

燕山。在壽昌縣西北二十里。每逢亢旱，有煙霧直上，羣燕翔集，即雨。

過浴山。在壽昌縣北十八里。下有龍潭，潭上有洞，名曰龍門，深邃莫窮，泉流灌注，溢爲周溪、協儒、五里三溪，環繞縣北。

紫羅山。在分水縣東十五里。唐羅萬象隱此。相近有百勝巖，最高聳。又東二里爲秦遊山，以始皇過此得名，一名參秦山。

峭山。在分水縣東五十里。高千餘丈，其最高處曰赤巖尖，登之可見杭州六和塔。相接者爲石壁山，有洞如室，旁皆石壁。

慶雲山。在分水縣東南里許。一名五雲山，唐長慶中，有五色雲見，因名。施肩吾讀書於此，其巔有洗硯池。

紫龍山。在分水縣南二十里。上有龍池。相近爲石柱山，二山對峙，各有石如柱，高數十丈。

鍾山。在分水縣西三十五里。山半有洞，中有泉下注。又西五里爲學士峯，凡十八峯並列。

雙溪山。在分水縣北一里。一名雙峯山。相連者爲玉華山，下有泉如玉色。

黄潭山。在分水縣北二里。下有黄潭、天目諸溪，繞流其下。

天禄山。在分水縣北十里。一名甑山，於潛、昌化之水匯流其下，曰印渚。

白雲山。在分水縣北二十里。上有三池。

井硎嶺。在建德縣東南五十里。一名井坑嶺，接浦江縣界。明初，李文忠克嚴州，進兵下浦江，取道於此。

胥嶺。在建德縣北六十五里，接分水縣界。上有仙洞二，一明一暗，胥水發源於此。

鮑婆嶺。在建德縣東北二里。明初張士誠寇嚴州，李文忠禦之於東門外，使别將出小北門間道過鮑婆嶺，由碧鷄塢繞出陣後，大破之，即此。

銅嶺。在淳安縣東七十里。中有石洞出泉，洞口有田，號仙人田。

遼嶺。在淳安縣南七十五里，接壽昌縣界。山高溪迅，懸崖絶壁，無路可通，舊惟水道往來。明成化間，知府朱暟始命工修鑿，遂成坦途。又西嶺，在縣南八十里，亦與壽昌接界。絶頂平坦，有石筍如人竦立，洞口引水爲碓。

白鶴嶺。在淳安縣東北百里。有仙鶴泉。明初胡大海取徽州，元將胡納退保遂安，戰於白鶴嶺，即此。

娘嶺。在桐廬縣西北二十里。爲驛道要口。

赤洲嶺。在桐廬縣西北四十五里。其嶺縈迴曲折，凡三里餘，有赤洲洞。自洞門梯級而下三丈餘，有石壁。自壁八十餘步，洞屋高敞，縈紆曲折而入，莫知所窮。唐貞元中，侍御史李士舉游此，改名館仙洞。

馬金嶺。在遂安縣南八十里，接開化縣界。

連嶺。在遂安縣西北七十里。道出歙縣，相傳明太祖曾略地至此。相連者爲歙嶺。

長嶺。在壽昌縣東南二十五里。路通金、衢、宣、歙四郡，嶺半有泉，下注爲池。

梅嶺。在壽昌縣西南四十里，接龍游縣界。一名梅峯。南宋時凡閩、蜀、江西、荆、湖、二廣、雲南、八番、海外諸國來者，皆經其下，爲入杭要道。元亦爲戍守處，明時乃取道蘭谿。

白沙嶺。在分水縣東南二里。路達桐廬，下有白沙潭。

塔嶺。在分水縣西五十里。又有湯安嶺，在縣西北六十里。俱通淳安縣界。

紫蓋峯。在淳安縣東南七十里。山腰微瘦，上乃旁拓，形如擁蓋。

金紫峯。在淳安縣東北八十里。中峯有圓石，突起數十丈，光瑩無草木。其旁兩峯若俯，每旭日照灼，金紫晃耀。上有九龍瀑布泉。

獨高峯。在桐廬縣西北二十里白水湖南。突出江表，高於衆山，故名。

千丈巖。在建德縣東十七里。峭壁插天，石屏繞麓，上有甘泉，下有雲堰。

乳香巖。在建德縣東三十五里。相傳有乳香下垂，故名。壁立百十餘丈，不可登躋。

小溪巖。在淳安縣東六十里。水陸行者皆畏其險，下有小溪渡，錦溪關置於此。

燕石巖。在淳安縣西十五里。穹然如屋，可坐數人，俗呼積甲山。

保安巖。在淳安縣東北六十里。五季末，里人避亂於此，多得保全，故名。一名玉筍峯。

高湖巖。在壽昌縣東二十五里。頂平如掌，廣三十餘畝，四畔巉巖，惟一徑可通。相傳黄巢亂時，土人多避難於此。

大悲巖。在壽昌縣南二十里。有石竅僅可容人，曲身以入，爲梯三級而下，有石室曰觀音洞。巖西北一里許，又有一石洞，元大德間，臨安人莫子淵棄家學道於此。作石磴，曲折數百丈以登。半山有泉飛下，爲縣勝地。

聖巖。在壽昌縣西三十五里。巖崖壁立，有石如龍，泉從口出，不竭。

金鷄巖。在壽昌縣西六十里。縣志：相傳昔有異人過此，聞石中鷄鳴，剖得一物如鷄，金色，今巖竅尚在。

頂仙洞。在建德縣西四十五里。石泉湧出，溉田甚廣。

靈巖洞。在淳安縣東五十里。上有千仞峯，下有一水源，東曰聰明，西曰龍門。聰明源口有洞，即靈巖也。龍門源口洞二，曰龍泓，曰均濟。各溉田數頃。

乳洞。在淳安縣西八十里。深可數里，泉溜凝結如乳。宋方臘之亂，有避地其中者，頗穢褻，一夕雷震，忽有大石掩洞，自是人不能入。又有乳洞，在遂安縣南八十里。洞門廣三丈許，中産異石，瑰怪不一，有泉不竭。

威平洞。在淳安縣西七十里。一名青溪洞，一名幫源洞。宋史：宣和中方臘反，韓世忠擊敗之，窮追至青溪洞，賊深據巖屋爲三窟，諸將莫知所入。世忠潛行溪谷，問野婦得徑，即挺身仗戈擣其穴，格殺數十人，擒臘以出。賊平，改今名。

仙女洞。在淳安縣東北六十里。洞口有祠，每歲旱禱之，則環山皆雨，不及他境。

瑶林洞。在桐廬縣西北四十五里。洞口濶二丈許，梯級而下五丈餘，有崖有池，有潭有穴，壁有五采。

垂雲洞。在桐廬縣西北五十里。洞口藤蘿交加，怪石垂下，行數步入石門，則曠然開朗，石堂可容百人。舊名石佛洞，唐貞元中，縣令劉文會改今名。有泉，灌田數頃。

南山洞。在壽昌縣西三十里。上有三門，屈曲旁通。其東半里曰頤真洞，中有石室，前有深池不竭，相傳謂之龍池。

白山洞。在壽昌縣南三十里。高峻不可登陟，中有金石聲。

靈棲洞。在壽昌縣西四十里。洞極深邃，其中盛夏極寒，水常泛溢，有魚躍出。

楊山洞。在分水縣西北四十里。洞中可容數百人。

屏風源。在桐廬縣東南四十五里。上有龍潭，其泉自石罅中湧出，前山鈐鎖，如葫蘆喉，其中濶五里許。

一指石。在桐廬縣西北四十里。長一丈，高五尺，綴巖谷間，以手抵之則摇動，人力多則不能移，元楊維楨有詩。

浙江。一名新安江。自徽州府歙縣東流，經淳安、建德二縣南，又東北經桐廬縣南，入富陽縣界。元和郡縣志：浙江在睦州南十里，又在桐廬縣南一百四十步。舊志：江入淳安縣，一名青溪。唐光化二年，淮南宣州將康儒攻睦州，食盡，自青溪遁歸是也。東流入建德縣界，又名歙港。至府城東南，東陽江合衢、婺二港之水自南來會，折而北，入桐廬縣界。流九十里至桐君山下，合桐溪，亦名桐江，又名睦江，東北入富陽縣界。兩岸高山，水深如黛。

東陽江。在建德縣東南二里。元和郡縣志：建德縣有東陽江。東南自婺州界來，至州南注浙江。舊志：上流即衢、婺二港，至蘭谿縣合流，又北至縣東南入浙江。形如丁字，一名丁字水。

胥口溪。在建德縣東二十五里。自胥嶺發源，流三十里至胥口，又逆流十里入江。亦謂之建德江。梁大寶末，侯景將劉神茂據東陽，遣其黨元頵等下據建德江口。明初張士誠來侵，至大浪，李文忠遣將何世明西出烏龍嶺，至胥口破走之，即此。

洋潰溪。在建德縣東南十七里。自浦江縣發源，西流七十里入東陽江。又吴家溪，在縣東南三十五里。亦自浦江縣發源，西流八十里入江。

杜息溪。在建德縣東北五十五里。自雲岫山發源，東流入桐廬縣界，爲清渚港。東南流繞嚴陵山北，又東入江。

遼溪。在淳安縣東三十五里。源出遼嶺，流經芝山下，東北入江，今一名文源水。

軒駐溪。在淳安縣東五十里。流入江。明統志：相傳漢方儲乘鶴至此登舟，縣東八十五里有鶴跡石，亦以儲名。

蜀溪。在淳安縣西北七十里。源出蜀阜山，内有峽水交流，似蜀川。

進賢溪。在淳安縣東北二十五里。又柵源水，在縣東北四十里。相傳吴賀齊討山越，樹柵於此。其水俱南入江。

甘溪。在桐廬縣東南二十五里。有二源：小源出白雲源，東、西坑嶺，東流六十里，至雷塢木杓堰；大源出桃嶺，西北流三十餘里，合小源爲甘溪，又引而東北流十餘里爲窄溪，又東北流十三里入江。與新城港口相對，名窄溪埠，江流經此，闊纔數丈，易於涉渡。

蘆茨溪。在桐廬縣西南四十里。一名白雲源。有大小二源，一出紫洲，一出西坑嶺，合流半里許，北入江。

桐溪。在桐廬縣東北三里。上流即天目溪，自分水縣流入，合桐江。水經注：紫溪東南流，徑桐廬縣東爲桐溪。孫權藉溪之名以爲縣目。元和郡縣志：桐廬江，源出於潛縣天目山，南流至桐廬縣東一里，合浙江。舊志：天目溪，在分水縣東一里，即於潛縣紫溪之下流。合昌化縣之柳溪，入分水縣界，回繞於天禄、黄潭諸山之下，亦曰印渚溪。又東南入桐廬縣界，爲桐溪。東南流六十里，繞郭而南，出桐君山下，入浙江。一名學溪，一名横港，又名分水港。

雙溪。在桐廬縣東北十里。一源出縣東北白峯嶺西流，一源出闔仙洞北流，合而西流十餘里，爲雙溪，又西南入桐溪〔三〕。

罟網溪。在遂安縣東二十五里。源出衢州府，東北流入縣界，經鳳林鎮，曰鳳林溪。又東北流，至巖下入武强溪。

武强溪。在遂安縣南。源出白際嶺，東流經武强山，因名。又東南至縣西五十八里三渡，與雙溪合流，闊數十丈。又東經縣南，合遂安源水繞郭。又東北四十里入淳安縣界，名遂安港。經縣南二十里，又東北入江。

雙溪。在遂安縣西。有二源，皆出歙縣界石嶺，東南合流，又東流十里至三渡口，入武强溪。

靈巖溪。在遂安縣西北。源出靈巖山，東南流十五里入武强溪。

龍溪。在遂安縣東北。源出淳安縣界燕源，南流經縣東一里至婺山下，入武强溪。

翠溪。在壽昌縣東七里。源出巖嵓山，西北流入淤堨溪。又竹溪，在縣東南十五里，源出長嶺。龍溪，在縣東二十里，源出巖嵓山。俱北流入湖神溪。

壽昌溪。在壽昌縣南。源出鵝籠山，東流至縣西二十五里，與交溪合，曰大同溪。又東至縣西一里，曰艾溪，又與西溪、曹溪合。又經縣南，與清潭溪合。又東與周溪合。又東至縣東七里曰淤堨，又東北與協儒溪合。又東至縣東北十五里湖神坂曰湖神溪，又至山後與竹溪合，又與五里溪、龍溪合。共流九十里，入建德縣界，出壽昌港口，繞蒼山，入新安江。

清潭溪。在壽昌縣南。源出烏石山，北流入艾溪。又周溪，在縣東北十里，源出過浴山，南流入艾溪。又協儒溪，在縣東北十五里。五里溪，在縣東十五里。源俱出過浴洞，東南流入潮神溪。

常樂溪。在壽昌縣南三十里。源出龍游縣天池山，東流入縣界，又東南流入蘭谿縣界，合東陽江。

西溪。在壽昌縣西南十里。源出梅峯，東北流入艾溪。

交溪。在壽昌縣西二十里。源出魏馱山，東南入大同溪。

曹溪。在壽昌縣西。源出縣西北玳瑁嶺，東南流入艾溪。

廣陵溪。在分水縣東六十里，與新城縣接界。源出新城之廣陵鄉，故名。

前溪。在分水縣南二里。自淳安縣分流入縣界，合白沙潭，亦曰白沙溪。回繞縣治東入天目溪。

魚袋港。在淳安縣南一里。居民多於港邊設碓磨，因成漏港。明時縣令海瑞築隄護之，得資灌溉，利舟楫。

余浦水。在建德縣東三里。源出烏龍山，東南流入江，曰浦口。

東湖。在府城東門内。廣袤數十餘畝，明嘉靖中，築隄捍之，歲久隄潰，水東行，由余浦橋出口。本朝康熙十一年，築壩於湖之左，水漲則西出呂公橋入江。

西湖。在府城西南門外。廣袤五百四十一丈。唐刺史侯温開，中有寶華洲。又有西湖，在壽昌縣西里許，彭頭山西，廣袤二百四十步。唐景福二年，縣令戴筠開，引水灌東郭之田，餘流入艾溪。

聖湖。在建德縣西七十里，新安江側。廣袤數百丈，北有白沙洲爲限，不與江通。

白水湖。在桐廬縣西北二十里。其地有上湖、下湖、鴉湖、高塘湖，總曰白水湖。廣一百三十餘畝，溉田甚廣。

七里瀨。一名七里灘，在桐廬縣嚴陵山西。元和郡縣志：在建德縣東四十里。寰宇記：七里瀨，即富春渚也。葉夢得避暑録：七里灘，兩山聳起壁立，連亘七里，土人謂之瀧。舊志：七里灘，上距嚴州四十餘里。又下數里乃至釣臺，兩山夾峙，水駛如箭。諺云：「有風七里，無風七十里。」言舟行難於牽挽，惟視風爲遲速也。

百丈漈。在遂安縣西五十里霞源山頂。有三石池，瀉作瀑布百餘丈，下有叢石激水，聲震巖谷。

古渠。在淳安縣南。引西山泉，横貫市中而東注，宋元豐間濬，後堙。明萬曆中重濬，築二湖陂。

三河潭。在建德縣東南四十五里。東陽江水所匯，中則逆流而上，兩旁則順流而下，故曰三河。三河關因以名。

三潭。在淳安縣西一百里。崇岡僻嶠極深處。源出昌化之昱嶺，瀦爲三潭，匯流於此。高下相比，上者可一畝，中尤大，其下差小。垂瀑傾注，聲振林麓。旁有石山，斜瞰潭上。

牛頭潭。在桐廬縣東南二十五里。大旱不竭，溉田二千頃。

朱池。在建德縣西三十五里。相傳以朱買臣居此得名。當三衢大路，宋置朱池驛於此。

雪水泉。在桐廬縣南六十里，乃龍湫也。高數百丈，飛噴巖壑間，如雪霰交下，其流爲雪水港。

孝子泉。在桐廬縣西三十里。因晉孝子夏孝先得名。唐時里人董舉居泉側，值歲旱，舉壘石障水以溉田。既而水漲沙壅，石遂成圻，因名董舉圻。

渼井泉。在遂安縣南八十里。一名米井泉，大旱不涸，溉田數百畝。

古蹟

建德故城。今建德縣治。三國吴分富春地置，孫晧初封建德侯，即此。

始新故城。在淳安縣西。吴志：建安十三年，賀齊討黟歙賊，時武强、葉鄉、東陽、豐浦四鄉先降，齊表以葉鄉爲始新縣，復表分歙爲六縣，割爲新都郡，立府於始新。水經注：孫權立始新都尉於歙之華鄉，令賀齊守之。後移出新亭。舊志：始新故城，在縣西六十里威平鎮。隋初改曰新安。後又移治雉山下，而此城廢。

桐廬故城。在今桐廬縣西。三國吳置，隋初廢，尋復置。舊唐書地理志：桐廬縣舊治桐溪，開元二十六年，移治鍾山。元和志：縣西南至睦州一百五里。舊志：吳時故城在縣西二十五里孝泉鄉漏港，故址尚存。隋初廢。又有古嚴州城，在縣西北十五里桐江西岸。本隋仁壽二年鴻臚寺丞蘇綸所築，唐初置嚴州於此，今猶名爲舊縣。開元中，移治鍾山，後又移桐江口，即今治。

遂安故城。在今遂安縣西。元和志：縣東北去睦州一百九十里，本漢歙縣地，孫氏分歙縣南鄉安定里置新定縣。晉武太康元年，改爲遂安縣。舊志有廢城，在縣西南木連村溪北，唐武德四年，移今治。

新昌故城。在壽昌縣西。吳置，晉改壽昌，隋廢，唐復置。舊唐書地理志：縣舊治白艾里，後移今所。舊志：吳新昌縣，在今縣西永平鄉花園坪，今猶名故城坂。唐神龍初徙治郭邑里，尋徙治白艾里，在今縣東七里，亦名桂村。東臨小溪，城濠形跡尚存。後復還郭邑里，即今治也。

分水故城。今分水縣治。寰宇記：縣在睦州北一百八十五里，本桐廬縣之西鄉，唐置。如意元年，改曰武盛，因界内武盛山爲名。神龍元年，又改分水，取桐廬江水中分爲名。

昭德故城。在分水縣西北。唐寶應二年，析分水置昭德縣。大曆六年，省入分水。舊志：故城在縣西北嘉德里。宋置昭德驛，後廢。

雉山廢縣。在淳安縣西南二里雉山下。隋大業初，移新安縣於此，因改曰雉山。唐神功初，又移今治，後又改青溪，以浙江亦曰青溪爲名。元和志：縣東去睦州一百六十五里。即今治也。

太子城。在淳安縣西三十里普慈山上。相傳孫吳太子和居此所築，遺址尚存。

唐寓之城。在桐廬縣東南三十五里。地名舒灣，南齊永明中，富陽民唐寓之作亂，嘗築城屯聚於此。

瀟灑樓。在府治内。宋知府周格建，取范仲淹詩「瀟灑桐廬郡」爲名。其下爲思范堂。

天邊風露樓。在淳安縣東二十里。瀕江，宋時邑人盧珏建，方逢辰有記。

靈香閣。在建德縣治内。宋熙寧間建，蘇頌有記。

競秀閣。在桐廬縣東二里。下瞰長江，景爲一邑之冠，宋米芾書扁。

高風堂。在府治東。宋紹興中建，汪藻有記。堂之東北有植賢、松月二亭，堂北有柏，石刻「壽柏」二字。

溪山偉觀亭。明統志：在府城上。羣山獻奇，二江成字，舉目盡得之，一郡偉觀。

環溪亭。在府城中。唐方干詩：「爲是仙才登望處，風光便是武陵春〔四〕。」

孤高亭。在建德縣東八十里。宋紹興間，知府胡寅建，趙抃詩：「寺亭高絶面靈山，迤邐羣峯不可攀。」

合江亭。在桐廬縣東南桐江口。初名臨江，宋元絳改今名，以桐、睦二江會合於此。

釣臺。在桐廬縣西富春山。漢嚴子陵垂釣處。有東西二臺，各高數百丈，下瞰大江，古木叢林，鬱然深杳。臺下爲書院。其西臺即宋謝翱哭文天祥處。南有汐社亭，因翱而名。

錦溪館。在淳安縣治東。宋淳熙中建，中有繡衣堂。

雉山館。在淳安縣治西。五代時建。

千峯榭。在府治北。輿地紀勝：自唐有之，宋范仲淹重建。方干詩：「窗中早月當琴榻，牆上秋山入酒杯。」

夏孝先故宅。在桐廬縣西三十里。唐縣令李師旦名其鄉曰孝泉鄉。

戴顒故宅。在桐廬縣東北二里九田灣。今名戴村。

方干故宅。在桐廬縣西南四十五里白雲源。范仲淹有謁方干故居詩：「幽蘭在深處，終日自清芬。」後人因建清芬閣。

李頻故宅。在壽昌縣西永平鄉。

方逢辰故宅。在淳安縣靈巖山。逢辰居山下，更號曰蛟峯。

神泉廢監。九域志：在州東五里。熙寧七年置，鑄銅錢。宋志：尋罷，慶元三年復置。

東館稅務。在建德縣東五里。舊有東館樓，宋時方臘亂後燬，作亭爲監稅所，曰東津稅務，元廢。

仙壇里。隋書地理志：雉山縣有仙壇山。舊志：淳安縣西梓桐鄉有仙壇里，相傳昔有洪氏於此架屋，以待方外之士。

招賢里。在淳安縣西七十里。宋錢時居此，有雉峯書院。

錦沙村。寰宇記：青溪縣有錦沙村，傍山依壑，素波澄映，錦石舒文。冠軍吴喜聞而造焉，鼓枻遊泛，彌旬忘返，嘆曰名山美石，故不虚賞。方輿勝覽：在淳安縣西七里。

城下村。在桐廬縣西北四十五里鍾山鄉，即唐開元中縣治。宋景定間盜起，鄉人駱自得率衆作木城，以爲保障，至今名曰城下村。

關隘

烏石關。在建德縣東十五里。江流所經，下有烏石灘、烏石渡，風濤最險。

三河關。在建德縣東南四十里。有三河渡，即東陽江渡口，當金華大道。唐置三河戍於此，宋爲三河驛。又有管界巡司，在縣東三十里，明初置。今並裁。

錦溪關。在淳安縣東六十里。其地有小溪巖，怪石巉巖，水陸皆險，明嘉靖中置關以禦礦寇，今廢。

水關。在桐廬縣東二里。爲桐溪入江之口，宋置嚴、衢、婺三州巡捉私鹽茶礬司，明初省。成化八年，改置桐江巡司，在桐江口。十九年，改建於桐君山下。隆慶三年，又移於窄溪埠，在縣東二十五里，今廢爲窄溪市。

柴埠關。在桐廬縣東南十五里柴埠灘。今爲柴埠市。又浮橋關，在縣北五里桐溪上。舊皆有兵戍守。

茶園鎮。在淳安縣東五十里。下有茶園渡。又渡市鎮，在縣東北二十五里。宋、元以來，俱爲戍守處。

永平鎮。在淳安縣西六十里威平洞口。宋宣和二年，置威平巡司，明初改永平，今裁。

街口鎮。在淳安縣西八十里，接安徽歙縣界。舊有巡司，今裁。

港口鎮。在淳安縣南二十里。宋寶元二年置巡司，元、明因之，今裁。

鳳林鎮。在遂安縣南四十里。宋建炎初置巡司，紹興初廢。明初復置，後廢。

新市鎮。在壽昌縣東十五里。宋都臨安時此爲孔道。

下淮戍。在桐廬縣東五十里，與富陽縣接界。舊爲江流扼要處。舊志：陳天嘉二年，沈恪襲留異於東陽，異敗恪於下淮。唐永徽四年，婺州刺史崔義元敗妖賊陳碩真黨於下淮。釋名：「淮，圍也。」言江流四周圍合也。

西塢寨。在壽昌縣西南四十里梅嶺。路出龍游縣，舊設上梅巡司。又大源口寨，在縣西四十里，舊設社田巡司。皆久廢。

富春驛。在建德縣東五里臨江。明洪武初，置嚴陵驛，九年改今名。有驛丞，今裁。

桐江驛。在桐廬縣東五百五十步黄港口。舊臨江，名浙河驛，後徙置於此，改今名。有驛丞，今裁。

吴村。在分水縣東十里。舊置巡司，後廢，今爲吴村鋪。

津梁

苔溪橋。在建德縣東南十五里。通浦江，爲浙東要衝。

濟川橋。在建德縣東北五十里白馬澤。

惠人橋。在淳安縣東三十里。跨合洋溪，長三十丈。

聚星橋。在淳安縣東南五十里。相傳宋時近橋有邵氏，前後五人登第，故名。

青溪橋。在淳安縣南青溪。跨溪爲浮梁，長百丈，一名百丈橋，宋建。

世濟橋。在桐廬縣北三十里。元至正間建，歐陽原功書額。

風沂橋。在遂安縣西三十里。舊名豐沂，至元間改今名。

鍾義橋。在遂安縣南。跨溪爲浮橋，一名南韓橋，後燬，今設舟以濟。

黄村橋。在遂安縣北四十里。宣和間建，後架屋其上。

玉虹橋。在壽昌縣東二十里。宋建。

會通橋。在壽昌縣西市口。跨西湖，唐縣令戴筠建。

定安橋。在分水縣東。舊名順安橋，本朝康熙二十年改建。

烏石渡。在建德縣東關下五里。相接有紫溪渡，明萬曆四十年，郡守呂昌期置。

白沙渡。在建德縣西南六十里。新安江渡口也。南征記：自建德縣繞烏龍嶺，背出白沙渡，入壽昌，自常山縣徑達江西，爲陸行徑道。

浮橋渡。在桐廬縣北三里。宋名裏口渡，景定五年，縣令胡太古建浮橋，以船爲之，後廢。今設舟。

罟網渡。在遂安縣東南三十里。路通西安。

隄堰

南隄。在府城南門外。明成化中，郡守朱皚，運巨石築長堤，東抵興仁門，西抵稅課司，爲隄三級，廣踰四丈，袤數百丈，以捍江水。

清溪隄。在淳安縣南。明萬曆中，郡守楊守仁築，以防清溪水漲。

陳公隄。在遂安縣東。龍溪南入武强溪，其口時有潰決，明萬曆中，知縣陳泰熙築石隄障之，因名。

馬公隄。在遂安縣西門外。元大德間，縣尹馬世榮以溪水横流入市，於縣西二里宋公橋下，築隄障之。本朝順治間重修。

芹墅堰。在遂安縣東。舊爲洪水衝壞，明成化中重修，長一百三十餘丈。

馬儀堰。在遂安縣西南十里。一曰馬沂堰。其東北一里許，又有新墅堰，皆吴越時築，共溉田一千七百餘畝。元至正中，縣尹梁居善重築，合爲一堰。本朝康熙間屢修。

長林堰。在分水縣西。梁天監初，任昉鎮本郡時，令築壩堰以蓄水。明萬曆初，縣尹方夢龍又越舊堰一里許築新堰，有灌溉之利。

石澳㳟。在建德縣西三十五里徐村。有曠地數十頃，無水不可耕，宋天聖二年，有徐叟者，穴山三十丈，注水南下，遂爲良田。今㳟上有徐叟廟。

陵墓

越王墓。在淳安縣東六十五里。相傳越王兵敗，奔此而卒，其衆聚土成墳，三隴相連，各高十餘丈。

漢

方儲墓。在淳安縣治東南。墓前有真應廟。

晋

夏孝先墓。在桐廬縣西孝泉鄉。

宋興墓。在建德縣東南十里宋公村。興，冀州刺史，元帝渡江，以功食邑於睦，唐時裔孫璟重修。

唐

孝子何起門墓。在建德縣西南馬目山麓。

五代　吴越

方昊墓。在淳安縣東北五十里。

宋

江公望墓。在建德縣東江村山麓。

胡嘉言墓。在壽昌縣西九都。

王縉墓。在分水縣西十里茅山。張栻作墓銘。

詹良臣墓。在遂安縣西十六里西山菴右。

喻樗墓。在建德縣西北武定門外。

馬大同墓。在建德縣東大塘塢。

詹儀之墓。在遂安縣西三十里。

錢時墓。在淳安縣西六十里，蜀阜故居之側。

方逢辰墓。在淳安縣西八里安溪。

謝翱墓。在桐廬縣西釣臺南岸。友人方鳳建許劍亭於墓右。

孫潼發墓。在桐廬縣東大隱阡。黄溍表其墓。

何夢桂墓。在淳安縣東北文昌里。

元

余炳墓。在遂安縣六都古山坪。

明

姚夔墓。在桐廬縣金牛山。

商輅墓。在淳安縣南十里。

余謙墓。在桐廬縣孝泉鄉。

汪喬年墓。在遂安縣茂灣林。

校勘記

〔一〕桐廬清冷山之支也　「清冷山」，雍正浙江通志卷一九山川同，乾隆志卷二三四嚴州府山川（下同卷簡稱乾隆志）及明一統志卷四一嚴州府山川作「清泠山」。下文「清冷山」同。

〔二〕宋徵士戴顒所隱處　「顒」，原作「容」，據乾隆志及明一統志卷四一嚴州府山川改。按，本志避清仁宗諱改字，今改回。

〔三〕又西南入桐溪　「桐溪」，原作「洞溪」，據乾隆志改。按，本府無「洞溪」之水名，考輿圖，正與桐溪合，蓋桐、洞二字形音俱近而誤也。

〔四〕風光便是武陵春　「陵」，原作「林」，乾隆志同，據明一統志卷四一嚴州府宮室、雍正浙江通志卷四九古蹟嚴州府及全唐詩方干睦州呂郎中郡中環溪亭改。

大清一統志卷三百三

嚴州府二

祠廟

平水廟。在建德縣東北六十里芝山。祀大禹。

伍子胥祠。在建德縣東四十里胥村。

嚴陵祠。舊在建德縣東報恩寺西南，明萬曆中移於建安山。又富春山下有嚴先生祠，宋景祐中范仲淹建，今爲釣臺書院。

賀太守祠。在淳安縣西北六十五里。祠吴賀齊。

李都官祠。在壽昌縣西魏䮘山。祀唐李頻。

三賢祠。在府城内。初名思范祠，祀范仲淹，後增祀吕祖謙、張栻。

胡侍郎廟。在桐廬縣西三十五里清渚港。宋紹興中建，祀胡寅。

海公祠。在淳安縣治西。祀明知縣海瑞，後改築南山之麓。

烏龍祠。在建德縣北二里。一名廣濟廟，宋陸游有碑。

寺觀

普光寺。在建德縣西朱池。唐貞觀中建。

永泰寺。在建德縣東門外。唐光化中建。

天寧寺[一]。在建德縣南五里。宋慶曆中建。寺有瀟灑亭。

上貴寺。在淳安縣東北五十五里。唐貞觀元年建。

法照寺。在淳安縣東六十里。唐咸通八年建。

龍泉寺。在淳安縣東五十五里。唐咸通中建。有泉一泓，能出雲雨，宋江公望有記。

圓通寺。在桐廬縣西二里。唐會昌中建。

無礙寺。在遂安縣治西。唐貞元中建。

紫霄觀。在桐廬縣治東。晉郭文嘗居此。

名宦

三國　吴

賀齊。山陰人。建安中遷威武中郎將，討丹徒、黟、歙賊。時武强、葉鄉、東陽、豐浦四鄉先降，齊表葉鄉爲始新縣。賊平，復表分歙爲新定、黎陽、休陽等縣，孫權遂立新都郡，以齊爲太守，治始新，加偏將軍。

南北朝　宋

羊欣。南城人。爲新安太守。以簡惠著稱。

江秉之。考城人。爲新安太守。政尚簡約，所得秩禄，悉散之親故。在郡作一書案，去官仍留以付庫。

齊

蕭穎胄。蘭陵人。自左將軍出爲新安太守，吏民懷之。

沈瑀。武康人。爲建德令。教人一丁種十五株桑、四株柿及梨、栗，女丁半之，未幾成林，民咸感悦。

梁

伏暅。安丘人。武帝時，爲新安太守。在任清恪，有賦税不登者，輒以太守田米助之。郡多麻苧，家人乃至無以爲繩，其厲志如此。

任昉。博昌人。天監中，爲新安太守。以清潔著名，在郡不事邊幅，率然曳杖徒行，民通詞訟者，就路決焉。百姓年八十以上者，遣户曹掾存恤之。卒於官，無以爲斂，遺言不許以新安一物還都，闔境痛惜，共立祠祀之。

徐摛。郯人。大通三年，出爲新安太守。爲政清静，勸課農桑，教民禮義，期月風俗頓改。

陳

陸繕。吴人。永定中，留異割據東陽，新安人向文政與異連結，朝廷以繕爲新安太守，討平之。

程文季。新安海寧人。天嘉二年，除新安太守。向文政據有新安，文季率精甲三百往攻之，文政遣兄子瓚來拒，文季與戰，大破瓚軍，文政乃降。

唐

宋璟。南和人。開元初，以御史大夫出爲睦州刺史。

房琯。河南人。開元中，貶睦州司户參軍，復爲建德令。所至尚德化，興善利，以治最顯。

韓滉。長安人。乾元中，除睦州别駕。

蕭定。蘭陵人。大曆中，歷睦州刺史。

杜牧。萬年人。會昌中，自池州改睦州刺史。

戴筠。景福二年，爲壽昌令。開西湖蓄新亭坂水，復開溝五百餘丈，引水出東門，以資灌溉，作橋於湖上，以便行者。

宋

刁衎。昇州人。太平興國初，知桐廬縣。應詔言事，乞舉天下淫刑酷法，非律文所載者，悉禁之。

田錫。洪雅人。太平興國中知睦州。州人舊阻禮教，錫建孔子廟，表請以經籍給諸生，詔賜九經，自是人知向學。

范仲淹。吴縣人。景祐中，出知睦州〔二〕。大興學校，建嚴子陵祠於釣臺，復其後四家，以厲風節。

張方平。宋城人。仁宗時，通判睦州。多善政。

趙抃。衢州西安人。嘉祐中，出知睦州。州歲爲杭市羊，移文却之。又民有茶税而無茶地，爲奏免。

吕希純。壽州人。紹聖初知睦州。以歙、婺二港水歲溢爲患，建廟爲文祭之，自是無水患。

錢即。吴越王諸孫。爲睦州推官。部使者有獄在衢，唤即以薦牘，使往治，即曰：「吾雖老冗選中，豈忍以數十人易一薦乎？」至則平反之。

柳約。華亭人。高宗時知嚴州。時金兵大入，列郡震恐，約屹保孤城，悉力捍禦，境内安堵。又上書請合諸郡兵克復吴會，上甚嘉之。

胡寅。崇安人。紹興中，以徽猷閣待制知嚴州。

李彦穎。德清人。紹興中，調建德丞。時宰知其才，將處之學官，或勸使一見，彦穎恥自獻，不往。

劉清之。臨江人。紹興間，爲建德縣主簿。請於州，俾民自實其户，由是賦役平，争訟息。

袁樞。建安人。乾道中，爲嚴州教授。常喜誦司馬光資治通鑑，苦其浩繁，乃區别其事，而貫通之，號通鑑記事本末。

張栻。綿竹人。乾道中，以直秘閣知嚴州。奏蠲丁鹽錢絹，民以繁庶。旅名山，斥淫祠，以教化爲先務。後與吕祖謙並祠焉。

吕祖謙。金華人。乾道中，教授嚴州。四方從學者甚衆。

蕭燧。臨江人。淳熙中，知嚴州。嚴地狹財匱，始至，官鏹不滿三千，燧儉以足用，二年之間，積至十五萬，以其羡補積逋，諸邑皆寬。移知婺州，父老遮道，幾不能行，送出境者以千數。

陸游。山陰人。淳熙中，知嚴州。過闕陛辭，帝諭曰：「嚴陵山水勝處，職事之暇，可以賦詠自適。」初，游祖軫，皇祐初以吏部郎知州事，未幾請老。至是，父老請建德令蘇林築祠於兜率院祀之。

袁韶。慶元人。嘉定中，知桐廬縣。邑多宗室，持縣事，無有善去者。韶至，絶私謁，莫敢撓。錢塘岸歲爲潮齧，率取石桐廬，詔言廟子山有石，不必旁取鄰郡，遂得永免。召爲太常寺主簿，父老旗鼓蔽江以餞，至於富陽，泣謝曰：「吾曹不復輸石矣。」

吴淵。溧水人。嘉定中，調建德縣主簿。至官，就辟令，江東九郡之冤訟於諸使者，皆乞送淵。

高斯得。浦江人。淳祐七年，知嚴州。嚴環山爲郡，雖豐歲猶仰他州。夏旱，斯得蠲租發廩，招糴勸分，請於朝，得米萬石以賑濟。

元

王子玉。至元中，爲壽昌尹。時徭役繁劇，民不堪命，子玉詣府泣訴，卒減差科。

馬世榮。大德初，爲壽昌尹。先是，溪水横流湮道。世榮率民於宋公橋下築隄障水，民賴之，號馬公隄。

朱倬。江西新城人。至正間，爲遂安尹。饒、徽盜起陷城，吏卒逃散，倬大書座右，有「生爲元臣，死爲元鬼」之語。盜焚廨宇急，倬朝服赴水死。

明

彭子沖。福安人。洪武初，知壽昌縣。時承兵燹後，首創儒學，建會通橋，修築隄堰。在任四年，政平訟息。

楊信。邯鄲人。永樂中，知桐廬縣。莅政清勤，莫敢干以私。民有訟，立剖之，囹圄爲空。秩滿，耆老三百餘人詣闕乞留，復任九年。

萬觀。南昌人。永樂中，知嚴州府。府東境七里瀧有魚舟數百艇，時剽行旅，觀編十舟爲一甲，令晝地巡警，不匝月，盜屏迹。奏減織造，以銀代絲税，民皆便之。九年考績，爲海内第一。既以憂去，將除服，嚴州民豫上章，願復得觀爲守，朝廷異之。

袁政。吴縣人。永樂中，夏元吉薦爲遂安知縣。俗多溺女，政嚴禁，並加恩恤，自後民間生女，名曰袁留。

范衷。豐城人。宣德中，知壽昌縣。闢荒田二千六百畝，興水利三百四十有六區。正統五年，三考報最當遷，邑民列狀乞留，復任。

鄧廷瓚。巴陵人。景泰中，知淳安縣，有惠政。

李堅。唐縣人。天順中，以御史謫知桐廬縣。聽斷明決，遇事不避權勢，捐俸濟飢，省傜役以舒民力。

張永。南充人。天順中，知嚴州府。督墾沙渚田數千畝，裁弓段妄費，減水夫掊剋，貧不能葬者，給公帑羨餘周之。注意學校，擇俊異者，講學於肅敬軒。歲災即以上聞，得減夏税之半。時有白鶴雙棲於庭，咸謂清白所致。

朱暟。高郵人。成化中，由御史爲嚴州知府。築南城隄，以禦水患。自東門至富春驛數里，拓爲坦途，植柳夾道，人號朱公柳。

容九霄。陽朔人。正德中，知遂安縣。時流寇侵開化，迫馬金嶺，九霄率民兵結寨於高喬山，手弓矢殺數賊，摧其鋒，賊遁去。力請建城，邑有城自九霄始。

周望。東莞人。嘉靖中，知嚴州府。改建學宫，重修東、西湖，以備旱澇。裁驛遞冗費，積金七千餘兩，悉貯庫以代民税。

宋璘。來安人。嘉靖中，嚴州推官。淳安有疑獄，立爲平反。攝建德事，裁去賦絹例金。時廟工需木，徽大賈持金以餽，峻拒之。

何天啓。貴溪人。嘉靖中，以給事中謫淳安縣丞，攝縣事。懲猾吏，禁姦民，戢礦賊，最多善政。

海瑞。瓊山人。嘉靖中，知淳安縣。布袍脱粟，令老僕藝蔬自給。總督胡宗憲子過淳安，怒驛吏，倒懸之，瑞曰：「曩胡公按部，令所過毋供張。今其行裝盛，必非胡公子。」發槖金數千，納之庫，馳告宗憲，宗憲無以罪。都御史鄢懋卿行部過，供具甚薄，抗言邑小不足容車馬，懋卿素聞瑞名，爲斂威去，而囑巡鹽御史袁淳誣瑞，謫興國州判官。

陳彛。青州人。隆慶中，爲嚴州通判。攜一子一僕，布衣疏食，奉母之餘，悉賑貧乏及罪贖莫辦者。

蕭元綱。泰和人。萬曆中，知淳安縣。修靈隄，濬古渠，築二湖陂，創賓興書院，闢建縣治，皆以俸金佐之。民爲立生祠。

蔡模。武進人。萬曆中，知淳安縣。時供億煩苦，模至，悉倚辦公帑，不以累民。清豪猾乾没之弊，建祠以祀海瑞。去官後，民即以瑞祠並祀之。

潘絲。婺源人。萬曆中，嚴州通判，署分水縣事。舊丁户多浮額，民苦之，乃稽故牘，去浮丁千數。再攝建德縣，蠲歲徵八百有奇。

石有恒。黄梅人。萬曆中，知遂安縣。下車以避勞、邀利、畏禍三者自誓，不用民間一物，屏絶饋遺，聽斷明决，庭階肅然。

本朝

董珙。嵩縣人。順治七年，知壽昌縣。先是，邑中差役煩多，民不勝祇應，珙非正役不差。壬辰，寇犯浙西，三衢震動。珙嚴偵探，間出奇兵殺賊，縣境倚以安輯。在任三年，清操如一日。

梁浩然。濱州人。康熙七年，知嚴州府。值歲饑，力請蠲賑，又設廠煮粥，老幼不能就食者，按户口給米。清丈民田，悉除隱射。濬兩河，築下河，以資灌溉。耿精忠亂，山多伏莽，浩然練習鄉勇，捍禦周密，四境晏然。

項一經。漢陽人。康熙八年，知建德縣。縣田自明萬曆中編册後，歲久版籍紛亂，黠吏得恣行飛灑，賦額愈混。會編審，一經倡爲歸號法，令民按號收田，計畝加額，由是民得以實田供税。建龍山書院，集士肄業其中。大兵討耿精忠，一切軍需，經營盡瘁。以薦，擢考功主事。

王光鼎。漢軍鑲黄旗人。康熙中，知嚴州府。夏旱，穀價騰湧，光鼎捐貲買米平糶，又勸富民出粟，民賴以安。時有妖狐爲祟，民間女子多爲所魘。光鼎親製檄文，告城隍神驅之，患遂息。郡境灘高水急，津渡最險，建德之小里埠，桐廬之南關外尤甚。光鼎增設渡船，至今便之。

人物

晉

夏孝先。桐廬人。少喪二親，負土成墳，數年不勝，卒。

南北朝　陳

周文育。字景德，壽昌人。本姓項，少孤貧，義興人周薈養爲己子。從武帝討侯景，爲府司馬。以功累遷散騎常侍。徐嗣徽引北齊來寇，文育頻戰有功，進爵壽昌縣公。後爲熊曇朗所害，贈侍中、司空，謚忠愍。

唐

何起門。建德人。事親至孝，父死廬墓，累有異徵。大曆中，刺史蕭定以狀聞，詔旌表。

陳京。桐廬人。有至行，親喪廬墓，刺史蕭定以聞，詔旌表。

章八元。桐廬人。大曆進士，遷協律郎。子孝標，元和進士，爲山南東道從事，試大理評事。孫碣，乾符進士。三世以詩名。

祝希進。桐廬人。父喪廬墓側，生芝草，産靈蛇。元和中，詔旌其門。又睦州許利川，居母喪，以孝聞，亦被旌表。

皇甫湜。字持正，睦州新安人。元和進士，爲陸渾尉，仕至工部郎中。裴度留守東都，辟爲判官，作福先寺碑，援筆立就。從韓愈遊，愈愛其才，文章與張籍、李翺齊名。

施肩吾。字希聖，睦州人。元和進士，隱居洪州西山。同時徐凝，官至金部侍郎，並有詩名。

李頻。字德新，壽昌人。少秀悟，多所記覽，尤長於詩。大中八年，登進士第，調秘書郎，遷武功令，縣大治。擢侍御史，守法不阿狥。累遷都官員外郎，表丐建州刺史。以禮法治下，更布條教，郡賴以安。卒於官。

戴元益。桐廬人。五世同居，家有紫微木生連理枝。咸通八年，刺史以聞，詔蠲徭役，旌其閭。又睦州方良琨，亦以數世同居被旌。

方干。字維飛，桐廬人。工詩，與鄭仁規、李頻、陶詳爲三益友。咸通中，遯於會稽鑑湖之濱，釣魚爲樂，世稱玄英先生。

方昊。字太初，淳安人。以節義自高。唐亡，遁於巖穴。吳越錢氏招之不往，聚徒講學，以終其身。

宋

江公望。字民表，睦州人。舉進士。建中靖國元年，由太常博士拜左司諫，抗疏極論時政。時内苑蓄珍禽奇獸，公望力言非初政所宜，帝悉命從之。惟一白鷴蓄久，以拄杖逐之不去，乃刻公望姓名於杖頭，以識其諫。蔡京爲政，編管南安軍。遇赦還家，建炎中卒。贈右諫議大夫。

方慤。字性夫，桐廬人。性至孝，父死廬墓。登宣和進士，歷官禮部侍郎。所至以剛廉稱，著禮記集解。朱子嘗曰：「方氏禮記解，不可以其新學而黜之。」

詹良臣。字元公，分水人。舉進士不第，以恩得官，調縉雲尉。方臘起，其黨犯處州，守貳俱遁，良臣曰：「捕盜，尉職也，縱不勝，敢愛死乎？」率弓兵數人出禦之，皆被執，誘使降。良臣曰：「汝輩不知求生，顧欲降我耶？旦暮官軍至，汝肉飼狗鼠矣。」賊怒，臠其肉，使自啖之。良臣吐且罵，至死不絕聲。徽宗聞而傷之，贈通直郎，官其子孫二人。

劉晏。字平甫，嚴州人。宣和四年，授通直郎。金兵圍京師，以晏總遼東兵，號赤心隊。建炎初，從劉正彦擊淮西賊丁進，進黨見晏軍，不戰而降，遷朝散郎。正彦反，晏以衆歸韓世忠。羣寇犯常州，晏出奇破之。後追擊賊戚方於宣城，爲賊所害。贈龍圖閣待制，立廟死所，號曰義烈。

喻樗。字子才，建德人。少慕伊洛之學，中建炎三年進士第。趙鼎居常山，引爲上客。紹興初，高宗親征，樗爲鼎言宜召張浚宣撫江淮，鼎入奏，起浚。浚至，執鼎手曰：「此行舉措，皆合人心。」鼎笑曰：「子才之功也。」樗於是往來鼎、浚間，多所裨益。以鼎薦，授秘書省正字。尋以言和議非便，忤秦檜意，出知懷寧縣，通判衢州。孝宗即位，提舉浙東常平，以治績聞。所著有大學、中庸、論語解，及玉泉語録。

錢時。字子是，淳安人。受業楊簡之門，絶意科舉，究明理學。江東提刑袁甫作象山書院，招主講席，學者興起。丞相喬行簡薦授秘閣校勘，未幾出佐浙東倉幕，尋召入史館檢閱。轉對，敷陳剴切，授江東帥屬，歸。所著有周易釋傳、尚書演義、學詩管見、春秋大旨、四書管見、兩漢筆記等書。

葉義問。字審言，壽昌人。建炎初，登進士第，爲饒州教授，攝郡事。輒發常平米賑饑。通判江州，忤秦檜，罷去。檜死，召至，言臺諫廢置在人主，檜親黨宜盡罷逐，以言得罪者宜敘復。擢殿中侍御史。樞密湯鵬舉效檜所爲，植黨鉏異己者，義問累章劾罷之。累拜同知樞密院事。

詹儀之。字體仁，遂安人。紹興進士。平居以問學爲事。淳熙中，知信州。時朱子、吕祖謙俱在鵝湖，儀之往復辨問無虚日。及帥廣東，以濂溪舊治，立祠曲江。後論廣鹽官鬻之弊，上嘉之，除吏部侍郎，權知静江。討平安化蠻，已中蜚語，安置袁州，歸卒。

趙彦肅。字子欽，建德人。乾道進士，仕至寧海郡節度推官。所著有易説、廣學雄辨、士冠士婚饋食圖，學者稱復齋先生。

洪璞。字叔正，淳安人。紹熙進士，仕爲鎮東節度推官。陳備邊八策，楊簡薦之曰：「守官數十年，而無屋可居；舉家三百指，而無田可養。」其廉介如此。子揚祖，召試館職，除正字，亦有學行。

徐梅龜。字臞叟，壽昌人。舉進士，爲霍丘尉。嘉熙初，元兵大至，與子尚古皆死之。贈宣教郎，尚古贈承信郎。

吴洪德。字長翁，淳安人。淳祐進士，歷官金部員外郎。元兵入臨安，抗節死。弟雄飛，字次翁，景定進士，累官太常簿。國亡，募兵赴難死。

方逢辰。字君錫，淳安人。淳祐中，廷對第一，累官兵部侍郎、國史修撰。時宰相鄭清之、賈似道擅權，逢辰力詆其非，稱疾歸。除吏、禮二部尚書，俱不拜。授徒講學，所著有孝經解、易外傳、尚書釋傳、學庸注釋諸書，學者稱蛟峯先生。弟逢振，字君玉，景定進士，累官太府寺簿。宋亡，隱於家，元初徵不起，講學石峽書院以終。

何夢桂。字巖叟，淳安人。咸淳進士，通判吉州，擢御史，轉太府卿，致仕歸。宋亡不仕。所著有易衍、中庸致用等書，於易學尤精。

元

余丙。遂安人。幼喪母，泣血成疾。父亡，不忍葬，結廬於古山下，殯其中，日閉户守視。有牧童遺火延殯廬，丙與子慈亟撲不止，欲投身火中，俄暴雨火滅。

姜兼。淳安人。七歲而孤，與二兄養母至孝。母喪廬墓，朝夕哭奠，躬自樵爨荒山中，蔬食飲水，一衰麻，寒暑不易。同里陳氏、戴氏子，不能事其父母，聞之皆慚悔迎養。

方道叡。字以愚，逢辰曾孫。至順進士，授翰林編修，撰后妃、功臣諸傳，累遷江西行省員外郎。明初，兩被召不起。所著有春秋集釋。

魯淵。字道源，淳安人。勵志爲學，舉進士，爲華亭丞。明初，屢徵不就，所著有春秋節傳及策府樞要。

明

徐舫。字方舟，桐廬人。幼輕俠，既習科舉業，復棄之，專爲歌詩。元行省參政蘇天爵將薦之，舫避去，築室江皐，日苦吟於雲煙出没間。劉基被徵過桐廬，邀之同行，舫荷簑笠以見，酌酒賦詩而别。所著有瑶林、滄江二集。

徐尊生。字大年，淳安人。洪武初，以遺逸舉，與修元史。竣事，復編禮書，修日曆。時宋濂乞致仕，舉尊生自代，拜翰林應奉文字，草制悉稱旨，以老疾乞歸。所著有春秋論及懷歸等藁。

張瑛。字彥華，建德人。永樂中舉於鄉，入國學，歷刑部員外郎。正統時，擢建寧知府。鄧茂七作亂，瑛率軍分三路襲敗之，遂奪其砦，進右參政，仍知府事。茂七既誅，其黨林拾得等轉掠城下，瑛與從父敬禦之，乘勝逐北，陷伏中，敬死，瑛被執，大罵不屈死。贈福建按察使。

俞鑑。字元器，桐廬人。正統進士，授兵部職方主事。英宗北征，郎中胡寧當從行〔三〕，稱疾求代，鑑慷慨許諾。或以子幼家遠沮之，鑑厲聲曰：「此豈臣子言身家時乎？」尚書鄺埜知其賢，數與計事。鑑曰：「惟力勸班師耳。」時不能用。從至土木遇害。景泰初，贈承德郎。

姚夔。字大章，桐廬人。正統進士，授吏科給事中，陳時政八事。景泰初，擢南京刑部侍郎，尋改禮部，偕羣臣請復太子。天順中，進禮部尚書。成化初，以災異屢見，乞罷西山新建塔院，斥遠阿叱哩之徒，勸視經筵，裁決庶政，帝優旨答之。慈懿太后崩，中旨議別葬，夔率羣臣伏哭文華門，竟得如禮。進吏部，屢陳時弊，多採納。夔才遠器宏，表裏洞達。朝議未定者，一言立決。掌銓衡，黜陟平允，以延攬人才爲務。卒，贈少保，謚文敏。子璧，天順進士，官兵部郎中。項忠劾汪直，璧豫謀，遂下獄，謫廣西思明同知，謝病歸。

商輅。字弘載，淳安人。正統中，鄉、會、殿試皆第一，授修撰。郕王監國，入參機務。徐珵倡南遷議，輅力沮之，進侍講。景泰中，累遷兵部左侍郎，兼左春坊大學士。景帝不豫，輅建議請立東宮，奏未及入，而石亨輩已迎復上皇，諷言官劾之，斥爲民。成化初，以原官入閣，首陳勤學、納諫、儲將、防邊、省冗官、設社倉、崇先聖號、廣造士法，凡八事，帝嘉納之。累進吏部尚書，謹身殿大學士。帝將復郕王位號，輅極言王有社稷功，帝意遂決。時汪直督西廠，數興大獄，輅條直十罪，遂罷西廠，宦者忌之，因力求去。卒，贈太傅，謚文毅。

胡拱辰。字共之，淳安人。正統進士，知黟縣，有惠政。擢御史，疏陳時弊八事。景帝即位，屢疏多採納，出爲貴州參政，威行邊徼。歷廣西、四川布政，皆有平寇功。成化中，進兵部侍郎，首疏請定儲位，言甚剴切。拜工部尚書，節財省事，人皆便之。以老乞歸。弘治中，巡按御史陳銓言拱辰退休十餘年，生平清操如一日，乞加禮異，詔有司給廩禄。正德初，年九十，遣行人存問。卒，贈太子太傅，謚莊懿。

俞蓋。字廷臣，桐廬人。天順進士，擢御史，出按江西。治外戚王氏、萬氏宗族恣横罪，坐事謫澧州判官。大築陂堰，溉田萬頃，累遷鄖陽知府，乞歸。

何紹正。字繼宗，淳安人。弘治進士，授行人。正德初，擢吏科給事中，劾河南鎮守中官廖堂倚劉瑾勢，擅擬遷調，瑾啣之。坐頒曆導駕失儀，杖之闕下，謫海州判官。累遷池州知府，築銅陵五十餘圩，以備旱潦。宸濠反，攻安慶，紹正登陴固守，池賴以安。終江西參政。

俞諫。字良佐，桐廬人，蓋之子。弘治進士，授長清知縣。累遷河南僉事，擒嵩賊吕梅。歷江西參議，平大帽山賊鍾士高。正德六年，擢右僉都御史，治水蘇、杭諸郡，修治圩塘，民享其利。尋進右副都御史，提督操江。姚源賊王浩八叛，詔諫督諸軍討平之。兼領江西巡撫，再擊平臨川新淦賊，討斬劇賊徐九齡，羣盗悉平。進都御史。宸濠諷言官劾之，召還。嘉靖初，以故官總督漕運，後討滅礦盗王堂等，召掌都察院事。卒，贈太子太保，謚莊襄。

王浚。字德深，建德人。正德進士，任薊州知州。以抑制劉瑾家奴，下錦衣獄，尋釋。遷刑部員外郎。復諫武宗南巡，廷杖。後遷貴州副使，苗獠吴尚賢等倡亂，討平之。累官刑部侍郎，致仕。

汪喬年。字歲星，遂安人。天啓進士，歷青州知府，以治行卓異，遷登萊兵備副使。崇禎十四年，擢右僉都御史，巡撫陝西。時李自成已破河南，總督傅宗龍敗歿於項城，詔擢喬年兵部右侍郎，總督三邊軍務。喬年收散亡，調邊卒，率總兵賀人龍等出潼關。賊方圍左良玉於郾城甚急，而其老寨屯襄城，喬年議趨襄城，賊必還救，良玉乘背夾擊，可大破。乃簡精騎馳至襄城，賊以數十萬衆來逆，人龍等未陣而奔，喬年嘆曰：「此吾死所也。」率殘卒入城拒守。外援不至，城陷巷戰，手刃三賊，爲賊所執，大罵，賊割其舌，磔殺之。本朝乾隆四十一年，賜謚忠烈。

張連曜。字景明，建德人。崇禎中，以薦授巴州同知。張獻忠圍城踰月，連曜晝夜死守，及陷，罵賊死。本朝乾隆四十一年，賜入忠義祠。

邵子灼。字季可，建德人。崇禎中，以明經授郏縣知縣。張獻忠來攻，勢不支，乃整衣冠，懷印綬，曰：「此人臣致身時也。」城陷，死之。本朝乾隆四十一年，賜謚節愍。

胡尚綵。字景素，淳安人。崇禎中，爲鳳陽衛經歷。流賊犯境，同留守協力奮擊，却之。已賊復至，被執不屈死。本朝乾隆四十一年，賜入忠義祠。

張日新。字心白，建德人。崇禎時，由歲貢爲宿松訓導，遷齊東教諭。見海内寇起，時與諸生講藝習射，招土寇安守夏，降之。及齊東被圍，與守夏登陴守，城陷，及子光裔死之。妻方氏立自刎，守夏亦從之死。本朝乾隆四十一年，賜入忠義祠。

濮有容。分水人。崇禎末，由舉人授安陸知縣。流賊薄城，竭力拒守，賊合兵圍之，遂陷，一門十九人皆死。本朝乾隆四十一年，賜謚烈愍。

本朝

徐萬照。分水諸生。父志進，明襄陽通判。順治初，山賊執志進索餽，貧無以應，萬照奔前救父，願以身代。賊不聽，殺志進，萬照以頭觸之，亦遇害。

毛周尹。字藩侯，遂安人。少有至性，母卒，哀毁骨立。順治乙未，山寇掠其父之恒，索財取贖。周尹鬻産稱貸，三赴賊營求贖不得，力已竭，號泣請以身質。父歸，周尹竟死於賊。康熙間旌其門。同邑詹符，負父避亂，賊追及，以身蔽父，被殺，父卒免。

毛際可。字會侯，遂安人。順治戊戌進士，授彰德府推官。時盜犯房有才等十三人獄已定，際可廉得其冤，釋之。改固城知縣，修湑河五門堰以溉田。再補祥符，以博學宏詞薦，罷歸，閉戶著書，文名大著。

翁旦。壽昌人。順治十二年以武進士任廣西守備。追剿土寇，陣殁。又王賜元，桐廬人。康熙二年，以長沙照磨死郝摇旗之難。

方象瑛。字渭仁，遂安人。九歲能詩，登康熙丁未進士，以中書舍人薦試博學宏詞，授編修。尋告歸。所著有健松齋集。

徐士訥。字恂若，淳安人。康熙丙辰進士，授嵩縣知縣，有治績。湯斌稱之曰：「冰清玉潔，實心愛民，海内第一廉吏也。」擢知濟寧州，歲飢賑恤，全活十萬餘人。卒於官，嵩、濟民並祀之。

方棨如。字文輈，淳安人。康熙丙戌進士，官豐潤知縣。博聞强記，鈎貫百家，嘗摘漢儒箋註之舛者，論袷禘郊廟之制尤精確，制藝尤膾炙人口。乾隆初，舉博學宏詞，旋舉經學，皆不就，年八十餘卒。著有集虚齋集。

徐亮之。桐廬人。母殁，築廬依墓，以桐杖植於墓旁，左右各活一枝。年六十九，卒於廬。乾隆三十一年，以孝旌表。

申屠開基。桐廬人。父患背癰，開基往浦江求醫，暮經羊角嶺，遇虎，乃跪地對天默禱，虎竟帖尾去。及醫至，曰：「毒已深入，不可出，宜不治。」開基泣涕，請以口吮癰，冀出膿血以減其毒。醫曰：「若既能爲其難，姑試之。」開基吮膿血至盡，醫爲投以藥，父疾竟愈。乾隆三十五年，以孝旌表。又遂安縣任鼎福、余樹勳〔四〕、方之琪、王思祖、童愷、余琪、余性初、吴可職、姚鳳翱，並以孝聞，於康熙、雍正、乾隆間先後旌表。

吴文邁。建德縣人。以孝聞，嘉慶十六年旌表。

流寓

漢

嚴光。餘姚人。少與光武同遊學，光武即位，除爲諫議大夫，不屈歸。耕於富春山，後人名其釣處爲嚴陵瀨。

唐

喻鳧。南昌人。其先遭亂數遷。開成中，鳧以詩名聞於時，徙家睦州之分水縣。嘗與方干賦詩往還。

宋

黄裳。延平人。嘗遊桐廬，讀書浮橋禪定院，又寓居閬仙洞。自號紫元翁。

豐稷。明州人。徽宗時，以劾蔡京安置睦州，家於青溪。

汪瑞友。陳留人。靖康初，上書辨宣仁誣謗，遭黜渡江，寓居桐廬之蘆茨源，自號七里先生。

謝翶。長溪人。少倜儻有大志，文天祥開府延平，翶參軍事。天祥死，翶去之浙東，登嚴子陵釣臺，設天祥主，以竹如意擊石作楚歌招之。後卒，即瘞子陵臺南。著有詩八卷、文二十卷。

列女

明

王宗顯。和州人。元末避亂僑居嚴州。胡大海克嚴，禮遇之。克婺，太祖即以宗顯知府事。

宋

徐氏二女。建德人。長清，次淳。年及笄，元兵下嚴州，父師頃攜之避於薛山。父適出而兵奄至，清謂淳曰：「吾家世清白，豈可受辱？」遂相牽投崖死。

元

王氏女。建德人。至大間，父出耘舍旁，遇豹，爲所噬，曳之升山，父大呼。女識父聲，驚趨救，以父所棄鋤擊豹腦殺之，父乃得生。

俞士淵妻童氏。嚴州人。姑性嚴，待之寡恩。童柔順，無少拂其意。至正十三年，賊陷威平，官軍復之，乃縱兵剽掠，至士淵家，童以身蔽姑，衆欲污之，大罵不屈。卒以刀擊其左臂，又一卒斷其兩臂，罵猶不絕，遂遇害。

明

何道妻鄭氏。淳安人。年十八而寡，家貧無子，守志不屈。舅姑欲奪其節，自縊死。

張佑妻宋氏。淳安人。年十九歸佑，二年佑卒。時有挾勢欲其更適者，逼令登輿，度力不能勝，乃佯許諾，入室沐浴更衣，從容自縊。

何金鹿妻魯氏。淳安人。年十六適何，甫三載，夫亡。家貧，舅姑憫其無子，許再適童氏子。魯聞，自經死。

方氏女。淳安人。年十六，許聘徐應芳。未嫁，應芳殁。女聞欲奔喪，父母不許，乃毁容剪髮服衰哭，勺漿不入口。舅姑逆之歸，勤婦職，舅姑殁，代執子喪，立嗣承祧，曰：「吾今可遂初志矣。」不食卒。

童敦妻李氏。壽昌人。少寡，舅爲其夫營葬所，氏請結壙於旁，示無他志。父逼令改適，氏知勢不可遏，又慮死夫家遺禍舅姑，乃屬舅姑以後事，泣拜而歸，自經死。舅姑爲送衣衾及棺至，與敦合葬。

李志寧妻劉氏〔五〕。壽昌人。夫亡，父母欲奪而嫁之，劉號哭哀怨，父母執愈堅，遂製長幡，繪夫及己像於上，置篋中，泣别舅姑歸。父母喜出迎，劉已投池死。宣德元年旌表。又淳安鄭二枝妻方氏，夫亡，誓守。後父以利啗其舅，强委禽，方飲藥死。隆慶中旌表。

吴俸妻童氏。壽昌人。俸亡，遺二孤尚乳，誓不再適，日擕二孤號泣，淚枯眇一目。子就外傅，躬紡績，以充修脯。及子食餼，乃嘆曰：「吾爲未亡人二十餘年，爲汝等未成立耳，今可以死矣。」遂不食死。

鄧中華妻王氏。桐廬人。年十四，適中華，逾五載，中華遘危疾，執氏手泣下，氏誓以身殉。中華卒，越三日卜葬，氏先期櫛沐更衣，登樓縊死。

李氏女。壽昌人。許字翁應兆。應兆暴卒，女盡取備嫁衣飾焚之，以身赴火。父母救止，乃赴翁家，乞立嗣，居一小樓，設夫位，坐卧於旁，奠食相對。舅亡，家落，紡績以養姑。未幾，姑亦亡，鄰火大起，鄰婦勸避之，女曰：「此正我授命時也。」抱夫木主待焚，須臾四面皆燼，小樓獨存。

余氏二貞女。遂安人。長妙姿，次妙善。妙姿少許洪氏，洪後貧不能聘，父更許富室任姓，妙姿截齒髮。其妹素友愛，亦誓與同志。父母百端諷諭，終莫能奪。二女性勤儉，閨門整肅，事父母盡孝，年至耄耋而殁。

葉迎妻盧氏。淳安人。明末爲亂兵所掠，一卒欲汙之，不從，逼以利刃，氏大罵，刎首而殞。又胡世宰妻繆氏〔六〕，亦不屈死。

方希文妻項氏。淳安人。值方國安潰兵掠江滸，避山間，兵突至，縱火肆掠，婢挽氏欲與俱出，氏正色叱曰：「出則死兵，不出死火。等死耳，死火不辱。」遂焚死。

本朝

余和讓妻蔣氏。遂安人。順治十二年，賊掠銅山，氏義不受辱，賊斷其首，身猶屹立，持子授姑，乃仆。

顧明姑。於潛人。許字分水何鼎新。鼎新亡，姑年十六，奔喪哀慟，翁姑勸之歸，引刀矢死，乃聽其守貞。家貧，孝養舅姑，父病，刲股療之立愈。順治間旌表。

宋紹昌妻李氏。桐廬人。年二十二，夫亡，强暴欲汙之，堅拒不從而死。同縣姚明妻袁氏，姚昌妻汪氏，陸東山妻姚氏，吴焌妻邵氏〔七〕，趙懋鑑妻柯氏，張坤妻吴氏，王夢輝妻吴氏，王日昇妻俞氏，王日啓妻戴氏，袁九寵妻濮氏，張日炤妻柴氏，徐承禮妻李氏，戴廷予妻徐氏，申屠士裔妻鍾氏，申屠士袞妻倪氏，吴永年妻張氏，王始成妻孫氏，章日炳妻戴氏，趙尚瑗妻王氏，方大衜妻傅氏，趙日瑄妻王氏，章日選妻姚氏，吳士大妻邵氏，邵觀光妻吳氏，俱於康熙、雍正年間旌表。

方氏女。遂安人。方茂春女。許字吳宏綱，宏綱痘殤，女年十五，聞訃奔喪，爲夫營葬，立孤養孀姑，守貞六十餘。康熙中旌表。

洪光斗妻姜氏。遂安人。年二十三，夫亡，有諷其改適者，氏引刀斷指自誓。康熙中旌表。

章彬妻王氏。遂安人。彬病三年，氏衣不解帶，割股以進。彬卒無子，誓以死從，飲滷、投繯、墜樓，皆不死，乃絕粒十日而卒。同縣方引驥妻毛氏，毛廣宗妻汪氏，方象玗妻黄氏，章振藻妻姜氏，方象琨妻余氏，任邦題妻童氏，方成輅妻胡氏，毛周尹妻王氏，黄俶禧妻毛氏，余鼎岑妻童氏，余國傑妻王氏，詹新元妻余氏〔八〕，毛鳴讓妻余氏，王立極妻姜氏，王立賢妻余氏，吳可佐妻沈氏，洪時逵妻余氏，洪其溥未婚妻余氏，俱於康熙、雍正年間旌表。

馬自鈺妻程氏。建德人。年二十二而寡，一子又殤，氏誓不更適，姑目瞽，扶持不離左右。後歿，哀毁備至。遺田十二畝，氏以半歸宗祠爲祭祀費，僅留數畝，紡績自給以守。雍正中旌表。

方翹妻吳氏。淳安人。歸翹，未二旬而翹歿。氏奉姑惟謹，姑病，以手承其穢，不解帶者累月。姑性卞急，至是歎曰：「吾得婦如是，是無子有子矣。」越二十九年，姑亡，氏哀痛甚，踰二年亦卒。

毛氏女。遂安人。許字洪祖選，洪貧不能娶，傭於常山，尋死。女聞，潛製衰絰置笥中，及祖選櫬還，路經毛村，女衰絰迎道左，擗踴哀號，父挽之歸，不從，徒步扶櫬歸洪門。績紡八年，得葬地，遂絕粒而卒。雍正中旌表。

張兆熊妻何氏。分水人。康熙十三年，山寇竊發，氏奉姑陳氏在室，寇至欲刃其姑，氏左右擁護，死之，姑得免。雍正四年旌表。

劉毓璲妻沈氏。分水人。少寡，遺娠生子，復夭，有豪家欲强娶之，氏刺面毁容自誓。舅没，棺浮淺土，遭洪水漂去，氏晝夜號泣，夜夢神告以棺在蕭山閘家堰，匍匐往尋，果得棺歸葬。同縣陳玉璿妻汪氏，張光炳妻陳氏，王時俊妻高氏，王元信妻汪氏，臧嘉儀妻劉氏，王時溥妻陳氏，姜雲衢妻徐氏，潘積福妻劉氏，劉全餑妻高氏，陳國光妻何氏，劉洪豫妻徐氏，王廷晃妻劉氏，俱雍正中旌表。

洪兆霆妻邵氏。建德人。夫亡守節。同縣馬天禧妻孫氏，吳效高妻唐氏，施其懋妻郭氏，宋之璉妻陳氏〔九〕，邵世略妻洪氏，許琳妻徐氏，施略妻馬氏，汪君如妻仇氏，宋友仁妻任氏，王邦傑妻蔡氏，黄國柱妻宋氏，王内聖妻錢氏，吳光天妻郭氏，施純宗妻黄氏，潘一相妻米氏，徐上登妻柴氏，夏鼎新妻徐氏，馬錡妻吳氏，馬鈞妻何氏，張日掞妻馬氏，童富年妻張氏，陳禮妻夏氏，劉子浩妻馬氏，方魁彦妻邵氏，何兆楠妻陳氏，陳士彰妾何氏，又烈婦羅鴻葬妻王氏，俱於乾隆年間旌。何秉心妻徐氏，王魁妻孫氏，馬兆蒸妻王氏，許一名妻徐氏，王光第繼妻徐氏，夏維敏妻何氏，夏應安妻徐氏，方祝華妻潘氏，仇鼎妻錢氏，張履中妻童氏，黄禹錫繼妻戴氏，黄君延妻謝氏，韓明元妻宋氏，宋經妻董氏，方洲妻仇氏，吳潾妻宋氏，王宗濂妻錢氏，姚國翚繼妻吳氏，洪承淦妻王氏，汪景嶹妻吳氏。又烈婦陳錫光妻洪氏，夫亡殉節。俱於嘉慶年間旌。

邵又謙妻王氏。淳安人。夫亡守節。同縣邵咸章妻汪氏，吳哲妻方氏，方景宏妻吳氏，方辰妻童氏，宋元濟妻何氏，汪智妻方氏，邵能選妻胡氏，何鼎瑞妻王氏，王景儒妻錢氏，張士矩妻項氏，吳正妻邵氏，魯永安妻方氏，邵汝梅妻吳氏，方策妻徐氏，余元琇妻宋氏，余家驄妻吳氏，方大延妻張氏，胡蔡妻吳氏，吳謨妻方氏，王彝妻陳氏，姚永慶妻葉氏，吳廷光妻葉氏，童文騏妻方氏，黄有功妻向氏，汪澎妻王氏，王允鼎妻方氏，江灘吉妻汪氏，胡光瑞妻汪氏，余上章妻鄭氏，張之和妻洪氏，何家佑妻方氏，應光熾妻王氏，汪煥彩妻胡氏，祝景武妻胡氏，盧之煒妻向氏，童士讓妻余氏，殷嗣高妻錢氏，方賓妻祝氏，方之愷妻余氏，應光灴妻鄭氏，程之軒妻江氏，邵廷綬妻張氏，葉光秀妻胡氏，何其彩妻方氏，徐發榮妻吳氏，方炳如妻徐氏，祝萬鵬妻盧氏，王元音妻方氏，王之玠妻江氏，方宜繩妻齊氏，錢大瑛妻胡氏，徐受和妻葛氏，盧承烈妻邵氏，邵輿妻余氏，唐鳴連妻徐氏，邵惇妻余氏，吳肇周妻項氏，徐大年妻王氏，米志宏妻陳氏，任其峻妻陸氏，王作賓妻何氏，王秉彝繼妻陳氏，余明璣妻方氏，汪遇澧妻鄭氏，裴鼎華妻方氏，胡尚勳妻祝氏，方惠林妻胡氏，王問妻吳氏，方承標妻洪氏，王之琩妻何氏，方鈞妻王氏，余良佐妻吳氏，吳士文妻邵氏，何士表妻邵氏，傅啓昆妻宋氏，汪曜妻鄭氏。又貞女何氏，吳方氏，吳陳氏，吳盧氏，胡方氏，許錢氏，陳裴氏，米程氏，黃方氏，吳汪氏，葛方氏，葉黃氏，胡徐氏，朱張氏，洪張氏。俱於乾隆年間旌。周室輔妻鄭氏，向兆南妻邵氏，潘律和妻胡氏，汪遇洽妻應氏，宋商賢妻余氏，余定中妻方氏，吳燦妻方氏，汪士達妻周氏，何士毓妻魯氏，魯善禄妻童氏，汪愷妻邵氏，方兆鸞妻吳氏，劉國達妻方氏，童邦棟妻何氏，王上槤妻何氏，吳文望妻何氏，宋起運妻方氏，邵廷槐妻何氏，應作楷妻王氏，方光棟妻何氏，潘世敬妻方氏，胡森輝妻姚氏，余士其妻徐氏，洪廷蛟妻王氏，王範曾妻方氏，徐君盛妻洪氏，吳宏泰妻方氏，貢生鄭瑞蓮妻方氏，王景量妻何氏，吳明安妻方氏，徐作梅妻陳氏，童秉淑妻方氏，汪悅妻方氏，武舉邵元傑妻程氏，黃沛念妻吳氏，汪士濟妻吳氏，方華殿妻王氏，方家珍妻童氏，祝能柄妻吳氏，魯文漣妻方氏，項有誠妻潘氏，監生王全妾錢氏。又貞女江氏，魯氏。俱於嘉慶年間旌。

皇甫國妻張氏。桐廬人。夫亡守節。同縣徐志達妻張氏，申屠驥妻袁氏，章守魁妻張氏，王希慧妻葉氏，羅名佐妻姚氏，柴大本妻袁氏，袁師愈妻喻氏，王訪吉妻柯氏，皇甫懷璣妻楊氏，王雨先妻柴氏，徐嘉能妻鍾氏，王怡妻傅氏，章孔珠妻王氏，戴瑞芳妻王氏，柴永瀚妻來氏，申屠士采妻姚氏，柯茂烺妻邢氏，施日良妻胡氏，俞士龍妻米氏，徐之斌妻李氏，姚銓英妻張氏，俞鴻聖妻張氏，宋士鎵妻潘氏，盛加錦妻王氏，徐啓佑妻吳氏，李華妻吳氏，鄔日晱妻張氏，李樹仁妻徐氏，徐穎妻方氏，李蔚舒妻王氏，方光熙妻吳氏，魏天進妻王氏，孫啓模妻姚氏，徐日臨妻皇甫氏，胡日新妻戴氏，鍾茂權妻王氏，章穀妻邵氏，米懋德妻陳氏，方彥初妻陳氏，章永茂妻陳氏，邵一千妻徐氏，華康玉妻柴氏，皇甫啓傳妻姚氏，申屠承正妻朱氏，申屠期枚妻王氏，聞咸三妻王氏，戴日勝妻張氏，陳啓武妻董氏，周昌倫妻許氏，王廷珍妻包氏，施應分妻金氏，方作鵬妻申屠氏，王得統妻戴氏，方期榮妻李氏，羅日桓妻張氏，李模妻周氏，皇甫奇任妻季氏，華世善妻李氏，張廷培妻王氏，皇甫泰妻王氏，王一清妻申屠氏，皇甫時元妻申屠氏，吳肇基妻邵氏，皇甫祈先妻羅氏，鍾學春妻陳氏，方廷達妻施氏。又貞女戴聖録未婚妻姚氏，吳瑜昌未婚妻陳氏，方廷煦未婚妻申屠氏。俱於乾隆年間旌。許元挺妻羅氏，王錫鵬妻徐氏，吳士曾妻郭氏，李承超妻王氏，徐懋德妻聞氏，王永海妻鍾氏，王廷煜妻胡氏，申屠師顏妻王氏，王亨渭妻葉氏，金士文妻徐氏，柴令尹妻陸氏，程良增妻胡氏，孫光燦妻袁氏，又妾王氏，皇甫珂妻孫氏，季樹元妻吴氏，范彦章妻濮氏，葉文漣妻王氏，監生趙永立妻余氏，王永洪妻華氏，吴學貫妻鄭氏，生員郭鳳城妻王氏，職員徐茂林妻方氏，吴世鐸妻金氏，周國仁妻邵氏。俱於嘉慶年間旌。

吴瑛昌妻陳氏。遂安人。夫亡守節。同縣余士佳妻方氏，黄聚禧妻何氏，余春蒔妻方氏，洪肇嵍妻蔣氏，王啓璜妻余氏，章翲妻余氏，王聚昌妻姜氏，金肇修妻章氏，章石經妻徐氏，姜如菑妻王氏，徐自崑妻翁氏，張有會妻胡氏，鄭鎮南妻徐氏，鄭展邦妻畢氏，余肇基妻徐氏，余肇烈妻章氏，方熙年妾毛氏，李嘉慶妻汪氏，鄭鎮崑妻余氏，王師轍妻鄭氏，姜光恒妻余氏，王尚性妻洪氏，余永登妻邵氏，洪令儀妻葉氏，汪起光妻姜氏，金挺賢妻方氏，金信妻劉氏，余際元妻嚴氏，吴之松妻翁氏，余允之妻汪氏，余家琬妻汪氏，方錫縉妻章氏，余國華妻范氏，童申穎妻余氏，余之佐妻沈氏，方錫紳妻洪氏，姜之珍妻鄭氏，方希哲妻黄氏，伊惟椿妻鄭氏，王政懋妻余氏，俞祚受妻徐氏，章鼎善妻汪氏，余祖德妻鄭氏，余孝德妻黄氏，周鳴岐妻方氏，鄭光本妻余氏，章之恒妻姜氏，姜可貞妻余氏，姜大瑾妻余氏，周梅妻余氏，章伊蔚妻姜氏，嚴爾復妻余氏，蔣際健妻余氏，姚恃明妻章氏，任其峻妻陸氏，余際周妻洪氏，余國揚妻王氏，任光弼妻洪氏，姜光勳妻詹氏，章宏建妻李氏，詹能綱妻張氏，余宗秀妻金氏，余大綬妻章氏，徐景嵛妻汪氏，余世傑妻汪氏，余志煌妻王氏，姜良傑妻方氏，方瑗妻余氏，姚文濬妻王氏，姜大猷妻方氏，王彦森妻姜氏，章鼎象妻方氏，王政恕妻毛氏，汪國鼎妻余氏，姜文鴻妻鄭氏，余思敬妻宋氏，余象茂妻徐氏，凌泰茹妻王氏，洪國安妻葉氏，余人琮妻洪氏，余連昇妻吴氏，姜珏林妻章氏，余振玉妻黄氏，范宗巘妻吴氏，周允發妻范氏。又烈婦余廷彩妻姜氏，夫亡殉節。俱於乾隆年間旌。洪可超妻鄭氏，劉沅妻周氏，周卜龍妻劉氏，鄭家綬妻葉氏，翁道存妻包氏，任立法妻余氏，余光敘繼妻蘇氏，余振秀妻汪氏，姜起綸妻江氏，童餘祖妻周氏，余先延妻蔣氏，方兆華妻章氏，鄭洙妻余氏，挑殿相繼妻余氏〔一〇〕，鄭鎮崆妻余氏，方培松妻余氏，雷鼎鉉妻童氏，姚廷槐繼妻凌氏，王政勃妻余氏，毛賢科妻汪氏，余大東妻汪氏，王政怡妻方氏，余明佑妻汪氏。又烈婦余陳氏，因被穢詈捐軀。烈女余希瑶未婚妻王氏，夫亡殉節。貞女章氏。俱於嘉慶年間旌。

蔣錫朋妻方氏。壽昌人。夫亡守節。同縣方允愷妻葉氏，方允安妻翁氏，蔣日潤妻翁氏，方際雲妻劉氏，方全瑀妻蔣氏。並於乾隆年間旌。翁連榮妻李氏，葉正宗妻方氏，方廷焯妻周氏，葉龍光妻陳氏，李廷楷妻王氏，監生方庭本妻程氏，吴聖輝妾童氏，生員翁克達妻葉氏，吴麟書妻邵氏，方煦妻蔣氏，生員蔣聯慶妻洪氏，生員葉賢超妻劉氏，俱於嘉慶年間旌。

陳學尚妻趙氏。分水人。夫亡守節。同縣張兆清妻錢氏，陳廷權妻章氏，張膺妻黄氏，劉以登妻沈氏，王姜妻皇甫氏，劉言乾妻俞氏，臧名淮妻馬氏，吴國新妻宋氏，王時耀妻陳氏，陳上達妻劉氏，陳文嵩妻劉氏，陳有國妻俞氏，何錫□妻王氏，何錫禧妻陳氏，高兆慶妻陳氏，高玉芳妻章氏，劉永慶妻王氏，劉永源妻高氏，章如龍妻王氏，王賓莘妻張氏，王巳一妻劉氏，何楫妻章氏，張念祖妻何氏，徐可綱妻方氏，徐濯妻沈氏，鄭潤妻劉氏，張永康妻方氏，張宜弟妻臧氏，王璣繼妻柯氏，王鍔妻何氏，沈組妻張氏，張繻妻蔡氏，沈大成妻郎氏，陳志楷妻高氏，陳周邦妻方氏。又貞女盛漢才未婚妻陳氏，王家楨未婚妻濮氏。俱於乾隆年間旌。陳志樟妻徐氏，何承仁妻劉氏，潘廷雲妻黄氏，王兆棫妻何氏，方安琴妻何氏，臧文林妻宋氏，高萬達妻郎氏，生員王錦妻鄔氏，俱於嘉慶年間旌。

仙釋

三國　吴

陳惲。桐廬人。仕吴爲征寇將軍，有仙術，嘗於餘姚一夕築九里塘，不假人力而成。今桐廬南北二鄉多陳侯廟，即惲也。

唐

稠錫。桐廬人。開元中，住南岳，菴前稠木自開，因號稠錫和尚。屢著神異，常有二虎偕行。

山康。縉雲周氏子。十五學佛，遊諸方。貞元中至睦州乞食，得錢誘小兒誦阿彌陀佛，康聲獨高，衆見佛從康口中出。坐逝之夕，有光燭天。宋賜號廣道大師。

道明。睦州陳氏子。學禪於黄檗，嘗自織草屨，鬻以奉親，及施行路者。黄巢兵犯境，郡人恟懼，道明爲大草屨標之三十里外，巢見之，即舍去。宋元符中，賜號悟空禪師。

土産

文綾。唐書地理志：睦州土貢。元和志：又貢交梭絲布。

紵。元和志：睦州土貢。

白石英。唐書地理志：遂安石英山有白石英，以供貢。

竹簟。元和志：睦州土貢。

茶。唐書地理志：遂安土貢細茶。寰宇記：睦州土貢鳩坑團茶。

漆。明統志：淳安、遂安、壽昌三縣出。

桐油。明統志：淳安、壽昌二縣出。

紙。明統志：建德、淳安二縣出。

椶。各縣俱出。

龍膽草。本草綱目：睦州龍膽，性苦寒似膽，故名。按：唐書地理志：建德、遂安有銅。今俱不產，謹附記。

校勘記

〔一〕天寧寺 「寧」，原作「安」，據乾隆志及明一統志卷四一嚴州府寺觀改。按，本志避清宣宗諱改字，今改回。

〔二〕景祐中出知睦州 「祐」，原作「祜」，據乾隆志改。

〔三〕郎中胡寧當從行 「胡寧」，原作「胡安」，據乾隆志及明史卷一六七俞鑑傳改。

〔四〕余樹勳 「余」，原作「俞」，據乾隆志及雍正浙江通志卷一八六人物改。

〔五〕李志寧妻劉氏 「寧」，原作「安」，據乾隆志及雍正浙江通志卷二一四列女改。

〔六〕又胡世宰妻繆氏 「宰」，原作「載」，據乾隆志及雍正浙江通志卷二一四列女改。

〔七〕吴焌妻邵氏 「焌」，原作「俊」，據乾隆志及雍正浙江通志卷二一四列女改。

〔八〕詹新元妻余氏 「余」，原作「俞」，據乾隆志及雍正浙江通志卷二一四列女改。

〔九〕宋之璉妻陳氏 「璉」，原作「連」，據乾隆志改。按，此蓋避乾隆皇太子永璉諱改。

〔一〇〕挑殿相繼妻余氏 「挑」，疑誤。

温州府圖

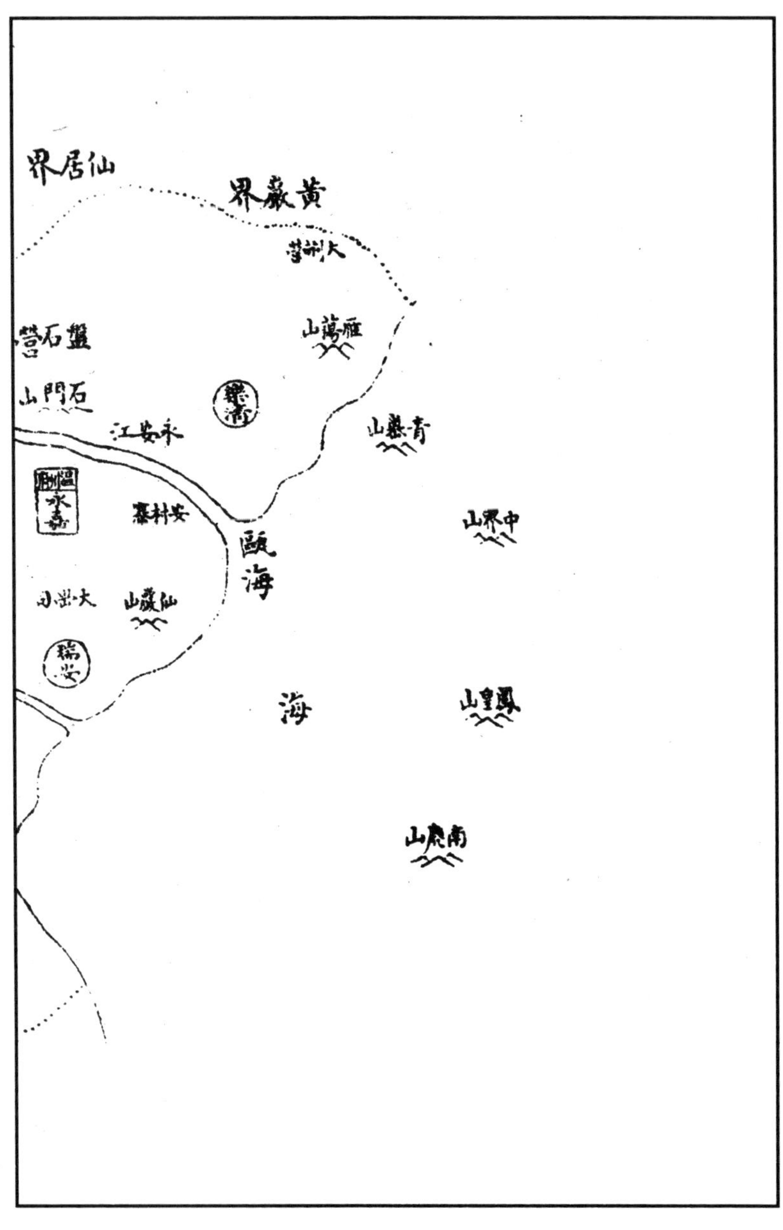
仙居界
黃巖界
大荊營
雁蕩山
盤石營
石門山
樂清
永安江
青嶴山
溫州府
永嘉
安村寨
甌海
中界山
大峃司
仙巖山
瑞安
海
鳳皇山
南麂山

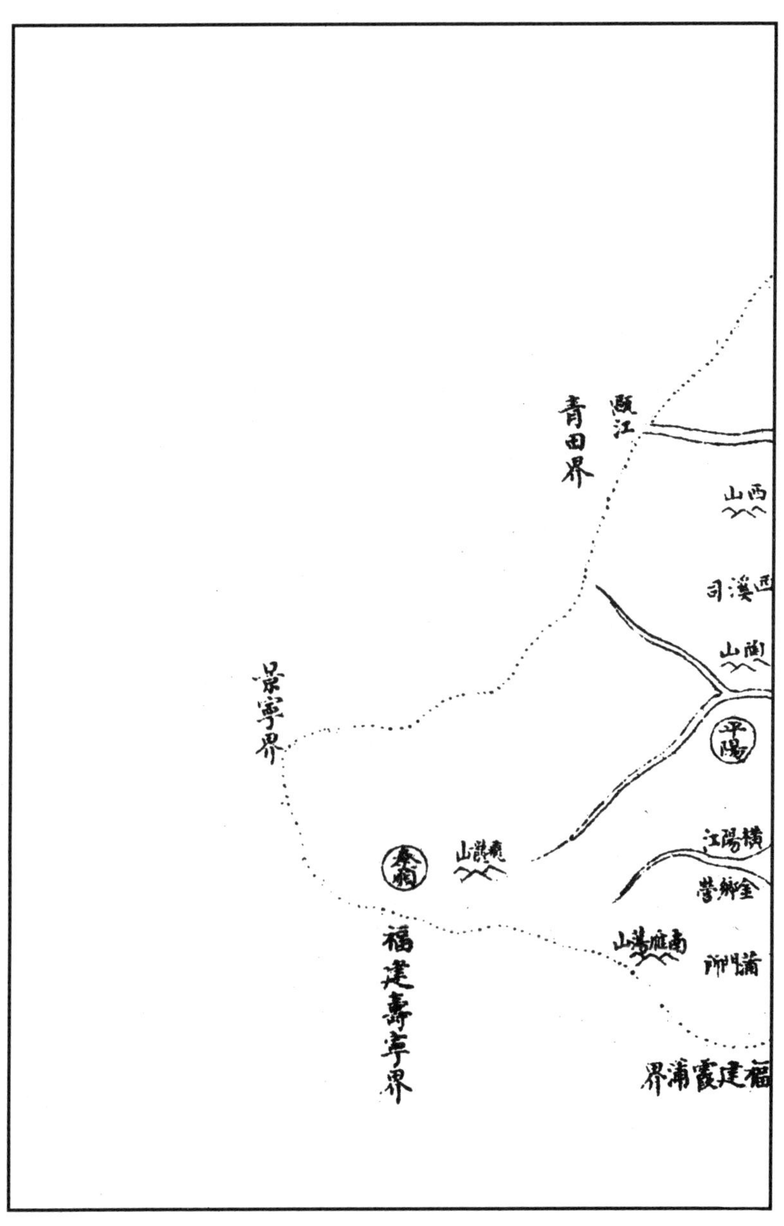
青田界
甌江
西山
四溪司
南山
平陽
景寧界
泰順
龍鱗山
橫陽江
金鄉營
南雁蕩山
蒲門
福建壽寧界
福建霞浦界

温州府表

	温州府	永嘉縣
兩漢	漢初爲東甌國，後爲會稽郡地。	永寧縣 前漢爲回蒲縣地，後漢永和三年置縣，屬會稽郡。
三國吴	屬臨海郡。	永寧縣 屬臨海郡。
晉	永嘉郡 太寧初置，治永寧。	永寧縣 郡治。
宋	永嘉郡	永寧縣
齊梁陳	永嘉郡	永寧縣
隋	廢。	永嘉縣 改名，屬處州。
唐	温州 永嘉郡 武德五年置東嘉州，貞觀初廢。上元初置温州。天寶初曰永嘉郡，屬江南東道。乾元初復曰温州，屬浙江東道。	永嘉縣 初爲東嘉州治，尋廢，屬括州，後爲温州治。
五代	温州 屬吴越，晉天福中升靖海軍節度。	永嘉縣
宋	瑞安府 初仍曰温州永嘉郡，太平興國中降爲軍。政和初升應道軍節度，建炎中罷。咸淳初升府，屬浙江東路。	永嘉縣 府治。
元	温州路 至元中改路，屬江浙行省。	永嘉縣 路治。
明	温州府 改府，屬浙江布政司。	永嘉縣 府治。

續表

瑞安縣	樂清縣	平陽縣	泰順縣
回浦縣地。後漢章安縣地。	回浦縣地。後漢爲永寧縣地。	回浦縣地。後漢章安縣地。	回浦縣地。後漢章安縣地。
安陽縣 置羅陽縣，後改名，屬臨海郡。		吳安陽縣地。	
安固縣 太康初更名，後屬永嘉郡。	樂成縣 寧康三年置，屬永嘉郡。	橫陽縣 太康四年置始陽縣，屬臨海郡，旋更名，後屬永嘉郡。	安固、橫陽二縣地。
安固縣	樂成縣	橫陽縣	
安固縣	樂成縣	橫陽縣	
省入永嘉。	廢。	省入永嘉。	永嘉縣地。
瑞安縣 武德八年復置安固縣，屬東嘉州，尋屬括州。上元初改屬温州，天復二年更名。	樂成縣 初復置，屬東嘉州，旋省。載初元年復屬温州。	橫陽縣 武德五年復置，屬東嘉州。貞觀初廢，大足初復，屬温州。	瑞安、橫陽二縣地。
瑞安縣	樂清縣 梁時吳越更名。	平陽縣 梁乾化中吳越更名。	
瑞安縣 屬瑞安府。	樂清縣 屬瑞安府。	平陽縣 屬瑞安府。	
瑞安州 元貞初升州，屬温州路。	樂清縣 屬温州路。	平陽州 元貞初升州，仍屬温州路。	
瑞安縣 洪武初復爲縣，屬温州府。	樂清縣 屬温州府。	平陽縣 降縣，屬温州府。	泰順縣 景泰三年置，屬温州府。

大清一統志卷三百四

温州府

在浙江省治東南八百九十里。東西距一百七十九里，南北距五百里。東至海七十里，西至處州府青田縣界九十里，南至福建福寧府霞浦縣界三百里，北至台州府仙居縣界二百里。東南至大海一百里，西南至福寧府壽寧縣界三百八十里，東北至台州府臨海縣治三百里，西北至處州府麗水縣治三百六十里。自府治至京師四千三百十里。

分野

天文斗分野，星紀之次。

建置沿革

禹貢揚州之域。春秋、戰國屬越。秦屬閩中郡。漢初爲東甌國，後爲會稽郡回浦縣地。後漢永和三年，置永寧縣，仍屬會稽郡。見後漢志，而沈約宋志作永建四年立，元和志又作晉立，恐誤。三國吴屬臨海郡。東晉太寧元年，分永寧等四縣置永嘉郡。宋、齊以後因之。隋平陳，廢郡，屬處州。唐武德五年，置東嘉州，領永嘉、永寧、安固、樂成、横陽五縣。貞觀元年，州廢，縣屬括州。上元元年，分括州地置温州。天寶初曰永嘉郡，屬江南東道。乾元元年，復曰温州，屬浙江東道。五代屬吴越。晉天福八年，升爲靖海軍節度。宋初仍曰温州永嘉郡，太平興國三年，降爲軍。政和七年，升應道軍節度使，建炎三年罷。咸淳元年，升瑞安府，以度宗潛邸也。屬浙東路。元至元十三年，置温州路，隸江浙行省。明洪武初，改曰温州府，屬浙江布政使司。本朝因之，隸浙江省，領縣五。

永嘉縣。附郭。東西距一百六十里，南北距二百二十里。東至海岸七十里，西至處州府青田縣界九十里，南至瑞安縣界二十里，北至台州府仙居縣界二百里。東南至大海一百里，西南至瑞安縣界三十五里，東北至樂清縣界三十里，西北至青田縣界一百里。漢初爲東甌國，後爲回浦縣地。後漢初爲章安縣地，永和三年，置永寧縣，屬會稽郡。三國吴太平二年，屬臨海郡。晉太寧初，爲永嘉郡治。宋、齊以後因之。隋廢郡，改縣曰永嘉，屬處州。唐初爲東嘉州治，州尋廢，屬括州。上元初，始爲温州治。五代因之。宋爲瑞安府治。元爲温州路治。明爲温州府治。本朝因之。

瑞安縣。在府南八十里。東西距二百十里，南北距六十七里。東至大海十里，西至泰順縣界二百里，南至平陽縣界十五里，北至永嘉縣界五十二里。東南至大海二十里，西南至平陽縣界五十里，東北至永嘉縣界三十里，西北至處州府青田縣界一百五十里。漢回浦縣地。後漢爲章安縣地。三國吴析置羅陽縣，孫晧改曰安陽，屬臨海郡。晉太康元年，又改曰安固。太寧初，屬永嘉郡。宋、齊以後因之。隋省入永嘉縣。唐武德八年，復置安固縣，屬東嘉州，尋屬括州。上元元年，割屬温州。天復二年，改曰瑞安。五代及宋因之。元元貞初，升爲瑞安州，仍屬温州路。明洪武二年，復降爲縣，屬温州府。本朝因之。

樂清縣。在府東北八十里。東西距七十里，南北距九十五里。東至海十里，西至永嘉縣界六十里，南至海五里，北至台州府仙居縣界九十里。東南至海十里，西南至永嘉縣界五十里，東北至台州府黄巖縣界一百二十里，西北至仙居縣界二百里。漢回浦縣地。後漢永寧縣地。晉寧康三年，析置樂成縣，屬永嘉郡。宋、齊以後因之。隋廢。唐武德五年，復置樂成縣，屬東嘉州。七年，廢入永嘉縣。載初元年，復置，屬温州。五代梁時，吴越改曰樂清，宋仍屬温州。元屬温州路。明屬温州府。本朝因之。

平陽縣。在府西南一百三十里。東西距一百五十里，南北距二百十五里。東至海二十五里，西至泰順縣界一百二十五里，南至福建福寧府霞浦縣界一百八十里，北至瑞安縣界三十五里。東南至海十八里，西南至霞浦縣界一百里，東北至瑞安縣界二十里，西北至瑞安縣界二十里。漢回浦縣地。後漢章安縣地。三國吴爲安陽縣地。晉太康四年，置始陽縣，屬臨海郡，尋改曰横陽，太寧初，屬永嘉郡。宋、齊以後因之。隋省入永嘉縣。唐武德五年，復分置横陽縣，屬東嘉州。貞觀初廢。大足元年，復置，屬温州。五代梁乾化四年，吴越改曰平陽。宋因之。元元貞初，升爲平陽州，仍屬温州路。明洪武二年復降爲縣，屬温州府。本朝因之。

泰順縣。在府西南三百七十里。東西距一百二十里，南北距一百三里。東至瑞安縣界一百十里，西至福建福寧府壽寧縣界十里，南至福寧府福安縣界三里，北至處州府景寧縣界一百里。東南至平陽縣界一百六十里，西南至福安縣界八十里，東北至處州府青田縣界一百十里，西北至景寧縣界一百里。漢回浦縣地，後漢章安縣地。晉爲安固、横陽二縣地。隋爲永嘉縣地。唐爲瑞安、横陽二縣地。明景泰三年，始析置泰順縣，屬温州府。本朝因之。

形勢

控山帶海，利兼水陸。實東南沃壤，一巨都會。歐陽詢藝文類聚。當甌越之衝，負海山之險。方輿勝覽。枕江界溟，天設奇險，危巒層巒，環列四境。明王瓚府志序。襟帶大海，與列島對峙。北毗台、寧，南臨閩越，爲東南要害之區。府志。

風俗

海育多於地産，商賈貿遷，魚鹽充牣。府志。其俗剽悍以嗇，其貨纖靡，其人多賈，其士任氣而矜節。明席益吉記。地不宜桑而織紝工，不宜漆而器用備，不宜粟麥而秔稻足。府志。

城池

温州府城。周十八里，門七。南臨河，北負江，東西爲濠。明洪武元年建。本朝順治、康熙中屢修，雍正七年重修。

瑞安縣城。周六里有奇，門五。西倚山臨江，東南北有濠。明時改築。

樂清縣城。周九里三十步，門六。明嘉靖中建。

平陽縣城。周三里一百八十四步，門四，有濠。元至正中重建。本朝康熙時重建東西城門樓，雍正九年修。

泰順縣城。周三里，門四，濠廣六尺。明嘉靖九年建。本朝順治六年增建月城。

學校

温州府學。在府治東南。宋天禧三年建。本朝康熙二十三年重建，乾隆二年修。入學額數二十五名。

永嘉縣學。在縣治東南。宋元祐三年建。本朝康熙中屢修，乾隆八年修。入學額數二十五名。

瑞安縣學。在縣治東。宋政和六年建。本朝康熙、雍正中屢修。入學額數二十名。

樂清縣學。在縣治南。宋紹興五年遷建。本朝康熙十二年重建，雍正、乾隆中屢修。入學額數十六名。

平陽縣學。在縣治東南鳳凰山下。宋元祐中建。本朝順治、康熙中屢修，乾隆十三年重建。入學額數二十名。

泰順縣學。在縣治南。明萬曆二十九年改建。本朝康熙六十年重建，乾隆五年修。入學額數十二名。

東山書院。在府城東南。本朝雍正中巡道芮復傳建。

中山書院。在郡城南。

萬松書院。在瑞安縣清泉山。

玉尺書院。在瑞安縣小沙巷。

梅溪書院。在樂清縣治東。

昆陽書院。在平陽縣治。

龍湖書院。在平陽縣治。

羅陽書院。在泰順縣治學宫側。又鹿城書院，在郡城東北隅，明弘治中郡守鄧淮建。永嘉書院，在郡城西南，宋淳祐中建。瑞安縣有心極書院，明知縣劉畿建。羅山書院，明張孚敬建。樂清縣有宗晦書院，平陽縣有會文書院，俱宋建。今皆圮廢。

户口

原額人丁二十二萬一千八十五，今滋生男婦一百九十三萬三千六百五十五名口，計三十六萬九千八百二十三户。又屯運男婦六千一百七十二名口，計一千四百六十九户。

田賦

田地共二萬一千九百五十一頃一十五畝四分零，額徵地丁銀十二萬一千一百八十一兩一錢二分零，米四萬五千五百五十八石四斗一升零。

山川

華蓋山。在府治東。郡縣志：山在温州東一里。寰宇記：山去子城一里，周迴九里，遥望似華蓋。有湧泉，旱不減，雨不加。謝靈運與弟書云：「地無佳井，賴有山泉。」指此。舊志：今亦名東山。郡城緣其上，下有容城洞，道書以爲第十八洞天。又云郡城有山凡九，形家謂之九斗山，而華蓋當其口。今城東南緣積穀山，東北緣海壇山，西北緣郭公山，西緣松臺山，餘四山則峙於城南三面也。

東山。在永嘉縣東。寰宇記：在溫州子城東四里。北臨永嘉江，東接滄海。

瞿嶼山。在永嘉縣東二十里。獨峙江濆，相傳吴貞女瞿素所居。

石室山。在永嘉縣東七十里。寰宇記：楠溪入一百二十里有石室〔一〕，北對清泉，高七丈，廣十三丈，深六十步，可容千人。狀如龜背，石色黄白，扣之聲如鼓。沿山石壁高十二丈，古老傳云是石室步廊。

中界山。在永嘉縣東三百里海中。明洪武二年，倭嘗犯此。舊有中界巡司戍守，後遷於永昌堡。又有靈崑山，與中界山並峙海中。

積穀山。在府城東南隅。寰宇記：山西北去州子城二里。其山獨出一峯，有飛霞洞，南有謝公巖。明統志作謝客巖，云謝靈運題詩石崖間。今已蕪没。

大羅山。在永嘉縣東南。一名泉山。寰宇記：從永寧南出三十里，東北枕海。永嘉記云，山北有衆泉，天旱此泉不乾，故以名山。山東有瀑布，長數十丈，頂有大湖，中有孤巖獨立。舊志：山在郡城東南四十里，廣袤四十里，上有菊花、卧龍等潭，及版障巖、霹靂尖諸勝。其支隴以山名者凡十有六，盤踞尤遠。

仁王山。在永嘉縣南五里。旁有小阜曰湖嶼，正對郡治。又陽嶴山，在縣南十里，下有暘湖。

吹臺山。在永嘉縣南。寰宇記：其山狀如樓臺，下有飛泉石池，生椅桐及笙簫之竹。舊志：山在郡城南二十里，高處平正如臺，山麓廣袤二十餘里，山陰爲永嘉界，南爲瑞安界。

岷岡山。在永嘉縣西南三十五里。峯巒峻拔，潭谷杳邃。

瞿溪山。在永嘉縣西南三十五里。宋謝靈運有過瞿溪山飯僧詩。

松臺山。在府治西。一名浄光山，又名宿覺名山。巔有浮圖，爲郡城之表。又有海壇山，在縣治東北，其支阜爲慈山。

金丹山。在永嘉縣西一里。寰宇記：山有三峯，連嶺高下，其色紅赤，遠望如霞映水。

西山。在永嘉縣西五里。連嶂疊巘，爲永嘉登覽勝處。謝靈運詩「遥望城西岑」，即此。

郭公山。在郡西北。晉郭璞登此山卜居，故名。

破石山。在永嘉縣西北二十里。臨江壁立，如張帆然，安溪繞其下。周澂永嘉記〔二〕：永嘉南岸有帆石。即此。

青嶂山。在永嘉縣西北四十里。上有大湖，澄波浩渺，一名七峯山。

赤水山。在永嘉縣西北一百三十里。時有赤水出巖下。一名石室山，上有石室，可坐千人。亦曰大若巖，道書以爲第十二福地，乃地仙李方回所治。梁陶弘景於此纂集真誥，故又名真誥巖。吴甘露中，道士傅隱遥亦於此飛昇。其相近者又有小若巖，東西兩溪合流其下，匯爲龍潭。

天臺山。在永嘉縣西北赤水山之北。山形如甑，前後環列十三峯。

石簣山。在永嘉縣西北一百八十里。寰宇記：上有方石，形狀如簣，云昔黄帝緘玉版金券篆册於此。

孤嶼山。在永嘉縣北江中，與城相對。東西兩峯上各有塔，謝靈運詩「孤嶼媚中川」，謂此。宋建炎四年，高宗嘗駐蹕，賜兩塔院名曰龍翔、興慶。德祐二年，益、廣二王走温州，陸秀夫、張世傑等共會於此。舊志：昔時兩峯對峙，江流貫其中，後爲沙淤，遂相連。

羅浮山。在永嘉縣北。寰宇記：在州北八里，高三十丈，永嘉記云，此山秦時從海中浮來。舊志：山在江北岸，一峯孤立，半浸江中，與孤嶼相望，一名密羅山。

永寧山〔三〕。在永嘉縣北八里。一名北山，郡之主山也。峯巒連屬，綿亘八里。西有石崖懸瀑，高百餘丈，名曰水漈。相近華嚴山，永寧之支隴也。有石，質可爲硯。

石門山。在永嘉縣北十五里。上多名勝，謝靈運嘗遊此，有詩。

凌福山。在永嘉縣北六十里永寧江中。一名雞嶼山。

掛綵山。在永嘉縣東北二十里。其山壁立，燦爛有如綵繪。

青嶴山。在永嘉縣東北二百里海中。兩山對峙如門，亦名青嶴門。宋永明中，郡守顔延之於此築亭望海〔四〕。

白巖山。在瑞安縣治東。一名龍山，亦名白鹿巖。

鳳凰山。在瑞安縣東三百餘里海中。南近江口，其西有江横山，兩山相對如門，號鳳凰門。昔時海舟往來，可泊此避風，夏有蜃氣覆其上。明嘉靖中，倭盤踞於此。

廟山。在瑞安縣東南五里。亦曰安禄廟山。山高秀，障蔽海門，山下有兩巖，蜿蜒入海。又有玉泉洞，可容百人，其泉通海。

寶香山。在瑞安縣南十五里。小嶼臨江，三面水繞，狀如浮虹。

遮浦山。在瑞安縣西南三十里。其南爲坑嶺，接平陽縣界。明嘉靖中，設險於柘浦山天門埭以拒倭。柘浦，即遮浦也。

西峴山。在瑞安縣治西。神仙傳：梁馬湘卜居西峴下，紫霞常覆其居，左右有二十八井，上應列宿。

五公山。在瑞安縣西三十里。世傳梁僧誌公、化公、朗公、唐公、寶公會此，故名。有五公石，石上有翦尺拄杖跡。

陶山。在瑞安縣西三十五里。周僅二里，前江後湖，陶弘景嘗居此，道書以爲第七福地。

許峯山。在瑞安縣西四十里。世傳許遜煉藥其上。高數千仞，海舶視爲方嚮，俗呼景福山。

福全山。在瑞安縣西四十五里。亦陶弘景隱居處，道書以爲第三十三福地。有花巖潭、龍耕潭。山之北有白雲嶺。

巾子山。在瑞安縣西六十五里。有七星潭，旱可禱雨。

郭嵒山。在瑞安縣西一百七十五里。有陽清泉，味甘潔，飲之可愈疾。

集雲山。在瑞安縣治北，跨帆遊、崇泰、清泉、集善四鄉，縣之主山也。

帆遊山。在瑞安縣北四十五里，東接大羅山，與永嘉縣分界，爲舟楫要衝。永嘉記：地昔爲海，多過舟，故山以名。唐張又新詩：「漲海嘗從此地流，平帆飛過碧山頭。」

仙巖山。在瑞安縣東北四十五里，當大羅山之陽。巔有黃帝池，廣五百餘畝，水分八派，注爲溪潭，高下相屬，道書以爲第二十六福地。宋陳傅良讀書於此，朱子嘗訪之，書「溪山第一」四字。

雲頂山。在瑞安縣東北五十里。亦大羅支山，有齊雲洞、漱玉潭諸勝。

東塔山。在樂清縣治東。有文峯，形聳如筆。宋紹興中，祥雲見其上，明年，王十朋廷對第一。又有西塔山，在縣治西，有天柱峯、梅花洞。

九牛山。在樂清縣治東。上有九大石横列，遠望若九牛然。以謝靈運曾遊，又名謝公山。

芙蓉山。在樂清縣東六十里。有三峯聳立，紅赤相映如芙蓉。隋書地理志：永嘉有芙蓉山。即此。

雁蕩山。在樂清縣東九十里。東連温嶺，西接白巖，南跨玉環，北控蒼嶺，盤曲凡數百里。其峯百有一，谷十，洞八，巖三十，爭奇競勝，遊歷難遍。舊志云：山跨樂清、平陽二縣，在平陽西南者曰南雁蕩，此爲北雁蕩。有東西内外谷，東外谷之峯五，東内谷之峯四十有八，西内外谷之峯各二十四。諸峯峭拔險怪，上聳千尺，皆包諸谷中，自嶺外望之，都無所見，至谷中，則森然干霄。絶頂有湖，方十餘里，水常不涸，雁之春歸者留宿焉，故曰雁蕩。有大、小龍湫，會諸澗水，懸崖數百丈，飛瀑之勢，如傾萬斛水從天而下。沈括謂天下奇秀，無逾此山。謝靈運爲永嘉守，酷好搜奇，而不及雁蕩，其時山實榛莽，莫之或知也。至宋太平興國初，僧全了棲止是山，建靈巖寺，山始顯名。

倪嶴山。在樂清縣南三十里海中。山頂有水，懸崖如線，山下即海洋。海洋中一泓獨澄碧，亦名倪嶼潭。

盤嶼山。在樂清縣西南。寰宇記：在州西北七十里。上有淡水，謝靈運遊海口盤嶼山詩云：「遨遊碧河渚，坦蕩丹山峯。」舊志：今在縣西南五十里，濱海。明初，朱亮祖襲方明善於此，其下即盤石衛。

簫臺山。在樂清縣西南十五里。一名玉簫峯。

丹霞山。在樂清縣治西。舊名白鶴山，曾有白鶴棲鳴山上。山色多丹，亦名赤巖山。唐天寶六載改今名，有雙瀑潭。

蓋竹山。在樂清縣西三里。其上有蓋竹洞天，俗呼楊八洞，奇峯怪石，峻峭幽深。舊八洞，今止三洞可通，陳希文有遊蓋竹洞天詩。

西漈山。在樂清縣西五里。三面蒼崖峭立，環若翠屏，惟東南軒豁如門，大海横其前，可望日出。山北有瀑布，從懸崖而下，飛流濺沫，雖盛暑涼氣逼人。

章嶴山。在樂清縣西十二里。亦名雙峯山，有東西溪夾山而流。稍西爲盤谷山，以山谷盤旋而名。東面海，俗稱鹽盤山。

白石山。在樂清縣西三十里。一名白石巖。高千丈，周二百三十里，純石無土，唐天寶中，嘗改名五色山。洞壑出泉，東西流五六里，合而爲湖。山中有藏真塢、百丈巖諸勝，宋太平興國中，羽士李少和居此山下。有白石徑，爲謝靈運行田之所。又西十里有玉甑峯，即白石之别峯，登峯頂者，五更見日出如紅爐鑄丸。

翔雲山。在樂清縣治北。亦曰縣後山。東接雁蕩，西連白石，高山大谷，雜沓若翔雲，奇峯茂林，爲邑屏障。

左源山。在樂清縣東北三十五里。羣峯環繞，中有田二千餘畝，民居悉藏谷中。山有四景，曰梅溪、蓴湖、左嶺、小雁蕩，王十朋有四景詩。

仙壇山。在平陽縣治東。本名横嶴，一曰横嶼，三國吴置横嶼船屯，蓋以山名。上有九盤嶺。明統志：上有平石，方十餘丈，號仙壇。其旁有竹林，風來成韻，垂掃壇上，殊無塵穢，號掃壇竹。

象灣山。在平陽縣東二十里。其形如象，山東南有仙人足跡，又名仙灣。

南龍山。在平陽縣東海中。明時倭自北洋而來，此爲必經之道。其相近者，又有銅盤山。

南麂山。在平陽縣東南海中。有平壤數千畝，稱饒沃，環海負島，其北接鳳凰山，山嶴濶大，坐臨深海。山外皆大洋，明時倭每棲泊於此，恃爲巢穴，乘潮御風，直抵飛雲港，此爲哨守要地。

大巖頭山。在平陽縣東南海中。海防考：倭自南麂、鳳凰、霓嶴、蒲岐、楚門、玉環而來，俱經此山，巡哨最切。

嶺門山。在平陽縣治前南隅。山分左右翼，中闕如門。

林亭山。在平陽縣南十里。瞰海，有大石蹲踞，可就觀日出。旁有石室，相傳神人所棲。

麥城山。在平陽縣南十里。枕海，上有龍湫，下即仙口巡司。

厦材山。在平陽縣南一百五十里。東南枕海，西連福建福州沙埕港，爲要隘之所。

傘蓋山。在平陽縣南一百六十里。枕海，有小漈水出焉。

昆山。在平陽縣治西南。絶頂有巨巖，俗名古巖山。有二老木，冬夏常青，下有穴，空洞可容數十人。

鳳山。在平陽縣西南二十五里。臨江，綿亘數里，一名錢倉山。其相接者，有青華山，上多奇石。

蓋竹山。在平陽縣西南五十里。上有華蓋峯及黑、白二巖，下有龍湫。

樓石山。在平陽縣西南。寰宇記：從平陽江西上十五里，其山西峯，頓聳三石鼎足之象。舊志：山在縣西南五十里。三尖頂立，並高百仞，杪如劒鋒，周四十三里，遠望如樓閣，海艘以爲南北之準。

玉蒼山。在平陽縣西南八十里。一名八面山。周百餘里，稍北巖岫四圍，止通一門，中有石室方丈。又北爲茗溪山，凡三十六面，林壑山源，神仙窟宅也。

松山。在平陽縣西南八十里。峯巒攢簇，高秀與玉蒼相亞。又南爲凝翠山，去縣八十五里。綿亘十餘里，跨福建福寧州界，舊設軍營於此。

南雁蕩山。在平陽縣西南百里。北自穹嶺，南至施巖，四五十里，皆雁蕩也。中有明玉峯，峯頂有池，五代時，僧願齋尋訪名山於此，曰：「此山水盡處，龍雁所居，豈非西域書所謂諾矩羅震思雁蕩龍湫者耶？」因結茅其間。山有十三峯、三洞、二巖，澗石類皆奇勝。

白雲山。在平陽縣西南百里，與雁蕩相接。高出雲表，中有澗，澗數十步，遊者援藤而進，名曰藤道。上有玉簾瀑泉、寒瀑泉，飛淙濺沫，最爲奇勝。

羅溪山。在平陽縣西南百里，接泰順縣界。一名西山。壁立千仞，横亘十里，有四十二峯，下有四水合流，沿山而南入於海。

錦屏山。在平陽縣西一里。形如屏幛，四時蒼翠。西六里爲沙岡山，下有葛嵾泉。

鳴山。在平陽縣北五里。山腹有洞，中恒有聲。其中有小山七，突立平原，一名七星山。

焦下山。在平陽縣北十五里。山巔有洞，泉流爲飛瀑，宛若雁蕩龍湫。

飛龍山。在泰順縣城東。陵谷蜿蜒如飛龍。又城西有舞鳳山，環夾縣治。

龍鬬山。在泰順縣東一百十里。下有龍鬬渡，元末嘗置寨於此，東接瑞安縣界。

分水山。在泰順縣東南一百六十里，與平陽縣接界。泉發隴上，東西分流，以限閩浙。山下地名平水，達前倉江，可通舟。

萬羅山。在泰順縣治前。孤峯獨峙，爲縣之勝。

地軸山。在泰順縣城南里許。横鎖水口。

三魁山。在泰順縣南六十里。有東山、西章、中龜三峯，故名。又南十里有仙山，有二石井，旱可禱雨。

天關山。在泰順縣治北一里。下有龍湫。

百丈山。在泰順縣北三十五里。峻絶奇秀，有百丈漈。

白若嶺。在樂清縣東。謝靈運渡江而上，從斤竹澗過白若嶺，即此。

白沙嶺。在樂清縣東十里。爲水陸要衝，漢武遣下瀨將軍出白沙擊東越，或曰即此。

丹芳嶺。在樂清縣東四十五里。路入雁蕩西谷，凡四十九盤。

説法巖。在樂清縣西馬鞍嶺上。輿地紀勝：宋陳覺嘗於東峯望見巖下一木如蓋，捫蘿至其所，見藤蔓纏繞一人，其形如石，乃入定僧也。乃結菴於傍，居二月餘，僧欠伸張目曰：「吾衣寄巖間，有虎守之，持吾錫杖以取。」覺往，虎見杖而去，持衣授僧，拜懇説法，山中鳥獸神鬼皆來聽受。

滴水巖。在泰順縣東四十里。石壁峭拔，溪流湍悍，舊時僅容仄足，明弘治中闢成大道。

白石洞。在樂清縣西四十里。相傳十二真人所治之地。

霓嶴。在永嘉縣東一百餘里。海防考：倭船南北往來，多泊於此。逕達盤石衛城，最爲險要。

海。在府東。由福建福寧府而北爲平陽縣，東南去海二十五里。其北爲瑞安縣，東去海十里。又北爲永嘉縣，東去海九十里。又北爲樂清縣，南去海五里。又東北接台州府太平縣界。亦曰白沙海。通志：温州之海，延袤四百餘里，海道南至福建福州八百二十里，北至台州三百三十里。其間深洋最多，自流江至鎮下門、飛雲、海安、黄華、蒲岐諸港，所在水路衝達。外則霓嶴、三盤、南麂、南龍，均爲海山之要害，而玉環島嶴孤懸，水陸交錯，實温、台二郡之門户，戒備尤不容以不密也。

永寧江。在永嘉縣北。元和志：永嘉江，一名永寧江，在州東三里。寰宇記：永嘉江，一名温江，東自大海，西通處州青田溪。舊志：在縣北門外，今名甌江，又名蜃江。源自括蒼諸溪，匯流入境，東至盤石寧村，匯於海洋，茫無際涯，是謂甌海。潮汐往來，旁流四達，南抵瑞安，北抵樂清，内通三州四溪及十三鄉、十三浦，無不悉貫焉。

安陽江。在瑞安縣南門外。吴時名羅陽江，唐時名安固江，亦名瑞安江，又名飛雲渡。其上源有二：一自福建政和縣東北之温洋，謂之大溪；一自處州青田縣東南之木凳嶺，謂之小溪。合諸山溪之水，東流入縣境，至陶山南口合流。又東至縣南，水濶百餘丈，東接海口。又三港口，在縣西南四十里，大溪上流。又羅陽、大洪、莒江三水，自西北來會於此，因名。

館頭江。在樂清縣西南六十里。上接永嘉之甌江，東流經盤石衛，又經白沙嶺入海。

横陽江。在平陽縣西南二十五里。一名始陽江，又名前倉江。上流有四港，其一爲順溪，匯縣西境諸鄉之水東流；一爲梅溪，出蓋竹山，東注於江；一爲平水，自泰順縣界合澗谷諸水，經松山下合於江；一爲燥溪，上流爲宋蘭洋，亦縣西南諸溪水，會流經縣西七十里燥溪山下，分爲東西二溪，又經縣南五十里，俱注於江。又東南流出縣東南二十五里，經江口入海。

姚溪。在永嘉縣東五里。源出大羅山。東谷之水，引爲姚溪，經縣東入永寧江。西谷之水，引爲杜嶴溪，經縣南二十里入慈湖。

安溪。在永嘉縣西北六十里。上接處州青田惡溪七十二灘之水入縣界，始安流而東，經破石山下，亦名張帆溪。又東南注於甌江，爲安溪港。

枏溪。在永嘉縣北一里。寰宇記：在温州西南一十五里，水入温江。府志：源出仙居諸山，與縣界四鄉水合流，爲欖、樟、羅、藤、蓬、玲、小、李八溪，至朝漈合，入永寧江。

東溪。在樂清縣治東。亦名雲溪。源出縣東北羣山中，西南流四十餘里，入城東北門，至縣治東，名東溪。又西南與西溪合流爲運河。分二流，一經縣南入海，一西南流直注館頭江。凡六十里，仍名運河，支流旁達，灌田二十餘萬畝。

西溪。在樂清縣治西。源出白鶴、石橋諸山，懸崖而下，爲雙瀑潭，至城南與東溪合流，一名金溪。

梅溪。在樂清縣東北二十五里。源出左源山，東至萬橋港入海。宋王十朋取以爲號。

仙居溪。在泰順縣東一十五里。源出縣西北諸山，東流經仙居山下，又經縣東四十里洪口渡，又東合百丈漈，經龍鬬山下，抵瑞安界入海。蓋亦安陽江之上源也。

白溪。在泰順縣西四里。有三源，俱出天關山。合流經縣南十五里，又西南流達福建壽寧、寧德縣境入海。

象浦河。在樂清縣西六十里。南出數十里達館頭江，隔山不與西河接，舟楫出入，多取道於此。

運塘河。在平陽縣城北。自縣北歷鳴山下，北抵瑞安飛雲渡，凡三十五里，旁有萬金塘。

萬橋港。在樂清縣東六十里。窑嶴諸山之水，至此入海，亦曰萬橋江。

芙蓉川。在樂清縣東七十里。亦名芙蓉港。一自小芙蓉南至芙蓉塘口入江，一自雁蕩山西外谷至長嶼爲大川入江。

慈湖。在永嘉縣南二十五里吹臺山下。合南境之水，入瑞安江。又有滄湖，在縣東七十里，下流入海。

會昌湖。在永嘉縣西南五里。受郭、雄、瞿三溪之水。郭溪源出縣西鐵場諸山，雄溪、瞿溪源出瑞安諸山，三水合流，匯而爲湖。起於漢、晉間，至唐會昌四年，太守韋庸重浚治之，因名其近城西者曰西湖，在城南者曰南湖，實一湖也。湖支港甚多，其自城東南出南塘直抵瑞安江者，亦名瑞安湖，延袤七十餘里。

東湖。在瑞安縣東門外。源出白巖諸山，引流經縣北至帆遊山，接會昌湖，直達永嘉南門。又縣北二里有北湖，源出集雲山，一名錦湖，環繞城北，接於東湖。

永豐湖。在瑞安縣西七十五里。源出逢源山，周迴十里，水常不竭，民賴其利。

謝公池。在永嘉縣。寰宇記：在温州西北三里積榖山東。謝靈運登池上樓詩云：「池塘生春草，園柳變鳴禽。」即此。明統志：池頗澄湛，俗呼靈池。

浣沙潭。在府治西。一名屧川。明統志：城中五水，合乎五行，雖旱不竭。五水，謂此及石鼀潭、雁池、冰壺潭、潦波潭也。

玉函潭。在瑞安縣東四十五里仙巖山下。潭上之山，狀如石函。相近爲梅雨潭，上有飛瀑數丈，分流四道而下，亦名仙巖瀑布。

石門潭。在樂清縣雁蕩山上。有十八灘水，匯流於此。兩崖如門，産鯉，旁有石穴深黑，相傳有龍潛焉。

百丈潭。在樂清縣西四十里。其深不測，雲起則雨，一名百濟潭。

第一漈。在泰順縣南二里。高二十餘丈，懸崖直下，又連七漈，達福建壽寧縣界。

斤竹澗。在樂清縣東七十五里。謝靈運詩「過澗既厲急」，即此。

散水泉。在樂清縣東北南閣山下。峭崖千尺，泉水迸崖而下，匯爲澄潭，廣八九畝。

三黄井。在樂清縣治東北山上。其水發源枏溪，懸崖而下，是謂大三黄井，高二百丈，非捫崖不可上。潭水深黑，望之悚慄。其西又有小三黄井。

古蹟

永嘉故城。今永嘉縣治。後漢置曰永寧，隋改名。元和志：即漢回浦縣之東甌鄉。上元二年，於此置温州，縣移在州東百八十步。舊志：晉太寧初置郡，議築城於江北岸，去今城六里，今猶謂其地曰新城。尋遷江南岸，東西附山，北臨江，南環會昌湖，跨山爲險，名曰斗城，謂城内有山錯立如北斗也。亦謂之鹿城，時有白鹿銜花之瑞云。五代梁開平初，錢氏增築外城，亦曰羅城。又有子城，在府城内，亦錢氏築，元至元中廢。

東甌故城。在永嘉縣西南。史記東越傳：孝惠三年，舉高帝時越功，閩君摇功多，乃立摇爲東海王，都東甌。索隱曰：「甌，水名。」永嘉記：甌水出永寧山，行三十餘里，去郡城五里入江。昔有東甌王都城，有亭，積石爲道，今猶在。府志：東甌王故城，在永嘉縣西南三十里。

羅陽故城。在瑞安縣東北。三國吴置。晉太寧初，遷今所。

樂成故城。今樂清縣治。元和志：縣去温州一百二十四里。本漢回浦縣地，東晉孝武分永寧縣置。縣志：後梁開平二年，錢氏以避梁祖諱，改名樂清。

橫陽故城。在平陽縣北。宋書州郡志：晉武帝太康四年，以橫嶼船屯置爲始陽，復更名橫陽。元和志：縣北去州一百五里，大足元年再置。寰宇記：今爲平陽縣，以邑有平陽嶺故名。

羅洋舊鎮。今泰順縣治。本瑞安縣地，明景泰中，巡撫孫原貞討平鄧茂七、葉宗留之亂，奏割瑞安之義翔鄉十二里、平陽之歸仁鄉六里，置縣於羅洋鎮。以民心向化，賜名泰順。

謝公樓。在府城拱辰門上。謝靈運守郡時，恒遊憩於此。

思遠樓。在府城西南。宋守劉述建，元守阿都赤復建。面西山諸峯，下瞰會昌湖。

滄浪閣。在府城内。宋建。楊蟠詩：「水清當自鑑，無爲濯纓來。」

鰲山閣。在瑞安縣西西峴山上。宋建。郡守蘇起詩云：「賴有此軒相映帶，盡收佳景在人寰。」

西射堂。在府城西。寰宇記：在温州西南二里。謝靈運晚出西射堂詩云：「連嶂疊巘崿，青翠杳深沈。」今西山寺是也。

讀書堂。在永嘉縣治後。宋謝靈運建，有詩云：「虚館絶争訟，空庭來鳥雀。」又云：「既笑沮溺苦，又哂子雲閣。」

戲綵堂。在府城東南。舊郡志：宋趙屼倅郡時建。其父清獻公抃，致仕家居，屼迎以就養，因取老萊子戲綵之義名堂。抃有詩云：「老萊不及吾兒少，且著朱衣勝綵衣。」

東山堂。在永嘉縣東南積穀山上。宋周行己建。翁卷寄題東山堂詩云：「惟見煙霞起，全無市井喧。鸛來巢木杪，黿出戲蒲根。」

南亭。寰宇記：去温州一里。謝靈運遊南亭詩：「密林含餘清，遠峯隱半規。」又北亭，在州東北五里，枕永嘉江。靈運罷郡，與吏民别於此。

白岸亭。在永嘉縣。寰宇記：在楠溪西南，去州八十七里，因岸沙白爲名。亦謝靈運遊賞處，詩云：「拂衣遵沙垣，緩步入蓬屋。近澗涓密石，遠山映疏木。」

駐鶴亭。在永嘉縣西南巽吉山。宋白玉蟾嘗居此。

富覽亭。在永嘉縣西北郭公山上。宋建，登者不越几席而盡山水之勝。

流觴亭。在舊郡治。明統志：宋郡守樓鑰建。甃池爲曲水，繪蘭亭修禊圖於壁。

絶景亭。在永嘉縣東南積穀山上。宋周行己建，有詩云：「雲横絶塵境，峻堞若繩削。」

三高亭。在樂清縣治西塔山之半。俗呼爲半山亭。以晉王羲之、宋謝靈運、唐孟浩然三人嘗遊此，故名。

叢桂亭。在平陽縣治南。明統志：宋時邑人一年登文武科者十六人，縣令徐以道爲建此亭。

上浦館。在府城東七十里。明統志：唐孟浩然逢張子容賦詩：「逆旅相逢處，江村日暮時。衆山遥對酒，孤嶼獨題詩。」

陶隱居丹室。在瑞安縣西四十里陶山。陶弘景煉丹之所。

衆樂園。在府城西南隅舊治北。縱横一里，中有大池，亭榭碁布，花木彙列。宋時，每歲二月，開園設會，盡春而罷。

墨池。在永嘉故城。晉王羲之爲郡守，臨池學書處。宋米芾書「墨池」二大字。

關隘

海關。在永嘉縣東門外海口。稽察海船出入。

飛雲關。在瑞安縣南七里，安陽江津濟處也。本名飛雲渡，波流洶湧，關横截南北，往來者必出於此。明置寨，設總哨官，帥舟師泊鳳凰海洋，今有把總防守。

白沙關。在樂清縣東白沙嶺之東。陸走台境，水通海島，爲縣境咽喉。

江口關。在平陽縣南二十五里。下臨横陽江，爲往來要衝。明初設關於此，今改汛，置兵防禦。

鎮下關。在平陽縣東南一百四十里。亦曰鎮下門水寨，坐臨大海，其東有官㠋，直衝臺山外洋。明置關，設總哨官，帥舟師哨守，今亦設兵防禦。

羅陽第一關。在泰順縣四十里。當洪口東渡之西，道出瑞安。其地有洪溪，匯入龍潭，謂之洪口。水陸往來，多出於此。

分水關。在泰順縣東南分水山。當浙、閩之衝。

桂峯東南關。在泰順縣南七十里。其地有桂嶺，又有桂峯橋，旁立兩關，路通閩、括。

武嶺頭鎮南關。在泰順縣東南桂峯之南。

白沙隘。在永嘉縣西五十六里白沙山旁。宋置白沙巡司，元因之，後廢。

眉石北隘。在瑞安縣沙園所東。東至大海，南會陌城寨，西至平陽所，北會陡門，極爲衝要。又眉石南隘，在沙園所東南，東濱大洋，鳳凰山㠋，一潮可到。

東山隘。在瑞安縣北。亦曰東山寨，其東爲東山港。又有上瑪寨，東西分峙，爲犄角之勢，坐臨海濱。

九峯隘。在泰順縣東南一百六十里。平、泰二邑往來之咽喉也。

温州衛。在府治東。明洪武元年建，今存。

盤石營。在樂清縣西南五十里。明洪武二十年，建盤石衛，並築城，周九里。本朝順治十七年，廢衛立營，特設遊擊、守備駐防。雍正中改設都司。又盤石守禦後千户所，明成化五年，自盤石衛城移置縣東三里，築城，周二里有奇，廢。今設巡司，本朝乾隆三十二年增置。又永嘉設西溪巡司，瑞安設大嶨巡司。

大荆營。在樂清縣東北一百里。本朝順治中築城，設參將、守備駐防。雍正二年，改參將爲遊擊，移守備於大芙蓉汛。乾隆中，又改遊擊爲都司。

金鄉營。在平陽縣南六十里。明洪武二十年，置金鄉衛，築城，周七里有奇。本朝順治中，廢衛改營，今有都司駐防。

蒲門所。在平陽縣南一百二十里。明洪武二十年，建千户所，築城，周三里有奇。本朝順治中裁。又壯士守禦所，在縣東北五十里。明洪武二十年建，築城，周二里有奇。隆慶初并入蒲門所，今設蒲門巡司。

館頭鎮。在樂清縣西南五十里館頭江口。元置巡司，明洪武二十年，徙於岐頭，嘉靖中復設於此，後裁。

仙口鎮。在平陽縣南麥城山。明洪武元年置巡司，本在縣東仙口山，二十年徙置今所，今廢。又有龜峯巡司，在縣東南九十里。亦明初置，嘉靖初廢，改置龜峯堡。

前倉鎮。在平陽縣南二十里。亦名錢倉。

池村鎮。在泰順縣北七十里。有巡司，明初置，屬瑞安縣。景泰三年，改屬縣境，今廢。

三魁鎮。在泰順縣南三魁山。明洪武初，置洋望巡司，屬平陽縣。二十四年，改置三魁巡司。又雅陽巡司，在縣東南雅陽山。明宣德八年置，屬平陽縣。景泰三年俱改屬泰順，隆慶中廢。

安村寨。在永嘉縣東五十里盤石營南十里。明洪武二十年，建守禦千户所，築城，周三里有奇。本朝順治十八年遷，康熙九年改寨，復設遊擊、守備駐守。

蒲岐寨。在樂清縣東三十里。明洪武二十年，置蒲岐所，築城，周三里，東渡江至楚門所二十里。本朝順治十七年，廢所置寨，設兵戍守。

白巖塘水寨。在樂清縣東北蒲岐寨東。濱海，爲蒲岐之外户水哨，北會台州之松門、楚門，南會黄華港。又後塘寨，亦在蒲岐寨東，南臨大海，形勢險要。

高嵩寨。在樂清縣東四十里高嵩山上，臨大海，近蒲岐寨。又有下堡寨，在蒲岐寨南五里，南臨大海。皆蒲岐之鎖鑰也。

章嶴寨。在樂清縣西章嶴山旁。於此防禦，可以東衛塔頭，西衛鹽場，南衛黄華，北衛長林。

沙角寨。在樂清縣西二十五里沙角山下。濱大海，介黄華、章嶴間。明嘉靖中，倭由此登犯，防禦爲切。

黄花水寨。在樂清縣西南盤石衛東三十里。東接大海、大小門霓嶴，南枕港口，乃郡境咽喉。又有黄花山寨，在水寨東二里。其地有華山，因名。有黄華關，迫臨海口，汛守最切。

岐頭寨。在樂清縣西南六十里。海舟經此，必艤舟而後行，謂之轉岐。由摺疊嶴東北達驪洋，即台州松門寨。

海安寨。在瑞安縣東北三十里。明洪武二十年，建千户所，築城，周三里有奇。本朝順治中裁。

梅頭寨。在瑞安縣東五里。有海口，爲戍守要地。明初置巡司，今裁。又舊有三港税課局，在縣西南一百十里。明初，與池村巡司同置，景泰三年，司改屬泰順縣，而税課局如故。今俱廢焉。

沙園寨。在瑞安縣南二十里，南去平陽縣三十里。明洪武二十年，置千户所，築城，周三里。又縣治東舊有瑞安守禦千户所，洪武二十年建。本朝順治中俱裁，改置寨。

舥艚寨。在平陽縣東南八十里。東北兩面皆濱海，明初置寨，兼置巡司，今設汛，設兵戍守。

蒲壯寨。在平陽縣東南九十里，東至金鄉，南抵福建福寧府。本朝順治中，廢蒲門、壯士二所，改置寨。今有守備駐防。

江口水寨。在平陽縣南金鄉營東，南臨大海。有巡司，明初置於下埠，正統五年徙於渡頭，今裁。

永昌堡。在永嘉縣東五十里。明嘉靖三十七年，築堡，周五里有奇，并遷中界巡司於此，後廢。

縣後堡。在樂清縣北。明嘉靖中，補築縣城於山腰，尋徙城於平地，而縣後故城改爲堡，翼其兩旁，以附於城，周不及二里。

嶺店驛。在樂清縣東北一百餘里。明置驛丞，今裁。

永嘉鹽場。在永嘉縣東南五十五里海口。明嘉靖三十七年築堡，周四里。又雙穗場，在瑞安縣東。長林場，在樂清縣西四十里白塔山，宋政和中置。今俱有鹽大使。

天富場。在平陽縣東南三十餘里。明初置天富南鹽場鹽課司，後廢。今併於雙穗場。

津梁

寶慶橋。在永嘉縣東門外。本朝康熙十八年，總兵陳世凱重建。

惠民橋。在府治西。明知府洪垣建。

雙蓮橋。在永嘉縣南門外。本朝康熙十二年重建。

永惠橋。在永嘉縣南六十里。本朝乾隆二十四年，知府李琬建。

綠野橋。在永嘉縣西南。

寶帶橋。在樂清縣治前。

惠政橋。在樂清縣鼓樓前。明洪武中重建。

萬橋。在樂清縣東二十五里。宋萬規建。

胡公橋。在樂清縣治西南。又名文虹橋。明天啓六年，知縣胡良臣建。當東西兩河合流處，高與城齊。

夾嶼橋。在平陽縣南。縣南之水，一自嶺門，一自新羅山洋嶴等處，出會於橋下，分流，西達錢倉，南達江口。

仙居橋。在泰順縣東十五里。水勢湍急，爲往來要道。本朝康熙十二年重建。

中洲渡。在瑞安縣西三里横山。明萬曆中，知縣劉畿重建。

飛雲渡。在瑞安縣南門外。爲浙、閩要津，明嘉靖中額設官渡十隻，後僅存其四。本朝康熙中，知縣范永盛增廣之。

樫岡渡。在樂清縣東十里。舊名金沙渡。本朝乾隆十年，郡民吴廷雲重建。

横春渡。在樂清縣西南館頭江上。爲縣要津。

平安渡。在平陽縣南二十五里。

洪口渡。在泰順縣東四十里。

隄堰

海塘。在永嘉、樂清、瑞安、平陽四縣海濱。樂清縣蒲岐海塘，自縣東三十五里至十五都〔五〕，凡七百八十二丈。又有海口塘，長一百五丈。永嘉縣自城南至沙村寨，共二千六百十九丈，明嘉靖中築。瑞安縣自城東至十一都，有舊塘五百十三丈，又自城東至沙園所，土塘八百餘丈，皆萬曆中修。平陽縣海塘，距縣治二十里，舊爲潮淹，萬曆中知縣朱邦喜重築，因名朱公塘。

劉公塘。在樂清縣西。起迎恩門外至館頭五十餘里，路通府治，宋紹興初修築。

蒲州埭。在永嘉縣東南三十里。外障江潮，内蓄河水，長四十一丈，永嘉、瑞安田二十四萬，悉資灌溉。明萬曆二年重修，後知府衛承芳以舊埭稍高，乃準水則，設水湫九處，蓄洩得宜。本朝順治十四年重築。

法華埭。在永嘉縣西南三十里甌浦上村。又謝婆埭，在甌浦下村，瀦蓄三溪之水，灌溉萬頃。

石紫河埭。在瑞安縣西半里。長三十八丈，爲永嘉、瑞安水利扼要處。

丁灣埭。在瑞安縣西十五里。舊名周田埭，其水綿亘三百餘丈，東至大海，南至平陽縣，西抵三港，溉田三萬餘畝。

嶼南大埭。在樂清縣西十五里。長四十丈，明隆慶中築，以禦縣西三鄉漲水。

陵墓

漢

東甌王墓。在永嘉縣西山甌浦。

宋

徐震墓。在泰順縣北門外一里。震仕爲忠訓郎，禦賊戰死山嶺，葬於此。

仰忻墓。在永嘉縣南吹臺山下。

許景衡墓。在瑞安縣北四十里白門山。

林石墓。在瑞安縣東北帆遊鄉。

張闡墓。在永嘉縣瞿溪山。

王十朋墓。在樂清縣東北左源山之梅嶴。

葉適墓。在永嘉縣東慈山。

陳傅良墓。在瑞安縣東北鳳嶴。

趙立夫墓。在樂清縣西北石塘嶴。

劉黻墓。在樂清縣東左嶺。

明

黄淮墓。在永嘉縣東南大羅山下。

章綸墓。在樂清縣東北横嶼。有祠，在縣治東。

高友璣墓。在樂清縣西高嶴。

祠廟

東甌王廟。在永嘉縣華蓋山。

仁濟廟。在府城内。明統志：神姓周，名凱，吴、晉間人。時横陽、永寧、安固三邑地皆斥鹵，凱開導三江，悉注於海，因射箭退潮而殁，民爲立廟，至今有司歲祭。

郭記室祠。在永嘉縣華蓋山下。祀晉郭璞。璞嘗卜地遷城，有功於温，郡人祀之。

王謝祠。在永嘉縣華蓋山下。祀晉、宋郡守王羲之、謝靈運。

顔魯公祠。在府城南。祀唐顔真卿。明統志：真卿爲唐室死節，宋紹興中，悉官其後，以爲天下臣子勸，李光像而祀之於此，以永嘉、樂清顔氏皆其後也。

郭太守祠。在瑞安縣西南。唐郭公，逸其名，爲閩守，避黄巢之亂，徙居紫華山中，立屯堡禦賊，及卒，民立祠祀之。

忠烈侯廟。在樂清縣館頭江。祀田居部，唐乾符間，死王郢之亂。

龔將軍廟。在永嘉縣集雲嶺。唐刺史韋庸浚城南湖，神時爲部將督視，遭裘甫之亂，力戰死湖中。郡人即其地立祠祀之，從祀翁、蘇二將軍，亦同時死事者。

孝祐廟。在永嘉縣上塘。祀唐孝女盧氏。

三先生祠。在府學内。祀宋周行己、劉安節、安上，皆從學二程之門者。

忠惠廟。在府城南。神姓張，名理，宋宣和中方臘寇郡，戰死，郡爲立廟。

忠訓廟。在永嘉縣西三十里。宋宣和中，郡人徐震率義兵禦寇，死於難。事聞，贈忠訓郎，郡人爲立廟。

忠烈廟。在府城内。祀宋教授劉士英、諸生石礪、學掾盧璿。

葉文定祠。在府治東。祀宋葉適。

陳止齋祠。在瑞安縣東北仙巖山。祀宋陳傅良。

王忠文祠。在樂清縣九牛山下。祀宋王十朋。

文丞相祠。在永嘉縣北江心寺。祀宋文天祥。

旌忠廟。在樂清縣東瑞應鄉。祀宋侯畐。

陳灊室祠。在永嘉縣西北。祀宋郡人陳埴兄弟。

二賢祠。在平陽縣學内。祀宋林景熙、元史伯璿。

卓忠毅祠。在永嘉縣北江心寺。祀明卓敬。又瑞安縣新街亦有祠。

章恭毅祠。在樂清縣小東門外。祀明章綸。

崇報祠。在泰順縣城内。祀明孫原貞。

雙忠祠。在府城内。本朝康熙三十五年建，祀温處道陳丹赤、永嘉知縣馬琾，皆死耿精忠之亂者。

寺觀

江心寺。在永嘉縣孤嶼山麓。唐咸通時建。宋建炎四年，高宗駐蹕，御書「清暉」、「浴光」二軒，刻於石。

白鶴寺。在樂清縣治西丹霞山下。舊傳晉張文君捨宅爲寺，時有白鶴飛鳴其上，因名，唐沈佺期有詩。

能仁寺。在樂清縣雁蕩山。相傳諾詎那爲開山祖，宋初僧全了結菴於此。咸平二年建寺。又明志：雁蕩山有靈巖寺，宋太平興國中建。寺擅奇絶，爲雁蕩第一峯。

名宦

晉

王羲之。山陰人。守永嘉郡。治尚慈愛，民安訟息，後人立祠祀之。

南北朝 宋

謝靈運。陽夏人。爲永嘉太守。郡有名山水，靈運素所愛好，遂肆意遊遨，徧歷諸縣，所至輒爲詩咏，以致其意。

顔延之。臨沂人。爲永嘉太守。

裴松之。聞喜人。元嘉中，爲永嘉太守。勤恤百姓，吏民便之。

齊

范述曾。錢塘人。明帝初，出爲永嘉太守。爲政清平，不尚威猛。所部横陽縣山谷險峻，爲逋逃所聚，述曾下車，開示恩信，凡諸凶黨，襁負而出，編户屬籍者二百餘家〔六〕。自是商旅疏通，居人安業。勵志清白，不受餽遺，明帝下詔褒美。

蕭景。梁宗室。建武中，遷永寧令。政爲百城最。永嘉太守范述曾居郡，號稱廉平，雅服景爲政，乃牓郡門曰：「諸縣有疑滯者，可就永寧令決。」頃之，以疾去官，永嘉人胡仲宣等千人詣闕，表請景爲郡。

陳

毛喜。陽武人。至德元年，授永嘉内史。至郡，不授奉秩，政治清静，人吏安之。遇豐州刺史章大寶舉兵反，郡與豐州接，而素無備禦，喜乃修城隍器械，又遣兵援建安。賊平，授南安内史。

唐

李皐。宗室，襲封曹王。上元元年，以長史攝温州事。州大饑，便宜發官廩數十萬石賑饑者，既貸，乃自劾，優詔開許，就進少府監。

宋

趙尚寬。河南人。知平陽縣。鄰邑有大囚十數，破械夜逸，殺居民，將犯境。尚寬趣尉出捕曰：「盜謂我不能來，方怠惰易取也。宜亟往，毋使得散漫，且爲害。」尉既出，又遣徼巡兵躡其後，悉獲之。

焦千之。治平三年，知樂清縣。莅事精明，吏不敢犯。始建學，搆講堂以敦教化，自爲文記之。

劉士英。宣和間，爲温州教授。方臘陷處州，州人争具舟欲遁，士英奮謂不當避，自郡將而下，皆排沮之。士英獨身任其責，推郡茂才石礪爲謀主，治兵峙糧，籍保伍，分地拒守，凡四十餘日，官軍既至，賊潰去。

盧知原。德清人。高宗即位，知温州。時葉濃陷建州，楊勍陷處州，知原繕甲兵，增城浚隍，聲勢隱然。在郡四年，民繪像祀之。

洪擬。鎮江丹陽人。高宗時，知温州。宣撫使孟庾總師討閩寇，過郡，擬趣使赴援，庾怒，命擬犒師，擬借封樁錢用之，已乃自劾。賊平，加秩一等。

張九成。錢塘人。紹興中，知温州。户部遣吏督軍糧，民苦之。九成移書痛陳其弊，户部持之，九成即丐祠歸。

趙彦橚。悼王廷美七世孫。乾道初，爲樂清尉。會大旱，令循故事禱雨，而責租益急。彦橚曰：「捐歛已責，所以招和氣，何禱爲？」已而果雨。

樓鑰。鄞縣人。淳熙間，知温州。屬縣樂清倡言方臘之變且復起，邑人捕數人歸於郡。鑰曰：「罪之則無可坐，縱之則惑民。」編隸其爲首者，而驅其徒出境，民言遂定。

王信。麗水人。孝宗時，爲温州教授。郡饑疫，議遣官賑救之，父老願得信任其事。守不欲以煩信，請益力，信聞之，欣然爲行，徧至病者家，全活不可勝記。

楊簡。慈谿人。嘉定中，知温州。移文首罷妓籍，尊敬賢士，在郡廉儉自將，奉養菲薄。嘗曰：「吾敢以赤子膏血自肥乎？」閭巷雍睦，無忿争聲，民愛之如父母，咸畫像事之。

吴泳。潼川人。寧宗時，差知温州。赴官，道聞温州饑，至處州，乞蠲租科降救饑者四萬八千有奇，放夏税十二萬有奇，秋苗二萬八千有奇，病者復與之藥。事聞，賜衣帶鞍馬。

元

夏若水。武陵人。至元間，授温州路總管。初至郡，值歲歉，廣招米艘，民賴以濟。

趙鳳儀。汴人。延祐四年，爲温州路總管。創廟學，延名師以淑後進。瑞安飛雲渡舟屢爲暴風所覆，設法豫備，立石江滸。政治以能名。

賈達。保定人。泰定二年，知平陽州事。廉幹精明，委讞他邑疑獄，悉得其情。赴省經金華，有萬户伊實默者，縱兵暴横，民苦之。達造其門，責以大義，伊實默遂拜謝，軍兵自是肅然。「伊實默」舊作「翼石抹」，今改正。

尊達實哩。高昌人。至正十年，温州路總管。時方國珍寇城，官民逃散，獨與千户吴世顯、哈迪爾等擊卻之。賊退，治城郭，繕甲兵，後賊再至，不敢近。「尊達實哩」舊作「左答納失里」，「哈迪爾」舊作「黑的兒」，今俱改正。

明

王銘。和州人。洪武初，由長淮衛指揮僉事移温州。繕城濬濠，悉倍於舊，又加築外垣，起海神山，屬郭公山，首尾二千餘丈，宏敞壯麗，屹然東浙巨鎮，帝甚嘉之。嘗請告暫還，州之士女遮道送迎，長吏皆相顧嘆，自謂有愧王指揮多焉。

王全。山東人。洪武九年，爲温州同知。處州賊葉丁香擾瑞安，民多脅從，延安侯唐勝宗統兵至府，欲縱殺。全持不可，勝宗怒，欲斬全，全曰：「良民不從叛，挈妻子來此，可縱殺乎？」勝宗意解，民得免。

黄信中。餘干人。永樂中，知樂清縣。奸民紿寡婦至京，誣告鄉人謀叛，而己逸去。有司繫其婦以聞，詔行所司會鞫，獄久不決。信中廉得其情，力抵爲誣，獲全者甚衆。盜殺一家三人，獄久不決，信中禱於神，得真盜，遠近稱之。

何文淵。廣昌人。宣德五年，知温州府。居三年，政化大行。入覲，道括蒼嶺，永嘉丞遣其子以金贐，卻之，後人爲立卻金館。既復任，益盡心職業，暇則與諸生章綸輩論經史。處州盜起，官軍討之，不克，文淵詗知賊據烏風洞，悉捕其渠魁。時都指揮李貴等，執平民使誣服，文淵移牒言賊已獲，於是二百餘人皆得釋。民有兄弟争財，諭以天倫大義，兄弟感悔如初。

劉謙。祥符人。宣德中，代何文淵知府事。數年政舉民安。

王允。歷城人。景泰中，爲温州知府。以撫艱弱、祛蠹敝爲首務。山賊出没羅洋，親入巢穴，計擒之。諸善政爲浙稱首。

文林。長洲人。成化中，授永嘉知縣。擊豪右，毁淫祠，疏通水利，丈量漏賦，及新漲田以足糧額，廉聲大著。尋遷知府，民益安其政。

范奎。湘陰人。成化中，知温州府。得民心，被論調官，州人章綸爲南京禮部侍郎，奏言奎解官之日，士民三萬人哭泣攀轅，留十八日乃得去，請還之以慰民望。章下所司，竟報寢。

劉遜。安福人。成化十六年，任永嘉知縣。廉介不阿，剖決積獄，邑無冤民。頒白鹿洞規以訓士，邑人肖像祀之。

秦煌。蒲岐所百户。嘉靖中，防海，倭寇大至，以孤舟力戰，援絶被執，罵賊而死。

黄釧。安溪人。歷官温州同知。嘉靖三十四年，倭入犯，釧擊走之。知倭必復來，日夜爲死守計。又三年，倭果大至，釧出城逆擊，分軍爲三，釧將中軍，其二軍帥皆紈袴子，約左右相應援。及釧與倭遇，力戰良久，倭方不支，二軍帥望敵而潰。倭合兵擊釗，釗腹背受敵，爲倭所得，脅之降，不屈。令以金贖，釗且笑且罵曰：「爾不知黄大夫不受錢耶？」倭怒，裸而寸斬之。事聞，贈參議，官一子，有司建祠。

楊岳。清江人。嘉靖中，爲温州通判。倭寇猝至，薄郡城，岳守東門，擐甲督戰，民千百號城下，悉縋入，給以薪米。凡相持七晝夜，隨機應變，倭始退走。

何鈁。常熟人。萬曆中，知平陽縣。以官田均四則，增改折以補府庫，民便之。築鳳浦埭，蓄三十六源水，灌田四十萬畝。

本朝

熊應鳳。酆都人。順治三年，任温州守備。平陽縣初入版圖，山寇乘虚襲城據守，應鳳自郡馳破之，移汛盤石。十五年，海寇入犯，城陷，不屈死，闔門死者二十二人。事聞，贈副將，賜祭一壇。

張聯標。直隸玉田人。知泰順縣。順治四年，流寇陷城，被執，脅降不從，死之。

劉偉。德化人。順治十六年，以通判攝樂清縣事。時縣被寇燬，城邑爲墟，徵餉甚急，偉嘆曰：「民顛連若此，重以徵求，是驅之死也。我官可罷，餉決不可徵。」力爲申請得免。

王世顯。漢陽人。康熙三年，知永嘉縣。吏事精敏。時嚴海禁，鹽場俱置界外，民苦淡食。世顯申請於内地煎燒，鹽商百計撓之，不爲動。

馬瑮。陝西人。康熙十一年，知永嘉縣。明決有才，十三年閩變，守將内叛，脅之不屈，遂遇害。事聞，贈按察使司僉事，廕一子。

楊春芳。四川萬縣人。任温州城守副將。康熙十二年，耿逆寇浙，春芳率兵力戰，多所斬獲。瑞安陷，被執，大駡，賊怒，磔殺之。贈太子少保、左都督。

魏萬侯。奉天人。任温鎮左營遊擊。甲寅閩變，寇圍瑞安縣，萬侯率師赴援，至北湖嶺，斬馘甚衆，以後軍不至，偕子棟力戰死於慈湖。贈副將。時百總崔堯龍亦戰死北湖嶺下。

蘇穆岱。滿洲正藍旗人。任樂清副將。耿逆陷温，人無固志，穆岱堅意拒守，爲其下所害。「穆岱」舊作「木代」，今改正。

徐天平。歷城人。任温鎮左營千總。康熙十五年，與賊戰於大西山，被創死。事聞，賜祭一壇，廕一子。

人物

南北朝　宋

張進之。永嘉安固人。少有志行，歷五官主簿，永寧、安固二縣領校尉。家世富足，荒年散財，救贍鄉里，全濟者甚多。太守王味之有罪當見收，逃避進之家，供奉經時，盡其誠力。味之嘗避地，墮水沈没，進之投水拯救，相與沈淪，久而得免。時劫掠充斥，至進之門，輒相約勒不得侵犯。其信義所感如此。元嘉初，詔蠲其徭役。

俞僉。永嘉人。孫恩之亂，永嘉太守司馬逸之被害，妻子並死。兵寇之際，莫敢收藏。僉爲郡吏，以家財冒難棺斂逸之等六喪，送至都，葬畢，乃歸鄉里。

宋

陳侃。温州人。五世同居，太宗時，詔旌其門。

許景衡。字少伊，瑞安人。元祐進士，宣和六年，召爲御史。朝廷用童貫爲河東北宣撫使，將北伐，景衡論其貪謬不可用者數十事，不報。以忤王黼，爲所逐。高宗即位，除御史中丞。黄潛善欲逐東京留守宗澤，景衡力争之。帝悟，澤乃安。除尚書右丞。黄潛善等素惡其異己，譖罷之。行至京口卒，謚忠簡。景衡得程頤之學，志慮忠純，議論不與時俯仰。既没，高宗思之，詔賜其家温州官舍一區。

劉安節。字元承，永嘉人。與從弟安上師事程頤。登元符進士，除御史。決大獄，多所平反。後謫知饒州，徙宣州。值水疫，安節設法拯救，全活甚多。安上字元禮，紹興進士，歷官給事中。學者稱爲二劉。

林石。字介夫，瑞安人。父喪，廬墓三年。母年一百十九歲，石年九十餘，白首執喪，不踰禮節。時新學盛行，石獨以春秋教授鄉里，學者稱塘嶴先生。

薛良顯。字貴勤，瑞安人。崇寧進士，累官大宗正丞，出爲江東轉運使。江寧軍校周德作亂，良顯聞變，率衆與戰，斬十餘級，力不勝，死之。事聞，贈卹良渥。

黄友。字龍友，平陽人。崇寧進士，調永嘉、瑞安二縣主簿，攝華陰令，有政聲。方臘竊發，友同諸將收復，所至披靡。通判澶州，會郭藥師以常勝軍叛，燕士響應，友獨領數千人與戰，躬冒矢石，破裂脣齒。欽宗召對，進直徽猷閣、制置司參謀官。同种師中解太原圍，友遣兵三千奪榆次，得糧萬餘斛。明日大軍進十里而止，友亟白師中地非利，不聽。迫曉，兵果四合，衆潰。敵執友欲降之，厲聲曰：「男兒死耳！」遂遇害。帝書「忠節傳家」旌其閭，官其後八人。

仰忻。字天貺，永嘉人。力學，以篤行稱。年五十餘，執母喪盡孝禮，躬自負土，廬於墓側，有慈烏、白竹之瑞。紹聖中，郡守楊蟠表其里孝廉坊。大觀二年，以行取士，郡以忻應詔，未幾卒，特贈將仕郎。

吴表臣。字正仲，永嘉人。大觀進士，累官遷右正言。高宗詔臺諫條陳大利害，表臣之策多見用。累遷吏部尚書、翰林學士。秦檜欲使使金議地界，指政事堂曰：「歸來可坐此。」表臣不答。又以議大禮忤意罷去。起知婺州，進敷文閣直學士，提舉太平興國宫。晚號湛然居士，自奉無異布衣時，鄉論推其清約。

薛弼。字直老，永嘉人。政和進士。靖康中，爲湖南運判，贊岳飛討平楊么，除户部郎官，再知荆南。桃源巨盗任俊既招安，復謀叛，不能制，乃以委弼。弼許俊以靖州，俊至，則斬以徇。福州盗作，詔弼至郡，四年盡平之。累擢敷文閣待制。卒，謚忠簡。

婁寅亮。字陟明，永嘉人。政和進士，爲上虞丞。建炎四年，高宗至越，寅亮上疏，乞選太祖諸孫有賢德者視秩親王，俾牧九州，以待皇嗣之生，庶幾上慰在天之靈，下係人心之望。帝讀之感悟。擢監察御史，秦檜惡之，諷言者論罷職。

陳桷。字季壬，平陽人。政和二年，廷對第三。紹興初，爲金部郎中。時言事者率毛舉細務，桷抗言今當專講治道之本，修政事以攘敵國。又言刺史、縣令不能得人，乞選監司，重其權，久其任。歷太常少卿，除權禮部侍郎。普安郡王出閤，桷以國本未立，宜厚其禮，以繫天下望，乃以皇子出閤禮上之，忤秦檜，遂罷。後知襄陽府，改知廣州，充廣南東路經略安撫使，未至卒。桷寬洪醖藉，以誠接物，而恬於榮利，不附秦檜，自號無相居士。有文集十六卷。

蕭振。字德起，平陽人。政和進士，調信州儀曹、婺州兵曹，俱有異績。任滿歸，以執政薦召對，敷奏數事，皆中時病。拜監察御史，累官敷文閣學士，知成都府，兼安撫制置使。振好獎善類，在蜀威行惠孚，卒之日，民老稚相與聚哭於道。家居瀕江，見渡者多溺死，振造大舟，傭工以濟，人感其德，相與名其江爲蕭家渡云。

丁仲修。字敏之，温州人。方臘黨俞道安陷樂清，將渡江，仲修帥鄉兵禦諸樂灣，鄉兵失據而散，仲修以餘兵與賊戰，力屈死之。

張闡。字大猷，永嘉人。幼力學，博涉經史，善屬文。宣和進士，歷鄂、台二州教授。紹興中，累遷秘書郎。秦檜每薦臺諫，必先諭以己意，嘗謂闔曰：「秘書久次，欲以臺中相處，何如？」闔謝曰：「得老死秘書幸矣。」檜默然，竟罷，主管台州崇道觀。歷泉、衢二州通判。孝宗在王邸，妙選宫僚，謂莊重老誠，無踰闔者，改命祠部，兼建王府贊讀。孝宗即位，權工部侍郎，應詔，條時務，惟闔與王十朋指陳時事，斥權倖無所回隱。除工部尚書，兼侍讀，引疾乞骸骨，以顯謨閣直學士提舉太平興國宫，卒。朱子嘗言秦檜力主和議，士大夫始終言金人不可和者，惟胡銓、張闔耳。

徐震。瑞安人。宣和間，睦寇至吹臺嶺，震率義兵捍禦，力戰死之。民爲立祠。

薛徽言。字德老，温州人。登進士第。紹興二年，以權監察御史宣諭湖南。時郴、道、桂陽旱饑，徽言請於朝，不待報，即諭漕臣發衡、永米以賑，而以經制銀市米償之。使還，以吕頤浩言，出知興國軍。入爲郎，遷起居舍人。秦檜與金人議和，徽言與晏敦復等七人疏争之。一日檜於上前論和，徽言直前引義固争，反覆數刻。後中寒疾卒。

王十朋。字龜齡，樂清人。資穎悟，日誦數千言。及長，有文行。秦檜死，高宗親策士，擢十朋第一，學者誦其策，以擬古晁、董。除秘書郎。秦檜久塞言路，至是十朋與馮方、李浩相繼論事，上多嘉納。孝宗受禪，累遷侍御史。每見必陳恢復之計，因論史浩八罪，上爲出浩。又論史正志、林安宅奸，皆罷去之。張浚失律自劾，十朋疏乞用浚，以堅恢復之志。改除吏部侍郎，力辭，出知饒州，移知夔州、湖州、泉州。凡歷四郡，布上恩，恤民隱，所至人繪而祀之。以龍圖閣學士致仕。卒，謚忠文。子聞詩、聞禮，皆篤學自立。聞詩知光州，提點江東刑獄。聞禮知常州，江東轉運判官，爲治能守家法。

鄭伯熊。字景望，永嘉人。紹興進士，歷官宗正少卿。以直龍圖閣知建寧府，卒。伯熊與薛季宣皆以學行聞，而伯熊於古人經制治法，討論尤精。

薛季宣。字士龍，徽言子。年十七，從荆南帥辟書寫機宜文字，獲事袁溉。溉嘗從程頤學，盡以其學授之，於古封建井田、鄉遂司馬法之制，靡不研究講畫，皆可行於時。樞密使王炎薦於朝，召爲大理寺主簿。時淮北民多款塞者，宰相虞允文白遣季宣行淮西，收以實邊。季宣爲表廢田，相原隰，户授屋，丁授田，凡爲户六百八十有五，分處肥、黄州間，並遣歸正者振業之。及還，屢進讜言，帝輒稱善。除大理正，出知湖州，改知常州，未上卒。季宣於詩、書、春秋、中庸、大學、論語皆有訓義，藏於家。

徐誼。字子宜，温州人。乾道進士，累官太常丞。孝宗臨御久，事皆上決，執政惟奉旨而行，羣下多恐懼顧望。誼諫曰：「若是則人主日聖，人臣日愚，陛下誰與共功名乎？」及論樂制，誼對以「宫亂則荒，其君驕；商亂則陂，其臣壞」。上改容曰：「卿可謂不以官自隳矣。」孝宗崩，光宗疾，誼與趙汝愚決策，請太皇太后立寧宗。進權工部侍郎，知韓侂胄必爲國患，告汝愚宜飽其欲而遠之，不聽。後責南安軍安置，久之復官，歷知建康、隆興二府。卒，謚忠文。

王自中。字道甫，平陽人。少負奇氣，自立崖岸，由是忤世。乾道四年，議遣歸正人，自中伏麗正門争論，坐斥徽州。放還，淳熙中，登進士第，爲分水令。樞密使王藺薦，召對，帝壯其言，將改秩爲籍田令，以諫疏罷。後歷知信州，卒。

葉適。字正則，永嘉人。爲文藻思英發，登淳熙進士，召爲太學正，遷博士。嘗薦陳傅良等三十四人於丞相，後皆召用，時稱得人。會朱子爲林栗所劾，適上疏争之，出知蘄州。入爲尚書左選郎官。孝宗崩，光宗不能執喪，適贊趙汝愚内禪，計遂定。寧宗即位，遷國子司業，爲御史胡紘劾罷。起知泉州，歷權工部侍郎，改吏部，知建康府，累進寶文閣學士。卒，謚忠定。學者稱水心先生。

戴溪。字肖望，永嘉人。淳熙五年，爲别頭省試第一，歷官太子詹事，兼秘書監。景獻太子命類易、詩、春秋、論語、孟子、資治通鑑各爲説以進。權工部尚書，以龍圖閣學士致仕。卒，謚文端。所著有通鑑筆議、將鑑論斷諸書。族子栩，亦有學行，著東都事略。

林逢龍。字慶雲，平陽人。弟廷龍，字雷發。俱太學生。咸淳中，兄弟同叩閽言事，忤賈似道，歸田里。後逢龍又上封事，乞正似道誤國罪，急調兵解襄樊圍。似道怒，削其籍，押還本貫。屏迹居山，元兵至温，素聞逢龍名，索得之，逢龍攘臂怒駡，以腹觸刀而死。廷龍亦被執不屈，同日遇害。

陳傅良。字君舉，瑞安人。師事鄭伯熊、薛季宣，入太學，與張栻、吕祖謙友善。登進士甲科，教授泰州。改太學録，出通判福州。光宗時，累遷起居舍人。帝不朝重華宮，傅良切諫，至趨上引帝裾，不聽，傅良哭於庭，下殿徑行。寧宗即位，召爲中書舍人，兼侍讀，直學士院。會詔朱熹與在外宮觀，傅良言熹難進易退，内批之下，舉朝驚愕，臣不敢書行。熹於是進寶文閣待制，與郡。嘉泰二年，知泉州，進寶謨閣待制。終於家，謚文節。學者稱止齋先生。所著有詩解詁、周禮說、春秋後傳、左氏章指，行於世。

曹叔遠。字器遠，瑞安人。少學於陳傅良。登紹興進士，爲國子學録。忤韓侂冑罷，後累官權禮部侍郎。遇事獻替，多所裨益。終徽猷閣待制，謚文肅。嘗編永嘉譜，識者謂其有史才。

林略。字孔英，永嘉人。慶元進士，累遷左右司諫，兼侍讀。告帝曰：「虚心以爲從諫之本，從諫以爲求治之本。」升侍御史，試右諫議大夫。嘉熙三年，同僉書樞密院事，以資政殿學士致仕。

曹豳。字西士，叔遠族子。嘉泰進士，調重慶府司法參軍。郡守度正欲薦之，辭曰：「章司録母老，請先之。」正敬嘆。歷浙西提舉常平，面陳和糴折納之弊。移浙東提點刑獄，召爲左司諫，與王萬、郭磊卿、徐清叟俱負直聲，號嘉熙四諫。進禮部侍郎，不拜，疏七上，進古詩以寓規正。知福州，再以侍郎召，爲臺臣所沮，遂守寶章閣待制致仕。卒，謚文恭。

薛叔似。字象先，永嘉人。遊太學，解褐國子録。初登對，論祖宗立國之初，除二税外，取民甚輕，自熙寧以來，賦日增而民困滋甚，孝宗嘉納，除樞密院編修。時倣唐制置補闕、拾遺，上自除叔似左補闕，遂劾首相王淮去位。光宗受禪，歷權户部侍郎。韓侂冑開邊，除兵部尚書、宣撫使。侂冑誅，謫福州。卒，謚恭翼。叔似雅慕朱子，窮道德性命之旨，談天文地理、鐘律象數之學，有藁二十卷。

蔡幼學。字行之，瑞安人。年十八，試禮部第一。從陳傅良遊，文輒出傅良右。孝宗聞之，因策士將置首列，時外戚張説用事，宰相虞允文、梁克家皆陰附之，幼學對策切直，帝不懌，允文尤惡之，遂得下第。教授廣德軍。光宗立，擢校書郎。寧宗即位，幼學應詔陳言，帝稱善，將進用之，時韓侂冑方用事，指正人爲僞學，幼學遂力求外補，除提舉福建常平。後遷國子司業，兼權中書舍人。侂冑既誅，餘黨尚塞正路，幼學次第彈劾，竄黜尤衆，號稱職。歷權兵部尚書，兼太子詹事，卒。幼學器質凝重，語不妄發，中年述作，益窮根本。嘗續司馬光公卿百官表、年曆、大事記、備志、辨疑、編年政要、列傳舉要，凡百餘篇傳於世。

葉味道。初名賀孫，以字行，更字知道，温州人。少刻志好古學，師事朱子，試禮部第一，登嘉定進士第，調鄂州教授。理宗時，授太學博士，兼崇政殿説書。故事，説書之職，止於通鑑，而不及經。味道請先説論語，詔從之。所奏陳無一言不切於君身，推致於治道。遷秘書著作佐郎，卒。所著有四書説、大學講義及經筵口奏等書。

陳埴。字器之，永嘉人。少穎悟，從朱子遊，所見超卓。登嘉定進士，以通直郎致仕。四方從學數百人，稱爲潛室先生。所著禹貢辨、木鐘集等書行世。

劉黻。字聲伯，樂清人。淳祐十年，試入太學。時丁大全逐丞相董槐，將奪其位，黻率同舍生伏闕上書，言朝廷進退大臣當以禮。忤執政，送南安軍安置。至南安，盡取濂洛諸子之書，輯成十卷，名曰濂洛論語。及大全貶，還太學，侍御史陳垓誣程公許，右正言蔡榮誣王之純，黻又率諸生上書極論。咸淳中，拜監察御史，歷刑部侍郎，試吏部尚書。江上潰師，陳宜中謀擁二王入海，以兵逆黻，及羅浮，以疾卒。

侯畐。字道子，樂清人。三貢於鄉，兩試轉運司，皆第一。以武舉授合浦尉。寶祐五年，通判海州，兼河南府計議官。李松壽據山東，突出漣、泗，畐鏖戰城下，死之，闔室遇害。謚節毅，仍立廟其鄉。畐所著有霜厓集。

陳宜中。字與權，永嘉人。入太學，有文譽。寶祐中，與黄鏞、劉黻、林測祖、陳宗、曾唯六人上書攻丁大全，大全怒，削宜中籍，拘管他州，號爲六君子。景定三年，廷試第二。德祐元年，以知樞密院事拜右丞相。益王立，復以爲左丞相。井澳之敗，欲奉王走占城，乃先如占城，遂不反。後元兵伐占城，宜中走暹。弟自中，字與可，登咸淳第。宋末，同秀王至闕，遇元兵，力戰死。

陳虞之。字雲翁，永嘉人。登咸淳第，遷秘書省，兼國史院。元兵至温，虞之率子姓鄉人登芙蓉巖死守，越一歲，爲所敗，遂自剄，從者八百餘人皆死之。

潘方。平陽人。寶祐進士，調慶元府市舶提舉。慶元降附，方不屈，赴水死。

徐臻。温州人。父官河南，德祐元年，臻往省，以道阻，會文天祥勤王，臻往依之，以筆札典樞密，小心精練。天祥被執，臻脱難復來，願從天祥北行，扶持患難，備殫忠款，至隆興，病死。

林景熙。字德陽，平陽人。上舍釋褐，歷泉州教授、禮部架閣。宋亡，不仕。嘉木揚喇勒智發宋諸陵，棄其遺骨，景熙與同里鄭朴翁等數人，相率爲採藥者，以草囊拾之。又聞理宗顱骨爲北兵投湖中，復以錢購漁者網而獲。乃盛二函，葬之越山，植冬青樹爲識，賦冬青行。所著詩六卷，曰白石樵唱。朴翁字宗仁，歸隱𦵔山瀑下，景熙銘其墓，有「精衛填海，馮霄銜土」之句，聞者悲之。「嘉木揚喇勒智」，譯見前。

元

李孝光。字季和，樂清人。少博學，篤志復古。隱居雁蕩山五峯下，四方之士，遠來受學，名譽日聞。台哈布哈以師事之。至正七年，以秘書監著作郎召，見帝於宣文閣，進孝經圖説，帝大悦，賜上尊，升秘書監丞，卒於官。孝光以文章負名當世，其文一取法古人，而不趨世尚，非先秦、兩漢語弗以措辭。有文集二十卷。「台哈布哈」，譯見前。

史伯璿。字文璣，平陽人。少嗜學，博通經史，深得朱子宗旨，著四書管窺以發明之。又著管窺外編，辨論諸經史、天文地理、古今制度名物。終身隱居不仕。

張庸。字存中，温州人。精太乙數，以策干經略使李國鳳，承制授福建行省員外郎。治兵杉關，頃之，計事赴京師，因進太乙數圖，順帝喜之，擢秘書少監，命庸團結房山。除刑部尚書，仍領團結。會諸寨既降，庸守駱駝谷，請援於庫庫特穆爾，不報，獨堅守拒戰。衆將潰，庸無去志，已而寨民執庸出降，庸不屈，被殺。「庫庫特穆爾」舊作「擴廓帖木兒」，今改正。

彭廷堅。字允誠，瑞安人。至正進士，歷同知建寧路總管府事。定建陽、浦城、邵武諸賊，升同知福建道宣慰使司副都元帥，鎮邵武。時鎮撫萬户岳煥素悍，縱卒爲暴，廷堅欲繩以法，煥懼，使部卒詐爲賊兵突入，衆潰，廷堅獨留不去，遂遇害。民哀泣如喪父母，立祠像歲時祭禱。贈中憲大夫、福建道宣慰使都元帥，封忠愍侯。

周樂。瑞安人。父日成，通經能文，海賊竊據温州，拘日成置海舟上，樂隨往，事其父甚謹。一日賊酋遣人沈日成於水，樂泣請曰：「我有祖母，幸留父侍養，以已代父死。」不聽，樂抱父不忍捨，遂同死焉。

桂完澤。永嘉人。爲平江路管軍鎮撫，爲仇家所訴，免官。會賊攻昱嶺關，行省假前官令從征，完澤勇於討賊，再戰關下皆勝。尋又與賊鬭，爲所執，其妻弟金德亦被擒，脅之降，德意未決，完澤呼曰：「金舅，男兒即死，不可聽賊。」德曰：「此言最是。」因大駡，賊怒，剖二人之腹。

高明。字則誠，平陽人。至正進士，授處州録事，辟行省掾。方國珍欲留置幕下，即日解官，旅寓鄞之櫟社。明太祖聞其名，召之，以老疾辭，還卒於家。所著有柔克齋集。趙汸稱其學博而深，才高而贍云。

明

孔克表。平陽人。至聖五十五代孫。博學篤行，尤精史學。洪武中，薦爲翰林修撰，承詔注釋羣經，賜名羣經類要。

卓敬。字惟恭，瑞安人。性至孝，讀書十行俱下。舉洪武進士，除户科給事中。鯁直無所避，乘間言諸王服飾與太子埒，尊卑無序。帝器用之。歷户部侍郎。建文初，密疏言燕王雄才大略，酷類高帝，北平形勢之地，士馬精强，今宜徙封南昌，羽翼既翦，變無從生。帝不能用。燕王即位，被執，責以建議徙燕，離間骨肉。敬厲聲曰：「惜先帝不用敬言耳。」帝怒，猶憐其才，命繫獄，使人諷以管仲、魏徵事。敬終不屈，乃斬之，誅其三族。敬立朝慷慨，美丰姿，善談論。凡天官輿地、律曆兵刑諸家，無不博究。成祖嘗嘆曰：「國家養士三十年，惟得一卓敬。」萬曆初，詔建祠表墓。福王時，贈太子太保、户部尚書，謚忠貞。本朝乾隆四十一年，賜謚忠毅。

樂清樵夫。不知姓名。適負薪至港橋，聞市人語云天子自焚死，燕王即位，殺方博士、卓侍郎等。長吁失聲曰：「國既就篡，我不願爲其氓！」遂投橋下水中死。本朝乾隆四十一年，入祀忠義祠。

鄭士達。字達世，瑞安人。洪武中，以貢任肥鄉訓導。燕兵南下，徇廣平，有議迎附者，士達毅然曰：「我儒官也，若效順，如綱常何？」激守臣相與堅壁以守，不克，棄官歸。永樂三年，坐戍右屯衛，慷慨而行，竟死戍所。

黄淮。字宗豫，永嘉人。洪武進士，授中書舍人。成祖即位，召對稱旨，命入翰林，直文淵閣，進侍讀。議立太子，淮請立嫡以長。太子立，遷左春坊大學士。帝再北巡，淮並居守，遷翰林學士。以漢王譖，下詔獄十年。仁宗即位，釋爲通政使，兼武英殿大學士，進少保、户部尚書。及宣宗即位，親征漢庶人，淮留守如故。既而乞歸，卒，謚文簡。

黄養正。名蒙，以字行，瑞安人。父朝光，從卓敬學，以貢任國子學正。養正隨父至京，永樂中，以善書授中書舍人，官至太常少卿。正統中，從駕北征，死於土木之變。景泰初，贈太常卿。

鮑輝。字叔大，平陽人。宣德進士，授工科給事中，改刑科，數有建白。英宗北征，扈駕至土木，死之。景泰初，贈官，廕其子。

章綸。字大經，樂清人。正統進士，景泰初，召爲儀制郎中。慷慨論事，上太平十六策。五年，因災異復陳修德弭災十四事，其大者謂内官不可干政，佞臣不可假事權，後宫不可盛聲色，宜時朝謁兩宫皇太后，於上皇展友于之情，更請復汪后以正母儀，還沂王儲位，定天下之大本。疏入，帝大怒，立下詔獄搒掠，逼引交通南内，瀕死無一語，杖死復甦。英宗復位，擢禮部右侍郎。綸既以大節爲帝所重，而性亢直，不能諧俗，石亨、楊善共短之，調南京。屢有直言，當事多不喜，爲侍郎二十年，請老去。卒，贈南京禮部尚書，謚恭毅。子玄應，字順德，成化進士，爲南京給事中。偕同官極論陳鉞罪，忤旨停俸。孝宗嗣位，上治本五事。官終廣東布政使。

陳璋。字宗獻，樂清人。弘治進士，歷刑部郎中。疏諫武宗南巡，廷杖。嘉靖初，擢大理卿，後起刑部侍郎。言官馮恩下獄，力救得不死。謝病歸。

項喬。字遷之，永嘉人。嘉靖進士，仕至廣東参政。張孚敬當國，以喬同里，嘗欲引致華要，謝卻之。仕宦二十餘年，所至以善政聞。平居未嘗一日廢書，研窮理奥，多獨得，輒劄記以自鏡。爲文不事險棘靡豔，所著有甌東文集。

王德。字汝修，永嘉人。嘉靖進士，授户科給事中。定國公徐延德丐無極諸縣閒田爲業，德抗疏劾之。李默長吏部，怒德倨，出爲嶺南兵備僉事。與撫按争事，落職閒住。鄉居憤倭亂，傾貲募健兒爲保障計。倭自梅頭至，大掠，德偕族父沛督義兵擊之，至龍灣，軍敗，手射殺數人，罵賊死。倭自是不敢越德鄉。事聞，贈大僕少卿，立祠曰愍忠。沛贈太僕丞，立祠予蔭。

侯一元。字舜舉，樂清人。僉事廷訓子。嘉靖初，廷訓上書言不當考本生及私藩邸舊人，逮繫獄。一元年十三，伏闕上書，得謫判泗州。既而希旨者以他事再下獄，乃再上陳冤狀，都御史唐龍奇之，出其父。舉嘉靖進士，授南京刑部主事，累遷江西右布政使，所至有惠政。著詩文二十卷。

吴寶秀。字汝珍，平陽人。萬曆進士，授大理評事，歷寺正，出爲南康知府。湖口税監李道横甚，寶秀不與通。會漕舟南還，乘北風揚帆直入湖口，道欲榷其貨，遣爪牙吏持牒捕漕卒，寶秀拒不發，道大怒，飛章劾寶秀阻撓税務。詔逮寶秀下詔獄，大學士及南北諸臣論救者疏十餘上，釋爲民。歸家逾年卒。天啓中，贈太僕少卿，賜祭，録其一子。

王瑞枏。字廷酏，永嘉人。天啓進士，授蘇州推官，有聲。歷職方員外郎，擢湖廣兵備僉事。崇禎十一年，張獻忠據穀城，乞撫，總理熊文燦許之。瑞枏言賊以計愚我，誠合兵擊之，何患不捷，文燦怒不從。乃列上從征、歸農、解散三策，又不用。明年，獻忠叛，瑞柟先已丁内艱歸，獻忠留書於壁，言己之叛，總理使然，且曰「不納我金者，惟王兵備一人耳」。由是瑞柟名大著。服闋，未及用，而都城陷，作絶命詩自縊。本朝乾隆四十一年，賜謚忠節。

本朝

曾三鳳。泰順人。順治丙戌，山寇焚劫鄉聚，三鳳爲練長，率鄉兵禦守。寇張甚，三鳳奮身殺賊，死之。弟三重、三益皆死之。一門忠義，鄉人立祠祀焉。

侯贈祖。樂清人。康熙十五年，閩寇謀襲寧波，贈祖偵知之，以告知縣盛應宗，令密報寧郡，爲賊所獲，罵賊死。同縣王福，嘉慶十二年，以温州營把總追勦洋匪，至廣東外洋漂殁。

魏際隆。永嘉人。官黄巖鎮千總。乾隆五十二年，從勦林爽文，殁於陣。同縣陳世棟、陳彪，俱以把總同時戰殁。又把總周耀光、馮光陞、徐大鏞，外委黄金標、張大魁，俱於嘉慶年間追擊洋匪，陣殁，均議卹如例。

趙龍茂。瑞安人。乾隆九年旌表孝子。

列女

三國　吴

瞿素。永嘉人。雖遭寇劫，死不虧行，爲朱育所稱。

晉

浣紗女。永嘉人，居蜃川，莫知姓名。家貧，踰笄不嫁，事母孝，常紡績爲養，夜浣紗而旦成布。及母卒，抱石自沈。里人爲之立祠，仍建浣紗坊表之。

唐

盧氏女。永嘉人，居盧嶴。一日與母同行，遇虎，將噬其母，盧以身代。後有人見其跨虎而行，里爲建祠上塘。宋理宗朝封曰孝祐。

宋

孫氏。永嘉人。許配馬氏子。未婚，元兵入城，被執，欲犯之，不屈而死。

鮑氏二女。名嫆娘、婉娘，樂清人。元兵至，走匿山中，爲將所得，欲污之，不從，俱投高崖而死。

元

黄福妻蕭氏。永嘉人。年十九，夫亡，無子，其舅姑以衰暮無依，欲納義子，以蕭配之。蕭力争不能止，乃佯許，因請葬其夫畢，扃户自縊死。

劉公寬妻侯氏。永嘉人。時方明善據郡，公寬保守南溪，爲其下金興所害。侯氏收歛夫屍，號泣曰：「寇至必辱我，不如先死。」遂自縊。

趙氏女。平陽人。年二十未嫁，爲賊所執，紿賊取藏金，自投於厠而死。

孫信妻黄氏。平陽人。至正十四年，爲賊所掠，舁之行，時賊燒民居，火正烈，黄躍投火死。

周誠德妻陳氏。平陽人。方明善攻平陽，誠德戰敗，攜陳避至徑口，陳度不免，先自縊死。誠德殯之而去，尋亦被殺。

明

俞氏女。名姻奴，永嘉人。父殁家貧，母再適郡人劉斌，姻奴無歸，隨母入斌家。母亡，斌前妻子欲犯之，百計諷誘，不從。一日持刃迫脅，終不屈，遂被殺。

陳氏女。名盼，瑞安人。陳德升女。幼許配鄰家子，既而鄰子有盜行，女不肯嫁，父母欲改適，復不從。及鄰子死，家人委曲勸諭，終不聽。獨居一室，室後一井，朝夕自汲，不飲他水，誓志以終。

林儉妻黄氏。永嘉人。夫早卒，兄弟議奪之再適，黄聞飲泣，飾笄服赴河死。

程子文妻楊氏。永嘉人。年十八，歸程，不逾年，夫溺死。誓不再醮，越五稔，舅姑憐之曰：「吾家貧，汝又無子，能孀守乎？」族人又苦勸之。楊截髮割耳，抱石自沈，詰旦得屍江渚，面色如生。

胡廷相妻陳氏。瑞安人。嘉靖中，海寇犯境，廷相方卧病，鄰婦呼陳俱去。陳曰：「夫病何之？」已而閭巷悉奔竄，陳乃扶夫出門，至滴水巖遇賊，驅之去。賊强負陳於背，陳大號嚙賊耳，賊怒，以刀刺其腹而死。

錢氏女。樂清人。嘉靖中，寇劫白石，女年十八，與諸婦匿米篩岡洞中。已而寇至，女知事急，遂躍千仞崖死。

錢氏女。樂清人。倭寇至，父泳與妻女俱被執，至龍泉潭，女紿賊曰：「妾願隨行，盍釋我父母乎？」賊喜，乃麾其父母亟去，而身隨賊行。至合湖橋，度父母已遠，乃躍投於水，賊怒，以戈搠死。

王氏。樂清人。嫁徐某。嘉靖中，倭至，王夜紉其附身衣襦，爲必死計。及寇至，遽以兒并首飾授其婢曰：「必活吾兒。」遂自溺死。

王崇端妻管氏。樂清人。夫亡，子僅兩月，守節凡十三載。倭寇至，匿鹽窖中，賊搜得，驅之去，不從，賊怒，磔殺之。

李萬妻潘氏。平陽人。萬故無子，潘依於母家，其父欲令改適，既納幣，及期，潛自縊死。

李宗來妾馬氏。樂清人。宗來娶趙氏，生子守繼，甫期而宗來卒，外家奪趙志，并欲攜氏往，氏誓死不從。撫守繼，補諸生，以終其節。

吴寶秀妻陳氏。平陽人。寶秀守南康，爲湖口税監李道所誣，被逮。陳慟哭請偕行，寶秀不可，乃括餘貲及簪珥付其妾曰：「夫子行，以爲路費。」夜自經死。南康士民建祠祀之。

方日升妻林氏。永嘉人。夫亡，族有逼之嫁者，林覺，號泣赴水，以救止。林請夫木主，拜泣抱主觸胸而死。

朱國祚妻許氏。平陽人。明末值亂軍至，許堆草端坐其上，舉火自焚死。

本朝

李應官妻吴氏。樂清人，徙居平陽。順治五年，山寇作亂，氏被掠，即擲釵飾餌賊，賊争取之，遂乘間投江死。屍逆流四十里，面色如生。同縣吴德馨妻汪氏，被海寇逼脅不從，受刃而死。趙應彩妻戴氏，海寇陷城被獲，至水邊，躍入死。趙存洵妻馬氏，夫亡，絶粒而死。又永嘉施曉宇妻楊氏，避亂山中，兵逼污不從，被殺。

張聯標妾傅氏。泰順人。聯標爲羅陽知縣，氏從行。值山寇陷邑，執氏拘於僞營，賊渠百計誘，不從，令衆賊環刃脅之，終不屈，遂殺之。

林元標妻馮氏。永嘉人。順治甲午，海艘掠郡，氏與元標同被執。賊首欲妻之，氏投海死。又同縣蔣世鵬妻林氏，順治丁酉，不污賊死。

黄阿繼妻柳氏。永嘉人。順治戊戌，海寇入犯，氏遇賊，度不能免，抱子投河死。賊義之，取富室棺爲殮，曰此烈婦也。

林占春妻童氏。永嘉人。耿精忠之變，避入陳雅山。寇至，掠羣婦閉一室，氏取竹簪自釘耳中，不死，乃抽賊刃斷其喉，寇嗟嘆而去。

鄭應瓚妻戴氏。永嘉人。土寇嘯聚，氏恐見污，乘夜投溪死。

王静媛。永嘉人。幼許吴氏爲室，未婚夫死。女往哭奠，遂立志不嫁。富室欲委禽焉，女斷髮自誓，終莫能奪。

王兆琰妻陳氏〔七〕。瑞安人。康熙己未，海寇登岸，氏爲所掠，大罵不肯行。賊曳至五六里，氏髮盡落，罵益厲，賊怒刃之。又平陽楊希華妻陳氏，被掠，賊以刃加氏頸，逼污之，大罵不從，遂遇害。

東湖烈婦。樂清人，失其姓。康熙十四年，閩寇亂，婦被掠，投望萊橋下死。同縣趙君楊妻張氏，隨夫避難，遭掠至湖邊，投水死。又永嘉黄厥昌妻董氏，避山中，被脅，投峭壁下死。又鄭國幹妻徐氏、楊敬輿妻陳氏，俱投溪死。又節婦趙君質妻李氏、趙予人妻谷氏、黄琦妻李氏、谷世昌妻黄氏、朱廷棟妻錢氏、朱尹邦妻金氏、朱梓材妻侯氏，俱於康熙、雍正年間旌表。

李國禎妻蔡氏。平陽人。年二十二，夫亡，姑欲嫁之，自經死。同縣陳鯤妻黄氏、陳博妻鮑氏、曹調元妻林氏〔八〕、王仁妻程氏、陳郁妻吴氏、施鐘篆妻白氏、王朝泰妻金氏、張球妾金氏、余上棟妻陳氏、張一純妻應氏、夏咸泰妻王氏、伊師益妻杜氏、吴元鼎妻林氏、陳其文妻戴氏、伍可珍妻鄭氏，並夫亡守節，康熙、雍正間旌表。

潘世志妻夏氏。泰順人。世志死於賊，氏將以身殉，家人救甦。事舅撫孤，守志弗渝，順治年間旌。又胡大詩妻林氏、夏茂梓妻張氏、王煒妻梅氏、高聯霞妻夏氏、梅元棣妻林氏、王立經妻周氏、胡大傅妻葉氏〔九〕、饒宗烈妻吴氏、包茂正妻何氏〔一〇〕、潘仲視妻夏氏〔一一〕、王念臣妻葉氏、胡大展妻林氏，並康熙、雍正年間旌表。

王兆祥妻白氏。永嘉人。夫亡守節。同縣陳應芳妻蔣氏、葉德亮妻徐氏、繆元濬妻江氏、葉文驤妻張氏、金之賢妻何氏、劉子斌妻魏氏、夏曰瑚妻施氏、徐仲雲妻陳氏、徐洪法妻董氏、陳良拱妻林氏〔一二〕、謝希瑞妻戴氏、吴仁友妻黄氏、朱幼哲妻董氏〔一三〕、張維孝妻林氏、金文綸妻董氏、吴東美妻張氏、陳良輔妻謝氏、李偉輸妻徐氏、陳國修妻蔡氏、朱以陞妻張氏、張振節妻屠氏、邵鰲妻葉氏、邵文顯妻賈氏、杜廷揚妻朱氏、張允發妻詹氏、周天奇妻葉氏〔一四〕、李國臣妻張氏、王竹林妻陳氏、王鵬化妻鄭氏、翁子咸妻杜氏、葉應芳妻張氏、徐憲公妻董氏、劉國忠妻鄭氏、周奇功妻伍氏、王成均妻林氏、葉幼足妻夏氏、張廷三妻朱氏、曾毅妻劉氏，又貞女戴氏、方紹正未婚妻張氏、曾錫泮未婚妻焦氏，俱於乾隆年間旌。金學海妻胡氏、沈瑞佑妻黄氏、吴泰妻項氏、劉起元妻趙氏、陳亦介妻諸氏、金世輝妻謝氏、王天煒妻葉氏、李世卓妻金氏、管光鳳妻方氏、諸朝瑞妻蘇氏、徐祥烈妻葉氏、生員黄祚妻王氏，俱於嘉慶年間旌。

阮王錫妻余氏。瑞安人。夫亡守節。同縣姜勳妻吴氏、張鼎新妻王氏、趙宗綉妻陳氏、胡時露妻林氏、何燧妻虞氏、周邦耀繼妻陳氏、陳于鰲妻葉氏、方尚恭妻胡氏、劉灝妻石氏、繆維寶妻林氏、項昌蔭妻胡氏、蔣國琦妻張氏、杜璟妻顔氏、繆允珠妻林氏、胡式逑妻蔡氏、陳子盛妻顔氏、池秉仁妻李氏、高王謨妻周氏、章丹桂妻宋氏，又烈婦陳士林妻吴氏以拒强被毆死，貞女鮑鴻哲未婚妻鍾氏、鍾岳未婚妻胡氏，俱於乾隆年間旌。黄聖茂妻薛氏、池秉恭妻蔡氏、柯夢其妻林氏、王定山妻戴氏、王朝棟妻周氏、鄭芳蘭妻章氏、唐元錫妻胡氏、貢生項翊妻王氏、貢生蔣鐸繼妻趙氏、謝正禮妻陳氏、蔣應標妻吴氏，俱於嘉慶年間旌。

高爾鏡妻諸葛氏。樂清人。夫亡守節。同縣鄭應澐妻陳氏，俞朝玉妻何氏，王國節妻鄭氏〔一五〕，陳錫如妻林氏，徐元慶妻王氏，周希玉妻蔣氏，周光鍵妻謝氏，楊國聖妻黄氏，徐賡臣妻倪氏，朱熙伯妻王氏〔一六〕，鄭瑞華妻虞氏，陳敬和妻王氏，連君彩妻朱氏，史文標妻顧氏，周謹妾唐氏，高宏文妻盧氏、妾楊氏，俱於乾隆年間旌。徐公勉妻鄭氏，周時銈妻趙氏，唐益凱妻林氏、朱廷奎妻吴氏、倪世鵬妻管氏、趙汝遐妻林氏、朱伯煦妻李氏、葉秉坊妻朱氏、趙翼珍妻鄭氏、趙翼灝妻林氏、林希熹妻朱氏，又烈婦陳葉氏以拒姦被殺，俱於嘉慶年間旌。

林允祥妻陳氏。平陽人。夫亡守節。同縣陳元範妻繆氏、王德傑妻黄氏、陳繼涵妻牛氏、陳劾清妻吴氏、金夢雷妻周氏、應重連妻余氏、周天伋妻全氏、陳家格妻張氏、陳文傑妻吴氏、陳聖詰妻劉氏、章仲全妻陳氏、汪基繼妻游氏、林繼貞妻陳氏、方應魁妻張氏、朱式金妻史氏、趙宗聖妻王氏、陳鳳姚妻張氏、顧德馨妾厲氏、孫國謨妻王氏、鍾靈妻謝氏、陳應虎妻黄氏、顧德薦妻林氏、馮敬宗妻黄氏、陳際會妻吴氏、陳光燕妻黄氏，俱於乾隆年間旌。黄炳然妻項氏、黄維有妻林氏、夏維川妻王氏、陳成誥妻游氏、梁用妻金氏、陳夏煊妻趙氏、應欽士妻楊氏、項沛浩妻蕭氏、徐有寬妻蘇氏、監生鄭明誠妻黄氏，又貞女王氏，俱於嘉慶年間旌。

潘秉天妻夏氏。泰順人。夫亡守節。同縣林茂麟妻董氏、包惟儼妻張氏、陶九瑩妻夏氏、董士推妻梅氏、徐士炎妻夏氏、陳魁春妻王氏、卓文統妻王氏、饒世佐妻夏氏、吴正城妻羅氏、薛開春妻林氏、林茂季妻薛氏、吴鼎魁妻陶氏、吴士瑛妻周氏、王盛銘妻胡氏、胡承詔妻董氏、王立行妻夏氏、吴維康妻周氏、包惟雷妻林氏、梅枝秀妻夏氏、張正暉妻柳氏、王翰妻曾氏、梅枝文妻徐氏、張正櫃妻馮氏、高學傅妻葉氏、高聯球妻孫氏、夏士瓛妻包氏、胡文詩妻林氏、潘學辛妻楊氏、王盛鎬妻夏氏，俱於乾隆年間旌。徐士炎妻夏氏〔一七〕、饒肇唐妻林氏、王國佐妻曾氏、楊文嵩妻劉氏、陶守麟妻林氏、潘明善妻夏氏，俱於嘉慶年間旌。又玉環廳民婦吴劉氏，因被詬捐軀，於嘉慶年間旌。附列於此。

仙釋

三國　吴

朱孺子。永寧人。居大若巖下，師王元真，授以要訣。嘗於溪畔見二犬逐之，入枸杞叢中，掘得其根狀如犬，煮食之，遂仙去。

唐

馬湘。梁時卜居瑞安縣之西峴山。每有紫霞覆其上，其居左右有二十八井，上應列宿。

傳隱遥。永嘉人。居大若巖，辟穀修煉。調露元年上昇，今巖畔有登仙石。

宋

張無夢。永嘉人。開元觀道士。宋真宗召對，講謙卦，上問：「獨説謙卦何也？」對曰：「方大有時，宜守之以謙。」上大悦，特賜詩寵之還山。

宿覺。温州人。丱歲出家浄光寺，參六祖於曹溪。嘗著禪宗悟修圓旨十篇、觀心十門證道歌。時有梵僧傳其歌，稱爲東土大乘經。乾符元年賜謚無相大師。

元

布袋。永嘉人，名景元。參蔣山圓悟有得，悟曰：「我這裏師禪都被元首座作一布袋盛去了也。」遂呼爲元布袋云。

土産

綿。元和志：温州開元貢綿。

紵布。元和志：温州開元貢紵布。府志：郡産布最細。

紬。染五色絲織成，名温紬。

温克絲。精巧奪綺縠。

鮫魚皮。唐書地理志：温州土貢鮫革。

蠲糨紙。以糨粉釃爲之，宋時貢。

礬。平陽宋洋山出。

鐵。瑞安、平陽、泰順三縣出。

芽茶。宋、元、明歲貢。

柑。韓彦直柑譜：有八種，宋時元夕，以温州所貢柑偏賜羣臣，謂之傳柑。

金橘。明時與金豆、生葛等爲歲貢，嘉靖間奏罷。

乳橘。液多而味甘。

石髮菜。亦名海藻。

石斛。形長質堅而味甘，否爲木斛。

西施舌。生海泥中，吐肉寸餘，味美。

牡蠣。即蠣房。

欏木。制器輕而利用。

漆器。永嘉出。

竹絲燈。永嘉出。

校勘記

〔一〕楠溪入一百二十里有石室　「一百二十里」，乾隆志卷二三五温州府山川（下同卷簡稱乾隆志）同，太平寰宇記卷九九江南東道温州作「一百三十里」。

〔二〕周澂永嘉記　「周澂」，乾隆志未署名。按，此引永嘉記當是南北朝時期鄭緝之所撰，太平寰宇記卷九九江南東道温州屢引，其永嘉縣「石帆」條亦引永嘉記云：「永嘉南岸有帆石，乃堯時神人以破石爲帆，將入惡溪，道次置之溪側，遥望有似張帆。」而周澂乃南宋時人，雖主修過永嘉志，北宋人樂史何由得見？訛謬可知。

〔三〕永寧山　「寧」，原作「安」，據乾隆志改。按，本志避清宣宗諱改字，今改回。下文「永寧江」同。

〔四〕宋永明中郡守顔延之於此築亭望海　乾隆志及讀史方輿紀要卷九四浙江同。按，此條殊誤。永明乃齊武帝年號，非劉宋年號，誤一。考宋書顔延之傳，顔延之終于宋孝建三年，是「永明」亦非，誤二。顔延之於少帝时出爲始安太守，似未嘗仕永嘉，誤三。蓋訛傳已久，莫可究詰。

〔五〕自縣東三十五里至十五都　「至」，原脱，據乾隆志及雍正浙江通志卷六三海塘補。

〔六〕編户屬籍者二百餘家　「編」，原作「遍」，據乾隆志及梁書卷五三范述曾傳改。

〔七〕王兆琰妻陳氏　「琰」，原作「炎」，據乾隆志改。按，本志避清仁宗諱改字，今改回。

〔八〕曹調元妻林氏　「林」，原作「杜」，據乾隆志及雍正浙江通志卷二一五列女改。

〔九〕胡大傅妻葉氏　「傅」，乾隆志同，雍正浙江通志卷二一五列女作「溥」，疑是。

〔一〇〕包茂正妻何氏　「正」，乾隆志同，雍正浙江通志卷二一五列女作「貞」。按，一統志蓋避清世宗諱改字。

〔一一〕潘仲視妻夏氏　「視」，乾隆志作「梘」。按，雍正浙江通志卷二一五列女有潘氏二節，其一潘仲槐妻夏氏，其一潘仲李妻林氏。疑此即潘仲槐妻夏氏，「視」、「梘」皆當作「槐」。

〔一二〕陳良拱妻林氏　「拱」，乾隆志作「模」。

〔一三〕朱幼哲妻董氏　「董」，乾隆志作「童」。

〔一四〕周天奇妻葉氏　「奇」，乾隆志作「育」。

〔一五〕王國節妻鄭氏　「鄭」，乾隆志作「陳」。

〔一六〕朱熙伯妻王氏　「朱熙伯」，乾隆志作「朱伯熙」。

〔一七〕徐士炎妻夏氏　按，此條與上文重複，當删。

處州府圖

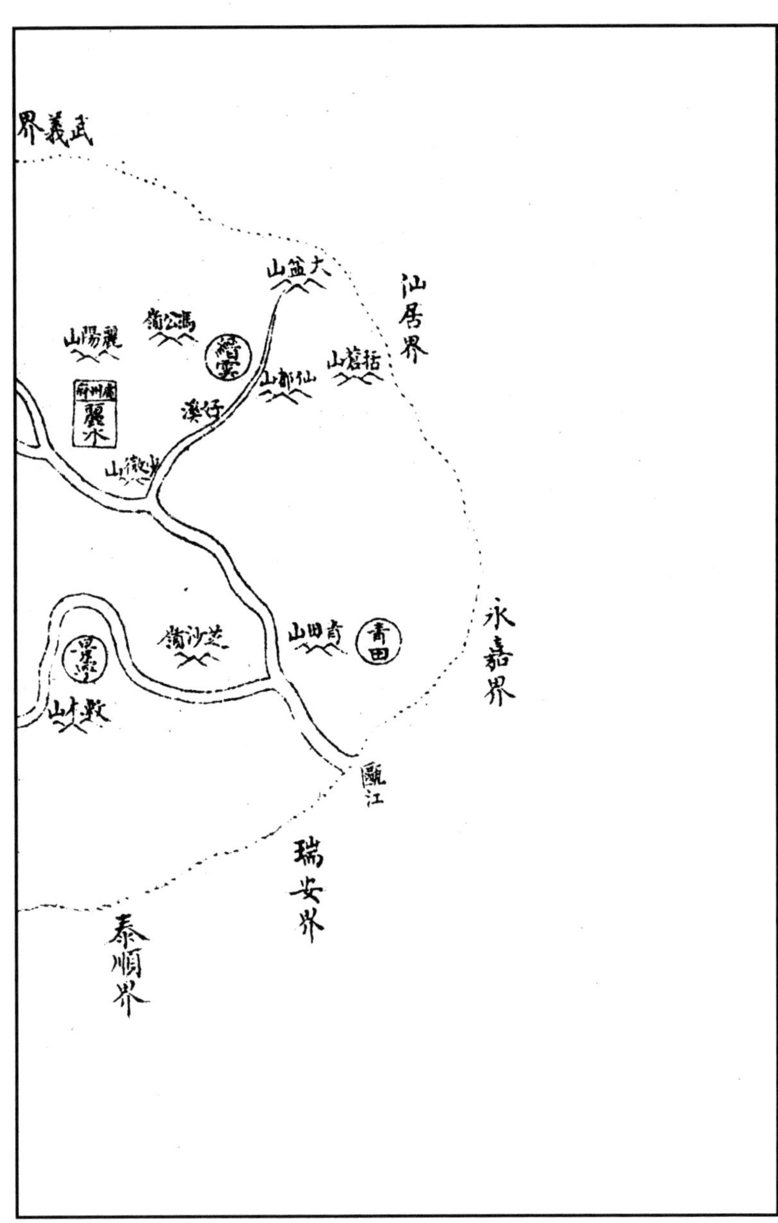
武義界
大盆山
仙居界
馮公嶺
麗陽山
雲和
括蒼山
仙都山
處州府
麗水
仔溪
山
芝沙嶺
青田山
青田
永嘉界
數十山
甌江
瑞安界
泰順界

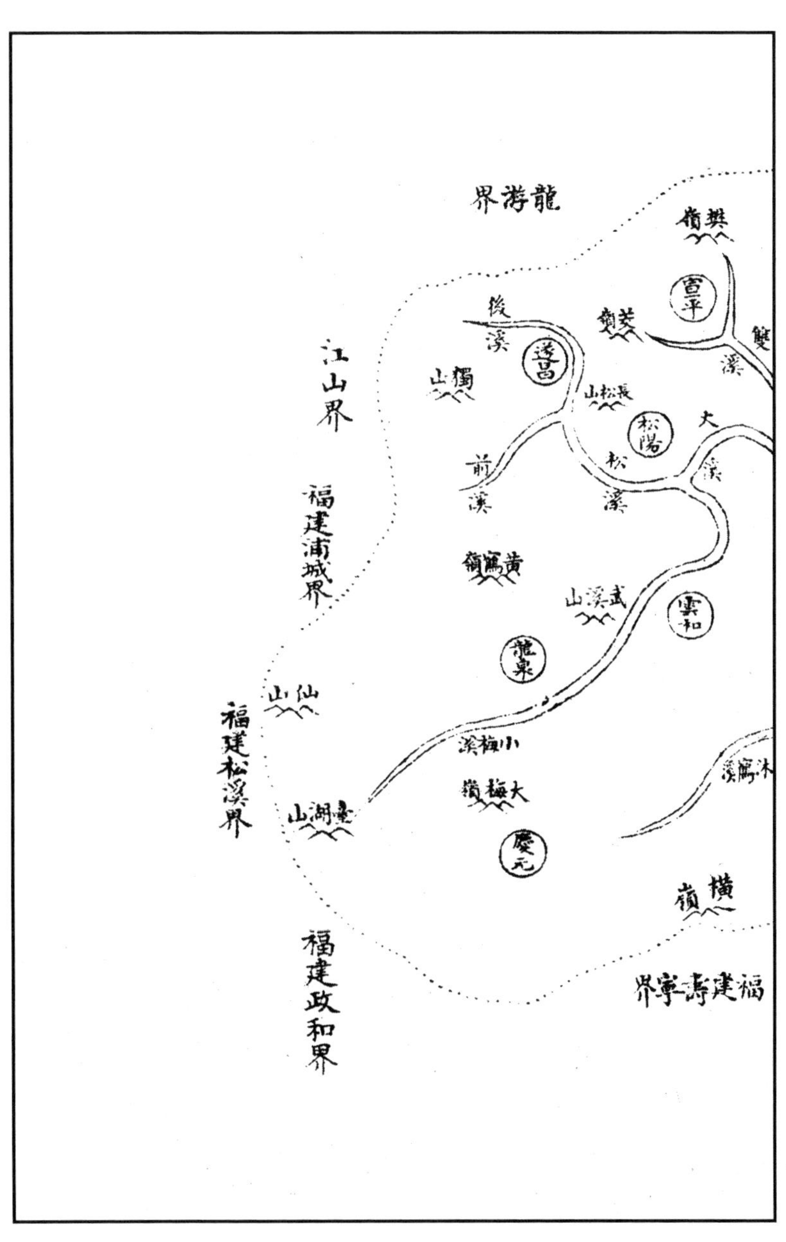
龍游界
樊嶺
宣平
江山界
後溪
遂昌
芙蓉
雙
溪
獨山
長松山
松陽
大
溪
前溪
松溪
福建浦城界
黃鶯嶺
武溪山
雲和
龍泉
仙山
福建松溪界
小梅溪
沐鶯溪
大梅嶺
壺湖山
慶元
橫嶺
福建政和界
福建壽寧界

處州府表

	處州府	麗水縣
兩漢	會稽郡地。	回浦縣地。後漢章安縣地。
三國吳	屬臨海郡。	松陽縣地。
晉	屬永嘉郡。	
宋		
齊梁陳		
隋	永嘉郡 開皇初置處州，治括蒼。十二年改括州，大業初又改。	括蒼縣 開皇九年置，郡治。
唐	處州 縉雲郡 初曰括州，天寶初改縉雲郡，屬江南東道。乾元初屬浙江東道。大曆十四年又改處州。	麗水縣 初仍爲括蒼縣，州治，大曆十四年更名，爲處州治。
五代	處州 屬吳越。	麗水縣 州治。
宋	處州 縉雲郡 屬浙東路。	麗水縣 州治。
元	處州路 升路，屬江浙行省。	麗水縣 路治。
明	處州府 改府，屬浙江布政司。	麗水縣 府治。

續表

青田縣	縉雲縣	松陽縣
回浦縣地。後漢章安縣地。	回浦縣地。後漢章安縣地。	回浦縣地。後漢爲章安縣地。建安四年孫氏析置松陽縣，屬會稽郡。
松陽縣地。	松陽縣地。	松陽縣屬臨海郡。
		松陽縣屬永嘉郡。
		松陽縣
		松陽縣
括蒼縣地。	括蒼縣地。	松陽縣
青田縣景雲二年置，屬括州。大曆中屬處州。	縉雲縣萬歲登封初置，屬括州。大曆中屬處州。	松陽縣武德四年置松州，旋廢，屬括州。貞元中徙治，屬處州。
青田縣	縉雲縣	白龍縣梁開平中吳越更名長松。晉天福中又改名白龍。
青田縣	縉雲縣	松陽縣成平二年復名，仍屬處州。
青田縣屬處州路。	縉雲縣屬處州路。	松陽縣屬處州路。
青田縣屬處州府。	縉雲縣屬處州府。	松陽縣屬處州府。

續表

遂昌縣	龍泉縣	慶元縣	雲和縣	宣平縣
太末縣地。	回浦縣地。後漢章安縣地。	回浦縣地。後漢章安縣地。	回浦縣地。後漢章安縣地。	回浦縣地。後漢章安縣地。
平昌縣 赤烏二年置，屬東陽郡。	松陽縣地。	松陽縣地。	松陽縣地。	松陽縣地。
遂昌縣 太康初更名。				
遂昌縣				
遂昌縣				
廢，後復置。		括蒼縣地。	括蒼縣地。	括蒼縣地。
遂昌縣 武德八年省入松陽，景雲初復，屬處州。	龍泉縣 乾元二年置，屬處州。	龍泉縣地。	麗水縣地。	麗水縣地。
遂昌縣	龍泉縣			
遂昌縣	龍泉縣 宣和中更名劍川，紹興初復，仍屬處州。	慶元縣 慶元三年置，屬處州。		
遂昌縣 屬處州路。	龍泉縣 屬處州路。	慶元縣 屬處州路。		
遂昌縣 屬處州府。	龍泉縣 屬處州府。	慶元縣 初省入龍泉，洪武十四年復，屬處州府。	雲和縣 景泰二年置，屬處州府。	宣平縣 景泰三年置，屬處州府。

景寧縣
回浦縣地。後漢章安郡地。
松陽縣地。
括蒼縣地。
青田縣地。
景寧縣景泰三年置，屬處州府。

續表

大清一統志卷三百五

處州府

在浙江省治南一千九十八里。東西距四百九十里，南北距四百十里。東至温州府永嘉縣界二百七十里，西至福建建寧府浦城縣界二百二十里，南至温州府泰順縣界二百三十里，北至金華府武義縣界一百八十里。東南至温州府瑞安縣治二百八十里，西南至建寧府政和縣治四百六十里，東北至金華府永康縣治一百八十里，西北至衢州府龍游縣治二百七十里。自府治至京師四千五百八十里。

分野

天文斗、牛分野，星紀之次。

建置沿革

禹貢揚州之域。春秋、戰國屬越，後屬楚。秦爲閩中郡。漢初爲東甌國地，後屬會稽郡，爲回浦縣地。後漢爲章安縣地。三國吴兼屬臨海郡。晉屬永嘉郡。時郡治永寧，即今温州。宋、齊以後因之。隋平陳，廢郡，始改置處州，治括蒼縣。開皇十二年，改曰括州。大業初，改爲永嘉郡。唐武德四年，復曰括州，兼置總管府。貞觀元年，府罷。天寶初，改縉雲郡，屬江南東道。乾元初，復曰括州。大曆十四年，復曰處州。避太子諱。建中初，屬浙江東道。五代屬吴越國。宋仍曰處州縉雲郡，屬浙東路。元至元十三年，立處州路，屬東浙行省。明洪武初，改處州府，屬浙江布政使司。本朝因之，隸浙江省，領縣十。

麗水縣。附郭。東西距八十里，南北距一百六十里。東至青田縣界二十五里，西至松陽縣界五十五里，南至景寧縣界一百十里，北至縉雲縣界五十里。東南至青田縣界六十里，西南至雲和縣治一百十五里，東北至縉雲縣界九十二里，西北至宣平縣界四十里。漢會稽郡回浦縣地。後漢爲章安縣地。三國吴以後爲松陽縣地。隋開皇九年，析松陽縣之東鄉置括蒼縣，爲處州治。十二年，爲括州治。大業中，爲永嘉郡治。唐初曰括蒼，仍爲括州治。大曆十四年，改曰麗水，仍爲處州治。五代及宋因之。元爲處州路治。明爲處州府治。本朝因之。

青田縣。在府東南一百五十里。東西距一百五十五里，南北距二百里。東至温州府永嘉縣界三十里，西至麗水縣界一百二十五里，南至温州府瑞安縣界一百里，北至縉雲縣界一百里。東南至瑞安縣治一百七十里，西南至景寧縣治一百三十里，東北至台州府仙居縣治三百四十里，西北至縉雲縣治一百九十里。漢回浦縣地。後漢章安縣地。三國吴以後爲松陽縣地。隋爲括蒼縣地。唐景雲二年，析置青田縣，屬括州。大曆中屬處州。五代及宋因之。元屬處州路。明屬處州府。本朝因之。

縉雲縣。在府東北九十里。東西距一百二十里，南北距一百里。東至台州府仙居縣界八十五里，西至麗水縣界三十五里，南至青田縣界六十里，北至金華府永康縣界四十里。東南至温州府永嘉縣界一百五十里，西南至麗水縣治九十二里，東北至金華府東陽縣治一百六十里，西北至金華府武義縣界四十五里。漢回浦縣地。後漢章安縣地。三國吴松陽縣地。隋爲括蒼縣地。唐爲麗水、永康二縣地。萬歲登封元年，析置縉雲縣，屬括州。大曆中，屬處州。五代及宋因之。元屬處州路。明屬處州府。本朝因之。

松陽縣。在府西一百二十里。東西距一百六里，南北距一百五里。東至麗水縣界六十六里，西至遂昌縣界四十里，南至雲和縣界七十五里，北至宣平縣界三十里。東南至雲和縣治一百十五里，西南至龍泉縣界一百十七里，東北至宣平縣治九十里，西北至遂昌縣治七十五里。漢回浦縣地。後漢章安縣地。建安四年，析置松陽縣，屬會稽郡。三國吴太平二年，改屬臨海郡。晉太寧初，分屬永嘉郡。宋、齊至隋因之。唐武德四年，於縣置松州。八年，州廢，屬括州。貞元中，徙治屬處州。五代梁開平二年，吴越改爲長松縣。石晉天福四年，又改爲白龍縣。宋咸平二年復曰松陽縣，仍屬處州。元屬處州路。明屬處州府。本朝因之。

遂昌縣。在府西少北一百八十里。東西距一百二十里，南北距一百五十里。東至松陽縣界二十里，西至衢州府江山縣界一百里，南至龍泉縣界九十里，北至衢州府龍游縣界六十里。東南至松陽縣治七十五里，西南至龍泉縣治二百四十里，東北至金華府湯溪縣治一百五十里，西北至衢州府西安縣治一百七十里。漢會稽郡太末縣地。三國吴赤烏二年，析置平昌縣，屬東陽郡。晉太康元年，改爲遂昌。宋、齊因之。隋廢，後復置。唐武德八年，省入松陽。景雲二年，復置，屬括州，後屬處州。五代及宋因之。元屬處州路。明屬處州府。本朝因之。

龍泉縣。在府西南二百四十里。東西距一百七十里，南北距一百五十里。東至雲和縣界八十里，西至福建建寧府浦城縣界九十里，南至慶元縣界七十里，北至遂昌縣界八十里。東南至景寧縣治二百四十里，西南至浦城縣治一百六十里，東北至松陽縣治二百五十里，西北至衢州府江山縣治二百二十里。漢回浦縣地。後漢章安縣地。三國吴以後爲松陽縣地。唐乾元二年，析遂昌、松陽之龍泉鄉置龍泉縣，屬處州。五代因之。宋宣和三年，改曰劍川。紹興元年，復故。元屬處州路。明屬處州府。本朝因之。

慶元縣。在府西南四百里。東西距一百二十里，南北距一百二十里。東至福建福寧府壽寧縣界九十里，西至建寧府松溪縣界三十里，南至建寧府政和縣界六十里，北至龍泉縣界六十里。東南至壽寧縣治一百九十里，西南至政和縣治九十里，東北至景寧縣治二百里，西北至龍泉縣治一百五十里。漢回浦縣地。後漢章安縣地。三國吴以後爲松陽縣地。隋爲括蒼縣地。唐爲龍泉縣地。宋慶元三年，析龍泉之松源鄉置慶元縣，以紀年爲名，仍屬處州。元屬處州路。明初省入龍泉。洪武十四年，復置，屬處州府。本朝因之。

雲和縣。在府西南一百十里。東西距八十里，南北距七十里。東至麗水縣界四十里，西至龍泉縣界四十里，南至景寧縣界二十里，北至松陽縣界五十里。東南至景寧縣治五十里，西南至景寧縣界三十五里，東北至宣平縣治一百七十里，西北至遂昌縣治九十五里。漢回浦縣地。後漢章安縣地。三國吴以後爲松陽縣地。隋爲括蒼縣地。唐爲麗水縣地。明景泰三年，析麗水之浮雲、元和二鄉置雲和縣，屬處州府。本朝因之。

宣平縣。在府西北一百二十里。東西距一百二十里，南北距一百四十里。東至麗水縣界八十里，西至松陽縣界四十里，南至麗水縣界八十里，北至金華府武義縣界六十里。東南至麗水縣界六十里，西南至雲和縣治一百七十里，東北至武義縣治一百十里，西北至遂昌縣治一百四十里。漢回浦縣地。後漢章安縣地。三國吴以後爲松陽縣地。隋爲括蒼縣地。唐爲麗水縣地。明景泰三年，析置宣平縣，屬處州府。本朝因之。

景寧縣。在府南一百四十里。東西距二百三十里，南北距一百二十里。東至青田縣界一百十里，西至慶元縣界一百二十里，南至温州府泰順縣界九十里，北至雲和縣界三十里。東南至泰順縣治二百十里，西南至福建福寧府壽寧縣治二百里，東北至青田縣治二百二十里，西北至雲和縣治五十里。漢回浦縣地。後漢章安縣地。三國吴以後爲松陽縣地。隋爲括蒼縣地。唐以後爲青田縣地。明景泰三年，析置景寧縣，屬處州府。本朝因之。

形勢

湍流險阻，九十里間，三十六灘。元和志。羣峯倚天，清溪南奔，淺深見底。宋楊億與章廷評書。雖連浙部，寔控閩山。方輿勝覽。層峯複巘，急湍驚流，桃花稽勾爲門户，圳頭石塘爲咽喉。府志。

風俗

地瘠人貧，躬儉嗇，尚樸素。安土重遷，家習儒業。圖經。獄訟甚稀，賦輸素辦。宋楊億與章廷評書。多山少田，勤于樹藝。信鬼尚巫，雖士大夫之家亦不免。府志。

城池

處州府城。周九里有奇，門六。元至元二十七年築。本朝順治十五年增築，康熙、雍正中屢修。

青田縣城。周五里有奇，門四，水門五。北倚山，三面臨溪。明嘉靖三十五年築。本朝乾隆三十二年修。

縉雲縣城。無城，惟東南北各有關門。

松陽縣城。無城，北倚山。明嘉靖築牆爲衛，設關門四。

遂昌縣城。無城，倚山臨關，築短牆爲衛，有關門四。

龍泉縣城。無城，有關門四。

慶元縣城。周三里，門四，西北水門一。明嘉靖二十五年築。

雲和縣城。無城，有東西二關門。

宣平縣城。無城，有關門四。

景寧縣城。無城，有關門四。

學校

處州府學。在府治南。宋景祐中建。本朝雍正三年重建。入學額數二十五名。

麗水縣學。在縣治西南檡山巔。宋康定中建。本朝康熙十八年重建。入學額數二十五名。

青田縣學。在縣治東。宋崇寧中建。本朝康熙二十年重建。入學額數十六名。

縉雲縣學。在縣治東。宋治平中建。本朝順治七年重建。入學額數二十名。

松陽縣學。在縣治東南。唐武德中建。本朝康熙十八年重建。入學額數十六名。

遂昌縣學。在縣治東南。宋皇祐中建。入學額數十二名。

龍泉縣學。在縣治東。宋天禧中建。入學額數十六名。

慶元縣學。在縣東門外。明崇禎三年改建。入學額數十二名。

雲和縣學。在縣治西。明景泰七年建。入學額數十二名。

宣平縣學。在縣治東。明景泰五年建。入學額數十二名。

景寧縣學。在縣治北。明景泰三年建。入學額數十二名。

蓮城書院。在府治南。

五雲書院。即朱子祠，在縉雲縣。

芝田書院。在青田縣混元峯下。

明善書院。在松陽縣西二十里。宋咸淳中建。

金鰲書院。在龍泉縣署東。本朝乾隆三十二年建。

松源書院。在慶元縣東西都。本朝乾隆四十八年邑令王恒建。

鰲峯書院。在宣平縣東。本朝乾隆三十五年邑令趙涵建。按：舊志，青田縣有混元書院、心極書院，並明嘉靖中建，祀王守仁。新建書院，萬曆中知縣梅時雨建。縉雲縣有獨峯書院，宋嘉定中建。美化書院，嘉熙中建。遂昌縣有鳳池書院，明嘉靖中知縣池浴德建。景寧縣有崇正書院，萬曆中知縣林喬松建。今皆圮廢。又府治南有南明書院，本朝康熙三十二年知府劉廷璣建。青田縣有石門書院，在縣西七十里，元至元中建。龍泉縣有笏山書院，在縣南三十里，桂山書院，在縣西五十里，並宋端平中建，今亦廢。

户口

原額人丁一十二萬三千六百六十四，今滋生男婦一百一十五萬八十八名口，計一十二萬七千四十四户。又屯運男婦一千一百九十八名口，計一百六十九户。

田賦

田地共一萬四千七百七十頃八十七畝六分零，額徵銀十二萬四千五百五十九兩八錢九分零，米八千九百三十一石八斗七升零。

山川

天堂洞山。在麗水縣東三十五里。下有蟄龍洞，爲東境諸山之最高者。

少微山。在麗水縣東南十里。以郡應少微處士星，故山名少微，州曰處州。山西南絶頂有眉巖，從下望之，若列眉然。别于小括山，一名大括。

大連雲山。在麗水縣東南四十里。一名沙溪尖。巉巖陡絶，上插雲霄，與青田小連雲山相接。

南明山。在麗水縣南七里。上有印月池，旁有獻花巖、高陽洞，洞口有石梁，爲郡邑之勝。

大梁山。在麗水縣南二十里。北跨麗水，南接青田，登其巔俯瞰，城郭村落盡在目前。

萬象山。在麗水縣治西南。俯臨城邑，下瞰溪光，城中之山凡十，此其最高者。

櫸山。在麗水縣治西南。多生櫸木，唐刺史李繁建夫子廟于山上，俗呼廟山。

石羊山。在麗水縣西南十五里。寰宇記：山有蘭巖溪，溪有一穴，莫知深淺。穴口有大樹，仰視杳然，博物志云千載木也。石色如黛赭，形如鳥翼，或如刀劍，遠視如羊。

棗山。在麗水縣治西。今郡治據其麓，相接者爲月山。又有姜山、囿山，俱在縣治東。梅山、富山，俱在縣治南。錦山，在縣治北。茭山，在縣治西北。此城中十山也。

小括山。在麗水縣西二里。其趾與萬象山相接。衆山環簇，狀若蓮花，又名蓮城山。徑路盤紆，亦名九盤嶺。唐、宋州治建此。

風門山。在麗水縣西三十里。上有二穴，最深邃，風自中出，每夜静月明，有白氣自山麓上徹霄漢。

高畲山。在麗水縣西五十里。北跨宣平，西臨松陽。峯巒攢簇，林木蓊鬱。俯視諸山，環列如几席下，西山之最高者。

三峯山。在麗水縣西五十里。下曰靈峯，中曰翠峯，上曰岑峯。林巒秀麗，爲一境之冠。山之陽，平疇彌望，前臨大溪。

稽勾山。在麗水縣西北一百里。與武義龍門山對峙，勢極險峻，盤繞二十餘里，爲甌、括達都會通衢。

麗陽山。在麗水縣北十里。上有龍潭、石室、天井，下環青溪。縣名麗水，以此。

壽元山。在麗水縣北十里。山勢崔巍，爲郡之鎮山。

白雲山。在麗水縣北十里。高六百餘丈。輿地紀勝：山頂有池曰鏡心，練溪之水出焉。

湧泉山。在青田縣東一里。上有湧泉，四時不竭。

石佛山。在青田縣南五里，屹峙溪濱，有石高丈餘，狀如人立。其相近者曰披雲山，大溪經其北，爲一邑水口。

方山。在青田縣南二十里。山勢崔巍，石宜鐫刻。

巾子山。在青田縣南六十里。卓立如巾，爲縣境第一高峯。盤繞青田、瑞安二縣界，絶頂俯視，諸郡之山，盡在目前。

南田山。在青田縣西南一百五十里。周二百餘里，上有沃土，多稻田，歲旱亦稔。輿地紀勝：古稱七十二福地，此其一也。唐廣德中，袁晁之亂，邑人多避難山中。明初劉基亦家于此。

葱陽山。在青田縣西五十里。山極峻險，宋宣和間，睦寇犯境，居民多避難于此。

石蓋山。在青田縣西六十里。二山峙立，中有大石，横覆其上，下容數十人。旁有龍湫，歲旱禱雨輒應。

石門山。在青田縣西七十里。兩峯壁立，對峙如門。石洞幽深，飛瀑噴瀉。上有軒轅丘，道書以爲第三十洞天，宋永嘉守謝康樂始開。其西南相接者曰石樓山，山高聳，雲霧擁之，望若樓臺。

石帆山。在青田縣西一百里。高百餘丈，横截溪中，溪水環流，狀如帆檣。寰宇記：昔有神人破永嘉江北山爲此帆，將入惡溪，道次棄之。輿地紀勝：一名石檣洞。

小連雲山。在青田縣西一百里。與麗水大連雲山相接，延袤數十里，高出雲霄。中有二洞，東曰龍鬚，南曰韓山。其高巖曰金水嶺。元至元中，始鑿石通道，達景寧縣界。

青田山。在青田縣治西北一里。有泉石之勝。舊志云唐葉法善修道于此。田産青芝，故縣以名。寰宇記：浮丘相鶴經云「青田之鶴」，即此。

大鶴山。在青田縣北里許。周迴五百里，頂曰混元峯，相傳葉法善煉丹處，下有石洞。

萬松山。在縉雲縣東五里。山勢盤旋，林巒森秀。

翠屏山。在縉雲縣東八里。孤峯特立，蒼翠可掬。

仙都山。在縉雲縣東二十三里。高六百丈，周三百里。本名縉雲山。隋書地理志：括蒼有縉雲山。即此。天寶七年，有彩雲仙樂之異，敕改今名。道書以爲第二十九洞天。奇峯凡百有六。寰宇記引名山記云：孤石干雲，可高三百丈，黄帝煉丹于此。又郡國志云縉雲有瀑布，日照如晴虹，風吹如細雨。即此。又有小仙都山，在縣南二十里，中有集仙巖。

小蓬萊山。在縉雲縣東二十五里。怪石奇樹，峭立數仞，上有巖，名小赤壁，高可千丈，上空下洞。

步虚山。在縉雲縣東二十七里。山巔平敞如壇墠。又有小峯，形如北斗，一名斗巖。山巔有隱真洞，唐劉隱真先生修煉處。山麓有仙水洞，一名鏡巖，唐周景復先生修煉處。

東樓山。在縉雲縣東六十里。峯巒挺秀，高出重霄。

九𪓐山。在縉雲縣東七十里。九山相連，狀如貫珠。相近者有雁門山，山多奇石，石壁臨水，上有雲梯洞、石室洞。又有管溪山，亦在縣東七十里。薪竹之饒，居民所賴，有龍潭三處，溉田甚廣。

括蒼山。在縉雲縣東七十里。隋書地理志：括蒼有括蒼山。唐書地理志：麗水縣有括蒼山。即此。東跨仙居，南控臨海，南境大山也。詳見台州府。

吏隱山。在縉雲縣治東南。一名窿尊山。唐縣令李陽冰秩滿，退居于此，故名。

麻里光山。在縉雲縣東南五十里。山勢秀麗，爲東南名勝。

越王山。在縉雲縣東南七十里。上有十八洞。

大洋山。在縉雲縣南六十里。上有七十二洞。

大姥山。在縉雲縣西南三十五里。上有巉巖，下有石室，可容數百人。上有塞塘寨，廣容二三萬人，中有井七，蓋昔人屯營處。又有四六寨，在山下。相近曰三嶺山，接麗水縣界，高峻人莫能入。明初，耿再成置寨于此。

黄龍山。在縉雲縣西十二里。四圍陡絶，旁有池，甚清洌，相傳黄龍潛焉。唐末盧約據處州，有施使君者，結寨山上以禦之，今山上有石如樓臺，又有寨門遺址。明初耿再成規取處州，駐兵黄龍山，山高險，再成樹栅于其上，以遏敵衝，即是處也。

雲峯山。在縉雲縣西五十里。巖峭百丈，飛泉如線，上有二龍潭。

葛竹山。在縉雲縣西北，與永康縣接界。又縣西北三十里有歷山，上有推車坑、架鼓峯、龍潭諸勝。

瀑布山。在縉雲縣北一里。上有飛泉，灑落百餘丈。

大盆山。在縉雲縣東北一百二十里，接金華府東陽及台州府寧海、仙居諸縣界。俗呼爲大盤山，吴寧溪〔一〕、始豐溪、好溪之源俱出焉。

玉蓮山。在松陽縣東十五里。下有潭，潭上有巨石如覆鐘，可容百餘人。前有石檻，爲一邑遊觀之勝。

蓮花峯山。在松陽縣東四十里。高七千餘丈，秀異雄偉，形若蓮花。相接者有巄崆山，山形峭拔，上有龍湫，深不可測，時興雲霧，歲旱禱之輒應。

東馬鞍山。在松陽縣東四十八里。狀如馬鞍，横絶水口。唐書地理志：松陽有銀，出馬鞍山。即此。又東二里許有小槎山，下有槎溪，深可百丈。

朱尖山。在松陽縣東六十里。高數百仞，綿亘百里，東臨麗水，西據松陽。

横山。在松陽縣南十里。高三百餘丈，如雲横空中，山頂寬平，可五百畝。相近者曰道觀山，叢石如林，稱泉石之勝。又有白雲山，與横山相接，前有雙石，高二百餘丈，頂有石橋横渡，下有石洞。

白峯尖山。在松陽縣南二十里。高八千餘丈，雄偉正立，數峯聳秀，爲邑朝山。

爛泥山。在松陽縣南三十里。頂有平湖，廣數十畝，下有龍湫，時擁雲霧。

太陰山。在松陽縣南三十八里。山勢高廣，水自西山宏口出釣魚石，與大溪合。又南二里許有蟾湖山，下有蟾湖，深三十丈，水流合横溪。

蓮花山。在松陽縣南六十里。高五千餘丈，東接雲和縣界。旁有八仙洞、大龍井，下有釣魚橋，俗呼牛頭八面山。

百仞山。在松陽縣西南三里。有峯獨立挺秀，旁無依倚，高二百餘丈。舊名獨山，唐天寶中改今名。山麓有白龍津石，晉天福間因以名縣。

南巖山。在松陽縣西南十里。高數百仞，旁有蓮花洞，中有湧泉，石形如釜，泉自下升，四時不盈不竭。

留明山。在松陽縣西南二十里。高千仞，羣峯羅列，澗水環繞，石磴縈紆，最爲險峻。

南岱山。在松陽縣西南四十里。高出雲霄，稱爲南方之泰山。並峙者曰望祀山，與天姥山相接。洞壑幽深，烟雲五色，中有奇石清泉。

玉巖山。在松陽縣西南一百里。高數百仞，中有石巖如屋，容百餘人。

古洞山。在松陽縣西南二百里。高千仞，自西南五嶺亘入括松界中，有牧龍淵，道書稱爲成德隱元之天。

西屏山。在松陽縣西一里。壁立如屏，山頂平廣，上有凌霄臺、偃月池，泉甚清，大旱不涸。

石笋山。在松陽縣西五里。雙峯對峙，石磴千尋，峭拔如笋，下臨大溪。又縣西十里有上方山，舊名崙山，亦曰雲鷲山。中有石巖，容數百人，崙溪之水出焉。

卯山。在松陽縣西三十里。泉石頗勝，中有白鶴洞，下臨松溪，唐葉法善家於此。又有酉山，與卯山對，各以方向爲名，亦法善往來處也。

長松山。在松陽縣西北四十五里。吳越時，以此山名縣，俗名牛頭山。頂有龍潭，旁有九雲峯。

邵山。在松陽縣北二十里。與尖山、玉旦山三峯聯綴，中有巖洞，深廣數千丈。迤北五里爲望市山，水流爲霏溪。又縣東北二十里有七星巖山，桐溪之水出焉。

瑞山。在遂昌縣治東。又名眠牛山。隔溪巍倚，爲邑之下關。輿地紀勝：山頂時有紫雲盤結其上，或云有老君像，眉間常放光，故名瑞山。稍東爲塔山，上有土鼓壇，建塔其上，與尖山東西對峙。

西明山。在遂昌縣東五里。巉巖峻絶，下臨溪流。

平昌山。在遂昌縣東十五里。與孟山前後相接，形如「昌」字，孫吴時以此名縣。

尹公山。在遂昌縣東三十里。峯巒高聳，與百丈巖相連。九域志：縣有頂公山。即此。

魚袋山。在遂昌縣南。金溪繞其下，峻嶺盤曲，又曰九盤嶺。

君子山。在遂昌縣西南十五里。山麓多士大夫家，故名。相近者曰五龍山，峯巒蜿蜒，形如五龍翔集。稍西南里許，爲妙高山。

曾山。在遂昌縣西十里。尖銳聳拔，一名尖山。

白馬山。在遂昌縣西三十里。一名丁公山。峯巒秀聳，高千仞，雙溪經其下，天日晴明，遠見衢、婺，爲邑鎮山。

獨山。在遂昌縣西八十里。一名天馬山。溪流環繞其下，右麓曰小赤壁，下臨清潭，石壁如峭，中多奇勝。并峙者曰青城山，石壁萬仞，瀑布飛洩如練，山頂險絶，有龍井三泓。

大方山。在遂昌縣西一百二十里。與小方山相接，高千仞，絶頂平曠數百畝，遥望如方石，號玉屏風。

湖山。在遂昌縣西北七十里越王峯下。溪流縈繞，分夾復合，邑之勝境。

兑谷山。在遂昌縣治北。山勢豐隆，爲邑之倚。稍北曰梅山，峯巒秀特。

唐山。在遂昌縣北十八里。山北有二峯相向，又北有金石巖，其巔可容萬馬。唐乾符中，邑簿張軻常率義兵駐此，以禦黄巢。

金袋山。在龍泉縣東三十里。山石大小皆空，擊之有聲。元末，置寨山巔，改名金山。

石房山。在龍泉縣東四十里。其狀如房，東捍水口。

豫章山。在龍泉縣南。唐書地理志：麗水縣，銅出豫章、孝義二山。九域志：龍泉縣有豫章山。舊志：山在縣南二十里，舊出銅。川流環其下，曰豫章川。

佛山。在龍泉縣南十里。山勢高廣，登其巔，見一邑之勝。元末置二寨于上。

琉華山。在龍泉縣南七十里。亦名仙山。山頂寬平，有長湖，深不可測。下即琉田，民居以陶爲業。昔有章氏兄弟主琉田窑，其兄所造者佳，世號爲哥窑。

九漈山。在龍泉縣南一百里。高百仞，上有九龍井，飛瀑九道，自崖頂而下，或分或合，形若垂簾。

匡山。在龍泉縣南一百二十里。元末章溢築室隱此。宋濂曰：其山四旁奮起而中窊下，狀如箕筐，因號匡山。

臺湖山。在龍泉縣西南七十里。大溪之源出此。

天台山。在龍泉縣西二里。中有桃源洞，小澗自谷中來，春時每有桃花片片流出。西北一墟，似石非石，瑩白可愛。其山秀麗挺拔，爲一邑勝槩。

石笏山。在龍泉縣西十里。以形名。又西十里曰孝義山，宋時孝童盧猛居此，下有孝義泉。

白馬仙山。在龍泉縣西十五里。高出萬峯，俯視城郭，形如伏雉。

石川大洋山。在龍泉縣西二十五里。高峯之頂，突開平地，周迴擁抱如城。

新嶺鳳凰山。在龍泉縣西十五里。山峯秀麗，中有白雲崖、桃花洞，亦稱名勝。

昴山。在龍泉縣西三十里。青壁嵯峩，削入天際。舊置白馬寨于山巔。

仙山。在龍泉縣西一百五十里，與遂昌及浦城接界。山頂有石，平廣二丈餘，中開石窪，泉流不竭，大旱禱雨輒應。

九姑山。在龍泉縣治北。宋令范純孝建亭其上，曰最高，得溪山之勝。

石馬山。在龍泉縣北十五里。峯巒秀聳，爲羣山冠，旁有洞穴數十處。

石壁山。在慶元縣東十里。石笋凌空，爲邑關阻。

拏雲山。在慶元縣東五十里。山椒夾擁，嵌石披雲，下有洞，容數百人。

迴龍山。在慶元縣東南十二里。山勢盤曲，狀如伏龍，中有鶴洞、瀑布、試劍石。

霞披山〔二〕。在慶元縣南二里，與天馬山相接。爲邑朝山。

松源山。在慶元縣南二十里。勢若建瓴，水流爲松源川。

仙桃山。在慶元縣南二十里。高出羣峯，爲南境諸山之冠。

薰山。在慶元縣西十里。峭壁千仞，勢若凌空。

百丈山。在慶元縣西三十里。懸崖孤峭，下有龍湫，與松溪縣接界。

石龍山。在慶元縣治西北。蜿蜒如龍，伏而再起。環治皆山，聳秀可觀，石龍尤勝。

象山。在慶元縣北一里，擁護縣後。又北二里有文筆山，一名五雷山，五峯峭立。

棘蘭峯山。在慶元縣北二十五里。峯巒環集，舊設巡司于此。

温洋山。在慶元縣東北六十里。屹立高聳，爲諸山冠。

白龍山。在雲和縣東南五里。環拱縣治，山頂有泉出石硿中，相傳有龍潛其下，雲出必雨，有浮雲溪繞其南。

武岱山。在雲和縣南十五里。山之巔曰大雄峯，旁有石硿出泉，冬夏不絶。踰南五里有靈際山，水流爲務溪。

婁狗山。在雲和縣西十里。上有石室、石笋，旁出清泉，旱禱多應，黄溪之源出焉。

大杉源山。在雲和縣西七十里。有龍潭二，曰大杉，曰孤梯，水流爲箬溪。

鯉魚山。在雲和縣治北。狀如魚首，上有石室如口，縣治據其麓。

墨山。在宣平縣東五里。高聳萬仞，其色如墨。相近曰歐溪山，下有歐溪水，相傳歐冶子鑄劍處。

玉巖山。在宣平縣南六十里。其東爲東巖，四面陡絶，惟一徑捫蘿可入，一名赤石樓。相傳昔時每兵起，鄉人輒避于此。少西爲西巖，兩巖對峙，中有清風峽、桃花洞。又有俞高山，與玉巖對峙，舊産銀礦，今塞。

白馬山。在宣平縣西五里。有石崖瀑布之勝。相近者有栗山，二水繞流，左曰午溪，右曰申溪，皆以方位名。

壺山。在宣平縣西十里。泉從崖隙中出，甚清冽，冬夏不竭。

榅樣山。在宣平縣西十五里。三峯錯峙，四面峻拔。

占鼇山。在宣平縣北一里。爲縣治之倚。

台山。在宣平縣北二十里。層巒疊嶂，迥出諸山，前有松溪，後有桃溪，山界其中，二水繞而西下，入松陽境。

醮嶺山。在景寧縣東二十里。二峯峭拔，高出衆山。相近有鳳山，蜿蜒秀麗。

羅岱山。在景寧縣東二十里。亦名羅岱嶺。高十餘里，旁有滴水巖。

敕木山。在景寧縣南十里。亦名香山。高數千仞，雲宿必雨，積雪經旬不消。陟其巔，遠矚甌閩之境。水流爲塵溪。

石耳山。在景寧縣南二十里。亦名石耳巖。高百餘丈，頂有泉，大旱不竭。巖之西南，即沐鶴溪。

豸山。在景寧縣西南一里。山頂平坦，舊嘗置寨。

桂山。在景寧縣治北。一名印山。有大石方正如印，縣治據其下。

鶴口嶺。在青田縣西南一百三十里。甚高峻，陟其巔俯視衆山。

芝溪嶺。在青田縣西六十里。俗名老鼠梯。横亘數十里，下臨大溪，其險峻與桃花隘共爲郡境要害。水流爲芝溪。

馮公嶺。在縉雲縣西南二十里。一名木合嶺。崎嶇盤曲，長五十里。有桃花隘，爲絶險處，郡北之鎖鑰也。舊志：桃花隘，嵯峨險仄，勢接雲霄，周圍疊石三四里，容百十人。山麓去郡城不過二十里。亦曰桃花嶺，即古桃枝嶺。陳天嘉三年，留異據東陽，遣侯安都討之。異以臺軍必自錢塘上，既而安都由諸暨出永康，異大驚，奔桃枝嶺，于崖口築柵以拒之。安都進攻，因其山勢迮而爲堰，會潦水漲，安都引船入堰，起樓艦，與異城等，遂破之。即此嶺也。宋楊億以比蜀中之劍閣。明初，耿再成駐兵黃龍山，處州將舒穆嚕伊遜分兵屯桃花嶺、葛渡、樊嶺及胡泉以拒之。胡大海自金華南出軍樊嶺，與再成合攻之。再成取間道出桃花嶺後，連拔桃花、葛渡二寨，遂薄處州城下，伊遜敗去。蓋馮公嶺與青田之老鼠梯皆一夫守險，萬夫莫開之處。守馮公嶺，則寇無從上；守老鼠梯，則寇無從下。馮公嶺失，則處不可固矣。又有白雲洞，在此嶺北，石屋深敞，容數百人。「舒穆嚕伊遜」舊作「石抹宜孫」，今改正。

岱嶺。在縉雲縣北一里。嶺左之水流于好溪，歷麗水、青田以達溫州入海；嶺右之水流于鼂溪，歷永康、蘭谿以達杭州入江。

石佛嶺。在松陽縣東二十里。最險峻，下臨松溪，從此至郡城七十餘里，爲往來通道。

竹峪嶺。在松陽縣北十五里。高四千餘丈，路最險仄，東達宣平縣五十里。嶺上有泉下注，溉田百餘頃，下有東西坑，瀦爲龍潭，竹峪橋跨其上。

東梅嶺。在遂昌縣北二十里。嶺有三十六曲，盤繞險阻。

隆坑嶺。在遂昌縣東北七十里。東達宣平，北出武義，爲縣境扼要處。

楊梅嶺。在龍泉縣東二十五里。與梧桐口相近，路出松陽，此爲要害。

大舍嶺。在龍泉縣東南一百里。與龍巖、上管二嶺相接，俱極高峻，環居之民多勇悍。

大梅嶺。在龍泉縣南七十里，與小梅嶺相連，俱接慶元縣界。

黄鶴嶺。在龍泉縣北八十里。隋、唐間，置黄鶴鎮于今縣治，蓋以嶺名。

石梯嶺。在慶元縣東二十五里。飛瀑逐崖而下。

横嶺。在慶元縣東南百里。連亘如雲，入于閩界。嶺水北流，爲蓋竹溪之上源。

烏石嶺。在慶元縣西十里。石壁峭削，爲邑西嶂。

安溪嶺。在雲和縣南十五里。路通景寧縣，與洪嶺相連。兩山叢夾，爲控禦之所。

務溪嶺。在雲和縣西南二十里。務溪經其下。

武溪嶺。在雲和縣西四十里，與龍泉縣接界，爲邑西扼要處。

天堂嶺。在雲和縣北十里。又縣北十五里有溪口嶺，浮雲溪、大溪合流處。

石門嶺。在宣平縣南十五里。嶺甚高聳，竹樹蒙籠，泉石幽異，常有雲氣吞吐其上。

曳嶺。在宣平縣南四十里。嶺峻險，登陟甚艱。上有曳溪洞，相傳嘗有仙人曳履過嶺，因名。

烏漱嶺。在宣平縣西十五里。嶺側有洞，相傳神蛟所蟄，遇旱禱雨于此。

茭嶺。在宣平縣西六十里。居萬山中，爲控扼要地。

九盤嶺。在宣平縣西北六十里，與遂昌分界。

上坦嶺。在宣平縣北三十里。水流爲坦溪。

樊嶺。在宣平縣北四十里。嶺勢險仄，可以防禦。明初，胡大海自金華進軍樊嶺，與耿再成合攻處，即此。今爲北出武義之徑道。

莘田嶺。在景寧縣北二里。有泉滴注，清冽異常。

洪嶺。在景寧縣北十五里。其高峻爲北趨郡城之道。

獨峯。在縉雲縣東仙都山上。一名玉柱峯，亦曰丹峯。孤石屹立，上干雲霄，高二百丈，三面臨水，絶頂有湖，多生蓮花。

仙人峯。在松陽縣東南五十里。山從龍泉迤邐至此，特起一峯，高數百仞，絶頂平衍，可百餘畝，土色光潤，草木不生。跨雲和縣界。

獅峯。在雲和縣東三里。爲雙溪合流處。

鼉峯。在雲和縣東十里。穹然聳峙，又名鼉山。

鴉峯。在景寧縣西一里。峯頂聳秀，遥望儼如鴉立。

三巖。在麗水縣西四里。宋皇祐間，李堯俞名其右曰清虚，中曰白雲，左曰朝曦。戴澳括甌勝述：三巖石出百武，飛瀑界洞，快壁卓亭，方池飲虹，横砢截沫，邱壑偏小，開闢偏靈。

烈婦巖。在松陽縣南十里。明正統末，鄉人避亂于此，爲賊所破，婦女多投巖死，因名。

覆螺巖。在遂昌縣東四十里。崖逕迴曲，土色皆白，惟絶頂純黑，狀如覆螺。

相公巖。在遂昌縣西八十里。石壁如削，惟一徑可通，側足而入，容數百人。

石姥巖。在遂昌縣西八十里。嶺最高峻，人迹罕到，絶頂有清泉瀦爲池。

九峯巖。在遂昌縣西一百里。環列九巖，每巖廣三丈餘，石壁險峻，上有龍井，歲旱禱雨多應。

大樓巖。在遂昌縣西北一百五十里。高百仞，廣五尋，巖頂飛瀑，下爲三十六泓，水流爲周公源。巖之南二十里，有楊溪源，路通三衢，巖岫絶勝。

龍巖。在龍泉縣東北七十里。山内平曠，四面石壁環繞，止一門可通。

疊石巖。在慶元縣東九十里。兩石相疊，遠視若懸崖，下石高十餘丈，峭直而小，上石圓廣，形似葫蘆。

垟頭巖。在雲和縣西十八里。高千仞，下有龍湫。

白雲巖。在宣平縣東南二十五里。高萬餘丈，廣百丈，有泉，大旱不涸。

佛廚巖。在宣平縣南五里。又縣西五里有白洩巖，一名雲巖，皆險絶異常。

烏鐵巖。在景寧縣東二里。聳拔奇秀，雨後石色如鐵，上有兩峯，其第二峯尤爲陡絶。

石屋巖。在景寧縣西二十里。懸巖重複如屋，容數十人，瀑布隨崖飛下。

鸕鷀巖。在景寧縣西百里。上有巨石，横廣數丈，下有泉一泓，飲可愈疾。

高碕洞。在縉雲縣東南越王山下。洞口如甑，屈曲而入，内可容三百餘人。

靈泉洞。在遂昌縣東十里。形如船屋，可坐數十人。泉出其間，爲邑人遊宴之所。

龍安洞。在遂昌縣西一百五十里。洞高十五丈，廣丈許，極其深邃。

大金坑。在雲和縣西二十里。路通景寧、慶元二縣，巖崖深峻，鳥道崎嶇，最爲要害。

大溪。在府城南。源出龍泉縣臺湖山，滙諸水，歧爲二，一旁流東入景寧縣界，其大源東北流七十里，合昴山水，繞縣治南，曰靈溪，亦曰洋溪。中阻槎洲，袤二里許，溪因分而爲二，夾洲横貫，下流復合。東北流滙諸溪澗水及遂昌縣東西之南派，又東北流合梧桐川水，繞雲和縣北四十里，合雲和溪水。又東北入麗水縣界，合松陽之松溪、宣平之雙溪，環繞府城南，亦曰洄溪。至城東南合好溪水，又東南流，會石藤溪、芝溪、小溪諸水，經青田縣南三里，亦曰南溪，又名青田溪。繞縣東流，又轉東南，經溫州府界，達于海。

好溪。在麗水縣東。自縉雲縣流經縣東，注大溪。本名惡溪。寰宇記：惡溪出麗水縣東北大甕山西南，至括州城下。輿地志：惡溪道間九十里，有五十九瀨。唐書地理志：麗水縣東有惡溪，多水怪，刺史段成式有善政，水怪潛去，民謂之好溪。舊志：源出縉雲縣大盆山，西流而南折，合管溪、雙溪及遠近諸澗水，經仙都山下，謂之練溪。至縣治南，又西南經麗水縣東五里，復南流爲洞溪，亦曰東溪，又曰東港。又南入大溪。

麗陽溪。在麗水縣西北。源出縣北境，匯諸澗水，經麗陽山下，接龍潭水，流入妃溪、麗陽二堰。東流至北郭，繞城西北隅，分流爲二，一貫城而出，一繞城外，俱入大溪。又官橋溪，在城北十五里。合甘泉、白溪二水入大溪。

塵溪。在青田縣西南一百二十里。源出景寧縣之敕木山，鄉民築堰，瀦以溉田，餘流東北入大溪。

石藤溪。在青田縣西北六十里。源出縉雲、仙居二縣界，西流入大溪。又芝溪，在縣西五十里，源出芝溪嶺。臘溪，在縣西四十里。皆南流入大溪。

管溪。在縉雲縣東七十里。源出括蒼山，西流入好溪。又雙溪，在縣東南五十里，源出平坑，西北流入好溪。

南源溪。在縉雲縣北。源出雲峯山，北流至縣北，匯梅溪、黿溪諸水，流入永康縣界。其梅溪在縣北八十里，源出梅山。黿溪在縣北二十里，源出石黿嶺。

松溪。在遂昌縣南，曰雙溪。流至松陽縣南，爲松溪，下合大溪。舊志：雙溪上流爲前、後兩溪。前溪出遂昌縣西南百二十里，龍泉縣界，內分一支，北流八十里，始折而東，謂之金溪。流經縣治南，繞魚袋山，復東流，過瑞山下，經惠通橋，至縣東一里，與後溪合。後溪出縣西七十里之湖山，亦曰湖溪，羣山之水，皆匯入焉。縈迴蕩漾，恍若江湖。東流經縣治北，接梅溪水，至縣東一里，與前溪合。是爲雙溪。又東經西明山南，歧一派，流入龍泉界，合大溪，其正流爲東溪。又東經馬鞍山，入松陽縣界，是爲松溪。流經縣西卯、酉二山下，合嵛溪及霏溪之水，曰蛤湖溪。復東流至縣南，合横溪、竹溪諸水。又東南流六十里，合龍泉水入麗水縣大溪。

柘溪。在遂昌縣西四十里。其上流接福建浦城縣罟網水，西流會蔡源水，至蔡口，與洋溪會于周公源。又西流至龍鼻頭，入衢州府西安縣界，達于東溪。

梅溪。在遂昌縣北一里。源自梅山之麓，接兩澗水環流，滙入後溪。

蔣溪。在龍泉縣西十里。源出石川大洋山，滙諸山谷水東流，接錦川、秦溪諸水，又合昴山水入大溪。其昴山水，在縣西五里，源自三溪，東流至披雲橋，合蔣溪。秦溪，在縣南五里，源出琉華山，北合蔣溪。

桃溪。在遂昌縣北四十里。源出縣北境，滙諸溪澗水北流，達龍遊縣之靈溪。

梧桐溪。在龍泉縣東十五里。源出黄鶴嶺，滙諸山谷水，會于梧桐寺口，引流而西，南入于大溪。

小梅溪。在龍泉縣南。源出匡山，流經縣南七十里，分二派。一流西抵關口，經慶元縣界，滙入福建松溪縣之松溪；一流東下查田北，流入大溪。

濛洲溪。在慶元縣東十五里。滙諸山谷水，與蓋竹溪兩水交流于大山之麓，合入交劍潭，經石壁山，流爲大溪。

竹坑溪。在慶元縣西北。源出西山，東北流繞城隅，經石龍潭，入大溪。以其沙可淘金，又名金溪。

蓋竹溪。在慶元縣城北。源出横嶺，滙諸山澗水，西北流至縣東二十里，爲蓋竹溪。又西北流，滙濛洲溪，合入交劍潭。經石壁山，復西北流至城北，謂之大溪。經城西北隅，合竹坑溪水，又西流合槎溪、松源川。又西滙棘蘭溪，西南流入福建松溪縣界，爲松溪之上流。

槎溪。在慶元縣北二十里。源出縣北四十里，滙諸山澗水，流至縣西北三十里爲安溪。南流五里，接芸溪水，流至溪口潭，滙漲淤溪，西流入大溪。又松源川，在縣西南二十里。源出松源山，西北流入大溪。

棘蘭溪。在慶元縣北三十里。源出温洋山，西南流經棘蘭隘，滙大溪。

下際溪。在慶元縣北六十里。源出温洋山之側，西南流二十里，滙梓亭溪諸水，流入松溪縣界，合松溪。

浮雲溪。在雲和縣南一里。源出縣西五十里龍泉之黄棧坑頭，東流入境，曰武溪。合務溪水繞縣南，經獅峯之麓，合雙溪，折而東北，至黿峯南，滙黄溪。又東北至溪口嶺下，經谷村入大溪。其雙溪，在縣南十里。上流有二，曰安溪、越溪。安溪源出東岱諸壑，越溪源出洪嶺。滙諸澗水合流，謂之雙溪，過獅峯下合於浮雲溪。

箬溪。在雲和縣西六十里。源出大杉源山，流入麗水縣界，注大溪。

黄溪。在雲和縣治南。亦曰後溪。源出婁狗山，東流有西溪，源出靈際山，自縣西流入焉。又東繞縣南，經黿山下，合浮雲溪。

槐溪。在宣平縣東五里。其上流曰桃溪、湯溪，源俱出樊嶺。至縣北三十里，東西合流而南下，滙坦溪水，名曰槐溪。又分流爲歐溪，俱流經縣東南，合於雙溪。湯溪，一名松溪。

雙溪。在宣平縣南一里。其上流有二源，一出竹峪嶺，東流至縣西栗山之南，謂之午溪；一出礱硿山，東南流至栗山之西，謂之申溪，亦謂之茭溪。二溪合流，曰雙溪。繞縣治南，接槐溪諸水，復東南流，至麗水縣西北入大溪。

沐鶴溪。在景寧縣西南。其上流西接慶元東北山澗諸水，東流七里，滙龍泉支流，經景寧縣西五十里，謂之滮溪，亦曰六源溪。東流經石耳山西南，名沐鶴溪。復東流繞縣南接塵溪水，環西隅曲流而經縣北六十里，又名盧棲溪。相傳昔有道士盧敖棲其中，因名。溪旁多笋，亦曰笋溪。溪水至此蓄而復流，又謂之瀦溪。又東北流入青田縣界，至縣西南四十里，爲浣紗溪。又東北流二十里，曰雙溪。至縣西南二十里，入于大溪。亦曰小溪，以别于大溪也。

雲水渠。在龍泉縣北應奎坊。宋靖康初，令姚穀分蔣溪以下之水鑿爲渠，以播北流，轉月泓畈，溉田數十頃。

突星瀨。在麗水縣東北四十里。曹叔遠永嘉記：昔王右軍遊惡溪道，歎其奇絶，遂書「突星瀨」于石。舊志：其地名箭溪，上有琵琶洲，平沙滿望，碧水環繞。

石壁灘。在雲和縣東二十里。有石如壁，横絶溪流，實爲舟行最險處。

大滙灘。在景寧縣北五里。大石錯立，形似爪牙，水行峽中，聲若轟雷。下有獨石，高四五丈，屹立湍溪中。

大漈。在景寧縣南五十里。高五十餘丈，懸崖直下，飛瀑濺珠，細若輕霧。明景泰中，遷沐溪巡司于此。

茗湖。在麗水縣西七里。又西三十里爲白湖，又西十里爲何湖，又西十里爲李湖、吴湖，又西十里爲鄭湖。皆資灌溉。

下尾湖。在青田縣東十里。又縣東南十里有先湖。南一里有石郭後湖，西十里有下灣湖，西四十里有師姑湖，五十里有臘溪湖，又縣西北十里有高湖。皆可瀦水溉田。

張湖。在龍泉縣西四里。湖心有磹，磹側有泉湧出，大旱不竭。

劍池湖。在龍泉縣南五里。周三十畝，相傳歐冶子鑄劍于此，號爲龍淵。唐諱「淵」，改曰龍泉。宋宣和中，改曰劍池湖，邑名本此。

石牛潭。在麗水縣南。又名鏡潭，爲上游諸邑要津。

黄嶴潭。在青田縣南四十里。清深無比，大旱禱雨輒應。

百丈潭。在縉雲縣東一百二十里。有三潭，周圍皆石，各百餘丈，水深莫測。巖瀑瀉練，左右有二石竅，各高百丈。

漴潭。在縉雲縣東南七十里。兩山對峙，瀑水飛流，下爲石潭，石峽屈曲。相傳爲神龍所居，亦曰龍溪。

石龍潭。在慶元縣城西北。爲衆流所瀦，深不可測。中有浮黿石，爲邑砥柱。

三井龍湫。在遂昌縣北三十里。深山複岫中，石壁高數仞，瀑布中流爲三泓，最上一泓，水色深碧，盛暑寒氣逼人。

九井。在遂昌縣西一百二十里，黄礎漈頭。形勢最高，有龍井九口，深邃莫測，旱禱輒應。

古蹟

處州故城。有二。一在府城東南七里括蒼山麓，隋時故治也，亦名括州城。「括」本作「栝」，即櫂木也。山多此木，故名。隋因以名州。一在府城西二里小括山上，唐末盧約竊據是州，遷治于此。東北掘地爲池，因土爲城，南以溪爲池，擁堤爲城，西就山爲城，並溪爲池。宋時郡治因之。楊億云「郡齋迥在霄漢，石磴盤屈」是也。續廳壁記云：州在小括山，其路九盤，始入譙門。崇寧三年，楊嘉言爲守，削直之。大觀元年，復舊。元至元二十七年，始改築今城，而舊城俱廢。

麗水故城。在今麗水縣西三十五里資福村。唐初置麗水縣，屬括州。武德八年，省入括蒼。今其地有古城岡、縣頭山、舊城塘之名。

松陽故城。在今松陽縣西二十里。元和志：縣東去括州一百九十二里。本漢回浦縣地，後漢分立此縣。有松樹大十八圍，因取爲名。名勝志：縣治初在旌義鄉之舊市，唐貞元間，郡刺史張增請于朝，改設今所，即古紫荆村也。今故址猶存，民多聚居于此。

處州廢衛。在府治南。明洪武中建。

香風樓。在府治東。樓下有池，多植蓮花。

清風樓。在府治西。宋建。

見山樓。在府治西。宋董居誼建，梯山爲基，勢甚雄偉。

烟雨樓。本舊州治。宋崇寧間，楊嘉言建，范成大書額。

凝霜閣。在麗水縣西二里。宋郡守楊億建，並書匾作記于此。

少微閣。在麗水縣西二里。宋郡守關景暉建。錢芊詩：「過雨晚來添練水，好山晴後建蓮城。」

文英閣。在府治西南檡山下。宋隱士毛氏故居。紹聖間，秦觀謫監酒税，嘗與毛游此閣，觀有詩。

清華閣。在遂昌縣東十里。閣臨溪水，峯巒環繞，爲邑勝概。

留槎閣。在龍泉縣治南，濟川橋上。宋蘇軾書榜。陳舜俞詩：「長橋跨岸虹垂地，高閣凌雲蜃吐樓。」

照水堂。在府治西。宋慶曆中，郡守李堯俞建，蘇舜欽記。

惠風堂。在麗水縣西二里。宋宣和中，郡守黄葆光建。後有烟雲洞、抱節菴。

博古堂。在麗水縣西二里。宋别駕石朝散建。張擴詩：「别駕平生師古人，傳癖書淫九經籭。」

溪雨亭。在麗水縣東二十里靈山寺傍。宋紹聖中，郡守劉涇建。有詩云：「鶉鳩山脚溪聲好，流入人間雨意長。」

西亭。在麗水縣西二里。宋楊億建，億有西亭即事詩。

鶯花亭。在麗水縣西二里。宋秦觀有鶯花亭千秋歲詞。

石門亭。在青田縣治西。宋建，王安石記。

巽亭。在縉雲縣南龍津橋上。宋御史詹適建，蘇軾詩：「濤雷轟白晝，梅雪耿黄昏。」

半山亭。在遂昌縣西妙高山半。元大德間建。

緑玉亭。在遂昌縣治北。舊名緑漪，因知縣湯顯祖詩「風漪緑玉暮雲寒」句爲名。

忘歸臺。在縉雲縣東吏隱山。唐令李陽冰公暇游憩之所，有陽冰篆書忘歸臺銘。

苦齋。在龍泉縣匡山。明劉基記。齋傍有看松菴，宋濂爲記。

真德秀故宅。在龍泉縣西七十里。舊志：龍泉縣西山，宋真德秀生于斯，後徙浦城，不忘所自，因號曰西山，族人仍居于此。

南園。在麗水縣西二里。爲一郡遊覽之勝，宋陸游有詩。

五雲館。在縉雲縣北。聞見録：館去縣五十里，本名縉雲館。東通台郡，西北接永康。

釣臺。在景寧縣西南豸山麓。世傳浮丘伯棲隱處。

卻金館。在麗水縣東北四十里馮公嶺上。明宣德中，郡守何文淵入京，道經其地，止邸舍。永嘉縣丞于建遣子間道懷金贈，文淵笑卻之。後官斯土者因建卻金館，立坊揭于道左。

芳墅。在青田縣西南一百里。宋高宗南渡，選妃洪氏有寵，賜第砌磚街十里，開池皆種荷，故名。

關隘

伏石關。在慶元縣北五十里竹口。又大澤關，在縣西南五十里，西出龍泉，南達松溪。

龍首關。在景寧縣東二十五里黄木坑。懸崖絶壑，最爲險要。志云關即龍腦橋，水流峽中，兩岸陡絶，架橋其上。明嘉靖中，以倭亂設關。又縣東十五里有龍漄關，縣東三十五里有白鹿關，俱嘉靖中置。

苦竹口隘。在麗水縣南二十里。由此至青田縣，水道一百二十里。

桃花隘。在麗水縣東北七十里，與縉雲縣分界。詳見山川。

淡洋隘。在青田縣南二百七十里，接温州府瑞安縣界。地極險僻，明洪武五年置巡司。又有黄壇巡司，在縣北二百二十里，亦洪武五年置，後俱廢。

貴義嶺隘。在遂昌縣南七十里，接龍泉縣界。又有龍鼻頭隘，在縣西一百三十里，與衢州西安縣接界。皆明正德中置。

坑西隘。在遂昌縣西一百四十里。路通江山、浦城，最爲要害。又礱口隘，亦在縣西一百四十里，界連浦城、龍泉。皆明嘉靖中置，以禦礦寇。

新嶺隘。在遂昌縣北六十里。一名赤津嶺。山勢峻絶，兩山如門，北達龍游，惟一道可通。明正德間，設寨防守。又有馬步隘，在縣北二十里。明置巡司于此，今廢。

小梅隘。在龍泉縣南小梅嶺上。東至慶元縣六十里，南至福建松溪縣六十里，爲入閩間道，明正統中置。

鴉春隘。在龍泉縣西二十里，接福建浦城縣界。明正統中，因舊隘重置。

吴岱隘。在龍泉縣北七十里吴岱嶺上，接松陽、遂昌二縣界。明正統中置，並設公館于此。

石壁隘。在慶元縣東十里石壁山。又喜鵲隘，在縣東南百里。相近又有白鶴隘、梅坳隘、黄亥隘，俱爲要地。

新窰隘。在慶元縣北四十里。爲龍泉及縣境入閩通道。

石塘隘。在雲和縣東三十里。下臨溪流，山溪回合，峻險可恃，爲縣境之東門。

武溪隘。在雲和縣西四十里，與龍泉縣分界。隘東十里即七尺渡，羣山四合，溪流横亘其中，疊石架梁，以通行者，從間道可達松陽。

寨頭隘。在宣平縣北。道出武義。又西北有河頭隘，道出湯溪。

緑銅隘。在景寧縣東五十里，與青田縣接界。明正統間，黄壇盜起，守此拒之，寇不能上。又蘆西隘，在縣東南八十里，與泰順縣小堰接界。又縣東南八十里有蜂桶隘，九十里有石佛隘，與泰順之平寮接界，明嘉靖間，倭陷泰順莒岡，守此三隘以却之。

青草隘。在景寧縣南一百十里，與福建壽寧縣接界。又黄垓隘，在縣西一百三十里，與慶元縣接界，舊有高洋公館在此。又西二十里有青草梧桐隘，石徑險仄，僅容置足，雖地屬慶元，實縣境之要道。

東畲口。在龍泉縣北七十五里。爲松陽、遂昌兩縣要道。

黄村口。在遂昌縣西南六十里。聞見録：由黄村口東南達龍泉縣一百二十五里，北抵龍游縣一百六十里，西南達浦城縣二百里。輿程記：縣西南出大柘、石練、黄村一帶，閩、浙相通之間道也。

大坪田。在遂昌縣東北四十里。道通湯溪、武義、宣平，爲縣境要口。又和尚田，在縣東五十里，亦險要處。

保定鎮。在麗水縣西五十里。明初置税局于此，今廢。西南達雲和縣石塘隘四十里，西北達松陽縣石佛鎮亦四十里，爲兩縣之要口。

沐溪舊巡司。在景寧縣南五十里。明洪武五年置，本在縣治之北，景泰三年因設縣，遂遷於此，地名大漈，後廢。又盧山巡司，在縣西一百里，明正統五年置，嘉靖十年廢。

蒼頭寨。在縉雲縣東七十里，接仙居縣界。明嘉靖四十一年置。相近有東平寨，舊名七十二寨，有石井七十二，四面石壁，高百餘丈。其旁又有四寨，亦故屯營處。

萬錦山寨。在縉雲縣西北。中容萬人。又有雲巖寨，山勢聳峙，巖石磊塊，其狀如甑，四圍環逼，有小逕攀援而上，可容萬人，爲天設之險。舊志：縣境又有黄寮寨、越陳寨，皆嘉靖三十九年置。又有老鷹巖寨，其廣亦可容萬人。

北巖寨。在龍泉縣東十里汰石嶺上。又有朝陽寨，在縣東一百餘里，亦爲戍守地。

佛山寨。在龍泉縣南十里佛山上。元末里人胡深築内外二寨于此。

西山寨。在龍泉縣西六十里。元末置。又縣西七十里有供材隘，接浦城、慶元縣界，明嘉靖中置。

麻竹寨。在龍泉縣北七里，與石馬山相接。又縣北三十里金袋山有金山寨，山頂平廣，可容千餘人，皆昔戍守要地。

梓亭寨。在慶元縣北四十里。宋置榮慶巡檢司于此，後廢。

鮑村寨。在宣平縣北四十里，地名後陶。明初于宣慈鄉置鮑村巡司，即今縣治也。景泰中，以鮑村置縣，移巡司于此，仍曰鮑村巡司，嘉靖中廢。

括蒼驛。在府城南。明置，舊有驛丞，今裁。

芝田驛。在青田縣南一里。明置。本朝康熙元年裁。

丹峯驛。在縉雲縣南。元曰雲塘驛，在縣北三里，明初遷此。本朝康熙元年裁。

查田市。在龍泉縣南六十里查田嶺下。明初置慶元巡司于此。

净居市。在松陽縣西南三十里，與遂昌縣接界。明洪武十八年置巡司于此，今廢。又縣西南八十里有龍虎坳，奇僻險絶，爲守禦要地。

津梁

樹德橋。在麗水縣南門内。城中水由此出，至梅墩合好溪堰入大溪。

濟川浮橋。在麗水縣南大溪上。維舟爲之，爲松、遂、龍、慶、雲、景、麗七邑通津，舊名通濟，本朝雍正八年重建，改今名。

應星橋。在麗水縣治西南。以郡應處士星，故名。橋楯外置水閘，以司城中之水，每旱溢，隨時啓閉。

清香橋。在麗水縣西北通惠門内。引麗陽溪支流從濠河入城，橋跨其上。

永濟橋。在青田縣西北。舊名上店橋，跨大溪，架木爲之。宋慶元初，待制鄭汝諧改築石，後爲暴流所壞，復更以木，尋又燬。明洪武初，知縣謝子襄重建，改名遵化，後重修，復舊名。

百丈漈橋。在青田縣南一百六十里南田水口。其漈去橋一里，高峻百餘丈，半漈有石柱，瀑流飛激，其聲如雷。旁有石室，舊傳爲仙迹。

大地橋。在青田縣西五十里芝溪口。

龍津浮橋。在縉雲縣治南。爲甌、括通津，額設渡夫二十名。

東渡浮橋。在縉雲縣南十里。額設橋夫二十四名。

通惠橋。在遂昌縣治東，跨前溪。舊有碧欄橋，明萬曆中，因舊址重建。

清化橋。在龍泉縣治南，跨雙溪，接中洲，垂南北兩岸。舊名濟川橋，本朝順治六年重建，改今名。

披雲橋。在龍泉縣西五里萬壽宫前，跨卯山水。

楊公橋。在慶元縣北一里。衆水所滙之處，爲一邑形勝。

三元橋。在宣平縣治前。中設二墩，分溪流爲三道，梁架其上，每長二十餘丈。少西南又有通濟橋，道出松陽、遂昌，爲往來通衢。

鶴溪上橋。在景寧縣治東南。又少西有鶴溪下橋。

射橋。在景寧縣南四十里白鶴嶺。跨懸崖約十餘丈。

洪嶺橋。在景寧縣北十里。往郡必經之路。

下河渡。在麗水縣東南五里。路通青田，爲温州往來要道。

水南渡。在青田縣城南大溪。上有埠。

白龍津渡。在松陽縣南五里。

斬蛟渡。在遂昌縣東一里。

礓湖渡。在龍泉縣南四十里豫備倉口。

谷村渡。在雲和縣北十五里溪口嶺下。

赤埃渡。在宣平縣西南二十里。路通松陽及白岸坑。

隄堰

跨龍隄。在景寧縣治前。上有黄鶴亭，下達莘田，後爲水堰。明崇禎年修復，至今爲沃壤。舊志：縣境之堰凡六十有四，皆資灌溉。

洪塘。在麗水縣西五十里。宋開禧間鑿，廣可十頃，四山圍繞，林木茂鬱，中多禽魚，大爲民利。

錦石塘。在青田縣西六十里。溉田五頃。又流緑塘，在縣西一百二十里，溉田三頃。

好溪堰。在麗水縣東十五里。唐刺史段成式開築，灌田數萬餘畝。

通濟堰。在麗水縣西五十五里。松、遂間多山田，歲苦旱，梁天監中，遣詹、南二司馬築堰，障松陽、遂昌兩溪水入大溪之口，流爲四十八派。自保定至白橋三十里，溉田二十餘萬畝。又蓄爲陂湖，以備旱潦。歲久堰壞，宋知州范成大重築，自後屢加修葺。

下林堰。在青田縣西六十里。灌田四頃餘。又週磧堰，在縣西六十五里，灌田三頃。

桑潭堰。在縉雲縣東十五里。溉田六十餘頃。又廣濟堰，在縣東六十里，溉田八十餘頃。皆本朝知縣霍維騰修築。又長瀾堰，在縣東五十里。杜堰，在縣東六十里。黄桑堰、黄潭堰、櫸木堰，俱在縣西三十里。並可溉田。

百仞堰。在松陽縣南三里。又白龍堰，在縣南五里。濟衆陂堰、松山陂堰、龍石陂堰、沙陂堰，俱在縣南十里。粗石堰，在縣西南十五里。瓜渚堰，在縣西南二十里。金梁堰，在縣西二十里。芳溪堰，在縣西三十里。響石堰，在縣西四十里。常熟堰，在縣西北十二里。泥陂堰，在縣西北二十五里。竹峪源口堰，在縣北七里。皆資灌溉。

獨山堰。在遂昌縣西。灌田五百餘畝。縣境之堰凡四十有一，皆資灌溉。

蔣溪堰。在龍泉縣西五里。溉田三十餘頃。

趙公堰。在慶元縣東二十里。即周公墩堰，障蓋竹、濛洲二溪水〔三〕，溉田四十餘頃。又朱村堰，在縣北十里。長田堰，在縣北二十里。俱溉田三十餘頃。

黄繩堰。在雲和縣西二十里。溉田十頃。

大流堰。在宣平縣治東南。水通縣市，居民汲飲于此。又潘家堰，在縣南。何村堰，在三元橋上流。坳塘堰，在縣東。並溉田。

陵墓

南北朝　梁

詹司馬墓。在麗水縣西南三十里。

唐

朱匡墓。在青田縣治西北。

葉國重墓。在松陽縣東二十里。府志：仙人葉法善之祖，時稱有道先生，李邕爲撰墓碑并書，世所傳「追魂碑」也。

五代

施使君墓。在麗水縣南黄龍山。

宋

陳汝錫墓。在青田縣南二里。

季陵墓。在龍泉縣南十里宏山上。

劉大中墓。在麗水縣北十里白雲山。大中紹興中知處州，卒官留葬此。

張貴謨墓。在遂昌縣東門外。

程榆墓。在松陽縣南二十里。

尹起莘墓。在遂昌縣西四十里。

明

劉基墓。在青田縣西北夏山。

胡深墓。在麗水縣西五里。

章溢墓。在龍泉縣西北七十里。

應櫝墓。在遂昌縣西北四十里。

劉璟墓。在青田縣九都南田。

祠廟

平成廟。在青田縣大溪南。祀大禹。

詹南二司馬廟。在麗水縣西五十里。祀梁開通濟堰二司馬。

華使君廟。在遂昌縣東十里。唐景福中，處州刺史死于賊，民廟祀之。

章侯廟。在宣平縣東南六十里。侯名承趣，唐黄巢亂，鄉民推爲部領捍禦，殁爲神。宋淳祐中，封仁烈侯。俗名靈顯廟。

秦淮海祠。在青田縣西仁慈院。

紫陽祠。在府治南。祀宋朱子。又有祠，在縉雲縣文廟後。

清風祠。在麗水縣治南。祀宋敷文閣待制閭丘昕。

開國元勳祠。在府治南。祀明誠意伯劉基。又有誠意伯廟，在青田縣北大鶴山混元峯下，以子璟配享。

三賢祠。在府治南。祀明章溢、葉琛、胡深。又龍泉縣東有忠賢祠，亦祀胡深、章溢。

泗國公祠。在府治西南。祀明耿再成。

葉公祠。在松陽縣治東。祀明靖難忠臣葉希賢。

劉忠節祠。在青田縣西。祀明靖難忠臣劉璟。

馬夫人廟。在景寧縣北一百里鸕鷀村。祀唐孝婦馬氏。

寺觀

佛日寺。在麗水縣南五里。宋建。寺左有高陽洞，前有爽氣亭。

大雲寺。在麗水縣北三十里。五代梁建。環以羣峯，下瞰青溪。

紫虛觀。在麗水縣東南十里四微山上。唐天寶二年建。舊名紫極，宋改今名。

玉虛宫。在縉雲縣東仙都山。唐天寶中建仙都觀，宋治平中改今額。

寶聖宫。在龍泉縣西十五里。唐乾元中建。

紫極壽光宫。在遂昌縣治南。梁時有異人煉丹于此，後乘雲上昇，賜額登雲觀，宋徽宗御書今額。

名宦

南北朝　梁

江子一。考城人。爲遂昌令，著美績。

唐

李邕。江都人。開元二十三年，爲括州刺史。喜興利除害，坐誣枉，且待罪，天子識其名，詔勿劾。

李繁。京兆人。元和中，爲處州刺史。首建孔子廟于櫸山之巔，選博士弟子，爲置講堂，教之行禮，肄習其中。韓愈爲廟記，謂其爲政知所先後云。

段成式。臨淄人。宣宗時，爲處州刺史。境内惡溪多水怪，成式有善政，水怪潛去，民謂之好溪。

宋

楊億。浦城人。至道中，知處州。郡人周啓明篤學有文，億深加禮待。

劉彝。福州人。神宗時，知處州。俗尚巫鬼，不事醫藥，彝著正俗方以訓，斥淫巫三千七百家，使以醫易業，俗遂變。

張根。德興人。元祐中，知遂昌縣。

秦觀。高郵人。紹聖初，坐蘇軾黨，貶監處州酒税。使者承風望指，候伺過失，而無所得。

黄葆光。徽州黟人。宣和中，知處州。當方臘殘亂後，盡心牧養，民列上其狀，加直秘閣，再任卒。民人祠祀之。

張觷。福州人。徽宗時，知處州。蕩平餘寇。

詹良臣。睦州分水人。調縉雲尉。方臘黨犯處州，守貳皆棄城遁，良臣率弓兵數十人出禦，爲賊所執，誘使降，不從，賊怒臠其肉，使自啖之，良臣吐且罵，至死不絶聲。

吴芾。仙居人。紹興中，知處州。州舊苦丁絹重，芾損之，以新丁補其額。

葉顒〔四〕。仙遊人。知處州。青田令陳光獻羡餘百萬，顒以所獻充所賦。湯思退之兄居處州，家奴屠酤犯禁，一繩以法。

范成大。蘇州人。乾道中，知處州。民以争役嚚訟，成大創義役，隨家貧富輸金置田，助當役者，甲乙輪第，至二十年，民便之。詔頒其法于諸路。處多山田，舊有通濟堰，灌田二十萬畝，歲久圮壞，成大訪故跡，壘石築防，置堤閼四十九所，立水則上中下，溉灌有序，民食其利。

謝深甫。臨海人。孝宗時，知青田縣。有經濟才，御史葛邲、顔師魯、侍郎王藺交薦之。

楊大異。醴陵人。嘉定中，調龍泉尉，攝邑令。適歲饑，提刑司遣吏和糴米二萬石于邑，米價頓增，民乏食，大異即以提刑司所糴者如價發糶，民甚德之。

馬光祖。金華人。知處州。乞降僧道牒賑濟，詔從之。

黄畚。分寧人。通判處州。經總制有額無錢，俗號殿最綱。畚會十年中成賦酌取之，閣免逋負，錢額鈞等，獨以最聞。

元

趙賁亨。冠縣人。至元十四年，授處州路達嚕噶齊。青田季文龍、章焱殺趙知府以叛，賁亨率衆擊走之。招散亡，立官府。萬户呼圖克台，以州在亂山，慮反側，欲屠之，賁亨不從。將士擄掠子女，賁亨捕倡率者杖之，仍各求所失還之，民悦服。明年龍泉縣張三八復叛，賁亨將騎士連戰敗之，又擊敗衢州、遂昌賊，悉平之。改管軍萬户。「達嚕噶齊」舊作「達魯花赤」〔五〕，「呼圖克台」舊作「忽都台」，今俱改正。

周仁榮。臨海人。泰定初，以荐署美化書院山長。美化在處州萬山中，人鮮知學，仁榮舉行鄉飲酒禮，士俗爲變。

舒穆嚕伊遜。柳城人。以副都元帥守處州。明兵至，獲其母與弟，以書招之，伊遜不至，遁入建寧，復出戰，敗走，死于桃坑。明太祖遣使諭祭，州民立祠祀之。　「舒穆嚕伊遜」舊作「石抹宜孫」，今改正。

明

倪孟賢。南昌人。洪武中，知麗水縣。民有賣卜者，干富室不應，詣闕告大姓陳公望等五十七人謀亂，命錦衣衛千户周原往捕之。孟賢廉得實，謂僚屬曰：「朝廷命孟賢令是邑，使善良者横被惡逆名，豈命官意耶？」即具疏聞，復令耆老四十人詣闕訴。帝命法司鞫實，論告密者如律，賜耆老酒食及道里費遣還。

劉澤民。宜春人。洪武中，知縉雲縣。建縣治儒學，勸課生徒，百姓樂業，稱爲劉父。

謝子襄。新淦人。建文中，知青田縣。永樂七年，九載課最，當遷，部民相率訴于上官，乞再任。帝嘉之，即擢知處州，俾得治其故縣。郡有虎患，歲旱蝗，禱于神，大雨二日，蝗盡死，虎亦遁去。有盜竊官鈔，子襄檄城隍神，盜方閱鈔密室，忽疾風捲墮市中，盜即伏罪。民鬻牛于市，將屠之，牛逸至子襄前，俯首若有訴，乃捐俸贖還其主。叛卒吴米據山谷爲亂，朝廷發兵討之，一郡洶洶。子襄力止軍城中毋出，而自以計掩捕之，獲其魁，餘悉解散。爲人廉謹，歷官三十年，不以家累自隨。

鄭建。福州人。爲處州通判。正統間，討賊有功，民賴以全。

李信圭。泰和人。正統中，知處州府。時方大旱，信圭至即雨，民大悦。在郡多惠政，卒于官，民哭盡哀。

殷雲霄。壽張人。正德間，知青田縣。廉直愛民，百姓歌之。

魏良弼。新建人。嘉靖中，知松陽縣。大修學校，集諸生講學，春秋郊行，教民種植，聽獄一訊而決。里中有鄉塾小學，必親詣以勸。

顧憲成。無錫人。萬曆間，以吏部主事建言被謫，量移處州推官。專務德化，有兄弟訟數年不決，謂之曰：「汝兩手兩足相争否？兄弟手足也，既相争，盍自治？」令手足自相撲，兩人相顧愕然，叩首曰：「今服矣，毋分曲直也。」各相揖謝，抱持大哭而去。

張學書。平樂人。萬曆間，知慶元縣。除民間商鹽之累，豁匠班籍，免大户解木之役，裁礦税溢徵，多善政。

本朝

趙如瑾。雄縣人。順治三年，知遂昌縣。下車集士民咨訪利病，捕豪惡寘之法。羣盜逼城，遣役從間道走婺請兵殲之，居民宴然。興學勸士，催科不嚴而辦。以卓異擢御史。

張元樞。良鄉人。順治初，爲處州推官，攝府事。請蠲荒田積逋以萬計，民陷于盗者，察其無辜，省釋無算。

項始震。麻城人。順治中，知縉雲縣。縣罹寇害，里井虚無人，始震多方招集，民漸來歸。良民婦女之俘于官軍者，悉爲贖還，民甚德之。

周茂源。松江華亭人。順治十四年，知處州府。郡當被兵後，井里爲墟，茂源請盡蠲其逋，流民來歸者給以牛種，復人支米一石，使墾田，凡闢田千九百頃有奇，正賦遂足。寇入縉雲，率鄉兵奮勵死守。海賊犯温州，茂源勒兵守青田，賊不得逞而去。

人物

宋

周啓明。字昭回。其先金陵人，後籍處州。四舉進士皆第一，景德中，舉賢良方正，既而報罷。歸教弟子百餘人，不復有仕進意，里人稱爲處士。轉運使陳堯佐表其行義于朝，賜束帛。仁宗時，除助教，遷至太常丞。啓明篤學，藏書數千卷，多手寫而能口誦之。有詩賦雜文千六百篇。

龔原。字深之，遂昌人。第進士。哲宗時，爲太常博士。議祀北郊，原曰：「合祭非禮也，願亟止之。」徽宗初，爲給事中。時除郎官五人，皆執政姻戚，悉舉駮之。帝爲哲宗服，朝論爲齊衰期，原曰：「三年之喪，制自天子，達于庶人，一也。」主議者斥之。俄用三年之制，乃復修撰。歷寶文閣待制。以與陳瓘善，奪職居和州，卒。孫楫，遂家于和。靖康間，金兵陷和州，楫率家衆往襲之，獲數百人。寇大至，楫大呼曰：「今日鬭死，亦足爲義士。」遂死之。

管師仁。字元善，龍泉人。熙寧進士，知建昌軍。有善政，擢右正言，請蠲減河北租賦，以綏流民，一方賴其賜。累遷工部侍郎。選曹吏多撓法，師仁攝領，發其奸，士人稱之。後知定州。時邊備不整，師仁預爲計度，增陴繕甲，一日舉衆十萬，轉盻迄成。帝手書奬勸，召爲吏部尚書，同知樞密院事。才兩月，以病歸。

鮑由。字欽止，龍泉人。舉進士。嘗從王安石學，又親炙蘇軾，其文汪洋閎肆，詩尤高妙。高宗召對，除工部員外郎，知明州。又知海州，奉祠卒。嘗注杜甫詩，有文集五十卷。

季陵。字延仲，龍泉人。登政和二年上舍第，三遷太學博士。建炎間，歷官太常少卿。金人南侵，高宗倉卒幸杭州，陵獨負九廟神主以行。拜起居郎，遷中書舍人。屢陳時政，語甚剴切。後以徽猷閣待制帥廣南，平積寇。在官三年卒。有文集十卷。

吴安國。字鎮卿，處州人。由進士授考功郎。以太常少卿使金，值金人渝盟，拘留脅服之，安國毅然正色曰：「我首可得，節不可奪。」金人遣還。後知袁州卒。

姜綬。麗水人。靖康中，金人再圍京師，朝廷募忠勇士齎蠟書往南京總管司調兵赴援，綬以忠翊郎應募，封股藏書，縋下南壁，爲邏騎所獲，厲聲叱駡，遂被害。建炎中，州上其事，官其子特立承信郎。

祝公明。麗水人。太原府盂縣主簿。靖康間，金兵至河東，令棄官去。公明攝縣事，率保甲入援，圍守踰年，城陷不屈死。子陶，爲唐州司户。中原失守，亦死官所。建炎中，贈公明承事郎。

梁汝嘉。字仲謨，麗水人。以外祖太宰何執中任入官。建炎中，知武進縣，薦擢通判，加直秘閣，歷官轉運副使，攝臨安府事。以才略見稱，累遷權户部尚書，出知明州，更温、宣、鼎三郡，並有風績。

王信。字誠之，麗水人。紹興進士，授太學博士。轉對，言敵情不可測，和議不可恃。權考功郎中，吏不行私。上謂尚書曰：「考功得王信，銓曹遂清。」除中書舍人，遷給事中。遇事剛果，論奏不避權要，由此人多嫉之。提舉崇福宫，尋起知湖州、紹興府，多惠政。以通議大夫致仕，卒。遺訓其子以忠孝公廉，所著有是齋集行世。

楊富老。麗水人。性至孝，七歲喪父，廬墓三年不返，烏鵲來巢，木生連理。紹興中詔賜粟帛。

潘景憲。字叔度，松陽人。隆興間，與吕祖謙同擢進士，遂師事之。朱子與友善，嘗稱其孝弟著于家，仁義信于友，而不能隨世俯仰，置身仕路。

陳葵。字叔向，青田人。隆興進士，篤學不倦。朱子重其人，使學者往從之，曰：「師之可以寡過。」又與子在書曰：「過青田，不可不見陳叔向也。」

尹起莘。字耕道，遂昌人。學問該博，隱居不仕。著有資治通鑑綱目發明五十九卷。

元

鄭滁孫。字景歐，處州人。宋景定進士，至元末，以薦召見，累官集賢學士，致仕歸。弟陶孫，字景潛，亦登進士，先陶孫徵至闕，授國史院編修官。會纂修國史，至宋德祐末年事，奏曰：「臣嘗仕宋，義不忍書。」世祖嘉之。升應奉翰林文字，出爲江西儒學提舉。兄弟在當時最號博洽，儒學之士翕然推之。滁孫所著有大易法象通贊、周易記玩等書。陶孫有文集若干卷。

劉濠。青田人。仕爲翰林掌書。元初，林融起兵興復，戰死。朝廷遣使至境，糾察餘黨，鄉豪挾讐投籍，逮無辜至萬餘人。濠往謁朝使，閱籍歸，會大雪，因具酒肉，邀朝使飲醉之，掖卧小樓，探袖取籍，録巨魁二百人懷之，縱火樓下，朝使脱走。乃出懷中二百人授之，存活萬計。曾孫基，見下。

祝公榮。字大昌，麗水人。隱居養親，事母至孝。母殁，居喪盡禮。竈突失火，公榮力不能救，伏棺悲哭，其火自滅，鄉里異之。塑二親像于堂，朝夕事之如事生焉。

陳繹曾。字伯敷，處州人。口吃而精敏異常，諸經注疏，多能成誦。文詞汪洋浩博，論者謂與莆田陳旅伯仲。官至國子助教。

王毅。字剛叔，龍泉人。六歲知書，及長，盡通經史，慨然以斯道自任。教授鄉里，以躬行實踐爲本。章溢、胡深皆從之游，有訥齋集行世。

葉子奇。字世傑，龍泉人。從王毅遊，聞理一分殊之旨，知聖賢之學以静爲主。以薦授巴陵簿。所著有範通玄理、草木子。

明

劉基。字伯温，青田人。濠曾孫。元進士，爲江浙儒學提舉，棄官隱青田山。太祖下金華，定括蒼，徵基入見，陳時務十八策，建禮賢館處之。基料事如神明，佐太祖滅陳友諒，執張士誠，降方國珍，北伐中原，遂成帝業。即位拜御史中丞，兼太史令。三年，封誠意伯。基剛毅慷慨，每論天下安危，義形于色。羣臣或有獲過譴者，多密爲解救。時敷陳王道，帝嘗恭己以聽，呼爲老先生而不名，曰「吾子房也」。所作文章，爲一代稱首。所著有覆瓿集、犁眉公集行世〔六〕。正德中，加贈太師，謚文成。嘉靖中，配享太廟。子璉〔七〕，字孟藻，有文行，卒江西參政。璉子廌，嗣爵世襲。

葉琛。字景淵，麗水人。博學有才藻。元末從舒穆嚕伊遜守處州，爲畫策，捕誅山寇，授行省元帥。太祖下處州，以薦徵至金陵，授營田司僉事，尋遷洪都知府。祝宗、康泰叛，琛被執不屈，大罵死之。追封南陽郡侯，祀功臣廟。福王時，追謚貞肅。

「舒穆嚕伊遜」譯見前。

章溢。字三益，龍泉人。少從王毅遊，有志聖賢之學。天性孝友。元末，統鄉兵佐舒穆嚕伊遜屢平劇盜，論功授浙東都元帥，辭不受，退隱匡山。明兵克處州，太祖以幣聘之，與劉基、宋濂、葉琛偕至。太祖勞曰：「朕爲天下屈四先生。」授僉營田司事，尋升浙東按察司僉事，鎮撫處州。討平餘寇，又奏減處州加税，罷海船巨木。洪武初，拜御史中丞。溢務存大體，每諫議匡正，太祖稱善。後以喪母悲戚過度，感疾卒。福王時，追贈太保，謚莊敏。長子存道，明初統鄉兵屢擊却陳友定兵，以功授處州翼元帥副使。總制胡深戰没，命代領其衆，爲遊擊。從李文忠定閩，復從北伐，以功授處州衛指揮使。後從征陽和，遇敵于斷頭山，力戰死之。

胡深。字仲淵，龍泉人。穎拔有智略，通經史百家，兼曉術數。元末兵亂，集里中子弟自保。處州鎮將舒穆嚕伊遜辟參軍事，討平羣盜，進元帥。明師取處州，深降，太祖召入見，授左司員外郎，遣還招集舊部曲，尋命總制處州軍民事。平山寇，興文教，境内輯安。張士誠將李伯昇大舉來侵，頓兵城下，不能拔，引去。又擊敗方明善，攻下瑞安，屢破陳友定兵。因請規取八閩，遂與朱亮祖進攻建寧，破其二栅。敵盡鋭來圍，深突圍與戰，馬蹶被執，遇害。追封縉雲郡伯。深久涖鄉郡，馭衆寬厚，未嘗妄戮一人，爲明初浙東保障云。

祝崑。公榮子。元末，奉母避賊山中。賊追及，母急投崖下，崑擲身赴救，忽雷雨大作，賊駭散，一時避難者俱脱。母墜深崖幾死，崑幸掛樹梢不死，卒負母而登。洪武七年，舉孝廉，授知縣，未幾乞養歸。

劉璟。字仲璟，基次子。弱冠通諸經，洪武二十三年，命襲父爵。璟言有兄子廌在，乃授璟閤門使。多所糾劾，擢谷府長史。温州賊葉丁香叛，延安侯唐勝宗討之，決策于璟，破賊還，稱璟才略，帝喜曰：「真伯温兒矣。」建文時，靖難兵起，璟獻十六策不聽。成祖即位，召璟，稱疾不至，逮入京，猶稱殿下，且云「殿下百世後，逃不得一篡字」，下獄自經死。福王時，贈大理少卿，謚剛節。本朝乾隆四十一年，賜謚忠節。

張彦方。龍泉人。建文時，由給事中乞便養，改知樂平縣。奉詔勤王，率所部抵湖口，遇靖難兵，執至樂平，被害。本朝乾隆四十一年，賜謚烈愍。

葉希賢。松陽人。以進士爲御史。建文中，李景隆、耿炳文禦燕，相繼敗績，希賢劾其喪師失律，帝不聽。燕王稱帝，見殺。或云去爲僧，走蜀之重慶松柏灘，匿跡以居，所謂雪菴和尚也。

王景。字景彰，松陽人。洪武初，爲懷遠教諭。以博學應詔，命作朝享樂章，並定藩王儀。累官山西右參政。建文中，召入翰林，除禮部侍郎。成祖即位，擢學士。帝問葬建文帝禮，景對宜用天子禮，從之。卒于官。

李棠。字宗楷，縉雲人。宣德進士，授刑部主事，爲尚書魏源所器。金濂代源，以剛嚴懾下，棠與辨論，譴訶不避，濂亦器之。歷郎中，録囚南畿，多所平反。景帝嗣位，超遷本部右侍郎，巡撫廣西，討平諸寇，整己率下，令行政舉。思明土官黄玹欲殺兄子鈞，立其子灝，棠執玹下獄。玹窘，乃遣上書，請廢太子立帝子。帝大喜，立擢玹都督〔八〕。棠鬱鬱，累疏謝病歸，不攜嶺表一物，以清節顯。

周南。字文化，縉雲人。成化進士，擢御史，出按畿輔、廣東，彈劾不避權要。歷江西右布政使，擢右副都御史，巡撫大同。母喪歸。劉瑾擅政，以大同倉粟浥爛，下詔獄，責輸粟，釋爲民。瑾誅，起督南贛軍務。汀州大帽山賊張時旺等聚衆攻剽，延及江南、廣東，數年不靖。南集諸道兵擊擒之，斬獲五千人，移師會總督陳金，共平姚源諸賊，境内遂安。進右都御史，總督兩廣軍務，乞休，贈太子少保。

應槚。字子材，遂昌人。嘉靖進士，授刑部主事。拒絶私謁，累遷山東布政使，擢兵部右侍郎，總督兩廣軍務。諭降樊家屯馬江等劇賊，討破七山諸寇。卒于官，贈兵部尚書。

葉德良。字克復，遂昌人。爲莆田縣丞。嘉靖中，倭寇莆田，令、簿、尉棄城走，德良獨堅守，城陷死之。贈太僕寺丞。

詹嘉言。字心聲，松陽人。爲象山縣訓導。佐縣令平海寇，轉蒼溪教諭。流賊猝至，被執不屈死。

程必進。字以序，松陽人。崇禎時，以貢授贛州訓導。城陷，與子矩俱死之。

本朝

張翀。字南溟，麗水人。康熙七年，知羅源縣。耿精忠縱其黨四出剽民，翀笞數人，逐出境。精忠怒，脅知府王之儀劾罷翀，之儀持不可，精忠益怒，乃爲檄趣翀赴會城，而其黨於中途邀辱之。翀得檄單騎往，羅源百姓擁衛從翀，行且塞路。其黨望見，不敢動。卒于官，民爲立祠。

吴從謙。景寧人。由拔貢知武臨縣。撫輯流移，均徭役，甚有恩惠。升知武岡州。

吴詔功。慶元人。康熙乙卯，耿精忠攻陷慶元，詔功練鄉兵守禦，與同事吴壽男力戰死之。又秦華，麗水人。嘉慶六年，以外委從剿洋匪，陣殁。先後均廕卹如例。

陳鰲升。宣平人。母患癰，皮肉潰爛，而毒氣内攻，醫不能治。鰲升乃口吮出膿血，毒盡，皮肉漸生，母疾得起。後居母喪，廬墓，旦夕哭，雙目失明，且染寒疾。所親勸之歸舍，鰲升曰：「吾不能斯須去此。苟得殁于墓側，以事吾母地下，不悔也。」竟不歸，疾劇而卒。乾隆四十年以孝旌表。

列女

三國 吴

柳朱。松陽人。朱育稱其一醮守節，喪身不顧。

宋

陳氏女。縉雲人。宣和中，官軍所過俘掠，女爲所執，植刃于旁曰：「從我則生，否則死。」女不動聲色，延頸受刃，遂被害。

元

湯煇妻張氏。龍泉人。兵亂，其家財先已移入山砦，夫與姑共守之，舅以疾未行。張歸任湯藥，賊至，命以輿載其舅，而己遇賊。賊以刃脅之，張掠髮整衣請受刃。賊未忍殺，張懼污，即奪其刃自刎死。

湯婍。龍泉人。有姿容，賊殺其父母，以刃脅之，婍不勝悲咽，乞早死，因以頭觸刃。賊怒，斫殺之。其妹亦不受辱死。

周婦毛氏。松陽人。至正間，隨夫避亂麻鷺山中，爲賊所得。脅之曰：「從我，多與若金，否則殺汝。」氏大詈，賊怒，刳其腸而去。

季銳妻何氏。龍泉人。至正中，避兵于邑之繩門巖。賊至被執，欲污之，氏乃與子榮兒、女回娘投巖而死。

周氏女。名善才，麗水人。元末兵起，隨母避兵甘泉寨。寨破，被掠，堅不受辱，遂遇害。

陳程妻葉氏。麗水人。元末處州城破，葉度不免，遂更衣，母問何爲，葉曰：「生則取辱，惟有死耳。」遂觸巖死。

葉抗妻王氏。名妙泳，遂昌人。至正間，山寇作亂，將殺其夫污之，泳以二子囑姑，即自刎而死。郡縣以聞，旌其節。

明

吳質妻潘氏。松陽人。正統間，宣平寇起，避難橫山。賊攻破寨，欲脅以行，氏不從，抱子投崖而死。

周氏女。松陽人，周廷輝女。年十八，有姿色。正統間，避兵橫山，寇至欲迫去，不從，即以刀按其頸，女曰：「欲殺即殺，決不汝污。」遂被害。

蔡儼妻包氏。宣平人。正統間，賊陶得二作亂，氏從舅姑避難東巖。賊至，氏被執，紿賊曰：「我有金藏巖穴中，當往取之。」賊以爲然，同至其所，遂投崖死。天順八年，詔旌其門。

谷得與妻陳氏。麗水人。景泰初，山寇掠鄉村，陳與隣婦同避巖穴，爲賊所執，欲犯之，陳憤罵不從，脅以刃，罵愈厲，賊怒殺之。賊去，鄉人斂其骸葬于山巔，名爲烈婦嶺。

鄭好密妻詹氏。青田人。好密忤大姓劉某，被誣逃去。捕卒四人縲詹赴官，走無人烟處，詹自度不免，至黄壇遇樵者，謂卒曰：「屐折難行，願假樵刀去之。」持屐戲四卒曰：「先得此者，夕當侍寢。」投屐棘藂中。四卒喧笑，望屐競趨，氏即引樵刀自刎。

趙氏女。名璚，縉雲人。山寇犯境，女侍父疾不忍離，被執，紿賊曰：「少入安慰吾父，當從汝。」賊聽之。即自縊死。

周氏女。青田人。父元岡，浴簷下，爲虎所咥。女年十八，呼號攘臂，擊虎至門外，抱父足，爲虎所嚙，父卒獲全。

葉華妻季氏。龍泉人。嘉靖間，寇起，季避石馬山，被執，義不受污，投崖死。有司建祠祀之。

本朝

謝俊陛妻趙氏。麗水人。順治初，方國安殘兵至括，氏避于獅子山。夫語曰：「兵至，汝年少，奈何？」氏曰：「有死而已。」兵果至，夫被刺仆地，氏抱二歲兒觸崖而墮，兒坐母腹上，得不死，鄉人以爲神。又同縣張科妻葉氏，陳昌蔭妻奚氏，王朝聖妻楊氏，俱爲兵所掠，投水中死。又松陽高攀桂妻徐氏，年少寡居，兵至，即自縊。又龍泉項國英妻陳氏，自縊死。吴光國妻陳氏，自刎死。祝元孝妻李氏，觸牆死。

甯世忠妻張氏。麗水人。方兵掠城，夫爲兵所繫，恐污己，遂以懷中幼女先投于井，隨自溺。越兩月，夫歸撈其尸，顔色不變。

梅友松妻葉氏。青田人。順治初，爲亂兵所執，度不能免，陽爲好言紿兵，行至天梯嶺，嶺下坑深百丈，亂石巉立，氏呼天投下，骨肉皆爲虀粉。又松陽徐日華妻葉氏，避亂入山，遇賊不從，投崖而死。

李含章妻楊氏。縉雲人。順治戊子，寇亂，氏奉姑出避，猝遇賊騎，投水死。又同縣朱泰來妻李氏，爲寇所執，逼污之，大駡不從，行數百步，遇深潭，即跳入水死。又朱持獻妻沈氏，爲寇所執，觸石而死。

駱佛喜妻周氏。遂昌人。順治丁亥，氏爲兵所掠，挾坐馬上，行五里，至三墩橋，有崖壁立，氏竦身投崖，血濺崖石而殞。

王廷奉妻李氏。龍泉人。順治四年，夫爲賊所殺，其母逼令别嫁，氏自刎死。

吴廷馨妻葉氏。慶元人。夫亡守節，寇至欲犯之，氏嚼血噴賊，賊怒，劈其顱，臨死猶駡不絶口。官表門曰「節烈」。

陳桂姑。景寧人。年甫及笄，康熙十三年與姊同被寇擄，至滴水河邊，見巖崖峻險，呼曰：「此吾與姊完節處也。」遂投崖入河死。數日後浮尸水面，衣裳井然，不露寸膚。

郭世琯妻程氏。青田人。年方艾，康熙乙卯，閩寇陷邑，被掠，賊出美衣誘之，大駡不受。又連殺數婦人以脅氏，氏駡益厲，賊怒，亂斫之。又同縣胡忠盛妻王氏，寡居，爲賊所掠，觸崖以死。

陶國俊妻杜氏。縉雲人。乙卯閩變，氏避深山，爲兵所執。痛哭大駡，兵殺之。其家所畜犬，守尸旁七日不去，及氏殮訖，犬赴水死。又朱以欽妻陳氏，被掠，即投水死。

周貞一妻吴氏。慶元人。乙卯耿逆陷城，氏子三錫死之。氏泣曰：「兒死矣，吾不死必辱。」遂自經死。

葉仁智妻吴氏。景寧人。年二十，夫亡，其兄逼改嫁，自經死。

翁烈婦。遂昌人。其夫華國治遊蕩破家，逼婦再醮，氏自刎死。于雍正年間旌表。

吴擇姑。雲和人。受柳繼官聘，未婚，夫死。氏聞訃哀慟，決意守貞，以紡績自給。雍正五年旌表。

鄭兆昌妻陶氏。宣平人。夫亡守節，養姑，遭兵變，備歷艱辛，克完貞操。同縣章元器妻盧氏及媳陶氏，先後守志，雙節一門，人言無間，並於雍正年間先後旌表。

錢桐妻王氏。麗水人。夫亡守節。同縣林應會妻吴氏、楊世藩妻梁氏、汪一夔妻徐氏、許士冠妻戴氏、金之瑜妻林氏、周璿妻王氏、朱定海妻俞氏，又烈婦葉吕氏、聶何氏，俱於乾隆年間旌。陳際乾妻耿氏、奚光瑞妻項氏、項起龍妻陳氏、楊聚星妻周氏、湯毓金妻趙氏、葉葆幹妻梁氏、周在洧妻顧氏、生員何學濂妻方氏、翁日照妻鮑氏、生員王國治妻梁氏，又烈婦高吴氏、王正源妻章氏，俱於嘉慶年間旌。

金葉懷妻楊氏。青田人。以拒姦自經。乾隆年間旌表。同縣留朝組妻吴氏、生員潘鼎魁妻章氏、生員留偉妻王氏，又烈婦陳周氏，俱於嘉慶年間旌。

盧載蘋妻謝氏。縉雲人。夫亡守節。同縣虞際唐妻施氏、丁遴妻陳氏、施體和妻陶氏、盧顯功妻趙氏、陳士俊妻劉氏、朱之環妻陳氏、朱鏞妻李氏、趙昂妻周氏、應廷璡妻虞氏〔九〕、徐序賓妻李氏、王新宣妻樊氏、李寧堣妻田氏〔一〇〕、施方中妻朱氏、陶承憲妻孫氏、趙一豫妻朱氏、朱天球妻趙氏、鄭點妻曹氏、陶溥妻馬氏、盧干池妻呂氏，又烈婦應楊氏，俱於乾隆年間旌。羊逢霱妻盧氏、朱光炳妻劉氏、呂明錦妻杜氏、陶源妻朱氏、朱心淳妻田氏、朱廷颺妻王氏、應崑玉妻程氏、應秉芝妻陳氏、楊允盛妻盧氏、楊允國妻呂氏、呂宗乙妻朱氏、胡登高妻王氏、胡連元妻陳氏、陳日藻妻馬氏、馬克穎妻樊氏、丁象星妻張氏、陳日炳妻田氏、葉思睿妻施氏、趙獻德妻呂氏、趙榮廷妻呂氏、趙元功妻丁氏、楊肇祝妻朱氏、應道揚妻呂氏，生員沈邦藩妻呂氏、沈元英妻應氏、陳普賢妻施氏、生員陶允中妻沈氏，俱於嘉慶年間旌。

包逢第妻梁氏。松陽人。夫亡守節。同縣魏文瑞妻周氏、葉元玠妻毛氏，俱於乾隆年間旌。葉逢烈妻湯氏、葉成發妻梁氏、葉榮輩妻潘氏、潘光武妻徐氏、貢生劉邦詔妾陶氏、潘元森妻葉氏、生員葉萬挺妻潘氏、生員蔡士棟妻潘氏、生員徐國揚妻劉氏、徐成龍妻程氏、生員洪溥妾孟氏、蕭柱廷妻洪氏、葉長盛妻張氏、葉大繩妻紀氏、生員葉萬清妻洪氏、葉方成妻謝氏、潘元聯妻蕭氏、潘元銓妻洪氏，俱於嘉慶年間旌。

王紹華妻朱氏。遂昌人。夫亡守節。同縣葉嗣俊妻鄭氏、毛檠妻周氏、劉光濂妻李氏、王垣妻毛氏、王錫篔妻俞氏、王維庸妻鄭氏、王肇洲妻邱氏、葉宗鸞妻王氏，又烈婦王開煦妻蘇氏，貞女陳兆福未婚妻朱氏，俱於乾隆年間旌。尹懃妻王氏、吴國賢妻王氏、劉沅妻周氏、周卜龍妻劉氏、鄭家綬妻葉氏、翁道行妻包氏、王國藺妻俞氏、包華鑄妻項氏、華明壎妻李氏、張士傅妻黄氏、華冕妻鄭氏、華日泰繼妻葉氏、周觀禮妻王氏、鄭湛妻葉氏、李熙源妻徐氏、華明鐘妻王氏、生員王錫龍妻華氏、職員周振圭妻葉氏、張寶照妻周氏、張必光妻汪氏、貢生吴文炳妾陳氏、葉朝勳妻方氏，又烈婦官聖欽妻朱氏，貞女葉尹氏，俱於嘉慶年間旌。

李爵妻湯氏〔一一〕。龍泉人。夫亡守節。同縣李煥妻葉氏、林中鷂妻李氏、項芳堯妻王氏，俱於乾隆年間旌。季汝鳳妻童氏、貞女邱維續未婚妻毛氏，並於嘉慶年間旌。

周宗熹妻楊氏。慶元人。夫亡守節。同縣烈婦李大孫妻吳氏，以拒姦自縊。吳葉氏，以逼嫁不從自縊。並於乾隆年間旌。

吳學孔妻王氏。雲和人。夫亡守節。同縣吳就中妻項氏、葉超倫妻鄭氏、廩生顧鵬繼妻葉氏、郭文信妻葉氏、生員柳錫芬妻周氏、柳錫章妻葉氏，又貞女吳氏，俱於嘉慶年間旌。

章鴻志妻周氏。宣平人。夫亡守節。同縣生員潘子儀妻鄭氏，俱於嘉慶年間旌。

葉上蘭妻張氏。景寧人。夫亡守節。同縣潘日耀妻湯氏、吳光祖妻劉氏、吳晉侯妻褚氏、湯適中妻潘氏、湯仁蒼妻潘氏、陳作鈉妻毛氏、梁有鳳妻梅氏、陳仕光妻徐氏、張正炬妻劉氏、李成蹊妻劉氏，俱於乾隆年間旌。吳學亮妻林氏、葉有章妻吳氏、任制鎧妻潘氏、梅雲升妻吳氏、吳學復妻柳氏、吳日昌妻任氏、陳上簡妻楊氏，又孝女潘蔡姑，俱於嘉慶年間旌。

仙釋

唐

葉法善。括蒼人。世爲道士。嘗遊白馬山石室，遇異人，授以正一之法，能劾鬼神。高宗召至京，欲官之，不受。睿宗時，拜鴻臚卿。開元中尸解。

劉處靜。彭城人。善吐納之術。肅宗召見，賜緋衣，退居縉雲之隱真洞。咸通十四年解化。自譔玄虛志。後十年有見其在襄陽之間者，弟子啓墓視之，惟有劍履而已。

德韶。龍泉縣昴山僧。光化中，往參淨慧禪師。師問如何是曹溪一滴水，韶大悟。至天台見智顗遺跡，恍如舊居，疑即顗後身也。著傳燈録若干卷。忽一日修壇，置薪坐其上，令從徒舉火，須臾見韶乘烟昇去。

羊愔。括蒼人。以明經授夾江尉。後隱于括蒼山。一日，與青蓮館道士飲于阮客洞，愔憇亭側，見一人自稱雲英，引至石穴中，有物迸出，曰：「此青靈芝也，食之得仙。」愔取食之，入委羽山仙去。

宋

三平。中和間，結廬于南明山，是爲大安寺。嘗騎虎出遊，後卒于寺，有破衲如藕絲蟬翼。

范子珉。處州道士。嗜酒落魄，談人意外事多奇中。善畫牛，往訪郡守錢竿曰：「負公畫四副，故來相償。」畫成，儼坐而逝。

梵公。慶元縣人。佚其姓名，爲邑隸。邑令刑峻，公用葱貯血匿杖中，行杖輒見血，刑者多賴以全活。一日令見公行不履地，詢知其陰德，大異之，公遂辭去，修煉山中。功成，以石臼千斤爲冠，登縣西山岡羽化。

章思廉。遂昌人。居壽光宫爲道士，誦度人經有悟，遂絶粒不食。預言禍福休咎，多有驗。

明

白雲禪師。麗水人。居白雲山中。洪武中，詔起天下明僧，師力辭。强起之，既赴即還，居杭之虎跑寺。明年欲歸，衆堅留之，師曰：「葉落歸根，吾所願也。」遂回白雲。五日，索筆書偈而逝。

土産

綿。唐書地理志：處州土貢綿。

絹。元和志：處州元和貢小綾絲絹綿紬。

紵布。元和志：處州開元貢。

麻。元和志：處州元和貢麻布。舊志：麗水、縉雲出。

葛。縉雲出。又葛紗，青田出。

紙。縉雲、龍泉出。

漆。遂昌縣出。

銀、鉛。各縣俱出。

鐵。龍泉出。

茶。麗水、縉雲出。

蜜。元和志：處州開元貢蜜。

蠟。唐書地理志：處州土貢蠟。舊志：松陽縣出。

蕨粉。縉雲、龍泉出。

香蕈。龍泉出。

黄連。唐書地理志：處州土貢。

錦雞。

白鷴。

玉面貍。俗名柿貓，景寧出。

青甆器。龍泉出。

圖書石。青田縣方山出。

石棊子。遂昌出。輿地紀勝：葉法善嘗與道侶弈，局終棄碁子，悉化爲石。後其地每産卷石，中有小石棊子，圓滑紺白，初出土尚温軟。按：舊志：土産銀、鉛，各縣并有坑，今久經封閉。謹附記。

校勘記

〔一〕吴寧溪 「寧」，原闕，據乾隆志卷一三六處州府山川（下同卷簡稱乾隆志）及讀史方輿紀要卷九三浙江東陽溪條「舊曰吴寧溪，出大貧山」補。按，本志卷二九九金華府山川東陽江條亦曰：「即古吴寧水也。」

〔二〕霞披山 「披」，乾隆志作「帔」。

〔三〕障蓋竹濛洲二溪水　「濛洲」，原作「濛淤」，據乾隆志及本志前文「濛洲溪」條改。

〔四〕葉顒　「顒」，原作「容」，據乾隆志及宋史卷三八四葉顒傳改。按，本志避清仁宗諱改字，今改回。

〔五〕達嚕噶齊舊作達魯花赤　「花」，原作「化」，據乾隆志及元史卷一五一趙賁亨傳改。

〔六〕所著有覆瓿集犁眉公集行世　「犁」，原作「黎」，據乾隆志及明史卷一二八劉基傳、卷九九藝文志改。

〔七〕子璉　「璉」，原作「連」，據乾隆志及明史卷一二八劉基傳改。按，本志避乾隆皇太子永璉諱改，今改回。

〔八〕立擢玹都督　乾隆志同，明史卷一五九李棠傳「都督」下有「同知」二字，都督同知位在左、右都督之下，二字不當省。

〔九〕應廷璉妻虞氏　「璉」，原作「連」，據乾隆志改。按，本志避永璉諱改字，今改回。

〔一〇〕李寧堣妻田氏　「寧」，原作「安」，據乾隆志改，本志避清宣宗諱改也。「堣」，乾隆志作「瑀」。

〔一一〕李爵妻湯氏　「李」，乾隆志作「季」。

玉環廳圖

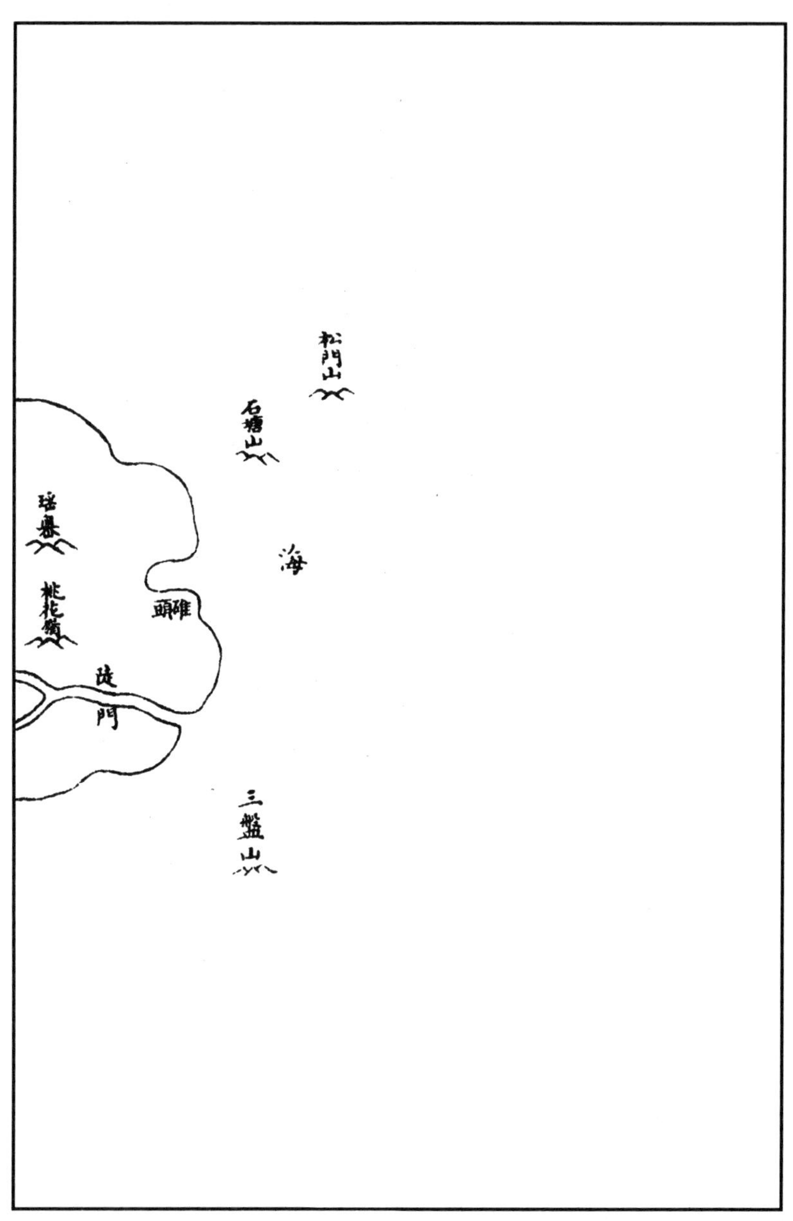
松門山
石塘山
海
碓頭
桃花嶺
陡門
三盤山

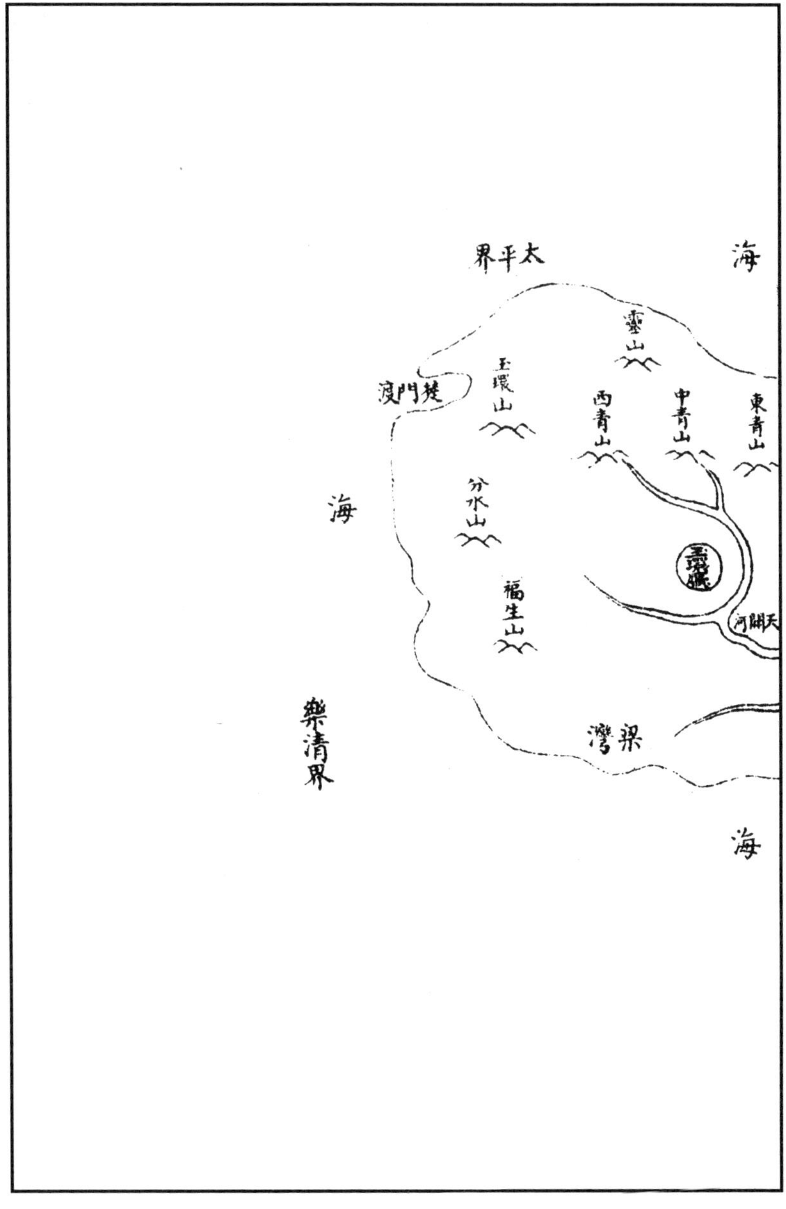
太平界
海
靈山
玉環山
楚門渡
西青山
中青山
東青山
海
分水山
玉環廳
福生山
天開河
梁灣
樂清界
海

玉環廳表

	玉環廳
兩漢	回浦縣地。
三國吴	
晉	
宋	
齊梁陳	
隋	
唐	
五代	樂清縣地，屬温州。
宋	
元	
明	太平縣地，屬台州。洪武二十年廢。

大清一統志卷三百六

温台玉環廳

在浙江省東南九百二十里。東西距五十五里，南北距九十五里。東至碓頭塗二十五里，西至分水山三十里，南至梁灣四十五里，北至白干五十里。東南至坎門四十里，西南至普竺三十五里，東北至梅嶴四十五里，西北至芳杜五十五里。由廳治至京師六千二十里。

分野

天文牛、女分野，星紀之次。

建置沿革

禹貢揚州之域，舊隸樂清，分隸太平。明洪武二十年，控海乏兵，徙沿海居民於腹裏，遂廢置。本朝雍正八年，督臣李衛奏准展復，置温台玉環同知。

形勢

寬廣七百餘里，外臨大海，内近温、台。屹然特立，扼要據衝。爲洋面往來之要區，海濱諸郡之屏障。廳志。

風俗

展復方新，始以太、樂、永、平四邑之民召集開墾，繼而隣近之民貿遷有無，闤闠化居者，絡繹雲集，故人各異其地，户各異其風，然習俗人情率皆樸茂。廳志。

城池

玉環廳城。周五里，門四，東靖海，西永清，南鎮遠，北安濤。本朝雍正八年建。

學校

玉環廳學。在廳治。本朝乾隆四十三年建。入學額數八名。

户口

原額人丁一萬九千六百一十六，今滋生男婦八萬一千七百五十一名口，計一萬三千二百六十三户。

田賦

田地等共九萬二千五百九十六畝六分有零，額徵穀二萬四千八百六十四石六斗七升有零。

山川

玉環山。寰宇記：一名木陑嶼，又名地肺山。周回五百餘里，上有流水，潔白如玉，因以爲名。郗司空先立别墅於此，東晉居人數百家，至今湖田現在。通志：舊名木嶼，亦名木榴，界温、台之間，分屬樂清、太平二縣。延袤七百餘里，四面距海，外際大洋，實温、台之門户，全浙之藩籬也。明洪武中，因倭寇來犯，徙民内地，是山孤懸海外。本朝雍正五年展復，築城濬池，建壇廟、軍營，招徠農氓，設官駐防，遂爲海疆重地。又太平志：宋高宗南渡遺玉環於此，故名。

中青山。半在城内。

東青山。半在城内。

西青山。在城外。峯巒秀聳，水石清奇，爲玉環最勝處。

繡屏山。在城東瑶嶴。

分水山。在城西稍北三十里。太平、樂清分界處。府志：此與他地分水嶺不同，所分者潮水之東西進退先後也。

靈山。在城北三十里楚門港中，與玉環山相接。下有靈山溪。

金鈿山。在城外十六都。有筆架峯。西南有小山，巖石突起如硯。

虎叉山。山有鐵樹二株，每踰四五年一發。

鳳凰山。在雙廟。

仙人山。即老城頭。舊有寨城，周圍五里，今址猶存。

錦屏山。山頂有巖，方正，又名方巾山。

龍尾山。嶴内有巖，方八尺，周圍三丈餘，號印巖。

三盤山。在東南隔海中。其地産樹名海瑚，與珊瑚樹相似，可辟火。

鷄冠山。一名張嶼山，在天開河口之外。

石塘山。在東北海中。西與玉環鄉相望，東北與松門所相望。

大烏山。在海中。與西岸蒲岐相望，山有平水大王廟。

苔山。在西北海中。

蜜鶯山。下有張相公廟。

塘洋山。下有雙廟。

飛鳳山。上有石鳳冠，舊傳方國珍祖墓在此，爲誠意伯劉基鑿破。

福生山。舊有福山寺，寺前有古塔三座，今址存。

南山。南宋時有縣令葬此，名縣主墳。

牛頭山。抵海十餘里。前有大密溪，又有高椅山，前臨小密溪。

琛浦山。舊有石臺二。

尖巖山。抵海五里。前有溪名小溪。舊有平水大王廟，今址存。

木崗山。山上有濟嫠堂，堂之上有龍潭，能興雲雨。

小麥嶼。西海岸小山，與大麥嶼相望。

花巖嶼。在白沙屏。

蝤蛑嶴。在九都。

黄大嶴。在南隔海。

百丈巖。在蘆嶼。

塔鰻洞。在玉環鄉。

女兒洞。在漩門。

海。玉環懸居海中，四面皆海，其西北由楚門渡海港，旁有盤渦湍急曰漩門，舟行避之。踰岸即太平界。其西由烏洋進蒲岐所至樂清，其西南由烏洋南過黄花關進磐石衛至温州府城。惟東南出黄、坎二門即外洋，渺無涯涘也。

玉環河。舊在樂清縣四都，本朝雍正八年，同知張坦熊開濬。又有瑶嶴河、金鷄河、正嶴河、能仁河、江心河，俱見玉環志。

天開河。在玉環城外。源自西青、中青二水，引流環城南而東，與東青水會。又東經桃花嶺下，有三峽潭水自西南來會，東過陡門，又東入海。舊道下流湮塞，本朝雍正八年將築城，七月中雷雨衝開一渠，深潤直通後坟浦，長一千三百二十丈，載石之舟，可抵城下，衆稱爲天開河。

龍潭。在大里嶴東北叢山中。有溪水瀉下，其深莫測。

仰天窩。由三峽潭西南，山平勢阻，澗水迴環，繞出大普竺。亦名仰天河。

大密溪。在牛頭山前。

小密溪。在高椅山前。

古蹟

玉環故城。在玉環北隔港岸上。明洪武二十年，信國公湯和建，今圮。玉環志：故城在仙人山，今名古城頭。明洪武二十年徙居民於腹裏，今城址尚存。

楚門所城。明洪武二十年湯和築。

東嶴寨城。舊有廣、盈二倉，今廢。

南北監。玉環自宋以前有監官，王十朋送凌知監赴任玉環詩：「悠然水石間，官情聊自適。」註：「玉環有南監、北監。」

林幹宅。宋崇寧時，樂清林幹隱玉環之木榴山，草衣木質，邑令鮑輝尊事之。

陶弘景丹室。周行已丹室記云：梁天監中，陶弘景自海道至永嘉，得木榴嶼居之，以作丹。

少霞洞。在城外西青山。張少霞煉丹處。

關隘

瑶嶴鎮。在瑶嶴山下。南臨海，元置巡司曰北監巡司，明初徙蔡嶴，尋徙白沙嶺。嘉靖八年，又徙鶚嶺。四十一年，復還瑶嶴，並建壽寧堡於此〔一〕，築城周二里有奇。今巡司廢。又有驛丞，今亦廢。

津梁

小石橋。在西門外，環山勝境。

楚門渡。在治北三十里。

白磴渡。係古渡頭。西南抵海，舊名不等渡。

西青渡。亦渡海處。

隄堰

海塘。本山，四面皆海。城南八都有里嶴塘，西南一都有古順塘、普竺塘，北十二都有後灣塘，東北十三都有蘆嶴塘。

塘洋塘。在城南四都，有陡門。又城西北有西青塘，城南有陳嶴塘。

楚門南塘。在楚門所。有陡門，外禦鹹潮，内蓄溪澗之水以溉田。本朝雍正六年，同知張坦熊建，乾隆二十一年修。

黄大嶴塘。本朝乾隆二十年築。

南浦、中浦、北浦三壩。俱在玉環山。自遷徙後，無壩，本朝雍正六年展復後，始建新壩。

祠廟

護國惠民廟。祀張相公。先是，雍正五年，有神托夢廟祝，告以將歸玉環。玉環既復，居民見神燈往來不定，於是塑像祀之，額曰護國惠民，神燈遂熄。

元壇廟。在東青山下。

天后宫。在坎門。一在西青山。

文昌祠。在珠簾島下。

寺觀

靈山寺。在治東十四都。又有石龜院、靈峯院、普濟院、谷順院、福生院、福嚴院，俱在玉環鄉。

石佛菴。在玉環鄉。又有南山菴、白雲菴。

梵音堂。在十八都。

船亭。在環山勝境溪北。

土産

黍。

稷。

鹽。

苔。如髮，隨潮浮來。

土黄。以之合磚，堅如渾成。

石楠。四時不凋。

烏江栗。

青栗。

山機烏。又名林子。

烏那飯。可燒白炭，子可食。

錦漆。不凋多節。

虎豆。葉如豆莢，内有小豆，入藥。

山桃。花紫不實。

檜巖紅。

墨桅。出小陳嶴，皮可毒魚。

生龍杠。

卷柏。叢生石上，以葉似柏卷，故名。

花蕭。六月開花，粉紅色，結黑子，可染網。網入水易腐者，染之經久。

礬。

萬年青。

水荆。

山黄荆。入藥，消食下氣。

山椒。不花而實，不可食。

土漆。皮粘人手即發腫，刀瘡見血，搗皮敷之即止。

鵲。

翠碧。毛可爲飾。

潮頭鷄。似鷄而扁嘴。

野猪。一名毛猪。

箭猪。毛堅利如箭，可作錐鑽，怒則射人。

馬蛟。身圓而狹長，無鱗，味美。

鰐。身如膏髓，骨柔無鱗。

鱸。

石首魚。

鰳。

鯊。

鰡。

鯑。

烏賊。

寄踞。

箬魚。形似箬。

鯕魚。形圓似團扇。

章巨。正名蜛蝫，郭璞江賦：蜛蝫森衰而垂翅。

魟。胎生，以肝煉油然燈，亮而不傷目。

鯗。味美多脂。

彈塗。又名跳魚，味美。

紅魚。似金魚，大者長二三尺。

江瑶柱。

石蜐。郭璞江賦：石蜐應節而揚葩。

滚塘。似鮎，而身入蝤蛑穴中，任其蛉蚷，滑軟無傷，俟其退殼而食之，故又名蝤蛑虎。

蛇。即水母。

沙蒜。似土蠶，無頭，味亦美。

鰲。似鯉而微赤。

人鬼眼。殻硬如鐵，緑色，肉如蛤蜊。

海馬。形如馬，出水即死，從小蝦中撿出之，可入藥。

蜼。似蛤而長，有毛。

校勘記

〔一〕並建壽寧堡於此 「寧」，原作「安」，據讀史方輿紀要卷九四浙江改。按，本志避清宣宗諱改字，今改回。